苏州大学年鉴

SOOCHOW UNIVERSITY YEARBOOK

2018

苏州大学档案馆 编

苏州大学出版社
Soochow University Press

教育部党组副书记、副部长沈晓明一行莅临苏州大学调研

江苏省委常委、苏州市委书记周乃翔,迈克尔·科斯特利茨教授,江苏省人民政府副秘书长陆留生,凌新生教授,熊思东校长共同为苏州大学高等研究院揭牌

江苏省委常委、苏州市委书记周乃翔专程到苏州大学调研

江苏省人民政府副省长王江一行莅临苏州大学调研

江苏省政协副主席阎立一行参观调研苏州大学现代丝绸国家工程实验室

江苏省教育厅党组书记、省委教育党工委书记葛道凯一行莅临苏州大学调研

2017年度"对话苏州创新"活动在苏州工业园区会议中心举行

全校干部大会宣布江苏省委关于调整学校领导班子的决定

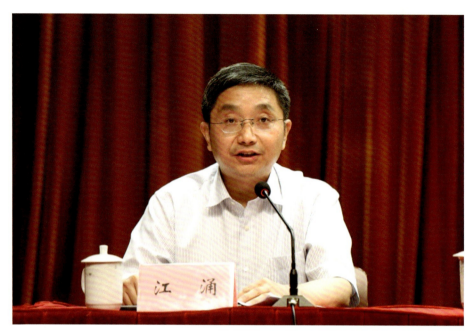

新任校党委书记江涌在全校干部大会上发言

校长熊思东在全校干部大会上发言

校党委书记江涌做学习宣传贯彻党的十九大精神专题报告

苏州大学传达党的十九大精神大会在天赐庄校区本部敬贤堂召开

中国共产党苏州大学第十二次代表大会在校本部敬贤堂隆重开幕

校党委书记江涌在中国共产党苏州大学第十二次代表大会开幕式上致辞

中国共产党苏州大学第十二次代表大会新一届党委常委合影

中国共产党苏州大学第十二次代表大会新一届纪委委员合影

江苏省委第七巡视组巡视苏州大学党委工作动员会召开

校党委常委会召开会议专题学习中央和省委关于巡视工作的相关文件

校长熊思东在苏州大学七届三次教职工代表大会上做《聚焦改革谋发展　聚力创新求突破》的工作报告

苏州大学七届三次教职工代表大会召开

学校召开国际化工作推进会

苏州大学召开本科教学工作审核评估专家初步意见反馈会

高分子材料与工程专业认证会议在苏州大学独墅湖校区举行

电气工程及其自动化专业认证会议在苏州大学阳澄湖校区举行

"名城名校—苏州市千人计划专家联合会走进苏大"活动

校长熊思东代表学校与老挝科技部签署科技合作备忘录

江苏省教育基金会—苏州大学捐赠签约仪式举行

苏州市委常委、副市长吴庆文和熊思东校长共同为人工智能研究院揭牌

苏州大学江苏体育健康产业研究院成立大会召开

熊思东校长与老挝国家经济研究院院长波松·布帕万为苏州大学"一带一路"发展研究院（老挝研究中心）揭牌

苏州大学与美国波特兰州立大学共庆波特兰州立大学孔子学院成立十周年

欧盟委员会教育文化总司总司长玛蒂娜·雷切茨女士一行访问学校

海峡两岸及澳洲高等教育论坛2017在学校召开

苏州市人民政府副市长曹后灵与苏州大学副校长张晓宏共同为《基于大数据的苏州数字经济》新书揭幕

第四届篮球文化论坛暨篮球运动发展国际研讨会召开
国家体育总局副局长李颖川、中国篮球协会主席姚明、国家体育总局篮球运动管理中心主任李金生和学校党委书记江涌为中国篮球协会篮球文化研究中心揭牌

纪念周文轩先生恳谈会暨苏州大学第二十六届周氏教育科研奖、第十七届周氏音乐奖项颁奖大会举行

聚焦区域发展、聚力协同创新——高水平协同创新中心建设研讨会召开

苏州大学2017年学位授予仪式在独墅湖体育中心隆重举行

国际奥委会执委、国际拳击联合会主席、夏季奥运单项运动总会联合会副主席、国际奥委会文化暨奥林匹克传承委员会主席吴经国一行到访学校

共青团苏州大学第十六次代表大会在天赐庄校区敬贤堂召开

2017年苏州大学学生"我最喜爱的老师"颁奖典礼(获奖教师合影)

校党委书记江涌教授为2017级新生上"大学第一课"

校长熊思东教授为2017级新生上"大学第一课"

第十一届·江苏省政协"戏曲走近大学生"课程启动式在苏州大学独墅湖校区举行

学校首次举办Farewell Bowl苏州大学学生美式橄榄球队表演赛

"学习宣传贯彻党的十九大精神——高校优秀辅导员'校园巡讲'和'网络巡礼'活动"启动式暨报告会召开

"马克思主义青年说"系列活动举行

由省委教育工委主办、学校承办的江苏省第二十八期高校院(系)党政负责人培训班在学校成功举办

苏州大学各校区地理位置分布图

苏州大学年鉴

2018

苏州大学档案馆 编

苏州大学出版社

图书在版编目(CIP)数据

苏州大学年鉴.2018／熊思东主编；苏州大学档案馆编.—苏州：苏州大学出版社,2019.6
ISBN 978-7-5672-2823-8

Ⅰ.①苏… Ⅱ.①熊… ②苏… Ⅲ.①苏州大学—2018—年鉴 Ⅳ.①G649.285.33-54

中国版本图书馆 CIP 数据核字(2019)第 122664 号

书　　名	苏州大学年鉴 2018
编　　者	苏州大学档案馆
责任编辑	荣　敏
出版发行	苏州大学出版社
	（地址：苏州市十梓街1号　215006）
印　　刷	苏州工业园区美柯乐制版印务有限责任公司
开　　本	787 mm×1 092 mm　1/16
字　　数	1 384 千
印　　张	54.75　插页　10
版　　次	2019 年 6 月第 1 版
	2019 年 6 月第 1 次印刷
书　　号	ISBN 978-7-5672-2823-8
定　　价	168.00 元

苏州大学版图书若有印装错误,本社负责调换
苏州大学出版社营销部　电话:0512-67481020
苏州大学出版社网址　http://www.sudapress.com
苏州大学出版社邮箱　sdcbs@suda.edu.cn

《苏州大学年鉴2018》编委会名单

主　　编　熊思东
执行主编　石明芳
副 主 编　薛　辉　曹　健　姚　炜　吴　鹏
　　　　　徐云鹏
编　　委　（以姓氏笔画为序）
　　　　　卜谦祥　王丽燕　叶晓静　刘　萍
　　　　　张志平　崔瑞芳

目录 Contents

学校沿革示意图 ………………………………………………………… (1)

学校综述
    苏州大学概况(2018年3月) ……………………………………… (3)
    苏州大学2017年度工作总结 ……………………………………… (6)

重要文献
    苏州大学2017年度工作要点 ……………………………………… (15)
    聚焦改革谋发展　聚力创新求突破
        ——校长熊思东在苏州大学七届三次教职工代表大会上的工作报告
        (2017年4月14日) ……………………………………… (23)
    聚焦立德树人　聚力改革创新
        加快建成国内一流、国际知名高水平研究型大学
        ——校党委书记江涌在中国共产党苏州大学第十二次代表大会上的报告
        (2017年10月12日) ……………………………………… (31)
    党委常委会工作报告
        ——校党委书记江涌在校党委十一届十八次全体会议上的报告
        (2017年9月1日) ……………………………………… (41)
    党委常委会工作报告
        ——校党委书记江涌在校党委十二届五次全体会议上的报告
        (2018年2月28日) ……………………………………… (48)
    校长熊思东在苏州大学2017年学位授予仪式上的讲话(2017年6月28日)
    …………………………………………………………………… (58)
    育人为本　德育为先
        努力开创我校思想政治工作新局面
        ——校党委书记王卓君在苏州大学思想政治工作会议上的讲话
        (2017年6月7日) ……………………………………… (61)

旗帜鲜明讲政治　同心同德谋发展

　　认真筹备开好学校第十二次党代会

　　　　——校党委书记江涌在全校干部大会上的讲话(2017年9月1日)

　　………………………………………………………………………………………(65)

校党委书记江涌在中国共产党苏州大学第十二届委员会第一次全体会议

　　上的讲话(2017年10月13日) ……………………………………………………(68)

校党委书记王卓君在2017年党风廉政建设工作会议上的讲话

　　(2017年3月31日) ………………………………………………………………(71)

聚焦全面从严治党　强化监督执纪问责

　　为加快建成高水平研究型大学提供坚强纪律保障

　　　　——校纪委书记芮国强在中国共产党苏州大学第十二次代表大会上的

　　　　　　工作报告(2017年10月12日) …………………………………………(74)

2017年大事记

　　1月 …………………………………………………………………………………(83)
　　2月 …………………………………………………………………………………(86)
　　3月 …………………………………………………………………………………(87)
　　4月 …………………………………………………………………………………(89)
　　5月 …………………………………………………………………………………(91)
　　6月 …………………………………………………………………………………(94)
　　7月 …………………………………………………………………………………(97)
　　8月 …………………………………………………………………………………(99)
　　9月 ………………………………………………………………………………(101)
　　10月 ………………………………………………………………………………(103)
　　11月 ………………………………………………………………………………(107)
　　12月 ………………………………………………………………………………(109)

各类机构设置、机构负责人及有关人员名单

　　苏州大学党群系统机构设置 ……………………………………………………(115)
　　苏州大学行政系统、直属单位机构设置 ………………………………………(118)
　　苏州大学中层及以上干部名单 …………………………………………………(128)
　　苏州大学工会委员会及各分工会主席名单 ……………………………………(156)
　　苏州大学共青团组织干部名单 …………………………………………………(158)
　　苏州大学有关人士在各级人大、政协、民主党派及统战团体任职名单 ……(163)
　　苏州大学有关人员在校外机构任职名单 ………………………………………(168)
　　党政常设非编制机构 ……………………………………………………………(218)
　　2017年苏州大学及各地方校友会主要负责人情况 ……………………………(221)

院（部）简介

- 文学院 ……………………………………………………………… (227)
- 传媒学院 …………………………………………………………… (230)
- 社会学院 …………………………………………………………… (232)
- 政治与公共管理学院 ……………………………………………… (234)
- 马克思主义学院 …………………………………………………… (237)
- 教育学院 …………………………………………………………… (238)
- 东吴商学院（财经学院）　东吴证券金融学院 ………………… (241)
- 王健法学院 ………………………………………………………… (243)
- 外国语学院 ………………………………………………………… (247)
- 金螳螂建筑学院 …………………………………………………… (252)
- 数学科学学院 ……………………………………………………… (255)
- 物理与光电·能源学部 …………………………………………… (259)
- 材料与化学化工学部 ……………………………………………… (262)
- 纳米科学技术学院 ………………………………………………… (265)
- 计算机科学与技术学院 …………………………………………… (270)
- 电子信息学院 ……………………………………………………… (272)
- 机电工程学院 ……………………………………………………… (275)
- 沙钢钢铁学院 ……………………………………………………… (279)
- 纺织与服装工程学院 ……………………………………………… (282)
- 轨道交通学院 ……………………………………………………… (286)
- 体育学院 …………………………………………………………… (290)
- 艺术学院 …………………………………………………………… (293)
- 音乐学院 …………………………………………………………… (296)
- 医学部 ……………………………………………………………… (299)
- 医学部基础医学与生物科学学院 ………………………………… (304)
- 医学部放射医学与防护学院 ……………………………………… (307)
- 医学部公共卫生学院 ……………………………………………… (311)
- 医学部药学院 ……………………………………………………… (315)
- 医学部护理学院 …………………………………………………… (318)
- 敬文书院 …………………………………………………………… (321)
- 唐文治书院 ………………………………………………………… (324)
- 文正学院 …………………………………………………………… (327)
- 应用技术学院 ……………………………………………………… (331)
- 老挝苏州大学 ……………………………………………………… (333)

附属医院简介

- 苏州大学附属第一医院 …………………………………………… (337)

苏州大学附属第二医院　……………………………………………………（340）
　　苏州大学附属儿童医院　……………………………………………………（342）

表彰与奖励

　　2017年度学校、部门获校级以上表彰或奖励情况　………………………（347）
　　2017年度教职工获校级以上表彰或奖励情况　……………………………（351）
　　2017年度学生集体、个人获校级以上表彰或奖励情况　…………………（354）
　　苏州大学2016—2017学年各学院（部）获捐赠奖学金发放情况　…………（391）

重要资料及统计

办学规模　………………………………………………………………（395）
　　教学单位情况　………………………………………………………（395）
　　成教医学教学点情况　………………………………………………（397）
　　全校各类学生在校人数情况　………………………………………（397）
　　研究生毕业、入学和在校人数情况　…………………………………（398）
　　全日制本科学生毕业、入学和在校人数情况　………………………（398）
　　成人学历教育学生毕业、在读人数情况　……………………………（398）
　　各类外国留学生人数情况　…………………………………………（398）
　　全日制各类在校学生的比率情况　…………………………………（399）
　　2017年毕业的研究生、本专科（含成人学历教育、含结业）学生名单　…（399）
　　2017年毕业的硕士研究生名单　……………………………………（409）
　　2017年取得专业学位的研究生名单　………………………………（428）
　　2017年6月全日制本科毕业生名单　………………………………（449）
　　2017年获得双学位学生名单　………………………………………（483）
　　2017年获得学士学位的留学生名单　………………………………（485）
　　2017年6月结业学生名单　…………………………………………（489）
　　2017年2月本科毕结业学生名单　…………………………………（491）
　　2017年10月本科毕业学生名单　……………………………………（496）
　　2017年成人高等学历教育毕业生（3 815人）　………………………（497）

办学层次　………………………………………………………………（514）
　　博士后流动站以及博士、硕士研究生学位授权点　…………………（514）
　　全日制本科专业情况　………………………………………………（528）
　　成人学历教育专业情况　……………………………………………（532）

教学质量与学科实力　…………………………………………………（533）
　　国家基础科学研究与教学人才培养基地情况　……………………（533）

苏州大学国家级、省(部)级重点学科、重点实验室、协同创新中心、公共
服务平台、工程(技术)研究中心、重点研究基地及实验教学示范中心
............(533)
苏州大学2017年度国家、省教育质量工程项目名单 ....(539)
苏州大学2017年度全日制本科招生就业情况 ....(544)
苏州大学科研机构情况 ....(567)

科研成果与水平 ....(575)

2017年度苏州大学科研成果情况 ....(575)
2017年度苏州大学科研成果获奖情况 ....(576)
2017年度苏州大学科研成果专利授权情况 ....(597)
2017年度苏州大学软件著作权授权情况 ....(652)
2017年度苏州大学承担的省部级以上项目情况 ....(664)

教职工队伍结构 ....(710)

教职工人员情况 ....(710)
专任教师学历结构情况 ....(710)
专任教师年龄结构情况 ....(711)
教职工中级及以上职称情况 ....(711)
2017年获副高及以上技术职称人员名单 ....(716)
2017年聘请讲座教授、客座教授、兼职教授名单 ....(717)
院士、博士研究生导师(在职)名单 ....(720)
各类人才工程入选人员名单 ....(754)
2017年博士后出站、进站和在站人数情况 ....(755)
2017年博士后在站、出站人员情况 ....(756)
2017年人员变动情况 ....(760)
2017年离休干部名单 ....(776)
2017年退休人员名单 ....(777)

办学条件 ....(779)

办学经费投入与使用情况 ....(779)
2017年学校总资产情况 ....(780)
学校土地面积和已有校舍建设面积 ....(781)
全校(教学)实验室情况 ....(782)
苏州大学图书馆馆藏情况 ....(784)

海外交流与合作 ....(785)

2017年公派出国(境)人员情况 ....(785)

2017年在聘语言文教专家和外籍教师情况 ……………………………… (827)
2017年苏州大学与国(境)外大学交流合作情况 ……………………… (829)
2017年举办各类短期汉语班情况 …………………………………………（830）

2017年教师出版书目 …………………………………………………………（832）
2017年苏州大学规章制度文件目录 ………………………………………（843）
2017年市级以上媒体关于苏州大学的报道部分目录 ……………………（846）

后　记 ………………………………………………………………………（860）

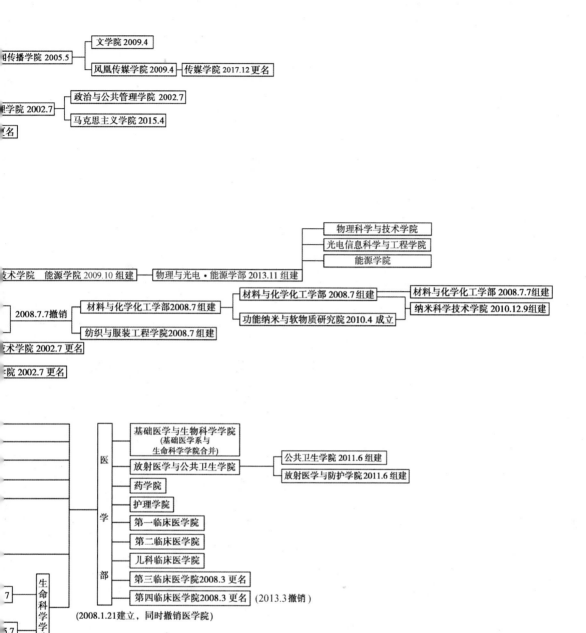

学校综述

苏州大学概况

(2018 年 3 月)

苏州大学坐落于素有"人间天堂"之称的历史文化名城苏州,是国家"211 工程"重点建设高校、"2011 计划"首批入选高校、国防科技工业局和江苏省人民政府共建高校,是江苏省属重点综合性大学。苏州大学前身是 Soochow University(东吴大学,1900 年创办),开西式教育之先河,融中西文化之菁华,是中国最早以现代大学学科体系举办的大学。在中国高等教育史上,东吴大学最先开展法学(英美法)专业教育、最早开展研究生教育并授予硕士学位,也是第一家创办学报的大学。1952 年中国大陆院系调整,由东吴大学文理学院、苏南文化教育学院、江南大学数理系合并组建苏南师范学院,同年更名为江苏师范学院。1982 年,学校复名苏州大学(Soochow University)。其后,苏州蚕桑专科学校(1995 年)、苏州丝绸工学院(1997 年)和苏州医学院(2000 年)等相继并入苏州大学。从民国时期的群星璀璨,到共和国时代的开拓创新;从师范教育的文脉坚守,到综合性大学的战略转型与回归;从多校并入的跨越发展,到争创一流的重塑辉煌,苏州大学在中国高等教育史上留下了浓墨重彩的一笔。

一个多世纪以来,一代代苏大人始终秉承"养天地正气,法古今完人"之校训,坚守学术至上、学以致用,倡导自由开放、包容并蓄、追求卓越,坚持博学笃行、止于至善,致力于培育兼具"自由之精神、卓越之能力、独立之人格、社会之责任"的模范公民,在长期的办学过程中为社会输送了 40 多万名各类专业人才,包括许德珩、周谷城、费孝通、雷洁琼、孙起孟、赵朴初、钱伟长、董寅初、李政道、倪征燠、郑辟疆、杨铁樑、查良镛(金庸)等一大批精英栋梁和社会名流;谈家桢、陈子元、郁铭芳、宋大祥、詹启敏等 30 多位两院院士,为国家建设与社会发展做出了重要贡献。

苏州大学现有哲学、经济学、法学、教育学、文学、历史学、理学、工学、农学、医学、管理学、艺术学等十二大学科门类。学校设有 24 个学院(部),拥有全日制本科生 26 964 人,全日制硕士生 9 620 人,在职专业学位硕士生 2 739 人,全日制博士生 1 649 人,临床博士生 1 766 人,各类留学生 2 598 人。学校现设 131 个本科专业;50 个一级学科硕士学位授权点,24 个专业学位硕士点;28 个一级学科博士学位授权点,1 个一级学科专业学位博士点,29 个博士后流动站;4 个国家重点学科,8 个江苏高校优势学科,5 个江苏省重点序列学科,15 个"十三五"江苏省一级学科重点学科。截至目前,学校化学、物理学、材料科学、临床医学、工程学、药学与毒理学、生物与生物化学、神经科学与行为科学、分子生物与遗传学共 9 个学科进入全球基本科学指标(ESI)前 1‰,化学、材料科学 2 个学科进入全球基本科学指标(ESI)前 1‰。

学校现有2个国家级人才培养基地,1个国家创新人才培养示范基地,3个国家级实验教学示范中心,1个国家级虚拟仿真实验教学示范中心,2个国家级人才培养模式创新实验区,1个国家级大学生校外实践教学基地,1个国家2011协同创新中心(牵头单位),1个教育部人文社科重点研究基地,1个国家工程实验室,2个国家地方联合工程实验室,2个国家级国际合作联合研究中心,3个国家级公共服务平台,1个国家大学科技园,1个国家重点实验室培育基地,1个江苏省高校国家重点实验室培育建设点,4个江苏高校协同创新中心,18个省部级哲社重点研究基地,30个省部级重点实验室,11个省部级公共服务平台,4个省部级工程中心。

目前,全校教职工5 180人,其中具有副高职称及以上人员2 487人、诺贝尔奖获得者1人、中国科学院及工程院院士7人、发达国家院士3人、"千人计划"入选者15人、"青年千人计划"入选者46人、"长江学者"特聘教授7人、"长江学者"青年学者3人、国家杰出青年基金获得者23人、国家优秀青年基金获得者32人、"万人计划"杰出人才1人、"万人计划"科技创新领军人才7人、"万人计划"青年拔尖人才3人、国务院学位评定委员会学科评议组成员6人,一支力量比较雄厚、结构比较合理的师资队伍已初步形成。

苏州大学将人才培养作为学校的中心工作,以立德树人为根本,以培养具备责任感、创新性、应用性和国际性的卓越型人才为定位,以通识教育与专业教育相融合为指导,以提升学生综合素质、夯实专业基础、培养创新创业能力为重点,积极深化人才培养系统化改革,不断提升人才培养质量。学校纳米科学技术学院被列为全国首批17所国家试点学院之一,成为高等教育体制机制改革特区;学校设立了2个书院,积极探索人才培养新模式,其中敬文书院定位于专业教育之外的"第二课堂",唐文治书院在"第一课堂"开展博雅教育。近年来,学校学生每年获得国家级奖项200余人次。2013年学校成功举办第十三届"挑战杯"全国大学生系列科技学术竞赛,并以团体总分全国第二的成绩再捧优胜杯;在2015年第十四届"挑战杯"中,1个项目获一等奖、2个项目获二等奖,再次蝉联优胜杯。在近四届奥运会上,陈艳青、吴静钰、孙杨和周春秀四位同学共获得了"五金一银一铜"的佳绩,国际奥委会主席罗格先生特别致信表示感谢。

学校实施"顶天立地"科技创新战略,科研创新工作取得累累硕果。2017年,人文社科领域获国家级项目30项,其中重大项目3项,重点项目2项;4项成果获得江苏省优秀理论成果奖,1项成果获得吴玉章人文社会科学奖优秀奖,8项成果获得江苏省社科应用研究精品工程奖,其中一等奖1项。自然科学领域获国家自然科学基金360项,立项数位列全国高校第17位,蝉联地方高校第1位,连续六年稳居全国高校20强;1项成果获国家科学技术进步奖二等奖;7项成果获教育部高等学校科学研究优秀成果奖,其中自然科学一等奖1项,二等奖2项,科技进步一等奖1项,二等奖2项,技术发明二等奖1项;10项成果获江苏省科学技术奖,其中一等奖4项。三大检索收录论文4 085篇,其中SCIE收录论文2 485篇,"中国卓越国际科技论文"1 234篇,分别位列全国高校第23位和第20位。2017年Nature Index及Lens平台数据显示,在全球具有创新力的科研机构和高校中,苏州大学排名中国内地高校首位。

学校按照"以国际知名带动国内一流"的发展思路,全面深入推进教育国际化进程。学校先后与30多个国家、地区的180余所高校和研究机构建立了校际交流关系。学校每年招收来自60余个国家或地区的留学生3 000多名。2007年起学校与美国波特兰州立大学合作建立波特兰州立大学孔子学院。作为教育部"中非高校20+20合作计划"成员学校之一,援建尼日利亚拉各斯大学。2011年,在老挝成功创办中国第一家境外高校——老挝苏州大学,该校现已成为国家"一带一路"倡议上的重要驿站和文化名片。

苏州大学现有天赐庄校区、独墅湖校区、阳澄湖校区三大校区,占地面积3 739亩,建筑面积166余万平方米;学校图书资料丰富,藏书近400万册,中外文期刊40余万册,中外文电子书刊110余万册,中外文数据库82个。学校主办有《苏州大学学报》及《代数集刊》《现代丝绸科学与技术》《中国血液流变学》《语言与符号学研究》等专业学术期刊。其中,《苏州大学学报(哲学社会科学版)》作为全国中文核心期刊,被评为全国高校三十佳社科学术期刊,2016年被人大复印报刊资料全文转载29篇,在全国1 150种高等院校学报转载量排名中名列第7位,在全国综合性学术期刊中名列第34位。

面向"十三五",全体苏大人正以昂扬的姿态、开放的胸襟、全球的视野,顺天时、乘地利、求人和,坚持人才强校、质量强校、文化强校,依托长三角地区雄厚的经济实力和优越的人文、地域条件,努力将学校建设成为国内一流、国际知名的高水平研究型大学,成为区域内高素质创新创业人才培养、高水平科学研究和高新技术研发、高层次决策咨询的重要基地。

苏州大学2017年度工作总结

2017年,在习近平新时代中国特色社会主义思想指引下,学校认真学习宣传贯彻党的十九大精神,聚焦立德树人,聚力改革创新,成功召开第十二次党代会,扎实做好本科教学审核评估工作,不断深化研究型大学内涵建设,党的建设和发展改革等各项事业取得新的进步,学校入选国家"双一流"世界一流学科建设高校、全国博士研究生教育综合改革试点高校、江苏高水平大学建设重点支持高校。

一、以迎接十九大召开和学习贯彻十九大精神为工作主线,牢固增强"四个意识"

把迎接党的十九大召开和学习贯彻十九大精神作为全校首要政治任务,坚持用习近平新时代中国特色社会主义武装头脑、指导实践,努力推动全校上下自觉把思想和行动统一到十九大精神上来。认真做好学校出席党的十九大代表候选人初步人选酝酿推荐考察工作,1名同志当选中国共产党第十九次全国代表大会代表。按照"在学懂弄通做实上下功夫"的要求,通过安排干部专题教育培训、成立宣讲团集中宣讲、精心组织新闻宣传、开展专题辅导报告、发放系列辅导教材、投入专项经费设置重点研究课题等多种形式深入开展体系式学习,着力深化宣传普及和研究阐释,推动全校师生深入学习贯彻习近平新时代中国特色社会主义思想,不断增强"四个意识"和"四个自信"。4位教授入选学习贯彻十九大精神省委宣讲团并分赴多地开展集中宣讲。

深入贯彻落实全国全省高校思想政治工作会议精神,召开学校思想政治工作会议,成立思想政治工作领导小组,制定《进一步加强和改进新形势下我校思想政治工作的实施意见》,推进学校思想政治工作改革创新。成立党委教师工作部,加强对教师的思想引领和管理服务,完善师德建设机制。大力加强马克思主义学院建设,深化思想政治理论课改革,推进辅导员队伍专业化职业化发展。组织开展好开学典礼、学位授予仪式、"大学第一课"、暑期社会实践、学生标兵宣讲等活动,社会主义核心价值观培育践行不断深入。

成立苏州大学意识形态工作领导小组,制定实施《苏州大学贯彻落实党委(党组)意识形态工作责任制实施细则》,建立校院(部)两级"意识形态领域情况分析研判联席会议制度"。专题听取意识形态领域情况汇报,对进一步加强学校意识形态工作做出部署。修订制定《苏州大学举办形势报告会和哲学社会科学报告会、研讨会、讲座、论坛管理办法》《苏州大学校园新媒体建设与管理办法》《苏州大学学生社团管理办法》等,进一步加强对"理论学习、校园文化、师德建设、教书育人、讲座论坛、宣传舆论"等阵地的建设与管理。教材选用工作进一步规范。动态开展师生意识形态情况调查工作,加强舆情监测和分析研判。坚持新闻舆论工作的正确方向,建好用好微信、微博、校园网等新媒体平台,深入宣传阐释习近平新时代中国特色社会主义思想,宣传研究型大学建设新实践新经验。

二、发挥党委领导核心作用,推动学校事业科学发展

配合上级党组织做好学校党政领导班子换届工作,为学校改革发展提供组织保证。组织召开学校第十二次党代会,明确了到2030年实现全面建成国内一流、国际知名高水平研究型大学的奋斗目标,选举产生新一届学校党委和纪委领导班子,对今后一个时期管党治党、办学治校做出全面部署。制定《加强和改进党委理论学习中心组学习的意见》,推进党委理论学习中心组学习制度化、规范化。根据中央、省委的统一要求和部署,认真组织开好2017年度民主生活会,进一步统一思想、明确方向、振奋精神、凝聚力量。

全力配合省委巡视工作,系统梳理、深入查找学校党委在党的领导弱化、党的建设、全面从严治党等方面存在的问题。依据省委巡视组巡视反馈意见,成立巡视整改领导小组及16个整改工作小组,研究制订整改工作方案,理清问题、明确责任、落实举措,抓紧推动巡视整改任务落实。组织召开领导班子巡视整改专题民主生活会,深刻剖析问题根源,严肃开展批评,提出具体的整改措施,为抓紧抓实巡视整改工作打下了坚实的思想基础。

经省教育厅审核后,印发《苏州大学改革发展"十三五"规划纲要》。制定《学院(部)党政联席会议议事规则》《院级党(工)委委员会议议事规则》,推动学院(部)贯彻落实党政共同负责制。召开七届三次教代会,就教师岗位分类管理和管理岗位职员制度改革设想、校园机动车辆出入停放管理办法等进行了讨论,以投票表决的方式通过了《苏州大学学术不端行为认定与处理办法(试行)》。

三、贯彻新时代党的建设总要求,管党治党系统性实效性不断增强

把推进"两学一做"学习教育常态化制度化作为思想建党、组织建党、制度建党的有力抓手,严格按照中央、省委的统一部署,结合学校实际制订《苏州大学"两学一做"学习教育常态化制度实施方案》,明确年度工作安排,扎实推进"两学一做"学习教育常态化制度化。开展"双抓双促"大走访大落实活动,组织全校处级以上党员干部走基层、摸实情、听意见。组织开展院级单位党组织书记抓基层党建工作述职评议工作,聚焦主业主责,坚持问题导向,强化结果运用,压紧压实基层党建责任。4个党委完成换届选举工作,4个党工委完成委员调整工作,2个院级党委入选苏州市首批法治型党组织建设试点单位。加强教职工党支部书记示范工作室建设,推进教师党支部书记"双带头人"工程。坚持把政治标准放在首位,出台《发展党员工作实施细则》,严格"推优入党"程序,提高新发展党员质量,全年共发展党员1 450人,转接党员组织关系3 930人次。规范做好党员日常教育管理,严格党费收缴和使用,"四强化四坚持"党员纪律教育获评省高校党建工作创新奖一等奖。

坚持正确选人用人导向,突出政治标准,选拔任用处级干部25名,对24名处级领导职务干部进行了试用期满考察。举办学习贯彻十八届六中全会和省第十三次党代会精神专题培训班,干部队伍适应新时代中国特色社会主义发展要求的能力不断增强。贯彻执行省委

"789"年轻干部培养选拔工程精神,着力加强年轻干部选拔培养,向省委组织部推荐1名优秀"80后"县处级干部到地方挂职锻炼,2名同志交流到地方任职。积极推进处级后备干部和党外中青年骨干校内跟岗锻炼工作,做好江苏省第十批科技镇长团成员和张家港市地方科技镇长团成员选派工作,一批干部得到了锻炼提高。从严管理监督干部,制定实施《处级领导干部兼职管理办法》《处级干部因私出国(境)管理工作暂行规定》,贯彻《领导干部报告个人有关事项规定》和《领导干部个人有关事项报告查核结果处理办法》,做好领导干部个人有关事项集中报告和年度随机抽查核实工作。

贯彻习近平总书记关于进一步纠正"四风"、加强作风建设的重要指示精神和《中共中央政治局贯彻落实中央八项规定的实施细则》,作风建设进一步加强。认真贯彻执行《党政机关厉行节约反对浪费条例》,严格预算管理,严肃财经纪律,切实加强预算管理,严控"三公"经费支出,进一步规范学校党政办公用房、公务用车等管理。

制定《中共苏州大学委员会问责办法(试行)》《苏州大学关于践行监督执纪四种形态的实施办法》《苏州大学关于对党员领导干部进行谈话函询的暂行办法》《苏州大学纪检监察工作转职能转方式转作风实施细则》《中国共产党苏州大学纪律检查委员会议事规则(试行)》等文件,把落实十九大关于全面从严治党的重大部署的要求转化为工作制度。推动纪律教育、廉洁教育常态化。对照校领导经济责任审计发现的问题和提出的整改要求,在全校范围内组织开展廉政风险点排查工作,围绕权力、责任、担当规范运行流程、运行环节的权限,明确办事公开的程序、内容、方式以及监督主体及责任追究的方式等。聚焦责任分解与压力传导,制定《中共苏州大学纪律检查委员会落实党风廉政建设监督责任清单》,全校各二级单位全部组织制定了落实党风廉政建设责任的实施细则。贯彻省纪委专题会议精神,组织开展"小金库"专项整治"回头看"工作、违规吃喝专项治理"回头看"工作实践监督执纪"四种形态",保持惩治腐败高压态势。全年共约谈党员领导干部25人,对领导干部个人有关事项报告查核存在漏报、瞒报问题的4位干部逐一进行诫勉谈话。完成对外国语学院、体育学院"小金库"问题(5人)的立案执纪审查、纪律处分和通报工作。对教育学院1名教职工违纪问题做出开除党籍的纪律处分。对涉嫌违法犯罪的5人进行立案,并移送司法机关。

四、深入推进教育教学改革,教学质量保障体系进一步完善

以凝练定位目标、剖析问题、挖掘特色、完善教学基本状态数据库、营造氛围等为重点,高效有序地做好本科教学审核评估工作。组织开展了对全校24个学院(部)、2个书院、10个教学科研支持机构开展预评估,推动各教学单位、支撑机构有效落实审核评估的目标理念、基本原则、工作方针与主要实施内容。依据专家组反馈意见,认真研究制订本科教学工作审核评估整改方案,理清思路、明确任务、提出要求,扎实部署开展整改落实工作,初步实现了以评促建、以评促管、以评促改等评估目标。

主动适应国家考试招生制度改革,推进优质生源计划,优化招生计划,加强招生宣传,生源质量进一步提升。专业动态调整工作稳步推进,高分子材料与工程、电气工程及其自动化专业认证现场考察工作顺利完成。制定实施《苏州大学课程项目建设指导意见》和《苏州大学在线开放课程建设应用与管理办法》,课程建设的重点从"数量、规模"转向"质量、内涵"。

深入推进本科教学工程项目、品牌专业、卓越人才培养计划项目、实验教学示范中心等建设,在一定范围内复制推广国家试点学院、书院在通识教育及跨学科人才培养方面的成功经验,组织开展了第十六届青年教师课堂教学竞赛,成功承办了2017—2018年江苏高校品牌专业教学学术活动周活动,获评2017年江苏省教学成果奖特等奖2项(高等教育类、基础教育类各1项)、一等奖2项、二等奖7项。贯彻教育部41号令,制定修订《苏州大学普通高等教育本科生学籍管理办法》等文件,为学生创新创业提供制度支持。以"苏州大学创新创业地图"为牵引系统推进"双创"生态系统建设,建成创新实验室34个、创意工作室15个、创新创业实践基地52个、众创空间4个,1个项目在第三届中国"互联网+"大学生创新创业大赛全国总决赛中获得银奖,8个项目在第十五届"挑战杯"全国大学生课外学术科技作品竞赛决赛中获奖。

围绕"服务需求、提高质量"这一核心,按照"立德树人方向要正,服务需求站位要高,提高质量视野要宽"的要求,精心设计并统筹推进博士研究生教育综合改革试点工作。深化博士研究生培养模式"五项"改革以及专业学位研究生教育综合改革任务全面落实。实施新版研究生培养方案,全面加强过程管理,深化研究生培养创新工程,探索交叉学科研究生培养,按计划完成了2017年学籍清理工作,做好临床医学长学制学生"+3"研究生阶段培养改革设计。新增研究生工作站29家。组织16场"科学道德和学风建设案例教学"报告会,实现对2017级研究生新生宣讲教育全覆盖。完成2017年导师增列认定工作,深化导师学院品牌化建设。21篇学位论文获得2017年省优博优硕学位论文,173个项目获江苏省研究生培养创新工程立项。制定实施《苏州大学关于推进研究生国际交流和海外研修的实施办法》,国家公派研究生出国留学项目取得突破,64名研究生获得国家留学基金委资助前往哈佛大学、耶鲁大学等世界一流大学或研究机构留学深造,146名研究生获助出国(境)参加国际学术会议。

五、深入实施人才强校战略,与高水平研究型大学建设目标相适应的人才工作机制进一步优化

贯彻省委《关于聚力创新深化改革打造具有国际竞争力人才发展环境的意见》和学校师资队伍建设工作会议精神,以"精准引才""师资结构优化""青年教师成长关键期培养"为主线,制定实施"高端人才计划""优秀青年学者""增补基本师资""专职科研队伍""师资博士后"等师资队伍建设管理办法,为深入实施人才强校战略做出制度安排。按照"按需引才"原则,着力引进享有学术盛誉的学科领军人才和极具发展潜力的优秀青年学者。加大师资培养力度,积极组织申报各级各类人才项目、出国(境)资助项目,遴选了首批优秀青年学者。编制核定、教师岗位分类管理、管理岗位职员制改革等工作稳步推进。以优化薪酬待遇、加强考核激励等为重点,制定实施《苏州大学博士后管理办法》,加强博士后队伍建设。

一年来,学校引进1位诺贝尔奖获得者、2位外籍院士,新增中组部"千人计划"与"青年千人计划"入选者、基金委"国家杰出青年基金"与"国家优秀青年基金"人才、科技部"万人计划科技创新领军人才"、教育部"长江学者"青年项目获得者等国家级高层次人才22人。新增其他各类人员135人,其中,优秀青年学者6人、专职科研人员11人、师资博士后26人、补充性师资18人。聘用或续聘讲座教授、兼职教授、客座教授、名誉教授52人。新招收

博士后150人,其中统招统分博士后91人(含外籍博士后7人)。5人入选"江苏特聘教授",6人入选省"青蓝工程",1个团队入选省"青蓝工程"优秀教学团队,6人获2017年省"333工程"项目资助,江苏"六大人才高峰"资助项目入选数创历史新高,"香江学者"计划入选数为全国高校第一。83位教师赴国(境)外高水平大学任教、访学、开展合作研究。

六、深化学科规划和布局,学科生态持续优化

推进"一流学科攀登计划",制定实施《苏州大学学科前沿研究激励计划》,1个学科入选国家"双一流"世界一流学科建设序列,8个学科进入全球基本科学指标(ESI)前1‰,材料科学、化学2个学科进入全球前1‰。45个学科参评全国第四轮学科评估,41个学科进入榜单,其中,软件工程、设计学获得A−,纺织科学与工程位列全国第3位,19个学科进入前30%。推进"基础学科强固计划""优势学科群提升计划",完成省"十三五"重点学科任务书制定工作,进一步明确学科发展目标与定位。修订《苏州大学学科经费管理细则》,完成省优势学科、省重点学科预算编制工作,进一步规范和加强学校各级学科经费管理,强化预算资金执行率。5个学科获批"十三五"国防特色学科。

七、深入推进科研体制机制改革,科技工作实现再跨越,人文社科呈现新气象

自然科学方面,坚定实施"顶天立地"的科技发展战略,贯彻国家"深化科技体制机制改革,实施创新驱动发展战略"以及省科技创新"40条政策"精神,在省内高校中率先推进科技管理条例的制定、修订和宣传贯彻工作,深化科技体制机制改革,学校作为高校代表在国家科技创新重点政策落实情况座谈会上作交流发言。全年到账科研经费首次突破5亿大关,达到5.38亿元,其中纵向、横向科研项目到账经费分别突破4亿元、1亿元,军工项目到账经费突破5 000万元。国家自然科学基金申报1 250项、获批349项,申报数及资助立项数均创历史新高,资助项目数位列全国高校第17位(连续六年位列全国高校20强)。柴之芳院士领衔的"乏燃料后处理复杂体系中的锕系元素化学研究"成功立项,实现学校国家自然科学基金重大项目零的突破。首次获得1项千万级的科技部国际合作项目,理、工、医各学院(部)军工科研实现全覆盖。附一院骨科课题组成果再获国家科学技术进步二等奖1项。4项成果获江苏省科学技术一等奖,7项成果获教育部高等学校科学研究优秀成果奖(科学技术),获奖总数并列全国第7位。重大创新平台布局与建设稳步推进,高等研究院、人工智能研究院等科研机构高起点组建,3个实验室被省科技厅评为2014—2016年度江苏省优秀重点实验室,数量位居全省第一。根据最新的Nature Index及Lens平台数据显示,在全球具有创新力的200家科研机构和高校中,学校位列中国内地高校第1位。

人文社科方面,贯彻中央《关于加快构建中国特色哲学社会科学的意见》,系统推进项目管理、经费使用、成果认定、期刊目录等管理文件修订、制定和宣传贯彻工作,落实社会科学领域财政科研项目资金管理改革政策。制定实施《青年教师科研导师制培养实施办法》,加大对青年教师科研指导和预研资助的力度。全年申报人文社科各级各类纵向项目526项,获批包括3项国家社科基金重大项目在内的国家级社科项目30项、省部级社科项目34

项。"传播与社会治理研究"团队获批江苏高校哲学社会科学优秀创新团队。《创新与中国城镇化的转型发展——中国特色城镇化研究报告2016》出版发行。《苏州大学学报(哲学社会科学版)》转载量在全国综合性大学学报中位居第6位。出版社进一步拓展延伸出版教育文化产业链,2个项目获得国家出版基金项目资助。

八、深化协同创新,服务创新驱动发展战略能力和国际资源整合能力进一步提升

苏州纳米科技协同创新中心以纳米产业需求导向为牵引,进一步深化教学、学科、科研、产业协同发展,部分标志性产业化成果受邀参展第八届中国国际纳米技术产业博览会。发起成立"江苏高校协同创新联盟",新型城镇化与社会治理协同创新中心顺利通过验收,《苏州大学校级协同创新中心认定和建设管理暂行办法》制定实施。知识产权授权618件,转让和许可使用126项,同比增长163%。国家大学科技园吴中分园正式投入使用,技术转移中心分中心建设快速推进。与中国建设银行、交通银行、山东魏桥铝电有限公司等重点行业企业签署合作协议,高端铝材制造及应用技术研究院、新材料研发中心等一批面向产业核心技术和关键共性技术的校企合作平台相继成立。继续教育总量增加、结构优化的发展态势不断呈现。对口支援、扶贫等工作有序开展。

深度服务区域创新驱动发展战略、"名城名校融合发展"战略年度工作有序推进,苏州创新研究院、苏州工业研究院等重大项目取得阶段性成果,"对话苏州创新·2017""2017中国(苏州)数字经济指数发布会""第六届中国(国际)非物质文化遗产·东吴论坛"等活动成功举办。东吴智库入选2017年中国核心智库。制订实施《附属医院医教研协同发展行动计划(2017—2020年)》《附属医院合格性评估与准入标准实施办法(试行)》,各附属医院医教研水平稳步提升。与苏州工业园区、吴中、吴江、相城、张家港等区市的合作深入推进。

召开国际化工作推进会,进一步明确新时期学校国际化工作的目标、策略和重点工作。以机构调整为切入点,成立出入境服务中心,进一步理顺学校国际合作交流工作机制,全面提高管理服务效能。制定国(境)外高校办事机构、外国留学生奖学金、港澳台学生管理、港澳台侨学生奖学金管理等文件,为落实"一流大学伙伴计划"提供制度支持。持续深化高水平国际交流合作,与英国剑桥大学、澳大利亚悉尼大学等境外知名高校新签交流协议12项,推进与加拿大滑铁卢大学、德国卡尔斯鲁厄理工学院等高校深层次合作。通过成立威尼斯大学苏州办事处、参与"江苏—英国高水平大学合作联盟"、召开2017海峡两岸与澳洲高等教育论坛等,进一步加强与欧洲及亚太地区高校的高层互动,为构筑"亚太大学联盟"奠定基础。深入落实"留学江苏行动计划",积极发展来华留学生教育,顺利完成来华留学质量认证工作。响应国家"一带一路"倡议,成立"一带一路"发展研究院(老挝研究中心),与老挝科技部合作共建中老绿色丝绸研究中心。与孔子学院的合作院校波特兰州立大学共庆孔子学院成立十周年。

九、坚持统筹协调,办学支撑条件进一步改善

强化风险防控意识,统筹推进内部控制体系建设,制订实施《内部控制建设工作实施方案》。全面加强预决算管理,开展"财经政策宣传年"活动,在全国高校中率先推进并不断深化"互联网+"物资集中采购改革,财务运行质量和效益不断提高,全年总收支规模首次双双突破30亿大关。以制度化、规范化、信息化为引领持续加强审计工作,审计结果有效运用,校领导经济责任审计整改工作不断深化。推进国有资产管理体制改革,制定实施《苏州大学企业国有资产管理暂行办法》《苏州大学经营性资产管理委员会议事规则》,全面加强和规范国有资产管理,公用房改革、大型仪器设备开放共享深入推进。尼日利亚校友会、台湾校友会、湖州校友会、青创校友联盟相继成立,征集"校友故事""听学长说"等校友文化活动广泛开展。基金会再次获评江苏省"5A"级社会组织,本年度累计新签协议的金额为9 000多万元。统筹各校区资源配置,部分学院、部门搬迁工作有序进行,青年教师周转公寓、文正学院学生公寓建设及部分维修项目顺利完成,唐仲英医学研究大楼、独墅湖校区体育馆等在建或拟建项目按计划推进。图书馆文献资源保障工作有力加强。

十、坚持师生为本,安全、便利、和谐的校园环境持续巩固

贯彻总体国家安全观,召开全校安全工作会议、保密工作会议,签订《安全管理责任书》和《保密工作责任书》,统筹抓好责任落实,"统一领导、分工明确、分级管理、责任到人"的大安全体系和人防、物防、技防、制度防"四位一体"的大防控体系进一步巩固。深入推进安全大检查和隐患排查整改工作,加强校园网贷风险防范和教育引导工作。制定修订《苏州大学人口与计划生育管理办法》《苏州大学教职工医疗补助管理办法》等,全面落实国家和省市计划生育、医保政策。根据省事业单位养老保险制度改革工作整体安排,完成2014年10月在职事业编制人员及退休人员共7 000人次的养老保险人员核定和参保登记工作。安排1.45亿元调整老职工住房(租金)补贴和新职工购房补贴,安排3 130万元提高上下班交通费补贴。"奖、助、贷、勤、补、减"六位一体的立体化资助工作体系进一步完善,1 151名新生通过"绿色通道"顺利入学,减免学费304.34万元,博士研究生生均奖助经费总额提高到51 565元,学校连续六年的全省学生资助绩效评价结果为优秀。深化与地方政府、行业企业合作,拓展就业渠道,推进毕业生高质量就业,举办大型校园招聘会27场,校园专场宣讲会295场,提供岗位54 757个。师生体检工作顺利完成,第五十五届学生体育运动会、第十二届大学生心理健康节、校园马拉松、"冬至有约、情满东吴"系列活动成功举办,老年学院教学与管理工作有序开展,幼儿园优质保教能力不断增强。校园绿化美化工作深入开展,独墅湖校区、天赐庄校区东区的包裹投递中心投入运营,"一站式"学生事务与发展大厅即将投入使用。

重要文献

苏州大学 2017 年度工作要点

一、指导思想

以邓小平理论、"三个代表"重要思想、科学发展观为指导,深入学习贯彻党的十八大和十八届三中、四中、五中、六中全会精神和习近平总书记系列重要讲话精神,全面贯彻省第十三次党代会部署要求,抢抓国家"双一流"和江苏省"高水平大学建设"发展机遇,坚持以立德树人为根本,以学科建设为龙头,以队伍建设为核心,以体制机制创新为动力,全面深化综合改革和内涵建设,加快推进国内一流、国际知名高水平研究型大学建设进程,以优异成绩为江苏省"两聚一高"做出积极贡献,迎接党的十九大的胜利召开。

二、工作要点

(一)把握发展机遇,全面推进一流大学建设

1. 做好国家"双一流"和江苏"高水平大学"建设项目申报工作。按照《统筹推进世界一流大学和一流学科建设实施办法(暂行)》《江苏高水平大学建设方案》提出的新目标、新任务和新要求,进一步明确发展思路,凝练发展方向,增强发展动力,积极推进一流学科和一流大学建设;紧扣方案精神,统筹校内外资源,认真做好"双一流"和"高水平大学"建设组织申报工作。(责任单位:学科建设办公室、相关学院〈部〉与部门;责任人:沈明荣、相关学院〈部〉与部门主要负责人)

2. 着力实施名城名校融合发展战略。聚焦苏州"创新四问",认真组织落实《2016 年名城名校融合发展战略工作计划》,加快推进苏州创新研究院、苏州工业研究院、东吴智库、苏州医学中心等重大项目建设;对接国家和江苏重大战略需求,继续推进省局共建、省市共建工作。(责任单位:国内合作办公室、学科建设办公室、科学技术研究部、人文社会科学院、医学部;责任人:吉伟、沈明荣、朱巧明、母小勇、医学部主要负责人)

3. 继续推进《苏州大学改革发展"十三五"规划纲要》和《苏州大学综合改革方案》实施。加强发展规划和改革方案实施监测评估,建立健全年度监督、中期评估、终期检查制度,密切跟踪发展规划和改革方案实施进展,确保改革发展任务落地见效。(责任单位:党委办公室、校长办公室、相关学院〈部〉与部门;责任人:张国华、曹健、相关学院〈部〉与部门主要负责人)

(二)坚持全面从严治党,提升党建工作水平

4. 加强学校领导班子建设。落实全面从严治党重大政治责任,按照社会主义政治家、

教育家、实干家目标要求,持续加强学校领导班子思想政治建设、作风建设和能力建设,牢固树立"四个意识"特别是核心意识、看齐意识,更加自觉地在思想上政治上行动上同以习近平同志为核心的党中央保持高度一致,努力成为推进一流大学建设的坚强领导集体;贯彻落实《关于新形势下党内政治生活的若干准则》,严肃党内政治生活,健全党的组织生活,积极营造风清气正、团结和谐的良好氛围;认真配合上级党组织做好学校领导班子换届工作,适时召开学校第十二次党代会。(责任单位:党委组织部、党委办公室、纪委办公室)

5. 加强思想政治理论武装。深入贯彻落实全国和省高校思想政治工作会议精神,适时召开学校思想政治工作会议,出台《进一步加强和改进我校新形势下思想政治工作的实施意见》;坚持将意识形态工作与理论武装、文化引领、师德建设、立德树人、新闻舆论紧密结合,以全面落实意识形态工作责任制为抓手,牢牢掌握学校意识形态工作的领导权、管理权、话语权;以理想信念和社会主义核心价值观为引领,进一步加强师生思想理论教育,着力推进理论学习阵地、思想道德阵地、课堂育人阵地、新闻舆论阵地建设,完善学校思想政治工作大格局,实现全员育人、全程育人、全方位育人。(责任单位:党委宣传部、党委组织部、党校、纪委、监察处、马克思主义学院;责任人:陈晓强、邓敏、薛凡、施亚东、田芝健)

6. 推进高素质干部队伍建设。严格按照党章规定的干部条件,坚持和落实20字好干部标准和"三严三实"、忠诚干净担当等要求,充分发挥校党委在选人用人中的领导把关作用,使选出来的干部通得过政治关、品行关、作风关、廉洁关、能力关;大力培养使用年轻干部,着力建设一支能够担当学校改革发展重任、经得起考验、年轻优秀、有发展潜力、数量充足、结构合理的年轻干部队伍;做好女干部、党外干部的培养选拔工作;强化领导班子分析研判,做好任期届满处级领导班子换届工作,适时开展机关部门、群直单位处级领导干部新一轮任聘工作;不断加大干部交流力度,丰富干部岗位经历,提升干部履职能力;加强干部教育培训,不断激发干部工作热情,提高干部干事创业能力;加强干部管理监督,制定《苏州大学领导干部个人有关事项报告实施办法》等规章制度;规范干部考核评价机制,进一步加强考核结果的运用。(责任单位:党委组织部;责任人:邓敏)

7. 加强基层党组织建设。推进"两学一做"学习教育常态化制度化,突出"学、做、改"三个环节,做到全覆盖、重创新、求实效;加强院级党组织建设,制定《苏州大学院级党组织委员会会议议事规则》,积极发挥其政治核心作用和监督保证作用;完善党政联席会议制度,制定《苏州大学学院(部)党政联席会议议事规则》,进一步落实好党政共同负责制;开展院级单位党组织书记抓基层党建工作述职评议,进一步强化党建主业意识和责任意识;推进党支部标准化建设,开展"基层党支部标准化建设年"活动,持续提升党支部的凝聚力和战斗力,在推动发展中充分发挥党支部的引领作用;选优配强基层党组织带头人,不断加强教育培训力度;修订《苏州大学发展党员工作实施细则》,规范做好发展大学生党员工作,花大力气做好在优秀青年骨干教师中发展党员工作,开展发展党员工作全程纪实专项检查;健全校、院两级党员教育培训机制,推动党员教育规范化、系统化;建立党代表联系党员群众长效机制,探索党代表发挥作用新途径。(责任单位:党委组织部〈党代表联络办〉、党校;责任人:邓敏、薛凡)

8. 加强作风效能建设。抓住重点环节和"关键少数",加强对贯彻落实中央"八项规定"和省委"十项规定"精神的督查,巩固和深化"三严三实"专题教育的成果,推动作风建设常态化、长效化;加强机关作风效能建设,健全领导干部带头改进作风、深入基层调研机制,完善作风效能考评办法,提升服务意识与服务水平。(责任单位:党委办公室、校长办公室、纪委、监察处、党委组织部、人事处、机关党工委、群团与直属单位党工委;责任人:张国华、曹健、施亚东、邓敏、刘标、周玉玲、刘枫)

9. 推动党风廉政建设。学习贯彻中纪委七次全会精神,按照转职能、转方式、转作风的要求,切实抓好纪律建设、作风建设和反腐倡廉建设;拓展反腐倡廉宣传的新阵地、新平台,丰富学习教育形式,构建党风廉政教育常态化机制,提升党员干部自律意识和责任意识;加强大学生廉洁教育,推进学校廉政文化建设;严格落实党风廉政建设责任制,坚持"一岗双责",探索制定符合工作实际的责任追究办法;建立健全廉政风险防控机制,完善落实权力清单制度,切实加强对重大基建、维修工程项目、大宗物资采购、招生招聘、干部任免、评优评先、大宗经费支出等工作和关键环节的监督;畅通并拓宽信访举报渠道,把握运用监督执纪"四种形态",加大纪律审查力度;抓好纪检监察干部的学习教育和业务培训,提升纪律审查工作能力,打造忠诚干净担当的纪检监察干部队伍。(责任单位:纪委、监察处、党委组织部、审计处;责任人:施亚东、邓敏、孙琪华)

10. 加大新闻宣传力度。围绕立德树人中心工作,开展有深度、有影响力的宣传报道;结合学校"双一流"和"高水平大学"建设,策划系列专题报道;加强校园融媒体建设步伐,探索建立学校新闻信息共享机制;完善校园网新闻信息发布机制,推进学校宣传影像制作和展示;健全新闻发布会、通气会和接受新闻媒体访谈制度,完善突发事件新闻报道应急工作机制;加强对学校舆情的预判、收集、分析和引导工作;继续推进苏大官方微博、微信、微视频建设,汇聚宣传教育合力,为学校改革和发展营造良好的舆论环境。(责任单位:党委宣传部〈新闻中心〉;责任人:陈晓强)

11. 加强校园文化建设。贯彻落实《关于实施中华优秀传统文化传承发展工程的意见》精神要求,以传统文化传承与创新为突破点,唱响唱亮校园文化活动品牌,促进校园文化繁荣发展;以迎接学校建校120周年(双甲子)庆典为契机,深入挖掘和凝练学校百余年厚重而富有底蕴的文化精神,讲好苏大故事,弘扬苏大精神;继续开展师德师风建设,弘扬师德文化,引导广大教师以德立身、以德立学、以德施教;发挥师德楷模、名师名家、学术带头人等的示范引领作用;积极开展校园艺术教育活动,打造具有苏大特色的体育文化,扩大校际交流、校地交流、国际交流,传播苏大文化;加强校友文化建设。(责任单位:党委宣传部、发展委员会办公室、学生工作部〈处〉、党委研究生工作部、科学技术研究部、人文社会科学院、团委、艺术教育中心、校体委;责任人:陈晓强、赵阳、孙庆民、郎建平、宁正法、朱巧明、母小勇、肖甫青、吴磊)

12. 加强统一战线、群众组织和老干部工作。指导帮助民主党派加强组织建设工作;做好党外代表人士的培养和推荐工作;鼓励和支持统一战线代表人士建言献策、参政议政;继续办好"归国学者讲坛";加强苏州基层统战理论与实践研究所建设;充分发挥工会、共青团、学生会、研究生会等群众组织和民主党派成员、离退休老干部在学校事业发展中的重要作用。(责任单位:党委统战部、离退休工作部〈处〉、团委、学生工作部〈处〉、党委研究生工作部;责任人:吴建明、余宏明、肖甫青、孙庆民、宁正法)

13. 加强共青团工作。深化实施"思想引领、素质拓展、权益服务、网络转型、组织提升"五大行动,服务学生成长成才;贯彻落实《高校共青团改革实施方案》,推动改革落到基层、落到实处;开展"四进四信"活动和践行社会主义核心价值观主题教育活动,建设好"青年之声"平台;广泛开展社会实践和志愿服务活动,培育优秀志愿服务项目;落实从严治团要求,规范团员发展和管理,提升基层团组织活力、团学干部作风与能力;筹备召开苏州大学第十六次团代会。(责任单位:团委;责任人:肖甫青)

(三)深化教育教学改革,提高人才培养质量

14. 完善本科课程体系。以课程建设与改革为核心,全面深化本科教学改革;总结"苏大课程3I工程"课程前期建设经验,推进课程标准化建设,建立健全课程退出机制;完善通识课程与专业课程相衔接、本科课程与研究生课程相贯通、线上课程与线下课程相结合的大课程体系;适时召开通识教育改革研讨会。(责任单位:教务部、研究生院;责任人:周毅、郎建平)

15. 继续实施本科教学工程。参照国家本科专业类教学质量标准,做好对标贯标工作,适时修订学校专业教学质量标准、优化人才培养方案;进一步加强省级品牌专业建设工作,持续实施卓越工程师、卓越医生、卓越法律人才和卓越教师等各类卓越计划;加强各类教改项目的顶层设计、资源整合,培育、组织和推荐国家级、省级教学成果奖申报项目;发挥教师教学发展中心作用,加强对新进教师的岗前及入职培训;完善助教制度,构建教师教学能力提升交流平台,持续提升教师教学能力。(责任单位:教务部、人事处;责任人:周毅、刘标)

16. 加强创新创业教育。丰富创新创业教育课程资源,实现专业教育与创新创业教育的融合;建立创新创业学分积累与转换制度;广泛开展大学生课外学术科技作品竞赛、创业课堂、创业者沙龙、"创青春"大学生创业大赛等创新创业实践活动,积极备战第十五届全国大学生"挑战杯"竞赛;加强苏州大学国家大学科技园、青团子众创空间等创新创业平台建设;建设KAB创业俱乐部,加大对创业人社区、移动互联网创业协会等创业类学生社团指导建设力度;整合政府、社会、学校及校友资源为大学生创新创业提供政策、资金、场地、实训等支持。(责任单位:学生工作部〈处〉〈学生创新创业教育中心〉、教务部、科学技术研究部、团委;责任人:孙庆民、周毅、朱巧明、肖甫青)

17. 健全教学质量保障和监控体系。认真做好本科教学工作审核评估自评与迎评工作;开展有关工程教育专业认证、师范类专业认证工作;认真做好已认证专业的整改落实工作;制定出台《课程质量标准》《在线开放课程管理办法》等指导性文件,推进课程建设规范化、标准化;建立基于教育大数据的教学质量监控体系,构建常态化教学质量监测与反馈网络。(责任单位:教务部;责任人:周毅)

18. 加强本科生招生就业工作。深入研读国家考试招生制度改革相关政策,做好招生改革预案;推进大类招生模式改革,继续完善自主招生考核模式;建立学生就业校院(部)二级管理机制,健全完善就业工作激励机制;拓宽就业渠道,健全毕业生就业信息服务体系,继续实施"带薪实习",举办校园大型招聘会和专场宣讲会,提高大学生就业质量。(责任单位:招生就业处;责任人:马卫中)

19. 创新学生事务管理模式。深入开展大学生思想政治教育,启动实施大学生思想政治教育质量提升工程,增强思想政治教育亲和力与针对性,健全文化育人、实践育人、资助育人机制;根据教育部新颁布的《普通高等学校学生管理规定》有关精神和内容,及时修订《苏州大学学生管理规定》;加强和完善"一站式"学生事务与发展中心建设,进一步完善信息化管理手段,探索"互联网+"条件下学生思想教育和管理服务新模式;修订勤工助学津贴管

理办法和学生处分条例;做好大学生征兵宣传动员和国防教育工作;加强体育和心理健康教育,提高学生身心健康水平。(责任单位:学生工作部〈处〉〈学生创新创业教育中心〉、教务部、党委研究生工作部、人民武装部、团委、大学生心理健康教育研究中心、体育学院;责任人:孙庆民、周毅、宁正法、胡新华、肖甫青、冯成志、体育学院主要负责人)

20. 深化研究生招生机制改革。探索建立以研究生教育贡献度为基础的研究生招生计划分配办法,完善导师上岗选任和考核机制;推进全日制和非全日制研究生教育统筹管理,有序推进单证纳入双证考试招生改革;深化博士生考试招生制度改革,进一步完善"申请—考核"与"分流淘汰"机制;探索建立招收留学研究生机制,鼓励教授采用联合培养方式招收海外留学研究生,提高留学研究生比例。(责任单位:研究生院;责任人:郎建平)

21. 不断提高研究生培养质量。落实省教育厅关于博士培养模式改革和深化专业学位研究生教育改革的专项督查要求,加强薄弱环节建设;落实新版研究生培养方案,加强研究生培养过程管理;引入研究生培养质量第三方评估,完善研究生培养质量监控体系;加强研究生工作站建设和管理,建立研究生工作站淘汰和退出机制;健全研究生导师分类遴选制度,适时开展研究生导师遴选工作;加强研究生学术诚信教育,营造鼓励创新、宽容失败、不骄不躁、风清气正的学术环境。(责任单位:研究生院;责任人:郎建平)

22. 推进继续教育提质增效。探索成人学历教育和自学助考学生培养新模式,出台网络化教学改革的相关政策;完成自考管理系统上线测试、继续教育信息化系统整体验收;制定《苏州大学培训管理办法》,拓展培训领域;继续拓展校外教学点,稳定学历教育规模;开展成教重点专业和精品课程建设以及出国留学人员培训基地申报工作。(责任单位:继续教育处;责任人:缪世林)

(四)加强师资队伍建设,打造一流人才队伍

23. 建设高水平师资队伍。实施"高端人才"计划,进一步推进高层次人才引育工作,建立并完善各类人才培养体系;按照"按需引才"的原则,不断完善大师加团队建设机制,着力引进享有学术盛誉的学科领军人才和极具发展潜力的优秀青年学者,以及具有国际竞争力的科技、产业领军人才;继续加强优秀青年学者、专职科研人员、师资博士后和普通博士后等队伍建设,做好基本师资补充工作;继续实施并完善讲座教授、兼职教授、名誉教授、客座教授制度,积极探索建立著名作家、艺术家驻校创作研究制度;实施新修订的"讲席教授""特聘教授""东吴学者"等人才制度,完善校内人才培养体系;继续推进教师队伍国际化进程;进一步优化师资队伍建设机制,建立二级学院人才工作目标考核机制。(责任单位:人事处;责任人:刘标)

24. 深化人事管理制度改革。积极探索教师分类管理改革和职员制改革,实施全员聘用制度改革,逐步实现由身份管理向岗位管理的根本转变;完成全校定编定岗工作,制定并出台符合学校发展规划要求的定编定岗工作实施办法;稳步推进养老保险制度改革工作,确保非事业编制人员养老保险改革平稳过渡;进一步推进收入分配制度改革,保障绩效工资分配规范有序。(责任单位:人事处;责任人:刘标)

(五)加强学科内涵建设,提升科学研究水平

25. 加大学科建设力度。围绕国家"双一流"建设目标与要求,梳理遴选重点和优先发

展学科,着力打造学科高峰;做好学位点动态调整和学科自主设置工作;结合第四轮学科评估和学位点合格评估结果,启动第五轮学科评估准备工作;做好2017年博士硕士学位授权审核、江苏省学科与学位点评估工作。(责任单位:学科建设办公室、"211工程"建设办公室、研究生院、有关学院〈部〉;责任人:沈明荣、郎建平、有关学院〈部〉主要负责人)

26. 提升科研水平和质量。完善科研组织方式,精心组织国家级项目申报,重点推进国家级重点重大项目申报;实施系列新修订科研管理办法,及时总结执行效果;加强项目过程管理和经费管理,高质量完成项目计划任务;推进科研机构改革,组建跨学科(学院)协同研究团队;建立健全科技成果转移转化服务体系,加快促进科技成果转移转化;进一步完善知识产权申请、保护、运营和服务体系。(责任单位:科学技术研究部、人文社会科学院、人事处、财务处;责任人:朱巧明、龚学锋、郁秋亚、许继芳、母小勇、刘标、盛惠良)

27. 加强科研平台与基地建设。加快推进省部共建国家重点实验室、教育部国际联合实验室以及各类科研平台、创新团队的培育工作;组织做好教育部人文社会科学重点研究基地申报工作;加强校级科研机构监管,建立定期考核与动态调整机制,支持有成果和潜力的校级科研机构申报国家级、省级科研平台;淡化科研机构行政化色彩,逐步取消科研机构行政级别;加强东吴智库建设,做好江苏省新型智库迎评工作;培育国防科研团队和平台,强化保密和质量体系管理。(责任单位:科学技术研究部、人文社会科学院;责任人:朱巧明、郁秋亚、许继芳、母小勇)

28. 深化政产学研用协同创新。加强"苏州纳米科技协同创新中心"建设,筹备开展首轮建设期满检查验收工作;继续推进苏州大学"江苏高校协同创新中心"建设;完善产学研合作组织体系,加快优秀科技成果转化,提升技术转移中心和大学科技园的服务能力;规范现有校地研究院运行管理,强化监督,落实责任,突出特色,促进校地合作研究院健康发展。(责任单位:科学技术研究部、"2011计划"办公室、人文社会科学院;责任人:朱巧明、龚学锋、郁秋亚、钱福良、母小勇)

29. 加强学术支撑平台建设。进一步提高文献资源保障水平,开展古籍整理与保护工作;发挥博物馆育人功能,开展藏品征集、文化遗产保护工作,举办特色专题展览,探索博物馆文化传播新路径;完成学校文件材料归档工作,积极开展校史编研工作,加强档案信息化建设,进一步提高档案服务水平;加强与高水平学术期刊的交流合作,深化学术期刊的学术引领及社会服务功能,加快期刊数字化转型;坚持"创特色、出精品、讲服务、增效益"的目标,不断完善出版社多元经营模式,立足传统出版,推进数字出版。(责任单位:图书馆、博物馆、档案馆、学报编辑部、出版社;责任人:唐忠明、黄维娟、钱万里、康敬奎、沈海牧)

(六)扩大对外交流合作,提升教育国际化水平

30. 加快人才培养国际化。将国际化人才培养目标融入人才培养的全过程,着力打造学校为主导、学院(部)为主线、教师学生为主角的国际化人才培养体系;积极拓展与世界知名大学合作,不断推进学生赴海外学习交流;适时召开苏州大学教育国际化工作会议。(责任单位:国际合作交流处、教务部、研究生院、学生工作部〈处〉;责任人:张晓宏、周毅、郎建平、孙庆民)

31. 加强来华留学生教育。进一步加大留学生招生宣传,加强与国内外教育机构、政府及企业的合作,扩大学历教育留学生规模;积极争取加入相关国际教育组织、大学联盟,扩大

学校国际影响力;加强对中外合作办学项目的监督、管理和服务,提升中外合作办学项目的质量;不断完善留学生教育教学管理,开展来华留学质量认证工作。(责任单位:国际合作交流处、教务部、研究生院、学生工作部〈处〉;责任人:张晓宏、周毅、郎建平、孙庆民)

32. 推动境外办学等项目建设。加快老挝苏州大学校园建设,不断扩大办学规模;积极做好波特兰州立大学孔子学院成立十周年庆典活动,推进与尼日利亚拉各斯大学中国学系项目建设,规范"大真大学苏州分校"的运作和管理;分层推进、突出重点,构建从日常交流、项目合作到全面战略合作的国际合作新体系。(责任单位:国际合作交流处、老挝苏州大学;责任人:张晓宏、黄兴)

(七)完善内部管理机制,提升管理服务水平

33. 完善学校内部治理结构。全面推进依法治校,认真贯彻执行《苏州大学章程》《苏州大学学术委员会章程》等制度,不断完善"党委领导、校长负责、教授治学、民主管理"内部治理结构;严格贯彻执行党委领导下的校长负责制,进一步完善"三重一大"事项议事决策程序;充分发挥教代会的民主管理与监督功能,做好七届三次教代会筹备工作;进一步理顺学校和学院(部)的关系,推进管理权限下放工作;强化主观责任和规矩意识,提高管理团队执行力和创新力。(责任单位:党委办公室、校长办公室、校学术委员会、工会、相关学院〈部〉与部门;责任人:张国华、曹健、王尧、王安列、相关学院〈部〉与部门主要负责人)

34. 认真落实审计整改工作。成立审计整改工作领导小组,对校领导经济责任审计中发现的问题集中进行整改;建立健全整改工作责任制,对整改事项进行分类,明确责任单位、责任人和整改时间表,并将整改情况作为领导班子和领导干部考核的重要依据;针对审计反映的典型性、普遍性、倾向性问题及时进行研究,做好现行规章制度的"废、改、立、释"工作,全面推进学校相关制度建设和内部控制建设,建立健全与一流大学建设相适应的现代大学制度体系和治理结构。(责任单位:纪委和监察处、财务处、审计处、相关学院〈部〉与部门;责任人:施亚东、盛惠良、孙琪华、相关学院〈部〉与部门主要负责人)

35. 提高财务管理水平。组织开展"财经政策宣传年"活动,加大财经政策宣传力度;加强财政专项经费管理,加大对财政专项与校内专项统筹力度,提高专项经费使用效益;健全会计委派工作机制,完善受派单位财务管理体系;加快推进校内财务管理信息互联互通,提高财务管理信息化水平。(责任单位:财务处、审计处;责任人:盛惠良、孙琪华)

36. 健全审计与监督机制。健全内部审计机制,开展领导干部经济责任、工程建设项目、专项资金、科研经费等审计工作;加强审计信息化平台建设,提高审计工作效率;强化委托审计项目管理,建立委托审计考核机制;加强对审计结果的转化与应用,依法依纪依规解决审计发现的问题。(责任单位:审计处、纪委和监察处;责任人:孙琪华、施亚东)

37. 完善资产管理机制。健全国有资产管理机制,提高国有资产管理水平;加强学校对外投资监督与管理工作,确保国有资产保值增值;修订学校招标采购相关文件,完善学校招投标管理机制;健全实验室安全管理制度和安全责任制度;完善大型仪器管理平台,推进大型仪器设备开放共享和有偿使用,建立大型仪器设备采购论证与使用绩效考核机制。(责任单位:国有资产与实验室管理处;责任人:陈永清)

38. 推进便利校园建设。创新管理机制和服务方式,为师生校园学习、工作、生活提供便捷、高效的服务;建立师生出境、物资采购、包裹投递、中央厨房等"一站式"服务平台;完

善"方塔发布"信息平台及其机制,启动学校大数据中心建设,建立覆盖教学、科研、人事、财务、资产等领域数据交换和共享平台;适时召开学校信息化工作会议。(责任单位:信息化建设与管理中心、后勤管理处、教务部、研究生院、校长办公室;责任人:张庆、查佐明、周毅、郎建平、曹健)

(八)加强资源配置,营造和谐校园环境

39. 积极争取社会办学资源。进一步加强与政府、科研院所、知名企业的交流与合作,推进政产学研用融合发展;加强董事会工作,完善基金会资金募集和捐赠管理办法,推进在线捐赠项目建设;深入开展校友会工作,支持海内外校友分会建设,多措并举营造良好的外部发展环境。(责任单位:国内合作办公室、发展委员会办公室;责任人:吉伟、赵阳)

40. 提升后勤保障能力。按期完成校区搬迁后续工作,有序做好校区功能调整和校园环境整治工作;梳理后勤服务管理规范,完善后勤服务标准化管理体系;深入推进节约型校园建设,健全节能目标任务管理和节能监管制度,完成独墅湖校区二期"绿色校园"的申报工作;继续推进唐仲英医学研究院大楼、青年教师周转公寓、恩玲艺术中心等基本建设项目。(责任单位:后勤管理处;责任人:查佐明)

41. 完善校园安全防控体系。健全"统一领导、分工明确、分级管理、责任到人"的大安全体系,加强人防、技防、设施防、制度防"四位一体"的大防控体系建设;建立健全安全隐患排查机制,坚持深度专项排查与日常巡查相结合,推进基础设施的维保工作,实现安全管理工作的全覆盖;协助有关单位依法打击侵害师生员工合法权益的违法犯罪活动,保障校园消防、治安、交通、食品等各方面的安全,构建平安和谐校园。(责任单位:保卫部〈处〉、国有资产与实验室管理处、后勤管理处;责任人:霍跃进、陈永清、查佐明)

42. 提高民生服务保障水平。更加注重教职工民生,稳步提高教职工生活待遇;稳定学生食堂食品价格,提高膳食质量;继续改善幼儿园办学条件,提高幼儿园办学水平;做好教职员工体检工作,提高校医院诊疗水平。(责任单位:人事处、后勤管理处;责任人:刘标、查佐明)

43. 做好离退休老同志服务工作。加强离退休干部的思想政治建设和党支部建设,落实离退休老同志的政治和生活待遇;推进"文化养老"工作,丰富离退休人员的精神文化生活;健全二级关工委组织建设长效机制,充分发挥老同志在学校建设发展和关心教育下一代工作中的作用。(责任单位:离退休工作部〈处〉、学生工作部〈处〉;责任人:余宏明、孙庆民)

44. 支持附属医院改革发展。进一步明确附属医院发展定位,强化附属医院在临床教育教学工作中的主体作用;推动以临床问题为导向、以转化医学模式为路径的科研组织与实施模式,增强承接国家重大科研项目的能力;支持附一院平江分院二期、园区儿童总院二期建设,加快推进苏州大学医学中心建设。(责任单位:医院管理处;责任人:徐小乐)

45. 落实重点专项工作。支持独立学院转型发展、深化内涵建设,打造独立学院特色和品牌(责任单位:文正学院、应用技术学院;责任人:吴昌政、傅菊芬);继续推进语言文字工作,推进校园语言文字使用规范化(责任单位:教务部;责任人:周毅);继续做好拉萨师范专科学校、淮阴师范学院对口支援工作(责任单位:国内合作办公室、党委组织部、人事处、教务部、研究生院;责任人:吉伟、邓敏、刘标、周毅、郎建平)。

聚焦改革谋发展　聚力创新求突破

——校长熊思东在苏州大学七届三次教职工代表大会上的工作报告

（2017年4月14日）

各位代表：

　　现在，我代表学校向大会报告工作，请予审议。

第一部分　2016年工作回顾

　　2016年是"十三五"开局之年，也是全面深化改革的关键一年。一年来，学校全面贯彻党的十八大和十八届三中、四中、五中、六中全会精神，深入学习贯彻习近平总书记系列重要讲话精神，聚焦国家"双一流"和江苏省高水平大学建设新目标与新任务，坚持以立德树人为根本，以质量提升为核心，以改革创新为动力，以依法治校为保障，全面深化内涵建设，在人才培养、科学研究、社会服务、文化传承创新等方面均取得了突出成绩。下面，我着重报告八个方面的工作。

一、科学谋划发展，内部治理体系不断完善

　　完成"十三五"规划与综改方案编制工作。在广大师生员工共同参与下，学校顺利完成"十三五"规划纲要和综合改革方案的编制、讨论与上报工作。在此过程中，我们进一步深化了"回归大学本位，提高办学质量"的发展共识，坚定了"建设国内一流、国际知名高水平研究型大学"的发展目标，确立了"改革驱动""人才强校""质量立校""文化名校""国际化"的发展战略，形成了以"一个发展目标""五大发展战略""六大改革重点"为核心的一流大学建设路线图和时间表，为学校"十三五"乃至未来更长时期的发展提供了行动指南和方案。

　　内部治理结构不断完善。根据国家和江苏省最新文件精神，结合学校实际情况，及时开展各项规章制度的"废、改、立、释"等工作，一年来新制文件23份，废止文件23份，修改文

件44份;进一步加强内部控制体系建设,成立了"苏州大学内部控制建设领导小组",健全和完善重大事项决策机制和廉政风险防控机制;进一步明晰行政权力与学术权力的关系和边界,学术委员会在学术事务中的主导作用充分彰显;进一步理顺学校与学院(部)的关系,落实主观责任制,完善学院(部)目标考核机制,开展管理重心下移试点工作;充分发挥教职工代表大会、学生代表大会在学校民主管理中的重要作用,推进民主管理、阳光行政。

二、深化教学改革,人才培养质量稳步提高

课程与专业建设迈向深入。以课程改革为核心,深入推进教育教学改革,加强通识选修课、新生研讨课、微课、全英文教学示范课等课程建设,着力打造一批"苏大课程"。一年来新增通识教改课程40门、新生研讨课程18门、在线开放课程30门,18门课程入选省级在线开放课程建设项目,2门课程入选教育部"外国留学生英文授课精品课程";启动本科专业常态化评估工作,首批对45个专业进行校内评估,并依据评估结果对其中16个专业分别采取减招、停招、撤销等调整措施;稳步推进专业认证工作,完成临床医学和通信工程专业国家认证;积极开展教学成果奖培育工作;召开本科教学工作审核评估动员大会,全面启动本科教学审核评估迎评与自评自建工作,努力培育全校上下重视教学、热爱教学、研究教学的教学质量文化。

人才培养模式不断优化。以培养拔尖创新人才为目标,制定出台《苏州大学关于加强研究性教学工作的指导意见》,加快促进优质师资、科研、平台等资源转化为教学资源,努力培养"素质高、视野广、能力强、有创造"的卓越人才;以国家试点学院为载体,探索形成了学科融合、科教融合、国际融合的立体式拔尖创新人才培养模式,相关改革成果被 Nature Index 专题报道;继续加强敬文书院、唐文治书院建设,学院—书院协同育人、跨学科人才培养模式初显成效,改革实践成果入选"江苏省教育改革创新优秀典型案例";加大海外研修项目支持力度,一年来共选派930名本科生出国(境)研修;深化创新创业教育改革,加强"双创"课程体系、导师队伍和实践平台建设力度,筹划制作"苏州大学创新创业地图",为学生创新创业提供全方位支持。

研究生培养质量继续提升。继续完善推荐免试、硕博连读、申请考核制等招生方式,多管齐下选拔优秀生源;修订研究生导师上岗招生办法和研究生招生指标分配办法,完善研究生资源动态调整机制;修订研究生培养质量标准和培养方案,强化培养过程与重点环节的质量监控;积极推进研究生海外联合培养,一年来共选派355位研究生出国(境)研修;加强研究生创新实践基地建设,新增江苏省研究生工作站19家,累计达243家;导师学院改革实践成果荣获中国学位与研究生教育学会"研究生教育成果一等奖"。

学生事务管理富有成效。学习贯彻全国高校思想政治工作会议精神,加强学生理想信念和中华优秀传统文化教育,引导学生践行社会主义核心价值观;深入开展"优良学风班"创建和"学生标兵"宣讲活动,营造良好学风;继续实施"本科生学术研究资助计划",在"创青春"全国大学生创业大赛中荣获1金2银3铜的优异成绩;定期召开本科生议校座谈会、研究生事务联席会议,主动倾听学生心声,引导学生为学校发展建言献策;继续完善奖助学金管理机制,全年累计发放各类奖助学金1.61亿元,受奖助学生30 251人次,学校连续六年荣获"江苏省学生资助工作先进单位"称号。

招生就业工作扎实推进。进一步深化自主招生、大类招生改革,优化专业招生计划与区域分布,共录取本科生 6 452 名、硕士生 3 504 名、博士生 361 名;继续完善毕业生创就业工作体系,全年发布各类招聘信息 5 200 余条,组织各类招聘会 178 场,提供就业岗位 4.5 万个;本科生、研究生就业率分别为 92.74% 和 94.01%。

三、加强队伍建设,人力资源配置持续优化

注重优秀人才引进。坚持"有选择引进"原则,根据学科发展需要,重点引进在海内外享有学术盛誉的学术大师和极具发展潜力的青年才俊。一年来新进全职教学科研人员 145 人,柔性引进讲座、兼职、客座教授 47 人;新增"国家杰出青年基金"获得者 1 人、"青年千人计划"入选者 6 人、"青年长江学者" 3 人、"万人计划"科技创新领军人才 1 人、"江苏特聘教授" 5 人、"江苏省双创人才" 7 人;1 个项目入选国家外专局"高等学校学科创新引智计划"("111 计划"),成为首批立项的地方高校。

加强青年人才培养。在基本师资补充方面,推进师资博士后和专职科研队伍建设,加强青年教师成长关键期培养,打造青年人才"蓄水池";在优秀学者培养方面,建立以讲席教授、特聘教授、东吴学者、优秀青年学者为主线的校内人才成长体系;在师资队伍国际化方面,引导并支持 83 位教师长期出国(境)研修。

深化人事制度改革。召开师资队伍建设工作会议,制定升级版的特聘教授和讲席教授制度,实施优秀青年学者计划、师资博士后制度、冠名教授制度,修订讲座、客座、兼职教授管理办法,探索建立教师准聘、长聘、双聘和专职科研人员等制度;完善教师专业技术职务评聘办法,组织实施第三轮岗位设置与聘用工作;成立养老保险制度改革工作领导小组,稳步推进养老保险制度改革工作。

四、优化学科布局,科研创新水平不断提升

学科实力持续增强。完成第四轮学科评估和"十三五"国防特色学科申报工作,江苏高校优势学科二期立项学科及序列学科顺利通过中期验收;15 个学科入选"十三五"江苏省重点学科建设序列;神经科学与行为科学学科首次跻身全球学科排名(ESI)前 1% 行列,进入 ESI 前 1% 的学科数达到 8 个;材料科学位列"U.S. News 世界大学专业排名"第 62 位,化学入选"QS 世界大学学科排名"顶尖学科。

科技创新成效显著。获批国家自然科学基金项目 297 项,获批项目数连续五年稳居全国高校前 20 位、地方高校首位,其中,优秀青年基金项目 7 项,位居全国高校第 10 位;新增国家级创新平台 2 个、省部级创新平台 6 个;全校科技活动总经费 9.87 亿元;三大检索收录论文 3 730 篇,同比增长 21%,其中 SCIE 收录论文 2 287 篇,同比增长 9%,位居全国高校第 21 位;新增 Science 论文 1 篇、"中国百篇最具影响国际学术论文" 2 篇;获得各类科技奖项 108 项,其中"国家科技进步奖"二等奖 1 项;1 位教授荣获国际组合数学及其应用协会"霍尔奖"。

人文社科稳步发展。获批国家社会科学基金项目 19 项,其中,重大项目 1 项、重点项目 4 项;在核心期刊上发表论文 713 篇,出版著作 142 部;获省第十四届哲学社会科学优秀成

果奖30项,其中一等奖5项;1位教授荣获"首届中华词学研究终身成就奖",1位教授入选"2015年度中国人文社科最具影响力青年学者";成功举办"第十届中国社会科学前沿论坛""2016中国新型城镇化国际论坛""对话苏州创新"等高水平学术会议。

五、坚持开放办学,服务社会能力显著增强

校地合作有序推进。贯彻落实军民融合战略,学校顺利入选国防科工局与江苏省政府"十三五"共建高校;实施名城名校融合发展战略,与苏州市联合制订2016年工作计划,"苏州创新研究院""苏州工业研究院""东吴智库""苏州医学中心"等26个重点项目全面启动;与江西抚州等地方政府建立全面合作关系,对口援建拉萨师专、淮阴师范学院工作有序开展。

协同创新平台建设取得成效。"苏州纳米科技协同创新中心"以优异的成绩通过教育部中期绩效检查,并有两项重大科技创新成果入选国家"十二五"科技创新成就展;在江苏高校协同创新中心绩效评估工作中,学校牵头组建的"纳米科技协同创新中心""血液学协同创新中心"获评A等级,位居全省高校第2位。

成果转化能力持续增强。2016年,学校获知识产权授权1 002项,实现专利转让和许可使用48项;与相关企业签订横向项目合同336项;国家大学科技园通安分园和吴中分园建设加速推进,新孵化科技型中小企业22家;国家技术转移中心累计新增服务企业500余家,太仓璜泾科技服务驿站、如东技术转移分中心相继建成。

继续教育提质增效。在成人学历教育方面,招收继续教育学生9 513人;在非学历培训方面,共举办各类短期培训班933期,招收培训学员84 629人次;继续教育全年创收1.94亿元,其中培训到账收入首次突破亿元。

六、坚持国际化战略,国际合作交流走向深入

国际交流规模稳中有增。贯彻落实江苏省"留学江苏行动计划",成功入选"留学江苏"目标学校;加强与境外高校及教育机构合作,积极拓宽生源渠道,各类在校留学生2 911人,其中学历生794人;积极实施学生海外学习计划,全年实施各类海外学习交流项目90个,1 285名学生参加海外研修;3个项目成功入选教育部"香港与内地高校师生交流计划"。

国际合作层次稳步提升。继续深化与新加坡国立大学、加拿大滑铁卢大学的全面合作;与澳大利亚莫纳什大学、美国纽约州立大学石溪分校、美国亚利桑那大学等知名高校建立了合作关系;积极参与"江苏—安大略省大学合作联盟""江苏—澳门·葡语国家大学合作联盟"活动;积极拓展学生国际化培养新渠道,1个项目入选国家留学基金委"与有关国家互换奖学金项目",1个项目入选首批"江苏省中外合作办学高水平示范性建设项目"。

海外办学取得新进展。老挝苏州大学新校区建设加快推进,首届学生顺利毕业,取得了良好的社会反响,老挝苏州大学已成为我国"一带一路"倡议上的重要驿站和文化名片;积极推进"中非高校20+20合作计划",与尼日利亚拉各斯大学开展实质性合作;完成孔子学院中方院长、汉语教师及志愿者选派工作。

七、坚持开源节流,资源使用效益不断提高

多方筹集资金。2016年学校共获得各类收入29.80亿元,主要来源如下:一是教育财政拨款14.68亿元(含中央财政支持地方高校发展及省配套专项经费6 800万元、"2011计划"及省协同创新中心专项经费4 300万元、优势学科建设专项资金5 690万元、江苏高校品牌专业建设专项资金1 610万元、离退休人员补助经费1 449.69万元);二是科研事业收入3.84亿元;三是教育事业收入6.98亿元(含学费、住宿费收入4.8亿元);四是教育发展基金会捐赠4 056万元;五是独立学院上缴管理费收入7 043万元;六是经营收入1 175万元;七是其他各类收入3.07亿元(含苏州市名城名校融合发展工作计划项目资金5 300万元、苏州高铁新城管理委员会联合办学经费3 000万元)。

保证重点支出。2016年学校各类支出总计31.08亿元(含往年财政专项结余等支出1.28亿元)。一是注重学校内涵建设,公用经费支出16.53亿元,其中:配合人才培养系统化改革,教学支出1.02亿元,图书设备支出1 810万元;配合科研创新体系建设,科研事业支出3.52亿元;配合人才强校战略,师资队伍建设与人才引进支出1.15亿元;配合学科平台建设,"2011计划"及省协同创新中心建设、优势学科建设等支出2.55亿元,后勤保障支出2.07亿元。二是注重提高教职工收入水平,人员经费支出7.55亿元,其中在职人员工资福利支出7.35亿元(含绩效工资4.51亿元)。三是注重和谐校园建设,对个人和家庭补助支出6.07亿元(含离休费2 643万元、退休费2.42亿元、住房公积金和提租补贴1.55亿元、学生奖助学金1.61亿元)。四是注重校园环境建设,基本建设经费支出8 500万元。五是经营支出825万元。

提高资源使用效益。加强财务预决算管理,压缩行政办公经费等一般性支出,加大对重大专项经费的统筹力度,建立预算执行动态监控反馈机制和重大专项预算执行进度"月通报"制度,年度财务状况得到明显改善;开展国有资产清查盘点工作,推进党政办公和教学科研用房清理工作,促进资源使用和管理公开透明、高效共享。

加强财务审计工作。配合省审计厅完成校领导经济责任审计工作;召开审计工作会议,对新形势下学校审计工作进行系统设计和全面部署;开展中层领导干部经济责任审计,完成对10个二级单位29位领导干部的离任和任中审计;开展工程建设、专项经费和科研经费审计工作,完成各类审计194项。

八、坚持民生为重,校园环境建设日益完善

推进和谐校园建设。严格按照上级规定,有序推进养老保险制度改革,认真落实老同志的政治和生活待遇;调整教职工住房公积金缴存基数、老职工房租补贴比例和新职工住房补贴比例,帮助广大教职工改善住房条件;安全高效完成北校区相关学院和单位的搬迁工作;关注师生身心健康,积极开展各类心理咨询辅导,成功举办校运会、校园马拉松等文体活动;加强校医院、幼儿园的建设,提高质量与服务水平。

开展便利校园建设。建立"方塔发布"平台,方便师生和社会了解学校发展情况;探索实施"互联网+"校园服务新模式,稳步推进师生网上事务中心、办公物资采购平台、互动直播教室和视频会议系统等建设;建立多功能餐厅,开通定制公交,为师生学习、工作和生活提

供便利。

加强节约校园建设。严格贯彻落实中央"八项规定"的有关精神,坚持勤俭办学,严格控制经费支出;按照《绿色校园评价标准》,推进基建工程、校园环境、水电能耗等方面的建设改造工作;学校获评"全国节约型公共机构示范单位""江苏省高校节能先进单位"称号。

巩固平安校园建设。参照江苏"平安校园"示范校的建设标准,编印《苏州大学安全管理规章制度汇编》;加强师生安全教育和安全监管,定期对教室、实验室、宿舍、食堂等公共场所进行安全检查;加强网络信息安全和舆情监测,提升信息安全保障能力。

推进文化校园建设。开展"探讨苏大精神、凝聚发展人心"系列活动,营造知校、爱校、荣校的发展氛围;开展"我最喜爱的老师"评选活动,倡导立德树人、敬业爱生之风;大力弘扬惠寒精神,新建惠寒学校2所,总计达到25所;档案馆完成了《苏州大学英烈传》编印工作,相关成果获批江苏省档案研究会"十二五"成果一等奖;博物馆举办8次特色展览,建立了三维数字馆和微信公众号,努力探索新媒体下文化传播的途径;出版社依托区域与学校资源,出版了一批精品力作;艺术教育中心充分挖掘苏州文化资源,推进高雅艺术进校园活动。

回顾2016年,在全校师生员工的共同努力下,学校各项事业取得了长足的发展,综合实力和国际影响力稳步提升。根据国内外第三方评价,学校综合实力位居中国管理科学研究院《中国大学评价》第28位,成为首家跻身30强的非"985工程"高校;在全球高校四大排名之综合排行榜(中国大陆榜)中排名第24位,并跻身"世界大学学术排名(ARWU)"300强;学校被Nature Index(2016)报告称为"全球上升最快的大学"。

在回顾成绩的同时,我们也清醒地认识到与国家"双一流"和江苏省高水平大学建设目标相比、与广大师生校友和社会各界的期望相比,学校还面临着许多困难和不足,例如:加强教育教学的内在动力依然不足,拔尖创新人才培养能力还有待提高,学科领军人才和旗舰式创新团队仍然匮乏,服务经济社会发展和承接国家重大科研任务的能力还须增强,办学资源短缺和资源整合不足的状况依然并存,整体管理水平与一流大学的建设目标还有差距,这些都需要我们在今后的工作中不断加以改进和提高。

第二部分 2017年主要任务

一、基本思路

深入学习贯彻党的十八大和十八届三中、四中、五中、六中全会精神和习近平总书记系列重要讲话精神,全面落实国家及江苏省教育发展规划纲要,贯彻省第十三次党代会部署要求,抢抓国家"双一流"和江苏省高水平大学建设发展机遇,紧紧围绕立德树人这一根本任务,全面深化内涵建设,以"改革"释放内在活力,以"创新"激发发展潜力,以"开放"汇聚发展合力,以"共享"增强发展动力,加快推进国内一流、国际知名高水平研究型大学建设进程,以优异成绩为江苏省"两聚一高"做出积极贡献,迎接党的十九大胜利召开。

二、重点工作

(一) 抢抓"双一流"发展机遇,推进高水平大学建设

"双一流"建设事关学校发展大局,是学校当前和"十三五"期间一项极为重要的工作。"双一流"建设既是目标也是战略,从近期看,我们将汇聚校内外各方智慧和力量,组建专家咨询委员会,为学校"双一流"建设问诊把脉;适时召开专题会议,组织专门队伍,配合做好"双一流"建设的认定工作,力争进入国家"双一流"序列。从长远看,我们将按照一流大学指标体系,认真查找优势和不足,再接再厉强优势,客观清醒补短板,苦练"内功",不断提升学校发展内涵、办学品位和治理水平,扎实推进学校"双一流"进程。

(二) 坚持育人为本,建设一流本科教育

一流本科教育,是建设一流大学的根本任务。我们将坚持回归大学本位,进一步巩固人才培养的中心地位,将更大的精力、更优的师资、更多的资源服务于本科人才培养;认真做好本科教学审核评估迎评工作,努力实现"以评促建""以评促改"的目的;调整优化学科专业结构,控制本科专业规模,突出建设重点,优化资源配置;加强课程建设,制定出台《课程质量标准》,不断提高课程建设质量;加强创新创业教育,丰富创新创业教育课程资源,及时出台支持学生创新创业的政策措施,降低学生创新创业的"试错成本"。

(三) 坚持人才强校战略,打造一流人才队伍

一流人才队伍,是建设一流大学的重要基础。我们将进一步加强高层次人才引进工作,继续引进享有学术盛誉的学科领军人才和具有发展潜力的青年学者;继续加强优秀青年学者、专职科研人员和师资博士后队伍建设,为学校的后续发展提供动力;推进教师、管理、支撑三支队伍分类管理、分类评价,完善考核评价指标体系,全面激发教职员工的创新创造活力;进一步完善绩效分配制度,建立健全与岗位职责、工作业绩、实际贡献紧密联系的岗位绩效分配体系;继续推进教师聘用制度改革,探索建立低聘、转岗、退出等流动机制,逐步形成"人员能进能出,岗位能上能下"的用人机制。

(四) 深化科研管理改革,提升科学研究水平

科研创新能力,是建设一流大学的重要引擎。我们将进一步完善科研组织方式,努力做好国家级科研项目组织申报工作,将重点、重大项目作为塑造品牌的重要抓手,整合资源有计划地开展重大科研项目的培育;加强科研平台建设,加快推进省部共建国家重点实验室、教育部国际联合实验室等重大创新载体的培育工作;继续推进分学科、多层级、差异化的学术评价体系建设,推进聘期评价、代表作评价和团队评价,不断完善考核评价制度;实施新修订的科研管理系列办法,扩大科研人员自主权,为科研人员潜心研究营造良好的政策环境,激发科研人员的创新热情。

(五) 推进校地融合发展,增强社会服务能力

服务社会发展,是建设一流大学的重要导向。我们将继续坚持"顶天立地"发展思路,投身经济社会发展主战场,以省局共建为契机,主动融入军民融合发展战略,服务国家重大

战略需求;认真落实名城名校融合发展战略,保质保量完成年度工作计划,以实际行动助推苏州经济转型升级,答好苏州"创新四问"的苏大篇章;进一步深化政产学研用协同创新,加大科技成果转化力度,畅通科技成果转移转化渠道,加快推进科技成果转化为现实生产力;充分整合人文社科资源优势,加强东吴智库建设,为国家和区域经济社会发展提供智力支持和决策依据。

(六)推进教育对外开放,开创国际化新局面

国际化办学,是建设一流大学的重要路径。我们将继续实施"国际知名带动国内一流"的国际化战略,着力构建从日常交流、项目合作到全面战略合作的立体式国际合作体系;推进人才培养国际化,加强与世界知名大学合作,制定出台修学境外知名大学课程及学分认定办法,支持更多学生"走出去";加强留学生招生宣传,出台留学生奖学金管理办法,加大全英文课程及专业建设力度,努力扩大留学生特别是学历教育留学生规模;理顺留学生教育管理机制,激发基层学院开展留学生教育的积极性;推进中外合作办学机构和项目建设,努力提升国际化办学层次;积极推动境外办学项目建设,加快老挝苏州大学校园建设,做好波特兰州立大学孔子学院成立十周年庆典活动,推进尼日利亚拉各斯大学中国学系项目建设。

(七)规范内部管理,提高管理服务水平

高效管理服务,是建设一流大学的重要保障。我们将紧跟国家改革动态,根据国家相关改革文件要求,制定符合苏大实际,激励人、发展人、成就人的"苏大方案";进一步理顺学校和学院(部)的关系,促进机关部门职能转变,稳步推进管理权限向学院(部)下放工作,健全学院(部)目标考核机制;进一步加强对二级单位主要负责人的培训、考核和监督,强化主观意识和主观责任,增强学院(部)承接改革发展任务的能力;在"方塔发布"平台基础上,逐步建立覆盖教学、科研、人事、财务等领域的大数据平台,提高决策管理的精准性;加强资源优化配置,完善公共办学资源有偿使用和动态调整机制;加强财务管理和审计监督,健全内部控制体系;有序做好校区搬迁、功能调整和校园环境整治工作;加强便利校园建设,努力为师生提供便捷高效的学习、工作和生活环境。

各位代表、同志们,"双一流"政策正在悄然改变着中国高等教育发展生态,我国高等教育再次步入大变革、大发展时代,一幅宏伟的蓝图已经展现在面前。每位苏大人不只是苏大事业的守望者,更是苏大事业发展的推动者。只要我们以只争朝夕的精神、攻坚克难的勇气、奋发有为的斗志、敢为人先的魄力、脚踏实地的作风,思考问题,推动工作,破解发展难题,那么建设国内一流、国际知名高水平研究型大学的奋斗目标,就一定能够实现!

最后,预祝本次教代会圆满成功!谢谢大家!

聚焦立德树人　聚力改革创新
加快建成国内一流、国际知名
高水平研究型大学

——校党委书记江涌在中国共产党苏州大学第十二次代表大会上的报告

（2017年10月12日）

同志们：

现在，我代表中国共产党苏州大学第十一届委员会向大会作报告。

中国共产党苏州大学第十二次代表大会，是在学校大力实施"十三五"规划，全面深化综合改革，加快推进国内一流、国际知名高水平研究型大学建设的关键时期召开的一次重要会议。大会的主题是：**高举中国特色社会主义伟大旗帜，深入贯彻习近平总书记系列重要讲话精神和党中央治国理政新理念新思想新战略，贯彻全国高校思想政治工作会议精神，贯彻省第十三次党代会精神，总结回顾学校第十一次党代会以来的工作，研究确定今后五年的奋斗目标和任务，团结带领全校党员和师生员工，聚焦立德树人，聚力改革创新，为加快建成国内一流、国际知名高水平研究型大学而努力奋斗。**

一、过去五年工作回顾

五年来，我们团结带领全校各级党组织和广大干部师生，全面落实党的十八大和十八届三中、四中、五中、六中全会精神，深入贯彻习近平总书记系列重要讲话特别是视察江苏重要讲话精神，锐意进取，扎实工作，学校党的建设和各项事业迈出崭新步伐，实现了由教学研究型大学向研究型大学转型的重大跨越。学校牵头组建的苏州纳米科技协同创新中心入选首批国家"2011协同创新中心"，学校入选"世界一流学科建设高校""海外高层次人才创新创业基地""高等学校学科创新引智计划"（"111计划"）"全国高校实践育人创新创业基地""深化创新创业教育改革示范高校""全国博士研究生教育综合改革试点高校"，获评"全省首届学习型党组织建设工作先进单位""江苏省文明单位""江苏省高等学校和谐校园""全国来华留学生教育先进集体"等。

(一)发挥党委领导核心作用,始终保持正确办学方向

坚持党对学校的领导,坚持和完善党委领导下的校长负责制,配合上级党组织做好学校党政领导班子调整、换届工作,落实总会计师制度。进一步健全党委全委会、常委会和校长办公会等议事规则,通过制定工作细则和议事规则推动学院(部)贯彻落实党政共同负责制,健全"三重一大"议事决策制度和运行机制。完善党务公开制度,落实党代会代表任期制。充分发挥党支部作用,切实把党的领导落实到基层。制定《贯彻落实党委(组)意识形态工作责任制实施细则》,强化各级党组织职责,进一步加强对意识形态工作的领导。推动江苏省示范马克思主义学院和马克思主义理论学科建设,完善理论学习体系和长效机制。推进"两微一端"的建设与管理,创新新闻评论工作。强化顶层设计和战略部署,组织召开一流大学与学科建设战略研讨会和第四次发展战略研讨会,制定实施"十三五"事业发展规划,集中力量加快"双一流"和江苏高水平大学建设。制定《苏州大学章程》《苏州大学学术委员会章程》,修订教职工代表大会实施办法,选举产生新一届校学术委员会,不断优化内部治理结构。召开统战工作会议,制定加强统一战线工作的意见,重视并做好党外代表人士培养和推荐工作,2名同志当选有关民主党派新一届江苏省委副主任委员,1名同志当选苏州市政协副主席。成功创建省级"模范职工之家",充分发挥工会、教代会的重要作用。按照上级规定认真落实离退休同志的政治和生活待遇,发挥老同志的积极作用,校关工委获评"全省关心下一代工作先进集体"。

(二)注重思想引领,培育和践行社会主义核心价值观

深入贯彻全国全省高校思想政治工作会议精神,召开学校思想政治工作会议,制定学校实施意见等系列文件,坚持上好新生"大学第一课",不断提升思想政治工作的针对性和实效性。深化思想政治理论课改革,1名教师入选教育部"思想政治教育中青年杰出人才支持计划",2名教师获评"高校思想政治理论课教师年度影响力人物"。完善辅导员专业化培训体系和发展支持体系,2名辅导员获评"江苏高校辅导员年度人物"。制订共青团改革实施方案,深入开展理想信念教育,服务学生成长成才,1个团支部获评"全国五四红旗团支部",校学生会、研究生会双双获评省"十佳"。积极培育和践行社会主义核心价值观,深入开展社会实践和青年志愿者服务活动,不断加强体育、美育和国防教育,2名学生获评"江苏高校大学生年度人物",3名学生征战里约奥运会并获得1枚金牌、1枚银牌,在第十三届全国学生运动会上喜捧"校长杯"。深化博物馆、档案馆内涵建设,大力推进文化育人,"'惠寒'行动"获教育部校园文化建设优秀成果特等奖。加大就业引导力度,鼓励学生到祖国最需要的地方建功立业,就业质量稳步提高。

(三)完善长效机制,大力加强基层党组织和干部队伍建设

扎实开展党的群众路线教育实践活动、"三严三实"专题教育和"两学一做"学习教育,推动党内教育从领导干部向广大党员拓展、从集中性教育向经常性教育延伸。制订实施"两学一做"学习教育常态化制度化实施方案,着力在推动学习教育抓常抓细抓长上下功夫,在完善党内教育长效机制建设上见实效。成立校院两级党建工作领导小组,落实工作责任制,推动党建工作向基层延伸。组织开展服务型党组织建设年系列活动,基层党组织凝聚力明显提升。加强党支部标准化建设,每年举办教工党支部示范培训班。制定发展党员工

作实施细则,落实发展党员全程纪实,探索实施党员"出口"机制,党员发展"双质量"工程扎实推进。五年来,共发展党员 8 851 名,一批基层党组织、党务工作者、共产党员获省市先进表彰。1 名同志当选中国共产党第十九次全国代表大会代表。

成立干部工作小组,制定修订处级干部选拔任用工作条例等规章制度,执行干部"德"的双向考察和干部选任工作"四必"规定,干部工作科学化规范化水平有力提升。五年来,共提拔担任处级领导职务的干部 185 名,推荐 1 名干部交流到地方任职,按期完成学院(部)党政领导班子换届及机关部门、群直单位处级领导职务干部的聘任工作。制定后备干部工作规定,选拔后备干部人选 318 名。加强干部教育培训和实践锻炼,选派近百名干部参与博士服务团、援藏、扶贫、科技镇长团、对口支援等工作,选拔两批党政管理干部赴国外高水平大学跟岗研修。严格执行从严管理干部的各项规定,完成干部人事档案专项审核、干部违规在企事业单位兼职清理等工作,制定对处级干部进行关爱告知、关爱提醒、关爱约谈的办法,增强党员干部的规矩意识和纪律观念。

(四)坚持全面从严治党,着力营造风清气正的育人环境

认真落实全面从严治党主体责任,制定落实"两个责任"实施意见,扎实开展领导班子述职述德述廉工作,加强党纪党规教育、校园廉洁文化建设和职务犯罪预防工作,坚持每年与各二级单位签订《党风廉政建设责任书》,压紧压实管党治党责任。深入贯彻并细化实化中央八项规定和省委十项规定精神,加强机关作风效能建设,"四风"问题得到有效整治。认真开展"小金库"专项治理及"回头看"、廉政风险点排查及防控体系建设等工作。落实纪检监察体制机制改革要求,配齐建强纪检监察干部队伍,稳步推进纪委"三转"工作,积极探索"四种形态"的运用。领导、支持纪委依法依纪查办案件,五年来共立案 7 起,处理违纪党员干部 7 人。

(五)全面推进综合改革,持续提升办学水平

坚持党管人才,不断深化人事制度改革。组织开展两轮岗位设置与聘用工作,全面实施绩效工资改革,完善教师基本工作量制度、科研绩效考核及奖励办法,稳步推进教师分类管理改革试点工作。以"精准引才""师资结构优化""青年教师成长关键期培养"为主题,制定实施以"高端人才计划"为龙头的师资队伍建设系列管理办法,进一步加强高层次人才引进和青年教师培养。诺贝尔奖获得者 Michael Kosterlitz(迈克尔·科斯特利茨)受聘学校讲席教授,入选国家各类人才计划的人数实现倍增,师资队伍结构更优、水平更高。

坚持育人为本,深入实施教育教学改革。深度布局与研究型大学建设目标相适应的研究性教学改革,稳步推进优质生源计划,本科教学资源建设初见成效,"五位一体"本科教学评估体系逐步建立健全,专业认证与评估的常态化机制正在形成。新增国家级实验教学示范中心 1 个、国家级虚拟仿真实验教学示范中心 1 个、国家级规划教材 16 部、教育部"精品视频公开课""精品资源共享课"14 门,江苏省教学成果奖特等奖 2 项。制订深化创新创业教育改革实施方案,在"挑战杯""创青春"等各类赛事中屡创佳绩。"导师学院"改革实践获评全国研究生教育成果奖一等奖。

坚持"顶天立地"思路,持续推进科研管理体制和社会服务机制改革。以前沿部署、学科交叉、军民融合和科技成果转化为重点,深入实施科研体制机制改革,在新增国家级创新

平台、主持国家重点重大项目、入选杰青优青项目、知识产权授权等方面取得显著突破,国家自然科学基金获批数连续6年进入全国高校前20位,2013年度和2014年度"表现不俗论文"数量占比均列全国高校第1位,以苏州大学为第一单位获国家技术发明二等奖1项、科技进步二等奖3项。继2016年被自然指数(Nature Index)报告誉为"全球上升最快的高校"之后,2017年学校在"Nature全球最具创新力高校排行榜"中位居中国内地高校首位、全球第173位。有8个学科进入基本科学指标数据库(ESI)前1%,其中2个学科跻身前1‰。学校获批"江苏省高价值专利示范培育中心"。"东吴智库"形成一批高质量的决策咨询成果,《苏州大学学报(哲学社会科学版)》进入CSSCI源期刊和教育部"名栏工程"。把握军民融合机遇,苏州大学获国防科工局与江苏省人民政府共建。在苏州市委、市政府关心支持下,全面实施"名城名校融合发展"战略,推进"创新平台培育"等十大工程,成功举办三届"对话苏州"高阶论坛。积极参与学习型社会建设,着力推动继续教育转型发展。各附属医院医疗服务水平稳步提升,附属第一医院总院、附属儿童医院园区总院落成启用。对口支援和扶贫工作有力推进。

坚持开放办学,不断加强国际交流合作。积极加入"江苏—安大略省大学合作联盟"等高水平大学联盟,新增境外合作高校48所,剑桥—苏大基因组资源中心成为亚太地区最大的突变小鼠胚胎干细胞资源中心。设立本科生出国(境)交流奖学金、研究生国际交流奖学金,出国(境)交流学生数、教师数实现大幅度增长。制定国(境)外高校办事机构管理办法、外国留学生奖学金实施办法,学校入选首批"留学江苏"目标学校。老挝苏州大学建设稳步推进,波特兰州立大学孔子学院获评全球"先进孔子学院"。

坚持共享发展,扎实推进资源配置改革。切实抓好校领导经济责任审计的整改工作,全面加强预决算管理,持续拓展资金募集渠道,不断提高财务运行质量和效益。深入推进公用房有偿使用和大型仪器设备开放共享工作,进一步规范和加强国有资产管理。在全国高校中率先上线运行"互联网+"物资集中采购平台,实现物资采购与财务管理有效融合。南京铁道职业技术学院苏州校区并入融合工作有序完成,实验学校基本建成,高铁新城教师公寓建设取得进展,平安校园、智慧校园、便利校园建设持续推进。学校连续五年获评"江苏省学生资助工作先进单位",毕业生对母校的认可和推荐度名列江苏高校前列,新型校友联络和校友文化传承机制不断完善。

同志们,以上这些成绩的取得,是上级党委、政府正确领导的结果,是历届党政领导班子薪火相传、继往开来的结果,是全校各级党组织、广大党员干部和全校师生员工同舟共济、团结奋斗的结果。在此,我谨代表学校第十一届党委,向关心支持学校事业发展的各级领导、各界朋友、广大校友,向学校老领导、离退休老同志,向各民主党派和无党派人士,向全校共产党员和全体师生员工,致以崇高的敬意和衷心的感谢!

五年艰苦奋斗,成绩令人鼓舞;五年砥砺前行,经验弥足珍贵。总结五年来的工作,我们深刻感受到:

——必须始终坚持社会主义办学方向不动摇,旗帜鲜明讲政治,坚决维护以习近平同志为核心的党中央权威和集中统一领导,强化"四个意识",坚定"四个自信",坚持"四个服务",坚持党委领导下的校长负责制,更加扎实地把党的路线方针政策和决策部署贯彻始终、落到实处。

——必须始终坚持把立德树人作为根本任务,牢牢抓住全面提高人才培养能力这个核心点,围绕学生、关照学生、服务学生,把思想政治工作贯穿教育教学全过程,自觉践行"四个坚持不懈",确保学校始终成为培养社会主义事业建设者和接班人的坚强阵地。

——必须始终坚持把改革创新作为推动发展的第一动力,弘扬"敢闯敢试敢为"的创新创业精神,围绕破解制约学校改革发展的突出问题,贯彻新发展理念,推进系统性、整体性、协调性的综合改革,加快进度、增强成效、提升质量,着力构建有利于高水平研究型大学建设的体制机制。

——必须始终坚持把营造内和外协发展氛围作为最大软实力,认真践行以师生为中心的发展理念,切实增强广大师生的获得感、幸福感,不断激发苏大人爱校荣校兴校的使命感和责任感,不断争取各级政府、社会各界、海内外校友的关心支持,不断汇聚起推进学校事业发展的磅礴力量。

在回顾过去、总结经验的同时,我们也更加清醒地认识到学校党委在坚持党的领导、加强党的建设、全面从严治党以及推进高水平研究型大学建设等方面还存在着一定的不足、困难与挑战,主要表现为:

——贯彻新发展理念不够全面和深入,发展不平衡、不协调问题逐渐凸显,人才培养的中心地位还须进一步巩固,多学科协调发展的格局需要深化,综合性大学学科交叉融合的体制机制尚未有效形成,高水平人才队伍建设的可持续性和稳定性面临考验,以共建共享共管促获得感、幸福感提升的制度通道不够畅通。

——党的建设存在薄弱环节,基层党组织政治核心作用发挥不平衡,个别基层党组织软弱涣散,有些党员干部作风不实,缺乏敢于负责、勇于担当的精神,不作为的问题不同程度存在;贯穿教育教学全过程的思想政治工作格局还须巩固,工作的针对性、实效性还不够强,意识形态工作责任制有待进一步落细落实落小;管党治党"宽松软"现象还不同程度存在,从严管党治党责任需要进一步强化落实。

——对学校发展资源瓶颈认识较为清醒但应对较为乏力。处于爬坡迈坎关键期的苏大,发展空间受到国外高水平大学、国内一流大学和部分发展迅猛的地方高校的共同挤压,而学校所面临的政策、平台、经费瓶颈严重制约学校继续争先进位,"不进则退"的风险日益增大。党委对此虽有较深认识,但思想解放不够,创新意识不足,改革出现"空转",破解资源瓶颈的决心和举措不够有力,导致一些深层次问题未能及时有效解决,一定程度上影响了学校下一步的跨越发展。

二、今后五年改革发展的指导思想、奋斗目标和重点任务

今后五年,是我国实现第一个百年目标、向着第二个百年目标迈进的重要历史关头。这一时期,随着世界多极化、经济全球化深入发展,以及新一轮科技革命和产业革命的孕育成长,一步步走近世界舞台中央的中国,对高校扎根中国大地推进"双一流"建设、增强国际竞争力影响力的要求更加紧迫;这一时期,随着我们党带领全国人民进行伟大斗争、建设伟大工程、推进伟大事业、实现伟大梦想的历史进程不断向前推进,对高校提升"四个服务"能力、培养德智体美全面发展的社会主义事业建设者和接班人的要求更加紧迫;这一时期,随着全省上下深入贯彻习近平总书记视察江苏重要讲话精神,以"两聚一高"新实践将"强富美高"新江苏建设不断推向纵深,对研究型大学构建人才辈出生态系统、支撑创新驱动发展

的要求更加紧迫;这一时期,学校处在研究型大学建设的初期,对学校破解体制机制矛盾、突破资源瓶颈、强化内涵建设、提升办学水平和育人质量、推进治理体系和治理能力现代化的要求更加紧迫。为此,我们必须科学研判学校发展所面临的新形势新机遇,立足学校实际,提出具有全局性、战略性、前瞻性的行动纲领,努力把学校党的建设和各项事业不断推向前进。

(一) 指导思想

高举中国特色社会主义伟大旗帜,深入贯彻习近平总书记系列重要讲话精神和党中央治国理政新理念新思想新战略,认真学习贯彻党的十九大精神,全面落实省第十三次党代会精神,遵循教育规律,扎根区域沃土,以立德树人为根本,以全面从严治党为保证,深入实施创新驱动、质量立校、人才强校、文化名校和国际化战略,走好建设高水平研究型大学的长征路。

(二) 奋斗目标

到2022年,将学校基本建设成为国内一流、国际知名高水平研究型大学,成为区域高素质创新创业人才培养、高水平科学研究和高新技术研发、高层次决策咨询的重要基地,力争2个学科进入学科评估全国排名前10%或前3名,12个学科进入ESI前1%。

到2030年前后,有4~5个学科进入世界一流学科行列,汇聚一批卓越科学家、学术领军人物和创新团队,初步形成面向国际的拔尖创新人才培养体系、科研创新体系、优秀文化传承创新体系和现代大学管理服务体系,全面建成国内一流、国际知名高水平研究型大学。

(三) 重点任务

面向宏伟的奋斗目标,我们要切实提高政治站位,深刻认识坚持党的领导的重大意义和实践要求,进一步发挥党委领导核心作用,把方向、管大局、做决策、保落实,深入落实新发展理念,全面推进综合改革和内涵建设,团结带领全校师生全力冲刺"世界一流大学建设高校"。

1. 坚持党管办学方向,努力办好中国特色社会主义大学

办学方向是立校之本、办学之要。我们要始终保持清醒头脑,始终保持坚强政治定力,坚持社会主义办学方向,坚持以马克思主义为指导,全面贯彻党的教育方针,把正确的政治方向、价值导向贯穿到办学治校、教书育人全过程。

进一步加强领导班子建设。完善党委领导下的校长负责制,进一步健全工作机制。学校领导班子成员要按照社会主义政治家教育家的要求,切实增强"四个意识",自觉加强理论学习,提高政治敏锐性和政治鉴别力,不断增强贯彻党的教育方针的思想自觉、行动自觉。优化学院(部)党政联席会运行机制,进一步发挥学院(部)党委政治核心作用。认真贯彻执行民主集中制,坚持集体领导与个人分工负责相结合。严格执行"三重一大"决策制度,优化决策程序,强化监督体系,切实做到用制度管人管事管钱管权。进一步完善教代会、学代会、研代会等履行民主管理职能的机制,充分发挥统一战线增进共识、集心集力的优势和功能,充分发挥工会、共青团、学生会、研究生会、退教协、关工委等群团组织的桥梁纽带作用,推动共青团改革取得实质性进展,用心用情做好离退休工作,把党的决策部署变成师生员工的自觉行动。

牢牢掌握意识形态工作主导权。持续加强江苏省示范马克思主义学院和马克思主义理论学科建设,建设一支高水平的马克思主义理论专家队伍,大力推进江苏省中国特色社会主义理论体系研究中心苏州大学基地的建设,打造马克思主义理论教学、研究、宣传和育人的坚强阵地。着力构建以马克思主义为指导的哲学社会科学学科体系、学术体系、话语体系、评价体系,推出一批引领社会思潮的重要理论成果。坚持正面宣传为主,充分发挥校园主流媒体作用,加快推动各类媒体的深度融合,不断巩固壮大主流思想舆论。严格落实意识形态工作责任制,建立完善会商研判、情况通报、风险防控、管控处置、督查考核等机制,坚决抵御和防范错误思潮对校园的渗透影响,切实维护意识形态安全。

加强和改进思想政治工作。全面贯彻全国全省高校思想政治工作会议精神,落实学校实施意见各项任务,针对重点难点问题和薄弱环节制定系列配套文件,形成全面协同的工作推进格局。以青年教师、海外引进教师为重点,进一步加强教师思想政治工作,不断增强教师对中国特色社会主义的思想认知、情感认同,牢固树立"四个自信"。加强对教师育人投入的考核,有效发挥教师教书育人主体作用和各门课程的育人职责,形成与思想政治理论课、思想政治教育活动同向同行的育人合力。健全师德建设长效机制,完善师德"一票否决"实施细则,多渠道选树宣传优秀教师典型,定期举行新教师入职宣誓仪式和老教师荣休仪式。规范对教师的系统培训和职业发展支持,提升思想素质和发展潜力。建立健全学校和学院(部)领导联系教师制度,将思想政治工作同支持教师发展成长有机结合,在关心关爱中增强教育效果。

进一步加强学生思想政治教育。推进思想政治理论课改革,深化研究型教学理念,拓展因材施教教学方法,继续探索完善线上线下相结合的混合式教学模式,优化新生"大学第一课"制度,落实党政负责人上思想政治教育课和做形势政策报告制度。加强辅导员队伍和班主任队伍建设与管理,完善培养培训制度,提升育人实效。加强社会实践课程建设和基地建设,构建实践育人新机制。持续推进学生资助体系、发展指导体系、心理健康指导体系建设,形成学生全面发展的反馈机制和个性发展的支持机制。推动思想政治工作传统优势同信息技术高度融合,建设学校思想政治和舆论引导新媒体矩阵,发挥主流思想文化聚合引领功能。完善学生职业发展和服务体系建设,强化就业引导,进一步加大向国家有需要地区的人才输送力度。

2. 坚持党管改革发展,全面提升办学水平

加强学校党委对综合改革的领导,进一步坚定改革决心,加强顶层设计和战略谋划,通过系统性、整体性、协同性、前瞻性的改革,着力推进体制机制创新,将思想政治工作优势更加有效地转化为学校改革发展优势,激发师生员工的创造活力,进一步深化内涵建设,提升学校综合实力。

深化教育教学改革,提高人才培养质量。深入实施优质生源计划,建立健全多样化的招生选拔机制。深化人才培养机制改革,持续优化学科专业结构体系、课程体系,建立健全满足个性化、多样化的人才发展需求的人才培养模式。深入推进博士研究生教育综合改革试点工作,着力形成可复制、可推广的经验。深化创新创业教育,整合吸引社会资源参与创新创业人才培养。深入实施教学质量提升工程,以教学培训、团队建设、改革研究、质量评估等为重点,全面加强导师学院、教师教学发展中心、基层教学组织的建设,进一步健全教师教学工作的激励和约束机制。突出医教协同,加快医学教育改革发展。深化跨界整合、产教融合,积极开展新工科的实践与改革。加强体育、美育、公共卫生与心理健康教育。

深化人事制度改革,打造一流人才队伍。深入实施人才强校主战略,深化教师岗位分类管理改革,建立健全人员聘用、考核、评价和激励机制,全面激发人才队伍活力,着力优化人才辈出的生态系统。完善教师评聘考核标准,把坚持正确的政治方向作为首要条件。完善"学术大师+创新团队"的队伍建设模式,重点引进与学科发展高度关联的高层次学术领军人才和具有良好发展潜力的青年学者。加强人才梯队建设,推进"东吴学者登峰计划",完善师资培养项目。加强创新团队建设,注重不同学科群体交叉协同。加快建立管理岗位职员制度,加强管理队伍和支撑队伍建设,不断健全各类人员的职业发展通道。

全面推进科研体制机制改革,大力提升原始创新和社会服务能力。以深入实施"世界一流学科攀登计划"等四大计划为抓手,加强学科建设顶层设计,加强分类指导。坚持一流标准、内涵发展,定期对学科建设与发展情况进行全面评估评价,建立学科动态调整机制,推进学科交叉。面向国际学术前沿、国家战略需求和区域产业布局,调整和优化科研组织模式,建立实体性科研大团队和大平台,通过资源集成和有效配置,着力提升承担重大科研项目的能力,着力培育具有重大影响力的原创性标志成果。提升军民融合发展水平,开展战略性、前瞻性基础研究,促进军民科技成果双向转化,健全军民融合科研管理保障体系。深入实施哲学社会科学振兴计划,统筹推进重要科研基地、重大研究规划、重大研究项目建设,铸造精品,延续文脉,全面提升哲学社会科学的创新能力、水平和影响力。深入实施"名城名校融合发展"战略,进一步加强国家、省、校三级协同创新中心建设,探索建立健全校地、校企协同发展新机制;落实成果使用、处置和收益分配政策,构建成果转化的长效机制,探索企业研发代工新模式,更好地服务区域和企业需求。加大继续教育办学的拓展向度和管控力度,深化继续教育品牌建设,助力学习型社会建设。实施附属医院发展行动计划,提升各附属医院发展水平。扎实做好对口支援和扶贫工作。

推进大学文化建设,优化内和外协氛围。凝练、传承、创新苏大精神,进一步增强全体苏大人的价值认同、文化认同。以筹备120周年校庆为契机,加强校史研究,深入做好学校办学育人理念、改革发展实践的梳理、阐述和宣传工作。加强出版社、学术期刊品牌建设,发挥好图书馆、博物馆、档案馆的育人功能。倡导全员参与的大学文化建设,加强文体类社团建设,充分发挥离退休教职工、校友在学校文化建设中的积极作用。实施声誉提升工程,讲好苏大人坚守使命、改革创新、服务发展的故事,展示苏大人与时代共进步的"奋斗者"形象。

推进国际化办学,提高全球协同水平。实施"一流大学伙伴计划""一流学院伙伴计划",深化与国际知名研究型大学全方位、多层次、宽领域的实质性合作。以拓展国际视野、提升跨文化交流能力为核心,建立完善国内培养与国际交流衔接互通的开放式人才培养体系。推进"留学苏大"品牌工程建设,争取留学生接收和培养能力、规模和层次、学位学历生比例三个方面有较大幅度提高。加强校园国际化基础设施建设,改善软硬件环境,提升整体服务能力。探索多方合作共建老挝苏州大学的新模式,加强孔子学院建设,做好"中非高校20+20合作计划"等教育援外项目。

深化管理体制改革,激发办学活力。全面推进依法治校,以章程为龙头,系统做好学校规章制度的"废、改、立、释"工作,落细落实"放管服"改革内容,健全完善现代大学制度体系。深化机关大部制改革,强化精细化管理、精准化服务,注重体现统分结合,加大分类指导、分类管理力度。深化"院为实体"的综合改革,落实学院(部)在人员管理、经费预算、资源配置方面的主体地位,做到资源投入与事权责任相匹配、激励机制与约束机制相协调。全面推进内部控制建设,提高内部控制管理水平。加强国有资产管理,增强办学资源筹集能力,提高配置使用效率,积极稳妥推进学校债务化解工作。规范管理体制机制,推动校属企业改革发展,增强服务人才培养和科技成果转化的能力。统筹校园建设规划,完善后勤服务保障体系,不断改善办学条件。推进一站式服务和校园信息化建设,不断提高师生工作、学习和生活便利化程度。统筹谋划独立学院发展定位和目标,依法依规推进独立学院科学发展。

三、全面从严治党,为学校改革发展提供坚强保证

办好中国特色社会主义大学,加快建成国内一流、国际知名高水平研究型大学,关键在党,关键在人。我们必须以更大的决心和勇气抓好党的建设,推动全面从严治党向纵深发展、向基层延伸、向每个党支部和每名党员覆盖,切实增强自我净化、自我完善、自我革新、自我提高能力,确保党始终成为坚强领导核心,为学校各项目标任务推进落实提供根本保证。

(一)增强核心意识,提高站位谋全局

完善党委理论学习中心组学习制度,深入学习贯彻习近平总书记系列重要讲话精神和党中央治国理政新理念新思想新战略,认真学习宣传贯彻党的十九大精神,带头讲政治、带头促发展、带头讲团结、带头服务师生、带头保持清廉,不断提高领导班子和成员的办学治校能力。加强对学校事业发展的总体谋划和战略部署,研究推进一批事关学校长远发展的重大项目,积极争取各级政府对学校改革发展更大力度的支持。持续推进社会主义核心价值观培育,广泛开展爱国主义、中国特色社会主义和中国梦宣传教育,坚定广大师生的"四个自信"。

(二)夯实基层基础,激发活力强服务

始终把党建的重心放在基层,从严落实基层党建工作责任制,建立健全党建工作巡查机制,深化基层党建述职评议考核,强化政治属性,提升服务功能,落实基本保障,把基层党组织建设成坚强的战斗堡垒。规范做好院级党委换届工作,常态化开展软弱涣散基层党组织排查工作,积极探索"互联网+"党建、智慧党建,健全党内激励关怀帮扶机制。推进党支部标准化建设,探索党建工作向最活跃、最具创新能力的组织拓展,扩大党组织的覆盖面。选优配强党支部书记,培育选树先进典型。加强教师党支部建设,推进教师党支部书记"双带头人"培育工程。以青年骨干教师和优秀大学生为重点,深化党员发展"双质量"工程。推进"两学一做"学习教育常态化制度化,全面加强党务工作者队伍建设,深化党员"党性体检、民主评议",构建党员先锋模范作用发挥长效机制,稳妥处置不合格党员。

(三)狠抓"关键少数",尚德守正重担当

坚持党管干部原则,认真落实好干部标准,深化干部人事制度改革,加强好班长好班子好梯队建设。健全干部选拔任用机制,落实干部选拔任用全程纪实,突出事业选人、以事择

人,强化实干实绩导向,严把选人用人的政治关廉洁关。加强选人用人监督问责,坚决整治选人用人不正之风,防止干部"带病提拔"。强化教育培训,不断提高全校干部的政治能力和思维能力。完善从严管理监督干部的制度体系,动真格推进干部能上能下,坚决整治为官不为。以战略眼光强化年轻干部发现选拔、墩苗培养和实践历练,注意加强党外干部、女干部培养,优化机关与学院(部)双向挂职、校内与校外培养融会贯通的机制。更加关心关爱干部特别是任劳任怨、默默奉献的干部,建立健全激励鼓励、容错纠错免责机制,做到干部为事业担当、组织为干部担当。

(四)强化风险防控,反腐倡廉正风纪

严格执行党风廉政建设责任制,制定责任清单,构建主体明晰、责任明确、有机衔接的责任体系,推动全面从严治党落地生根。建立健全监督体系,形成监督合力,强化监督检查,构建有效管用的廉政风险防控体系。推动和支持学校纪委转职能、转方式、转作风,把纪律和规矩挺在前面,切实履行监督执纪问责职能,加大案件查办力度,用好问责这一利器,探索巡察试点工作。充分运用"四种形态",进一步扩大谈话、函询、诫勉范围,严明纪律,抓早抓小,防止小错酿成大错。推进廉洁文化建设,深入开展警示教育,切实筑牢拒腐防变思想道德防线。巩固和拓展作风建设成果,健全抓常抓细抓长工作机制,决不让"四风"反弹回潮。深化机关作风效能建设,大力治庸治懒治散,努力改作风转学风变文风正会风。进一步加强和规范党内政治生活,切实增强党内政治生活的政治性、时代性、原则性、战斗性。加强党内政治文化建设,推进党员干部家庭、家风、家规建设。

(五)坚持师生为本,共建共享促和谐

牢固践行马克思主义群众观,强化以师生为中心的发展理念,坚持并不断完善学生议校座谈会、研究生事务联席会、老同志情况通报会、民主党派双月座谈会和党员领导干部与党外代表人士联系交友等制度,全面落实领导干部联系基层、党员联系师生制度,充分利用互联网及新媒体拓展联系群众的有效途径,及时了解、回应和解决师生员工的利益诉求和现实关切。加大投入,进一步改善学生学习生活软硬件设施,优化助学帮困体系,保障和提高研究生待遇水平,加大学生宿舍、教室的建设、维修改造力度,加快推进大学生活动中心、体育馆等文体活动基础设施建设。切实关注师生身心健康,关心帮助青年教职工成长,及时做好家庭经济困难群众的帮扶工作,持续加强教师公寓、附属学校建设。逐步推进学校分配体制改革,稳步增加教职工收入,关心离退休老同志生活,保障广大师生员工共享学校改革发展的成果,不断提高师生的获得感、幸福感。完善校园公共安全体系,落实安全稳定工作责任制和责任追究制,健全校园安全稳定的常态化工作机制、预警机制和应急管理机制。

同志们,梦想在前、责任在肩,让我们紧密团结在以习近平同志为核心的党中央周围,以党的十九大精神为指引,贯彻落实全国全省高校思想政治工作会议精神,聚焦立德树人,聚力改革创新,振奋精神,锐意进取,以"世界一流学科建设"为契机,加快建成国内一流、国际知名高水平研究型大学,全力冲刺"世界一流大学建设高校",为推进"两聚一高"新实践、建设"强富美高"新江苏,实现中华民族伟大复兴的中国梦做出新的更大的贡献!

党委常委会工作报告

——校党委书记江涌在校党委十一届十八次全体会议上的报告

（2017年9月1日）

各位委员、同志们：

现在，受党委常委会的委托，我向大家报告2017年上半年党委常委会的主要工作。

一、以全面从严治党为引领，提高党的建设科学化水平

（一）旗帜鲜明讲政治，加强党对学校工作的全面领导

坚持社会主义办学方向，把学习贯彻党的十八届六中全会精神作为重要政治任务，通过中心组学习、参加省委专题培训、干部专题教育等方式，深刻理解《关于新形势下党内政治生活的若干准则》和《中国共产党党内监督条例》的主要内容和精神实质，牢固树立政治意识、大局意识、核心意识、看齐意识，自觉在思想上政治上行动上同以习近平同志为核心的党中央保持高度一致。

持续加强校领导班子建设，配合上级党组织认真做好学校领导班子换届工作，为学校今后一段时期的改革发展提供坚强组织保证。根据党章党规及上级党组织的统一要求和部署，经党委全委会研究通过并报请省委组织部、苏州市委批准，适时启动了学校第十二次党代会的筹备工作。

认真落实党委领导下的校长负责制，严格执行《党委全委会、常委会和校长办公会议事规则（试行）》，认真落实"三重一大"决策制度。今年以来共召开党委常委会22次，就管党治党、办学治校方面的重要事项做出决策部署。印发《苏州大学改革发展"十三五"规划纲要》，组织做好"双一流"和江苏高水平大学建设的申报工作，全面做好校领导经济责任审计问题整改工作，切实发挥党委把方向、管大局、做决策、保落实的重要作用。

充分发挥学术委员会在学术事务中的重要作用。加强对离退休工作、群团工作和统战工作的领导，召开七届三次教代会，就教师岗位分类管理和管理岗位职员制度改革设想、校园机动车辆出入停放管理办法等进行了讨论，以投票表决的方式通过了《苏州大学学术不端行为认定与处理办法（试行）》；召开第十六次团代会，积极推进共青团改革；重视党外代表人士队伍建设，1名同志当选新一届民盟江苏省委副主任委员，1名同志当选新一届民进

江苏省委副主任委员,1名同志当选政协苏州市第十四届委员会副主席,7名同志当选苏州市民主党派组织新一届领导。

(二)坚持固本强基,加强基层党组织和党员队伍建设

按照中央、省委的统一部署,制定《苏州大学"两学一做"学习教育常态化制度化实施方案》,明确2017年度工作安排,在全体党员中扎实推进"两学一做"学习教育常态化制度化,持续推动全面从严治党突出"关键少数"并向基层延伸。把开展"双抓双促"大走访大落实活动作为深化"两学一做"学习教育的重要实践,组织全校处级以上党员干部走基层、摸实情、听意见,着力查找解决问题。

以学院(部)党的工作和党的建设制度化、规范化、程序化为引领,制定并印发《苏州大学院级党(工)委委员会议事规则(试行)》和《苏州大学学院(部)党政联席会议议事规则(试行)》,开展"基层党支部标准化建设年"活动,全面启动党员和党组织基本信息采集与核对工作。3个院级党委完成换届选举工作,全校各党支部认真开好2016年度专题组织生活会,做好民主评议党员工作。实施发展党员"双质量"工程,落实发展党员全程纪实,严格执行发展对象培养期材料抽查制度,第57期党的基本知识培训班、第36期预备党员培训班和党校第七届读书会系列活动顺利举行,上半年全校共发展党员661人。规范做好党员日常教育管理,首次制订党员集中培训教育年度指导计划,明确年度党员集中教育要求。党员纪律教育工作荣获省高校党建工作创新奖一等奖,两项活动获省高校"最佳党日活动"方案,两部微党课作品在省高校微党课视频评审中分获一等奖、二等奖。积极发挥党代表在学校日常管理、干部选拔、党的建设等工作中的作用。1名同志当选中国共产党第十九次全国代表大会代表。

(三)坚持党管干部,加强高素质干部队伍建设

坚持正确用人导向,按照"二十字"好干部标准和"三严三实"要求,选优配强干部。上半年,完成了20名同志的民主推荐、考察工作和15名试用期满干部的民主测评、考察工作;完成了6个学院(部)行政领导班子换届工作;向省国资委推荐江苏省国有企业外部董事人才库专家20人。贯彻执行省委、市委"789"年轻干部培养选拔工程精神,着力加强年轻干部选拔培养,严格执行县处级青年干部选配专项预审制度,向省委组织部推荐优秀"80后"县处级干部到地方挂职锻炼1名,向市委组织部推荐优秀县处级干部8名。积极推进处级后备干部和党外中青年骨干校内跟岗锻炼工作,做好江苏省第十批科技镇长团成员和张家港市地方科技镇长团成员选派工作,一批干部得到了锻炼提高。从严管理监督干部,贯彻《领导干部报告个人有关事项规定》和《领导干部个人有关事项报告查核结果处理办法》,做好领导干部个人有关事项集中报告和年度随机抽查核实工作,进一步规范做好处级干部出国(境)证照管理。

(四)坚持齐抓共管,加强思想政治教育和精神文明建设

深入学习贯彻全国高校思想政治工作会议和全省高校思想政治工作会议精神,召开全校思想政治工作会议,研究部署新形势下学校思想政治工作,制定出台《进一步加强和改进新形势下我校思想政治工作的实施意见》等系列文件,推进全程育人、全方位育人。落实意

识形态工作责任制,制定出台《苏州大学贯彻落实党委(党组)意识形态工作责任制实施细则》,健全完善意识形态工作领导体系,完成师生意识形态情况调查工作,不断增强工作针对性有效性。积极推进思想政治理论课教育教学改革,1名教师获评"高校思想政治理论课教师2016年度影响力人物"。

坚持新闻舆论工作的正确方向,积极推进学校官方微信、微博、校园网等新媒体平台的建设与管理,探索新闻评论工作,上半年,在《光明日报》《中国教育报》等各类媒体发表稿件200余篇(条),持续提升学校的外部声誉。

积极培育和践行社会主义核心价值观,认真组织做好学位授予仪式、研究生科技文化节等活动,深入开展以"喜迎十九大·青春建新功"为主题的大学生暑期社会实践活动,集中开展"学习总书记讲话,做合格共青团员"教育实践活动,激励学生自觉把个人的理想追求融入国家和民族的事业中,做走在时代前列的奋进者。1名辅导员获评"2016江苏高校辅导员年度人物"并荣获第九届全国高校辅导员年度人物提名奖,1个项目获省高校学生教育管理创新奖一等奖。推进志愿服务规范化、专业化建设,完善惠寒行动长效机制,24名志愿者入选研究生支教团、西部计划、苏北计划,学校荣获"江苏省青年志愿服务事业贡献奖"。持续组织开展好学校体育、美育和国防教育,美式橄榄球表演赛和第一届戏曲广播体操比赛成功举办,东吴艺术团第三次受邀参演央视《五月的鲜花》,适龄大学生兵役登记和征兵工作有序推进。

(五)坚持惩防并举,加强党风廉政建设和反腐败工作

深入贯彻十八届中央纪委七次全会精神,围绕学校中心工作,坚持"标本兼治、综合治理、惩防并举、注重预防"的方针,扎实推进党风廉政建设和反腐败各项工作。召开全校党风廉政建设工作会议,与各二级单位主要负责人签订《2017年党风廉政建设责任书》,细化任务、传导压力。全校各二级单位认真制定本单位、本部门落实党风廉政建设责任的实施细则(含纪委书记、纪检委员在内的领导干部党风廉政建设责任清单),切实强化责任担当,推动"两个责任"落细落实。以《关于新形势下党内政治生活的若干准则》《中国共产党党内监督条例》《中国共产党问责条例》为重点内容,深入细致地做好党纪党规的学习宣传教育工作,编印《纪检监察信息通报》。加强廉政风险点排查及内控制度建设,明确运行流程、运行环节的权限,各环节的责任人及签字背书人,办事公开的程序、内容、方式,以及监督主体及责任追究的方式,建立健全"权限职责、工作流程、配套预防和制约监督追责"四位一体的内控制度体系。

推动监督执纪"四种形态"运用具体化、常态化,完善廉政约谈和函询机制等制度,上半年共约谈领导干部9人次。毫不松懈地抓好中央八项规定和省委十项规定精神的落实,贯彻省纪委专题座谈会精神和要求,认真组织开展"小金库"等专项治理"回头看"工作,坚决预防和制止以任何形式私设"小金库"。领导大力支持纪委依法依纪查办案件,及时听取工作汇报,协调解决重大问题,对违纪违规问题"零容忍"。2017年上半年立案3起(其中2016年下半年工作延续1起),保持惩治腐败的高压态势。

二、以立德树人、内涵发展为主线,提升学校综合实力和核心竞争力

(一)深入推进教育教学改革,教学质量保障体系进一步完善

积极围绕人才培养中心任务,主动适应国家考试招生制度改革,合理制订招生计划,全面加强招生宣传,优质生源计划稳步推进。以凝练目标定位、剖析问题、挖掘特色、完善质量监控保障体系、营造氛围等为重点,有序推进本科教学工作、审核评估评建工作。高分子材料与工程、电气工程及其自动化专业认证现场考察工作顺利完成。专业动态调整工作稳步推进。持续深化课程建设与改革,18门课程获省2016—2017年高等学校在线开放课程立项建设。在全校范围内推广使用"基于手机的教学质量综合评价与分析系统",构建教学评价闭环系统,实现由终结性评教评学向过程性评教评学转变。深入推进本科教学工程项目建设,扎实做好对各类教改项目的顶层设计、力量整合和培育建设工作,获评2017年江苏省教学成果奖特等奖2项(高等教育类、基础教育类各1项)、一等奖2项、二等奖7项。深化创新创业教育改革,以"苏州大学创新创业地图"为牵引系统推进"双创"生态系统建设,修订《苏州大学学生管理规定》及相关配套制度,积极组织参加各级各类创新创业赛事,1名学生获第八届全国大学生数学竞赛决赛一等奖,7件作品入围第十五届"挑战杯"全国大学生课外学术科技作品竞赛主体赛和专项赛决赛,6个项目在2017年"互联网+"大学生创新创业大赛江苏省决赛中获奖(其中一等奖1个、二等奖4个),学校入选全国第二批深化创新创业教育改革示范高校。文正学院自有师资队伍建设初显成效,应用技术学院入选教育部"科学工作能力提升计划(百千万工程)"首批试点院校。

扎实推进新版研究生培养方案落实工作,全面加强过程管理,积极探索交叉学科研究生培养,按计划完成了2017年学籍清理工作。做好临床医学长学制学生"+3"研究生阶段培养改革设计。学校入选教育部全国博士研究生教育综合改革试点高校。国家公派研究生出国留学项目取得突破,64名研究生获得国家留学基金委资助前往哈佛大学、耶鲁大学等世界一流大学或研究机构留学深造。导师增列认定及2017年博士硕士学位授权审核等工作稳步推进。

(二)深入实施人才强校主战略,与高水平研究型大学建设目标相适应的人才工作机制进一步优化

贯彻省委《关于聚力创新深化改革打造具有国际竞争力人才发展环境的意见》和学校师资队伍建设工作会议精神,以"精准引才""师资结构优化""青年教师成长关键期培养"为主线,学校出台了"高端人才计划""优秀青年学者""增补基本师资""专职科研队伍""师资博士后"等师资队伍建设管理办法,并着手制定"东吴学者登峰计划"实施办法,完善师德建设机制,为深入实施人才强校主战略做出制度安排。按照"按需引才"原则,着力引进享有学术盛誉的学科领军人才和极具发展潜力的优秀青年学者。积极组织做好各级各类人才项目、出国(境)资助项目的申报工作。编制核定、教师岗位分类管理、管理人员职员制改革等工作稳步推进。制定《苏州大学博士后管理办法》,以优化薪酬待遇、加强考核激励等为重点,加强博士后队伍建设。

2017年上半年,学校新引进讲席教授、特聘教授等高端人才8人,其中诺贝尔奖获得者1人,"千人计划"入选者2人,"国家杰出青年基金"获得者2人,"青年千人计划"入选者2

人。新增其他各类人员78人,其中教学科研人员45人,党政管理及其他专技人员32人。新聘讲座教授、兼职教授、客座教授33人。新招收博士后61人,其中统招统分博士后36人(含外籍博士后4人),在职博士后16人,企业联合培养博士后9人。5人入选"青年千人计划",6人入选省"青蓝工程",1个团队入选省"青蓝工程"优秀教学团队。31位教师到国(境)外高水平大学访学、开展合作研究。

(三)科学做好学科规划,优势学科国际竞争力进一步攀升

以国家"双一流"和江苏高水平大学建设为契机,系统梳理学科优势、特色,积极推进学科布局调整与结构优化,加强优势学科建设,持续优化学科生态。学校ESI全球前1%学科保持8个,其中,材料科学、化学2个学科进入ESI全球前1‰。5个学科获批"十三五"国防特色学科。组织做好第四轮学科评估相关工作,完成45个学科评估异议再审、学科评议权重征询与学科评估声誉调查等工作。科学做好"十三五"省重点学科任务书编定工作,进一步明确学科发展目标与定位。修订《苏州大学学科经费管理细则》,进一步规范和加强学校各级学科经费管理。按照预算与学科建设长远规划相结合原则,完成2017年度各类学科专项经费预算编制工作。

(四)统筹推进科研体制机制改革,各类科研主体的创新活力进一步激发

自然科学方面,深入贯彻全国科技创新大会精神,贯彻省政府《关于加快推进产业科技创新中心和创新型省份建设的若干政策措施》,统筹推进《科研项目管理办法》《科研项目经费间接费用分配及使用实施细则》《科技成果转化管理办法》等科技管理条例的制定、修订和宣传贯彻工作,全面推进科技体制机制改革,学校作为高校代表在国家科技创新重点政策落实情况座谈会上做交流发言。坚持"顶天立地"的科研方针,围绕国家、区域重大战略需求和重大现实问题开展高水平科学研究,着重加强对重点重大项目申报的组织指导力度,上半年到账科研经费达2.27亿元,再创历史新高。申报国家自然科学基金项目1 250项,截至目前,有335个项目获得资助,资助项目数创历年新高,列全国第17位(连续六年位列全国高校20强)、省内第2位、地方高校第1位,资助率达26.64%、列全国高校第8位,资助直接经费16 113.8万元;受资助项目中包含优秀青年科学基金4项、重大项目课题1项、重点项目3项;此外,国家杰出青年科学基金项目1项已公示结束。推进重大创新平台布局与建设,全力推进"省部共建放射医学与辐射防护国家重点实验室"申报工作,高起点组建苏州大学高等研究院。把握军民融合、省局共建机遇,加强国防科技创新体系建设,不断提高学校在国家国防科技创新中的参与度、贡献度。加大标志性成果的培育力度,以第一完成单位申报科学技术奖项149项。根据最新的Nature Index及lens平台数据显示,在全球具有创新力的200家科研机构和高校中,学校位列中国高校第三,中国内地高校第一。

人文社科方面,深入贯彻中共中央《关于加快构建中国特色哲学社会科学的意见》,系统推进"项目管理""经费使用""成果认定""期刊目录"等管理文件修订、制定和宣传贯彻工作,落实社会科学领域财政科研项目资金管理改革政策,建立激发科研活力的体制机制。组织做好各级各类人文社科基金项目的申报工作,注意加强对青年教师申报课题的指导力度,获批国家社科基金项目21项、教育部人文社会科学研究项目10项。8位教师入选《复印报刊资料重要转载来源作者(2016年版)》榜单。《苏州大学学报(哲学社会科学版)》转

载量在全国高校学报中位列第7位,《苏州大学学报(教育科学版)》在教育类高校学报中位列第2位。

(五)深化协同创新,服务创新驱动发展战略能力进一步提升

以产业需求为导向,持续优化国家2011协同创新中心的体制机制,推进江苏高校协同创新中心第二期创新发展,制定《苏州大学校级协同创新中心认定和建设管理暂行办法》,国家、省、校三级协同创新体系不断完善。深度服务区域创新驱动发展战略,"名城名校融合发展"战略年度工作计划稳步推进,苏州创新研究院、苏州工业研究院等重大项目取得阶段性成果,东吴智库成功召开2017中国(苏州)数字经济指数发布会,各附属医院医教研水平有力提升,附一院平江新院二期建设正式启动。与姑苏、高新、吴中、相城等苏州城区及江西抚州、广西防城港、山东龙口、江苏沛县等地方政府的校地合作深入推进。高端铝材制造及应用技术研究院、新材料研发中心等一批面向产业核心技术和关键共性技术的校企合作平台相继签约成立。国家大学科技园吴中分园正式投入使用,技术转移中心2017年上半年累计新增服务企业300余家。继续教育内涵建设不断深化,品牌优势进一步凸显。对口支援、扶贫等工作有序开展。

(六)加强国际交流合作,国际资源整合能力进一步增强

召开国际化工作推进会,明确新时期学校国际化工作的目标、策略和重点工作。以机构调整为切入点,新成立出入境服务中心,进一步理顺学校国际合作交流工作机制,全面提高管理服务效能。制定《苏州大学国(境)外高校办事机构管理办法》和《苏州大学外国留学生奖学金实施办法》,为落实"一流大学伙伴计划"、发展留学生学历教育提供制度保障。加强高水平国际交流合作,与英国剑桥大学等境外高校新签交流协议9项,推进与加拿大滑铁卢大学、德国卡尔斯鲁厄理工学院等高校深层次合作。通过成立威尼斯大学苏州办事处、参与"(中国)江苏—英国高水平大学合作联盟"、举办2017海峡两岸与澳洲高等教育论坛等,进一步加强与欧洲及亚太地区高校的高层互动,为构筑"亚太大学联盟"奠定基础。深入落实"留学江苏行动计划",积极发展来华留学生教育,推进来华留学质量认证工作,上半年各类在校留学生共计1 670人,其中,学历教育留学生780人。孔子学院、"中非高校20+20合作计划"等国际合作项目扎实做好,老挝苏州大学校园建设稳步推进。

三、以共享发展为目标,不断增强服务保障能力

(一)加强资源统筹协调能力,持续提升支撑改革发展水平

进一步强化风险防控意识,统筹推进内部控制体系建设,制订《苏州大学内部控制建设工作实施方案》,开展"财经政策宣传年"活动。科学编制年度预算,加大经费统筹力度,资金使用效率和效益进一步提高。以制度化、规范化、信息化为引领持续加强审计工作,"免疫系统"功能有力发挥。全面加强和规范国有资产管理,新成立采购与招标管理中心,公用房改革、采购招标制度化规范化及大型仪器设备开放共享深入推进。在上级党组织的支持下,落实总会计师制度。积极探索构建新型校友联络和文化传承机制,成功举办2017年校友返校日系列活动,成立苏州大学青创校友联盟。进一步拓展资金募集渠道,上半年新签协

议金额近 9 000 万元,基金会再次获评江苏省"5A"级社会组织。部分学院搬迁工作有序进行,恩玲学生活动中心、唐仲英医学研究大楼等建设、维修改造项目按计划顺利推进。图书馆、档案馆的资源建设与开发力度进一步加强,博物馆完成"景海女子师范学校旧址"省级文物保护单位的申报工作。出版社在延伸出版教育文化产业链方面进一步拓展,2 个项目获得国家出版基金项目资助。

(二)坚持师生为本,不断巩固安全、便利、和谐的校园环境

贯彻总体国家安全观,召开全校安全工作会议、保密工作会议,签订《安全管理责任书》和《保密工作责任书》,统筹抓好责任化落实,"统一领导、分工明确、分级管理、责任到人"的大安全体系和"人防、物防、技防、制度防"四位一体的大防控体系进一步巩固。深入推进安全大检查和隐患排查整改工作,加强校园网贷风险防范和教育引导工作。深化便利校园建设,推进后勤保障工作扁平化、综合化改革,落实校园交通智能化方案,一站式包裹投递中心建设快速推进。加强对家庭经济困难学生的资助,做好贫困学生认定审核、助学金发放、爱心基金补助等工作,上半年累计提供校内外勤工助学岗位 1 200 余个,2 800 余名学生获得国家助学贷款或生源地贷款资助。不断深化与地方政府、行业企业合作,拓展就业渠道,持续优化带薪实习、优秀实习生选拔等项目,推进毕业生充分就业、更高质量就业。上半年组织大型招聘会 10 余场,提供就业岗位 18 000 余个。第十二届大学生心理健康节成功举办,青年教师周转公寓建设顺利推进,老年学院教学与管理工作有序开展。调整优化部分体检项目,顺利完成 2017 年度教职工体检工作。根据省事业单位养老保险制度改革工作整体安排,基本完成我校 2014 年 10 月在职事业编制人员及退休人员共 7 000 人次的养老保险人员核定和参保登记工作。校园绿化美化工作深入开展,食堂、幼儿园、校医院的服务质量与水平持续提升。

各位委员、同志们,以上办学成绩的取得,离不开包括离退休老同志、上一届校领导班子在内的全校师生员工的共同努力,在此,我代表党委常委会向各位委员和广大师生员工,对常委会工作的大力支持表示诚挚的谢意,向所有为学校事业发展付出辛劳和智慧的同志们致以崇高的敬意!

在总结成绩的同时,我们也清醒地认识到,与上级的要求相比、与师生员工的期盼相比,我们的工作依然存在着一些差距和不足,部分重要改革和重点工作的落实还有待深入推进,教职员工的幸福感获得感还有待进一步提升。下半年,党委常委会将深入学习贯彻习近平总书记系列重要讲话精神和党中央治国理政新理念新思想新战略,贯彻全国全省高校思想政治工作会议精神,带头讲政治、带头推动发展、带头讲团结、带头服务师生、带头保持清正廉洁,精心筹备召开好学校第十二次党代会,继往开来,凝心聚力,振奋精神,开拓进取,以优异成绩迎接党的十九大胜利召开!

衷心希望各位委员、同志们对党委常委会的工作提出宝贵意见和建议,帮助我们把工作做得更好。

党委常委会工作报告

——校党委书记江涌在校党委十二届五次全体会议上的报告

（2018年2月28日）

各位委员、同志们：

现在，受党委常委会的委托，我向大家报告2017年度党委常委会的主要工作。

一年来，党委常委会认真学习贯彻党的十九大精神和习近平新时代中国特色社会主义思想，积极履行管党治党、办学治校主体责任，团结和带领全校师生员工，聚焦立德树人，聚力改革创新，第十二次党代会胜利召开，学校入选国家"双一流"世界一流学科建设高校、全国博士研究生教育综合改革试点高校、全国深化创新创业教育改革示范高校、江苏高水平大学建设重点支持高校和科技部创新人才培养示范基地，研究型大学内涵建设不断深化。

一、深入学习贯彻十九大精神，推动全面从严治党向纵深发展

（一）以迎接十九大召开和学习贯彻十九大精神为工作主线，牢固增强"四个意识"

党委常委会把迎接党的十九大召开和学习贯彻十九大精神作为全校首要政治任务，努力推动全校上下自觉把思想和行动统一到十九大精神上来。认真做好学校出席党的十九大代表候选人初步人选酝酿推荐考察工作，1名同志当选中国共产党第十九次全国代表大会代表。深入学习贯彻习近平总书记"7·26"重要讲话精神，为迎接十九大召开打好思想基础。按照"在学懂弄通做实上下功夫"的要求，通过制订实施《苏州大学党委理论中心组党的十九大精神专题学习计划》、安排干部专题教育培训、成立宣讲团集中宣讲、精心组织新闻宣传、开展党支部书记集中轮训、发放系列辅导教材、投入专项经费设置重点研究课题等多种形式深入开展体系式学习，着力深化宣传普及和研究阐释，推动全校师生深入学习贯彻习近平新时代中国特色社会主义思想，不断增强"四个意识"和"四个自信"。4位教授入选学习贯彻十九大精神省委宣讲团并分赴多地开展集中宣讲。

深入贯彻落实全国全省高校思想政治工作会议精神，召开学校思想政治工作会议，成立思想政治工作领导小组，制定《进一步加强和改进新形势下我校思想政治工作的实施意见》，推进学校思想政治工作改革创新。成立党委教师工作部，加强对教师的思想引领和管理服务，完善师德建设机制。发起成立全国地方高校马克思主义理论学科研究会、全国地方

高校马克思主义理论学科协同创新中心和全国地方高校思想政治理论课协同创新中心,积极承办省"马克思主义·青年说"有关活动,1名教师获评高校思想政治理论课教师2016年度影响力人物,1名辅导员获评江苏高校辅导员年度人物。积极培育和践行社会主义核心价值观,开学典礼、学位授予仪式、"大学第一课"、学生标兵宣讲等活动深入人心,附属第一医院荣获全国文明单位,24名志愿者入选研究生支教团、西部计划、苏北计划,1名学生获评江苏省大学生"军训之星",30余名学生应征入伍。

(二)发挥党委领导核心作用,不断推动学校事业科学发展

配合上级党组织做好学校党政领导班子换届工作,为学校改革发展提供组织保证。组织召开学校第十二次党代会,明确了到2030年实现全面建成国内一流、国际知名高水平研究型大学的奋斗目标,选举产生新一届学校党委和纪委领导班子,对今后一个时期管党治党、办学治校做出全面部署。制定《加强和改进党委理论学习中心组学习的意见》,推进党委理论学习中心组学习制度化、规范化,自觉用习近平新时代中国特色社会主义思想武装班子、指导实践。召开了10次党委全委会、37次党委常委会、29次校长办公会,就加强党的建设、世界一流学科建设、人才培养、师资队伍建设、思想政治工作等重大问题做出决策和部署。

全力配合省委巡视工作,系统梳理、深入查找学校党委在党的领导、党的建设、全面从严治党等方面存在的问题。依据省委巡视组巡视反馈意见,成立巡视整改领导小组及16个整改工作小组,研究制订整改工作方案,理清问题、明确责任、落实举措,抓紧推动巡视整改任务落实。组织召开领导班子巡视整改专题民主生活会,班子成员对照巡视反馈意见,坚持问题导向,联系思想和工作实际,坚决把自己摆进去,主动认领责任,深刻剖析问题根源,严肃开展批评,提出了具体的整改措施及整改工作建议,为抓紧抓实巡视整改工作打下了坚实的思想基础。

在市委、市政府主要领导的直接关心和省委巡视组的支持帮助下,经过多次协调磋商,苏州市与学校达成了收储南校区等部分地块支持我校化解债务的初步意向。经协商,市政府收储学校南校区和金狮河沿部分闲置地块,其中南校区人民路地块等用于教育等公益事业,为此支付我校收储金人民币10亿元。同时,苏州市全面支持附一院二期工程建设。目前,学校正向上级主管部门履行报告程序,学校内部也将履行民主程序科学决策。经省教育厅审核后,印发《苏州大学改革发展"十三五"规划纲要》。制定《学院(部)党政联席会议议事规则》《院级党(工)委委员会议事规则》,推动学院(部)贯彻落实党政共同负责制。召开七届三次教代会,就教师岗位分类管理和管理岗位职员制度改革设想、校园机动车辆出入停放管理办法等进行了讨论,以投票表决的方式通过了《苏州大学学术不端行为认定与处理办法(试行)》。召开第十六次团代会,积极推进共青团改革。发挥老同志的积极作用,1个院级关工委获"江苏省教育系统关心下一代工作先进集体",1名老师获评"江苏省教育系统关心下一代工作先进个人",离退休干部困难帮扶及"文化养老"工作稳步推进。学术委员会在学术事务中的重要作用有效发挥。重视党外代表人士队伍建设,2名同志当选新一届民主党派省委副主委,1名同志当选省欧美同学会副会长,1名同志当选苏州市首届欧美同学会会长。在新一届全国、江苏省人大、政协换届选举中,2名同志当选新一届全国人大代表、全国政协委员,3名同志当选省人大常委会委员、省政协常委会委员,9名同志当选省

人大代表、省政协委员。

根据中央、省委的统一要求和部署,紧扣民主生活会主题,认真组织开好2017年校党委领导班子民主生活会。坚持把功夫下在会前,认真研究制订实施方案,明确环节步骤、召开时间及基本要求;组织专题学习研讨,深刻领会习近平新时代中国特色社会主义思想的历史地位和丰富内涵,搞清楚、弄明白"八个明确"主要内容和"十四个坚持"基本方略的重大创新思想观点,为开好民主生活会打牢思想基础;校党政主要负责同志分别主持召开了5场征求意见座谈会,认真听取了离退休老同志代表、教师代表、中层干部代表、党外人士代表以及学生代表的意见建议,同时设置专门电子邮箱面向全校师生广泛征求意见建议,共征集到了7个方面77条意见建议;认真执行谈心谈话制度,贯彻"四个必谈"要求,把工作、思想方面的问题谈开谈透,达成思想共识,为开好民主生活会营造了良好氛围。在精心组织学习研讨、深入查找突出问题、严肃开展谈心谈话、深刻进行党性分析的基础上,校党委主要负责同志主持研究起草领导班子对照检查材料,班子成员自己动手撰写个人发言提纲,个人发言提纲对本人重大事项报告、配偶子女从业情况以及巡视反馈、组织约谈函询的问题说清楚、谈透彻,校党委主要负责同志对班子成员发言提纲进行了审核把关。1月16日,学校召开2017年度苏州大学党委领导班子民主生活会,校党委领导班子全体成员参加了会议,校长(民盟盟员)全程列席了会议。民主生活会上,校党委主要负责人通报了2016年度民主生活会整改措施落实情况和本次民主生活会征求意见情况,代表领导班子做对照检查,并带头做了个人对照检查,切实发挥了"头雁作用";班子成员也都贯彻整风精神,进行了对照检查和党性分析,开展了严肃的批评与自我批评,切实起到了统一思想、明确方向、振奋精神、凝聚力量的作用,为把习近平新时代中国特色社会主义思想转化为推动学校研究型大学建设的生动实践提供了强有力的助推。最后,校党委主要负责同志对民主生活会情况进行总结。

(三) 落实意识形态工作责任制,全面加强阵地建设和管理

成立苏州大学意识形态工作领导小组,制定实施《苏州大学贯彻落实党委(党组)意识形态工作责任制实施细则》,建立校院(部)两级"意识形态领域情况分析研判联席会议制度"。党委常委会专题听取意识形态领域情况汇报,对进一步加强学校意识形态工作做出部署。修订制定《苏州大学举办形势报告会和哲学社会科学报告会、研讨会、讲座、论坛管理办法》《苏州大学校园新媒体建设与管理办法》《苏州大学学生社团管理办法》等,进一步加强对"理论学习、校园文化、师德建设、教书育人、讲座论坛、宣传舆论"等阵地的建设与管理。教材选用工作进一步规范。动态开展师生意识形态情况调查工作,加强舆情监测和分析研判。

坚持新闻舆论工作的正确方向,建好用好微信、微博、校园网等新媒体平台,深入宣传阐释习近平新时代中国特色社会主义思想,宣传研究型大学建设新实践新经验,全年共发表新闻宣传稿件1 000余篇(其中国家级媒体200余篇),"方塔发布"平台发布学校信息42条,学校英文门户网站改版升级并全新上线,新媒体中心在2016—2017年度中国(江苏)高校传媒联盟评选中荣获十佳校园媒体奖,"博物馆记忆""校史故事"等微信推送在强化校史育人功能方面持续发力。

(四)突出政治功能,提升基层组织组织力

把推进"两学一做"学习教育常态化制度化作为思想建党、组织建党、制度建党的有力抓手,严格按照中央、省委的统一部署,结合学校实际制订实施方案,明确年度工作安排,扎实推进"两学一做"学习教育常态化制度化。开展"双抓双促"大走访大落实活动,组织全校处级以上党员干部走基层、摸实情、听意见,组织集体座谈550场,与教师、学生、家长等进行个别访谈4514次,推进了一批实事项目。组织开展院级单位党组织书记抓基层党建工作述职评议工作,聚焦主业主责,坚持问题导向,强化结果运用,压紧压实基层党建责任。4个党委完成换届选举工作,4个党工委完成委员调整工作,2个院级党委入选苏州市首批法治型党组织建设试点单位。加强教职工党支部书记示范工作室建设,推进教师党支部书记"双带头人"工程。1部微党课在省高校微党课视频评审中获一等奖。

坚持把政治标准放在首位,出台《发展党员工作实施细则》,严格"推优入党"程序,提高新发展党员质量,全年共发展党员1450人,转接党组织关系3930人次。规范做好党员日常教育管理,发放并规范使用《党员手册》,做好党员档案普查,开展毕业生党员集中教育管理月活动,首次制订实施党员集中培训教育年度指导计划,党的基本知识培训班、预备党员培训班、党校读书会系列活动有序开展,"四强化四坚持"党员纪律教育获评省高校党建工作创新奖一等奖。严格党费收缴和使用,在把补缴党费用于加强基层建设的同时,从补缴党费中支出13.6万元帮助沭阳县店东村建设党群服务中心,助力脱贫攻坚工作。

(五)突出政治标准,加强高素质专业化干部队伍建设

坚持正确选人用人导向,严格按照《苏州大学处级干部选拔任用工作条例》规定的原则和程序,按照德才兼备、以德为先原则和"二十字"好干部标准,重点突出政治标准,提拔使用牢固树立"四个意识"和"四个自信"、坚决维护党中央权威、全面贯彻执行党的理论和路线方针政策、忠诚干净担当的干部。一年来,共选拔任用处级干部25名,其中正处级领导职务干部8名、副处级领导职务干部17名;女干部5名,党外干部6名。40周岁及以下干部9名,80后干部4名。高级职称17名,博士14名。对24名处级领导职务干部进行了试用期满考察。

举办学习贯彻十八届六中全会和省第十三次党代会精神专题培训班,干部队伍适应新时代中国特色社会主义发展要求的能力不断增强。贯彻执行省委"789"年轻干部培养选拔工程精神,着力加强年轻干部选拔培养,向省委组织部推荐1名优秀"80后"县处级干部到地方挂职锻炼,2名同志交流到地方任职。积极推进处级后备干部和党外中青年骨干校内跟岗锻炼工作,做好江苏省第十批科技镇长团成员和张家港市地方科技镇长团成员选派工作,一批干部得到了锻炼提高。从严管理监督干部,制定实施《处级领导干部兼职管理办法》《处级干部因私出国(境)管理工作暂行规定》,贯彻《领导干部报告个人有关事项规定》和《领导干部个人有关事项报告查核结果处理办法》,做好领导干部个人有关事项集中报告和年度随机抽查核实工作。

(六)推动管党治党任务落到实处,营造风清气正育人环境

强化制度建设,制定《中共苏州大学委员会问责办法(试行)》《苏州大学关于践行监督执纪四种形态的实施办法》《苏州大学关于对党员领导干部进行谈话函询的暂行办法》《苏

州大学纪检监察工作转职能转方式转作风实施细则》《中国共产党苏州大学纪律检查委员会议事规则（试行）》等10个文件，把落实十九大关于全面从严治党的重大部署的要求转化为工作制度。推动纪律教育常态化，全校党风廉政建设会议传达学习中央省委会议精神，在双周三政治理论学习、党委中心组学习、全校专兼职纪检监察干部学习会中安排十八届六中全会精神、十八届中央纪委七次全会精神、党章党规、十八届中央纪委向党的十九大的工作报告等内容，编印《纪检监察信息通报》8期。对接"苏州市廉石宣传教育（短信）平台"，重要节日节点发送反腐倡廉工作信息和廉政提醒。

对照校领导经济责任审计发现的问题和提出的整改要求，在全校范围内组织开展廉政风险点排查工作，围绕权力、责任、担当规范运行流程、运行环节的权限，明确办事公开的程序、内容、方式以及监督主体及责任追究的方式等。聚焦责任分解与压力传导，制定《中共苏州大学纪律检查委员会落实党风廉政建设监督责任清单》，全校各二级单位全部组织制定了落实党风廉政建设责任的实施细则。贯彻省纪委专题会议精神，组织开展"小金库"专项整治"回头看"工作、违规吃喝专项治理"回头看"工作。党委常委会专题传达学习习近平总书记关于进一步纠正"四风"、加强作风建设的重要指示精神，学习《中共中央政治局贯彻落实中央八项规定的实施细则》，认真查摆学校在"四风"突出问题特别是形式主义、官僚主义方面的新表现，梳理问题、列出清单、深挖原因，坚决加以整治。实践监督执纪"四种形态"，保持惩治腐败高压态势。全年共约谈党员领导干部25人，对领导干部个人有关事项报告查核存在漏报、瞒报问题的4位干部逐一进行诫勉谈话。完成对外国语学院、体育学院"小金库"问题（5人）的立案执纪审查、纪律处分及通报工作。对教育学院1名教职工违纪问题做出开除党籍的纪律处分。对涉嫌违法犯罪的5人进行立案，并移送司法机关。

二、全面推进综合改革，研究型大学内涵建设取得新进展

（一）深入推进教育教学改革，教学质量保障体系进一步完善

以凝练定位目标、剖析问题、挖掘特色、完善教学基本状态数据库、营造氛围等为重点，高效有序做好本科教学工作审核评估工作。组织开展了对全校24个学院（部）、2个书院、10个教学科研支持机构开展预评估，推动各教学单位、支撑机构有效落实审核评估的目标理念、基本原则、工作方针与主要实施内容。全面总结学校本科教学所取得的成绩，客观分析存在的问题，提出对策举措，形成涵盖6+1个审核项目、25个审核要素与69个审核要点的本科教学工作审核评估自评报告，得到了专家组的充分肯定。依据专家组反馈意见，认真研究制定本科教学工作审核评估整改方案，理清思路、明确任务、提出要求，扎实部署开展整改落实工作，初步实现了以评促建、以评促管、以评促改等评估目标。

推进优质生源计划，主动适应国家考试招生制度改革，优化招生计划，加强招生宣传，生源质量进一步提升。专业动态调整工作稳步推进，高分子材料与工程、电气工程及其自动化专业认证现场考察工作顺利完成。制定实施《苏州大学课程项目建设指导意见》和《苏州大学在线开放课程建设应用与管理办法》，课程建设的重点从"数量、规模"转向"质量、内涵"。深入推进本科教学工程项目建设，深化品牌专业、卓越人才培养计划项目、实验教学示范中心等建设，在一定范围内复制推广国家试点学院、书院在通识教育及跨学科人才培养方面的成功经验，组织开展了第十六届青年教师课堂教学竞赛，成功承办了2017—2018江苏高校

品牌专业教学学术活动周活动,获评2017年江苏省教学成果奖特等奖2项(高等教育类、基础教育类各1项)、一等奖2项、二等奖7项。应用技术学院入选教育部"科学工作能力提升计划(百千万工程)"首批试点院校。本科生在各类学科竞赛中表现优异,其中,1名同学获第八届全国大学生数学竞赛决赛一等奖,1名同学在2017"外研社杯"大学生英语挑战赛全国决赛中获得英语写作大赛决赛特等奖,1名同学在全国西班牙语专业四级水平测试中获得全国第一名,1个团队在2017年全国大学生数学建模竞赛中获一等奖,8项作品在第九届全国大学生广告艺术大赛中获奖,王健法学院本科生在2017年国家司法考试中通过率高达55.7%。东吴艺术团第三次受邀参演"五月的鲜花"全国大学生文艺会演,24名同学在第十三届全国学生运动会上表现优异,为学校再次捧得"校长杯"。贯彻教育部41号令,制定修订《苏州大学普通高等教育本科生学籍管理办法》等文件,为学生创新创业提供制度支持。以"苏州大学创新创业地图"为牵引系统推进"双创"生态系统建设,建成创新实验室34个、创意工作室15个、创新创业实践基地52个、众创空间4个,1个项目在第三届中国"互联网+"大学生创新创业大赛全国总决赛中获得银奖,8个项目在第十五届"挑战杯"全国大学生课外学术科技作品竞赛决赛中获奖。

围绕"服务需求、提高质量"这一核心,按照"立德树人方向要正,服务需求站位要高,提高质量视野要宽"的要求,精心设计并统筹推进博士研究生教育综合改革试点工作,着力在思想政治教育、招生选拔、导师队伍建设等三方面实现突破,探索实践地方综合性大学博士研究生教育发展新路。深化博士研究生培养模式"五项"改革以及专业学位研究生教育综合改革任务全面落实。实施新版研究生培养方案,全面加强过程管理,深化研究生培养创新工程,探索交叉学科研究生培养,按计划完成了2017年度学籍清理工作,做好临床医学长学制学生"+3"研究生阶段培养改革设计。新增研究生工作站29家。组织16场"科学道德和学风建设案例教学"报告会,实现对2017级研究生新生宣讲教育全覆盖。完成2017年导师增列认定工作,深化导师学院品牌化建设。21篇学位论文获得2017年度省优博优硕学位论文,173个项目获江苏省研究生培养创新工程立项。制定实施《苏州大学关于推进研究生国际交流和海外研修的实施办法》,国家公派研究生出国留学项目取得突破,64名研究生获得国家留学基金委资助前往哈佛大学、耶鲁大学等世界一流大学或研究机构留学深造,146名研究生获助出国(境)参加国际学术会议。

(二)深入实施人才强校战略,与高水平研究型大学建设目标相适应的人才工作机制进一步优化

贯彻省委《关于聚力创新深化改革打造具有国际竞争力人才发展环境的意见》和学校师资队伍建设工作会议精神,以"精准引才""师资结构优化""青年教师成长关键期培养"为主线,制定实施"高端人才计划""优秀青年学者""增补基本师资""专职科研队伍""师资博士后"等师资队伍建设管理办法,研究制定"东吴学者登峰计划"实施办法,为深入实施人才强校战略做出制度安排。按照"按需引才"原则,着力引进享有学术盛誉的学科领军人才和极具发展潜力的优秀青年学者。加大师资培养力度,积极组织申报各级各类人才项目、出国(境)资助项目,遴选了首批优秀青年学者。编制核定、教师岗位分类管理、管理岗位职员制改革等工作稳步推进,文正学院自有师资队伍建设初显成效。以优化薪酬待遇、加强考核激励等为重点,制定实施《苏州大学博士后管理办法》,加强博士后队伍建设。

一年来,学校引进1位诺贝尔奖获得者、2位外籍院士,新增中组部"千人计划"与"青年千人计划"入选者、基金委"国家杰出青年基金"与"国家优秀青年基金"、科技部"万人计划科技创新领军人才"、教育部"长江学者"青年项目获得者等国家级高层次人才22人。新增其他各类人员135人,其中,优秀青年学者6人、专职科研人员11人、师资博士后26人、补充性师资18人。聘用或续聘讲座教授、兼职教授、客座教授、名誉教授52人。新招收博士后150人,其中统招统分博士后91人(含外籍博士后7人)。5人入选"江苏特聘教授",6人入选省"青蓝工程",1个团队入选省"青蓝工程"优秀教学团队,6人获2017年度省"333工程"项目资助,江苏"六大人才高峰"资助项目入选数创历史新高,"香江学者"计划入选数全国高校第一。83位教师赴国(境)外高水平大学任教、访学、开展合作研究。

(三) 深化学科规划和布局,学科生态持续优化

推进"一流学科攀登计划",制订实施《苏州大学学科前沿研究激励计划》,"物质科学与工程"入选国家"双一流"世界一流学科建设序列,9个学科进入全球基本科学指标(ESI)前1%,其中,分子生物与遗传学首次进入全球前1%,材料科学、化学2个学科进入全球前1‰。45个学科参评全国第四轮学科评估,41个学科进入榜单,其中,软件工程、设计学获得A-,纺织科学与工程位列全国第3位,基础医学进入全国前10位,19个学科进入前30%。推进"基础学科强固计划""优势学科群提升计划",完成省"十三五"重点学科任务书制定工作,进一步明确学科发展目标与定位。修订《苏州大学学科经费管理细则》,完成省优势学科、省重点学科预算编制工作,进一步规范和加强学校各级学科经费管理,强化预算资金执行率。5个学科获批"十三五"国防特色学科。

(四) 深入推进科研体制机制改革,科技工作实现再跨越,人文社科呈现新气象

自然科学方面,坚定实施"顶天立地"的科技发展战略,贯彻国家"深化科技体制机制改革,实施创新驱动发展战略"以及省科技创新"40条政策"精神,在省内高校中率先推进科技管理条例的制定、修订和宣传贯彻工作,深化科技体制机制改革,学校作为高校代表在国家科技创新重点政策落实情况座谈会上做交流发言。全年到账科研经费首次突破5亿大关,达到5.38亿元,其中纵向、横向科研项目到账经费分别突破4个亿、1个亿,军工项目到账经费突破5 000万。国家自然科学基金申报1 250项,获批349项,申报数及资助立项数均创历史新高,资助项目数位列全国高校第17位(连续六年位列全国高校20强)。柴之芳院士领衔的"乏燃料后处理复杂体系中的锕系元素化学研究"成功立项,实现学校国家自然科学基金重大项目零的突破。首次获得1项千万级的科技部国际合作项目,理、工、医各学院(部)军工科研实现全覆盖。附一院骨科课题组成果再获国家科学技术进步二等奖1项,4项成果获江苏省科学技术一等奖,7项成果获教育部高等学校科学研究优秀成果奖(科学技术),获奖总数并列全国第7位。重大创新平台布局与建设稳步推进,高等研究院、人工智能研究院等科研机构高起点组建,3个实验室被省科技厅评为2014—2016年度江苏省优秀重点实验室,数量位居全省第一。根据最新的Nature Index及Lens平台数据显示,在全球具有创新力的200家科研机构和高校中,学校位列中国内地高校第1位。4位教师跻身2017全球"高被引科学家"名单,15位教师入选2017中国"高被引学者"名单。

人文社科方面,贯彻中央《关于加快构建中国特色哲学社会科学的意见》,系统推进项

目管理、经费使用、成果认定、期刊目录等管理文件修订、制定和宣传贯彻工作,落实社会科学领域财政科研项目资金管理改革政策。制定实施《青年教师科研导师制培养实施办法》,加大对青年教师科研指导和预研资助的力度。全年申报人文社科各级各类纵向项目526项,获批包括3项国家社科基金重大项目在内的国家级社科项目30项、省部级社科项目34项。"传播与社会治理研究"团队获批江苏高校哲学社会科学优秀创新团队,8位教师入选"复印报刊资料重要转载来源作者"榜单。《创新与中国城镇化的转型发展——中国特色城镇化研究报告2016》出版发行。《苏州大学学报(哲学社会科学版)》2016年刊文被《新华文摘》《中国社会科学文摘》、人大复印报刊资料等权威二次文献转载、摘编83篇次,转载量在全国综合性大学学报中位居第6位。出版社进一步拓展延伸出版教育文化产业链,2个项目获得国家出版基金项目资助。

(五)深化协同创新,服务创新驱动发展战略能力进一步提升

苏州纳米科技协同创新中心以纳米产业需求导向为牵引,进一步深化教学、学科、科研、产业协同发展,部分标志性产业化成果受邀参展第八届中国国家纳米技术产业博览会。发起成立"江苏高校协同创新联盟",新型城镇化与社会治理协同创新中心顺利通过验收,《苏州大学校级协同创新中心认定和建设管理暂行办法》制定实施。知识产权授权618件,转让和许可使用126项,同比增长163%,获评"江苏省2017年百件优质发明专利"2件、中国纺织联合会专利奖1项。国家大学科技园吴中分园正式投入使用,技术转移中心分中心建设快速推进。与中国建设银行、交通银行、山东魏桥铝电有限公司等重点行业企业签署合作协议,高端铝材制造及应用技术研究院、新材料研究中心等一批面向产业核心技术和关键共性技术的校企合作平台相继成立。继续教育总量增加、结构优化的发展态势不断呈现,信息化系统正式建成,国际合作迈出坚实步伐,南通分院揭牌成立,全年举办各类培训1 300多期。对口支援、扶贫等工作有序开展。

深度服务区域创新驱动发展战略,"名城名校 融合发展"战略年度工作有序推进,苏州创新研究院、苏州工业研究院等重大项目取得阶段性成果,"对话苏州创新·2017""2017中国(苏州)数字经济指数发布会""第六届中国(国际)非物质文化遗产·东吴论坛"等活动成功举办,东吴智库入选2017年度中国核心智库。制定实施《附属医院医教研协同发展行动计划(2017—2020年)》《附属医院合格性评估与准入标准实施办法(试行)》,各附属医院医教研水平稳步提升,获得6个苏州市"引进临床医学专家团队"引进项目。与苏州工业园区、吴中、吴江、相城、张家港等区市的合作深入推进。

(六)深化国际交流合作,国际资源整合能力进一步增强

召开国际化工作推进会,明确新时期学校国际化工作的目标、策略和重点工作。以机构调整为切入点,成立出入境服务中心,进一步理顺学校国际合作交流工作机制,全面提高管理服务效能。制定国(境)外高校办事机构、外国留学生奖学金、港澳台学生管理、港澳台侨学生奖学金管理等文件,为落实"一流大学伙伴计划"提供制度支持。持续深化高水平国际交流合作,与英国剑桥大学、澳大利亚悉尼大学等境外知名高校新签交流协议12项,推进与加拿大滑铁卢大学、德国卡尔斯鲁厄理工学院等高校深层次合作。通过成立威尼斯大学苏州办事处、参与"(中国)江苏—英国高水平大学合作联盟"、召开2017海峡两岸与澳洲高等

教育论坛等,进一步加强与欧洲及亚太地区高校的高层互动,为构筑"亚太大学联盟"奠定基础。深入落实"留学江苏行动计划",积极发展来华留学生教育,顺利完成来华留学质量认证工作,全年接受外国留学生3 175人,其中,学历教育留学生922人。响应国家"一带一路"倡议,成立"一带一路"发展研究院(老挝研究中心),与老挝科技部合作共建中老绿色丝绸研究中心。与波特兰州立大学共庆孔子学院成立十周年。

三、深化共享发展,资源配置与服务保障能力实现新提升

(一) 坚持统筹协调,持续提升支撑改革发展水平

强化风险防控意识,统筹推进内部控制体系建设,制订实施《内部控制建设工作实施方案》。全面加强预决算管理,开展"财经政策宣传年"活动,在全国高校中率先推进并不断深化"互联网+"物资集中采购改革,财务运行质量和效益不断提高,全年总收支规模首次双双突破30亿大关。以制度化、规范化、信息化为引领持续加强审计工作,审计结果有效运用,校领导经济责任审计整改工作不断深化。推进国有资产管理体制改革,制定实施《苏州大学企业国有资产管理暂行办法》《苏州大学经营性资产管理委员会议事规则》,全面加强和规范国有资产管理,公用房改革、大型仪器设备开放共享深入推进。尼日利亚校友会、中国台湾校友会、湖州校友会、青创校友联盟相继成立,征集"校友故事""听学长说"等校友文化活动广泛开展。基金会再次获评江苏省"5A"级社会组织,本年度累计新签协议金额9 000多万元。统筹各校区资源配置,部分学院、部门搬迁工作有序进行,青年教师周转公寓、文正学院学生公寓建设及天赐庄校区东13号楼、阳澄湖校区学生宿舍等维修项目顺利完成,唐仲英医学研究大楼、独墅湖校区体育馆等在建或拟建项目按计划推进。图书馆文献资源保障工作有力加强,修复馆藏线装古籍69种142册,《吴文化数据库》新增数据8 000多条,教育部苏州大学科技查新站出具查新报告944项,出具证明性检索报告1 858份。

(二) 坚持师生为本,不断巩固安全、便利、和谐的校园环境

贯彻总体国家安全观,召开全校安全工作会议、保密工作会议,签订《安全管理责任书》和《保密工作责任书》,统筹抓好责任落实,"统一领导、分工明确、分级管理、责任到人"的大安全体系和"人防、物防、技防、制度防"四位一体的大防控体系进一步巩固。深入推进安全大检查和隐患排查整改工作,加强校园网贷风险防范和教育引导工作。制定修订《苏州大学人口与计划生育管理办法》《苏州大学教职工医疗补助管理办法》等,全面落实国家和省市计划生育、医保政策。根据省事业单位养老保险制度改革工作整体安排,完成2014年10月在职事业编制人员及退休人员共7 000人次的养老保险人员核定和参保登记工作。安排1.45亿元调整老职工住房(租金)补贴和新职工购房补贴,安排3 130万元提高上下班交通费补贴。"奖、助、贷、勤、补、减"六位一体的立体化资助工作体系进一步完善,1 151名新生通过"绿色通道"顺利入学,减免学费304.34万元,博士研究生生均奖助经费总额提高到51 565元,学校连续六年获得全省学生资助绩效评价结果优秀。深化与地方政府、行业企业合作,拓展就业渠道,推进毕业生高质量就业,举办大型校园招聘会27场,校园专场宣讲会295场,提供岗位54 757个。师生体检工作顺利完成,第五十五届学生体育运动会、第十二届大学生心理健康节、校园马拉松、"冬至有约、情满东吴"系列活动成功举办,老年学院

教学与管理工作有序开展,幼儿园优质保教能力不断增强。校园绿化美化工作深入开展,独墅湖校区、天赐庄校区东区的包裹投递中心投入运营,"一站式"学生事务与发展大厅即将投入使用。

各位委员、同志们,以上成绩的取得,离不开包括离退休老同志、上一届校领导班子在内的全校师生员工的共同努力。在此,我代表党委常委会向各位委员和广大师生员工,对常委会工作的大力支持表示诚挚的谢意,向所有为学校事业发展付出辛劳和智慧的同志们致以崇高的敬意!

在总结成绩的同时,对标十九大做出的重大战略部署和新时代党的建设总要求,对照省委巡视、本科教学审核评估等重大工作中发现的问题,我们也清醒地认识到学校研究型大学建设的不平衡不充分问题突出存在,在深化内涵建设、提高人才培养质量、提升服务国家重大战略能力等方面所面临的任务、困难、挑战依然艰巨复杂。2018年,我们将认真贯彻落实党的十九大精神,以习近平新时代中国特色社会主义思想为指导,以巡视整改为主线,坚定不移推进全面从严治党,认真落实学校第十二次党代会决策部署,不忘初心、牢记使命,持续谱写国内一流、国际知名高水平研究型大学建设的新篇章!

衷心希望各位委员、同志们对党委常委会的工作提出宝贵意见和建议,帮助我们把工作做得更好。

校长熊思东在苏州大学 2017年学位授予仪式上的讲话

（2017年6月28日）

同学们、老师们、来宾和朋友们：

今天我们相聚在美丽的独墅湖畔，隆重举行2017届毕业生学位授予仪式。在这神圣而庄严的时刻，我谨代表学校，向获得学士学位的5 020位本科生、获得硕士学位的3 293位硕士生和获得博士学位的345位博士生表示最热烈的祝贺！

你们因为共同的理想，选择了苏大。在这里，你们与苏大结缘，与苏大同行，相伴走过了短则两年、长则七年，甚至更长的时间；在这里，你们学会了学习和生活，收获了友谊和爱情，带走了知识和能力；在这里，你们褪去了曾经的青涩和稚嫩，变得更加成熟和理性；在这里，你们放下了曾经的犹疑和不安，变得更加坚毅和果敢。你们的大学生活就像钟楼上的指针，把几年的时光走成了一个又一个既圆满又美丽的圆。

还记得那一年的7月25日，我们从天赐庄发出了9 950份本、硕、博录取通知书。一份份录取通知书，是学校向各位发出的"邀请函"，也是学校与你们签订的"责任状"。还是那一年的8月23日，你们如约而至。教育学院的刘青同学，你"万里走单骑"，从新疆喀什坐火车出发，历经67个小时、行程5 000多公里来到梦中的苏大。你还记得炳麟图书馆前迎接你的苏大"小红帽"吗？她面带微笑，引导你办理入学手续，介绍苏大的美食美景。从此，你与在座的同学们一起，与苏大风雨同舟、携手并行。从此，我们在座的所有同学，以汗水为墨、以岁月为宣，书写了美丽的青春故事！

记得四年前，也是在这里，你们踩着轮滑，一次次跌倒又一次次爬起；你们拼成了"背景墙"，一遍遍地变换手中的道具；你们化成"茉莉花"，一轮轮地重复舞蹈和走台，奉献了一场精彩绝伦的"挑战杯"开幕式表演。记得三年前，为了炫舞大赛，文学院的季立群同学，你打着点滴还坚持排练，与小伙伴们一起以最完美的舞姿诠释了《时间都去哪儿了》；计算机科学与技术学院的马惠荣同学，你创立了起床协会，喊出了"不辜负每一个早晨"的口号，从此苏大的清晨少了一些鼾声，多了一些读书声。体育学院的袁家浩同学，你与队友们"轻伤不下火线，重伤歇歇再练"，在中华龙狮大赛上勇夺冠军，希望你们继续舞下去，一直舞上世界舞台。记得两年前，敬文书院的毛惠同学，你获得了亚太青年模拟APEC商业挑战赛冠军，并应邀参加APEC峰会，在国际舞台上留下了苏大学子的印记；纳米科学技术学院的陈倩同学，你在赢得全国"挑战杯"大奖赛一等奖后，仍不忘初心，依旧潜心科研，先后在国际学术刊物上发表论文14篇，提前一年博士毕业，并与你心爱的学长喜结连理，养育了"苏二代"。

记得一年前,医学部的付乐同学,你作为"医行大别山"团队的队长,第三次来到安徽省金寨县革命老区,我肯定你还记得依依离别时郑小龙小朋友送给你的那罐萤火虫;教育学院的麻慧琳同学,你第二次随"关爱兰花草"团队到秦岭山区支教,我坚信你依然还牵挂着你和孩子们一起建造的"情感树洞",它已成为孩子们快乐成长的好伙伴;材料与化学化工学部的聂邵湘同学,你第三次随"绿丝带公益团"出征腾格里沙漠,你还记得扛着铁锹、迎着漫天黄沙种下的梭梭树吗?如今它们已成为沙漠中的一片绿洲。记得半年前,独守阳澄湖四年的城市轨道交通学院的同学们,你们终于迎来了"城里"的弟兄们——机电工程学院和沙钢钢铁学院,从此阳澄湖校区不再孤独与寂寞。记得一个月前,你们邂逅了诺贝尔奖获得者迈克尔·科斯特利茨教授,在巅峰对话中,我看到了你们的自信与睿智。

从刚入学时的"背景墙"到以梦为马的追梦人;从国际赛场上的崭露头角到远行山区的社会担当,你们的故事组成了最美的苏大篇章。从你们的故事中,我看到了同学们敢于追梦的激情,更感受到你们行动的力量!循着你们的足迹,我看到了苏大人的坚守与担当!今天,我不可能一一细述你们每一个人的精彩故事,还是让我以一组大数据来再现你们共同的大学生活和专属你们2017届的"成长密码"吧。

与上一届毕业的同学相比,你们平均体重比他们多增加了350克,每年多走了13.1万步,少上了4节课,多读了1.7本书,少追了0.7部剧,多换了0.1部手机,视力少下降了1.4度,你们多谈了0.13次恋爱,少失恋了0.05次,单身比例降低了3.3个百分点。大学期间,你们平均每天睡眠7.5个小时,88.6%的同学喜欢熬夜;你们虽然习惯了微信聊天,但仍然坚持平均每周与家人通1.1次电话,话费少了,流量多了,对家人的关爱有增无减;你们平均主动表白0.5次,成功0.3次,这60%的高成功率似乎告诉我们苏大有真情、表白需趁早,此情犹可追、今日正当时。大学期间,你们平均每年网购34.3次、消费4 320元,你们不仅剁了自己的"手",也累坏了快递小哥的"腿"。对你们而言,大学不再是"三点一线"的机械式生活,你们还将目光投向了远方和未来。大学期间,你们累计出国出境交流学习3 186人次,90%的同学参与了志愿者活动,85%的同学参加了创新创业项目,虽然创业的"成功率"不到12%,但这种紧贴浪潮、亲历风雨的创新创业精神和创业体验足以让你们回味一生。

同学们,虽然每个人的成长轨迹不尽相同,但今天在场的每一位同学都在苏大实现了华丽的转身。在这里,我要请同学们把最热烈的掌声送给自己,祝贺你们创造了属于自己的"王者荣耀"!同时,我还要请同学们把最热烈的掌声送给你们的父母和全校教职员工,感谢他们一路陪伴着你们,为你们遮风挡雨、保驾护航!

同学们,过去几年发生改变的不仅仅是你们,还有苏大,还有我们这个时代。几乎一夜之间,"互联网+"、大数据、人工智能、工业4.0、"双创"……这些词汇都涌入了我们的世界,改变了我们的生活,甚至颠覆了我们的思维方式和价值观念。面对这样一个日新月异、迅速变革的伟大时代,我们苏大人应该如何去准备?如何去应对?这是我一直在思考的问题。借此机会,我想分享一些自己的感悟:那就是,一要"肩上有担当",二要"心中有阳光",三要"脚下有力量"。

肩上要有担当。一代人有一代人的际遇,一代人有一代人的责任。如今,中华民族伟大复兴的接力棒已传递到你们手上。是你们,将贡献自己的青春和热血,在建党100周年的时候,把我们伟大的祖国全面建成小康社会;是你们,将与全体中华儿女一道,在建国100周年的时候,把我们伟大的祖国建成社会主义现代化强国。可以说,国家的未来、民族的希望,都寄托在你们的身上,掌握在你们的手中!你们怎样,中国便会怎样。希望同学们勇敢地肩负起时代赋予你们的重任,将个人梦想融入伟大的"中国梦",认认真真做好每一件事,踏踏实实完成每一项任务,把每一份工作都当成事业来完成。期待在不远的将来,在中国的经济、政治、科学、文化等各个方面,都有一大批苏大人脱颖而出、勇挑重担,成为国家和民族的中流砥柱,让所有苏大人都为之骄傲和自豪!

心中要有阳光。从明天开始,大多数同学将直接与现实的社会交手过招。失去了学校的包容,缺少了老师的指导,没有了同学的迁就,你们该如何独立应对未来的挑战?能力必不可少,但心态更为重要。希望你们始终坚信"你若盛开,清风自来",以阳光的心态,去对待工作和生活中遇到的每一个人、每一件事;希望你们始终坚信"阳光总在风雨后",以乐观的心态,去面对生活中的每一次坎坷与每一个挫折;希望你们始终坚信"胸中天地宽,常有渡人船",以宽容的心态,去处理新的人际关系,对别人多一份关怀、多一些谅解,彼此之间就多一点温暖;希望你们始终坚信"长风破浪会有时",以平常的心态,去对待成败得失,不怨天尤人,不急于求成,不轻言放弃,真正成为生活的勇者。带着微笑出发,你们会发现生活中处处有阳光,时时是春天。

脚下要有力量。人生是一场远行,你我都在路上。人生之路,越是艰难,越要有信仰,越要有梦想。但仅有梦想还不够,我们更不能停留在对梦想和未来的幻想中,不能把最好的时光浪费在无谓的等待和犹豫中,必须撸起袖子、甩开膀子、迈出步子,真正去干、去做、去实践,从现在做起,从点滴做起,踏踏实实走好每一步,在拼搏和实践中绽放梦想之花。同时,我还想提醒同学们,大学所学远不足以应对社会上所有的挑战,要想赢得未来,就要坚持终身学习,既要与书香为伴,更要善读无字之书,学习为人处世之道。期待你们以"不达目的不罢休"的勇气、"咬定青山不放松"的豪气、"选择了远方,便只顾风雨兼程"的志气,走出铿锵有力的人生。

同学们,年华虽逝,但青春永恒,希望你们珍惜在母校所经历的一切。在离开之前,再到教室里坐一坐,让回忆在脑海里浮现;再和身边的同窗拥抱一下,让回忆在温暖中定格;再去林荫小道走一走,让回忆在脚下烙印。苏大是你们永远的家,这个家一直都在,就等你回来。当成功的你回来,母校愿意与你分享喜悦;当失落的你回来,母校会为你加油鼓劲;当成家的你回来,母校欢迎你再到钟楼前拍全家福;当单身的你回来,母校的学妹学弟也许还等着你。

同学们,在今天这个特殊的日子里,母校特意为你们每个人准备了纪念徽章。小小的徽章,承载着母校对你们的深情厚意和殷切希望,它就像一枚邮票,连接着彼此。希望大家将徽章别在胸前,将母校装在心中。敬请各位,莫忘初衷,不诉离觞,有爱有梦有远方。愿你们今日走出校园,归来仍是少年!

谢谢大家!

育人为本　德育为先
努力开创我校思想政治工作新局面

——校党委书记王卓君在苏州大学思想政治工作会议上的讲话

(2017年6月7日)

同志们：

这次全校思想政治工作会议，是在我校上下深入学习贯彻全国和全省高校思想政治工作会议精神、全面推进高水平大学建设的关键时期召开的一次非常重要的会议。这次会议，既是全国、全省高校思想政治工作会议精神的贯彻落实会，也是学校思想政治工作的总结研讨会，更是推进学校思想政治工作改革创新的动员部署会。

刚才，熊思东校长从三个方面就学校思想政治工作做了全面而深入的报告，传达了全国高校思想政治工作会议的主要精神，全面分析了学校思想政治工作的基本经验以及存在的不足，明确了下一阶段学校思想政治工作的目标与任务；人事处、学生工作部（处）、马克思主义学院、文学院、医学部等部门和单位的主要负责人围绕会议主题做了很好的交流发言；会议还表彰了2017年度王晓军精神文明奖的获奖集体和个人。会议印发的《进一步加强和改进新形势下我校思想政治工作的实施意见》及相关配套文件，为学校下一步全面推进思想政治工作提供了良好的制度保障。会后，希望同志们认真结合本部门、本单位工作实际，切实将学习贯彻全国、全省高校思想政治工作会议和习近平总书记重要讲话精神进一步引向深入，将本次会议的各项要求部署落到实处，不断以思想政治工作的新成效推动学校事业发展迈上新台阶。

下面，就加强和改进新形势下学校思想政治工作，我代表学校党委讲五点意见。

一、牢固增强加强和改进新形势下学校思想政治工作的责任感、使命感和紧迫感

党的十八大以来，学校认真学习贯彻习近平总书记系列重要讲话精神，深入贯彻落实中央、省委关于高校思想政治工作的系列重大决策部署，在加强和改进思想政治工作方面开展了一系列有效的工作，马克思主义学院和马克思主义学科发展步入快车道，中国特色社会主

义理论体系进课堂、进头脑工作和社会主义核心价值观建设扎实推进,导师、辅导员、班主任、关工委、辅导员助理等队伍作用有效发挥,课堂、讲座、报告会、论坛以及微信、微博等阵地不断巩固,"王晓军精神文明奖""学生标兵宣讲团""新生第一课"等特色活动的影响力不断提升。但同时,我们也清醒地认识到,学校思想政治工作也还部分存在着"不适应新形势、跟不上新变化"的表现,刚才校长的工作报告以及几家单位的交流发言中也都谈到了这方面的内容。这些情况表明,加强和改进思想政治工作有着十分突出的现实意义,比以往任何时候都显得更为迫切。全校上下要进一步增强政治意识、提高政治站位、强化政治担当,牢固增强加强和改进新形势下学校思想政治工作的责任感、使命感和紧迫感,突出问题导向,找准症结所在,推进改革创新,努力把全国高校思想政治工作会议的精神落实好,把思想政治工作的主导权、主动权牢牢把握住,切实做到守土有责、守土尽责。

二、进一步凸显和落实师德建设在加强和改进学校思想政治工作中的重要地位和作用

立德树人,教师是关键。习近平总书记在全国高校思想政治工作会议上对高校老师提出了坚持"四个统一"的要求,即坚持教书和育人相统一,坚持言传和身教相统一,坚持潜心问道和关注社会相统一,坚持学术自由和学术规范相统一。全校教师要认真践行总书记的要求,努力成为先进思想文化的传播者、党执政的坚定支持者,更好地担起学生健康成长指导者和引路人的责任。要更加注重增强传道育人意识,既当好"经师",更当好"人师",引导学生努力成为栋梁之材。要以学校思想政治工作领导小组和党委教师工作部的成立为契机,大力加强和改进师德建设,全面落实《教育部关于建立健全高校师德建设长效机制的意见》。要注重发挥先进人物的示范作用,选树师德师风典型,使广大教师学有榜样、赶有目标,激发立德树人、为人师表的荣誉感和责任感。要更加注重严守纪律规矩底线,严把教师聘用考核政治关,在人才引进、课题申报、职称评审、导师遴选等评聘考核环节中,严格实行师德师风"一票否决",把思想政治表现和课堂教学质量作为首要标准,使学校教师真正树立起强烈的"红线"意识和底线意识。要把加强教师思想政治工作,与解决工作、学习和生活中的实际问题结合起来,积极为教师特别是青年教师解决难题,为其成长成才搭建平台、创造条件。

三、充分发挥课堂教学的主阵地、主渠道作用

思想政治理论课要坚持在改进中加强,在创新中提高。要正确处理好教学内容与社会现实、大学教学内容与中学政治课程内容、理论阐释与事实分析、知识学习与能力培养等各方面关系,不断增强思政课教学的说服力、感染力,努力为学生一生成长奠定科学的思想基础。要注重以问题为导向的开展专题式教学,积极探索由教授领衔、若干教师共同讲授并调动学生积极参与课堂的"多言堂"互动式教学新模式,扎实推进大学"新生第一课",着力增强思想政治课的吸引力。要进一步发挥哲学社会科学的育人功能,坚持以马克思主义为指导,按照立足中国、借鉴国外,挖掘历史、把握当代,关怀人类、面向未来的思路,按照充分体现继承性、民族性、原创性、时代性、系统性、专业性特点的要求,协调推进哲学社会科学人才

培养、学术创新、学科建设,帮助学生形成正确的世界观、人生观、价值观,不断提升道德修养境界,养成科学思维习惯,促进身心和谐和人格健康。其他各门课都要守好一段渠、种好责任田,与思想政治理论课同向同行,形成协同效应。

四、不断增强思想政治工作的亲和力、针对性和实效性

要充分发挥环境育人的功能。要更加注重以文化人以文育人,开展形式多样、健康向上、格调高雅的校园文化活动,大力建设品位高雅、内涵丰富的校园文化,不断提升校园文化的思想品位、学术品位、艺术品位和创新品位,不断提高师生文化品位。

要充分发挥实践育人的功能。要进一步加强对暑期社会实践、青年志愿者服务、创新创业竞赛、教学实习等方面的组织、指导和管理,积极探索和建立社会实践与专业学习相结合、与勤工助学相结合、与择业就业相结合、与创新创业相结合的运行机制,引导学生在实践锻炼中自觉做到"四个正确认识",激励学生自觉把个人的理想追求融入国家和民族的事业中,勇做走在时代前列的奋进者、开拓者。

要充分发挥服务育人的功能。要进一步健全学生援助解困体系、学生就业创业服务体系、学生心理素质教育与心理咨询服务体系和评奖、评优制度体系,把思想政治教育与解决学生生活上的实际困难结合起来,加强人文关怀和心理疏导,做到既讲道理又办实事,满足学生成长发展需求和期待,在服务引导中加强思想教育。

要充分发挥网络育人的功能。"95后""00后"大学生是互联网的原住民和主力军。我们要进一步高度重视微信、微博、校园网在大学生育人中的重要作用,推动思想政治工作传统优势同信息技术高度融合。要重视和加强网络育人队伍建设,加强优秀网络文化的供给,使网络真正成为传播先进思想、文化的坚强阵地。

五、全面加强党的领导,为学校思想政治工作固本铸魂

要严格落实党委思想政治工作主体责任。不断强化校党委在学校思想政治工作中的主体责任,建立健全校党委统一领导,党政群齐抓共管,相关部门各负其责,全体师生共同参与,全校上下大力支持的思想政治工作体制和工作机制,形成全员育人、全程育人、全方位育人的强大合力。要强化各级领导班子一把手的"第一责任"和班子成员的"一岗双责"。做好思想政治工作是每一名领导干部的政治任务,每一个领导岗位都是思想政治工作的工作站,每一名班子成员都是思想政治工作者,都要旗帜鲜明讲政治,坚决贯彻落实意识形态工作责任制,对大是大非问题,必须态度鲜明,敢抓敢管,敢于迎难而上,敢于坚决斗争,做到守土有责、守土尽责。

要进一步突出院级党组织政治功能。学院(部)党委、党工委在任何时候、任何情况下都要把履行政治责任摆在第一位,充分发挥政治核心作用,履行政治责任,保证监督党的路线方针政策以及学校党委决定的贯彻执行,把握好教学科研管理等重大事项中的政治原则、政治立场、政治方向,在队伍建设、人才培养中把好政治关口。要严格规范党内政治生活,不断完善学院(部)党政共同负责制,明确党政联席会议的议事决策范围、规范议事决策程序,贯彻好民主集中制,完善教职工代表大会制度。

要有力发挥师生党组织战斗堡垒作用和党员先锋模范作用。要按照"哪里有党员哪里就有党组织,哪里有党组织哪里就有健全的组织生活和党组织作用的充分发挥"的要求,全面加强基层党建工作。要进一步突出加强教师党支部建设,探索党支部建在课题组、建在实验室,积极推进"双带头人"培育工程;要坚持以政治合格为首位做好党员发展工作,重视在优秀青年教师、海外留学归国教师和引进人才中发展党员。要积极推进学生党建工作组织化、制度化、具体化,积极探索党组织进学生公寓、进社区,探索依托导师带领的科研团队建立研究生党支部,实现学生党支部建设与学生学习生活、社会实践有机对接、无缝衔接。要以推进"两学一做"学习教育常态化制度化为契机,推动师生支部在学校基层改革发展中挑大梁、唱主角。

同志们,加强和改进思想政治工作,责任重大、使命光明、任务艰巨。全校上下要认清形势、强化担当、践行使命、落实任务,全力确保全国高校思想政治工作会议精神各项要求在学校落地生根,全力确保中央31号文件精神在学校落地生根,不断开创学校思政工作新局面,以优异成绩迎接学校第十二次党代会和党的十九大胜利召开!

谢谢大家!

旗帜鲜明讲政治 同心同德谋发展 认真筹备开好学校第十二次党代会

——校党委书记江涌在全校干部大会上的讲话

(2017年9月1日)

同志们：

召开中国共产党苏州大学第十二次代表大会是我校政治生活中的一件大事。遵循党章党规的规定，根据上级党组织的统一部署，根据学校领导班子换届工作进程，学校党委已经在上个学期适时启动了学校党代会的筹备工作。6月7日，学校召开党委常委会、全委会，讨论通过了召开校第十二次党代会的有关事项，并按规定向中共苏州市委上报书面请示。6月23日，学校收到中共苏州市委《关于同意召开中国共产党苏州大学第十二次代表大会的批复》。7月7日，学校召开党委常委会，新一届领导班子就党代会筹备工作进行了初步研究和部署，明确了筹备工作领导小组的主要成员，对"两委"工作报告的起草工作提出了明确要求。8月8日，学校召开党委常委会，就党代会召开日期、筹备日程安排、"两委"委员名额及差额比例等有关事宜进行了研究，并根据上级要求和学校党代会工作的实际需要，成立了党委换届监督工作领导小组。8月30日，校党委召开十一届十七次全会，决定在2017年10月12日至13日召开苏州大学第十二次党代会。在同一天召开的党委常委会上，讨论通过了《关于召开中国共产党苏州大学第十二次代表大会的通知》，明确了代表名额分配、代表产生办法、"两委"委员候选人产生办法以及筹备工作日程安排，并对"两委"工作报告的相关方面进行了讨论和研究。

根据筹备工作日程安排及工作要求，下一步，我们要特别注意做好以下五个方面的工作。

一、要认真做好"两委"报告的起草工作

起草好"两委"报告是开好党代会的前提和重要方面。第十二次党代会，是在学校大力实施"十三五"规划、全面深化综合改革、加快建设"国内一流、国际知名"高水平研究型大学的关键时期召开的一次重要会议。因此，起草好"两委"报告，进一步梳理总结学校过去五年的经验，突出问题，找出差距，确定今后五年乃至更长时期的奋斗目标、发展思路，明确学

校党的建设和改革发展的重点任务、主要举措，对于学校未来的事业发展意义重大，影响深远。在报告起草过程中，要自觉做到旗帜鲜明讲政治，全面贯彻落实好中央、省委的决策部署，牢固树立和贯彻以师生为中心的发展理念，做到"主题明、成绩透、问题准、目标清、措施全"；要全面深入地开展调查研究，广泛征求各方面的意见建议，使报告起草过程真正成为充分发扬民主、反映师生意愿、凝聚师生共识、共谋科学发展的过程，真正形成一份高举旗帜、振奋精神、鼓舞士气、凝聚人心的报告，一份引领今后一个时期学校改革发展的行动纲领。

二、要认真做好党代表选举工作

经苏州市委批准，中国共产党苏州大学第十二次代表大会代表名额不超过350名。其中：中层及以上党员干部代表占代表总数的40%左右，一线教职工党员代表45%左右，学生党员代表10%左右，离退休党员代表5%左右。女性党员代表和校级以上先进模范党员代表占适当比例，50岁以下党员代表占55%左右。各党委、党工委要切实加强领导，严格按照《中国共产党苏州大学第十二次代表大会代表产生办法》和筹备工作日程安排，精心组织，周密安排，确保如期完成代表选举的任务，真正把那些理想信念坚定，能够充分发挥党员先锋模范作用，正确行使民主权利，具有较强议事能力，善做群众工作的同志选为党代表。代表资格审查小组要坚持标准，对代表产生的程序及条件资格进行严格审查。

三、要认真做好"两委"委员候选人提名推荐工作

经苏州市委批准，中国共产党苏州大学第十二届委员会拟设委员31人，提名候选人38人；中国共产党苏州大学纪律检查委员会拟设委员9名，提名候选人11名。在确定候选人的过程中，要严格按照自下而上、自上而下、上下结合、反复酝酿的办法，严格把握标准条件，合理确定人选结构，规范提名推荐程序，严格身份认定、严格组织考察、严格人选审查。校党委常委会将根据多数基层党组织的提名和实际工作需要，确定"两委"委员候选人初步人选并对其进行考察，校党委全委会根据考察结果确定"两委"委员候选人预备人选，报上级党组织审批。

四、要认真做好宣传舆论工作

党的十九大将于今年10月18日在北京召开。这是党和国家政治生活中的大事。在这一特殊的历史背景下，做好宣传工作，为学校党代会的胜利召开积极营造良好的舆论氛围尤为重要。要用好校园网站、微信微博、校报、宣传栏等各种自有媒体，要加强与中央、地方媒体的联系，宣传我校党代会召开的重要意义，充分展示第十一次党代会以来学校改革发展的奋斗历程、成功经验和丰硕成果，进一步增强全校师生员工参与学校高水平研究型大学建设的自豪感、荣誉感和责任感。

五、要认真安排好党代会各项议程和日程

这次党代会的主要议程包括四项,即听取和审议中国共产党苏州大学第十一届委员会的工作报告;听取和审议中国共产党苏州大学纪律检查委员会的工作报告;选举产生中国共产党苏州大学第十二届委员会;选举产生中国共产党苏州大学纪律检查委员会。会期短,任务重,要求高,我们要确保圆满顺利召开好学校第十二次党代会。因此,要根据大会议程严密细致地安排好日程,落实好责任单位、责任人,确保各项工作环环相扣、有条不紊。特别是会议期间的选举工作,要严格按照党章和《中国共产党基层组织选举工作暂行条例》的规定以及上级党组织和选举办法的要求,加强换届监督工作、严明换届纪律,确保选举工作有序进行,确保圆满顺利地完成第十二次党代会各项议程。

同志们,筹备好、召开好学校第十二次党代会是当前学校工作的头等大事。学校党代会筹备工作领导小组和各工作小组,要准确把握政策,明确责任,细化程序,做到工作安排科学合理、时间节点明确无误、任务分解落实到人。全校各级党组织和广大党员干部要切实按照上级党组织和学校党委的统一部署和要求,提高站位、加强领导、精心组织、广泛动员、认真实施,充分发挥好党(工)委的政治核心作用,充分发挥好党支部的战斗堡垒作用,充分发挥好党员干部的先锋模范作用,抓具体、抓细节、抓落实,扎扎实实地做好党代会的各项筹备工作,真正做到旗帜鲜明讲政治、同心同德谋发展、从严要求抓风气!

同志们,当前,我校正处在爬坡迈坎、跨越发展的关键时期。我们要根据中央和省委的统一部署,紧紧抓住国家"双一流"建设和江苏高水平大学建设的历史机遇,以学校第十二次党代会的召开为契机,牢固树立以师生为中心的发展理念,加强顶层设计,科学谋划未来,紧紧依靠全校广大师生员工,努力将我校建设为"国内一流、国际知名"高水平研究型大学!

谢谢大家!

校党委书记江涌在中国共产党苏州大学第十二届委员会第一次全体会议上的讲话

(2017年10月13日)

各位委员、同志们：

刚刚闭幕的校第十二次党代会，选举产生了中国共产党苏州大学第十二届委员会和纪律检查委员会。刚才，校十二届党委第一次全委会选举产生了学校新一届党委常务委员会和书记、副书记，通过了校纪律检查委员会一次全会的选举结果。在此，我代表新一届党委常委会全体同志，对大家的信任和支持表示衷心的感谢！

第十二次党代会，是在学校高水平研究型大学建设的关键时期召开的一次重要会议。会议确定的奋斗目标和重点任务，凝聚了全校共产党员的共识，反映了全校师生员工的愿望，对于在新的起点上全面加强学校党的建设、全面深化综合改革、加快建成国内一流、国际知名高水平研究型大学具有十分重要而深远的意义。

团结带领全校师生员工，全面完成校第十二次党代会确立的目标和任务，加快建设国内一流、国际知名高水平研究型大学，是时代赋予本届党委的光荣使命。我们新一届党委的全体同志，特别是常委会的同志，一定要格外珍惜时代给我们提供的机遇和舞台，格外珍惜组织对我们的厚爱和重托，格外珍惜全校党员和师生员工对我们的信赖和期望。大家选举我为校党委书记，这是对我的信任，我深感责任重大。我们班子全体成员一定要牢固树立和增强"四个意识"，牢固树立和践行以师生为中心的发展理念，在省委和市委的正确领导下，在历届党委工作的基础上，以强烈的政治责任感和历史使命感，恪尽职守、扎实工作，努力推动学校事业发展再上新台阶，向上级组织、向全校党员干部和师生员工交出一份满意的答卷。

在此，我提五点希望和要求，与大家共勉。

一是要带头讲政治，建设信念坚定、政治过硬的学习型领导班子。讲政治对社会主义高校的领导班子成员来说是第一位要求，是党性原则的集中体现，是学校事业发展的根本保证，任何时候都不能含糊、不能动摇。对于一所致力冲刺"世界一流大学建设"高校的领导班子来说，我们更是要自觉做到旗帜鲜明讲政治。我们要以党章党规为根本遵循，严守党的政治纪律和政治规矩，切实增强政治意识、大局意识、核心意识、看齐意识，自觉在思想上政治上行动上同以习近平同志为核心的党中央保持高度一致，不折不扣地落实好中央和省委的决策部署。我们要始终坚持党的教育方针和社会主义办学方向不动摇，始终坚持立德树人的根本任务不动摇,落实管党治党、办学治校主体责任,落实意识形态工作责任制,加强基层组织建设,确保学校始终沿着正确方向前进,确保学校始终成为坚持党的领导的坚强阵地、培养社会主义事业建设者和接班人的坚强阵地。我们要牢固树立终身学习的思想,把学习当成一种政治责任、一种工作习惯、一种精神追求,坚持不懈用中国特色社会主义理论体系武装头脑,以思想理论上的坚定清醒促进政治上的坚定清醒。

二是要带头促发展,建设奋发有为、勇于担当的创新型领导班子。建设国内一流、国际知名高水平研究型大学是几代苏大人的梦想,这是一个需要所有苏大人同心协力、接续奋斗的历程。当前,学校处在研究型大学建设的"初期",这是对当前学校发展定位的一个共识性的判断。发展的不平衡、不协调和不可持续性等"不适应性"的问题逐渐凸显。要实现党代会确定的发展目标,就必须坚持问题导向,以破解体制机制矛盾、突破资源瓶颈、提升办学水平和育人质量等为主攻方向,研究推进一批事关学校长远发展的重大项目。同时,这一时期,学校处在一个"爬坡迈坎"的关键阶段,不进则退的竞争态势要求我们必须以时不我待的精神抓进度、抓落实、抓实效。我们一定要进一步强化敢于担当的意识、增强攻坚克难的锐气,始终保持清醒头脑、增强忧患意识,以钉钉子精神和踏石留印、抓铁有痕的力度,勇于攻坚克难,干在实处、务求实效,以提高人才培养质量、支撑创新驱动战略的有效性不断累积冲刺"世界一流大学建设"高校的自信和底气。

三是要带头重团结,建设团结协作、坚强有力的和谐型领导班子。团结出凝聚力,出战斗力,出新的生产力,团结也出干部。我们要以党和人民的事业为重,以学校大局为重,像爱护自己的眼睛一样珍视团结,像呵护自己的家庭一样悉心维护团结。我们要始终坚持民主集中制原则,坚持党委领导下的校长负责制,坚持集体领导和个人分工负责相结合,严格遵循党委全委会、常委会和校长办公会议事规则,遵循"三重一大"决策程序,学校改革发展的重大事项必须充分听取大家的意见,集体研究,集体决定。对议定的事项,从我开始,大家坚决贯彻,坚决反对和防止议而不决、决而不行、行而不实,确保重大决策部署真正落到实处、取得实效。我们要严格执行校领导班子民主生活会制度,胸襟宽广、无私无畏,善于沟通、增进理解,相互尊重、相互支持,用好批评与自我批评这个武器,使党委班子在思想上合心、工作上合力、行动上合拍。我们还要主动加强方方面面的团结,用好统一战线这个法宝,努力把一切积极的力量团结到我们的事业上来,团结到学校改革发展上来。

四是要带头服务师生,建设育人为本、勤政为民的务实型领导班子。只有充分尊重师生的主体地位,广泛听取师生员工的意见建议,尽心竭力地为师生办实事解难事,我们才能最大限度地凝聚师生员工的智慧和力量,我们的事业才能获得最广泛最可靠最牢固的群众基础和力量源泉。我们要牢固树立和践行以师生为中心的发展理念,全面贯彻全国全省高校思想政治工作会议精神,牢牢抓好全面提高人才培养能力这个核心,自觉做到围绕学生、关照学生、服务学生,更好地担起学生健康成长的指导者和引路人的责任,满足学生成长发展需求和期待。我们要进一步巩固党的群众路线教育实践活动的成果,站稳群众立场,深入基层一线,及时了解、回应和解决师生员工的利益诉求和现实关切,下大力气推进并办好一批师生满意的民生实事,真正让广大师生员工在推进高水平研究型大学的进程中同步增强自身的获得感和幸福感。我们要进一步畅通师生表达的渠道,努力把广大师生的积极性和创造性、智慧与力量凝聚到高水平研究型大学建设的事业上来。

五是要带头保持清廉,建设纪律严明、以身作则的廉洁型领导班子。领导班子能不能始终保持清正廉洁、一身正气,将直接影响和决定着学校的党风、校风和学风。我们一定要坚持自重、自省、自警、自励,在工作和生活中加强廉洁自律,夯实廉洁从政的思想道德基础,筑牢拒腐防变的思想道德防线。要牢固树立正确的权力观、地位观和利益观,时刻牢记我们的职务、手中的权力是党和全校师生赋予的,只能用来为学校事业发展服务,而决不能用它来以权谋私。我们要坚持讲党性、重品行、作表率,带头践行社会主义核心价值观,带头严格执行中央八项规定和省委十项规定精神,带头严格执行述职述德述廉制度和领导干部个人有关事项报告制度,带头管好配偶、子女和身边工作人员,努力培养高尚的道德情操和健康的生活情趣,自觉接受党和师生员工的监督。作为班长,在这里我向大家郑重承诺,在党风廉政建设方面,我将认真履行全面从严治党第一责任人职责,带头严格遵守党员领导干部廉洁从政各项规定,要求别人做到的,自己首先做到,要求别人不做的,自己坚决不做,请全体委员、广大党员和师生员工严格监督我。在带头廉洁自律的同时,学校党委要进一步加大党风廉政建设和反腐败工作的力度,严格执行党风廉政建设责任制和责任追究制,敢抓敢管、严抓严管,切实把党风廉政建设的各项措施落到实处,不断营造和巩固风清气正的育人环境。

同志们,校第十二次党代会的召开,开启了学校发展的新征程。我们要学习宣传贯彻落实党的十九大精神,紧紧依靠广大干部职工、紧紧依靠在座的每一位同志,细化目标任务、实化工作举措、强化督促检查,振奋精神,扎实工作,一步一个脚印地把党代会确定的各项目标任务落到实处。

谢谢大家!

校党委书记王卓君在 2017 年党风廉政建设工作会议上的讲话

(2017 年 3 月 31 日)

同志们：

刚才，校党委副书记、纪委书记高祖林同志向大家全面传达了中纪委七次全会精神，重点传达了习近平总书记在中纪委七次全会上的重要讲话精神，总结回顾了学校 2016 年的纪检监察工作，部署了学校今年党风廉政建设的主要工作，各二级单位主要负责人也向学校递交了《党风廉政建设责任书》。请大家认真学习领会，并结合各单位、各部门实际，组织做好学习宣传贯彻工作，层层传导压力，层层压实责任，务必将党风廉政建设责任书的各项要求落到实处，维护好学校风清气正的政治生态。

高书记刚才对学校 2017 年的党风廉政建设和反腐败工作所做的部署，是经过纪委全委会研究和党委常委会审议通过的，我完全赞成。在此，我想结合当前党风廉政建设新形势和学校工作，就贯彻落实十八届六中全会精神，深入推进我校党风廉政建设工作，再强调三点意见。

一、准确认识和把握党风廉政建设的新形势新要求

党的十八大以来，我们党把全面从严治党纳入"四个全面"战略布局，坚持高标准和守底线相统一，坚持抓惩治和抓责任相统一，坚持查找问题和深化改革相统一，坚持选人用人和严格管理相统一，连续开展党的群众路线教育实践活动、"三严三实"专题教育、"两学一做"学习教育，着力改进作风，着力严明纪律，着力惩治腐败，推动全面从严治党向纵深发展。经过五年来的不懈努力，党的各级党组织管党治党主体责任明显增强，中央八项规定精神得到坚决落实，党的纪律建设全面加强，腐败蔓延势头得到有效遏制，反腐败斗争压倒性态势已经形成，党内政治生活呈现新的气象。但同时，习近平总书记也深刻指出，尽管反腐败斗争取得重大胜利，但反腐败斗争形势依然严峻复杂；管党治党从宽松软走向严紧硬，需要经历一个砥砺淬炼的过程；要继续在常和长、严和实、深和细上下功夫，保持战略定力和政治定力，继续把党风廉政建设和反腐败斗争引向深入。这是中央对当前党风廉政建设和反腐败斗争形势的基本判断和工作的基本要求，为我们加强新形势下党风廉政建设提供了根本遵循。

就学校工作而言，近年来，学校党委本着"标本兼治、综合治理、惩防并举、注重预防"的

工作方针,突出管党治党责任,严明党的政治纪律和政治规矩,不断加大管理监督力度,狠抓机关作风效能建设,持之以恒贯彻中央八项规定和省委十项规定精神,学校党风廉政建设总体保持了平稳的态势。这是全校各级党组织、全体党员干部和广大师生员工共同努力的结果,学校纪委、监察、审计、组织、财务、国资等条线、部门的同志们为此付出了辛勤的劳动和不懈的努力。但同时,从去年下半年校领导经济责任审计情况来看,结合学校党建工作、机关作风效能建设等考评情况,学校依然存在着一些廉政"风险点",主体责任缺失、监督责任缺位、"一岗双责"落实不到位、干部管理"宽松软"等问题还不同程度存在,有些问题,比如部分单位的"小金库"问题,到了三令五申、反复治理依然置若罔闻,甚至不收手、不收敛的地步,给学校的整体工作造成了极大的被动甚至危害。这些问题如果不能得到及时有效的解决,必将会对学校下一步事业发展产生不利影响,必须引起全校上下的高度重视。

因此,全校各级党组织和广大党员干部要切实把思想和行动统一到中央的部署上来,充分认识"全面从严治党永远在路上"这个科学判断,充分认识"增强全面从严治党的系统性、创造性、实效性"这个总体要求,充分认识"失责必问、问责必严"这个常态,充分认识学校党风廉政建设和反腐败工作依然还存在短板这个客观事实,充分认识"领导班子换届之年""'十三五'建设关键之年"重视和加强党风廉政建设和反腐败工作的必然要求,全力以赴履行全面从严治党的各项要求,向党的十九大和学校第十二次党代会交上党风廉政建设的合格答卷。

二、全面贯彻党的十八届六中全会精神,深入推进全面从严治党

党的十八届六中全会是在全面深化改革、决胜全面小康的关键时刻召开的一次十分重要的会议。习近平总书记在全会上发表的重要讲话,进一步深化了对党的建设规律的认识,是马克思主义中国化的最新成果。全会审议通过的《关于新形势下党内政治生活的若干准则》和《中国共产党党内监督条例》,是新形势下加强和规范党内政治生活、加强党内监督的根本遵循。全会正式提出"以习近平同志为核心的党中央",反映了全党全军全国各族人民的共同心愿,是党和国家根本利益所在,是坚持和加强党的领导的根本保证。

我们要把学习贯彻党的十八届六中全会精神作为当前和今后一个时期的重要政治任务,严格遵守《关于新形势下党内政治生活的若干准则》《中国共产党党内监督条例》,坚持标本兼治,坚持严字当头、实字托底,扎实推进全面从严治党。一是要进一步抓好思想教育这个根本,以"两学一做"学习教育常态化制度化为依托,坚持不懈强化理论武装,毫不放松加强党性教育,教育和引导全校广大党员干部筑牢信仰之基、补足精神之钙、把稳思想之舵,坚持不忘初心,继续前进,为推进高水平研究型大学建设苦干实干。二是要进一步抓好严明政治纪律和政治规矩这个关键,牢固树立和增强"四个意识",更加自觉地在思想上、政治上和行动上同以习近平同志为核心的党中央保持高度一致,更加扎实地把党中央的决策部署落到实处,旗帜鲜明地讲政治,认真落实意识形态工作责任制,不断加强和改进大学生思想政治工作。三是要进一步抓好民主集中制的贯彻落实,坚持党委领导下的校长负责制,不断完善学校"三重一大"决策机制,坚持集体领导、充分发扬民主、严格按规矩办事;在学院(部)层面,要落实好党政共同负责制,把握好"集体领导、党政合作、科学决策"三个关键点,完善党政联席会议制度,健全议事规则和决策程序,决不能以个人决定代表班子决策。四是要进

一步抓好选人用人这个导向,认真落实"二十字"好干部标准,完善从严管理监督干部制度体系。今年,中央修订印发了《领导干部报告个人有关事项规定》和《领导干部个人有关事项报告查核结果处理办法》,对报告主体、报告内容、抽查核实及结果处理等做了进一步改进完善。大家要认真学习,严格按照规定认真如实填报,自觉接受组织监督。五是要进一步用好组织生活这个经常性手段,以党支部标准化建设为抓手,认真落实"三会一课"、民主生活会、组织生活会、民主评议党员、谈心谈话等制度,用好批评与自我批评这个武器,突出党性锻炼,不断提高组织生活的质量和效果。六是要进一步强化党内监督,建立健全党委全面监督、纪委专责监督、党的工作部门职能监督、基层党组织日常监督、党员民主监督的党内监督体系,落实"有权必有责、有责要担当、用权受监督、失责必追究"要求,把党内监督体现在时时处处事事上,立足于小、立足于早。

三、强化使命担当,推动"两个责任"落细落实

落实党风廉政建设责任制,各级党委、党工委要切实负起主体责任,各党委、党工委书记要切实履行第一责任人职责,班子其他成员履行"一岗双责"。要做到知责、尽责、负责。知责,就是要牢固树立不抓党风廉政建设就是严重失职的意识,细化责任清单,明确责任所在,不能种了别人的地、荒了自己的田。尽责,就是要对党风廉政建设和反腐败各项工作主动抓、严格抓、认真抓,始终坚持把党风廉政建设纳入整体工作布局,与人才培养、科学研究、学科建设、后勤服务等工作一起部署、一起落实、一起检查、一起考核,在问题和困难面前决不推诿、不回避、不敷衍。负责,就是要本着对党负责、对学校事业负责、对师生负责的精神,坚持敢抓敢管、长抓长管,努力抓出成效。

落实党风廉政建设责任制,纪委负监督责任。纪检监察部门要强化监督执纪问责,运用好监督执纪"四种形态",驰而不息纠正"四风",保持惩治腐败高压态势,维护好学校风清气正的政治生态;要践行"打铁还需自身硬"的要求,严格落实新制定的《中国共产党纪律检查机关监督执纪工作规则》,着力加强纪检监察干部队伍建设,把关心爱护和强化监督管理结合起来,不断提高思想政治工作水平和业务能力;各基层党委、党工委纪检委员要切实履职尽责,勇于担当,敢于负责。全校各基层单位要积极支持和配合纪检监察部门开展工作,重点领域和关键部位的工作更要主动依法依纪依规接受纪检监察部门的监督检查。

同志们,2017年,我们党将召开第十九次全国代表大会,学校也面临着领导班子换届、本科教学审核式评估等重大工作。做好今年的学校工作,意义重大、影响深远。让我们紧密团结在以习近平同志为核心的党中央周围,扎实工作,努力进取,不断以全面从严治党新成效推动学校事业实现新的更大发展!

谢谢大家!

聚焦全面从严治党 强化监督执纪问责 为加快建成高水平研究型大学提供坚强纪律保障

——校纪委书记芮国强在中国共产党苏州大学第十二次代表大会上的工作报告

（2017年10月12日）

同志们：

现在，受中国共产党苏州大学纪律检查委员会的委托，我向大会报告过去五年来的工作情况和今后五年的工作建议，请予审查。

一、工作回顾

校第十一次党代会以来的五年，是我校建设国内一流、国际知名高水平研究型大学取得重大进展的五年，也是党风廉政建设和反腐败斗争取得显著成效的五年。校党委坚决贯彻习近平总书记系列重要讲话精神和党中央治国理政新理念新思想新战略，牢固树立"四个意识"，切实履行管党治党、办学治校政治责任，采取一系列有效措施，深入推进党风廉政建设和反腐败斗争。在省纪委和校党委的坚强领导下，校纪委认真贯彻落实党的十八大、十八届历次全会和中央纪委历次全会精神，紧紧围绕学校中心工作和改革发展大局，忠诚履行党章赋予的职责，不断强化监督执纪问责，为学校各项事业持续健康发展提供了有力保障。

（一）充分履行监督职责，不断夯实管党治党政治责任

校纪委坚持把协助校党委落实主体责任作为履行监督责任的基础工作，充分发挥参谋助手作用，及时向校党委提出工作建议。2016年，校纪委就加强和规范办公用房、公务接待和用车、出国（境）经费等方面的管理向校党委提出了意见和建议。充分发挥督查推动作用，及时督促各级党组织扛紧压实主体责任。协助校党委制定了《关于落实党风廉政建设党委主体责任和纪委监督责任的实施意见》，把"两个责任"落实情况作为检查考核重点内容；坚持每年召开党风廉政建设工作会议，与各二级单位签订《党风廉政建设责任书》，推进

分层抓落实、责任共承担。通过多种途径对领导班子贯彻执行党风廉政建设责任制情况进行检查考核,并将考核结果列入干部考核之中,作为评优晋职的重要指标,促进"一岗双责"落到实处。2016年,在查处个别学院"小金库"问题时,学校对有关党政领导班子履行主体责任、监督责任不力进行了责任追究,释放了失责必问的信号。

(二)严肃监督执纪问责,持续保持惩治腐败高压态势

通过参加党委常委会、列席校长办公会等方式,监督党内民主制度和"三重一大"决策机制执行,促进学校各项决策的科学化和程序的规范化。先后两次在全校范围内组织开展廉政风险点排查,督促各单位自查自纠,建立健全廉政风险防控管理制度。紧紧围绕人、财、物等关键领域和关键环节,积极探索有效的监督方式方法,切实加强对重大事项、重大活动、重大决策的监督检查。2015年以前,校纪委全程参与干部选拔、招生录取、职称评聘、人才招聘、物资采购等方面工作,完成各类审计项目159项,工程审计项目金额近1.8亿元,核减金额约2049.3万元。2015年以后,按照"转职能、转方式、转作风"的要求,将监督方式由全程参与转为随时检查和重点抽查,参与学院(部)党政换届、处级干部任用考察,回复干部任用征求意见函564人次,参与人事招聘监督253人次,参与国家级考试监督941人次,参与各类项目的招标、议标、验收1 618人次。探索实践监督执纪"四种形态",对苗头性、倾向性问题及时谈话提醒、函询诫勉;对轻微违纪问题露头就打、动辄则咎。五年来,校纪委约谈领导干部44人次,诫勉谈话4人,立案7起,审结案件4起,处理违纪党员干部7人。

(三)持之以恒整饬作风,深入落实中央八项规定精神

健全完善"信、访、网、电"四位一体多渠道举报方式,及时受理群众举报。制定信访工作实施细则和工作流程图,细化各环节要求,做深做细做实各项工作。完成了2008年以来收到的问题线索"大起底"专项自查,特别是对党的十八大以来反映领导干部问题线索的留存信访件进行了梳理、研判和处理。2012年以来,共受理信访件196件(不包括重复信访),接待群众来访55人次,受理教职工申诉4次,处理各类工作投诉32件次,严肃认真核实有关问题,做到件件有着落,事事有回音。聘请了40位党风联络员和特邀监察员,充分发挥民主监督和党外监督的作用;成立了机关作风效能建设领导小组,修订了《机关作风效能建设考评办法(试行)》,开发了网上民主评议系统,聘请5名机关作风效能建设巡视员,强化了对机关部门作风效能建设的监督和考评工作。推动各学院(部)成立财务监督小组,推进学院(部)财务公开,充分发挥群众监督作用,加强了对二级单位作风效能建设的督查。深入贯彻落实中央八项规定精神和省委十项规定精神,协助校党委制定作风建设方面的有关规定和实施办法,对违反八项规定精神以及"四风"问题的信访举报实行"直查快办"。先后组织开展了公务用车使用管理改革、"小金库"专项清理、办公用房调整、违规吃喝专项整治等工作,组织开展党员领导干部"会员卡"清退、重大节日"清风行动"等专项督查。党员干部化解廉政风险的能力逐步增强,主动上交礼金12.59万元,购物卡20张,礼品4件。

(四)着力推进源头预防,构筑廉洁从政从教的牢固堤坝

组织党员干部学习党章和《关于新形势下党内政治生活的若干准则》等党内法规,对新上岗处级干部开展廉洁思想教育,提醒党员干部严守底线,防范道德风险,保持清正廉洁。

建立警示教育常态化机制,先后召开6次警示教育大会,持续通报曝光典型案例。通过组织收看党风廉政建设工作视频会议和工作研讨会等,切实增强对重点领域、关键岗位人员和专兼职纪检干部的党纪党规教育,实现廉洁教育的专业化、精准化。先后邀请校内外专家为处级干部做专题报告7次,组织收看《永远在路上》等录像片8次,重要节日节点向处级以上干部发送反腐倡廉工作信息和廉政提醒,编发《纪检监察信息通报》18期,发放各类廉政图书学习资料近1.6万册,实现了反腐倡廉教育的具体化、经常化。加强校园廉洁文化建设,5届廉洁文化周活动共收到教职工、学生各类作品231件,遴选优秀作品报送省教育厅参评,多次获得表彰。依托与苏州市纪委共建"苏州廉政建设研究所",参与地方党风廉政建设和反腐败工作的实践探索,总结我校廉洁文化建设工作的做法和经验。五年来,研究所共开展各类研究项目13个,"领导干部要带头厉行法治""权力公开透明运行与常熟实践"等一批研究成果产生了良好的影响。

(五)深化体制机制改革,提升监督执纪工作地位和水平

深入贯彻落实上级纪委决策部署,增设纪委办公室,与监察处合署办公;建立健全专职纪检监察干部联系学院(部)制度,配齐了各二级单位的专兼职纪检干部,构建了较为完善的纪检监察组织体系,推动纪检监察工作向基层延伸。校党委积极支持校纪委"三转",纪委书记不再分管纪检监察以外的业务工作,保证主要精力用于纪检监察工作。校纪委明确监督执纪问责主业,切实加强对职能部门依法依规履行职责的监督。校纪委坚持理论学习制度和工作例会制度,建立了全校专兼职纪检监察干部学习会制度,扎实开展党的群众路线教育实践活动、"三严三实"专题教育和"两学一做"学习教育。选派多名专职纪检监察干部参加各类业务培训、学习研修及省委巡视工作,不断提高其政治素质和履职能力。通过开展"打铁还需自身硬"专项行动,排查风险点,完善内控机制建设,不断增强纪检监察干部履职的担当意识,锤炼严细深实的工作作风,树立良好形象。

上述成绩的取得,是上级纪委、校党委正确领导和校行政鼎力支持的结果,是学校各级党组织认真履行主体责任的结果,是广大党员干部和全校师生支持参与的结果,也是历届校纪委持续努力和全体纪检监察干部忠诚履职、辛勤工作的结果。在此,校纪委向长期以来所有关心支持学校党风廉政建设和反腐败工作的同志们致以崇高的敬意和衷心的感谢!

看到成绩的同时,我们必须清醒地认识到,学校党风廉政建设工作还存在一些薄弱环节,与上级要求和广大师生员工的期望还有一定差距,主要表现在:党内政治生活中仍然存在不经常不严肃不认真的问题,建立风清气正政治生态和教书育人环境的任务依然繁重;少数党组织管党治党的责任意识还不够强,一些党员领导干部履行"一岗双责"还不到位;一些党组织和党员领导干部对监督执纪"四种形态"的认识和运用还不够到位,抓早抓小机制有待完善,日常监督仍存薄弱环节;"小金库"问题多发频发,防范和监管长效机制建设有待健全;纪检监察工作"三转"还不够彻底,纪检干部履职能力有待进一步提升,对重点领域和关键环节的监督力度还不够,监督执纪问责的方式方法还有待进一步改进。

二、工作体会

五年来,校纪委认真贯彻落实上级纪委和校党委的决策部署,积极探索、勇于创新,学思

践悟、见诸行动,深化了对管党治党规律的认识,积累了党风廉政建设和反腐败斗争新的实践经验。回顾过去的工作,我们深刻认识到:

(一)必须旗帜鲜明讲政治,切实增强"四个意识",坚决维护以习近平同志为核心的党中央权威

必须把习近平总书记系列重要讲话精神和党中央治国理政新理念新思想新战略作为深入推进党风廉政建设和反腐败斗争的强大思想武器和行动指南,更加自觉地在思想上政治上行动上同以习近平同志为核心的党中央保持高度一致。

(二)必须坚持围绕中心服务大局,切实增强广大师生的获得感和幸福感,厚植党执政的政治基础

必须更加主动地把纪检监察工作放到上级的决策部署和学校工作的大局中去思考、去落实,以高度的政治自觉把握好服务大局与履职尽责、正风反腐与民心向背的关系,把师生对美好生活的向往作为工作目标,找准工作定位,把准纪律界线,聚焦监督执纪问责,服务学校改革创新发展,让广大师生增强获得感和幸福感。

(三)必须强化责任担当,压紧压实"两个责任",担负起管党治党的历史使命

必须抓住主体责任这个"牛鼻子",完善党委主抓直管机制,层层传导压力,做到守土有责、守土尽责。纪委要坚守职责定位,以强烈的使命担当和责任意识,聚焦主责主业,强化监督执纪问责,督促各级党组织切实履行管党治党的应尽之责,持续推动"两个责任"向基层延伸。

(四)必须坚持把纪律挺在前面,实践好监督执纪"四种形态",切实体现对党员干部的严管厚爱

必须坚持用党的纪律衡量党员干部的行为,注重抓早抓小,做到动辄则咎,真正让纪律立起来、严起来、执行到位,成为"带电的高压线"。必须坚持惩前毖后、治病救人方针,发现苗头性、倾向性问题及时谈话提醒、函询诫勉,对那些不收敛不收手行为进行严厉惩处,使管党治党从只盯少数人向管住大多数转变,使党员干部不犯或者少犯错误。

(五)必须始终保持清醒坚定,以永远在路上的恒心和韧劲,推动全面从严治党向纵深发展

从作风建设永远在路上,到党风廉政建设和反腐败斗争永远在路上,再到全面从严治党永远在路上,体现了对管党治党规律的坚持和深化。从管党治党宽松软到严紧硬是一个长期的过程,要在坚持中深化,在深化中坚持。必须从具体事情抓起,做到真管真治,在严和实、深和细上下功夫,当好"护林员",坚决清除各类污染源,始终保持党的肌体健康,优化教书育人环境。

（六）必须着力改革创新，持续深化"三转"，全面提升监督执纪问责的能力

持续深化体制机制改革，大力实施组织和制度创新，不断从体制机制上解决制约全面从严治党向纵深发展的深层次问题，使纪检工作更好体现时代要求、凸显苏大特色、更加富有成效。

三、工作建议

今后五年，是我校全面深化综合改革、加快推进"双一流"建设的重要时期，是我校建成国内一流、国际知名高水平研究型大学的决胜阶段，也是深化党风廉政建设和反腐败斗争、推动全面从严治党向纵深发展的关键时期。今后五年工作的总体要求是：高举中国特色社会主义伟大旗帜，深入学习贯彻习近平总书记系列重要讲话精神和党中央治国理政新理念新思想新战略，全面学习贯彻党的十九大和校第十二次党代会精神，深刻把握上级组织关于全面从严治党的形势判断和决策部署，严明党的纪律不动摇，聚焦监督执纪问责不偏离，深化标本兼治不松劲，坚持不懈正风反腐，严肃党内政治生活，强化党内监督，推进清廉苏大建设，优化教书育人环境，为实现校第十二次党代会确定的目标任务提供强有力的政治和纪律保障。

今后五年的主要任务是：

（一）严明党的纪律特别是政治纪律，确保各项决策部署落到实处

严明党的纪律规矩。把严明政治纪律和政治规矩作为首要任务，认真学习贯彻党的十九大精神，督促全体党员牢固树立政治理想、正确把握政治方向、坚定站稳政治立场，始终同以习近平同志为核心的党中央保持高度一致。紧紧抓住党员领导干部这个"关键少数"，围绕对党忠诚、履行管党治党责任、遵守党的纪律，加强对党章、党的政治纪律和政治规矩执行情况的监督检查，督促各级党组织和党员干部做政治上的清醒人、明白人。认真总结和运用监督检查有效做法和成功经验，不断完善定期检查、专项督查制度和纪律保障机制，确保上级重大决策部署在学校落地生根，确保学校的重大决策、重要工作、重点工程廉洁高效实施。坚持实事求是原则，既严明纪律，严肃查处违纪违法行为，又为受到错告诬告的干部公开澄清事实，保护作风正派又敢作敢为、锐意进取的干部。建立容错纠错机制，严格按照"三个区分开来"的要求，旗帜鲜明地保护干部干事创业的积极性。

严格党内政治生活。认真贯彻执行党内政治生活的若干准则，对各级党组织的党内政治生活、党员干部参与情况开展经常性督查，坚决纠正、严肃查处违反党内政治生活准则的行为，重点加强对民主集中制等制度执行情况的检查，建立健全执纪问责机制，督促落实集体领导制度，做到严格按程序决策、按规矩办事，坚决反对和防止独断专行或各自为政，坚决反对和防止议而不决、决而不行、行而不实，不断增强党内政治生活的政治性、时代性、原则性和战斗性。

（二）强化责任担当，力推全面从严治党责任落实到位

以清单明晰责任。深入落实"两个责任"实施意见，研究制定责任清单，建立健全权责对等、责任清晰、细化量化的责任落实机制，坚决防止责任落实形式化、表面化和被动化。党委工作部门要切实履行职责,主动承担起职能范围内的日常教育、管理、监督责任,协助校党委承担好主体责任。校纪委要坚守职责定位,切实发挥再监督的职能,加大监督检查力度,督促有关职能部门履职尽责,把发现问题与解决问题、加强监督与促进工作有机结合起来,对执行纪律不严、贯彻决策不实、落实工作不力的,严肃查处、严格问责。

以明责强化履责。各级党组织要按照学校实施意见和责任清单的要求,深化对主体责任内涵的认识,切实履行主体责任,把全面从严治党贯穿到党建和各项工作中,体现在日常管理监督上,做到真管真严、敢管敢严、长管长严。完善履行主体责任情况报告、检查考核等制度,把检查责任落实情况作为监督执纪的重点,督促主要负责人担负起第一责任人的责任、班子成员履行好"一岗双责"。

以问责保障落实。严格执行党内问责条例,研究制定学校问责工作实施细则,对党的领导弱化,党的建设缺失,全面从严治党不力,维护党的"六项纪律"不力,推进党风廉政建设和反腐败工作不坚决、不扎实的,都要严格追究主体责任、监督责任和领导责任,做到失责必问、问责必严。对责任追究的典型问题,要公开通报曝光,达到"问责一起、警醒一片"的效果,以严格问责倒逼责任落实。

(三)深化作风建设,推动党风校风教风学风持续向好

持续加大正风肃纪力度。以抓常抓细抓长的决心和韧劲,继续严格执行中央八项规定精神和省委十项规定精神,盯牢节庆假日等重要节点,密切关注隐形变异的新形式、新动向,坚决防止"四风"反弹回潮。对在执纪审查中发现的"四风"问题线索,深挖细查,释放越往后执纪越严的强烈信号。

巩固和拓展作风建设成果。深入总结推进作风建设的经验做法,健全作风建设长效机制,推动由集中整治专项治理向常态治理长期治理的转变,切实解决执行中反复发生的问题和出现的新情况新问题,不断增强制度的严肃性和执行力,以党风促校风、教风、学风,进一步优化教书育人环境。认真贯彻上级部署,围绕师生反映强烈的突出问题深入开展专项治理,加大对侵害师生利益问题的查处力度,严惩"微腐败",进一步提升师生员工的获得感。

(四)有效运用监督执纪"四种形态",加大违纪问题查处力度

把握运用"四种形态"。各级党组织要担负起实践"四种形态"的政治责任,全面掌握党员干部的思想、工作、生活情况,重点运用好第一、二种形态,抓早抓小,真正体现党组织的关心爱护。纪委要把实践"四种形态"情况作为检验工作的重要标准,做深做细做实监督执纪各项工作。要从政治和全局高度把握执纪审查工作,把握"树木"与"森林"的关系,把纪律特点、从严要求体现到各环节、全过程。加强和改进信访举报工作,认真执行有关规定,建立健全举报人保护制度,严格管理和处置问题线索,发挥好信访问题线索主渠道作用。

加大违纪查处力度。坚持有腐必反、有贪必肃、有案必查,切实解决发生在师生员工身边的违纪违规问题。把执纪审查重点放在不收敛不收手,问题线索反映集中、群众反映强烈,现在重要岗位且可能还要提拔使用的领导干部上,持续保持正风肃纪高压态势。

(五)深化标本兼治,强化对党员干部特别是"关键少数"的教育监督管理

筑牢不想腐的思想防线。深入开展党章党规党纪教育,加强理想信念宗旨和优良传统

作风教育,引导广大党员干部讲党性、守纪律、作表率。坚持崇德重礼与遵纪守法相结合,大力弘扬地域优秀传统文化,教育引导广大党员干部和教职员工自觉从中汲取思想精华,切实提高道德修养,树立良好家风,抵制不良风气。充分发挥廉政建设研究所的作用,不断加强应用对策研究,为推进新形势下校园廉政文化建设提供支持。及时通报曝光典型案例,强化不敢腐的教育警示效应。

强化党内监督。深入贯彻落实党内监督条例,完善党内监督机制,充分发挥党委全面监督、纪检机关专责监督、党的工作部门职能监督、党的基层组织日常监督、党员民主监督的作用。突出监督重点,抓住"关键少数",加强对领导班子和领导干部的有效监督。严格监督制度,督促各级党组织全面落实述责述廉和领导干部个人有关事项报告等制度。加强对重点领域的监督,进一步排查廉政风险点,完善内控机制。改进和完善党务公开、校务公开,让权力在阳光下运行。探索试点巡察制度,定期对校内各部门(单位)及其领导干部执行决策部署的情况进行巡察,着力解决对贯彻上级精神只喊标语口号、落实上级决策部署变形走样等问题,坚决纠正不想担当、不敢担当、不能担当行为,坚决制止推诿扯皮、敷衍塞责等现象。

扎紧不能腐的制度笼子。各级党组织要坚持把健全防范腐败的制度机制与推进改革创新发展各项工作同步研究、同步部署、同步实施,强化对权力运行的有效制约。加强对腐败易发多发领域和环节的治理,认真查找和堵塞制度漏洞,破立并举,与时俱进推进制度创新,不断铲除腐败问题滋生的土壤。加强对制度落实情况的监督检查,切实提高制度执行力,决不让制度成为"稻草人",坚决防止"破窗效应"。

(六)加强纪检监察队伍建设,全面提升监督执纪能力

从严抓班子促"三转"。切实加强纪检干部队伍建设,加强纪委领导班子建设,强化纪委委员和基层纪检委员队伍建设,优化专职纪检监察干部队伍结构。加强体制机制创新,深入推进"三转",探索充分发挥纪委委员作用的有效机制,努力做到敢监督、会监督、善监督。严格贯彻执行《中国共产党纪律检查机关监督执纪工作规则(试行)》和上级纪委配套制度,制定学校纪委议事规则,完善内部监督机制,健全岗位责任体系,规范各项工作规程,把监督执纪权力关进制度的笼子。

全面提升监督执纪能力。推进"两学一做"学习教育常态化制度化,教育引导纪检干部提高政治站位和政治觉悟,自觉把讲政治贯穿党性锻炼、履职尽责的全过程,从思想到行动全面体现"四个意识"要求。加强学习,强化培训,持续增强纪检干部把握大局、运用政策和法纪的能力,做到政治、业务、纪律、作风四个过硬。大兴调查研究之风,加强对学校全局性、实践性、规律性问题的研究,摸清吃透情况,找准问题症结,提出解决办法。

同志们,中国共产党苏州大学第十二次党代会的召开,为学校未来事业的发展描绘了宏伟蓝图,即将产生的新一届纪委将肩负更光荣的使命,面临更繁重的任务,承载更殷切的期待。风正好扬帆,气正能聚力。让我们在上级纪委和校党委的坚强领导下,紧紧依靠全校各级党组织、广大党员干部和全体师生员工,保持坚强政治定力,坚定不移把全面从严治党引向深入,着力营造风清气正的政治生态和教书育人环境,为加快建成国内一流、国际知名高水平研究型大学、圆满完成校第十二次党代会确定的目标任务而努力奋斗!

2017年大事记

1月

5日

△ 经研究决定：浦文偲同志任应用技术学院党委书记；孙宁华同志任文学院党委书记；孙庆民同志任学生工作部部长；李翔同志任材料与化学化工学部党委书记；黄志斌同志任金螳螂建筑学院党委书记；逄成华同志任数学科学学院党委书记。

免去：王欣同志应用技术学院党委书记职务；朱建刚同志数学科学学院党委书记职务；陈晓强同志学生工作部部长职务；孙庆民同志纺织与服装工程学院党委书记职务；查佐明同志金螳螂建筑学院党委书记职务；黄志斌同志后勤党委书记职务；逄成华同志文学院党委书记职务。

△ 经研究决定，聘任：张晓宏同志为国际合作交流处处长（兼）、海外教育学院院长（兼）、港澳台办公室主任（兼）；黄兴同志为老挝苏州大学副校长；陈晓强同志为新闻中心主任（兼）；孙庆民同志为学生工作处处长兼学生创新创业教育中心主任；查佐明同志为后勤管理处处长；曹金元同志为后勤管理处副处长兼学生宿舍管理办公室主任。

免去：王腊宝同志外国语学院院长职务；陆阿明同志体育学院院长职务；浦文偲同志校长助理、阳澄湖校区管理委员会主任职务；黄兴同志国际合作交流处处长兼海外教育学院院长、港澳台办公室主任职务；倪沛红同志老挝苏州大学教学与学生事务管理办公室主任兼教务部副部长职务；陈晓强同志学生工作处处长兼学生创新创业教育中心主任职务；李翔同志后勤管理处处长职务；顾明高同志后勤管理处副处长兼学生宿舍管理办公室主任职务；谭玉坤同志老挝苏州大学副校长职务。

△ 经研究决定，聘任：张影同志为数学科学学院院长，试用期一年。

免去：曹永罗同志数学科学学院院长职务。

△ 根据《中华人民共和国学位条例》及《苏州大学硕士、博士学位授予工作细则》，经研究决定授予学术学位研究生吴恺迪等3人经济学硕士学位，陆艳教育学硕士学位，焦锐历史学硕士学位，王俊等13人理学硕士学位，陈育冬等7人工学硕士学位，黄翔等6人医学硕士学位，高婧等2人艺术学硕士学位。

决定授予专业学位研究生宦淼税务硕士学位，蔡欢等71人法律硕士学位，陈佳等229人教育硕士学位，王建鑫等97人体育硕士学位，宋春晓应用心理硕士学位，于佳丽等254人工程硕士学位，赵恒等2人农业推广硕士学位，殷军锋临床医学硕士学位，董民华等62人公共卫生硕士学位，沈苏南药学硕士学位，樊文晔等71人工商管理硕士学位，傅烨等60人公共管理硕士学位，李忠等57人艺术硕士学位。

决定授予同等学力人员李宁雁经济学硕士学位，王凯德等4人法学硕士学位,耿成峰等11人教育学硕士学位,尹飞等100人医学硕士学位,于丽雯管理学硕士学位。

△根据《中华人民共和国学位条例》及《苏州大学硕士、博士学位授予工作细则》,经研究决定授予学术学位研究生徐辑磊等2人经济学博士学位,汪秋慧等2人法学博士学位,乔浩风等4人教育学博士学位,马腾飞等5人文学博士学位,邹桂香历史学博士学位,张昌娟等12人理学博士学位,周成等13人工学博士学位,吴蕾等24人医学博士学位,阮鹏宇等3人管理学博士学位;授予专业学位研究生王志荣等37人临床医学博士学位。

△经研究决定,免去:严冬生同志材料与化学化工学部党委书记职务。

6日 △特聘教授座谈会在王健法学院会议室举行。

9日 △苏州市独墅湖医院(苏州大学医学中心)理事会第七次会议在学校金螳螂建筑学院学术报告厅举行。

△苏州工业园区—苏州大学全面合作第九次工作会议在学校金螳螂建筑学院会议中心召开。

△学校离休老同志代表迎春茶话会在红楼217会议室举行。

△9日至10日,老挝科技部部长Boviengkham Vongdara应邀,率领老挝科技部技术创新司司长Soumana Choulamany等一行莅临学校访问。

10日 △根据《中华人民共和国学位条例》及《关于七年制高等医学教育授予医学学位的几点规定》文件精神,经研究决定授予殷雍杰等4名七年制临床医学专业毕业生临床医学专业硕士学位。

11日 △学校印发《苏州大学关于推进研究生国际交流和海外研修的实施办法》《苏州大学研究生学籍管理补充规定》。

△学校2016年度党建工作总结交流会在红楼会议中心115室举行。

△"留学江苏目标学校"工作会议暨江苏省外国留学生教育管理研究会2016年年会在学校举行。

△学校第六次院长会议在学校金螳螂建筑学院会议中心二楼七彩厅召开。

△苏州大学2016年度本科教学与科研工作总结大会在敬贤堂召开。

△学校本科教学工作审核评估动员大会在敬贤堂举行。

△学校考核领导小组组织对基层党建工作、党校工作、学生工作进行全面检查并公布考核结果。

△经研究决定,财务处增设1名会计科副科长岗位。

12日 △根据《苏州大学成人高等教育本科毕业生学士学位授予工作实施细则(修订稿)》文件精神,经研究决定授予张雷等60名成人高等教育本科毕业生学士学位。

△中共苏州大学委员会批复《关于调整中共苏州大学委员会机关工作委员会委员的请示》《关于调整中共苏州大学委员会离休工作委员会委员的请示》。

△学校印发《苏州大学横向科研经费管理办法(人文社会科学类)》。

	△ 学校2016年度继续教育工作总结会议在培训中心103报告厅举行。
	△ 经研究决定,撤销阳澄湖校区管理委员会和阳澄湖校区党委,同时撤销阳澄湖校区所有内设机构,相关负责人职务自然免除。
13日	△ 学校印发《苏州大学科研成果奖励办法(人文社会科学类)》《苏州大学科研成果认定与登记办法(人文社会科学类)》《苏州大学科研工作考核办法(人文社会科学类)》《苏州大学科研项目管理办法(人文社会科学类)》《苏州大学校级科研机构管理办法(人文社会科学类)》《苏州大学纵向科研经费管理办法(人文社会科学类)》。
14日	△ 经研究决定,成立苏州大学江苏体育健康产业研究院,为校级研究机构,挂靠体育学院。苏州大学江苏体育健康产业研究院设院长1名,执行院长1名,副院长若干名,办公室人员1~2名。
	△ 经研究决定,成立苏州大学能源与材料创新研究院,该研究院为校级科研机构,挂靠物理与光电·能源学部。研究院设院长1名,执行院长1名,副院长2名。研究院内设办公室,设办公室主任1名,为正科职。
	△ 根据《苏州大学高等教育自学考试本科毕业生学士学位授予工作实施细则(修订稿)》文件精神,经研究决定授予毕龙山等2 139名高等教育自学考试本科毕业生学士学位。
17日	△ 应用技术学院成为"互联网+中国制造2025"产教融合试点院校之一。
18日	△ 学校陈林森同志当选为政协苏州市第十四届委员会副主席,王宜怀、叶元土、吴永发、陈红霞、周幽心、钱振明、高晓明、蒋廷波、程江、傅菊芬10名同志当选为政协苏州市第十四届委员会常务委员。
19日	△ 学校马卫中、邢春根、吴磊、黄学贤4名同志当选为苏州市第十六届人大常务委员会委员。
22日	△ 熊思东校长等检查寒假校园安全工作并慰问一线教职员工。
26日	△ 学校为寒假留校学生举办新春团圆宴。
1月	△ 根据美国ESI数据库2017年1月公布的最新数据,学校神经科学与行为科学(Neuroscience & Behavior)跻身ESI全球排名前1%。
	△ 《苏州大学学报(哲学社会科学版)》获江苏省重点社科理论优秀期刊评选一等奖。
	△ 学校数学科学学院季利均教授以组合设计理论及其在信息论中的应用方面所取得的成就,获2015年度霍尔奖。
	△ *Nature*杂志在线发表了学校软凝聚态物理及交叉研究中心施夏清副教授作为共同通讯作者的一项国际合作研究工作,题为"Weak synchronization and large—scale collective oscillation in dense bacterial suspensions"。
	△ 吴德沛教授课题组项目获2016国家科技进步二等奖。
	△ 国际顶级学术期刊*Nature*杂志"自然指数"特刊上发表文章,以"中国高等教育改革的先行者"为题,重点报道了苏州大学纳米科学技术学院的教学成果。

2月

1日　　△《光明日报》刊登熊思东校长署名文章:与"数"同行:大数据驱动大学变革。

8日　　△人民网于江苏省"两会"期间专访王卓君书记:实践"两聚一高"大学也应有所作为。

10日　　△学校党委书记王卓君当选省十二届人大常委会委员。

18日　　△接中共江苏省委组织部通知(苏组干〔2017〕3号):陈卫昌同志试用期满正式任苏州大学副校长。

　　△经研究决定:王云杰同志任后勤管理处党委书记,试用期一年;董召勤同志任纺织与服装工程学院党委书记,试用期一年。

19日　　△学校印发《经济责任审计整改工作的意见》。

　　△校党委十一届十五次全体会议及全校干部大会在敬贤堂举行。

20日　　△学校印发《苏州大学2017年度工作要点》。

21日　　△经研究决定,对新型城镇化与社会治理协同创新中心管理委员会成员进行调整:

　　主任:田晓明

　　副主任:陈进华　母小勇

　　△学校领导经济责任审计整改工作会议在天赐庄校区学术报告厅举行。

22日　　△学校印发《党委常委会工作报告》。

　　△学校前身东吴大学1950级经济系校友、抗美援朝志愿军空军集体一等功荣立单位成员谢奎和先生向学校博物馆捐赠了一批珍贵的实物资料。

23日　　△经研究决定,聘任:马卫中同志为敬文书院院长。免去:罗时进同志敬文书院院长职务。

　　△经研究决定,聘任:秦樾先生为医学部主任。

24日　　△学校印发《熊思东校长在苏州大学本科教学工作审核评估动员大会上的讲话》。

　　△巴基斯坦驻沪总领事纳依姆汗(Dr. Naeem Khan)、领馆商务助理薛赟、中巴经济走廊执行秘书长李新生以及苏州科环环保科技有限公司董事长唐新亮等一行莅临学校访问。

　　△2017年上半年研究生教育工作会议在红楼学术报告厅举行。

25日　　△苏州大学第六次归侨侨眷代表大会在红楼会议中心召开。

　　△新华网报道学校王卓君书记主题发言:当好书记要做到四个"心"。

27日　　△意大利威尼斯大学校长Michele Bugliesi及国际副校长Tiziana Lippiello等一行莅临学校访问。

△ 学校印发《苏州大学开展法治宣传教育的第七个五年规划（2016—2020 年）》。

28 日　　△ 学校印发《2016—2017 学年度第二学期苏州大学党委理论学习中心组学习计划》。

2 月　　△ 学校出版社申报的《梅兰芳唱腔全集》和《当代中国器乐创作研究》两项目获 2017 年度国家出版基金项目资助。

△ 学校报送的案例和论文分别获省高校学生教育管理"创新奖"一等奖、优秀奖各 1 项，优秀论文一等奖 1 项。

3 月

1 日　　△ 经研究决定，即日起启用新制的"苏州大学财务处"印章，原印章停止使用。

△ 经研究决定，成立苏州大学空间规划研究院。

2 日　　△ 经研究决定，即日起启用"苏州大学空间规划研究院"印章。

3 日　　△ 央视、新华社、《中国教育报》等媒体于全国"两会"期间采访全国政协委员、学校熊思东校长。

6 日　　△ 经研究决定，即日起启用"苏州大学能源与材料创新研究院"印章。

8 日　　△ 学校功能纳米与软物质研究院迟力峰教授获国际纯粹与应用化学联合会（IUPAC）遴选出 2017 年度 IUPAC 化学化工杰出女性奖（IUPAC 2017 Distinguished Women in Chemistry or Chemical Engineering Awards）。

△ 德国卡尔斯鲁厄理工学院（KIT）副校长 Thomas Hirth 教授一行莅临学校访问。

9 日　　△ 经研究决定，即日起启用"苏州大学江苏体育健康产业研究院"印章。

△ 中共苏州大学委员会批复《关于中共苏州大学政治与公共管理学院委员会选举结果的报告》和《关于中共苏州大学政治与公共管理学院委员会委员分工的报告》。

13 日　　△ 根据《苏州大学双学位专业管理规定（修订稿）》文件精神，经研究决定授予刘滢同学管理学学士学位。

△ 根据《苏州大学普通高等教育本科毕业生学士学位授予工作实施细则（修订稿）》文件精神，经研究决定授予杨旭等 52 名普通高等教育全日制本科毕业生学士学位。

△ 全国政协委员、学校熊思东校长接受《光明日报》《新华日报》等媒体采访。

14 日　　△ 中共苏州大学委员会批复《关于召开苏州大学七届三次教职工代表大会的请示》。

|15 日| △《中国科学报》：全国政协委员、苏州大学校长熊思东："双创"在于培养创新思想、提升创业能力。|

15 日　△苏州市政协主席周伟强一行实地调研学校医学中心工地。

16 日　△经研究决定，对学校部分第九届院（部、所、中心）学位评定分委员会成员进行调整：

一、政治与公共管理学院学位评定分委员会（9 人）

主　席：陈进华

副主席：邢光晟

二、艺术学院学位评定分委员会（9 人）

主　席：姜竹松

副主席：王泽猛

三、城市轨道交通学院学位评定分委员会（7 人）

主　席：朱忠奎

副主席：姚林泉

16 日　△教育部党组副书记、副部长沈晓明一行莅临学校调研。

△15 日至 16 日，由江苏省教育厅主办、江苏省高校辅导员培训与研修苏州大学基地承办的"第六届江苏高校辅导员职业能力大赛复赛"在学校天赐庄校区学术报告厅举行。

17 日　△英国莱斯特大学副校长 Sarah Dixon 等一行莅临学校访问。

△苏州大学江苏体育健康产业研究院成立大会在红楼会议室举行。

△2017 年科技目标责任书签订仪式在红楼会议中心举行。

19 日　△江苏省教育厅党组书记、省委教育工委书记葛道凯一行莅临学校视察。

20 日　△学校领导班子换届动员部署会在敬贤堂召开。

22 日　△根据《中华人民共和国学位条例》及《苏州大学硕士、博士学位授予工作细则》，经研究决定授予学术学位研究生陈慧等 2 人理学硕士学位，张宁等 3 人工学硕士学位，秦海涛医学硕士学位。

△根据《中华人民共和国学位条例》及《苏州大学硕士、博士学位授予工作细则》，经研究决定授予学术学位研究生唐北华文学博士学位，黄培、曾元英 2 人医学博士学位。

△学校"两会"精神学习报告会在敬贤堂举行。

△学校印发《关于印发〈苏州大学年鉴 2017〉部分内容编写责任书的通知》。

23 日　△"兰心蕙质"苏州市女书法家作品展开幕暨捐赠仪式在学校博物馆举办。

△宁波市人大常委会副主任、文联主席翁鲁敏一行莅临学校调研。

25 日　△学校 2017 年本科生学生工作研讨会在红楼学术报告厅举行。

△江苏省先进碳材料与可穿戴能源技术重点实验室建设方案专家论证会在学校召开。

	△ 由学校承担的国家社科重大课题"中国体育深化改革重大问题的法律研究"开题报告会在学校召开。
27 日	△ 2016 年度中国建筑学会苏沪地区科普基地授牌仪式暨科普讲座在学校金螳螂建筑学院举行。
28 日	△ 中国红十字会副会长王汝鹏一行莅临学校访问。
29 日	△ 学校印发《苏州大学关于授予具有研究生毕业同等学力人员硕士学位实施细则》《苏州大学关于研究生申请硕士、博士学位科研成果的规定》《苏州大学劳务酬金发放管理规定》《苏州大学学术学位研究生指导教师任职资格审核办法》。
	△ 学校 2017 年人文社科目标责任书签订仪式在红楼会议中心举行。
31 日	△ 经研究决定,成立学校"物流管理"专业本科教育项目的迎评工作领导小组。领导小组组成如下:

组　长：熊思东

副组长：蒋星红

"物流管理"专业本科教育项目迎评工作领导小组下设办公室,办公室组成如下：

主　任：张晓宏

副主任：陈进华　茅海燕

△ 经研究决定,聘任：朱新福同志为外国语学院院长,试用期一年；王国祥同志为体育学院院长,试用期一年。

△ 学校印发《苏州大学国(境)外高校办事机构管理办法(试行)》。

△ 学校 2017 年党风廉政建设工作会议在敬贤堂召开。

△ 学校第七次院长会议在苏大附属儿童医院总院儿科医学院阶梯教室召开。

3 月	△ 学校孔川老师入围第九届全国高校辅导员年度人物评选。
	△ 学校艺术学院范炜焱老师获"2017 意大利米兰国际家具展—青年明日之星沙龙展"评审会特别奖(Special Mention)。
	△ 学校 2017 年国家自然科学基金集中受理项目申报数量再创新高,列全国第 19 位。
	△ 学校荣誉教授 Arthur Carty 院士获江苏国际合作贡献奖。

4 月

5 日	△ 学校印发《苏州大学学科经费管理细则(2017 年修订)》。
6 日	△ 学校印发《苏州大学外国留学生奖学金实施办法(暂行)》。
	△《新华日报》报道：高水平师资是"双一流"建设的重要引擎——对话全国政协委员、苏州大学校长熊思东。

7日	△ 学校印发《名城名校——苏州工业研究院项目管理细则》。
	△ 科学技术部高新技术发展及产业化司副司长梅建平一行莅临学校国家大学科技园调研。
	△ 学校第七届大学生电影节在独墅湖影剧院一号放映厅举办。
9日	△ 9日至14日,第二十八期全省高校院(系)党政负责人培训班在学校举办。
10日	△ 江苏省第五届大学生艺术展演活动大合唱比赛(苏南赛区)在独墅湖校区601号楼音乐厅举办。
13日	△ 中共苏州大学委员会批复《关于中共苏州大学附属第一医院委员会换届选举结果的报告》和《关于中共苏州大学附属第一医院纪律检查委员会选举结果的报告》。
	△ 学校印发《苏州大学博士后管理办法》《苏州大学高端人才计划实施办法》《苏州大学科研项目结余经费管理实施细则》《苏州大学师资博士后管理办法》《苏州大学优秀青年学者管理办法》《苏州大学增补基本师资管理办法》《苏州大学专职科研队伍管理暂行办法》。
	△ 苏州市"名城名校"融合发展战略项目——苏州大学交响乐团2017年音乐季贝多芬专场第一场音乐会在独墅湖校区601号楼举行。
14日	△ 14日至19日,学校七届三次教职工代表大会在敬贤堂召开。
17日	△ 经研究决定:
	一、国有资产与实验室管理处更名为国有资产管理处,撤销招标管理科、实验室管理科、设备管理科、办公物资供应中心、实验材料供应中心。
	调整后,国有资产管理处人员编制暂定12名,设处长1名,副处长1名。国有资产管理委员会设置办公室于国有资产管理处,办公室主任由国有资产管理处处长兼任,设办公室副主任1名,为副处职。
	国有资产管理处内设产权管理科、产业管理科、资产管理科、综合科,均为正科级建制。
	二、成立采购与招投标管理中心,该中心不设行政建制,人员编制暂定9名,设主任1名,副主任1名。
	采购与招投标管理中心,作为一个独立设置单位,由国有资产管理处负责管理,并按学校规定组建和参加党团、工会组织,隶属于机关党工委。
	三、成立实验材料与设备管理中心,该中心不设行政建制,人员编制暂定21名,设主任1名,副主任3名。
	实验材料与设备管理中心,作为一个独立设置单位,由国有资产管理处负责管理,并按学校规定组建和参加党团、工会组织,隶属于机关党工委。
18日	△ 学校印发《苏州大学教育培训管理办法》。
	△ 学校第十次研究生事务联席会在红楼会议中心201会议室召开。
20日	△ 经研究决定,免去:马卫中同志招生就业处处长职务。
	△ 学校领导班子换届民主推荐会议在天赐庄校区敬贤堂召开。
21日	△ 苏州金螳螂公益慈善基金会捐赠苏州大学教育发展基金(体育馆项

	目)签约仪式在红楼会议中心举行。
22 日	△ 苏州大学第十四届研究生学术科技文化节开幕式暨研究生东吴论坛(2017)在红楼学术报告厅开幕。
24 日	△ 经研究决定,对苏州大学体育运动委员会委员进行调整:
	主　任:江作军
	副主任:王国祥　王安列　周　毅　孙庆民
	△ 学校印发《苏州大学临床医学长学制学生"+3"研究生教育阶段培养管理办法》《苏州大学研究生课程成绩及学分认定办法》。
25 日	△ 学校印发《苏州大学本科生出国(境)交流经费资助实施细则(2017年修订)》《苏州大学在线开放课程建设应用与管理办法》《苏州大学资助优秀本科生出国(境)交流管理办法(2017年修订)》。
26 日	△ 经研究决定,陈建军同志试用期满,正式任物理与光电·能源学部光电信息科学与工程学院党委书记。
	△ 江苏省学位与研究生教育学会主办的交叉学科研究生培养研究专题学术研讨会在红楼会议中心举行。
28 日	△ 学校印发《苏州大学改革发展"十三五"规划纲要》。
	△ 学校国际化工作推进会在敬贤堂召开。
4 月	△ 学校获2016年度"江苏省青年志愿服务事业贡献奖"。

5 月

3 日	△ 省委常委、市委书记周乃翔莅临学校调研。
4 日	△ 经研究决定:聘任汪健同志为附属儿童医院院长,试用期一年;免去冯星同志附属儿童医院院长职务。
	△ 学校纪念建团95周年暨2017年五四表彰大会在红楼学术报告厅举行。
	△ 学校印发《苏州大学学术不端行为认定与处理办法(试行)》。
5 日	△ 学校东吴智库、国信优易数据有限公司、苏州市发展规划研究院合作主办的2017中国(苏州)数字经济指数发布会在国家信息中心大数据创新创业(北京)基地召开。
	△ 学校刘庄教授获2017年度Biomaterials Science Lectureship。
7 日	△ 江苏省人民政府副省长张敬华莅临学校调研。
8 日	△ 第二届苏州大学·隆力奇助学圆梦计划启动会暨隆力奇圆梦助学金捐赠仪式在常熟市隆力奇集团总部举行。
9 日	△ 第十一届江苏省政协"戏曲走近大学生"启动仪式在学校独墅湖校区音乐厅举行。
10 日	△ 苏州市委副书记、统战部部长朱民一行莅临学校调研。

13日 △ 学校第一届戏曲广播体操比赛在天赐庄校区东区体育馆举行。
15日 △ 学校学生创新创业教育工作推进会在红楼会议中心115室召开。
16日 △ 经研究决定,继续聘任:孙立宁同志为机电工程学院院长;李惠玲同志为医学部护理学院院长。

△ 学校印发《苏州大学专项资金结转结余管理实施细则》《苏州大学校级协同创新中心认定和建设管理暂行办法》。

19日 △ 学校处级干部保密教育专题培训暨保密工作责任书递交仪式在敬贤堂召开。

△ 经研究决定,即日起启用新制的"中国共产党苏州大学王健法学院委员会"印章,原印章停止使用。

△ 2017海峡两岸及澳洲高等教育论坛在学校红楼会议中心举行。

20日 △ 学校举行"i在苏大"2017年校友返校日系列活动。

△ 最高人民法院第三巡回法庭与学校签署合作协议。

21日 △ 经学校决定,成立苏州大学高等研究院,该研究院为校级科研机构,挂靠物理与光电·能源学部。聘请John Michael Kosterlitz教授为该研究院荣誉院长,凌新生教授为该研究院院长。

22日 △ 经研究决定,即日起启用新制的"苏州大学王健法学院"印章,原印章停止使用。

△ 经研究决定,对苏州大学知识产权管理委员会进行调整。调整后的人员组成情况如下:

主　任:熊思东

副主任:路建美

△ "聚创星杯"苏州大学第三届大学生创新创业大赛暨省赛选拔赛在独墅湖校区炳麟图书馆学术报告厅举办。

23日 △ 浙江师范大学校长、党委副书记郑孟状一行莅临学校访问。

24日 △ 经研究决定,同意王福利同志辞去文学院院长(试用)职务。

△ 经研究决定,对学校第九届学部学位评定委员会成员进行调整:

一、人文社会科学学部(19人)

主　席:田晓明

副主席:王家宏

二、理工学部(19人)

主　席:袁银男

副主席:陈国强

三、医学与生命科学学部(21人)

主　席:蒋星红

副主席:杨惠林

△ 经研究决定,对学校第九届校学位评定委员会成员进行调整:

主　席:熊思东

副主席:蒋星红

△ 经研究决定,对学校部分第九届院(部、所、中心)学位评定分委员会成员进行调整:

一、体育学院学位评定分委员会(7 人)

主　席:王国祥

副主席:王家宏

二、数学科学学院与金融工程研究中心学位评定分委员会

1. 数学科学学院学位评定分委员会(11 人)

主　席:张　影

副主席:史恩慧　沈玉良

2. 金融工程研究中心学位评定分委员会(7 人)

主　席:王过京

副主席:岳兴业

三、功能纳米与软物质研究院、纳米科学技术学院学位评定分委员会(9 人)

主　席:刘　庄

副主席:王穗东　张　桥

四、医学部及其下属院(所、中心)学位评定分委员会

1. 医学部学位评定分委员会(15 人)

主　席:秦　樾

副主席:苏　雄　龚　政

2. 医学部基础医学与生物科学学院学位评定分委员会(9 人)

主　席:高晓明

副主席:苏　雄　张洪涛

3. 医学部儿科临床医学院学位评定分委员会(11 人)

主　席:汪　健

副主席:王晓东

△ 美国纽约州立大学石溪分校(Stony Brook University,又称石溪大学)国际事务副校长刘骏(Jun Liu)莅临学校访问。

△ 内蒙古大学党委书记朱炳文一行莅临学校访问。

△ 24 日至 26 日,江苏省大学生思想政治教育工作示范培训项目"高校学生突发事件预防与应对"专题研修班在学校举办。

26 日

△ 经研究决定,对学校安全工作委员会进行调整:

主　任:熊思东

副主任:袁银男　江作军　杨一心

△ 经研究决定,即日起启用新制的"苏州大学物理与光电·能源学部"印章,原印章停止使用。

31 日

△ 5 月 31 日至 6 月 3 日,中国工程教育专业认证协会专家组莅临学校,对高分子材料与工程专业进行工程教育专业认证现场考查。

5 月

△ 据ESI,学校材料科学、化学两个学科同时进入全球前千分之一。

6月

4日 △ 学校在第十五届江苏省大学生课外学术科技作品竞赛暨"挑战杯"全国竞赛江苏省选拔赛总决赛中,获2个特等奖、1个一等奖、2个二等奖、2个三等奖,学校获评优秀组织奖。《重塑生命的寄托:社会治理法治化视角下的医患纠纷人民调解委员会——来自上海市徐汇区的考察》等6件作品入围全国"挑战杯"竞赛。

7日 △ 学校印发《苏州大学校园新媒体建设与管理办法》《苏州大学内部控制建设工作实施方案》《苏州大学举办形势报告会和哲学社会科学报告会、研讨会、讲座、论坛管理办法》《苏州大学家庭经济困难学生认定办法》《进一步加强和改进新形势下我校思想政治工作的实施意见》。

 △ 全校思想政治工作会议在敬贤堂召开。

 △ 学校2017年安全工作会议在敬贤堂召开。

13日 △ 学校印发《苏州大学共青团改革实施方案》。

 △ 学校孔川老师、毛惠同学分别获2016"江苏省高校辅导员年度人物"称号及"江苏省大学生年度人物"提名奖。

14日 △ 经研究决定,对苏州大学防汛防灾领导小组成员进行调整:

 组　长:杨一心

 副组长:查佐明

 △ 共青团苏州大学第十六次代表大会在敬贤堂召开。

 △ 湖南师范大学校长蒋洪新一行莅临学校访问交流。

15日 △ 中共苏州大学委员会批复《关于中共苏州大学艺术学院委员会选举结果的报告》《关于中共苏州大学艺术学院委员会委员分工的报告》《苏州大学关于加强采购国产设备退税管理的通知》。

 △ 学校印发《苏州大学院级党(工)委委员会议事规则(试行)》。

 △ 由扬州大学党委副书记、副校长叶柏森任组长的省高校毕业生就业创业工作专项督查组一行莅临学校。

 △ 江西省抚州市政协主席黄晓波一行莅临学校交流访问。

 △ "常州生物医药和医疗器械企业苏大行"产学研对接活动在学校天赐庄校区举行。

16日 △ 学校印发《苏州大学学院(部)党政联席会议议事规则(试行)》。

 △ 学校第八次院长会议在计算机科学与技术学院504会议室召开。

18日 △ Farewell Bowl苏州大学学生美式橄榄球队表演赛在东校区田径场举办。

 △ 18日至21日,中国工程教育专业认证协会专家组对学校电气工程及其自动化专业进行工程教育专业认证现场考查。

20 日	△ 国际奥委会执委、国际拳击联合会主席、夏季奥运单项运动总会联合会副主席、国际奥委会文化暨奥林匹克传承委员会主席吴经国一行莅临学校访问。
	△ 校党委理论学习中心组召开学习会。
21 日	△ 学校印发《苏州大学学生社团管理办法》。
22 日	△ 根据《中华人民共和国学位条例》及《苏州大学硕士、博士学位授予工作细则》，经研究决定授予学术学位研究生宗海勇等 3 人哲学博士学位，马娟等 3 人经济学博士学位，马海韵等 17 人法学博士学位，毕新等 14 人教育学博士学位，王海男等 17 人文学博士学位，张燕等 7 人历史学博士学位，徐亚娟等 45 人理学博士学位，张锋等 35 人工学博士学位，陶卉等 3 人农学博士学位，黄彦等 95 人医学博士学位，赖铭全等 2 人管理学博士学位，王兴业等 2 人艺术学博士学位；授予专业学位研究生焦良和等 102 人临床医学博士学位。

△ 根据《中华人民共和国学位条例》及《苏州大学硕士、博士学位授予工作细则》，经研究决定授予学术学位研究生封兰等 16 人哲学硕士学位，苏迅等 35 人经济学硕士学位，周爽等 96 人法学硕士学位，刘学英等 95 人教育学硕士学位，王际超等 111 人文学硕士学位，董荣鑫等 23 人历史学硕士学位，黄蓉等 412 人理学硕士学位，连先发等 355 人工学硕士学位，王赛等 10 人农学硕士学位，赵琪等 227 人医学硕士学位，梅洪等 86 人管理学硕士学位，李哲睿等 48 人艺术学硕士学位。

授予专业学位研究生梁恺等 40 人金融硕士学位，林挺挺等 12 人应用统计硕士学位，陈媛媛等 4 人税务硕士学位，仲妮国际商务硕士学位，钱洁等 104 人法律硕士学位，胡忆婷等 28 人社会工作硕士学位，钱丽等 84 人教育硕士学位，赵杰等 43 人体育硕士学位，李怡婷等 41 人汉语国际教育硕士学位，何嘉滢等 40 人应用心理硕士学位，任立新等 43 人翻译硕士学位，季露露等 25 人新闻与传播硕士学位，张红燕等 11 人出版硕士学位，衡文明等 221 人工程硕士学位，崔立奇等 5 人农业硕士学位，龚正华等 361 人临床医学硕士学位，严冠敏等 12 人公共卫生硕士学位，钱玉兰等 2 人药学硕士学位，蒋飞杰等 176 人工商管理硕士学位，卢琼等 136 人公共管理硕士学位，蔡鹰等 52 人会计硕士学位，周璇等 62 人艺术硕士学位。

授予同等学力人员刘淼法学硕士学位，黄娟等 2 人教育学硕士学位，许飞等 171 人医学硕士学位，纪爱飞等 9 人管理学硕士学位。

△ 学校印发《苏州大学普通高等教育本科毕业生学士学位授予工作实施细则(2017 年修订)》。

△ 经研究决定：

一、将国际合作交流处与海外教育学院分开设置。调整后，国际合作交流处为正处级建制，人员编制暂定 13 名，设处长 1 名，副处长 2 名。国际合作交流处撤销外事科，内设机构调整为综合科、交流与项目管理科、学生交流科、留学生管理科，均为正科级建制。

港澳台办公室挂靠国际合作交流处,人员编制暂定3名,设主任1名,由国际合作交流处处长兼任;设副主任1名,为副处职。港澳台办公室内设正科职干事1名。

二、成立出入境服务中心,该中心不设行政建制,人员编制暂定4名,设主任1名。

出入境服务中心作为一个独立设置单位,由国际合作交流处负责管理,并按学校规定组建和参加党团、工会组织,隶属于机关党工委。

三、海外教育学院为学校独立的实体性二级学院,该学院不设行政建制,人员编制暂定26名,设院长1名,副院长1名;专任教师编制21名;学院内设办公室,设主任1名。

23日 △学校本科教学工作审核评估进展通报会在红楼会议中心217会议室召开。

26日 △学校印发《苏州大学优秀毕业生评选办法》《苏州大学研究生学籍管理办法》《苏州大学学生违纪处分管理规定》《苏州大学学生宿舍管理规定》《苏州大学学生管理规定(2017年修订)》《苏州大学受理学生申诉工作办法》《苏州大学三好学生、三好学生标兵、优秀学生干部及优秀学生干部标兵评选办法》《苏州大学全日制本科生奖助学金管理办法》《苏州大学全日制本科生奖学金及荣誉评定实施细则》《苏州大学全日制本科生毕业与学位申请规定(2017年修订)》《苏州大学普通高等教育本科生学籍管理办法》《苏州大学教师本科教学工作管理规定》《苏州大学港澳台侨学生奖助学金管理办法》《苏州大学港澳台侨学生管理办法》《苏州大学本科生考试管理办法(2017年修订)》《苏州大学本科课程考核管理办法(2017年修订)》。

△2017年苏州大学研究生支教团、西部计划、苏北计划座谈会在红楼217会议室举行。

27日 △中共苏州大学委员会批复《关于共青团苏州大学第十六次代表大会选举结果的报告》《苏州大学先进班集体评选办法》《苏州大学处级干部因私出国(境)管理工作暂行规定》。

△经研究决定,成立苏州大学功能微纳新材料协同创新中心,挂靠材料与化学化工学部。聘任路建美教授担任该协同创新中心主任。

28日 △苏州大学2017年学位授予仪式在独墅湖体育中心举行。

30日 △根据《中华人民共和国学位条例》及《关于七年制高等医学教育授予医学学位的几点规定》文件精神,经研究决定授予姚心怡等93名七年制临床医学专业毕业生临床医学专业硕士学位。

△根据《苏州大学双学位专业管理规定(修订稿)》文件精神,经研究决定授予蔡丽玲等439人双学位专业学士学位。

△根据《苏州大学关于外国留学本科生教学管理及毕业、学位授予的若干规定》等文件精神,经研究决定授予ANOUPHAP INTHAPHONG等109名外国留学本科毕业生学士学位。

△学校2017年暑期社会实践出征仪式在红楼学术报告厅举行。

	△ 学校副校长、国际合作交流处(海外教育学院)处长(院长)、港澳台办公室主任张晓宏同志当选中国共产党第十九次全国代表大会代表。
6月	△ 学校"四强化四坚持，全面推进大学生党员纪律教育"工作获省高校2015—2016年度党建工作创新奖一等奖。
	△ 学校选送的两部微党课作品获全省高校"微党课"视频评审一、二等奖。
	△ 学校通信工程专业通过中国工程教育专业认证。

7月

1日	△ 根据《苏州大学成人高等教育本科毕业生学士学位授予工作实施细则(修订稿)》文件精神，经研究决定授予高铖等1 080名成人高等教育本科毕业生学士学位。
	△ 根据《苏州大学高等教育自学考试本科毕业生学士学位授予工作实施细则(修订稿)》文件精神，经研究决定授予段红霞等504名高等教育自学考试本科毕业生学士学位。
3日	△ 经研究决定，成立苏州大学会计硕士(MPAcc)教育中心，该中心不占行政编制，挂靠东吴商学院(财经学院)。聘任罗正英为中心主任，权小锋为中心副主任。
4日	△ 4日至7日，第四期江苏省骨干研究生导师(管理干部)高级研修班在学校举办。
5日	△ 学校干部大会在敬贤堂召开。
	△ 2017年全国高校思想政治理论课骨干教师社会实践研修活动江苏组启动仪式在学校博物馆会议室举行。
6日	△ 接中共江苏省委通知(苏委〔2017〕412号)：熊思东同志任校长，路建美、杨一心、蒋星红、陈卫昌同志任副校长，刘标、张晓宏同志任副校长(试用期一年)，周高同志任总会计师(试用期一年)；免去袁银男同志副校长(正校级)职务，免去江作军、田晓明、陈一星同志副校长职务。
	△ 接中共江苏省委通知(苏委〔2017〕369号)：芮国强同志任苏州大学纪委书记；免去高祖林同志苏州大学纪委书记职务。
	△ 接中共江苏省委通知(苏委〔2017〕452号)：路建美同志任苏州大学党委副书记；邓敏同志任苏州大学党委副书记，试用期一年；芮国强、周高同志任苏州大学党委委员、常委；免去高祖林、江作军同志苏州大学党委副书记、常委、委员职务；免去袁银男、田晓明、陈一星同志苏州大学党委常委、委员职务。
	△ 接中共江苏省委通知(苏委〔2017〕368号)：江涌同志任苏州大学党委委员、常委、书记；免去王卓君同志苏州大学党委书记、常委、委员职务。

7 日	△经研究决定,对校领导分工做出调整:
	江涌:主持校党委全面工作,分管党委办公室(规划与政策研究室)、党委组织部、党代表联络办公室、党校、党委离退休工作部。
	熊思东:主持校行政全面工作,分管校长办公室(法律事务办公室)、人事处、学科建设办公室、"211工程"建设办公室。
	路建美:分管党委统战部、工会、科学技术研究部、"2011计划"办公室、分析测试中心。
	邓敏:分管党委宣传部(新闻中心)、党委学生工作部、学生工作处(学生创新创业教育中心)、人武部、党委研究生工作部、党委保卫部、保卫处、团委、机关党工委、群团与直属单位党工委、大学生心理健康教育研究中心、艺术教育中心和思想政治理论课及学校体育工作。
	杨一心:分管国内合作办公室、离退休工作处、发展委员会办公室、审计处、采购与招投标管理中心、实验材料与设备管理中心、图书馆、档案馆、博物馆、出版社有限公司、江苏苏大投资有限公司和对口援扶工作。
	蒋星红:分管教务部、招生就业处、研究生院、学位评定委员会办公室、附属中学、实验学校。
	芮国强:主持校纪委工作,分管纪委办公室、监察处。
	陈卫昌:分管医学教育和医院管理处。
	周高:分管学校财经工作、内部控制机制建设和财务处、国有资产管理处、国有资产管理委员会办公室。
	刘标:分管继续教育处(继续教育学院)、后勤管理处(校医院)、信息化建设与管理中心。
	张晓宏:分管人文社科教育和人文社会科学院、国际合作交流处、港澳台办公室、出入境服务中心、工程训练中心、学报编辑部。
	△学校附属医院院长会议在红楼会议中心217会议室召开。
13 日	△2017年江苏省"新型城镇化与社会治理创新"研究生暑期学校开学典礼在学校红楼115会议室举行。
15 日	△学校与苏州市吴中区人民政府全面合作框架协议签约仪式在苏州澹台湖大酒店举行。
16 日	△学校主办的科大微龙·苏州大学"东吴杯"第六届全国中学生辩论赛在敬贤堂举行。
17 日	△学校领导带队开展校园安全工作检查。
21 日	△第四届篮球文化论坛暨篮球运动发展国际研讨会在学校举行。
23 日	△根据《苏州大学普通高等教育本科毕业生学士学位授予工作实施细则(修订稿)》文件精神,经研究决定授予陈天依等5 703名2017届普通高等教育全日制本科毕业生学士学位。
25 日	△中央国家机关青年干部"纳米科技创新调研团"莅临学校考察调研。
	△由中国科学院院士、南京大学都有为教授担任院士咨询考察调研组组长的部分在苏院士及专家一行莅临学校考察调研。

	△ 学校与堪培拉大学、澳洲国际商学院签署了全面战略合作理解备忘录。
27 日	△ 经校长办公会研究决定,继续教育处(继续教育学院)撤销自学考试科、成人学历教育科,成立教学管理科、招生与学生管理科,均为正科级建制。其他科级建制单位保持不变。
28 日	△ 学校校长熊思东参加第十届中国—东盟教育交流周开幕式。
29 日	△ 由学校和中国医学科学院北京协和医学院、贵州医科大学共同主办的研究生论坛在贵州医科大学举行。
31 日	△ 由中美纳米医学与纳米生物技术学会主办,苏州大学功能纳米与软物质研究院(简称 FUNSOM 研究院)承办的中美纳米医学与纳米生物技术学会 2017 年学术年会(2017 CASNN Annual Meeting)在苏州召开。
7 月	△ 学校入选全国第二批深化创新创业教育改革示范高校。
	△ 学校 333 个项目获 2017 年国家自然科学基金资助,资助项目数为历年最高,位列全国第 17 位,省内第 2 位,地方高校第 1 位,资助直接费用 15 999.80 万元。

8 月

4 日	△ 4 日至 5 日,学校校长熊思东参加第八届江苏教育发展论坛。
8 日	△ 经研究决定:"中国共产党苏州大学城市轨道交通学院委员会"更名为"中国共产党苏州大学轨道交通学院委员会","苏州大学城市轨道交通学院"更名为"苏州大学轨道交通学院","中国共产主义青年团苏州大学城市轨道交通学院委员会"更名为"中国共产主义青年团苏州大学轨道交通学院委员会"。
	△ 学校党委常委会召开专题学习会。
10 日	△ 根据《苏州大学普通高等教育本科毕业生学士学位授予工作实施细则(修订稿)》文件精神,经研究决定授予李佳敏等 37 名 2017 届普通高等教育全日制本科毕业生学士学位。
12 日	△《新华日报》报道:苏大创新力居内地高校之首。
14 日	△ 14 日至 20 日,江苏省高校新任辅导员岗前培训在学校举行。
	△ 14 日至 25 日,由省委宣传部、省教育厅主办的全省高校思想政治理论课专任教师全员集中培训班在苏州大学等四所高校举行。
19 日	△ 学校校长熊思东参加"健康青海·2017 年医疗改革与发展论坛"。
21 日	△ 学校"小金库"专项治理"回头看"工作会议在红楼会议中心学术报告厅召开。
22 日	△ 学校加入大学通识教育联盟。
24 日	△ 24 日至 25 日,FUNSOM—ACS NANO 双边学术研讨会在独墅湖校区

909楼B厅会议室举行。

28日　　△江苏省政协副主席阎立一行莅临学校现代丝绸国家工程实验室调研。

30日　　△经研究决定：冯成志同志试用期满，正式聘任为教育学院院长；姜竹松同志试用期满，正式聘任为艺术学院院长。

△经研究决定，对校领导联系基层单位做出调整：

江　涌：凤凰传媒学院、沙钢钢铁学院、离休党工委

熊思东：东吴商学院（财经学院）、材料与化学化工学部、纳米科学技术学院

路建美：计算机科学与技术学院、电子信息学院、纺织与服装工程学院

邓　敏：政治与公共管理学院、马克思主义学院、敬文书院

杨一心：文学院、数学科学学院、唐文治书院

蒋星红：文正学院、应用技术学院

芮国强：金螳螂建筑学院、王健法学院、社会学院

陈卫昌：医学部及所辖基础医学与生物科学学院、放射医学与防护学院、公共卫生学院、药学院、护理学院、附属第一医院、附属第二医院、附属儿童医院

周　高：机电工程学院、轨道交通学院、体育学院

刘　标：教育学院、外国语学院、艺术学院、教服公司党委

张晓宏：物理与光电·能源学部及所辖物理科学与技术学院、光电信息科学与工程学院、能源学院、音乐学院、海外教育学院

△经研究决定，成立中国共产党苏州大学第十二次代表大会筹备工作领导小组：

组　长：江　涌

副组长：路建美　邓　敏　芮国强

△经研究决定，成立党委换届监督工作领导小组：

组　长：江　涌

副组长：路建美　邓　敏　芮国强

△中国共产党苏州大学第十一届委员会第十七次全体会议在红楼217会议室召开。

31日　　△经研究决定，即日起启用新制的"苏州大学学生创新创业教育中心"印章，原印章停止使用。

△校第十二次党代会学生党员代表座谈会在红楼217会议室举行。

8月　　△学校入选全国第二批深化创新创业教育改革示范高校。

△东吴商学院举办首届暑期学校。

9 月

1 日　　　△ 学校党委十一届十八次全体会议及全校干部大会在敬贤堂召开。
3 日　　　△ 学校印发《苏州大学2017年度工作要点（补充部分）》。
4 日　　　△ 学校印发《党委常委会工作报告》。
5 日　　　△ 经研究决定，对苏州大学本科教学工作审核评估领导小组成员进行调整：
　　　　　　组　长：江　涌　熊思东
　　　　　　副组长：路建美　邓　敏　杨一心　蒋星红　芮国强　陈卫昌
　　　　　　　　　　周　高　刘　标　张晓宏
　　　　　　执行副组长：蒋星红
　　　　　△ 学校印发江涌《在全校干部大会上的讲话》。
7 日　　　△ 经研究决定，即日起启用"中国共产党苏州大学轨道交通学院委员会"印章，原"中国共产党苏州大学城市轨道交通学院委员会"印章废止。
8 日　　　△ 学校庆祝第33个教师节座谈会在红楼会议中心召开。
　　　　　△ 学校本科教学工作审核评估领导小组专题会议在红楼217会议室举行。
　　　　　△ 学校体育学院教师蒋兰，研究生孙杨、王雪芹、胡雨飞、刘利平，本科生徐奕飞、刘江、赵楠、顾艳超、张家纬、王伟强、冯志强、王艺杰、单云云、王雅雯、李小洁、边雨菲、郑宇昊、何海涛、马玉娟、朱晟鎏、朱莹莹等三十余名师生参加了中华人民共和国第十三届全运会，获得了9枚金牌、4枚银牌、3枚铜牌、2个第五名、2个第七名。
　　　　　△ 经研究决定，即日起启用"苏州大学轨道交通学院"印章，原"苏州大学城市轨道交通学院"印章废止。
10 日　　△ 经研究决定，成立以下赛事组织机构：
　　　　　一、江苏省研究生法律案例大赛组织委员会
　　　　　主任委员：蒋星红　杨树兵
　　　　　二、江苏省研究生法律案例大赛执行委员会（按姓氏拼音排序）
　　　　　主　任：胡玉鸿　宁正法
　　　　　副主任：方新军　俞伟清　周国华
11 日　　△ 校党委书记江涌一行赴浙江财经大学慰问学校出征第十三届全国学生运动会的教练员和运动员。
12 日　　△ 学校印发《苏州大学处级领导干部兼职管理办法（试行）》《加强和改进党委理论学习中心组学习的意见》。
　　　　　△《中国科学报》刊登熊思东校长署名文章：人才培养质量是地方大学的生命线。

	△12日至13日,学校校长熊思东参加第五届民盟教育论坛。
13日	△经研究决定,即日起撤销"苏州大学附属肿瘤医院"冠名,原苏州大学附属肿瘤医院及其下属机构和相关人员职务同时撤销,相关机构的印章同时废止。
15日	△学校2017级本科生军训动员大会在天赐庄校区举行。
	△15日至18日,学校"大数据远距离传输加速"创业项目在第三届中国"互联网+"大学生创新创业大赛全国总决赛中获银奖。
16日	△学校党委全委(扩大)会议在红楼217会议室召开。
	△由江苏省教育厅主办、学校承办的"学宪法讲宪法"演讲比赛(苏锡常镇通片)片区赛在红楼学术报告厅举行。
	△学校24名运动员入围本届学生运动会江苏省大学生体育代表团,取得6枚金牌、4枚银牌、6枚铜牌,学校获得"校长杯"奖。
	△16日至17日,全国高校"互联网+"物资集中采供改革培训班在学校举办。
17日	△由学校艺术教育中心联合校党委宣传部、学生工作部(处)、团委、人武部共同主办,东吴艺术团、学生艺术联合会承办的"梦想开始的地方"2017年苏州大学迎新生文艺演出在存菊堂落幕。
18日	△18日至20日,学校主要领导为新生开讲"大学第一课"。
19日	△省人大常委会委员王卓君教授和三位省人大代表,著名苏绣艺术家姚建萍、苏州市实验小学校长林红、苏州市公安局刑警支队大队长李民一行莅临学校艺术学院参观调研。
	△老挝前总理、现任老挝国家经济研究院院长波松·布帕万(Bouasone Bouphavanh)率领老挝国家经济研究院相关部门负责人一行莅临老挝苏大视察。
20日	△学校印发《苏州大学课程项目建设指导意见》《苏州大学合作医院建设与管理办法(试行)》《苏州大学附属医院医教研协同发展行动计划(2017—2020年)》《苏州大学附属医院年度绩效考核指标体系(试行)》《苏州大学附属医院合格性评估与准入论证实施办法(试行)》《苏州大学非直属附属医院准入实施细则(试行)》《苏州大学本科校外教学实习基地建设与管理指导意见》。
21日	△经研究决定,成立苏州大学高性能金属结构材料研究院,为校级非实体性科研机构,挂靠沙钢钢铁学院。聘任长海博文教授担任该研究院院长。
	△学校理论学习中心组(扩大)专题学习会在天赐庄校区学术报告厅举行。
23日	△学校2017级本科生开学典礼在天赐庄校区钟楼南草坪举行。
24日	△学校2017级大学生军训总结表彰大会在天赐庄校区和阳澄湖校区分别举行。
25日	△学校印发《2017—2018学年度第一学期苏州大学党委理论学习中心

	组学习计划》。
26日	△ 学校学习习近平总书记给第三届中国"互联网+"大学生创新创业大赛"青年红色筑梦之旅"大学生的重要回信精神座谈会在红楼会议中心召开。
27日	△ 学校2018年国家自然科学基金申报启动会暨首场报告会在独墅湖校区炳麟图书馆学术报告厅举行。
28日	△ 中共苏州大学委员会批复《关于中共苏州大学医学部基础医学与生物科学学院委员会选举结果的报告》和《关于中共苏州大学医学部基础医学与生物科学学院委员会委员分工的报告》。 △ 经研究决定,成立苏州大学安全生产大检查工作领导小组: 组　长:江　涌　熊思东 副组长:邓　敏　周　高　刘　标
29日	△ 学校党委情况通报会在红楼会议中心217会议室召开。
30日	△ 校党委书记江涌与副校长杨一心一行前往北校区和阳澄湖校区实验室、教师工作室、学生宿舍以及食堂开展校园安全大检查。
9月	△ 学校党委书记江涌赴纳米科学技术学院、医学部、文学院、纺织与服装工程学院、敬文书院、苏大维格光电科技股份有限公司、附属第一医院和附属儿童医院走访调研。 △ 学校"江苏省碳基功能材料与器件高技术研究重点实验室""江苏省先进光学制造技术重点实验室""江苏省干细胞与生物医用材料重点实验室(省部共建)"获评2017年江苏省重点实验室评估"优秀","江苏省重大神经精神疾病诊疗技术研究重点实验室""江苏省先进机器人技术重点实验室"获2017年江苏省重点实验室评估"良好"。 △ 学校12项成果获2017年江苏省教学成果奖。

10 月

10日	△ 学校与美国波特兰州立大学共庆孔子学院成立十周年。
12日	△ 经研究决定,成立苏州大学"一带一路"发展研究院(老挝研究中心),该研究院为校级研究机构,挂靠政治与公共管理学院。聘请波松·布帕万(Bouasone Bouphavanh)先生担任该研究院名誉主任。 △ 12日至13日,中国共产党苏州大学第十二次代表大会在敬贤堂召开。
14日	△ 学校第十三届全国学生运动会总结表彰会在红楼会议中心召开。 △ 老挝国家经济研究院院长波松·布帕万率团莅临学校访问。 △ 14日至15日,凤凰传媒学院承办中国高校影视学会第十七届年会暨第十届中国影视高层论坛。

15 日	△《中国教育报》报道：苏州大学搭建"两聚一高"研究平台。
16 日	△ 由中共江苏省委宣传部、江苏省教育厅、共青团江苏省委主办，《新华日报》、中国江苏网、理论之光承办，学校协办的"马克思主义·青年说"系列活动之《我读马列经典》校园沙龙苏大专场在敬贤堂举行。
19 日	△ 经研究决定，即日起启用新制的"苏州大学招生办公室"印章，原印章停止使用。
	△ 经研究决定：江涌同志任党校校长（兼）。免去：王卓君同志党校校长职务。
	△ 经研究决定，聘任：黄志斌同志为监察处处长。免去：田晓明同志人文社会科学院院长职务；施亚东同志监察处处长职务。
	△ 经研究决定，对新型城镇化与社会治理协同创新中心管理委员会成员进行调整： 主　任：张晓宏 副主任：陈进华　母小勇
	△ 因学校人事调整和工作需要，根据《江苏省学位委员会关于改革省属高校学位授予单位学位评定委员会审批办法的通知》以及《苏州大学学位评定委员会章程》的有关规定，经研究决定，对学校第九届校学位评定委员会成员进行调整。调整后的第九届校学位评定委员会成员名单如下： 主　席：熊思东 副主席：蒋星红
	△ 学校印发《苏州大学学科前沿研究激励计划》。
	△ 校党委理论学习中心组党的十九大报告专题学习会议在钟楼会议室举行。
	△ 学校离退休老同志情况通报会在学术报告厅召开。
	△ 美国驻上海总领事馆总领事谭森（Sean B. Stein）先生率团莅临学校访问。
	△ 加拿大维多利亚大学校长 Jamie Cassels 教授、招生和国际部主任 Carolyn Russell 女士、社会科学院院长 Catherine Krull 博士和理学院院长 Rob Lipson 博士一行莅临学校访问。
	△ 学校党委书记江涌主持召开党委常委会，专题研讨学校本科教学工作。
20 日	△ 20 日至 21 日，学校第五十五届学生体育运动会在东校区运动场举行。
22 日	△ 学校 2017 年新生舞蹈大赛在独墅湖影剧院举行。
	△ 学校组织文科教授在子实堂集中学习党的十九大报告精神。
23 日	△ 学校印发《聚焦立德树人聚力改革创新加快建成国内一流、国际知名高水平研究型大学》和《聚焦全面从严治党强化监督执纪问责为加快建成高水平研究型大学提供坚强纪律保障》。
	△ 上海市教委副主任丁晓东一行莅临学校访问交流。

△ 国家外国专家局科教文卫专家司司长、苏州市副市长聂飚一行来学校调研。

24 日
△ 苏州市委副书记、代市长李亚平一行莅临学校访问。
△ 省物价局副局长陈琪宏一行莅临学校调研。
△ 学校第九次院长会议在附一院总院门诊五楼第二会议室召开。

25 日
△ 因学校人事调整和工作需要,根据《苏州大学学位评定委员会章程》的有关规定,经研究,决定对学校第九届学部学位评定委员会成员进行调整:
一、人文社会科学学部(19 人)
主　席:张晓宏
副主席:王家宏
二、理工学部(19 人)
主　席:袁银男
副主席:陈国强
三、医学与生命科学学部(21 人)
主　席:蒋星红
副主席:杨惠林
△ 25 日至 27 日,学校苏州纳米科技协同创新中心应邀参加第八届中国国际纳米技术产业博览会。

26 日
△ 经研究决定,对苏州大学研究生招生工作领导小组进行调整:
组　长:熊思东
副组长:蒋星红
△ 经研究决定,原由王卓君同志担任的下列校级非常设机构领导职务由江涌同志担任:
苏州大学关心下一代工作委员会主任
苏州大学机关作风效能建设领导小组组长
苏州大学学术道德规范工作领导小组组长
苏州大学计划生育委员会主任
苏州大学大学生思想政治教育工作领导小组组长
苏州大学思想政治理论课督查工作领导小组组长
苏州大学维护稳定工作领导小组组长
苏州大学文化建设委员会工作领导小组主任
苏州大学哲学社会科学教学科研骨干研修工作领导小组组长
苏州大学化解基本建设债务工作领导小组组长
苏州大学处级干部人事档案专项审核工作领导小组组长
苏州大学校史丛刊编审委员会主任
苏州大学党建工作领导小组组长
苏州大学网络安全与信息化工作领导小组组长
学校"七五"法治宣传教育领导小组组长

苏州大学开展"两学一做"学习教育协调小组组长

苏州大学征兵工作领导小组组长

苏州大学统一战线工作领导小组组长

苏州大学保密委员会主任

苏州大学审计整改工作领导小组组长

△ 学校印发《苏州大学幼儿园招生管理办法(试行)》。

27日 △ 经研究决定,对苏州大学周氏教育科研奖管理委员会的成员进行调整:

主　任:周严云震　熊思东

副主任:周薇薇　周薇青　杨一心　蒋星红

△ 经研究决定,对苏州大学保密委员会组成人员进行调整:

主　任:江　涌

副主任:路建美

△ 经研究决定,成立学习宣传贯彻党的十九大精神宣讲团:

团　长:江　涌

△ 学校传达党的十九大精神大会在敬贤堂召开。

△ 学校离退休老同志集体祝寿会在东吴饭店三楼宴会厅举行。

△ 学校纪念周文轩先生恳谈会暨苏州大学第二十六届周氏教育科研奖、第十七届周氏音乐奖项颁奖仪式在红楼会议中心举行。

30日 △ 学校江苏高校品牌专业建设工程一期项目中期报告和考核工作布置会在凌云楼901会议室召开。

△ 30日至31日,慕尼黑工业大学—苏州大学双边研讨会在纳米科学技术学院举行。

31日 △ 根据《苏州大学普通高等教育本科毕业生学士学位授予工作实施细则(2017年修订)》文件精神,经研究决定,授予黄昊等13名2017届普通高等教育全日制本科毕业生学士学位。

△ 根据《苏州大学关于外国留学本科生教学管理及毕业、学位授予的若干规定》等文件精神,经研究决定,授予KIM JIN—WOO等2名外国留学本科毕业生学士学位。

△ 学校学生工作部(处)第二十七期辅导员沙龙在红楼会议中心举办。

△ 全校纪检监察干部专题学习会在红楼会议中心115会议室举行。

10月 △ 学校党委书记江涌赴部分部门和学院走访调研并召开座谈会。

△ 学校选送的参赛作品获江苏省第五届大学生艺术展特等奖5项,一等奖3项,二等奖4项,三等奖10项,优秀创作奖3项,学校获赛会优秀组织奖。

△ 学校数学科学学院学生在2017年全国大学生数学建模竞赛中获全国一等奖。

11 月

1 日　　△ 中共苏州大学委员会公布中共苏州大学第十二次代表大会和中共苏州大学第十二届委员会、纪律检查委员会第一次全体会议选举结果。

　　△ 经研究决定,成立苏州大学人工智能研究院,该研究院为校级非实体性科研机构,挂靠计算机科学与技术学院。聘任凌晓峰院士为该研究院院长。

　　△ 学校在江苏省大学生艺术团联合会成立大会暨第一次成员大会上被推举为江苏省大学生艺术团联合会主席团单位、首届轮值主席单位。

2 日　　△ 根据《中华人民共和国学位条例》及《苏州大学硕士、博士学位授予工作细则》,经研究决定,授予学术学位研究生孙凤兰等 2 人哲学博士学位,陈翠丽等 5 人理学博士学位,丁晨工学博士学位,孔永等 12 人医学博士学位。

　　△ 根据《中华人民共和国学位条例》及《苏州大学硕士、博士学位授予工作细则》,经研究决定,授予学术学位研究生施怡文学硕士学位,杭春锋等 27 人理学硕士学位,王兵钦等 11 人工学硕士学位,李一沛等 5 人医学硕士学位;决定授予专业学位研究生蔡永妹教育硕士学位,孙杨体育硕士学位,李凯等 4 人工程硕士学位。

　　△ 学校学习《中国共产党巡视工作条例》等中央和省委关于巡视工作的相关文件专题党务会议在红楼 217 举行。

3 日　　△ 学校学习党的十九大精神学生专场报告会在天赐庄校区学术报告厅召开。

　　△ 学校获 2017 年全国暑期社会实践活动"优秀单位"称号。

　　△ 学校第十五届"挑战杯"全国大学生课外学术科技作品竞赛出征动员会在红楼 217 举行。

4 日　　△ 4 日至 5 日,首届中国播音史研讨会在学校召开。

5 日　　△ 学校交响乐团"浪漫俄罗斯"专场音乐会在苏州市保利大剧院举办。

7 日　　△ 学校本科教学工作审核评估专家见面会在金螳螂建筑学院会议中心举行。

8 日　　△ 学校印发《关于深入学习宣传贯彻党的十九大精神的通知》。

　　△ 学校凤凰传媒学院学生斩获 ONE SHOW 中华青年创新竞赛金、银两项大奖。

　　△ 8 日至 10 日,全国教育理论刊物发展高峰论坛在学校召开。

9 日　　△ 学校印发《中共苏州大学委员会问责办法》《苏州大学关于践行监督执纪四种形态的实施办法》。

　　△ 经研究决定,聘任:胡剑凌同志为电子信息学院院长,试用期一年。

免去：赵鹤鸣同志电子信息学院院长职务。

△ 省委第七巡视组巡视苏州大学党委工作动员会在敬贤堂召开。

10 日 △ 学校本科教学工作审核评估专家初步意见反馈会在金螳螂建筑学院会议中心举行。

△ 学校东吴智库入选 2017 年度中国核心智库。

△ "苏州大学—山东钢铁股份有限公司夹杂物分析与控制联合实验室"签约暨揭牌仪式举行。

12 日 △ 经研究决定，自即日起启用新制的"苏州大学"印章，原印章停止使用。

14 日 △ 14 日至 17 日，由省委教育工委主办、学校承办的全省第五期高校教职工党支部书记示范培训班在学校敬贤堂举行。

15 日 △ FUNSOM 刘庄教授、李彦光教授、程亮副教授入选 2017 年全球高被引科学家名录。

16 日 △ 中共苏州大学委员会批复《关于调整中共苏州大学委员会物理与光电·能源学部工作委员会委员的请示》。

△ 欧盟委员会教育文化总司总司长玛蒂娜·雷切茨女士一行莅临学校访问。

△ 省委宣讲团成员、省委常委、苏州市委书记周乃翔莅临学校，宣讲党的十九大精神。

17 日 △ 学校印发《苏州大学关于对党员领导干部进行谈话函询的暂行办法》。

△ 苏州大学—中国建设银行战略合作协议签约仪式在金螳螂建筑学院会议中心举行。

△ 江苏省人民政府副省长王江一行莅临学校调研。

18 日 △ 学校应用技术学院建校 20 周年纪念大会在周庄文体中心举行。

△ 学校在第十五届全国"挑战杯"竞赛主体赛中获得一等奖 1 项，三等奖 5 项，在"一带一路"国际专项赛中获得一等奖 1 项，在累进创新奖评比中获得银奖 1 项。

19 日 △ 学校人工智能研究院成立仪式在红楼学术报告厅举行。

21 日 △ 学校印发《中国共产党苏州大学纪律检查委员会议事规则（试行）》。

△ 21 日至 22 日，中国红十字会党组副书记、副会长郭长江一行莅临学校访问。

22 日 △ 学校印发《苏州大学人口与计划生育管理办法》《苏州大学教职工子女医疗补助管理办法》《苏州大学教职工子女私托、入园费用报销管理办法》。

23 日 △ 中共苏州大学委员会批复《关于调整中共苏州大学委员会医学部工作委员会委员的请示》。

△ 经研究决定，盛惠良同志任苏州大学出版社有限公司社长。

△ 经研究决定，对苏州大学国有资产管理委员会成员进行调整：

主　　任：熊思东

副主任：周　高　杨一心　刘　标

△ 经研究决定，成立苏州大学经营性资产管理委员会：

主　　任：杨一心　周　高

△ 经研究决定，免去：黄志斌同志金螳螂建筑学院党委书记职务；季晶同志纳米科学技术学院党委书记职务。

△ 学校增选为东西部高校课程共享联盟副理事长单位。

△ 经研究决定，电子信息学院增设1名副院长岗位。

24日　△ 印度驻上海总领事馆总领事瑞峰（Anil Kumar Rai）先生和文化领事万晓平（Prasant Tripathi）先生等一行三人莅临学校访问。

△ 由学校、百度公司、苏州科技大学等单位发起的苏州市人工智能学会成立仪式在苏州中心举行。

25日　△ 25日至26日，国际化纺织高层次人才培养研讨会暨欧盟博士联合培养2017年会在学校举行。

28日　△ 学校77级校友芮筱亭、讲座教授赵宇亮当选中国科学院院士。

29日　△ 老挝科技部与学校合作共建中老绿色丝绸研究中心签约仪式在老挝首都万象举行。

30日　△ 经研究决定，成立"苏州大学意识形态工作领导小组"：

组　长：江　涌

副组长：邓　敏

11月　△ 教育部确认学校开展博士研究生教育综合改革试点工作。

△ 学校文学院曹炜教授主持的"乾嘉学派——吴派研究"、东吴商学院权小锋教授主持的"国有企业监督制度改革与创新研究"分别获国家社科基金重大项目立项。

△ 学校医学部放射医学与防护学院柴之芳教授"乏燃料后处理复杂体系中的锕系元素化学研究"获国家自然科学基金重大项目。

△ 以学校为第一完成单位的研究成果在2017年度高等学校科学研究优秀成果奖（科学技术）评选中获自然科学一等奖1项，自然科学二等奖2项，技术发明二等奖1项，科技进步一等奖1项，科技进步二等奖2项。

12月

1日　△ 学校党委书记江涌在敬贤堂做学习宣传贯彻党的十九大精神专题报告。

△ 学校7项项目获2017年教育部高校科学研究优秀成果奖，位列全国第七。

4日　△ 经研究决定，成立苏州大学分子科学研究院，该研究院为校级非实体性科研机构,挂靠材料与化学化工学部。聘任李永舫院士为该研究院院长。

△学校副校长刘标、原副校长陈一星等一行赴南京理工大学,拜访了学校杰出校友、发射动力学研究所所长、中国科学院院士芮筱亭。

5日　△学校印发《苏州大学党风联络员和特邀监察员工作暂行办法》《苏州大学企业国有资产管理暂行办法》《苏州大学经营性资产管理委员会议事规则》。

△由学校与共青团陕西省委、碧然德净水设备(江苏)有限公司主办,学校团委、共青团蓝田县委、学校研究生支教团共同承办的苏州大学"惠寒·猕语计划"暨碧然德净水行动——蓝田县青春助力脱贫攻坚关爱留守儿童捐赠仪式在陕西蓝田举行。

△苏州市欧美同学会(苏州市留学人员联谊会)成立大会暨一届一次理事会在苏州吴江召开,学校李述汤院士当选苏州市首届欧美同学会会长。

6日　△经研究决定,对中国特色城镇化研究中心主任等事宜进行调整:
主　任:陈进华(兼)
副主任:段进军　叶继红

△经研究决定,成立苏州大学社会组织与社会治理研究院,该研究院为校级非实体性科研机构,挂靠政治与公共管理学院。聘任陈进华教授为该研究院院长。

△法国农业科学研究院(INRA)副院长苏让(Jean-Franois Soussana)、国际事务主管方兰(Ségolène Halley des Fontaines)和驻华首席代表李政等一行莅临学校访问。

9日　△2017苏州大学校园马拉松暨苏州"名城名校"最美校园马拉松比赛在天赐庄校区举行。

△苏州大学计算机科学与技术学院30周年院庆庆典大会在存菊堂举行。

11日　△经研究决定,学生工作部(处)思想教育科更名为思想政治教育科,学生社区事务中心更名为学生事务与发展中心。

12日　△由学校党委宣传部、学生工作部(处)、团委联合打造的"激扬青春,超越梦想"——苏州大学2017年学生标兵宣讲团"宣讲周"活动闭幕式暨第4场报告会在敬贤堂举行。

13日　△学校印发《苏州大学党委理论学习中心组党的十九大精神专题学习计划》。

△学校党委党外人士学习十九大精神报告会在红楼会议中心举办。

△九三学社苏州大学委员会全委扩大会议在凌云楼召开。

14日　△学校印发《苏州大学审计结果运用管理办法(暂行)》《苏州大学2017年机关部门、群直单位领导班子集中任聘工作实施方案》。

△悉尼大学教务长兼副校长Stephen Garton教授一行莅临学校访问。

18日　△由学校主办,苏州市哲学社会科学界联合会协办、学校东吴智库承

	办的2017年度"对话苏州创新"活动在苏州工业园区会议中心举行。
19日	△ 中科院上海巴斯德研究所所长唐宏一行莅临学校访问。
21日	△ 学校印发《苏州大学发展党员工作实施细则》。
	△ 学校举办"冬至有约、情满东吴"系列活动。
	△ 校党委理论学习中心组有关高等教育改革方面的会议精神和决策部署的专题学习会在钟楼会议室举行。
	△ 国家自然科学基金重大项目"乏燃料后处理复杂体系中的锕系元素化学研究"项目启动会在学校召开。
	△ 学校校长熊思东参加中国高等教育学会地方大学教育研究分会学术交流会。
22日	△ 学校院级单位党组织书记抓基层党建工作述职评议会在红楼会议中心举行。
	△ 中国民主促进会苏州大学第四届委员会第九次全体会议在红楼会议中心举行。
24日	△ 国家科技部重点研发计划项目"植入式心室辅助装置研发和临床评价"项目启动会召开,该项目是迄今学校获批的首个自然科学基金重大项目。
26日	△ 学校在"马克思主义·青年说"系列活动中获演讲大赛优秀作品奖2项、创作大赛优秀作品奖1项以及优秀组织奖。
27日	△ 学校印发《苏州大学纪检监察工作转职能转方式转作风实施细则》。
	△ 由省委教育工委、省教育厅主办,学校承办的"学习宣传贯彻党的十九大精神——高校优秀辅导员'校园巡讲'和'网络巡礼'活动"启动式暨报告会在阳澄湖校区图书馆报告厅举行。
	△ 江苏省教育基金会—苏州大学捐赠签约仪式在红楼会议中心举行。
28日	△ 经研究决定,聘任:薛辉同志为校长办公室主任;查佐明同志为招生就业处处长。
	免去:曹健同志校长办公室主任职务。
29日	△ 2017年学校机关教职工"迎新年·展才艺"活动在敬贤堂举办。
12月	△ 学校计算机科学与技术学院周晓方教授当选Institute of Electrical and Electronics Engineers Fellow(美国电子电气工程师协会会士)。
	△ 学校附属医院合格性评估工作启动。
	△ 学校材料与化学化工学部黄小青教授、纳米科学技术学院李彦光教授获2017年度中国化学会青年化学奖。
	△ 学校纳米科学技术学院刘庄教授被授予"2017年度江苏留学回国先进个人"称号。
	△ 学校ALGEBRA COLLOQUIUM(《代数集刊》)入选"中国国际影响力优秀学术期刊"。
	△ 电子信息学院沈纲祥教授当选美国电子电气工程师协会Distinguished Lecturer。

2017 年　　　全日制本科学生毕业人数为 5 895 人；招生人数为 6 489 人；在校人数为 26 572 人。

硕士研究生毕业人数为 3 160 人；招生人数为 4 517 人；授予学位人数为 4 374 人；在校人数为 13 587 人。

博士研究生毕业人数为 375 人；招生人数为 382 人；授予学位人数为 525 人；在校人数为 1 800 人。

各类机构设置、机构负责人及有关人员名单

苏州大学党群系统机构设置

2017 年苏州大学党群系统机构设置一览表

序号	党群部门、党委、党工委名称		所属科室名称	备注
1	中共苏州大学委员会			
2	中共苏州大学纪律检查委员会			
3	党委办公室	合署办公	综合科	
	规划与政策研究室		文秘科	
			机要科	
4	纪委	合署办公	综合科	
	监察处		纪检监察一科	
			纪检监察二科	
5	党委组织部	合署办公	干部科	
	党校		组织科	
	社会主义学院			
	党代表联络办			
6	党委宣传部		理论教育科	
			宣传文化科	
			舆情科	
7	党委统战部			
8	保卫部(处)		综合科	
			调查研究科	
			消防科	
			校园安全指挥中心	
			校本部治安科	
			东校区治安科	
			北校区治安科	
			独墅湖校区治安科	
			阳澄湖校区治安科	

续表

序号	党群部门、党委、党工委名称		所属科室名称	备注
9	学生工作部（处）	合署办公	综合科	
			思想教育科	
	人民武装部		学生资助管理中心	
10	离退休工作部（处）		综合科	
			离休科	
			退休科	
11	机关党工委			
12	群团与直属单位党工委			
13	党委研究生工作部		与研究生院合署办公	
14	苏大教育服务投资发展有限公司党委			
15	后勤党委			
16	阳澄湖校区党委			
17	离休党工委			
18	工会		综合科	
			联络部	
19	团委		组织宣传部	
			创新实践部	
20	图书馆党委			
21	文学院党委			
22	凤凰传媒学院党委			2017年12月28日学院更名为传媒学院
23	社会学院党委			
24	政治与公共管理学院党委			
25	东吴商学院（财经学院）东吴证券金融学院党委			
26	王健法学院党委			
27	外国语学院党委			
28	教育学院党委			
29	艺术学院党委			
30	音乐学院党委			

续表

序号	党群部门、党委、党工委名称	所属科室名称	备注
31	体育学院党委		
32	数学科学学院党委		
33	物理与光电·能源学部党工委		
34	物理与光电·能源学部物理科学与技术学院党委		
35	物理与光电·能源学部光电信息科学与工程学院党委		
36	物理与光电·能源学部能源学院党委		
37	材料与化学化工学部党委		
38	纺织与服装工程学院党委		
39	计算机科学与技术学院党委		
40	电子信息学院党委		
41	机电工程学院党委		
42	医学部党工委		
43	医学部基础医学与生物科学学院党委		
44	医学部放射医学与防护学院党委		
45	医学部公共卫生学院党委		
46	医学部药学院党委		
47	医学部护理学院党委		
48	医学部第一临床医学院党委		
49	医学部第二临床医学院党委		
50	医学部儿科临床医学院党委		
51	金螳螂建筑学院党委		
52	轨道交通学院党委		2017年8月8日学院更名
53	纳米科学技术学院党委		
54	敬文书院党委		
55	应用技术学院党委		
56	文正学院党委		
57	附属第一医院党委		
58	附属第二医院党委		
59	附属儿童医院党委		

苏州大学行政系统、直属单位机构设置

2017年苏州大学行政系统机构设置一览表

序号	行政部门、学院(系)名称		所属科室名称	备注
1	苏州大学			
2	校长办公室	合署办公	综合科	
			文秘科	
			信息科	
	法律事务办公室(挂靠校长办公室)			
3	国内合作办公室			
4	发展委员会办公室		联络发展部	
			校友部	
			基金会(董事会)管理部(综合科)	
5	新闻中心			与党委宣传部合署办公
6	教务部	综合办公室		
		教学运行处	学籍管理科	
			课程与考试科	
			专业设置与实践教学科	
			通识教育与大类培养科	
		教学质量与资源管理处	教学质量管理科	
			教学资源管理科	
		教学改革与研究处	教学改革科	
			特色(创新)培养科	
			科研训练与对外交流科	
	教师教学发展中心		办公室	挂靠教务部

续表

序号	行政部门、学院(系)名称	所属科室名称	备注
7	招生就业处	综合科	
		招生科	
		学生就业指导科	
		宣传与信息管理科	
8	科学技术研究部		
	综合办公室		
	科学技术处	基金管理科	
		重点项目管理科	
		成果管理科	
		平台管理科	
	军工科研处(军工保密办公室)	军工科技管理科	
		军工监管科(军工质量管理办公室)	
	科技成果转化处(国家大学科技园管理中心)	知识产权科	
		产学研合作科	
		技术转移管理科	
	"2011计划"办公室		挂靠科学技术研究部
9	人文社会科学院	综合管理办公室	
		项目管理办公室	
		基地建设办公室	
		成果管理办公室	
		社会服务办公室	
10	国有资产管理处		2017年4月17日由国有资产与实验管理处更名
		设备管理科	
		实验室管理科	
		招标管理科	2017年4月17日撤销
		实验材料供应中心	
		办公物资供应中心	
		综合科	
		产权管理科	2017年4月17日调整
		产业管理科	
		资产管理科	

续表

序号	行政部门、学院(系)名称	所属科室名称		备 注
11	采购与招投标管理中心			作为一个独立设置单位,由国有资产管理处负责管理(2017年4月17日成立)
12	实验材料与设备管理中心			作为一个独立设置单位,由国有资产管理处负责管理(2017年4月17日成立)
13	人事处	综合科		
		人才开发办公室		
		博士后工作管理办公室		
		人事科		
		师资科		
		劳动工资科		
		人事信息与档案管理科		
14	研究生院	综合办公室		
		招生办公室		
		培养办公室	教学管理科	
			质量监控与评估科	
			国际交流科	
		研究生管理办公室	教育与管理科	
			就业指导科	
	学科建设办公室			
	"211工程"建设办公室			挂靠研究生院
	学位评定委员会办公室	学位管理科		
		导师管理科		
	导师学院			挂靠研究生院

续表

序号	行政部门、学院(系)名称	所属科室名称	备注
15	保卫部(处)	综合科	
		调查研究科	
		消防科	
		校园安全指挥中心	
		本部治安科	
		东校区治安科	
		北校区治安科	
		独墅湖校区治安科	
		阳澄湖校区治安科	
16	学生工作部(处)	综合科	
		思想政治教育科	2017年11月22日由思想教育科更名
		学生资助管理中心	
		学生事务与发展中心	2017年11月22日由学生社区事务中心更名
	学生创新创业教育中心		挂靠学生工作部(处)
	人民武装部		与学生工作部合署办公
17	国际合作交流处	外事科	2017年6月22日撤销
		综合科	
		交流与项目管理科	2017年6月22日调整
		学生交流科	
		留学生管理科	
	港澳台办公室		挂靠国际合作交流处
18	出入境服务中心		2017年6月22日成立。独立设置单位,由国际合作交流处负责管理
19	离退休工作部(处)	综合科	
		离休科	
		退休科	

续表

序号	行政部门、学院(系)名称	所属科室名称	备注
20	财务处	综合科	
		会计科	
		预算管理科	
		收费管理科	
		稽核科	
		专项经费管理科	
		基建财务科	
		科研经费管理科	
		会计委派科	
21	审计处	综合审计科	
		财务审计科	
		工程审计科	
22	继续教育处(继续教育学院)	综合科	
		成人学历教育科	2017年6月15日撤销
		网络教育科	
		自学考试科	2017年6月15日撤销
		教学管理科	2017年6月15日成立
		招生与学生管理科	2017年6月15日成立
		培训科	
23	后勤管理处	综合科	
		校产管理科	
		维修管理科	
		医保与计划生育管理科	
		计划管理科	
		信息管理科	
		校园管理科	
		能源管理科	
		项目管理科	
		幼儿园	
		膳食管理科	
		阳澄湖校区后勤管理与服务中心	

续表

序号	行政部门、学院(系)名称	所属科室名称	备 注
23	基本建设与维修改造工程管理委员会	综合办公室	
	宿舍管理办公室		挂靠后勤管理处
	校医院		挂靠后勤管理处
24	阳澄湖校区管理委员会		2017年1月12日撤销
25	江苏苏大投资有限公司	综合办公室	
26	出版社有限公司（简称"出版社"）	社长办公室	
		总编办公室	
		出版科	
		财务科	
		营销部	
		读者服务部	
		数字出版部	
		审读与质检中心	
		高教策划部	
		职教策划部	
		基教策划部	
		大众策划部	
		音乐策划部	
		书稿加工中心	
27	学报编辑部	办公室	
		哲学社会科学版	
		代数集刊	
		法学版	
		教育科学版	
		Language & Semiotic Studies（语言与符号学研究）	
28	档案馆	办公室	
		文书档案室	
		科技档案室	
		教学档案室	
		技术管理室	

续表

序号	行政部门、学院(系)名称	所属科室名称	备 注
29	博物馆	办公室	
		开放信息部	
		保管陈列部	
30	图书馆	办公室	
		系统技术部	
		公共服务部	
		信息咨询部	
		文献建设部	
		阳澄湖馆读者服务部	
		本部馆读者服务部	
		敬文馆读者服务部	
		炳麟馆读者服务部	
		古籍特藏部	
		数字化建设部	
		教育部科技查新站	
31	分析测试中心		
32	信息化建设与管理中心	办公室	
33	工程训练中心		
34	艺术教育中心(正处级建制)		
35	文学院		
36	凤凰传媒学院		2017年12月28日更名为传媒学院
37	社会学院		
38	政治与公共管理学院		
39	马克思主义学院		
40	东吴商学院(财经学院)		
41	王健法学院		
42	外国语学院		
43	教育学院		
44	艺术学院		
45	音乐学院		
46	体育学院		
47	数学科学学院		

续表

序号	行政部门、学院（系）名称	所属科室名称	备 注
48	物理与光电·能源学部	综合办公室	
		教务办公室	
		科研办公室	
		学科建设办公室	
		对外合作办公室	
		实验室与资产管理办公室	
		学生工作办公室	
49	物理与光电·能源学部物理科学与技术学院		
50	物理与光电·能源学部光电信息科学与工程学院		
51	物理与光电·能源学部能源学院		
52	材料与化学化工学部	综合办公室	
		教学办公室	
		学科建设办公室	
		学生工作办公室	
		对外合作办公室	
		实验室管理办公室	
		科研管理办公室	
53	纳米科学技术学院		
54	纺织与服装工程学院		
55	计算机科学与技术学院		
56	电子信息学院		
57	机电工程学院		
58	沙钢钢铁学院		
59	医学部	党政办公室	
		教学办公室	

续表

序号	行政部门、学院(系)名称	所属科室名称	备 注
59	医学部	临床教学质量办公室	
		学生工作办公室	
		科研办公室	
		实验中心	
		实验动物中心	
		研究生办公室	
		国际交流与发展办公室	
60	医学部基础医学与生物科学学院		
61	医学部放射医学与防护学院		
62	医学部公共卫生学院		
63	医学部药学院		
64	医学部护理学院		
65	海外教育学院	办公室	2017年6月22日成立（独立实体二级学院）
66	医学部第一临床医学院		
67	医学部第二临床医学院		
68	医学部儿科临床医学院		
69	金螳螂建筑学院		
70	轨道交通学院		2017年8月8日更名
71	敬文书院	学生事务中心	
		团委	
72	唐文治书院(简称文治书院)		
73	应用技术学院		
74	文正学院		
75	老挝苏州大学	综合办公室	合署办公
		教学与学生事务办公室	
		招生与就业办公室	

续表

序号	行政部门、学院(系)名称	所属科室名称	备注
75	老挝苏州大学	人力资源与财务管理办公室	
		校园建设与管理办公室	
76	附属第一医院		
77	临床医学研究院(正处级建制)		挂靠附属第一医院
78	附属第二医院		
79	附属儿童医院		
80	学术委员会秘书处		
81	医院管理处		
82	苏州大学实验学校		
83	独墅湖医院(苏州大学医学中心)		

注：根据苏大人〔2013〕85号文件通知，学院内设办公室，以及根据各单位教学工作、科研工作、学科建设等实际情况设立科级建制办公室，报学校机构编制委员会办公室审核并经学校批准后实施。

苏州大学中层及以上干部名单

1. 校领导

党委书记：王卓君	2017年6月免
江　涌	2017年6月任
校　　长：熊思东	
党委副书记：高祖林	2017年6月免
江作军	2017年6月免
路建美	2017年6月任
邓　敏	2017年6月任
副校长：袁银男（正校级）	2017年6月免
路建美	
田晓明	2017年6月免
陈一星	2017年6月免
江作军	2017年6月免
杨一心	
蒋星红	
陈卫昌	
刘　标	2017年6月任
张晓宏	2017年6月任
纪委书记：高祖林	2017年6月免
芮国强	2017年6月任
总会计师：周　高	2017年6月任
校长助理：浦文佩	2017年1月免
张晓宏	2017年6月免

2. 校级调研员

正校级：夏东民	2017年1月免
任　平	2017年1月免

3. 纪律检查委员会

  书 记：高祖林   2017 年 6 月免
       芮国强   2017 年 6 月任
  副书记：施亚东   2017 年 6 月免
       黄志斌   2017 年 10 月当选

4. 党委办公室

  主 任：张国华
  副主任：姚 炜
       查晓东
       袁冬梅
  副调研员：马龙剑

  规划与政策研究室（与党委办公室合署办公）
  主 任：张国华（兼）
  副主任：姚 炜（兼）

5. 监察处（与纪委合署办公）

  处 长：施亚东   2017 年 10 月免
       黄志斌   2017 年 10 月任
  副处长：徐昳荃

  纪委办公室
  主 任：陶培之
  正处级纪检员：袁晓通
         鲍 卫
         郑 红   2017 年 4 月任
  副处级纪检员：王苏平
         戴璇颖
         陈德斌
         陈 敏

6. 审计处

  处 长：孙琪华

副处长：李　华

7. 党委组织部

部　长：邓　敏　　　　　　　　　　　　2017年10月免
　　　　周玉玲　　　　　　　　　　　　2017年10月任
副部长：周玉玲　　　　　　　　　　　　2017年10月免
　　　　王成奎
副处级组织员：李全义
　　　　　　　刘　慧

党　校（与党委组织部合署办公）
校　长：王卓君（兼）　　　　　　　　　2017年10月免
　　　　江　涌（兼）　　　　　　　　　2017年10月任
常务副校长：薛　凡

党代表联络办（与党委组织部合署办公）
主　任：李全义

8. 党委宣传部

部　长：陈晓强　　　　　　　　　　　　2017年1月任
常务副部长：孙宁华　　　　　　　　　　2017年1月免
副部长：吴　江
　　　　余敏江

新闻中心（与党委宣传部合署办公）
主　任：陈晓强（兼）　　　　　　　　　2017年1月任
副主任：吴　江（兼）
　　　　丁　姗　　　　　　　　　　　　2017年2月任

9. 党委统战部

部　长：吴建明　　　　　　　　　　　　2017年10月免
　　　　张国华　　　　　　　　　　　　2017年10月任
副部长：刘海平
调研员：吴建明　　　　　　　　　　　　2017年10月任

10. 保卫部(处)

部(处)长：霍跃进
副部(处)长：黄水林(调研员)
　　　　　　刘　风
　　　　　　陈晓刚
副调研员：严家江
　　　　　周伟虎
　　　　　虞心德　　　　　　　　　　　　　　2017年9月免

11. 学生工作部(处)

部(处)长：陈晓强　　　　　　　　　　　　　　2017年1月免
　　　　　孙庆民　　　　　　　　　　　　　　2017年1月任
副部(处)长：陈　平(调研员)
　　　　　　董召勤　　　　　　　　　　　　　2017年2月免
　　　　　　段永锋
　　　　　　陆　岸　　　　　　　　　　　　　2017年2月任
　　　　　　黄文军(兼)

学生创新创业教育中心
主　任：陈晓强(兼)　　　　　　　　　　　　2017年1月免
　　　　孙庆民(兼)　　　　　　　　　　　　2017年1月任
副主任：黄文军
　　　　张振宇(兼)
　　　　王　清(兼)
　　　　俞伟清(兼)
　　　　仇国阳(兼)
　　　　林　萍(兼)
　　　　徐美华(兼)

人武部(与学生工作部〈处〉合署办公)
部　长：胡新华
副调研员：张镇华

12. 离休党工委

书　记：余宏明

副书记：

离退休工作部(处)
部(处)长：余宏明
副部(处)长：周佳晔
　　　　　　王季魁
调研员：史有才
副调研员：石　健
　　　　　王加华　　　　　　　　　　2017年1月任

13. 机关党工委

书　记：周玉玲
副书记：高玮玮
调研员：谭玉坤　　　　　　　　　　　2017年1月任

14. 群团与直属单位党工委

书　记：刘　枫
副书记：陈向民
副调研员：刘炳喜

15. 校工会

主　席：王安列
副主席：冒维东
　　　　陈　洁
副调研员：谢　健　　　　　　　　　　2017年12月免
　　　　　张筱明　　　　　　　　　　2017年9月免

16. 校团委

书　记：肖甫青
副书记：朱　今
　　　　徐美华
　　　　孙　磊
　　　　袁建宇(兼职)　　　　　　　　2017年9月任
　　　　梁佳卉(兼职)　　　　　　　　2017年9月任
　　　　史　悠(兼职)　　　　　　　　2017年9月任

17. 校长办公室

主　任：曹　健　　　　　　　　　　　　　　　　2017 年 12 月免
　　　　薛　辉　　　　　　　　　　　　　　　　2017 年 12 月任
副主任：吴小春
　　　　陈　美
　　　　吴　鹏

法律事务办公室

主　任：吴　鹏(兼)

18. 国内合作办公室

主　任：
副主任：吉　伟(主持工作)

19. 发展委员会办公室

主　任：赵　阳
副主任：张海洋
副调研员：王培钢
　　　　　刘志敏

20. 教务部

部　长：周　毅
副部长：倪沛红(兼)　　　　　　　　　　　　　2017 年 1 月免

综合办公室

主　任：杨　柳

教学运行处

处　长：周　毅
副处长：陆　丽
　　　　刘方涛

教学质量与资源管理处

处　长：冯志华

副处长：常青伟

教学改革与研究处
处　　长：茅海燕
副处长：张振宇
副调研员：于竞红
　　　　　蒲曼莉

21. 招生就业处

处　　长：马卫中　　　　　　　　　　2017年4月免
　　　　　查佐明　　　　　　　　　　2017年12月任
副处长：王　清
　　　　　翟惠生

22. 科学技术研究部

部　　长：路建美（兼）
常务副部长：朱巧明

综合办公室
主　　任：刘海燕

科学技术处
处　　长：郁秋亚
副处长：张志红
　　　　　惠艳烂

军工科研处（军工保密办公室）
军工科研处
处　　长：许继芳
副处长：赵一强

军工保密办公室
主　　任：路建美（兼）
常务副主任：许继芳（兼）
副主任：赵一强（兼）
　　　　袁冬梅（兼）

科技成果转化处(国家大学科技园管理中心)

处　　长：龚学锋

副处长(副主任)：仇国阳

　　　　　　　　糜志雄

副处长：周　村(兼)

"2011 计划"办公室(挂靠科学技术研究部)

主　　任：钱福良

副主任：唐建新

23. **人文社会科学院**

院　　长：田晓明(兼)　　　　　　　　2017 年 10 月免

常务副院长：母小勇

副院长：林　萍

　　　　徐维英

综合办公室

主　　任：尚　书

24. **国有资产与实验室管理处(2017 年 4 月 7 日更名为国有资产管理处,苏大委〔2017〕25 号)**

处　　长：陈永清

副处长：魏永前

　　　　仇玉山

　　　　陈中华

　　　　刘丽琴

副调研员：夏永林

国有资产管理委员会办公室(设立于国有资产与实验室管理处)

主　　任：陈永清(兼)

25. **采购与招投标管理中心**

26. **实验材料与设备中心**

27. 人事处

处　　长：刘　标　　　　　　　　　　　　2017 年 12 月免
　　　　　朱巧明　　　　　　　　　　　　2017 年 12 月任
副处长：王云杰　　　　　　　　　　　　2017 年 2 月免
　　　　　何　峰
　　　　　闫礼芝　　　　　　　　　　　　2017 年 1 月免
　　　　　何德超　　　　　　　　　　　　2017 年 3 月任

28. 研究生院

院　　长：郎建平　　　　　　　　　　　　2017 年 12 月免
　　　　　曹　健　　　　　　　　　　　　2017 年 12 月任
副院长：钱振明
　　　　　李超德
副调研员：章晓莉

综合办公室
主　　任：王杰祥

招生办公室
主　　任：卢　玮　　　　　　　　　　　　2017 年 4 月任

培养办公室
主　　任：蔡远利

研究生管理办公室
主　　任：俞伟清

党委研究生工作部
部　　长：宁正法

学位评定委员会办公室（挂靠研究生院）
主　　任：郎建平（兼）　　　　　　　　　2017 年 12 月免
副主任：金薇吟

学科建设办公室、"211 工程办公室"（挂靠研究生院）
主　　任：沈明荣

副主任：刘　京

导师学院
　　院　长：蒋星红(兼)
　　副院长：郎建平(兼)　　　　　　　　　　2017年12月免
　　　　　　曹　健(兼)　　　　　　　　　　2017年12月任

29. 国际合作交流处(海外教育学院)(2017年6月22日分开设置,苏大人〔2017〕151号)

　　处(院)长：黄　兴　　　　　　　　　　　2017年1月免
　　　　　　　张晓宏(兼)　　　　　　　　　2017年1月任
　　副处(院)长：陆惠星
　　　　　　　　袁　晶
　　　　　　　　高明强　　　　　　　　　　 2017年1月免

港澳台办公室(挂靠国际合作交流处)
　　主　任：黄　兴(兼)　　　　　　　　　　2017年1月免
　　　　　　张晓宏(兼)　　　　　　　　　　2017年1月任
　　副主任：茹　翔

30. 海外教育学院

31. 出入境服务中心

32. 财务处

　　处　长：盛惠良　　　　　　　　　　　　2017年12月免
　　　　　　孙琪华　　　　　　　　　　　　2017年12月任
　　副处长：姚永明
　　　　　　朱　彦
　　　　　　姚红美
　　副调研员：马智英
　　　　　　　葛　军

33. 继续教育处(继续教育学院)

　　处　长：缪世林

副处长：吴建军　　　　　　　　　　　　2017年2月免
　　　　　　胡龙华
　　　　　　王建凯
　　　　　　资　虹　　　　　　　　　　　　2017年4月任
　　调研员：吴建军
　　副调研员：赵小苓　　　　　　　　　　　2017年9月免
　　　　　　　沈文英
　　　　　　　王　健（保留副处职待遇）

34. 后勤党委

　　书　记：黄志斌　　　　　　　　　　　　2017年1月免
　　　　　　王云杰　　　　　　　　　　　　2017年2月任
　　副书记：顾志勇　　　　　　　　　　　　2017年1月免
　　　　　　席拥军　　　　　　　　　　　　2017年2月任

后勤管理处

　　处　长：李　翔　　　　　　　　　　　　2017年1月免
　　　　　　查佐明　　　　　　　　　　　　2017年1月任
　　副处长：顾明高　　　　　　　　　　　　2017年1月免
　　　　　　王凤英　　　　　　　　　　　　2017年1月免
　　　　　　丁　瑶
　　　　　　顾建忠
　　　　　　朱剑峰
　　　　　　曹金元　　　　　　　　　　　　2017年1月任
　　　　　　顾志勇　　　　　　　　　　　　2017年1月任
　　副调研员：王振明
　　　　　　　庄建英
　　　　　　　蒋安平
　　　　　　　邵剑平　　　　　　　　　　　2017年1月任

学生宿舍管理办公室（挂靠后勤管理处）

　　主　任：顾明高（兼）　　　　　　　　　2017年1月免
　　　　　　曹金元（兼）　　　　　　　　　2017年1月任

校医院（挂靠后勤管理处）

　　院　长：杨秀丽

医院管理处

 处 长：徐小乐

35. 阳澄湖校区管理委员会(2017 年 1 月 12 日撤销,苏大委〔2017〕4 号)

党委书记：	
党委副书记：曹金元(兼副主任)	2017 年 1 月免
主 任：浦文侗	2017 年 1 月免
副主任：王加华	2017 年 1 月免
邵剑平	2017 年 1 月免
曹 健(兼)	2017 年 1 月免

36. 学术委员会秘书处

秘书长：王剑敏	2017 年 1 月免
闫礼芝	2017 年 1 月任

37. 学位评定委员会秘书处(学位办)

秘书长(主任)：郎建平(保留正处职待遇)	2017 年 12 月任

38. 图书馆

党委书记：周建屏
馆 长：唐忠明
副馆长：周建屏(兼)
   石明芳
   徐 燕
   冯 一

39. 档案馆

馆 长：钱万里

40. 博物馆

馆 长：张朋川(兼)
常务副馆长：黄维娟(副处职,调研员)
副馆长：廖 军(兼)

41. 分析测试中心

　　主　　任：姚志刚

42. 工程训练中心

　　主　　任：谢志余

43. 信息化建设与管理中心

　　主　　任：张　庆
　　副主任：黄　平
　　　　　　陆剑江
　　调研员：杨季文
　　副调研员：汤晶缨

44. 艺术教育中心

　　主　　任：吴　磊
　　副主任：宋海英

45. 东吴饭店

　　调研员：张荣华
　　副调研员：何卫星

46. 张家港工业技术研究院

　　院　　长：马余强（兼）
　　副院长：孙海鹰　　　　　　　　2017年5月免
　　　　　　王海波（兼）

47. 知识产权研究院

　　院　　长：胡玉鸿
　　副院长：朱春霞

48. 文学院

党委书记：逄成华	2017年1月免
孙宁华	2017年1月任
党委副书记：张　健	2017年1月免
阴　浩（兼副院长）	2017年1月任
院　　长：王福利	2017年5月辞职
副 院 长：汪卫东（主持工作）	2017年12月任
张　洁	
丁治民	
张　健	

49. 凤凰传媒学院（2017年12月28日更名为传媒学院，苏大委〔2018〕2号）

党委书记：于毓蓝
党委副书记：夏凤军（兼副院长）　　　　　2017年1月任
院　　长：陈　龙
副 院 长：谷　鹏
　　　　　徐　舟

50. 社会学院

党委书记：刘志明
党委副书记：董　娜（兼副院长）
院　　长：王卫平
副 院 长：郑　庚
　　　　　高　峰

51. 政治与公共管理学院

党委书记：邢光晟
党委副书记：尹婷婷（兼副院长）
院　　长：陈进华
副 院 长：潘晓珍
　　　　　吉文灿
副调研员：钮立新

中国特色城镇化研究中心(挂靠政治与公共管理学院,苏大社科〔2017〕14号,
　2017年12月4日)

  主　　任：胡玉鸿　　　　　　　　　　　2017年12月免
      陈进华(兼)　　　　　　　　　　2017年12月任
  副主任：徐维英
      段进军(兼)　　　　　　　　　　2017年12月任
      叶继红(兼)　　　　　　　　　　2017年12月任

52. 马克思主义学院

  党委书记：张才君
  院　　长：田芝健
  副院长：许冠亭

53. 教育学院

  党委书记：蒋晓虹
  党委副书记：张　芸(兼副院长)
  院　　长：冯成志
  副院长：赵蒙成
      夏　骏
  副调研员：王　青

苏南地区大学生心理健康教育研究中心
  办公室主任：冯成志
  办公室副主任：王　静(副处职,调研员)

54. 东吴商学院(财经学院)　东吴证券金融学院

  党委书记：王永山
  党委副书记：唐文跃(兼副院长)
  院　　长：冯　博
  副院长：陆少杰(调研员)
      袁建新
      段进军
      任少华(兼)

55. 王健法学院

　　党委书记：周国华
　　党委副书记：陆　岸（兼副院长）　　　　2017年2月免
　　　　　　　　王振华（兼副院长）　　　　2017年3月任
　　院　　长：胡玉鸿
　　副 院 长：方新军
　　　　　　　严　俊
　　副调研员：钱春芸

56. 外国语学院

　　党委书记：严冬生
　　党委副书记：胡海峰（兼副院长）
　　院　　长：王腊宝　　　　　　　　　　　2017年1月免
　　　　　　　朱新福　　　　　　　　　　　2017年3月任
　　副 院 长：孙倚娜（正处级）
　　　　　　　刘海鸿　　　　　　　　　　　2017年1月免
　　　　　　　朱新福　　　　　　　　　　　2017年3月免
　　　　　　　王凤英　　　　　　　　　　　2017年1月任
　　　　　　　王　军　　　　　　　　　　　2017年4月任
　　副调研员：刘亚东
　　　　　　　赵　红

57. 金螳螂建筑学院

　　党委书记：查佐明　　　　　　　　　　　2017年1月免
　　　　　　　黄志斌　　　　　　　　　　　2017年1月任
　　　　　　　　　　　　　　　　　　　　　2017年11月免
　　党委副书记：陈国凤（兼副院长）　　　　2017年11月主持党委工作
　　院　　长：吴永发
　　副 院 长：茆汉成
　　　　　　　雷　诚
　　　　　　　王　琼（兼）
　　　　　　　朱盘英（兼）

58. 数学科学学院

党委书记：朱建刚　　　　　　　　　　　　2017年1月免
　　　　　逄成华　　　　　　　　　　　　2017年1月任
党委副书记：蒋青芳（兼副院长）
院　　长：曹永罗　　　　　　　　　　　　2017年1月免
　　　　　张　影　　　　　　　　　　　　2017年1月任
副院长：李　振
　　　　顾振华
　　　　季利均　　　　　　　　　　　　　2017年1月任

59. 物理与光电·能源学部

党工委书记：吴雪梅
党工委副书记：沙丹丹
主　　任：马余强
执行主任：王钦华
副主任：高　雷
　　　　郑洪河
　　　　陈建军
副主任（化学电源研究所所长）：王海波
调研员：韩良军
副调研员：董浩然
　　　　　汝坤林

物理与光电·能源学部物理科学与技术学院

党委书记：孙德芬
院　　长：高　雷
副院长：刘　军
　　　　赖　耘

物理与光电·能源学部光电信息科学与工程学院

党委书记：陈建军
院　　长：王钦华
副院长：李孝峰

物理与光电·能源学部能源学院

党委书记：陶　智

名誉院长:刘忠范
院　　长:郑洪河
副院长:郑军伟

60. 材料与化学化工学部

党委书记:严冬生　　　　　　　　　　2017年1月免
　　　　　李　翔　　　　　　　　　　2017年1月任
党委副书记:王美珠(兼副主任)
主　　任:姚建林
副主任:姚英明
　　　　吴　铎
　　　　朱　健
　　　　沈　勤

61. 纳米科学技术学院

党委书记:季　晶　　　　　　　　　　2017年11月调离
党委副书记:洪　晔(主持工作)　　　　2017年11月任
院　　长:李述汤
执行院长:刘　庄
副院长:孙旭辉
　　　　孙宝全
　　　　迟力峰
　　　　王穗东
　　　　张　桥

62. 计算机科学与技术学院

党委书记:杨礼富
党委副书记:沈云彩(兼副院长)
院　　长:李凡长
副院长:陆伟中
　　　　凌　云
　　　　张　民
　　　　赵　雷

63. 电子信息学院

党委书记：徐群祥
党委副书记：黄远丰（兼副院长）
名誉院长：潘君骅
院　　长：赵鹤鸣　　　　　　　　2017 年 11 月免
　　　　　胡剑凌　　　　　　　　2017 年 11 月任
副院长：马国平
　　　　胡剑凌　　　　　　　　　2017 年 11 月免
　　　　沈纲祥　　　　　　　　　2017 年 12 月任
　　　　陈小平　　　　　　　　　2017 年 12 月任
副调研员：刁爱清

64. 机电工程学院

党委书记：刘鲁庆
党委副书记：王振华（兼副院长）　　2017 年 3 月免
　　　　　　赵　峰
　　　　　　袁　红（兼副院长）　　2017 年 4 月任
院　　长：孙立宁
副院长：钮秀山　　　　　　　　　2017 年 5 月免
　　　　尤凤翔　　　　　　　　　2017 年 5 月免
　　　　徐汇音　　　　　　　　　2017 年 5 月免
　　　　陈　瑶
　　　　陈再良
　　　　孙海鹰　　　　　　　　　2017 年 5 月任

65. 沙钢钢铁学院

党委书记：宋清华
院　　长：董元篪
副院长：钟胜奎

66. 纺织与服装工程学院

党委书记：孙庆民　　　　　　　　2017 年 1 月免
　　　　　董召勤　　　　　　　　2017 年 2 月任

党委副书记：潘爱华(兼副院长)
院　　长：潘志娟
副院长：王祥荣
　　　　关晋平
　　　　孟　凯(兼)
副调研员：司　伟
　　　　　周正华

现代丝绸国家工程实验室
　　执行主任：陈国强
　　副主任：裔洪根

南通纺织研究院
　　常务副院长：孟　凯

67. 城市轨道交通学院(2017年8月8日更名为轨道交通学院,苏大委〔2017〕53号)

党委书记：杨　清
党委副书记：阴　浩(兼副院长)　　　　　　2017年1月免
　　　　　　丁新红
　　　　　　田　雷
　　　　　　黄晓辉(兼副院长)　　　　　　2017年1月任
名誉院长：王　炜
院　　长：朱忠奎
副院长：戴佩良(调研员)
　　　　李晓村
　　　　蒋志良
　　　　肖为周
副调研员：金菊华

68. 体育学院

党委书记：邓国林
党委副书记：李伟文(兼副院长)
院　　长：陆阿明　　　　　　　　　　　　2017年1月免
　　　　　王国祥　　　　　　　　　　　　2017年3月任
副院长：雍　明　　　　　　　　　　　　　2017年1月免
　　　　陶玉流

　　　　王全法　　　　　　　　　2017年3月免
　　　　顾明高　　　　　　　　　2017年1月任
　　　　李　龙　　　　　　　　　2017年3月任
　　副调研员：朱　慧

69. 艺术学院

　　党委书记：王尔东
　　党委副书记：程晓军（兼副院长）
　　名誉院长：张道一
　　院　长：姜竹松
　　副院长：顾德学
　　　　　　王泽猛

70. 音乐学院

　　党委书记：
　　党委副书记：洪　晔（主持工作）
　　　　　　　胡晓玲（兼副院长）
　　院　长：吴和坤
　　副院长：刘跃华
　　　　　　居　民

71. 医学部

　　党工委书记：邹学海
　　党工委副书记：解　燕
　　　　　　　　黎春虹
　　名誉主任：阮长耿
　　　　　　　杜子威
　　主　任：秦　樾　　　　　　　2017年2月任
　　常务副主任：黄　瑞　　　　　2017年3月免
　　副主任：龚　政
　　　　　　徐小乐　　　　　　　2017年2月免
　　　　　　夏超明　　　　　　　2017年3月免
　　　　　　田启明
　　　　　　龙亚秋　　　　　　　2017年2月任
　　　　　　苏　雄　　　　　　　2017年3月任
　　副调研员：施建亚

办公室主任：席拥军　　　　　　　　　　2017 年 2 月免
　　　　　　吴德建　　　　　　　　　　　2017 年 4 月任
教学办公室主任：钟　慧
科研办公室主任：徐小乐　　　　　　　　2017 年 2 月免
　　　　　　　　龙亚秋　　　　　　　　2017 年 2 月任
研究生办公室主任：夏超明　　　　　　　2017 年 3 月免
　　　　　　　　　苏　雄　　　　　　　2017 年 3 月任
国际交流与发展办公室主任：徐　娴　　　2017 年 10 月免
学生工作办公室主任：温洪波
临床教学质量管理办公室主任：唐　军　　2017 年 3 月免

实验中心
主　　任：陈乳胤
副主任：孟华敏（副调研员）

72. 医学部基础医学与生物科学学院

党委书记：薛　辉
院　　长：高晓明
副院长：戈志强
　　　　杨雪珍

73. 医学部放射医学与防护学院

党委书记：曹建平
院　　长：柴之芳
副院长：许玉杰

74. 医学部公共卫生学院

党委书记：芮秀文
院　　长：张永红
副院长：张增利
副调研员：钟宏良

75. 医学部药学院

党委书记：龚　政
院　　长：镇学初

副院长：江维鹏
　　　　黄小波
　　　　秦正红

76. 医学部护理学院

党委书记：沈志清
院　　长：李惠玲
副院长：王海芳　　　　　　　　　　　　2017年5月免
　　　　田　利　　　　　　　　　　　　2017年5月任
　　　　王海芳(兼,保留副处职待遇)　　　2017年5月任
　　　　蒋银芬(兼)
　　　　阐玉英(兼)　　　　　　　　　　2017年5月免
　　　　姚文英(兼)　　　　　　　　　　2017年5月任
调研员：姜海燕　　　　　　　　　　　　2017年4月免

神经科学研究所
　所　　长：刘春风
　副所长：姚建萍

骨科研究所
　所　　长：杨惠林
　副所长：杭雪花

心血管病研究所
　所　　长：沈振亚
　副所长：殷为民

呼吸疾病研究所
　所　　长：黄建安
　副所长：

造血干细胞移植研究所
　所　　长：吴德沛
　副所长：徐　杨

转化医学研究院
　院　　长：时玉舫
　行政副院长：陈永井

77. 唐仲英医学研究院

党委书记：叶明昌
院　　长：吴庆宇

78. 敬文书院

党委书记：王剑敏
名誉院长：朱恩馀
院　　长：罗时进　　　　　　　　　　2017年2月免
　　　　　马卫中　　　　　　　　　　2017年2月任
副院长：王剑敏（保留正处职待遇）

79. 文正学院

党委书记：仲　宏
党委副书记：袁昌兵（兼副院长）
院　　长：吴昌政
副院长：施盛威
　　　　蒋　峰（调研员）
调研员：徐子良　　　　　　　　　　　2017年11月免
副调研员：杜　明
　　　　　钱伟超
　　　　　唐凤珍
　　　　　蔡　琳
　　　　　黄　新

80. 应用技术学院

党委书记：王　欣　　　　　　　　　　2017年1月免
　　　　　浦文倜　　　　　　　　　　2017年1月任
党委副书记：钮秀山（兼副院长）　　　2017年5月任
院　　长：傅菊芬
副院长：朱　跃
副调研员：张　卫

81. 老挝苏州大学

校　　长：熊思东（兼）
副校长：谭玉坤　　　　　　　　　　2017年1月免
　　　　黄　兴　　　　　　　　　　2017年1月任
校长助理：王　栋

综合办公室
副主任：

教学与学生事务管理办公室
主　任：倪沛红　　　　　　　　　　2017年1月免

招生与就业办公室
主　任：倪沛红（兼）　　　　　　　　2017年1月免

校园建设与管理办公室
副主任：
副调研员：薛　晋

82. 社会服务系（宿迁学院）

主　任：

83. 学报编辑部

主　任：康敬奎
副主任：江　波

84. 出版社有限公司

社　　长：盛惠良　　　　　　　　　　2017年11月任
总编辑：沈海牧　　　　　　　　　　　2017年11月免
　　　　陈兴昌　　　　　　　　　　　2017年11月任
调研员：张建初
副调研员：王建珍

85. 附属第一医院

党委书记：陈　赞	2017年4月当选
党委副书记：陈　赞(兼纪委书记)(主持党委工作)	2017年4月免
丁春忠	2017年4月当选纪委书记
院　　长：侯建全	
副院长：沈学伍	
陈　亮	
缪丽燕	
时玉舫	
方　琪	
刘济生	
总会计师：贲能富	
党委办公室主任：黄恺文(调研员)	
副调研员：徐亚英	2017年3月免
许　津	
洪建娣	

血液研究所

医学部第一临床医学院
院　　长：侯建全(兼)
副院长：胡春洪

临床医学研究院
院　　长：杨惠林
副院长：杨向军
　　　　黄建安

86. 附属第二医院(核工业总医院)

党委书记：王少雄	
党委副书记：孙光夏	
纪委书记：程永志	
院　　长：孙光夏	
副院长：王少雄	
刘春风	2017年6月免
徐　博	

　　　　　孙亦晖
　　　　　钱志远
　　　　　杨　顺　　　　　　　　　　　　2017 年 9 月任
　　总会计师：魏钦海　　　　　　　　　　2017 年 1 月免

　　医学部第二临床医学院
　　院　　　长：孙光夏（兼）
　　常务副院长：刘春风（兼）

87. 附属儿童医院

　　党委书记：卢祖元
　　党委副书记：邱　鸣（兼纪委书记）
　　院　　长：冯　星　　　　　　　　　　2017 年 4 月免
　　　　　　　汪　健　　　　　　　　　　2017 年 4 月任
　　副院长：汪　健　　　　　　　　　　　2017 年 4 月免
　　　　　　田健美
　　　　　　吕海涛
　　　　　　严向明　　　　　　　　　　　2017 年 4 月任
　　调研员：刘高金
　　副调研员：唐叶枫
　　　　　　　阚玉英

　　医学部儿科临床医学院
　　院　　长：王晓东

　　医学中心（苏州市独墅湖医院）
　　主　　任（院长）：王晓东
　　副主任（副院长）：杨志卿

88. 医学部第三临床医学院

　　院　　长：何小舟（兼）
　　副院长：吴昌平（兼）

89. 苏州苏大教育服务投资发展有限公司

　　调研员：陈爱萍
　　　　　　吴小霞

苏州苏大教育服务投资发展有限公司党委

书　　记：陈爱萍（兼）

副书记：王丽晓

90. 江苏苏大投资有限公司

董事长：蒋敬东

总经理：陈彦艳

91. 苏州大学实验学校

书　　记：陈炳亮

校　　长：陈国安

注：根据苏大委〔2004〕28号文件的精神，学校事业编制人员在被公司借用期间，学校保留其原身份和职级。

苏州大学工会委员会及各分工会主席名单

一、苏州大学工会委员会名单（按姓氏笔画为序）

主　　席：王安列
副主席：陈　洁　冒维东
委　　员：王丽晓　王国卿　王建军　邓国林　田　飞　朱利平
　　　　　庄建英　刘文杰　刘亚东　刘炳喜　孙　涌　杜　明
　　　　　李正伟　李丽红　李建祥　何　为　张友九　邵名望
　　　　　茆汉成　金菊华　金慧敏　胡明宇　闻振卫　奚启超
　　　　　眭建华　崔京浩

二、苏州大学各分工会主席名单

机关分工会：夏永林
群团与直属单位分工会：刘炳喜
后勤管理处分工会：庄建英
图书馆分工会：祁汝峰
苏州苏大教育服务投资发展有限公司分工会：王丽晓
文学院分工会：王建军
传媒学院分工会：胡明宇
社会学院分工会：孙友本
政治与公共管理学院分工会：李丽红（2017年12月换届）
马克思主义学院分工会：朱蓉蓉
教育学院分工会：付亦宁
东吴商学院(财经学院)分工会：俞雪华
王健法学院分工会：上官丕亮
外国语学院分工会：刘亚东
金螳螂建筑学院分工会：郭明友
数学科学学院分工会：闻振卫
物理与光电·能源学部分工会：朱利平

材料与化学化工学部分工会：沈理明、任志刚(2017年6月换届)
纳米科学技术学院分工会：邵名望
计算机科学与技术学院分工会：孙　涌
电子信息学院分工会：金慧敏
机电工程学院分工会：刘文杰(2017年12月换届)
沙钢钢铁学院分工会：宋滨娜
纺织与服装工程学院分工会：周正华
轨道交通学院分工会：金菊华
体育学院分工会：奚启超
艺术学院分工会：王言升
音乐学院分工会：田　飞(2017年1月换届)
医学部分工会：戴建英
医学部基础医学与生物科学学院分工会：王国卿
医学部放射医学与防护学院分工会：张友九
医学部公共卫生学院分工会：李建祥
医学部药学院分工会：崔京浩
文正学院分工会：杜　明
应用技术学院分工会：何　为

苏州大学共青团组织干部名单

(院部团委书记以上)

校团委

书　记：肖甫青
副书记：朱　今
　　　　徐美华
　　　　孙　磊
　　　　袁建宇(兼职)　　　　　　　　2017年9月任
　　　　梁佳卉(兼职)　　　　　　　　2017年9月任
　　　　史　悠(兼职)　　　　　　　　2017年9月任

研究生团工委

书　记：严　明

校部团总支

书　记：刘春雷(兼)　　　　　　　　2017年5月免
　　　　宗　琦(兼)　　　　　　　　2017年5月任
副书记：宗　琦(兼)　　　　　　　　2017年5月免
　　　　刘春雨(兼)　　　　　　　　2017年5月任

群团与直属单位团总支

书　记：张　昊(兼)

图书馆直属团支部

书　记：丁长荣(兼)

文学院团委

  书　记：胡　萱
  副书记：赵　曜　　　　　　　　　　　2017 年 5 月免

传媒学院团委

  书　记：宋　智　　　　　　　　　　　2017 年 5 月免
  副书记：王雁冰（主持工作）　　　　　2017 年 5 月任

社会学院团委

  书　记：郝　珺
  副书记：顾林枝

政治与公共管理学院团委

  书　记：甄　勇
  副书记：董筱文

马克思主义学院团委

  书　记：郑　芸（兼）

东吴商学院（财经学院）东吴证券金融学院团委

  书　记：丁良超
  副书记：黄　河

王健法学院团委

外国语学院团委

  书　记：薛　曦　　　　　　　　　　　2017 年 12 月免
  副书记：

金螳螂建筑学院团委

  书　　记：徐　娜　　　　　　　　　　2017年1月任
  副书记：徐　娜　　　　　　　　　　2017年1月免

教育学院团委

  书　　记：陈贝贝

数学科学学院团委

  书　　记：周　扬　　　　　　　　　　2017年1月任
  副书记：周　扬　　　　　　　　　　2017年1月免
  　　　　亓海啸　　　　　　　　　　2017年1月任

物理科学与技术学院·能源学院团委

  书　　记：张振华
  副书记：李雯雯

材料与化学化工学部团委

  书　　记：黄郁健
  副书记：李　睿

纳米科学技术学院团委

  书　　记：蔡梦婷

计算机科学与技术学院团委

  书　　记：邝泉声
  副书记：夷　臻

电子信息学院团委

  书　　记：李　莹
  副书记：郁连国

机电工程学院团委

　　书　记：李丽红　　　　　　　　　　　　2017 年 1 月任
　　副书记：李丽红　　　　　　　　　　　　2017 年 1 月免

沙钢钢铁学院团委

　　副书记：郁佳莉（主持工作）

纺织与服装工程学院团委

　　书　记：刘　海
　　副书记：蒋闰蕾

轨道交通学院团委

　　书　记：钱成一
　　副书记：梁　畅　　　　　　　　　　　　2017 年 1 月任

体育学院团委

　　书　记：丁海峰
　　副书记：王光阁

艺术学院团委

　　书　记：卢海粟

音乐学院团委

　　书　记：张　晶　　　　　　　　　　　　2017 年 1 月任
　　副书记：张　晶　　　　　　　　　　　　2017 年 1 月免

医学部团委

　　书　记：解　笑
　　副书记：胡　洋　王昌伟
　　　　　　屠雯静

舒洪灶 2017年5月免

敬文书院团委

书　　记：黄冠平
副书记：孙正嘉

文正学院团委

书　　记：祁素萍
副书记：何　玉
　　　　吴旖旎　　　　　　　　　　　　　2017年11月免

应用技术学院团委

书　　记：夏　青
副书记：尹　伊
　　　　夏　菲　　　　　　　　　　　　　2017年5月免
　　　　顾　虑　　　　　　　　　　　　　2017年5月任

附属第一医院团委

书　　记：田一星
副书记：秦　超　　　　　　　　　　　　　2017年12月任

附属第二医院团委

书　　记：李柳炳　　　　　　　　　　　　2017年12月任
副书记：胡明娅　　　　　　　　　　　　　2017年12月免
　　　　宋萌枝　　　　　　　　　　　　　2017年12月任
　　　　钟媛媛　　　　　　　　　　　　　2017年12月任

附属儿童医院团委

书　　记：时秋芳
副书记：张兵兵
　　　　金太伟

苏州大学有关人士在各级人大、政协、民主党派及统战团体任职名单

全国、省、市、区人大代表

第十二届全国人大代表	钱海鑫
第十二届江苏省人大常委会委员	王卓君
第十二届江苏省人大代表	戴洁　兰青
第十六届苏州市人大常委会委员	马卫中　黄学贤　邢春根　吴磊
第十六届苏州市人大代表	姜为民　沈振亚　钱海鑫　路建美　曾一果
姑苏区第二届人大常委会委员	陈红霞
姑苏区第二届人大代表	傅菊芬　李晓强　陈林森　杨旭红　张惠敏 邓国林　查佐明　吉成元　侯建全　陈赞 孙光夏　冯星

全国、省、市、区政协委员

第十二届全国政协委员	熊思东
第十一届江苏省政协委员	曹永罗　周幽心　赵鹤鸣　陈林森　朱秀林
第十四届苏州市政协副主席	陈林森
第十四届苏州市政协常委会委员	傅菊芬　叶元土　钱振明　吴永发　蒋廷波 王宜怀　周幽心　陈红霞　程江　高晓明
第十四届苏州市政协委员	姚传德　李艺　钱玉英　冯志华　杨哲 姜竹松　袁牧　刘庄　徐建英　李纲 孙凌　赵鹤鸣　王振欣　唐文　文万信 王德山　金成昌　朱雪珍　徐中华　王腊宝 陈红　邹贵付　孙立宁　张力元　吴建明
姑苏区第二届政协常委会委员	刘海　陶金　朱学新　张力元
姑苏区第二届政协委员	王文利　李明忠　郭凌川　马逸敏　李建国 郭盛仁　王加俊　薛群　孔岩　董启榕 陈爱萍　任卫东

在全国、省、市各民主党派组织任职

民革十一届苏州市委副主委	马卫中
民革十一届苏州市委常委	姚传德
民革十一届苏州市委委员	刘　海
民盟十二届江苏省委副主委	熊思东
民盟十二届江苏省委委员	曹永罗
民盟十三届苏州市委副主委	黄学贤
民盟十三届苏州市委常委	傅菊芬　姜为民
民盟十三届苏州市委委员	陶　金　居颂光　周海斌
民建九届江苏省委委员	叶元土
民建十四届苏州市委常委	叶元土
民建十四届苏州市委委员	杨　哲
民进十三届中央委员	吴永发
民进十届江苏省委副主委	钱振明
民进十届江苏省委委员	姜竹松
民进十一届苏州市委主委	钱振明
民进十一届苏州市委常委	蒋廷波
民进十一届苏州市委委员	吴玲芳　孙茂民　马中红
农工党十二届江苏省委委员	倪才方
农工党十三届苏州市委副主委	邢春根　倪才方
农工党十三届苏州市委常委	王宜怀
农工党十三届苏州市委委员	李建国　徐建英　孙　凌
致公党六届江苏省委委员	吴　磊
致公党六届苏州市委副主委	吴　磊
致公党六届苏州市委委员	张永泉　王振欣
九三学社十三届中央委员	钱海鑫
九三学社八届省委常委	陈林森
九三学社八届省委委员	陈红霞
九三学社十届苏州市委主委	陈林森
九三学社十届苏州市委常委	陈红霞　浦金贤
九三学社十届苏州市委委员	文万信　王德山　徐中华　程　江

在省、市台属联谊会及归国华侨联合会、无党派知识分子联谊会任职

江苏省台属联谊会第五届理事	张宏成
苏州市台属联谊会第五届常务理事	张宏成　张　凝
苏州市台属联谊会第五届理事	王文沛

江苏省侨联第六届委员	沈振亚
苏州市侨联第八届常委	沈振亚
苏州市侨联第八届委员	张志琳 王振欣 张永泉
苏州市侨青会副会长	王振欣
苏州市无党派知识分子联谊会副会长	高晓明
江苏省欧美同学会(江苏省留学人员联谊会)副会长	
	熊思东
江苏省欧美同学会(江苏省留学人员联谊会)理事	
	苏 雄 申绍杰
苏州市欧美同学会(苏州市留学人员联谊会)会长	
	李述汤
名誉会长	陈林森
副会长	吴和坤 镇学初
	沈振亚 苏 雄
	董启榕

在校各民主党派基层组织和校归国华侨联合会、台属联谊会、归国学者联谊会、无党派知识分子联谊会任职

民革苏州大学总支部
  主　委　　马卫中
  副主委　　姚传德　刘　海
  委　员　　陈卫东　吴雨平　谢思明　石　沙　李　艺　施华珍
       戚海涓　薛华勇　薛玉坤

民盟苏州大学委员会
  主　委　　黄学贤
  副主委　　曹永罗　冯志华　戈志强　姜为民　李明忠　田　野
       朱　谦　陶　金
  委　员　　马逸敏　王兴东　王俊敏　朱桂荣　朱　斌　何香柏
       宋煜萍　周　宣　周海斌　居颂光　钟慎斌　郭凌川
       薛　莲
  秘书长　　郭凌川
  副秘书长　钟慎斌　马逸敏

民建苏州大学支部
  主　委　　叶元土
  副主委　　郑晓玲　杨　哲　沈　能
  委　员　　陈志强　周雯娟　张乐帅

民进苏州大学委员会
  主　委　　刘　庄

副主委	姜竹松	吴玲芳	蒋庭波	马中红	孙茂民	
委　员	吴小春	张纪平	张学农	明志君	金　涛	
秘书长	赵石言					
副秘书长	徐晓明					

农工党苏州大学委员会

主　委	王宜怀					
副主委	周幽心	倪才方				
委　员	刘一之	陆士奇	徐建英	王春雷	尤海章	郭盛仁
	李建国					
秘书长	张　敏					

致公党苏州大学委员会

主　委	吴　磊				
副主委	张永泉	薛　群			
委　员	王加俊	陈志伟	徐苏丹	詹月红	

九三学社苏州大学委员会

主　委	苏　雄					
副主委	文万信	陈红霞	浦金贤	王德山		
委　员	李亚东	季　伟	陆　芹	黄　坚	朱雪珍	金成昌
秘书长	王　艳					

苏州大学归国华侨联合会

名誉主席	陆匡宙	顾振纶				
顾　问	张昌陆	詹月红				
主　席	沈振亚					
副主席	张志琳	倪沛红	王钦华	王振欣	王　鼎	资　虹
秘书长	资　虹（兼）					
委　员	李　斌	沈百荣	杨　颖	陈　仪	周翊峰	周　婷
	曹世杰	徐苏丹	徐艳辉	徐博翎		

苏州大学侨联青年委员会

名誉会长	沈振亚					
会　长	王振欣					
副会长	王　鼎	周翊峰	徐博翎	曹世杰		
秘书长	周　婷					
委　员	冯文峰	刘玉龙	刘俪佳	李直旭	宋歆予	陈　仪
	杨　磊	杨　颖	胡士军	赖跃坤		

苏州大学台属联谊会

名誉会长	周　岱					
会　长	张宏成					
副会长	王文沛	廖　军	李以明	陈作章		
理　事	彭大真	徐秀雯	金秀珏	沈园园	金璐曼	周金良

　　　　　　　　　　吴　荃　　张　凝

苏州大学归国学者联谊会
　　　顾　问　　　王卓君　　白　伦　　张学光
　　　名誉会长　　熊思东　　蒋星红
　　　会　长　　　郎建平
　　　副会长　　　沈振亚　　王卫平　　汪一鸣　　姚建林　　李孝峰
　　　秘书长　　　刘海平　　王　鼎
　　　常务理事　　陈宇岳　　贡成良　　秦正红　　高　雷　　冯志华　　王　鼎
　　　理　事　　　王钦华　　王尉平　　田海林　　吕　强　　刘励军　　刘　庄
　　　　　　　　　任志刚　　李孝峰　　吴荣先　　杨红英　　罗时铭　　周民权
　　　　　　　　　姚建林　　陶　敏　　曹建平　　黄毅生

苏州大学无党派知识分子联谊会
　　　会　长　　　高晓明
　　　副会长　　　杨季文　　郁秋亚　　刘跃华　　杨旭辉
　　　秘书长　　　周翊峰
　　　理　事　　　刘　文　　吴荣先　　吴翼伟　　陈　瑶　　金薇吟　　钮美娥
　　　　　　　　　俞雪华　　姚林泉　　徐艳辉　　郭辉萍　　屠一锋　　梁君林
　　　　　　　　　黄毅生　　傅戈燕　　董启榕

苏州大学有关人员在校外机构任职名单

全国、省(部)级学术机构、团体及国际学术组织

（据2017年不完全统计，按院部排列、按姓氏笔画排序）

姓 名	机构名称及职务
1. 文学院	
王 宁	中国俗文学学会理事
	中国戏曲学会理事
王 尧	中国当代文学研究会理事
	江苏省当代文学研究会副会长
	江苏省文艺评论家协会副主席
王建军	江苏省语言学会常务理事
	江苏省中华成语研究会副会长
刘锋杰	中国文艺理论学会常务理事
	中国中外文艺理论学会理事
汤哲声	中国俗文学学会常务理事
	中国武侠文学学会副会长
	江苏省现代文学学会常务理事兼副秘书长
	江苏省中国现代文学学会副会长
汪卫东	江苏省鲁迅研究会副会长
2. 传媒学院	
马中红	中国人才研究会青年人才专业委员会常务理事
	中国公共关系学会理事
	中国新闻史学会广告与传媒发展史研究会常务理事
王玉明	中国夏衍电影学会夏衍研究委员会理事
	中国台港电影研究会台湾电影专业委员会理事
	中国电影文学学会理事

续表

姓 名	机 构 名 称 及 职 务
王 静	中国新闻史学会广告与传媒发展史研究会理事
	中国广告教育研究会常务理事
杜志红	中国高校影视学会微电影专业委员会理事
杨新敏	中国新媒体研究会理事
谷 鹏	中国新闻史学会舆论学研究委员会理事
	中国新闻史学会媒介法规与伦理研究委员会常务理事
张 健	中国高等教育学会新闻学与传播学专业委员会理事
	中国新闻传播思想史研究会常务理事
	中国新闻传播教育史研究委员会常务理事
陈 龙	教育部高职高专广播影视专业委员会委员
	中国传播学研究委员会副会长
	中国媒介文化研究专业委员会主任
	江苏省传媒艺术研究会副会长
陈 霖	中国高校影视学会媒介文化专业委员会理事
易前良	江苏省传媒艺术协会副秘书长
倪祥保	中国高教影视教育专业委员会理事
	中国电影家协会委员
	中国电视艺术家协会委员
	中国电影评论学会委员
	长三角地区高校影视戏剧研究会常务理事
	江苏传媒艺术研究会常务理事
董 博	世界经济论坛全球杰出青年基金会董事
曾一果	中国新闻史学会视听传播研究委员会常务理事
	中国新闻史学会应用新闻传播学研究委员会理事
	中国高校影视学会影视教育委员会理事
	中国高校影视学会理事
	中国高校影视学会媒介文化专业委员会秘书长
	江苏省传媒艺术研究会常务理事
	长三角戏剧影视学会理事
	江苏省当代文学研究会理事

续表

3. 社会学院

姓　　名	机　构　名　称　及　职　务
王卫平	教育部高等学校历史学科教学指导委员会委员
	中国地方志协会学术委员会委员
	中国社会史学会常务理事
	中国经济史学会理事
	中国太平天国研究会常务理事
	江苏省历史学会常务理事
	江苏省太平天国史学会副会长
	江苏省农史学会副会长
	江苏省经济史学会副会长
	江苏省地域文化研究会副会长
朱从兵	中国太平天国史研究会副秘书长
	中国近现代史史料学会理事
	江苏省太平天国史研究会副秘书长
池子华	中国红十字会十届理事会理事
	中国太平天国史研究会常务理事
	中国会党史研究会理事
	中国社会史学会理事
	江苏省太平天国史学会副秘书长
吴建华	中国社会史学会常务理事
余同元	国际健康健美长寿学学会常务理事
	国际教科文交流协会副会长兼学术委员会主任
	中国朱元璋研究会副会长
	中国范仲淹研究会理事
	中国近现代史史料学会理事
	中国明史学会理事
	江苏省郑和研究会常务理事

续表

姓　名	机　构　名　称　及　职　务
张　明	中国社会思想研究会理事
	中国社会学会理事
	江苏省社会学会副会长
张照余	教育部高等学校档案学科教学指导委员会委员
	中国档案学会基础理论委员会委员
	中国档案学会理事
金卫星	中国美国史研究会常务理事
	江苏省世界史学会副会长
周　毅	中国档案学会基础理论委员会委员
姚传德	中国日本史学会理事
	民革中央孙中山研究学会理事
高　峰	中国社会学会理事
	中国社会工作教育学会常务理事
	中国城市社会学会理事
	江苏省邓小平理论研究会常务理事
	江苏省社会学会常务理事
臧知非	中国秦汉史研究会副会长
	中国农民战争史研究会副会长
	江苏省项羽研究会副会长
	江苏省高校历史教学研究会秘书长
魏向东	江苏省旅游学会副会长
4. 政治与公共管理学院	
王俊华	中国卫生法学会理事
车玉玲	全国国外马克思主义研究会常务理事
	中国俄罗斯哲学学会常务理事
	中国马克思主义哲学史学会理事

续表

姓　名	机　构　名　称　及　职　务
叶继红	中国科学学与科技政策研究会理事
	中国社会学会移民专业委员会常务理事
	中国社会学会科学社会学专业委员会理事
朱光磊	中华孔子学会阳明学研究会理事
乔耀章	中国行政管理学学会理事
	中国政治学会理事
	江苏省政治学会副会长
庄友刚	江苏省哲学学会常务理事
杨思基	中国马克思主义哲学史学会理事
李继堂	中国自然辩证法研究会物理学哲学专业委员会委员
吴忠伟	江苏省儒学会常务理事
陈进华	中国伦理学会理事
	中国青年伦理学会副会长
	江苏省伦理学会副秘书长
尚虎平	全国政府绩效管理研究会常务理事
	中国行政管理学会理事
周可真	中国哲学史学会理事
	中国企业管理学会常务理事
	中国实学研究会理事
	江苏省儒学研究会副会长
钮菊生	国家"一带一路"智库合作联盟理事会理事
	中国国际关系学会理事
	全国高校国际政治研究会常务理事
施从美	江苏省机构编制管理研究会副秘书长
韩焕忠	中国伦理学会宗教伦理分会常务理事

5. 马克思主义学院

方世南	中国人学学会常务理事
	中国马克思主义哲学史学会理事

续表

姓　名	机 构 名 称 及 职 务
田芝健	江苏省领导科研研究会第四届理事会常务理事
李　燕	中国家庭教育学会委员
姜建成	江苏省马克思主义理论研究会副会长
	江苏省邓小平理论研究会常务理事

6. 教育学院

姓　名	机 构 名 称 及 职 务
母小勇	中国教育学会课程专业委员会理事
	中国教育学会科学教育分会理事
	江苏省高等教育学会教师教育分会常务理事
刘电芝	全国人格心理学会专业委员会委员
	中国教育心理学会专业委员会副会长
	中国心理学会理事
	江苏省心理学会社区心理学专业委员会(筹)会长
	江苏省心理学会常务理事
吴继霞	全国人格心理学会专业委员会委员
	全国社区心理学专业委员会委员
	全国质性心理学会专业委员会副主任
	江苏省心理学会心理学教学工作委员会副主任
	江苏省心理学会社区心理学专业委员会副主任
张　明	教育部心理学教学指导委员会委员
	中国心理学会普通心理和实验心理专业委员会副主任
	中国心理学会心理学教学工作委员会副主任
	中国教育学会脑科学与教育研究分会理事
	中国心理学会理事
	江苏省心理学会常务理事
张佳伟	中国教育发展战略学会儿童教育与发展专业委员会理事
范庭卫	中国教育学会杨贤江教育思想研究分会常务理事
	中国心理学会理论心理学与心理学史专业委员会理事

续表

姓 名	机 构 名 称 及 职 务
周 川	中国高等教育学会高等教育学专业委员会常务理事
	中国高等教育学会院校研究会副理事长
赵蒙成	中国教育学会课程专业委员会理事
陶新华	中国心理卫生协会团体心理辅导与治疗专业委员会常任理事
	中国心理学会临床与咨询心理学注册系统委员
	国际EAP学会中国分会理事
	江苏省心理卫生协会常务理事
黄启兵	中国高等教育学会高等教育学专业委员会理事
曹永国	中国教育学会中青年教育理论工作者分会理事
崔玉平	中国教育学会教育经济学分会副理事长
	江苏省高等教育学会教育经济学分会副理事长
	江苏省教育学会教育管理学分会常务理事
彭彦琴	中国心理学会理论心理学与心理学史专业委员会理事
彭彩霞	中华炎黄文化研究会童蒙文化专业委员会理事
童辉杰	国际中华应用心理学研究会常务理事
	中国社会心理学会常务理事
	江苏省社会心理学会副会长

7. 东吴商学院（财经学院） 东吴证券金融学院

万解秋	中国金融学会理事
	江苏金融学会常务理事
王则斌	教育部高等学校工商管理类专业教学指导委员会委员
	中国会计学会财务管理专业委员会委员
王要玉	中国优选法统筹学与数理经济学会之服务科学与运作管理协会常务理事
张雪芬	中国会计学会政府及非营利组织会计专业委员会委员
罗正英	中国软科学研究会理事
	中国《会计评论》理事会理事
俞雪华	江苏省物价协会常务理事

续表

姓　名	机　构　名　称　及　职　务
袁建新	江苏省外国经济学说研究会副会长
魏文斌	中国管理现代化研究会管理案例专业委员会委员
8. 王健法学院	
丁建安	中国社会法学研究会理事
卜　璐	中国国际私法学会理事
上官丕亮	中国法学会比较法学研究会常务理事
	中国法学会宪法学研究会常务理事
	江苏省法学会廉政法制研究会副会长
	江苏省法学会立法学研究会副会长
王克稳	中国行政法学研究会常务理事
	中国水利研究会水法专业委员会副主任委员
	海峡两岸关系法学研究会第二届理事会理事
王昭武	江苏省刑法学会副秘书长
方新军	中国民法学研究会常务理事
	江苏省法学会民法学研究会常务理事
方　潇	中国法律史学会理事
	江苏省法学会法律史研究会副秘书长
艾永明	中国法律史学会常务理事
	江苏省法学会法律史研究会会长
史浩明	中国民法学研究会理事
	江苏省法学会民法学研究会副会长
	江苏省法学会商法学研究会常务理事
冯　嘉	江苏省法学会生态法学研究会常务理事
朱　谦	中国法学会环境法研究会常务理事
	中国环境科学学会环境法分会副会长
	江苏省法学会生态法学研究会副会长
	江苏省法学会环境资源法学研究会副会长

续表

姓　名	机　构　名　称　及　职　务
刘思萱	江苏省法学会商法学研究会常务理事
孙国平	中国社会法学研究会理事
	江苏省法学会社会法学研究会常务理事
孙　莉	中国法学会法理学研究会理事
	中国行为法学会理事
	中国法学会立法学研究会理事
	中国法学会比较法学研究会理事
	江苏省法学会法理学、宪法学研究会副会长
李小伟	中国版权协会理事
李晓明	国际刑法学协会中国分会理事
	中国犯罪学研究会常务理事
	中国刑法学研究会理事
	中国刑法学研究会预防犯罪专业委员会副主任
	中国青少年犯罪研究会犯罪学基础理论专业委员会常务理事
	中国预防犯罪专业委员会副主任
	中国监察学会金融检察专业委员会理事
	中国未成年人法制教育专业委员会副主任
	江苏省法学会刑法学研究会副会长
何香柏	中国法学会环境法研究会理事
沈同仙	中国法学会社会法学研究会常务理事
	中国社会法学研究会劳动法学分会副会长
	江苏省法学会经济法研究会副会长
	江苏省法学会社会法学研究会副会长
张永泉	中国法学会民事诉讼法学研究会常务理事
	江苏省法学会民事诉讼法学研究会常务理事
张成敏	中国逻辑学会法律逻辑专业委员会副会长
	江苏省法学会刑事诉讼法学研究会副会长
	江苏省法学会检察学研究会常务理事

续表

姓　名	机　构　名　称　及　职　务
张利民	中国法学会国际私法学研究会常务理事
	江苏省法学会国际法学研究会副会长
张学军	中国法学会婚姻法学研究会副会长
张　鹏	中国法学会民法学研究会理事
	江苏省法学会民法学研究会副秘书长
	江苏省农村法制研究会常务理事
陈立虎	中国国际经济法学会常务理事
	中国法学会WTO法研究会常务理事
陈姗姗	中国犯罪学学会理事
庞　凌	中国法学会立法学研究会理事
	江苏省法学会法理学与宪法学研究会副秘书长
赵艳敏	中国法学会世界贸易组织法研究会理事
胡玉鸿	国家司法考试命题委员会委员
	中国法学会法理学研究会理事
	江苏省法学会法理学与宪法学研究会副会长
	江苏省法学会副会长
胡亚球	中国法学会民事诉讼法学研究会常务理事
	中国法学教育研究会理事
	江苏省法学会民事诉讼法学研究会副会长
	江苏省法学会检察学研究会副会长
施立栋	中国案例法学研究会理事
郭树理	中国国际私法学会常务理事
	中国法学会体育法学研究会常务理事
	中国仲裁法学研究会理事
	中国国际法学会理事
黄学贤	中国法学会宪法学研究会理事
	中国法学会行政法学研究会理事
	江苏省法学会行政法学研究会副会长
	江苏省法学会港澳台法律研究会副会长

续表

姓　名	机　构　名　称　及　职　务
董炳和	中国法学会知识产权法学研究会常务理事
	中国法学会知识产权法学研究会第二届理事会常务理事
	江苏省法学会知识产权法学研究会副会长
程雪阳	中国法学会宪法学研究会理事
	中国法学会行政法学研究会理事
	江苏省农村法制协会常务理事

9. 外国语学院

姓　名	机　构　名　称　及　职　务
王军	中国认知语言学研究会常务理事
	中国逻辑学会符号学专业委员会秘书长
	法律英语证书(LEC)全国统考专家指导委员会委员
	江苏省外国语言学会副会长
王宏	中国文化典籍翻译研究会副会长
	中国比较文学学会翻译研究会常务理事
	中国英汉语比较研究会典籍翻译专业委员会副会长
	中国英汉语比较研究会理事
	中国译协翻译理论与翻译教学委员会委员
王腊宝	教育部高等学校外语专业教学指导委员会英语专业教学指导分委员会委员
	中国外国文学学会英语文学研究分会副会长
	中国语言与符号学研究会副会长
	中国澳大利亚研究会副会长
	江苏省高等学校外语教学研究会副会长
	江苏省翻译协会副会长
朴明淑	韩国口碑文学研究会国际理事
朴桂玉	韩国口碑文学研究会国际理事
	韩国文学治疗学会国际理事
	朝鲜—韩国文学会常务理事
朱新福	中国外国文学学会英语文学研究分会理事
	全国美国文学研究会常务理事
	江苏省外国文学学会常务理事

续表

姓 名	机 构 名 称 及 职 务
孙倚娜	教育部高等学校大学外语教学指导委员会委员
	江苏省外语教学研究会常务理事
杨彩梅	中国英汉比较研究会形式语言学专业委员会理事
陆 洵	全国法语教学研究会理事
	全国法国文学研究会理事
孟祥春	中国外国文学学会比较文学与跨文化研究分会副秘书长
赵爱国	中国俄语教学研究会常务理事
	中国语言与符号学研究会常务理事
	中国俄罗斯东欧中亚学会常务理事
施 晖	东亚日本学研究会常务理事
	汉日对比语言学会常务理事
贾冠杰	全国教育语言学研究会常务理事
	全国二语习得研究会常务理事
	全国语言教育研究会常务理事
	全国神经语言学研究会副会长
顾佩娅	中国英语教学研究会教师教育与发展专业委员会常务理事
	中国英语教学研究会计算机辅助外语教学专业委员会副主任委员
徐 卫	中国日语教学研究会江苏分会副会长
	日中对比语言学会中国分会理事
	日语偏误和日语奇偶暗语研究学会副会长
	汉日对比语言学会理事
高永晨	国际和中国跨文化交际研究学会委员
10. 金螳螂建筑学院	
王 琼	中国饭店协会设计装饰专业委员会常务理事
	中国建筑学会室内设计分会第六届理事会理事
	中国建筑装饰协会设计委员会副主任委员
	江苏省勘察设计协会建筑装饰及环境艺术设计专业委员会副主任委员

续表

姓 名	机 构 名 称 及 职 务
王 雷	国际农业与生物系统工程委员会农业景观资源保护与开发利用工作组委员
	日本乡村规划学会国际交流委员会委员
	中国城郊经济研究会常务理事
	天津市城市规划学会青年规划师委员会副主任委员
吴永发	全国高等学校建筑学专业指导委员会委员
	中国绿色建筑专业委员会绿色校园学组副组长
汪德根	中国行政区划与区域发展促进会理事/专家委员会委员
	中国建筑学会地下空间学术委员会理事
郑 丽	中国花卉协会花文化专业委员会常务理事
	中国社工联心理健康工作委员会园艺治疗学部副主任委员
	亚洲园艺疗法联盟首任秘书
夏 杰	江苏省旅游学会常务理事
11. 数学科学学院	
史恩慧	中国数学会常务理事
唐 煜	中国现场统计研究会理事
	中国现场统计研究会试验设计分会常务理事
	中国数学会均匀设计分会常务委员
曹永罗	江苏省数学会副理事长
12. 物理与光电·能源学部	
马扣祥	全国电池材料标准化技术委员会秘书长
	中国电池工业协会技术委员会秘书长
汝坤林	全国原电池标准化技术委员会委员
吴建宏	中国光学学会光电技术专业委员会委员
余景池	中国光学学会先进光学制造分会副主任委员
	中国空间光学学会委员
狄国庆	全国电磁学教学委员会常务理事
沈为民	中国宇航学会空间遥感专业委员会副主任委员
	中国光学学会红外与光电器件专业委员会委员

续表

姓　名	机　构　名　称　及　职　务
沈明荣	中国材料研究会理事
宋瑛林	中国宇航学会光电子专业委员会委员
陈林森	全国纳米技术标准化技术委员会委员
	中国光学学会全息与光信息处理专业委员会主任
	中国民营科技实业家协会副会长
	国家微纳加工与制造产业创新战略联盟副理事长
郑军伟	全国电池材料标准化技术委员会副主任
	中国电池工业协会副理事长
袁　孝	中国光学学会激光专业委员会委员
顾济华	江苏省物理学会副理事长
晏世雷	江苏省物理学会副秘书长
钱　煜	中国光学学会光学测试专业委员会委员
	中国宇航学会空间遥感专业委员会委员
陶　洪	中国教育学会物理教学专业委员会理事
魏　琪	江苏省工程热物理协会常务理事
13. 材料与化学化工学部	
邓安平	中国化学会有机分析化学专业委员会委员
	中国仪器仪表学会化学传感器专业委员会委员
	中国仪器仪表学会食品质量安全检测仪器与技术应用分会第一届理事会理事
白同春	中国化学会化学热力学和热分析专业委员会委员
李永舫	中国化学会常务理事
肖　杰	中国颗粒学会青年理事
吴　涛	中国复合材料学会矿物复合材料专业委员会委员
陈　红	英国皇家化学学会会士
	中国生物材料学会再生医学材料分会第一届委员会常务委员
	中国化学会第二十九届理事会理事
	中国生物材料学会青年委员会第一届委员会常务委员
	江苏省化学化工学会第十一届理事会常务理事
	江苏省化学化工学会第十一届理事会高分子化学与物理专业委员会主任委员

续表

姓　名	机　构　名　称　及　职　务
陈晓东	中国颗粒学会理事会理事
郎建平	英国皇家化学学会会士
	中国化学会无机化学学科委员及晶体化学学科委员会委员
姚建林	中国物理学会光散射专业委员会委员、副主任
黄　鹤	中国材料新技术研究会常务理事
戴礼兴	中国仪器仪表学会仪表功能材料分会理事会常务理事

14. 纳米科学技术学院

姓　名	机　构　名　称　及　职　务
刘　庄	中国材料学会纳米材料与器件分会理事
	中国化学会纳米化学分会委员、副秘书长
	中国生物物理学会纳米生物物理专业委员会委员
	中国医药生物技术协会纳米生物技术分会委员
	中国生物材料学会生物陶瓷分会常务委员
	中国生物材料学会青年委员会常务委员
	中国材料研究学会纳米材料与器件分会理事
孙旭辉	国家同步辐射实验室用户委员会委员
	中国物理学会同步辐射专业委员会常务委员
李有勇	中国材料学会材料基因组委员会委员
	中国化学会计算化学委员会委员
何　耀	中国光学工程协会理事
张晓宏	中国科学院光化学转换与功能材料重点实验室学术委员会委员
	中国科学院理化技术研究所科技委员会委员
康振辉	中国材料研究学会纳米材料与器件分会理事
廖良生	国际信息显示学会固态照明分会委员
	中国有色金属学会宽禁带半导体专业委员会委员

15. 计算机科学与技术学院

姓　名	机　构　名　称　及　职　务
马小虎	江苏省计算机学会图形图像专业委员会副主任

续表

姓 名	机 构 名 称 及 职 务
王 进	中国计算机学会互联网专业委员会委员
	中国计算机学会普适计算专业委员会委员
	中国计算机学会网络与数据通信专业委员会委员
王宜怀	中国软件行业协会嵌入式系统分会理事
	江苏省计算机学会嵌入式系统与物联网专业委员会主任
朱巧明	中国计算机学会理事
	中国计算机学会系统软件专业委员会委员
	中国计算机学会电子政务与办公自动化专业委员会委员
朱艳琴	全国计算机继续教育研究会江苏委员会理事
刘 全	中国计算机学会委员
	全国石油和化学工业信息技术委员会委员
李凡长	国际计算机学会中国理事会理事
	中国计算机学会理论计算机科学专业委员会委员
	中国计算机学会人工智能与模式识别专业委员会常务委员
	中国人工智能学会理事
	中国人工智能学会粗糙集与软计算专业委员会常务委员
	中国人工智能学会知识工程专业委员会委员
	中国人工智能学会智能系统工程专业委员会委员
	中国人工智能学会机器学习专业委员会常务委员
	中国人工智能学会机器感知与虚拟现实专业委员会委员
	江苏省人工智能基础及应用专业委员会主任
李寿山	中国中文信息学会青年工作委员会委员
	中国中文信息学会社会媒体处理专业委员会委员
	中国计算机学会委员
李直旭	中国人工智能学会智能服务专业委员会委员
	中国计算机学会大数据专业委员会通讯委员
张广泉	中国计算机学会软件工程专业委员会委员
	中国计算机学会系统软件专业委员会委员
	中国计算机学会理论计算机科学专业委员会委员
	中国计算机学会协同计算专业委员会委员
	中国计算机学会形式化方法专业委员会委员
	中国计算机学会教育专业委员会委员
	全国高等学校计算机教育研究会理事

续表

姓　名	机　构　名　称　及　职　务
张　民	国际计算语言学会中文处理专业委员会副主席
	亚洲自然语言处理联盟常务理事
	亚太语言信息和计算系列会议国际咨询委员会委员
	中国人工智能学会理事
	江苏省计算机学会工委副主任
张　召	中国人工智能学会模式识别专业委员会委员
	中国计算机学会人工智能与模式识别专业委员会通讯委员
张志强	全国高等院校计算机基础教育研究会理工专业委员会委员
张　莉	中国人工智能学会机器学习专业委员会委员
	中国人工智能学会粗糙集与软计算专业委员会委员
	江苏省计算机学会理事会青年工作委员会副主任
	江苏省人工智能学会学术工作委员会副主任委员
陈文亮	中国中文信息学会青年工作委员会委员
季　怡	中国图像图形学会虚拟现实专业委员会委员
周国栋	中国计算机学会中文信息技术专业委员会副主任委员
周晓方	中国计算机学会大数据专业委员会委员
	江苏省计算机学会大数据专业委员会副主任
赵　雷	中国人工智能学会智能服务专业委员会委员
	江苏省计算机学院计算机教育专业委员会副主任委员
钟宝江	中国人工智能学会机器学习专业委员会委员
洪　宇	中国中文信息学会青年工作委员会委员
徐汀荣	中国高等院校计算机教育研究会理事
	中国微型计算机应用协会理事
黄　河	中国计算机学会物联网专业委员会委员
熊德意	中国中文信息学会青年工作委员会执行委员
	中国中文信息学会信息检索专业委员会委员
	中国计算机学会中文信息技术专业委员会委员
	中国计算机学会中文信息技术专业委员会青年工作委员会主席
	中国中文信息学会理事

续表

姓 名	机 构 名 称 及 职 务
樊建席	中国计算机学会理论计算机科学专业委员会委员

15. 电子信息学院

姓 名	机 构 名 称 及 职 务
刘学观	中国通信学会电磁兼容委员会委员
	高等学校电磁场教学与教材研究会委员
沈百荣	国际人类基因变异组项目中国区工作委员会副主任
	中国运筹学会计算系统生物学分会副理事长
	中国医药生物技术协会、生物医学信息技术分会理事
	中国生物化学与分子生物学会分子系统生物学专业委员会委员
	中国细胞生物学学会功能基因组信息学与系统生物学分会常务委员
	江苏省医学会医学信息学分会主任委员
沈纲祥	中国电子学会通信分会光通信与光网络专业技术委员会委员
	江苏省通信学会光通信与线路专业委员会副主任委员
陈新建	中国图像图形学会理事
	中国图学学会医学图像与设备专业委员会委员
	中国生物医学工程学会青年工作委员会副主任委员
	江苏省人才创新创业促进会双创人才分会常务理事
赵鹤鸣	全国信息与电子学科研究生教育委员会委员
	全国信号处理学会委员
	中国人工智能学会神经网络与计算智能专业委员会委员
	江苏省电子学会常务理事
侯 嘉	中国电子学会网络与通信系统专业委员会委员
	中国通信学会青年工作委员会委员

16. 机电工程学院

姓 名	机 构 名 称 及 职 务
石世宏	中国计量测试学会理事
	中国机械工程学会特种加工分会常务理事
朱刚贤	中国机械工程学会增材制造技术分会委员
	中国机械工程表面工程分会青年工作委员会委员

续表

姓 名	机 构 名 称 及 职 务
孙立宁	中国微米纳米技术学会常务理事
	中国机械工程学会微纳米制造技术分会副主任委员
	中国自动化学会机器人委员会副主任
	中国仪器仪表学会微纳器件与系统技术分会副理事长
	全国微机电技术标准化技术委员会主任
	全国自动化系统与集成标准化技术委员会主任
	全国医用机器人标准化技术委员会工作组组长
	江苏省自动化学会常务理事
杨 湛	中国微米纳米技术学会微纳机器人分会秘书长兼常务理事
	中国机械工程学会机器人分会委员
陈长军	中国光学学会激光加工委员会委员
	中国宇航学会光电技术委员会委员
	中国腐蚀与防护学会涂料涂装及表面保护技术委员会委员
	中国硅酸盐学会测试技术分会理事
	中国表面工程学会青年委员会委员
	中国表面工程学会委员
	中国表面改性技术委员会委员
陈立国	中国微米纳米技术学会国际合作与交流工作委员会委员
	中国仪器仪表学会微纳器件与系统技术分会理事
陈 涛	中国微米纳米技术学会微纳机器人分会副秘书长
	中国机械工程学会生产工程分会精密装配技术专业委员会秘书兼委员
	中国微米纳米技术学会微纳执行器与微系统分会理事
陈 琛	中国机械工程学会流体工程分会理事
陈 瑶	全国材料新技术发展研究会常务理事
金国庆	中国机械工程学会生产工程分会委员
郭旭红	江苏省工程图学会常务理事
傅戈雁	江苏省机械工程学会常务理事
	江苏省机械工程学会特种加工分会常务理事

续表

姓 名	机 构 名 称 及 职 务
17. 纺织与服装工程学院	
王国和	教育部高等学校纺织类教学指导委员会委员
	中国丝绸协会理事
	中国长丝织造协会专家委员会委员
	中国纺织工程学会家用纺织品专业委员会副主任和棉纺织专业委员会委员
王祥荣	中国染料工业协会纺织印染助剂专业委员会副主任
	中国产业用纺织品行业专家委员会委员
	中国保健协会专家委员会委员
	全国专业标准化技术委员会委员
左保齐	全国丝绸标准化技术委员会委员
	中国长丝织造协会技术委员会委员
白 伦	中国茧丝绸产业公共服务体系丝绸工业科技转化平台专家委员会主任
孙玉钗	中国工程教育认证协会纺织类专业认证分委员会委员
	中国纺织服装教育学会服装设计与工程教学指导委员会副主任
张克勤	中国功能材料学会理事
陈国强	国务院学位委员会第六届学科评议组委员
	中国印染专业委员会秘书
	中国丝绸协会副会长
尚笑梅	全国计算机辅助技术认证项目专家委员会委员
	中国服装协会专家委员会专家委员
	全国专业标准化技术委员会委员
赵建平	教育部高等学校轻工类专业教学指导委员会委员
	中国丝绸学会印染专业委员会秘书长
	中国印染协会理事
胡征宇	中国丝绸协会缫丝分会理事
唐人成	中国化工学会第八届染料专业委员会副主任
	中国纺织工程学会针织专业委员会染整分会委员
	中国纺织工程学会染整专业委员会委员

续表

姓　名	机　构　名　称　及　职　务
眭建华	江苏省纺织工程学会丝绸专业委员会秘书长
潘志娟	教育部高等学校纺织类专业教学指导委员会纤维材料分委员会副主任
	江苏省丝绸协会副会长

18. 轨道交通学院

姓　名	机　构　名　称　及　职　务
朱忠奎	中国振动工程学会转子动力学分会常务理事
	江苏省综合交通运输学会常务理事
	江苏省仪器仪表学会常务理事
陈　甦	江苏省岩土力学与工程学会常务理事

19. 体育学院

姓　名	机　构　名　称　及　职　务
王　妍	中国体育科学学会体育史分会委员
	江苏省体育科学学会体育管理专业委员会秘书长
王国志	中国大学生体育协会武术与民族传统体育分会科研部副主任
	江苏省跆拳道协会副监事长
王国祥	中国康复医学会体育保健康复专业委员会副主任委员
	中国残疾人康复协会康复教育专业委员会副主任委员
	江苏省体育科学学会运动医学专业委员会副主任委员
王家宏	国家教材委员会体育艺术学科专家委员会委员
	国家社会科学基金学科评审组专家委员
	全国高等学校体育教学指导委员会委员、技术学科组组长
	全国高等教育学会体育专业委员会副理事长
	全国教育学会体育专业分会委员
	全国博士后管理委员会专家组评审专家委员
	全国体育专业学位研究生教育指导委员会委员
	中国老年学和老年医学学会运动健康科学分会副主任委员
	中国篮球协会科研委员会副主席
	中国大学生体育协会篮球分会副主席
	中国大学生体育协会网球分会副主席
	中国体育科学学会社会体育科学分会副主任
	江苏省高等教育学会高校体育研究会名誉理事长
	江苏省教育学会体育专业委员会理事长
	江苏省体育教育指导委员会副主任委员
	江苏省跆拳道协会副主席
	江苏省篮球协会副主席

续表

姓 名	机 构 名 称 及 职 务
李 龙	国家武术研究院青年学者工作委员会委员
吴明方	江苏省体育科学学会运动医学专业委员会副主任委员
张 林	北美医学教育基金会常务理事
	全国高校运动人体科学专业委员会常务委员
	中国体育科学学会运动生理与生物化学分会委员
	中国体育科学学会运动医学专业委员会委员
	中国生理学会运动生理学专业委员会委员
	中国老年学会骨质疏松委员会理事
	中国保健学会骨与关节病学会理事
	江苏省生物医学工程学会常务理事
	江苏省运动医学工程专业委员会主任委员
	江苏省体育科学学会运动生理与生物化学专业委员会副主任委员
陆阿明	中国体育科学学会运动生物力学分会委员
	中国体育科学学会体质研究会委员
	中国高等教育学会体育专业委员会教师教育研究会副理事长
	中国老年学和老年医学学会抗衰老分会常务委员
	中国老年学和老年医学学会运动健康科学分会常务委员
	江苏省体育科学学会常务理事
	江苏省教育学会体育专业委员会副理事长
	江苏省体育科学学会运动生物力学分会主任委员
邰崇禧	全国高等院校体育教学训练研究会副理事长
	全国高校田径理论研究会委员
	江苏省田径运动协会副主席
罗时铭	东北亚体育运动史学会理事
	中国体育科学学会体育史分会常务委员
	江苏省体育科学学会体育管理专业委员会主任委员
胡 原	江苏省高校体育教育专业校园足球联盟副主席

续表

姓　名	机　构　名　称　及　职　务
陶玉流	中国大学生体育协会篮球分会科研委员会副主任
	中国高等教育学会体育专业委员会理事
	江苏省体育科学学会体育法学专业委员会副主任委员
	江苏省龙狮运动协会副秘书长
雍　明	江苏省体育科学学会体育产业分会副主任委员
熊　焰	中国体育科学学会运动训练学专业委员会委员
樊炳有	江苏省体育科学学会第六届体育人文专业委员会副主任委员
戴俭慧	全球社区健康基金会科学咨询委员会委员
	亚洲体育运动科学学会执行委员
	金砖国家体育运动科学学会执行委员
	中国体育科学学会体育社会科学分会委员

20. 艺术学院

姓　名	机　构　名　称　及　职　务
刘　佳	中国文化部青联美术工作委员会副秘书长
	中华全国青年联合会委员
许　星	中国服装设计师协会学术委员会委员
	中国服装设计师协会理事
李　明	中国民俗学会理事
李超德	亚洲时尚联合会中国委员会理事
	全国艺术专业学位研究生教育指导委员会委员
	中国服装设计师协会副主席
	中国流行色协会色彩教育委员会副主任
	教育部高等学校美术教学指导委员会委员
	中国美术家协会服装艺术委员会副主任
	教育部高等学校设计学专业教学指导委员会委员
	教育部高等学校美术类专业教学指导委员会委员
	教育部高等学校服装表演专业教学指导委员会主任
	教育部高等学校纺织服装专业教学指导委员会、服装教学指导委员会委员、副主任
	上海国际时尚联合会副会长

续表

姓　名	机　构　名　称　及　职　务
沈建国	中国工艺美术学会雕塑专业委员会委员
张大鲁	中国包装联合会设计委员会委员
张朋川	中国工艺美术学会理论委员会常务理事
皇甫菊含	教育部高等学校高职高专表演艺术类专业教学指导委员会副主任
皇甫菊含	中国纺织教育学会时装表演艺术委员会副秘书长
姜竹松	中国流行色协会教育委员会委员
钱孟尧	上海市服饰学会理事
徐海鸥	中国科普作家协会副秘书长
雍自鸿	中国流行色协会教育委员会委员

21. 音乐学院

姓　名	机　构　名　称　及　职　务
刘跃华	中国声乐家协会副主席
吴　磊	江苏省音乐家协会钢琴学会副会长兼秘书长
冒小瑛	江苏省音乐家协会钢琴学会副秘书长

22. 医学部基础医学与生物科学学院

姓　名	机　构　名　称　及　职　务
王国卿	中国中西医结合学会时间生物医学专业委员会常务委员、秘书长
叶元土	中国水产学会水产动物营养与饲料专业委员会副主任委员
叶元土	中国饲料工业协会常务理事
朱一蓓	江苏省免疫学会副秘书长
朱一蓓	江苏省免疫学会第二届青年工作委员会主任委员
贡成良	中国蚕学会常务理事
贡成良	江苏省蚕学会副理事长
吴淑燕	江苏省医学会微生物与免疫学分会常务理事
吴淑燕	江苏省医学会感染与免疫组副组长
邱玉华	江苏省免疫学会常务理事
沈颂东	中国藻类学会常务理事兼副秘书长
张国兴	中国生理学会循环生理专业委员会
张国兴	江苏省生理学会常务委员

续表

姓　名	机　构　名　称　及　职　务
张洪涛	中国细胞生物学学会医学细胞生物学分会常务委员
	中国转化医学联盟第一届理事会常务理事
	中国抗癌协会肺癌专业委员会委员
张焕相	中国细胞生物学学会理事
	江苏省细胞与发育生物学学会副理事长
	江苏省生物技术协会副理事长
陈玉华	江苏省健康管理学会常务理事
周翊峰	江苏省抗癌协会肿瘤病因学会常务委员
	中国抗癌协会肿瘤病因学专业委员会常务委员
姜　岩	中国动物学会全国显微与亚显微形态科学分会副秘书长
姜　智	江苏省医学会医学信息学分会秘书长
夏春林	江苏省解剖学会副理事长
夏超明	江苏省预防医学会寄生虫病学专业委员会副主任委员
徐世清	中国中西医结合学会时间生物医学专业委员会常务委员
	江苏省昆虫学会常务理事
	江苏省蚕桑学会常务理事
高晓明	江苏省免疫学会副理事长
凌去非	江苏省水产学会常务理事
陶　金	江苏省生理学会常务理事
	中国神经科学学会神经内稳态与内分泌分会委员
	中国生理学会消化与营养专业委员会委员
	中国生理学会疼痛转化医学委员会委员
黄　瑞	中国微生物学会理事
	江苏省微生物与免疫学会副主任委员
	江苏省微生物学会医学微生物学专业委员会主任委员
黄鹤忠	中国海洋学会海洋生物工程专业委员会常务委员
傅文青	卫生部人文医学专业委员会常务委员
	中国心理学会医学心理学分会理事
谢可鸣	江苏省病理生理学会副理事长

续表

姓 名	机 构 名 称 及 职 务
23. 医学部放射医学与防护学院	
王殳凹	中国核学会核化学与放射化学分会环境放射化学专业委员会委员
	中国核学会锕系物理与化学分会常务理事
	中国生物物理学会辐射与环境专业委员会青年委员
	中国化学会奖励推荐委员会委员
	中国环境科学学会环境化学分会委员
文万信	中国辐射防护学会理事
华道本	中国核学会辐射研究与应用分会理事
	中国核学会核化学与放射化学分会环境放射化学专业委员会委员
	中国生物物理学会辐射与环境专业委员会委员
刘芬菊	中国核学会辐射研究与辐射工艺学会常务理事
许玉杰	全国核能标准化技术委员会放射性同位素分技术委员会委员
	中国核学会同位素分会委员
	中国核工业教育学会副理事长
	中国毒理学会放射毒理专业委员会委员
	中国生物物理学会第十届辐射与环境专业委员会委员
孙 亮	中国核学会教育与科普分会理事、副秘书长
	中华预防医学会放射卫生专业委员会青年委员会常务委员
	江苏省生物医学工程学会医学物理专业委员会常务委员
张友九	中国核学会同位素分会理事
	中国核学会核化学与放射化学分会委员
张乐帅	中国毒理学会纳米毒理学委员会委员
张保国	教育部高等学校核工程类专业教学指导委员会委员
周光明	江苏省毒理学会常务理事
	江苏省毒理学会放射毒理专业委员会主任委员
周如鸿	美国科学促进会会士
	美国物理学会会士

续表

姓　名	机　构　名　称　及　职　务
柴之芳	基金委重大研究计划"先进核裂变能的燃料增殖和嬗变"专家组副组长
	中国核学会常务理事
	英国皇家化学会会士
涂彧	中华预防医学会放射卫生专业委员会常务委员
	江苏省预防医学会放射医学与防护专业委员会副主任委员
曹建平	中国卫生监督协会放射卫生专业委员会常务委员
	中国毒理学会常务委员
	中国生物物理学会辐射与环境专业委员会副主任委员
	中国毒理学会放射毒理专业委员会副主任委员
	中华医学会放射医学与防护学分会常务委员
	江苏省核学会常务理事
崔凤梅	中华预防医学会自由基预防医学专业委员会委员
第五娟	中国核学会核化学与放射化学分会环境放射化学专业委员会委员
24. 医学部公共卫生学院	
马亚娜	中华预防医学会卫生事业管理分会青年委员会委员
田海林	中国环境科学学会环境医学与健康分会委员
安艳	中国环境诱变剂学会活性氧生物学效应专业委员会委员
李红美	中国卫生信息学会卫生统计学教育专业委员会青年委员
李建祥	中国毒理学会生化与分子毒理学专业委员会委员
	中国环境诱变剂学会第五届致癌专业委员会委员
肖卫	全国卫生管理与教育协会理事
	中华医学会劳动卫生与职业病分会理事
沈月平	中国卫生信息学会卫生统计学教育专业委员会青年委员
张永红	教育部高等学校公共卫生与预防医学专业教学指导委员会委员
	江苏省预防医学会流行病学专业委员会副主任委员
	中华预防医学会心脏病预防控制专业委员会常务委员
	中华预防医学会公共卫生教育分会委员
张洁	中国毒理学会生殖毒理学专业委员会委员
	中国毒理学会神经毒理学专业委员会委员
	中国中西医结合学会时间生物医学专业委员会秘书
	江苏省毒理学会青年委员会副主任委员
	江苏省预防医学会卫生毒理学专业委员会青年委员会副主任委员

续表

姓　名	机　构　名　称　及　职　务
张增利	中国毒理学会放射毒理专业委员会委员
	中国毒理学会免疫毒理专业委员会委员
	中国老年学学会骨质疏松委员会常务委员
陈　涛	中国动物学会细胞与分子显微技术专业委员会委员
秦立强	中国研究型医院学会营养医学专业委员会常务委员
	江苏省营养学会常务理事
徐　勇	中华预防医学会儿少卫生专业委员会常务委员
	国家爱卫办专家委员会委员
	国家卫生健康委员会应急培训专家委员会委员
	卫生部卫生标准专业委员会委员
	江苏省儿少卫生学会副主任委员
曹　毅	中国毒理学会遗传毒理学专业委员会委员
	中国毒理学会神经毒理学专业委员会委员
	中国生物物理学会电磁生物学专业委员会委员
	江苏省毒理学会常务委员
董　晨	中华医学会医学病毒学分会青年委员会委员
	江苏省预防医学会微生物检验专业委员会常务委员
童　建	中国中西医结合学会时间生物医学专业委员会名誉主任委员
	中国高等教育学会理事
	中国核学会理事
	江苏省毒理学会副理事长
	江苏省环境诱变剂学会副理事长
滕国兴	江苏省地方病协会常务委员
25．医学部药学院	
王光辉	中国神经科学学会理事
	中国神经科学学会神经胶质细胞分会副主任委员
	中国细胞生物学会神经细胞生物学分会副主任委员
王剑文	中国植物学会植物化学与资源学专业委员会委员
毛新良	中国药理学会生化与分子药理学专业委员会委员
	中国药理学会抗炎免疫药理专业委员会委员

续表

姓　名	机　构　名　称　及　职　务
刘江云	世界中医药学会联合会中药新药创制专业委员会委员
许国强	中国神经科学学会儿童认知与脑功能障碍分会理事
杨　红	世界中医药学会联合会中药药剂专业委员会委员
杨　红	中国颗粒学会生物颗粒专业委员会委员
杨　红	全国中药标本馆专业委员会常务委员
李笑然	中国中医药文献学研究会常务理事
汪维鹏	中国高等教育学会医学教育专业委员会药学教育研究会理事
汪维鹏	江苏省执业药师协会常务理事
张学农	世界中医药学会联合会中药新型制剂专业委员会常务委员
张学农	中国药学会药物制剂专业委员会委员
张学农	江苏省药学会药剂学会副主任委员
张洪建	中国药理学会药物代谢专业委员会委员
张慧灵	中国药理学会来华留学生（医学）教学专业委员会常务委员
张　熠	中国药理学会肾脏药理专业委员会委员
秦正红	中国药理学会理事
秦正红	中国老年学会衰老与抗衰老学术委员会副主任
秦正红	中国药理学会生化与分子药理学专业委员会委员
秦正红	中国药理学会神经精神药理学专业委员会委员
唐丽华	江苏省药学会常务理事
崔京浩	世界中医药学会联合会中药新型制剂专业委员会常务委员、副秘书长
梁中琴	江苏省药理学会教学委员会副主任委员
谢梅林	中国药理学会抗炎免疫药理专业委员会委员
谢梅林	中国老年学和老年医学学会抗衰老分会委员
谢梅林	江苏省药理学会常务理事
谢梅林	江苏省药理学会中药药理专业委员会副主任委员
镇学初	中国药理学会神经精神药理学会副主任委员
镇学初	中国神经科学学会理事
镇学初	江苏省药理学会副理事长

续表

姓　名	机　构　名　称　及　职　务
26. 医学部护理学院	
王方星	中国生命关怀协会人文护理专业委员会委员兼秘书
王海芳	中华护理学会护理管理委员会专家委员
	江苏省护理学会护理管理委员会副主任委员
李惠玲	中国生命关怀协会人文护理专业委员会执行主任委员
	中国医院协会护理管理专业委员会委员
	中华医学会骨科学分会第十届委员会护理学组副组长
	江苏省护理学会常务理事
	江苏省健康教育专业委员会主任委员
钮美娥	江苏省护理学会护理教育专业委员会主任委员
阐玉英	江苏省护理学会儿科专业委员会副主任委员
	江苏省中西医结合学会护理专业委员会副主任委员
蒋银芬	江苏省护理学会外科护理专业委员会副主任委员
薛小玲	江苏省护理学会常务理事
27. 附属第一医院	
丁　蔚	中华医学会消化病学分会第十届委员会护理协作组委员
马海涛	中国医师协会胸外科医师分会江苏工作部常务委员
	中国医师协会内镜医师分会第一届胸腔镜专业委员会常务委员
	中国医师协会内镜医师分会第三届委员会委员
	中国医疗保健国际交流促进会胸外科分会委员
	江苏省医学会胸外科学分会第一届委员会副主任委员
王　中	江苏省医学会神经外科学分会第九届委员会副主任委员、常务委员
	江苏省医师协会神经外科医师分会中国脊髓脊柱专家委员会委员
	江苏省抗癫痫协会第一届理事会常务理事
王振欣	中国老年学学会老年肿瘤专业委员会执行委员会委员
王海芳	中国医学救援协会护理救援分会常务理事
王　维	中国康复医学会康复治疗专业委员会康复辅助器具学组委员

续表

姓　名	机　构　名　称　及　职　务
车建丽	江苏省针灸学会临床专业委员会常务委员
	江苏省针灸学会第五届临床专业委员会常务委员
方　琪	中华医学会神经病学分会第五届委员会青年委员会委员
	江苏省医学会神经病学分会第九届委员会副主任委员
	江苏省医学会微循环学分会第五届委员会副主任委员
	江苏省医学会微循环学分会第六届委员会主任委员
邓迎苏	江苏省中西医结合学会风湿病专业委员会常务委员
甘建和	全国肝衰竭与人工肝专家委员会副主任委员
	中华医学会感染病学分会第八届委员会肝衰竭与人工肝专业学组副组长
	中华医学会肝病学分会第七届委员会委员
	江苏省医学会感染病学分会第八届委员会副主任委员
	江苏省医学会感染病学分会第九届委员会现任主任委员
	江苏省中西医结合学会新世纪第五届肝病专业委员会副主任委员
	江苏省中医药学会肝病专业委员会常务委员
卢国元	江苏省医学会肾脏病学分会第八届委员会副主任委员
	江苏省医学会肾脏病学分会第七届委员会常务委员
	江苏省医师协会第二届肾脏科医师分会常务委员
包健安	江苏省药学会第二届感染药学专业委员会副主任委员
	中国药理学会治疗药物监测研究专业委员会第二届委员会委员
	江苏省抗癌协会第三届抗肿瘤药物专业委员会常务委员
	中国医药教育协会临床合理用药第一届专业委员会常务委员
	中国药理学会治疗药物监测研究第一届专业委员会委员
	江苏省药师协会第二届理事会常务理事
兰光华	江苏省中西医结合学会精神卫生分会副主任委员
	江苏省中西医结合学会心身医学与精神卫生专业委员会副主任委员
成兴波	江苏省医学会糖尿病学分会第四届委员会现任主任委员
	江苏省医学会糖尿病学分会第三届委员会副主任委员
	江苏省医师协会第二届糖尿病学医师分会副主任委员

续表

姓　名	机　构　名　称　及　职　务
吕金星	中国医师协会男科医师分会男科医师培训委员会第一届委员会委员
	中国性学会第五届性医学专业委员会委员
朱红军	江苏省康复医学会社区康复专业委员会常务委员
	江苏省康复医学会第一届骨骼肌肉康复专业委员会常务委员
朱建国	江苏省药师协会第二届临床药师分会副主任委员
朱晓黎	国际肝胆胰协会中国分会微创介入第一届专业委员会常务委员
	中国抗癌协会肿瘤介入专业委员会第二届委员会青年委员
	中国医师协会腔内血管学专业委员会肿瘤血管学专家委员会第一届委员会副主任委员
	中国抗癌协会肿瘤微创治疗专业委员会粒子治疗分会第三届委员会委员
	中国研究型医院学会介入医学专业委员会委员
	江苏省抗癌协会第三届肿瘤介入诊疗专业委员会常务委员
乔美珍	中华预防医学会医院感染控制分会第四届委员会委员
	江苏省医院协会医院感染管理专业委员会副主任委员
刘济生	江苏省医学会耳鼻咽喉科分会第八届委员会副主任委员
	江苏省医学会耳鼻咽喉科分会第九届委员会候任主任委员
	江苏省残疾人康复协会第二届听力语言康复专业委员会副主任委员
刘　健	中华口腔医学会第一届全科口腔医学专业委员会青年委员
刘　蔚	中国抗癌协会淋巴瘤第四届专业委员会委员
许春芳	江苏省医学会消化内镜学分会第六届委员会副主任委员
	江苏省中医药学会脾胃病专业委员会常务委员
许　津	江苏省医学会健康管理学分会第一届委员会副主任委员
阮长耿	中华医学会血液学分会第七届委员会血栓与止血学组组长
	中华医学会血液学分会第九届委员会荣誉主任委员
	江苏省医学会血液学分会第七届委员会名誉主任委员
	江苏省医学会第九届理事会副会长
孙俊英	江苏省医学会骨科学分会骨关节学组副组长
孙晓鸥	江苏省医学会神经外科学分会第八届委员会脑血管病学组组长

续表

姓 名	机 构 名 称 及 职 务
孙爱宁	中华医学会血液学分会第十届委员会委员
	江苏省医学会血液学分会第七届委员会副主任委员
杨卫新	江苏省医学会物理医学与康复医学分会第七届委员会副主任委员
	江苏省康复医学会第四届委员会副会长
	江苏省医师协会康复医师分会第二届委员会常务委员
	江苏省医学会物理医学与康复医学分会第八届委员会候任主任委员
杨子良	江苏省中医药学会医疗美容分会常务委员
杨同其	第五届华裔骨科学会关节外科分会理事
杨向军	世界中医药学会联合会络病专业委员会委员
	中国生物医学工程学会心律分会常务委员
	江苏省医学会心血管病学分会第七届委员会副主任委员
	江苏省医学会心电生理与起搏分会第一届委员会副主任委员
杨建平	江苏省医学会第九届理事会常务理事
	江苏省医学会麻醉学分会第八届委员会副主任委员
	江苏省医学会麻醉学分会第九届委员会候任主任委员
	江苏省医学会麻醉学分会第十届委员会现任主任委员
杨俊华	中国医师协会心血管内科医师分会超声心动图工作委员会委员
	中国医学影像研究会血管浅表器官委员会委员
	中国超声医学工程学会超声心动图专业委员会委员
	江苏省医学会超声医学分会第二届超声心动图学组副组长
杨振贤	江苏省医学会影像技术分会第五届委员会副主任委员
	江苏省中西医结合学会影像技术专业委员会荣誉副主任委员
杨惠林	国际脊柱功能重建学会中国分会副主席
	中国康复医学会脊柱脊髓损伤专业委员会第六届委员会常务委员
	中国健康促进基金会骨病救助专项基金管理专家委员会委员
	中华医学会骨科学分会第八届委员会脊柱外科专业学组副组长
	中华医学会骨科学分会第十届委员会常务委员
	中华医学会骨科学分会第九届委员会微创外科学组副组长
	江苏省医学会骨科学分会第三届创伤学组组长
	江苏省医学会第九届理事会常务理事
	江苏省康复医学会脊柱脊髓损伤专业委员会副主任委员
	江苏省医学会骨科学分会第三届脊柱学组副组长
	江苏省医学会骨科学分会第九届委员会名誉主任委员
	江苏省医师协会骨科医师分会第一届委员会常务委员

续表

姓　名	机　构　名　称　及　职　务
李声宏	江苏省医院协会血液净化中心分会常务委员
李建中	江苏省中医药学会老年医学专业委员会副主任委员
李勇刚	中华医学会放射学分会青年委员会传染病放射学学组委员
李勇刚	中华医学会第十四届放射学分会磁共振专业委员会心胸学组委员
李　莉	中国康复医学会电诊断专业委员会第三届委员会委员
李　莉	中华医学会物理医学与康复医学分会第九届委员会康复教育学组委员
李　莉	江苏省康复医学会教育专业委员会常务委员
李惠玲	世界中联护理专业委员会第一届理事会常务理事兼副秘书长
李惠玲	世界中医药学会联合会护理专业委员会常务理事兼副秘书长
李惠玲	全国中医药高等教育学会护理教育研究会第二届理事会理事
李惠玲	中华医学会骨科学分会第九届委员会护理学组副组长
李惠玲	中华医学会骨科学分会第十届委员会护理学组副组长
李惠玲	中国医院协会护理管理专业委员会委员
李惠玲	江苏省医院协会医院护理管理专业委员会副主任委员
李德春	江苏省医学会外科学分会第三届营养外科专业学组副组长
肖根生	江苏省医学会耳鼻喉科学分会第七届委员会副主任委员
吴爱勤	全国高等学校医学数字教材建设指导委员会
吴爱勤	中华医学会心身医学分会第四届委员会副主任委员
吴爱勤	中华医学会心身医学分会第五届委员会主任委员
吴爱勤	江苏省医院协会精神病医院分会委员会常务委员
吴　琛	江苏省针灸学会急诊专业委员会常务委员
吴德沛	中国医师协会全国医师定期考核血液科专业编辑委员会副主任委员
吴德沛	中国医师协会血液科医师第二届委员会副会长
吴德沛	中华医学会血液学分会第七届委员会造血干细胞应用学组副组长
吴德沛	中华医学会血液学分会第十届委员会候任主任委员
吴德沛	中华医学会血液学分会第八届委员会委员兼副秘书长
吴德沛	中华骨髓库第五届专家委员会委员
吴德沛	中华医学会血液学分会第九届委员会副主任委员
吴德沛	江苏省医学会内科学分会第七届委员会现任主任委员
吴德沛	江苏省医学会内科学分会第七届委员会前任主任委员
吴德沛	江苏省医学会内科学分会第六届委员会副主任委员
吴德沛	江苏省医师协会第一届血液科医师分会主任委员

续表

姓　名	机　构　名　称　及　职　务
吴翼伟	中华医学会核医学分会第八届委员会临床专业学组组长
	江苏省核学会第七届理事会常务理事
	江苏省核学会核医学专业委员会副主任委员
	江苏省医师协会核医学医师分会第一届委员会常务委员
邱　骏	中国医师协会检验医师分会信息处理与咨询检验医学专家委员会第一届委员
何广胜	中华医学会血液学分会第八届委员会红细胞疾病学组秘书
何　军	中华骨髓库第六届专家委员会委员
何　怀	江苏省康复医学会第三届委员会治疗专业委员会常务委员
沈宗姬	中国医药教育协会临床合理用药专业委员会第一届委员会常务委员
	江苏省医学会妇产科学分会第八届委员会副主任委员
	江苏省中西医结合学会第三届生殖医学分会常务委员
沈振亚	全国细胞科技应用管理专业委员会委员
	中国医药教育协会第三届理事会常务理事、副会长
	中华医学会医学工程学分会干细胞工程专业委员会副主任委员
	中华医学会组织修复与再生分会第二届委员会候任主任委员
	江苏省医学会心血管外科学分会第一届委员会主任委员
	江苏省医学会胸心血管外科学分会第七届委员会副主任委员
沈海林	全国高等医学教育学会医学影像学教育分会理事
	中国抗癌协会神经肿瘤专业委员会第三届委员会委员
	江苏省计量测试学会医学计量专业委员会副主任委员
	江苏省医学会放射学分会第八届委员会磁共振学组副组长
张世明	中国医师协会中国脑血管病外科专家委员会（第二届）副主任委员
	江苏省神经外科医师分会第二届委员会常务委员
张光波	中华医学会微生物学与免疫学分会第九届委员会青年委员
张　玮	中华医学会核医学分会第八届委员会临床专业学组秘书
	中华医学会核医学分会第九届委员会功能显像学组秘书
	中华医学会核医学分会第十届委员会委员
	江苏省医师协会第二届核医学医师分会副主任委员
	江苏省核学会第八届理事会常务理事
	江苏省核学会核医学专业委员会第八届委员会主任委员
	江苏省医学会核医学分会第七届委员会副主任委员

续表

姓　名	机　构　名　称　及　职　务
张学光	中华医学会微生物与免疫学分会第八届委员会委员
	江苏省医学会微生物与免疫学分会第七届委员会名誉主任委员
张　玲	江苏省中医药学会肾病专业委员会常务委员
张洪涛	中国医疗保健国际交流促进会骨科疾病防治专业委员会委员
	江苏省医学会骨科学分会第七届委员会足踝外科学组副组长
张险峰	中国微生物学会临床微生物学专业委员会细菌耐药性检测方法学组委员
陆士奇	中国人道救援医学学会第一届委员会委员
	江苏省中西医结合学会急症医学专业委员会副主任委员
	江苏省中西医结合学会新世纪第五届急症医学专业委员会副主任委员
陆培荣	中国医师协会眼科医师分会神经眼科专业委员会委员
	江苏省医学会眼科学分会第十届委员会神经眼科学组委员
	江苏省医学会眼科学分会第八届委员会副主任委员
	江苏省医学会眼科学分会第九届委员会副主任委员
	江苏省中西医结合学会新世纪第五届眼科专业委员会常务委员
	江苏省中医药学会眼科分会常务委员
陈卫昌	中华医学会消化病学分会第九届委员会委员
	江苏省医学会消化病学分会第九届委员会现任主任委员
	江苏省医学会消化病学分会第八届委员会副主任委员
陈子兴	中华医学会血液学分会第七届委员会实验诊断学组副组长
	中华医学会医学细胞生物学分会第三届委员会委员
	中国医药生物技术协会医药生物技术临床应用专业委员会委员
陈友国	江苏省中西医结合学会新世纪第五届妇产科专业委员会常务委员
陈　文	江苏省医学会精神病学分会第八届委员会会诊联络精神医学学组副组长
陈玉华	中国生命关怀协会人文护理专业委员会委员
陈志伟	江苏省中医药学会风湿病专业委员会常务委员
	江苏省中西医结合学会风湿病专业委员会副主任委员
陈苏宁	中华医学会血液学分会第八届委员会青年委员会委员
	中国病理生理学会实验血液学专业委员会第七届委员会委员
	江苏省医学会血液学分会第八届委员会副主任委员

续表

姓 名	机 构 名 称 及 职 务
陈 珑	中华放射学会青年委员会青年学组委员
陈 罡	江苏省医学会脑卒中分会第一届委员会副主任委员
陈 亮	江苏省医学会医学科学研究分会第六届委员会常务委员
陈爱平	江苏省中医药学会肾病专业委员会常务委员
	江苏省中医药学会基础理论与文献研究专业委员会常务委员
	江苏省中西医结合学会新世纪第五届基础理论与文献研究专业委员会常务委员
武 剑	江苏省中西医结合学会新世纪第五届风湿病专业委员会常务委员
茅彩萍	江苏省医学会生殖医学分会第一届委员会副主任委员
	江苏省医学会医学遗传学分会第七届委员会副主任委员
林 伟	江苏省医学会烧伤整形外科学分会第七届委员会副主任委员
招少枫	中国康复医学会康复治疗专业委员会言语治疗学组委员
国 风	中国医药生物技术协会生物芯片分会委员
金 钧	江苏省医学会重症医学分会第三届委员会常务委员
	江苏省医学会重症医学分会第二届委员会常务委员
金晓红	中国女医师协会疼痛专家委员会委员
周 莉	国际药膳食疗学会江苏分会常务理事
	中国医师协会营养医师专业委员会第三届委员会委员
	中国医师协会营养医师专业委员会第二届常务委员
	中国医疗保健国际交流促进会营养与代谢管理专业委员会常务委员
	中国老年医学学会营养与食品安全分会第一届委员会常务委员
	江苏省临床营养科质控中心副主任
	江苏省医院协会医院临床营养管理专业委员会副主任委员
周菊英	中华医学会放射医学与防护学分会第九届委员会委员
	江苏省医学会放射肿瘤治疗学分会第八届委员会候任主任委员
	江苏省核学会放射治疗专业委员会副主任委员
	江苏省毒理学会第一届放射毒理专业委员会副主任委员
	江苏省医师协会第二届放疗医师分会副主任委员
郑世营	江苏省医学会胸外科学分会第一届委员会肺移植学组副组长

续表

姓　名	机　构　名　称　及　职　务
赵　军	中国细胞生物学学会医学细胞生物学分会委员
赵红如	中国医师协会神经内科医师分会疼痛与感觉障碍专业委员会第一届委员
赵　宏	江苏省中西医结合学会大肠肛门病专业委员会常务委员
胡建铭	江苏省中医药学会妇科分会常务委员
胡春洪	中华医学会放射学分会第十四届委员会心胸学组委员
	中国生物物理学会分子影像学专业委员会第一届委员
	江苏省医学会放射学分会第九届委员会副主任委员
	江苏省医学会放射学分会第一届心胸乳腺学组组长
	江苏省医学会放射学分会第十届委员会候任主任委员
	江苏省医师协会第二届放射医师分会副主任委员
查月琴	江苏省声学学会第六届理事会医学超声学专业委员会副主任委员
	江苏省超声医学工程学会常务理事
侯建全	中华医学会泌尿外科学分会第十一届委员会常务委员
	中国性学会性医学专业委员会常务委员
	江苏省医学会泌尿外科学会第十届委员会主任委员
	江苏省医学会泌尿外科学会第九届委员会副主任委员
	江苏省医学会第九届理事会常务理事
	江苏省医学会医学科学研究分会第五届委员会副主任委员
	江苏省健康管理学会理事长
施毕旻	中国医师协会内分泌代谢科医师分会地级市医院内分泌科代谢专业委员会第一届委员
	江苏省医学会内分泌学分会第八届委员会常务委员
费　梅	江苏省针灸学会耳针专业委员会常务委员
	江苏省针灸学会针药结合专业委员会副主任委员
袁苏徐	江苏省中医药学会肿瘤专业委员会常务委员
夏　飞	中国医学影像技术研究会超声分会妇产科专业委员会委员
	中华预防医学会出生缺陷预防与控制专业委员会产前超声诊断学组委员
	江苏省医学会超声医学分会第七届委员会超声妇产学组副组长

续表

姓　名	机　构　名　称　及　职　务
顾国浩	中华医学会检验医学分会临床微生物学专家委员会委员
顾国浩	江苏省医学会微生物与免疫学分会第七届委员会副主任委员
顾国浩	江苏省医学会检验学分会第八届委员会副主任委员
顾国浩	江苏省医学会医学检验学分会第九届委员会常务委员
顾国浩	江苏省医院协会临床检验管理专业委员会副主任委员
顾美华	江苏省中医药学会风湿病专业委员会常务委员
钱齐宏	中华医学会激光医学分会第八届委员会委员
钱齐宏	江苏省中西医结合学会新世纪第五届皮肤科专业委员会常务委员
钱齐宏	江苏省中医药学会皮肤科分会常务委员
钱齐宏	江苏省医学会激光医学分会第一届委员会副主任委员
钱齐宏	江苏省医学会激光医学分会第二届委员会副主任委员
钱海鑫	江苏省医学会外科学分会第七届委员会副主任委员
钱海鑫	江苏省医学会外科学分会第一届肝脏外科学组副组长
倪才方	中国研究型医院学会介入医学专业委员会副主任委员
倪才方	中国抗癌协会肿瘤介入学专业委员会第三届委员会常务委员
倪才方	中国医师协会全国医师定期考核介入放射专业编辑委员会委员
倪才方	中国医师协会介入医师分会第一届委员会常务委员
倪才方	中国医师协会介入医师分会第一届委员会综合介入专业委员会副主任委员
倪才方	中国医师协会放射性粒子植入治疗技术专家委员会委员
倪才方	中华医学会放射学分会第十四届委员会介入学组委员
倪才方	江苏省医学会放射学分会第八届委员会介入学组组长
倪才方	江苏省医学会介入医学分会第一届委员会副主任委员
倪才方	江苏省医学会介入医学分会第二届委员会副主任委员
徐建英	江苏省中医药学会妇科分会常务委员
徐　峰	中国医疗保健国际促进会急诊急救专业委员会第一届委员会委员
徐　峰	中国医师协会创伤神经医师分会第一届委员会委员
徐　峰	中国医师协会急诊医师分会第一届急诊外科专业委员会常务委员
徐　峰	中华医学会急诊医学分会第八届委员会创伤学组委员
徐　峰	江苏省医学会创伤医学分会第二届委员会候任主任委员
徐　峰	江苏省医学会急诊医学分会第八届委员会副主任委员
徐　峰	江苏省医学会急诊医学分会第七届委员会创伤学组副组长
徐　峰	江苏省医学会创伤医学分会第一届委员会副主任委员

续表

姓　名	机　构　名　称　及　职　务
徐智策	中国优生科学协会临床分会副主任委员
高颖娟	中国卫生信息学会第二届医院统计专业委员会常务委员
郭　亮	中国医学影像技术研究会放射学分会委员
郭凌川	中国医学装备协会病理装备技术第一届专业委员会常务委员
郭凌川	中国医疗保健国际交流促进会病理专业委员会常务委员
郭凌川	江苏省抗癌协会第四届肿瘤病理专业委员会副主任委员
郭凌川	江苏省医学会病理学分会第九届委员会副主任委员
郭凌川	江苏省医学会病理学分会第十届委员会候任主任委员
唐天驷	中国康复医学会脊柱脊髓损伤专业委员会第二届微创脊柱外科学组名誉主任委员
唐天驷	江苏省医学会骨科学分会第八届委员会名誉主任委员
唐晓文	中国老年学学会第一届老年肿瘤专业委员会委员
唐晓文	中国医师协会血液科医师分会第三届委员会委员
唐晓文	中华医学会血液学分会第九届委员会青年委员会委员
唐晓文	中华医学会血液学分会第九届委员会委员
凌春华	江苏省中西医结合学会新世纪第五届呼吸系统专业委员会副主任委员
浦金贤	江苏省医学会男科学分会第六届委员会常务委员
陶　敏	中国抗癌协会大肠癌专业委员会第四届委员会常务委员
陶　敏	中国临床肿瘤学会第四届执行委员会委员
陶　敏	中国临床肿瘤学会肝癌专家委员会委员
陶　敏	中国临床肿瘤学会肿瘤营养治疗专家委员会委员
陶　敏	中国老年学学会第一届老年肿瘤专业委员会委员
陶　敏	中国生物医学工程学会肿瘤分子靶向治疗专业委员会委员
陶　敏	中国临床肿瘤学会黑色素瘤专家委员会委员
陶　敏	江苏省抗癌协会第四届理事会常务理事
陶　敏	江苏省中西医结合学会新世纪第五届肿瘤专业委员会常务委员
陶　敏	江苏省医学会肿瘤学分会第六届委员会肺肿瘤学组组长
陶　敏	江苏省医学会肿瘤化疗与生物治疗分会第三届委员会常务委员
陶　敏	江苏省抗癌协会第一届肿瘤微创治疗专业委员会副主任委员
陶　敏	江苏省抗癌协会第一届肿瘤免疫专业委员会副主任委员

续表

姓　名	机　构　名　称　及　职　务
桑士标	中华医学会核医学分会第十届委员会体外分析学组专家
	中华医学会核医学分会第十届委员会治疗学组委员
	江苏省医学会核医学分会第八届委员会副主任委员
黄立新	国际矫形与创伤外科学会中国部运动医学学会第一届委员会委员
黄　坚	中国医疗保健国际交流促进会急诊急救分会第一届青年学组委员
黄建安	江苏省医学会呼吸病学分会第二届肺部肿瘤及内镜学组组长
	江苏省医学会呼吸病学分会第八届委员会副主任委员
	江苏省医学会呼吸病学分会第八届委员会内镜学组组长
	江苏省医学会呼吸病学分会第九届委员会候任主任委员、常务委员
章　斌	中华医学会核医学分会第九届委员会青年委员会委员
	中华医学会核医学分会第十届委员会青年委员会委员
葛自力	江苏省中西医结合学会口腔疾病专业委员会常务委员
葛建一	中国医院协会自律维权工作委员会委员
	中国卫生法学会第四届理事会学术委员会副主任委员
董万利	江苏省医师协会中西医结合医师分会第二届神经病学专家委员会常务委员
	江苏省医学会神经病学分会第八届委员会脑血管病学组副组长
	江苏省中西医结合学会疼痛专业委员会副主任委员
	江苏省中西医结合学会新世纪第五届脑病专业委员会常务委员
	江苏省中西医结合学会新世纪第五届疼痛专业委员会副主任委员
董凤林	中国超声医学工程学会第一届浅表器官及外周血管超声专业青年委员会青年委员
	江苏省医学会超声医学分会第八届委员会浅表器官超声学组副组长
惠　杰	中国医药生物技术协会心电学技术分会委员
	中国医学装备协会第二届医学装备计量测试专业委员会常务委员
	中国心电学会食管心脏电生理学组副主任
	中国老年保健协会心血管专业委员会委员
	江苏省计量测试学会医学计量专业委员会副主任委员
惠建华	江苏省中西医结合学会口腔疾病专业委员会荣誉副主任委员

续表

姓 名	机 构 名 称 及 职 务
惠品晶	卫生部脑卒中筛查与防治工程全国中青年专家委员会委员
	中国老年学学会心脑血管病专业委员会第一届委员会委员
	中国老年学学会心脑血管病专业委员会第三届委员会常务委员
	中国超声医学工程学会颅脑超声专业委员会第五届委员会常务委员
嵇富海	江苏省医学会麻醉学分会第十届委员会副主任委员
	江苏省医学会麻醉学分会第九届委员会常务委员
程宗琦	江苏省中医药学会药学专业委员会常务委员
温端改	江苏省医学会泌尿外科学会第八届委员会名誉主任委员
谢道海	江苏省医学会数字医学分会第一届委员会副主任委员
	江苏省医学会数字医学分会第二届委员会副主任委员
雷 伟	中国抗癌协会肿瘤介入专业委员会呼吸内镜分会第一届青年委员
	中华医学会呼吸病学分会第九届委员会哮喘学组委员
虞正权	江苏省医学会神经外科学分会第九届委员会常务委员
熊佩华	中国中西医结合学会第六届理事会理事
	江苏省中西医结合学会新世纪第五届肾病专业委员会副主任委员
	江苏省中西医结合学会第七届理事会常务理事
	江苏省中医药学会内科分会常务委员
翟 萌	中国图书馆学会医院图书馆委员会第六届委员会常务委员
	江苏省图书馆学会医院图书馆专业委员会常务委员
	江苏省医院协会第三届医院图书情报管理专业委员会副主任委员
缪丽燕	中国医院协会药事管理专业委员会第三届委员
	中国医学装备协会药房装备与技术专业委员会副主任委员
	中国药理学会第十届理事会理事
	中国药理学会药物临床试验专业委员会常务委员
	中国药理学会药物监测研究专业委员会常务委员
	中国药学会第五届医院药学会专业委员会委员
	江苏省医学会临床药学分会第二届委员会候任主任委员
	江苏省医学会医学伦理学分会第一届委员会副主任委员
	江苏省药学会第七届医院药学专业委员会副主任委员
	江苏省药师协会第一届理事会副理事长
	江苏省药学会临床药理学会专业委员会主任委员
	江苏省医学会临床药学分会第一届委员会副主任委员
	江苏省中医药学会药剂管理专业委员会常务委员

续表

姓名	机构名称及职务
薛小玲	中国妇幼保健协会助产专业专家委员会副主任委员
薛群	国际神经修复协会（第二届）委员会委员
	中国医师协会神经修复学专业委员会第一届委员会委员
魏明刚	中国中西医结合学会第七届青年工作委员会常务委员
	世界中联肾病专业委员会理事
28. 附属第二医院	
王红霞	江苏省医院协会第四届医院图书情报管理专业委员会常务委员
王培吉	中国研究型医院学会骨科创新与转化专业委员会常务委员
	中国康协肢残康复专业委员会创伤骨科副主任委员
	华东显微外科联盟专业委员会常务委员
方晨	江苏省医学会第八届内分泌学分会青年委员会副主任委员
田野	中华医学会放射肿瘤治疗学分会第九届委员会常务委员
兰青	全国科学技术名词审定委员会神经科学名词审定分委员会委员
	中国神经科学学会神经外科基础与临床分会第六届委员会常务委员
	中国医疗保健国际交流促进会加速康复外科学分会常务委员
	中国医师协会神经外科医师分会第五届委员会委员
	中国医师协会整合医学分会整合神经外科学专业委员会第一届委员会常务委员
	江苏省卒中学会第一届理事会副理事长
	江苏省卒中学会神经外科专业委员会主任委员
邢春根	江苏省中西医结合学会新世纪第六届普通外科专业委员会常务委员
朱建军	中华医学会急诊医学分会第九届委员会青年委员会委员
朱卿	江苏省卒中学会神经外科专业委员会常务委员
朱维培	中国妇幼保健协会妇幼微创专业委员会宫腔镜学组委员
	中国医药教育协会毕业后与继续医学教育指导委员会常务委员
	江苏省医学会妇产科学分会第九届委员会妇科肿瘤学组副组长
	江苏省预防医学会第六届妇女保健专业委员会常务委员
刘志纯	中国医师协会免疫吸附学术委员会第二届委员会委员
	中华医学会风湿病学分会第十届委员会青年委员会委员

续表

姓　名	机　构　名　称　及　职　务
刘春风	中国老年学学会老年医学分会老年神经病学专家委员会常务委员
	中国神经科学学会神经退行性疾病分会第一届委员会常务委员
	中国睡眠研究会睡眠障碍专业委员会第四届主任委员
	中国医师协会神经内科医师分会第四届委员会委员
刘慧慧	中国卒中学会第一届青年理事会理事
江　波	中华医学会显微外科学分会第九届委员会青年委员会委员
杜　鸿	江苏省免疫学会转化医学专业委员会感染与检验学组常务委员
	江苏省免疫学会转化医学专业委员会感染与检验学组副主任委员
	中国医疗保健国际交流促进会临床微生物与感染分会委员
李柳炳	中国康复医学会重症康复专业委员会第一届委员会委员
李炳宗	中国抗癌协会血液肿瘤专业委员会慢性淋巴细胞白血病工作组委员
	中国老年医学学会血液学分会第一届委员会多发性骨髓瘤学术工作委员会委员
	中国医药教育协会腹部肿瘤专业委员会委员
李晓强	江苏省医学会第一届血管外科分会委员会主任委员
吴明霞	中国医学装备协会病理装备分会第二届委员会委员
余道江	中国整形美容协会海峡两岸分会委员
谷春伟	江苏省医学会外科学分会第八届委员会疝与腹壁外科学组副组长
沈忆新	中国医药教育协会骨科专业委员会南京培训基地第一届副主任委员
沈光思	中华医学会运动医疗分会上肢学组青年委员会委员
沈华英	江苏省医院协会血液净化中心分会第三届委员会常务委员
沈钧康	江苏省医学会第十届放射学分会常务委员
	江苏省卒中学会医学影像专业委员会常务委员
张力元	中国医药教育协会头颈肿瘤专业委员会委员
张玉松	中国医师协会结直肠肿瘤专业委员会青年委员会第一届委员会委员
张　弘	中国医师协会医学遗传医师分会儿童遗传病专业委员会第一届委员会副主任委员
张彩元	中国医学装备协会第三届医学装备计量测试专业委员会委员兼任磁共振计量与质控学组常务委员
陈志刚	中国医药质量管理协会细胞治疗质量控制与研究专业委员会委员

续表

姓　名	机　构　名　称　及　职　务
陈建昌	江苏省中医药学会络病专业委员会副主任委员
陈勇兵	中国医疗保健国际交流促进会胸外科分会委员
陈　锐	中国医师协会睡眠医学专业委员会第二届委员会常务委员
陈　锐	中华医学会呼吸病学分会第十届委员会睡眠呼吸障碍学组委员
范志海	中国研究型医院学会神经再生与修复专业委员会委员
范国华	中国研究型医院学会感染与炎症放射专业委员会江苏科研协作组常务委员
周晓中	中华医学会骨科学分会第十一届委员会基础学组委员
胡　吉	中国微循环学会糖尿病神经病变学组第一届委员会副组长
胡　吉	中国医师协会整合医学分会整合内分泌糖尿病学专业委员会委员
钟丰云	中国医师协会内镜医师分会腹腔镜青年医师委员会委员
施　辛	中国医师协会皮肤科医师分会第五届委员会常务委员
施　辛	中国中药协会皮肤病药物研究专业委员会副主任委员
施敏骅	中国医药教育协会呼吸病康复专业委员会慢阻肺康复分会常务理事、委员
施敏骅	中华医学会呼吸病学分会第十届委员会肺癌学组委员
洪嘉昀	中国整形美容协会海峡两岸分会青年委员
贾　鹏	中国老年学和老年医学学会骨质疏松分会基础医学专家委员会委员
徐又佳	中国研究型医院学会关节外科学专业委员会髋关节微创研究学组委员
徐又佳	中国医师协会骨科医师分会膝关节专业委员会委员
徐又佳	中国医药教育协会骨科专业委员会南京培训基地第一届常务委员
徐又佳	江苏省医学会骨质疏松与骨矿盐疾病分会骨质疏松性骨折学组组长
徐卫亭	中华医学会内科学分会第十三届委员会血栓工作委员会委员
徐卫亭	江苏省中西医结合学会心血管专业委员会第六届常务委员
徐　炜	中国残疾人康复协会第五届肢体残疾康复专业委员会委员
黄隽英	中国睡眠研究会青年工作委员会第二届青年委员
曹勇军	江苏省卒中学会第一届理事会常务理事
曹勇军	江苏省卒中学会脑血管病现代诊治专业委员会副主任委员
曹勇军	江苏省卒中学会缺血性卒中专业委员会副主任委员
龚静亚	中国妇幼保健协会助产士分会助产康复学组常务委员

续表

姓　名	机 构 名 称 及 职 务
董　军	中国医师协会脑胶质瘤专业委员会第一届分子诊疗专业委员会委员
蒋国勤	中国抗癌协会康复会学术指导委员会委员
	江苏省医学会外科学分会第八届乳腺甲状腺内分泌外科学组副组长
薛波新	江苏省医学会泌尿外科学会第十届委员会微创学组副组长
29. 附属儿童医院	
王宇清	中华医学会儿科学分会呼吸学组青年委员
王晓东	中华医学会小儿外科分会骨科学组委员
	江苏省中西医结合学会骨伤科专业委员会副主任委员
古桂雄	中国妇幼保健协会儿童早期发展专业委员会副主任委员
	中华医学会儿科学分会儿童保健学组委员
	中华预防医学会儿童保健分会副主任委员
	江苏省医学会儿科学分会儿童保健学组副组长
卢　俊	中国抗癌协会小儿肿瘤专业委员会青年委员会委员
田健美	中华医学会儿科学分会感染学组委员
	江苏省医学会儿科学分会感染学组组长
冯　星	中华医学会儿科学分会常务委员兼秘书长
	中华医学会儿科学分会围产医学专业委员会主任委员
	中华医学会儿科学分会新生儿学组副组长
	江苏省医学会儿科学分会前任主任委员
	江苏省医学会常务理事
	江苏省医院协会儿童医院分会副主任委员
吕海涛	中华医学会儿科学分会第十七届委员会心血管学组委员
	江苏省医学会儿科学分会副主任委员
	江苏省医学会医学信息学分会副主任委员
朱　宏	中华医学会儿科学分会第十七届委员会临床检验学组委员
朱　杰	中国妇幼保健协会妇幼微创专业委员会小儿普外微创学组委员
	中华医学会小儿外科学分会小儿肝胆外科学组委员
朱雪明	中华医学会病理学分会第十一届委员会儿科学组委员
	中国抗癌协会小儿肿瘤专业委员会委员

续表

姓名	机构名称及职务
朱雪萍	中华医学会儿科学分会儿童保健学组委员
刘玉奇	中国抗癌协会小儿肿瘤专业委员会影像学组委员
刘高金	江苏省康复医学会儿童康复专业委员会常务委员
刘殿玉	江苏省中西医结合学会儿科专业委员会常务委员
汤继宏	中华医学会儿科学分会第十七届委员会罕见病学组委员
	江苏省抗癫痫协会第一届理事会常务理事
孙庆林	中华医学会小儿外科学分会第七届委员会肝胆外科专业学组委员
	中华医学会小儿外科学分会第七届委员会内镜外科专业学组委员
	江苏省医学会小儿外科学分会副主任委员
孙凌	中华医学会儿科学分会心血管学组青年委员会委员
	中国医学救援协会儿科救援分会救援组织专业委员会委员
	江苏省医学会医学信息学分会转化医学学组副组长
	中国水利电力医学科学技术学会心电学分会小儿心电图专业委员会常务委员
严文华	江苏省医学会儿科学分会心血管学组副组长
严向明	中华医学会小儿外科学分会小儿泌尿外科学组委员
杨晓蕴	中国中西医结合学会变态反应专业委员会儿科专业组委员
李岩	中华医学会儿科学分会神经学组委员
	中国抗癫痫协会第一届理事会理事
	江苏省抗癫痫协会第一届理事会副会长
	江苏省康复医学会儿童康复专业委员会副主任委员
	江苏省医学会儿科学分会小儿神经学组组长
李炘	中华医学会小儿外科学分会小儿心胸外科学组委员
李艳红	中华医学会儿科学分会肾脏专业学组委员
李晓忠	中国医师协会儿科医师分会儿童风湿免疫专业委员会常务委员
	中华医学会儿科学分会免疫学组委员
	江苏省医学会儿科学分会肾脏学组副组长
李巍	中国中西医结合学会医学美容专业委员会激光与皮肤美容专家委员会第一届委员
吴缤	中华医学会小儿外科学分会小儿内镜外科学组委员
吴嘉伟	中国心胸血管麻醉学会小儿麻醉分会委员
	江苏省医学会麻醉学分会小儿麻醉学组副组长

续表

姓　名	机　构　名　称　及　职　务
何海龙	中国抗癌协会小儿肿瘤专业委员会委员
闵　月	中华医学会儿科学分会免疫专业学组青年学组委员
汪　健	中国医师协会小儿外科医师分会常务委员
	中国医师协会儿童健康专业委员会常务委员
	中华医学会小儿外科学分会常务委员
	中华医学会肠外肠内营养学分会儿科学组委员
	中华医学会儿科学分会临床营养学组副组长
	中华医学会小儿外科学分会新生儿学组组长
	中国抗癌协会小儿肿瘤专业委员会委员
	江苏省医学会小儿外科学分会前任主任委员
	江苏省抗癌协会小儿肿瘤专业委员会主任委员
	江苏省中西医结合学会外科专业委员会常务委员
张　芳	中国生命关怀协会人文护理专业委员会委员
张瑞宣	江苏省中西医结合委员会儿科分会副主任委员
张锡庆	江苏省医学会小儿外科学分会名誉主任委员
陈旭勤	中华医学会儿科学分会第十七届委员会青年委员会委员
陈建雷	中国妇幼保健协会妇幼微创专业委员会小儿普外微创学组青年委员
陈临琪	中华医学会儿科学分会内分泌遗传代谢学组委员
	江苏省医学会儿科学分会小儿内分泌学组组长
武庆斌	中华医学会儿科学分会消化学组委员
	中华医学会消化病学分会第十届委员会儿科消化协作组委员
	中华医学会消化病学分会第十届委员会微生态协作组委员
	中华预防医学会微生态学分会儿科学组副组长
季　伟	中华医学会儿科学分会临床药理学组委员
	江苏省医学会儿科学分会呼吸学组副组长
周　云	中华医学会小儿外科学分会小儿泌尿外科专业学组委员
	中国医师协会小儿外科医师分会委员
	江苏省中西医结合学会外科分会常务委员
封其华	中华医学会儿科学分会全科医学组委员
	江苏省医学会儿科学分会风湿病学组组长

续表

姓 名	机 构 名 称 及 职 务
郝创利	中国哮喘联盟委员
	中华医学会儿科学分会第十六届呼吸学组委员
	中华医学会变态反应学分会委员
	江苏省医学会变态反应学分会候任主任委员
胡绍燕	中华医学会儿科学分会血液学组副组长
	江苏省医学会儿科学分会小儿血液学组组长
柏振江	中华医学会儿科学分会感染专业青年学组委员
顾志成	中华医学会小儿外科学分会小儿肿瘤外科学组委员
顾琴	中华医学会儿科学分会第十七届委员会康复医学组委员
	江苏省康复医学会儿童专业委员会常务委员
钱华	中华医学会儿科学分会皮肤学组委员
倪宏	中华医学会行为医学分会青年委员会秘书长
	中国微循环学会理事
	江苏省康复学会儿童康复专业委员会常务委员
徐永根	江苏省医学会胸心血管外科分会第七届委员会先心病外科学组副组长
徐洪军	中华小儿心血管协会委员
唐叶枫	中国医师协会儿童健康专业委员会儿童单纯性肥胖症防治学组委员
诸俊	中国心胸血管麻醉学会青年委员会（医疗信息技术分会）委员
黄志见	中华医学会小儿外科分会烧伤整形外科学组委员
	中国整形美容协会血管瘤与脉管畸形整形分会委员
	中国医师协会美容与整形医师分会小儿整形外科专业委员会第一届委员会委员
	江苏省整形美容协会颅面与儿童整形专业分会副主任委员
黄顺根	中华医学会小儿外科学分会小儿肛肠外科学组委员
盛茂	中国医师协会青春期医学专业委员会第一届青春期医学临床影像学组委员
	中国医学装备协会磁共振成像装备与技术专业委员会第二届常务委员
	中华医学会儿科学分会第十七届委员会放射学组委员
	江苏省医学会放射学分会儿科学组副组长
阚玉英	中国生命关怀协会人文护理专业委员会委员
	中华医学会儿科学分会第十七届委员会护理学组委员
	江苏省中西医结合学会护理专业委员会副主任委员
窦训武	中华医学会儿科学分会小儿耳鼻咽喉头颈外科学组委员

续表

姓　名	机 构 名 称 及 职 务
廖健毅	中华医学会小儿外科学分会小儿心胸外科学组青年委员
樊明月	中国妇幼保健协会妇幼微创专业委员会儿童耳鼻咽喉头颈外科微创学组青年委员
潘　江	中国妇幼保健协会妇幼微创专业委员会小儿普外微创学组青年委员
潘　健	江苏省免疫学会第二届青年工作委员会常务委员

30. 机关与其他部门

姓　名	机 构 名 称 及 职 务
马卫中	中国近代文学学会副会长
	中国南社与柳亚子研究会副会长
朱绍昌	江苏省出版物发行业协会常务理事
	江苏省印刷行业协会常务理事
张　庆	江苏省高等学校网络专业委员会副理事长
	江苏省高等学校教育技术研究会第八届理事会副秘书长
张建初	中国版权协会理事
陆剑江	中国高等教育学会教育信息化分会第六届理事会理事
陈永清	江苏省高校实验室研究会第六届副理事长
金　苗	全国燃料电池材料标准化技术委员会委员
周建屏	中国图书馆学会高校分会委员
	全国纺织服装信息研究会副理事长
	江苏省图书馆学会常务理事
	江苏省图书馆学会建筑与设备专业委员会副主任
袁勇志	江苏省民营经济研究会常务理事
钱万里	江苏省高校档案研究会常务理事
盛惠良	中国大学出版社协会理事
康敬奎	全国高等学校文科学报研究会副秘书长
	江苏省高等学校学报研究会第八届理事会理事长
谢志余	华东高校工程训练教学学会副理事长兼秘书长
	华东高校金属工艺教学研究会副理事长兼秘书长
	江苏省高校金属工艺教学研究会副理事长
霍跃进	中国高教保卫学会联络部副部长
	江苏省高等教育学会高校保卫研究委员会副理事长

党政常设非编制机构

苏州大学国家安全工作领导小组

苏大委〔2017〕17号　2017年3月27日

组　　长：王卓君
副组长：江作军
成　　员：党委办公室、校长办公室、党委组织部、党委宣传部、党委统战部、人事处、学生工作部（处）、党委研究生工作部、科学技术研究部、人文社会科学院、军工保密办公室、继续教育处、国际合作交流处、保卫部（处）、信息化建设与管理中心等单位主要负责人
联络员：霍跃进　陈晓刚
各党委、党工委书记为本单位国家安全工作第一责任人。

苏州大学体育运动委员会

苏大〔2017〕9号　2017年4月24日

主　　任：江作军
副主任：王国祥　王安列　周　毅　孙庆民
委　　员：曹　健　陈晓强　肖甫青　盛惠良　宁正法　袁　晶　霍跃进　王云杰
　　　　阴　浩　夏凤军　董　娜　尹婷婷　张才君　张　芸　唐文跃　王振华
　　　　胡海峰　陈国凤　蒋青芳　沙丹丹　王美珠　季　晶　沈云彩　黄远丰
　　　　宋清华　潘爱华　黄晓辉　李伟文　程晓军　胡晓玲　黎春虹　王剑敏
　　　　袁昌兵　张　卫　李　龙　徐建荣　钱志强　王　政　孙金贤
办公室主任：王全法　陈　洁
办公室秘书：钱志强　方亚婷

苏州大学安全工作委员会

苏大〔2017〕11号　2017年5月26日

主　　任：熊思东
副主任：袁银男　江作军　杨一心
委　　员：党委办公室、校长办公室、党委宣传部、团委、人事处、财务处、教务部、学生工

作部(处)、研究生院、科学技术研究部、人文社会科学院、国有资产管理处、继续教育处、国际交流合作处、保卫部(处)、后勤管理处、图书馆、档案馆、信息化建设与管理中心等部门主要负责人及各学院(部)院长(主任)。

安全工作委员会办公室设在保卫部(处),霍跃进同志兼任办公室主任。

中国共产党苏州大学第十二次代表大会筹备工作领导小组

苏大委〔2017〕55号 2017年8月30日

组　长：江　涌
副组长：路建美　邓　敏　芮国强
组　员：党员校领导,党委办公室、校长办公室、党委组织部、党委宣传部、纪委办公室、监察处主要负责人

筹备工作领导小组下设组织组、宣传组和秘书组,其成员组成分别为：
组织组组长：江　涌
副组长：周玉玲　王成奎
宣传组组长：邓　敏
副组长：陈晓强
秘书组组长：路建美　芮国强
副组长：张国华　曹　健　陶培之　徐昳荃

苏州大学党委换届监督工作领导小组

苏大委〔2017〕56号 2017年8月30日

组　长：江　涌
副组长：路建美　邓　敏　芮国强
成　员：纪委副书记,党委办公室、党委组织部、党委宣传部、党委统战部、党委离退休工作部、党委学生工作部、党委研究生工作部、党委保卫部主要负责人。
监督员：各党委、党工委选派一名党员同志。

苏州大学保密委员会

苏大委〔2017〕75号 2017年10月26日

主　任：江　涌
副主任：路建美
委　员：党委办公室、校长办公室、纪委办公室、监察处、党委组织部、党委宣传部、党委统战部、离退休工作部(处)、工会、团委、发展委员会办公室、人事处、财务处、审计处、教务部、招生就业处、学生工作部(处)、研究生院、科学技术研究部、人文社会科学院、国有资产管理处、继续教育处、国际合作交流处、保卫部(处)、后勤管理处、图书馆、档案馆、信息化建设与管理中心等单位主要负

责人。

学校保密委员会负责领导全校开展保密工作,包括电子政务内网安全保密工作、密码工作等,学校保密委员会下设办公室于党委办公室。

主　　任:张国华
副主任:许继芳(主要负责军工保密相关事务)
　　　　袁冬梅　陈　美
秘　　书:马龙剑　赵一强(主要负责军工保密相关事务)

各学院(部)党委、党工委书记,机关、群直党工委书记,机关各部门、各直属单位(研究院、所、中心)、工会、团委主要负责人为本单位保密工作责任人。

苏州大学周氏教育科研奖管理委员会成员

苏大人〔2017〕173号　2017年10月27日

主　　任:周严云震　熊思东
副主任:周薇薇　周薇青　杨一心　蒋星红
委　　员:校长办公室、发展委员会办公室、人事处、财务处、教务部、学生工作部(处)、研究生院、科学技术研究部、人文社会科学院、工会等部门主要负责人。

2017年苏州大学及各地方校友会主要负责人情况

一、苏州大学第五届理事会成员

名誉会长：李政道
会　　长：熊思东
副 会 长：王卓君　田晓明　江作军　蒋星红
秘 书 长：赵　阳
副秘书长：张海洋
常务理事：(按姓氏笔画排序)
　　　　　马卫中　王卓君　邓　敏　田晓明　宁正法　江作军　肖甫青
　　　　　吴建明　张国华　张海洋　陈进华　陈晓强　周建屏　赵　阳
　　　　　钱万里　黄　兴　黄维娟　曹　健　蒋星红　熊思东　缪世林
理　　事：(按姓氏笔画排序)
　　　　　马卫中　王卓君　王家宏　邓　敏　石福熙　田晓明　白　伦
　　　　　宁正法　朱秀林　江作军　肖甫青　吴建明　沈关生　沈雷洪
　　　　　张国华　张学光　张海洋　陈少英　陈进华　陈晓强　林　冈
　　　　　杭晓平　金琇珏　周建屏　赵　阳　顾圣成　顾念祖　钱万里
　　　　　钱培德　徐回祥　徐惠德　黄　兴　黄维娟　曹　健　蒋星红
　　　　　熊思东　缪世林　薛　辉
　　　　　各学院(部)校友分会会长
　　　　　各地方校友会会长
监　　事：(按姓氏笔画为序)
　　　　　孙琪华　施亚东　高祖林

二、苏州大学各地方校友会主要负责人情况(按成立时间排序)

北美校友会　　会　长　陶福明　美国加州大学教授
　　　　　　　秘书长　李　凯　Endo International Plc(Endo Pharma) Senior Engineer
新疆校友会　　会　长　张自力　乌鲁木齐市科协主席
陕西校友会　　会　长　刘曼丽　陕西省纺织行业协会副秘书长

	秘书长	张志安	陕西德鑫隆物资贸易有限公司经理
广东校友会	会　长	柯惠琪	广东省丝绸纺织集团有限公司总经理
	秘书长	张秀萍	广州医学院附属肿瘤医院放疗科主任
苏州校友会	会　长	王少东	苏州市人大常委会副主任
	秘书长	程华国	苏州市政协副主席
日本校友会	会　长	郭试瑜	日本昭和大学医学部教授、中国留日同学总会原会长
	秘书长	杨　涛	日本日立电线株式会社部门经理
四川校友会	会　长	陈祥平	四川省丝绸科学研究院院长
	秘书长	刘季平	四川省丝绸科学研究院副院长
山东校友会	会　长	高亚军	山东省丝绸集团总公司总工程师
	秘书长	何　斌	山东广润丝绸有限公司董事长
北京校友会	会　长	何加正	邻里中国网总裁、人民网原总裁
	秘书长	陈昌文	现代教育出版社教育教材分社社长
上海校友会	会　长	熊月之	上海社会科学院原副院长
	秘书长	周桂荣	上海万序健康科技有限公司副总经理
辽宁校友会	会　长	于有生	辽宁省丹东丝绸有限责任公司总经理
	秘书长	张　夏	辽宁辽东学院高职教育处处长
南京校友会	会　长	葛韶华	江苏省委宣传部原副部长、省老龄协会常务副会长
	秘书长	陈建刚	江苏省政府秘书长,办公厅党组书记、主任
盐城校友会	会　长	谷汉先	盐城卫生学校原校长
	秘书长	盛同新	盐城市政府原接待办副主任
淮安校友会	会　长	荀德麟	淮安市政协副主席、市地方志办公室主任
	秘书长	秦宁生	淮安市委党校副校长
镇江校友会	会　长	尹卫东	句容市原市委书记
	秘书长	徐　萍	镇江市人大常委会副秘书长
广西校友会	会　长	刘炽雄	南宁振宁资产经营公司工业投资公司总经理
	秘书长	邓新荣	广西质检院高级工程师
扬州校友会	会　长	颜志林	扬州市文广新局党委书记、副局长
	秘书长	周　彪	扬州市老干部活动中心主任
江西校友会	会　长	刘琴远	南昌解放军第94医院肛肠外科主任
	秘书长	郭　斌	南昌大学二附院骨科主任
常熟校友会	会　长	殷东明	常熟市教育局局长
	秘书长	顾伟光	江苏省常熟中学原党委书记
徐州校友会	会　长	刘　相	徐州市人大原副主任
	秘书长	宋农村	徐州工程学院副院长
南通校友会	会　长	娄炳南	南通市人大常委会原副秘书长
	秘书长	景　迅	南通市人大常委会研究室副主任
吴江校友会	会　长	王海鹰	苏州市吴江区政协秘书长
	秘书长	朱金兆	苏州市吴江区政协教卫文委主任

无锡校友会	会　长	周解清	无锡市人大常委会原主任
	秘书长	任明兴	无锡市滨湖区城市管理局原局长
常州校友会	会　长	冯国平	常州纺织服装职业技术学院原院长
	秘书长	李沛然	常州市人民政府副秘书长、市级机关事务管理局局长
连云港校友会	会　长	李宏伟	连云港市教育局副局长
	秘书长	龚建华	连云港市台办主任
泰州校友会	会　长	周书国	泰州市政协原副主席、市委统战部部长
	秘书长	封桂林	福融投资名誉董事长
太仓校友会	会　长	邱震德	太仓市政协主席
	秘书长	陈　伟	太仓市委党校原常务副校长
内蒙古校友会	会　长	红　胜	内蒙古锡林郭勒职业学院原副院长
	秘书长	吴和平	内蒙古锡林郭勒盟医院原院长
浙江校友会	会　长	李建华	浙江万事利集团总裁
	秘书长	周　颖	浙江丝绸科技有限公司高工
安徽校友会	会　长	陶文瑞	安徽省天彩丝绸有限公司总经理
	秘书长	张　颖	安徽省天彩丝绸有限公司综合处处长
张家港校友会	会　长	钱学仁	张家港市政协原主席
	秘书长	张明国	张家港市政府副秘书长
湖北校友会	会　长	朱细秋	湖北省武汉女子监狱副监狱长
	秘书长	王克作	湖北省纤维制品检测中心专职主任、高工
湖南校友会	会　长	彭卫平	长沙市第三医院老年医学科主任
	秘书长	刘卫平	中铁建电气化局四公司经理
甘肃校友会	会　长	张义江	兰州石化总医院院长
	秘书长	米泰宇	兰州市第二人民医院普外科主任
天津校友会	会　长	崔笑飞	天津市经济技术开发区人民检察院检察长
	秘书长	孟令慧	天津市电信公司四分公司副总经理
山西校友会	会　长	常学奇	中国辐射防护研究院院长
	秘书长	赵向南	《山西日报》政法部记者
重庆校友会	会　长	黄义奎	重庆威琅人力资源服务有限公司董事长兼总裁
	秘书长	张　玲	重庆市纤维织品检验所科长
福建校友会	会　长	苏庆灿	厦门眼科中心集团董事长
	秘书长	叶　玲	中国农业银行厦门市分行个人业务处经理
河北校友会	会　长	刘立文	中国联通有限公司河北省分公司部门经理
	秘书长	石　嵘	石家庄市医疗保险管理中心运管五处处长
宿迁校友会	会　长	贡光治	宿迁市政协原副主席、市教育督导室主任
	秘书长	刘立新	宿迁市政府办公室副主任
爱尔兰校友会	会　长	汪江淮	UCC医学院外科学教研室主任
	秘书长	陈　刚	都柏林大学附属医院临床外科研究室博士、教授
英国校友会	会　长	叶　兰	英国威尔士大学职员

	秘书长	卜庆修	QUB法学院博士
法国校友会	会　长	陆肇阳	蒙彼利埃大学医学院血液研究所副主任、教授、博士
黑龙江校友会	会　长	冯　军	哈医大肿瘤医院原党委书记
	秘书长	邵玉彬	哈尔滨绢纺厂原经理
河南校友会	会　长	李晓春	河南工程学院副院长
	秘书长	陶建民	河南农业大学教务处副处长
新西兰校友会	会　长	王小选	奥克兰Brand Works公司总经理
	秘书长	范士林	新西兰华文文化沙龙理事、总编辑
云南校友会	会　长	余化霖	昆明医学院第一附属医院微创神经外科主任、博导
澳大利亚校友会	会　长	陈宝南	阿德莱德大学医学院教授
	秘书长	殷建林	悉尼大学医学院教授
贵州校友会	会　长	赵继勇	贵州省遵义市红花岗区科技局副局长
	秘书长	李　钦	贵州省遵义市红花岗区财政局政府采购科科员
海南校友会	会　长	孙　武	海口市科学技术工业信息化局信息化处副处长
	秘书长	魏承敬	海南千家乐贸易有限公司副总经理
德国校友会	会　长	王文利	德国布伦瑞克工业大学高级访问学者，苏州大学纺织服装学院教师
印度校友会	会　长	Kartikeya Chaturvedi	CHATURVEDI HOSPITAL NAGPUR
	秘书长	Mohit Parekh	MEDANTA HOSPITAL DELHI
青岛校友会	会　长	张声远	青岛科技大学艺术学院艺术设计系主任
	秘书长	栾强军	青岛汇邦家纺有限公司经理
宁波校友会	会　长	覃进钊	宁波朗易金属制品总经理
	秘书长	董肖宇	浙江纺织服装职业技术学院艺术与设计学院教师
MBA校友会	会　长	田柏忠	苏州渠道通网络科技有限公司董事长
	秘书长	姚　远	苏州半杯水投资管理有限公司总经理
尼日利亚校友会	会　长	金　凯	暂无
	秘书长	欧莎莉	暂无
青创校友联盟	会　长	吴志祥	同程旅游创始人、董事长、CEO
	秘书长	姚　远	苏州半杯水投资管理有限公司总经理
湖州校友会	会　长	张伟华	浙江水乡人律师事务所执业律师
	秘书长	俞根华	湖州市中心医院医生
建筑与房地产校友会	会　长	吴永发	苏州大学金螳螂建筑学院院长
	秘书长	付正乔	《苏州楼市》主编
台湾校友会	会　长	柴御清	台湾中州科技大学董事长
	秘书长	谢清隆	台湾中州科技大学副校长

院（部）简介

文 学 院

一、学院概况

　　学院拥有汉语言文学、汉语言文学(师范)、汉语言文学(基地)、汉语国际教育4个本科专业(专业方向),设古代文学教研室、现当代文学教研室、文艺学教研室、比较文学与世界文学教研室、语言学教研室和文秘教研室,同时还设有比较文学研究中心、中国现代通俗文学研究中心、昆曲研究中心等学术科研机构。

　　学院拥有1个国家文科基础学科人才培养和科学研究基地,1个国家特色专业——汉语言文学。在原有中国古代文学、中国现当代文学、文艺学三个省级重点学科的基础上,2008年中国语言文学一级学科被批准为省级重点学科,2009年遴选为江苏省国家一级重点学科培育建设点,2014年获批省优势学科重点序列学科,2015年遴选为江苏省品牌专业。本学科连续承担了三期"211"工程重点学科建设项目。

二、教学工作

　　(1)教师教学发展方面:管贤强获第十五届青年教师课堂教学竞赛三等奖;杨旭辉的《古典文学的城市书写》获江苏省2016—2017年高等学校在线开放课程立项建设;《中国古代文学·通论》获江苏省2016—2018年高等学校在线开放课程立项建设;周生杰的《中国古典文献学》获江苏省2016—2019年高等学校在线开放课程立项建设;汤哲声的《中国现当代通俗小说与网络小说》获江苏省2016—2020年高等学校在线开放课程立项建设;吴雨平、倪祥妍、李一获全国高等院校秘书学专业知识技能大赛优秀指导教师奖。

　　(2)支持教师到世界一流大学访学,通过联合举办学术会议、教学活动和海外进修等办法,拓宽教师的国际视野。

　　(3)通过高水平的学术讲座,提升研究生的科研水平和本科生学习的兴趣与积极性。高度重视研究生论文的质量,严格执行研究生论文盲审和抽查,建立预答辩制度。鼓励和支持研究生在核心刊物上发表科研论文。

　　(4)重视本科生学术科研能力的培养。苏州大学第十七届"挑战杯"大学生课外学术科技作品竞赛中我院45件作品获奖。我院本科生5个项目成功申报大学生实践创新训练计划,其中国家级立项3个。

　　(5)研究生培养工作以科研和实践为重点,着重培养研究生的创新思维和学术能力。2017年,学院研究生获得6项江苏省研究生培养创新工程科研计划。在第十九批大学生课外学术科研基金资助项目中,我院研究生获得重点项目2项。在苏州大学第十八届"挑战杯"大学生课外学术科技作品竞赛中,我院研究生获得特等奖3项,一等奖2项。

(6) 深入做好博士、博士后常规管理工作,在日常的工作和生活中给予他们关心与支持,充分发挥博士后的作用。

三、科研工作与学术交流

(一) 科研项目及成果

(1) 季进《英语世界中国现代文传播文献叙录》获国家社会科学基金重点项目立项,陈昌强《清代词学编年研究》获国家社会科学基金重点项目立项,张春晓《后殖民理论的二元结构研究》获国家社会科学基金后期资助,陈昌强《〈词律〉校订》获全国高校古委会立项,张珊《宋陈八郎本五臣注〈文选〉点校及研究》获全国高校古委会立项。

(2) 张鑫《鲁迅早期翻译与二十世纪中国文学语言的生成关系研究》为教育部人文社会科学研究项目,顺利结项。

(3) 曹炜《乾嘉学派——吴派研究》获国家社会科学基金重大项目立项。

(4) 2017年文学院教师核心论文发刊114篇、北图核刊11种,专著出版31部,科研成果获奖7项。

(5) 王尧《在传承与创新中建立文学的"文化自信"》发表于《中国社会科学》2017年第11期。

(二) 国内外学术交流情况

我院积极与国际高校交流、合作,培养、引进、输出国际型人才,重视国际学术互动,多次邀请国外知名学者来院举行讲座,提升国际声誉,为学校在世界范围内的影响力增光添彩。

(1) 2017年4月,由我校与尼日利亚拉各斯大学合作建设的拉各斯大学中国学专业第三届学生开学典礼在我校东教楼举行。

(2) 2017年4月14日,"哈佛百年华裔文学与汉语"主题讲座在文学院会议室举行,主讲人是著名北美华人作家、哈佛中国文化工作坊主持人、北美华文作家协会总副会长张凤女士。

(3) 2017年6月5日,由中国作协文学理论批评委员会、中国现代文学馆、《扬子江评论》杂志社、《南方文坛》杂志社、苏州大学文学院共同举办的"当代文学批评的共识与分歧"研讨会在苏州大学本部红楼217室隆重召开。

(4) 2017年6月,美国俄亥俄州立大学旗舰项目开学典礼在苏州大学本部鸿远楼209教室隆重举行。

(5) 2017年6月,美国国务院关键语言奖学金项目开学典礼在本部第四教室隆重举行。

(6) 2017年6月21日,芬兰赫尔辛基大学教授Fred Dervin莅临苏州大学,在文学院会议室作了《高等教育国际化中的跨文化》的专题讲座。

(7) 2017年9月23日至25日,由中国现代文学研究会、中国武侠文学学会、中国近代文学学会南社与柳亚子研究会主办,由苏州大学文学院承办的"第二届中国现当代通俗文学暨武侠文学研究学术研讨会"在苏州大学文学院成功举办,来自海内外的70多名学者专家济济一堂,"苏州论剑"。

(8) 2017年10月14日至15日由中国近代文学学会、苏州大学文学院主办的"中国近代诗词研究高层论坛"在我校召开,来自全国高校和科研机构的60多位专家参加了会议。

四、学院重大事项

(1) 2017年6月,"当代文学批评的共识与分歧"研讨会在本部红楼217室隆重召开。

(2) 2017年6月,美国国务院关键语言奖学金项目在苏州大学隆重举行。

(3) 2017年6月,美国俄亥俄州立大学旗舰项目在苏州大学隆重举行。

(2) 2017年9月,"第二届中国现当代通俗文学暨武侠文学研究学术研讨会"在苏州大学成功举办。

(3) 2017年10月,"中国近代诗词研究高层论坛"在苏州大学成功举办。

(6) 2017年11月,学院顺利通过本科教学工作审核评估任务。

(周　品)

传媒学院

一、学院概况

苏州大学传媒学院现有二级学科博士点1个：媒介与文化产业；一级学科硕士点2个：新闻传播学、戏剧与影视学；专业学位硕士点2个：新闻与传播、出版。本科专业共5个：新闻学、广播电视学、广告学、播音与主持艺术、网络与新媒体。

学院现有在校全日制学生近2 000人，其中本科生900余人，硕士、博士研究生160余人，成人教育学生900余人。在职教职工60余人，其中教授10人（含博士生导师7人）、副教授16人；拥有江苏省"333工程"人才，江苏省"青蓝工程"中青年学术带头人，优秀青年骨干教师，江苏省宣传文化系统青年文化人才，姑苏宣传文化领军人才、重点人才，东吴学者，教育部、中宣部新闻媒体机构与高校教师互聘"千人计划"等10余人。聘请了3位讲座教授和30余位海内外知名的新闻传播学者和业界人士担任学院的兼职教授或兼职导师。

学院建有江苏省省级实验教学示范中心——传媒与文学实验教学中心，拥有摄影棚、大型演播厅、录音棚、电视节目制作室、报刊编辑实验室、播音主持语言实验室、电视摄像实验室、计算机图文设计实验室、电视鉴赏实验室、非线性编辑实验室、动漫游戏制作实验室和数码艺术工作室、影视艺术工作室、网络与新媒体工作室、新媒体实验室等。学院在新华日报报业集团、苏州广播电视总台等各类新闻媒体和广告公司建立了20余个大学生创新创业教育实践基地，在政府部门和传媒单位建立了16个研究生工作站。每年度举办苏州大学大学生电影节暨北京大学生电影节分会场活动和国际大学生新媒体节，定期聘请学界知名学者和业界资深人士来校举办专场讲座。

二、教学工作

2017年，学院积极推进教学改革，打破传统课堂教学的形式，调整课程评价机制，鼓励学生探究式、自主式、实战化学习，取得良好效果。学院进一步在教学过程中强调教学规范，完善学院听课制度，开展好期中教学检查，召开座谈会听取学生意见，进行学院青年教师课堂竞赛，鼓励教师进行3I课程改革。学院新增3I微课程立项1项，全年录播课程2门，全年开设过程化考核课程5门。目前，已有录播课程共计22个、3I微课程6个、网络进阶式课程1个、新生研讨课程5个、通识选修课程6个、公共选修课程3个。《电影产业概论》（金冠军、王玉明）获批修订类省级重点教材。

2017年度，学院学生获得各类国家级奖项106项，在大广赛、ONESHOW、学院奖、齐越节等行业内的重要赛事中均取得很好成绩。在"马克思主义·青年说"创作暨演讲大赛中，何思同学 H5 作品获评创作大赛优秀作品(全省仅 10 个);新生舞蹈大赛中,学院连续四年获得全校一等奖,暑期社会实践、校运会等方面也取得近年来最好成绩。

三、科研工作与学术交流

1. 科研项目与成果

2017 年,学院教师获国家级项目 1 项、省部级项目 4 项、市厅级重点项目 1 项、市厅级一般项目 6 项、横向科研项目 13 项;在二类以上核心期刊发表论文 40 余篇,出版专著 5 部,获得各级奖励 20 余项。1 个团队获江苏省高校哲学社会科学创新团队,江苏省青少年研究基地也落户学院"新媒介与青年文化研究中心"。

2. 国内外学术交流情况

2017 年度,本科生出国(境)交流人数为 38 人,涉及英国、美国、澳大利亚、韩国等国家及我国台湾地区等,有 23 位同学获得出国(境)交流奖学金。2017 届毕业生出国(境)为 20 人,升学出国率为 10.26%。

积极开展学术交流,继续开展传媒工作坊"传媒与当代文化"等读书会和系列沙龙活动,打造学院学术活动品牌。学院主办了 2017 年"中国高校影视学会年会""媒介城市记忆圆桌会议""中国播音史研讨会",得到学术同行的高度评价;学院在中国高校影视学会媒介文化专业委员会中成为主任委员。在对外交流方面,学院与台湾交通大学、广州大学、西南民族大学等多所高校进行交流和探讨;邀请教育部语用司原司长姚喜双,美国威斯康星大学麦迪逊分校潘忠党,北京师范大学新闻传播学院院长、长江学者喻国明,华中科技大学新闻与信息传播学院院长张昆、《中国电视》执行主编李跃森等国内外知名专家学者和业界精英来学院做学术报告,营造了良好的学术氛围。

四、学院重大事项

(1) 2017 年 1 月 10 日,学院党委荣获 2015—2016 年度党建考核优秀。

(2) 2017 年 4 月 7 日,第七届苏州大学电影节暨第二十四届北京大学生电影节苏州大学分会场开幕。

(3) 2017 年 4 月 27 日,如东县文广传媒中心(集团)与学院签订合作协议。

(4) 2017 年 5 月 12 日,苏州凤凰投资管理有限公司与学院签订合作协议。

(5) 2017 年 6 月 10 日,复旦大学信息与传播研究中心与苏州大学传媒学院联合主办"媒介、城市与记忆"圆桌会议。

(6) 2017 年 7 月 11 日,学院成功举办第三届国际大学生新媒体节。

(7) 2017 年 10 月 14 日,学院成功举办中国高校影视学会第十七届年会暨第十中国影视高层论坛。

(8) 2017 年 10 月 16 日,学院夏凤军副院长一行访问澳大利亚参加"世界教室"活动。

(9) 2017 年 11 月 4 日,学院举办首届中国播音史研讨会。

(10) 2017 年 11 月 25 日,陈龙赴哈萨克斯坦访问哈萨克斯坦阿里—法拉比国立民族大学,参加光明之路与"一带一路"国际中心揭牌仪式。

(黄艳凤)

社会学院

一、学院概况

社会学院是苏州大学下属的二级学院之一。其前身可以追溯到东吴大学时期。1953年江苏师范学院设立历史专修科,1955年著名历史学家柴德赓教授受命创建历史学系,1995年历史学系更名为社会学院。

学院现设历史学系、档案与电子政务系(含档案学、图书馆学、信息资源管理)、社会学与社会工作系(含社会学、社会工作)、旅游管理系、劳动与社会保障系共5个系、8个本科专业。学院现有中国史一级学科博士点,历史学博士后流动站和中国史、世界史、社会学、图书情报与档案管理4个一级学科硕士点;中国近现代史、专门史、世界史、社会学、中国古代史、档案学、情报学、社会保障、旅游管理等9个二级学科硕士点以及学科教学(历史)、社会工作2个专业硕士学位点。中国史是江苏省一级重点学科,历史学是江苏省品牌专业,档案学是国家级特色专业。江苏省人文社科重点研究基地"吴文化研究基地"、江苏红十字运动研究基地以及苏州大学(苏州市)人口研究所、苏州大学吴文化国际研究中心、社会与发展研究所等省、校级科研机构附设于本院。

学院现有教职工101人,其中专任教师84人。学院具有副高以上技术职务者51人(教授27人,副教授24人),正、副教授占专任教师比例60.7%;有博士生导师10人,硕士生导师45人。学院还聘任多位国内外著名的专家学者为兼职教授。

二、教学工作

1. 本科教学工作

2017年,获"苏大课程2017—3I工程"获立项1项;获苏州大学2017年高等教育教学改革研究课题立项4项;1人获苏州大学第十六届青年教师课堂教学竞赛二等奖;学院教师出版及参与编写了21部专著、教材,新立项国家级大学生创新创业训练计划项目2项,江苏省大学生创新创业训练计划项目6项,苏州大学大学生创新创业训练计划项目3项,"箬政基金"项目1项。

2. 研究生教学工作

2017年,学院获2017年苏州大学优秀博士论文1篇,获苏州大学2017年度"卓越人才培养计划"结题优秀项目1项。

三、科研工作与学术交流

1. 科研项目及成果

2017年,学院教师在国家社科基金项目的申报方面,4个课题立项;获省部级重点项目1项。学院教师发表论文情况:在一类权威期刊发表论文6篇(其中1篇为SSCI论文),在二、三类以上核心刊物发表论文近30篇。出版学术著作及资料集等21部;主办了1次高层次学术研讨会。学院教师承担国家级、省部级、市厅级科研项目近30项,获得各项奖励近10项。

2. 国内外学术交流情况

2017年,学院邀请知名专家来学院进行了学术交流并作学术报告,有澳门大学魏楚雄教授、澳大利亚南澳大学杜佳博士、香港城市大学庄明莲教授、香港浸会大学洪雪莲教授、台湾"中央研究院"刘石吉研究员、中国人民大学包伟民教授、华东师范大学沐涛教授、中国政法大学应星教授、南京大学陈谦平教授、江西师范大学方志远教授等。美国波士顿大学人类学系教授兼系主任Robert Weller(魏乐博)等来学院访问交流。

四、学院重大事项

(1) 社会学院党政领导班子不断加强自身建设,全面系统地学习党的十八大、十九大及习近平总书记系列重要讲话精神,邀请了校纪委书记芮国强来学院宣讲十九大精神,掀起了学院师生学习贯彻十九大精神新的高潮。积极推动学院各项事业向前发展。

(2) 成立社会学院"本科教学审核式评估领导小组"与"本科教学审核式评估领导工作办公室";在院领导、系(教研室)和全体教师等不同层面,通过专题研讨、广泛宣传、职责分解等方式,凝聚共识,分清职责,主动作为,以饱满的精神状态顺利完成评估工作。

(3) 2017年课程建设继续推进,我院通识课程数量居全校第一位次。王卫平老师主持的《吴文化史》被评为江苏省精品在线网络建设课程,并在爱课程网上线运行。

(4) 根据学科和专业建设的需要,学院在综合考察后接收1名中国史博士和1名档案学博士来校以师资博士后身份工作。在高层次人才引进方面,拟邀请澳门大学历史系前主任魏楚雄教授以讲座教授身份加盟我校,已上报学校等待审核。

(5) 围绕学院创收工作重点,持之以恒,不断巩固原有阵地,想方设法开辟开拓新市场,推出新项目。学院针对自考生源不断下滑问题,多方联系,建立新的生源基地。与安庆职业技术学院、桐城师范专科学校、连云港旅游职校等签订生源基地协议,为未来自考生源的增加做好联系宣传工作。

(包 军)

政治与公共管理学院

一、学院概况

政治与公共管理学院历史悠久,最早可追溯到20世纪20年代东吴大学创办的政治学科(东吴政治学),1995年由学校政治系与马列部合并组建而成。其后苏州蚕桑专科学校、苏州丝绸工学院、苏州医学院相关系科专业先后并入,形成了全新意义上的政治与公共管理学院。

学院现有2个一级学科博士授权点,2个一级学科博士后流动站,4个一级硕士学位授予点和公共管理硕士(MPA)一级专业硕士授予点,以及16个二级硕士点;地方政府与社会管理为江苏省首期优势学科,政治学为江苏省二期优势学科;哲学为江苏省一级重点学科。学院拥有教育部人文社科重点研究基地中国特色城镇化研究中心、江苏高校新型城镇化与社会治理协同创新中心、老挝—大湄公河次区域国家研究中心、苏南政府治理与社会治理现代化研究基地等省部级研究基地和苏州大学社会组织与社会治理研究院、东吴哲学研究所等10多个校级研究院、所、中心,基本形成了研究型学院的发展态势。

学院下设哲学、公共管理、管理科学3个系科,共有9个本科专业与本科专业方向。教职工107人,其中专业教师87人,教授26人,副教授40人。教师具有博士学位的占70%以上,在26名教授中,二级教授、三级教授数量居全校文科院系前列。学院目前在读全日制本科生1 400多人、各类研究生(博士、硕士、专业学位)1 000多人。

二、教学工作

1. 本科生教学工作

学院认真贯彻"课大于天"的理念,注重课程教学,牢固树立服务意识,着力提升课堂教学质量。坚持以生为本、教育优先,结合时代动态不断调整专业教学方案。认真做好本科教学审核评估工作,积极修订和完善教学管理规章制度,制定《苏州大学政治与公共管理学院推荐优秀应届本科毕业生免试攻读硕士研究生实施细则》《苏州大学政治与公共管理学院学生(全日制)出国(境)交流奖学金实施细则(试行)》《苏州大学政治与公共管理学院学生创新创业教育实施方案》《苏州大学政治与公共管理学院"院长特别奖"奖励办法》等。2017年,学院26位教授为本科生开设了45门次各类课程,40位副教授为本科生开设了103门次各类课程。教授承担本科生课程比例为100%。学院共举办11门次公开课。有教师1人获得苏州大学教学先进个人、1人获得周氏教育科研奖教学优秀奖、1人获苏州大学青年教师课堂教学竞赛三等奖。

2. 研究生教学工作

学院着力加强研究生的日常培养,制定《苏州大学政治与公共管理学院研究生国家奖学金评定细则(试行)》《苏州大学政治与公共管理学院研究生学业奖学金评定细则(试行)》等文件。2017年,专业学位研究生袁欣的论文获得第七届全国公共管理(MPA)优秀学位论文,指导老师张晨被评为"优秀指导教师"。在首届全国公共管理案例大赛中,学校获得全国公共管理案例大赛二等奖及最佳案例奖。

三、科研工作与学术交流

学院始终以学科建设为龙头,加强科研平台建设,积极申报公共管理一级学科博士点,通过江苏省决策咨询基地苏南政府治理与社会治理现代化研究基地验收,积极组织江苏省新型城镇化与社会治理协同创新中心的整改验收,建设苏州大学社会组织与社会治理研究院、苏州大学姑苏社科研究中心,学院的学科科研平台建设得到很大提升。在中国人民大学人文社会科学学术成果评价研究中心与中国人民大学书报资料中心公布的2016年度复印报刊资料转载指数排名中,我院公共管理学科转载量位列第4名,综合指数位列第4名,首次发布的《复印报刊资料重要转载来源作者(2016年版)》中,我院哲学学科、公共管理学科均有教师入选该榜单。2016年度"中国十大学术热点"中,我院1位教授的文章成功入选热点代表性论文。

2017年,学院举办或承办了8场重要的学术活动,如第六届城市哲学论坛、新型城镇化与社会治理创新研究生暑期学校、儒道哲学的思想逻辑和相互对话学术研讨会、中国话语的马克思主义哲学:基本思路与建构原则全国学术研讨会、聚焦区域发展聚力协同创新——高水平协同创新中心建设研讨会、中国公共管理的方法论建构学术研讨会等。此外学院还邀请了30多位专家学者来院讲学,加强校内外专家学者间的交流与沟通,提升学院整体学术发展水平。在项目申报上实行早筹划、精备战,认真召开学校首场2018年国家社科基金项目申报培训会,多渠道地为教师提供便利。2017年,学院教师主持国家级项目5项,在一类核心期刊发表正式论文18篇,出版学术专著9部。

四、学院重大事项

(1) 2017年2月25日,政治与公共管理学院成人高等学历教育2017级新生开学典礼在本部敬贤堂举行。苏州大学继续教育处副处长胡龙华、政治与公共管理学院党委书记邢光晟、政治与公共管理学院副院长吉文灿、教师代表张小洪、成人学历教育办公室李建秋老师及280多位新同学出席开学典礼。

(2) 2017年3月8日,学院召开党委换届选举大会。会议选举了尹婷婷、邢光晟、郭彩琴、朱晓、庄友刚、吉文灿、陈进华等7人组成新一届党委领导班子。

(3) 2017年3月8日,学院召开本科教学审核评估动员大会,学院班子成员、教师代表、学生代表和全体行政人员参加会议。

(4) 2017年4月28—30日,"中国话语的马克思主义哲学:基本思路与建构原则"全国学术研讨会在苏州大学召开。

(5) 2017年6月10日,政治与公共管理学院2017年"壹叁有你"毕业生晚会暨优秀毕业生颁奖典礼在601音乐厅隆重举行。

(6) 2017年7月12—17日,新型城镇化与社会治理创新研究生暑期学校开学典礼在苏州大学举行,来自清华大学、南京大学、吉林大学、四川大学、厦门大学、澳门城市大学等45所高校的近百名优秀硕士、博士研究生学员参加仪式。

(7) 2017年9月10日,政治与公共管理学院召开学校首场2018年国家社科基金项目申报培训会。会议邀请了武汉大学虞崇胜教授、厦门大学贺东航教授来校进行培训指导。培训会由学院院长陈进华主持。

(8) 2017年9月12日下午,学院2017级新生开学典礼在独墅湖校区601音乐厅隆重举行。学院院长陈进华,党委书记邢光晟,副院长潘晓珍、吉文灿,党委副书记、副院长尹婷婷,院长助理黄建洪,各系科领导,研究生导师,学生辅导员,班主任出席了开学典礼,340名本科生、77名全日制学术型研究生共同参加了典礼。典礼由院党委书记邢光晟主持。

(9) 2017年10月27—29日,由北京大学哲学系、苏州大学哲学系主办的儒道哲学的思想逻辑和相互对话学术研讨会在苏召开。

(10) 2017年11月8日,由《中国社会科学》杂志社主办,学院承办的中国公共管理的方法论建构学术研讨会在苏召开。

(曾永安)

马克思主义学院

2011年3月9日,苏州大学成立马克思主义学院。2015年4月30日,学校决定按照教育部要求单独设置马克思主义学院,成为直属于学校的二级学院,承担全校学生的思想政治理论课教学任务,承担马克思主义理论学科建设及研究生培养工作,承担马克思主义理论与实践科学研究等任务。

学院现有专任思想政治理论课教师46名,其中教授9名,副教授25名,讲师12名,博士生导师6名,硕士生导师21名。为全校本科生开设"马克思主义基本原理概论""毛泽东思想和中国特色社会主义理论体系概论""中国近现代史纲要""思想道德修养与法律基础""形势与政策"等思想政治理论课;为全校硕士生博士生开设"中国特色社会主义理论与实践研究""马克思主义与社会科学方法论""自然辩证法""中国马克思主义与当代"等课程,形成了马克思主义理论教学体系。

学院现有课程教学论(政治教育)、马克思主义基本原理、思想政治教育硕士点,马克思主义基本原理、思想政治教育博士点,学科教学(思想政治教育)专业学位点,马克思主义理论博士后流动站。2015年5月,学院马克思主义理论学科获批江苏省重点建设学科。2016年6月,学院获批江苏省示范马克思主义学院。

学院科研服务成效明显。近年来,在马克思主义社会发展理论、中国特色社会主义理论与苏南发展实践、社会主义核心价值体系与人的全面发展、近现代史基本问题等研究领域,主持国家社科基金重大项目1项、重点项目2项,主持并完成国家社科基金项目5项,正在主持国家社科基金项目1项、省部级项目3项,市厅级项目获奖3项。

学院秉承学校办学理念,依托学校优势资源,始终贯彻学校发展战略,以建设与一流苏州大学相适应的马克思主义学院和马克思主义理论学科为目标,努力把马克思主义学院建设成为马克思主义理论人才培养和思想政治理论课教育基地,成为有影响力的马克思主义理论科学研究与成果产出基地,成为有马克思主义理论学科特色和苏南区域实践支撑的智库服务与应用转化基地,为促进社会经济发展和党的建设做出新的贡献。

学院在2017年4月29日承办了全国高校马克思主义理论学科研究会第29次学科论坛暨全国地方高校马克思主义理论学科研究会(院长论坛)成立大会。会上,"全国地方高校马克思主义理论学科研究会(筹)""全国地方高校马克思主义理论学科协同创新中心""全国地方高校思想政治理论课协同创新中心"等在苏州大学揭牌。学院在2017年8月14日至18日、8月21日至25日承办了全省思想政治理论课专业教师培训班,获得江苏省教育厅社政处领导的肯定。

(刘慧婷)

教育学院

一、学院概况

教育学院目前下设教育学系、心理学系、教育技术学系3个系,现有教职工84人,在校本科生419人,研究生424人。主要研究所与实验室有教育科学研究院、高等教育研究所、应用心理学研究所、苏南地区大学生心理健康教育研究中心、教育科学研究中心、教育与心理综合实验室(中央与地方高校共建)、苏州大学心理与教师教育实验教学中心(江苏省高校实验教学示范中心)和认知与行为科研研究中心。学科点与专业方向包括教育学一级学科博士后流动站、高等教育学博士点、教育学一级学科硕士点、心理学一级学科硕士点、教育硕士专业学位授权点、应用心理学专业学位授权点、教育学本科专业、应用心理学本科专业、教育技术学本科专业,以及教育学和应用心理学本科第二学士学位教育。学院已形成了从本科到博士的完整的人才培养序列,并长期承担全国骨干教师培训、江苏省骨干教师培训、教育与心理职业技能培训等继续教育。

二、教学工作

1. 本科生教学工作

完成每个学期三次教学信息反馈和学期期中教学检查、双学位培养方案及2016级人才培养方案的修订、本科生转专业工作细则以及优秀本科生的研究生推免工作和自主选拔录取等。顺利完成本科教学审核评估工作,正在着手进行师范专业认证工作。严格执行学校规定的教学检查和听课制度,得到全院教师的大力支持。

2017年,学院有6位学生被评为江苏省心理学会优秀科普志愿者,1人获得第六届江苏省师范生教学基本功大赛信息技术组三等奖,8人获得首届"iTeach"全国大学生数字化教育应用创新大赛三等奖,1人成为苏州大学箐政学者。1篇毕业论文获2016年江苏省普通高等学校本专科毕业设计(论文)评优一等奖。在苏州大学第十八届"挑战杯"大学生课外学术科技作品竞赛中荣获特等奖5项,一等奖10项,蝉联优胜杯。2017年,39名本科生考取华东师范大学、华东政法大学、华中师范大学、南京师范大学、陕西师范大学、苏州大学、天津大学、香港中文大学、英国爱丁堡大学、英国伯明翰大学、英国伦敦大学国王学院、英国曼彻斯特大学、浙江大学、中国科学院心理研究所等高校研究生。

2. 研究生教学工作

2017年度学院共招收学术型硕士生46名,博士研究生13名,全日制专业性硕士生55名,非全日制专业型硕士生3名,留学生博士5名,留学生硕士1名;本年度毕业学术型硕士生42名,博士研究生8名,全日制专业硕士生40名。本年度获省优秀硕士论文1篇;省学位论文抽检4人,未出现不合格论文。学院成功举办"东吴心理"学术夏令营。

2017年,学院研究生在各级各类杂志发表论文74篇,以独立作者或第一作者发表45篇,其中核心期刊31篇,以独立作者或第一作者发表15篇;参与申报省部级以上科研项目23人次。研究生提交会议论文19篇,获奖7篇。

学院成功申报2017年度江苏省研究生科研创新计划项目和实践创新计划项目共6项,结题江苏省研究生创新计划12项;获苏州大学第十九批大学生课外学术基金立项51项,申报苏州大学第十九批大学生课外学术基金项目48项;39份作品在苏州大学第十八届"挑战杯"大学生课外学术科技作品竞赛中获奖;2名研究生赴台湾高校交流学习,1名研究生赴匹兹堡州立大学交换,3名研究生赴日本立命馆大学短期学习,1名研究生参加国家公派研究生出国留学项目并作为联合培养博士研究生赴麻省州立大学波士顿校区学习。

促进研究生就业,有效搭建服务平台。研究生创就业中心每天发布各类招聘信息、职业资格考试信息、行业发展信息等,2017年学院毕业研究生就业率达到94.79%。学院发挥研究生会纽带作用,繁荣校园文化,举办学院研究生学术文化节,组织研究生参加各类校级活动,并获1次优秀组织奖、2次道德风尚奖、2次精神文明奖等。

三、科研工作与学术交流

学院充分利用本院网站主页、微信公众号,以及苏大主页E海报版块、学术活动版块,加强宣传力度。

1. 科研项目及成果

2017年,学院获江苏省教育教学成果特等奖1项,市厅级奖励3项;成功申报国家级项目2项(1项为国家自然科学基金面上项目,1项为国家自然科学基金青年项目)、省部级项目9项(其中江苏省社科重点项目1项)、市厅级项目12项,纵向科研经费达140万元,横向科研经费达67万元;发表论文45篇,其中一类期刊13篇,二类期刊32篇,出版著作3部;完成了学院承担的江苏省教育厅的《交叉学科研究生培养研究》研究课题。

2. 国内外学术交流情况

2017年,学院赴美国、英国和加拿大进行学术交流3人次,参加国内外学术研讨会16人次。与浙江师范大学进行了校际青年论坛,邀请了国内外多所著名院校学者来学院交流访问,来访学者共为师生做专题学术报告32场。注重强化第一课堂和第二课堂融合的全员育人。学院生师比为7:1。通过推行"导师制",70%左右的学生参与到导师项目中去,形成了全员育人的氛围;通过每月举办一次"精品读书会",以教授导读、师生交流、学生撰写心得的模式,鼓励全体本科生静下心来,以书为友,潜心慢读,在书中与智者对话,品味人生,感受生活。

四、社会服务

通过组建专业的教师培训团队以及通过制度建设、流程管理、团队塑造,培训队伍风清气正、主动积极、凝聚力高、战斗力强。2017年度,在原有教师培训的基础上,拓展了干训市场;在原有的国培、省培、地方合作协议培训的基础上,尝试了与社会教育培训机构的合作。通过不断努力,全年举办各类培训班150多个,参训总人数超过10 000人,培训效果得到了各个省区市教育厅和广大学员的高度认可,取得了良好的社会效益和经济效益。

(王 青)

东吴商学院(财经学院)
东吴证券金融学院

一、学院概况

苏州大学东吴商学院(财经学院)成立于1985年6月,是经江苏省人民政府批准,由江苏省财政厅参与直接投资建设的经济管理类学院,也是苏州大学建立最早的二级学院。2002年更名为苏州大学商学院。2010年4月苏州大学与东吴证券股份有限公司签订协议共建苏州大学商学院,更名为苏州大学东吴商学院。

学院下设经济系、财政系、金融系、经贸系、工商管理系、会计系、电子商务系7个系科,乡镇经济研究所、世界经济研究所、财务与会计研究所3个研究所以及企业创新和发展研究中心、MBA中心。学院现有博士后流动站2个(应用经济学、工商管理),一级博士授权点1个(应用经济学),二级博士授权点4个(金融学、财政学、区域经济学、企业管理学),硕士点14个[金融学、财政学、企业管理、世界经济、区域经济、政治经济学、产业经济学、国际贸易、会计学、工商管理硕士(MBA)、会计专业硕士、金融专业硕士、税务专业硕士、国际商务专业硕士]。学院拥有金融学、财政学、会计学、经济学、工商管理、财务管理、电子商务、国际经济与贸易、市场营销9个本科专业;2011年经教育部批准开设"金融学(中外合作)"本科专业。学院金融学为省级重点学科、省级品牌专业,会计学专业为省级特色专业,工商管理类专业为省级重点专业(类)。

学院现有教职工166人,博士生导师14人,教授30人,副教授71人,讲师32人,取得博士学位和正在攻读博士学位的教师75人,享受国务院特殊津贴的专家2人,国家优青1人,中组部青年拔尖人才1人,入选教育部新世纪优秀人才计划2人,省特聘教授1人,双创教授1人,省"333工程"培养对象4人,东吴学者高层次人才计划1人,省"青蓝工程"培养对象3人。并聘请国内外50多名专家、学者为兼职教授。目前在读全日制本科生1 800多人,在籍博士、硕士研究生1 000多人。

二、教学工作

1. 本科生教学工作

全面完成本科教学审核评估工作,评估专家对学院本科教学工作给予充分肯定。学院9个本科专业教学计划进行全面修订,签订一批学院本科生实习实训基地。

2. 研究生教学工作

成功举办暑期学校。邀请国内外专家举办各种专业类型的讲座,扩大了学生视野,产生了积极的影响。继续推进研究生实践教学工作,昆山艾博机器人股份有限公司—苏州大学研究生工作站启动。

三、科学研究与学术交流

1. 科研项目及成果

2017年,学院获批国家社科基金项目6项,其中重大项目1项,重点项目1项,国家自然基金项目7项,共计13项。

2017年,学院教师发表论文73篇,其中SSCI/SCI论文17篇,其他一类期刊论文7篇(TOP期刊2篇),二类期刊论文22篇,三类期刊论文5篇;出版学术专著8部。

2. 海内外学术交流情况

学院与华商教育集团、加拿大西安大略大学、澳大利亚莫纳什大学、美国约翰霍普金斯大学、中国台湾东吴大学等17所国(境)外高校及教育机构进行了教学科研合作项目的交流活动。学院成功举办2017年海峡两岸财经与商学研讨会,第九届中美电子商务高级论坛等会议,邀请国(境)外知名学者到学院讲学,收到了良好的学术交流效果。

(李　季)

王健法学院

一、学院概况

苏州大学王健法学院的前身为蜚声海内外的东吴大学法学院。1915年9月,时在东吴大学任教政治学并兼任东吴大学附属中学校长的美籍律师查尔斯·兰金,为能在中国培养法律人才,以苏州东吴大学为本,于上海创设东吴大学法学院,专以讲授比较法为主,因而又称中华比较法律学院。学院教学突出英美法内容,兼顾大陆法系教学,其明确的专业意识与科学的培养目标,使东吴大学的法学教育在当时饮誉海内外,有"南东吴,北朝阳"之称,又被誉为"华南第一流的而且是最著名的法学院"。国内现代法学大师中,王宠惠、董康、吴经熊、盛振为、丘汉平、孙晓楼、王伯琦、杨兆龙、李浩培、倪征噢、潘汉典等诸位先生,或执教东吴以哺育莘莘学子,或出身东吴而终成法学名宿。"人人握灵蛇之珠,家家抱荆山之玉",法界才俊,汇集于斯,可谓极一时之盛。1952年院系调整时,东吴大学易名为江苏师范学院,法学院随之并入华东政法学院;1982年国务院批准改名为苏州大学,同时恢复法学教育,设法律系;1986年扩建为法学院。2000年,原东吴大学法学院校友王健先生捐巨资支持法学院建设,苏州大学法学院更名为苏州大学王健法学院。

学院现有教职工83人。其中专任教师66人。教师中有教授23名,副教授28名;博士生导师16人,硕士生导师44人。

学院教师具有较强的研究能力,积极为法治国家建设献计献策,21世纪以来,先后承担了包括国家社科基金重大招标项目在内的国家级科研项目35项,省部级项目85项,获得纵向科研经费1 000余万元,发表各类学术论文上千篇。

王健法学楼建筑面积16 000平方米,设有中式和西式模拟法庭、国际学术会议厅等,同时为全体教师配备独立的研究室。图书馆面积3 600平方米,现有藏书7万余册,中外文期刊600多种,可检索的电子图书30多万种,并在收藏、保留港台地区法学期刊、图书方面具有特色。

自1982年以来,法学院已为全国培养博士生、硕士生、本科生、专科生等各类层次的专门人才18 000余人,成为重要的法学人才培养基地,许多校友已成为国家政法部门和法学教育的中坚力量。

二、教学工作

1. 本科教学工作

2017年共招收本科生119人,知识产权专业本科生38人,双学位学生149人,法学(教改班)5人。认真根据教学评估要求,保质、保量地完成了教育部本科教学审核评估工作;微调本科生培养方案,完善本科教学的课程体系,进一步解决了因人设课和课程开设逻辑体系不合理的问题。继续组织全国模范法官、著名律师及外籍专家为卓越法律班学生开设实务技术课程和全英文课程。加大对慕课、微课、全英文课程的开设进行培育和扶持,利用王氏基金在法学院培育慕课项目2项,获得校级慕课项目1项,培育全英文课程10门,进一步增强了法学院的国际化程度。与意大利米兰大学法学院互派3名学生交流学习,打通了在本科层面与国外著名法学院合作交流的渠道。积极组织青年教师授课大赛,施立栋老师获苏州大学青年教师授课大赛三等奖,卜璐老师获得苏州大学微课大赛三等奖。

2. 研究生教学工作

2017年共招收博士研究生7人,全日制学术型硕士研究生66人、法律(非法学)研究生70人、法律(法学)研究生82人,合计225人。完成6名博士生、69名学术型硕士、105名全日制法律硕士的论文答辩工作。2017年度获评省级优秀专业硕士论文1篇,校级优秀博士学位论文1篇、校级优秀硕士论文2篇。江苏省研究生创新工程项目省立省助3项。成功举办江苏省学位办交办的首届"江苏省法律研究生案例大赛",推动研究生理论知识与实践技能的提高。成功举办第二届长三角法学研究生(论坛)论文发布会,激发广大研究生的研究热情,并扩大学校、学院的声誉。

三、科研工作与学术交流

1. 科研项目及成果

2017年,学院积极申报省部级以上科研项目,获得国家社科基金项目6项、省部级项目14项,在江苏法律院校中首次摘取国家社科基金中华学术外译项目。学院教师发表论文60余篇,其中《中国社会科学》(英文版)1篇,一类核心刊物论文11篇,CLSCI刊物论文20篇,胡玉鸿教授获得首届"方德法治优秀成果奖"一等奖。根据中国人民大学书报资料中心发布的《2016年度复印报刊资料转载指数排名研究报告》,学院师生全年的论文转载量表现优异,转载量排名再次跻身全国前十。

2. 国内外学术交流情况

2017年,学院举办"全国比较法年会""中国法学会婚姻法学研究会"两个全国性会议以及"五校民法论坛"等多场学术会议,举办学术讲座60余场,张文显教授、徐显明教授等亲临东吴大讲堂为师生做了精彩的学术报告。积极开展对外学术交流,2017年先后访问英国牛津大学和班戈大学、美国圣约翰大学、香港城市大学及中文大学,接受意大利米兰大学的回访。

四、学院重大事项

(1) 2017年1月11日,学院三届三次教职工代表大会顺利举行,胡玉鸿院长代表学院领导班子向全体教职工作了2016年度工作报告,严俊副院长、方潇教授、上官丕亮教授分别作了学院财务工作报告、学院财务监督工作报告、学院工会工作报告,会议投票表决通过了《王健法学院教职工年度考核优秀评定办法》(讨论稿)、《王健法学院"科研杰出贡献奖"实施办法》（讨论稿）、《王健法学院教学工作奖励办法》（讨论稿）、《王健法学院管理服务工作先进个人评选办法》（讨论稿）等四个文件草案。

（2）2017年2月7日，中共苏州市委常委、政法委书记俞杏楠一行五人莅临王健法学院，就加强院地合作共同推进苏州法治建设问题进行洽谈。

（3）2017年3月18—19日，2017年长三角法学研究生论文发表会暨苏州大学王健法学院第十一届研究生论文发布会在我院中式模拟法庭举行，来自16所不同院校的19名选手分别获得一、二、三等奖。

（4）2017年3月31日，经校十一届党委第161次常委会研究决定，王振华同志任王健法学院党委副书记。

（5）2017年5月20日，最高人民法院第三巡回法庭与华东地区部分高校合作协议签署仪式在南京举行，我校作为首批入选的12家高校之一，与最高院签署合作协议，同时我院2名研究生顺利入选法官助理并被派往第三巡回法庭开展工作。

（6）2017年9月，学院积极开展本科教学审核评估的各项准备工作。本科教育是大学教学工作的核心。本科教学评估是评价、监督、保障和提高教学质量的重要举措，是高等教育质量保障体系的重要组成部分，同时也是2017年度苏州大学的重头工作。根据省教育厅安排，苏州大学于2017年11月6日至10日接受本科教学工作审核评估专家组现场考察。根据学校的相关部署，王健法学院在思想上高度重视，成立了以胡玉鸿院长为组长、周国华书记和分管本科教学的方新军副院长为副组长，以核心骨干教师为成员的"迎评小组"，专项分工，各司其职，积极准备各项迎评工作。

（7）2017年9月13日，学院召开全体党员大会，选举产生了王健法学院党委出席中国共产党苏州大学第十二次代表大会代表6名，分别是上官丕亮、王振华、方新军、张利民、周国华、胡玉鸿。

（8）2017年9月16—17日，中国法学会婚姻法学研究会2017年年会暨民法典婚姻家庭编立法重大问题研讨会在我院东吴大讲堂顺利召开。本次盛会吸引了全国各地160余位婚姻法领域的相关立法人员、专家学者、法官、律师及出版社编辑等各界人士。全国人大法工委经济法室巡视员杨明仑、全国人大法工委民法室原巡视员扈纪华、中国法学会学术组织处调研员王小红、中国法学会婚姻法学研究会会长夏吟兰等嘉宾出席了会议。9月16日晚，夏吟兰教授在我院举办了主题为"民法典婚姻家庭编立法之展望"的讲座。

（9）2017年9月23—24日，中国法学会比较法学研究会2017年年会在我院东吴大讲堂隆重举行。来自清华大学、北京大学、中国人民大学、中国政法大学、华东政法大学等各大高校法律院所以及最高人民法院、最高人民检察院等法律实务部门的150余位专家学者，围绕"比较法学的教育与研究"之主题，进行了为期一天半的深入交流与研讨。最高人民检察院副检察长、中国法学会副会长徐显明教授，中国法学会比较法学研究会会长、清华大学法学院高鸿钧教授等出席会议。

（10）2017年11月，学院6位教授增列为学术学位博士研究生指导教师，2位教授增列为学术学位硕士研究生指导教师。苏州大学首批优秀青年学者遴选结果公布：学院程雪阳和许小亮两位副教授入选。

（11）2017年12月1—3日，由学院承办的首届江苏省研究生法律案例大赛在苏州大学圆满落幕。本次赛事的成功举办，得到了江苏省教育厅的认可与表扬："作为大赛承办单位,按照部署要求,切实加强统筹协调,组织工作严密周到、保障有力,赛制科学合理、规范严密,评审公开透明、公平公正。"同时,大赛得到了各类媒体的广泛关注,有6家报纸(《法制日报》等)、2家微信公众号("江苏教育发布"等)、8家网站(中国研究生招生信息网、新华网、搜狐网等)和江苏教育台等进行了联合报道。

(肖丽娟)

外国语学院

一、学院概况

外国语学院现有在职教职工 231 名,其中教授 19 名,副教授 73 名,博士生导师 11 名,硕士生导师 45 名,高水平外籍专家 1 名。3 名教师被评为江苏省和苏州大学教学名师,1 名教师为苏州大学特聘教授,1 名教师为江苏省"333 工程"优秀人才培养对象,95% 以上的教师有海外工作、留学或访学经历。学院现设英、日、俄、法、韩、德、西班牙等 7 个语种、9 个专业。其中,英语专业为江苏省特色专业和重点专业,俄语(俄英双语)专业为苏州大学特色专业。学院所属英语语言文学学科连续在"九五""十五""十一五""十二五"期间获批江苏省重点学科,2003 年始设博士学位点。2010 年,外国语言文学学科整体获批一级学科博士点(下设英语语言专业、俄语语言专业、外国语言学及应用语言学和翻译学 4 个二级学科博士点)和一级学科硕士点[下设英语语言文学、外国语言学与应用语言学、翻译学、俄语语言文学、日语语言文学、英语教育专业学位、英语翻译专业学位(口译及笔译)等二级学科硕士点]。2011 年,学院所属外国语言文学一级学科获批江苏省重点学科。2016 年,外国语言文学一级学科被遴选为"十三五"省重点学科。学院现设博士后流动站,常年对外招收博士后研究人员。学院现有全日制本科专业在校生 1 100 多名,各类在读博、硕士研究生近 330 名。

学院现设 11 个系,同时设有 Language and Semiotic Studies(《语言与符号学研究》)编辑部、苏州大学英语语言研究所(校级)、苏州大学典籍翻译研究中心(校级)、苏州大学语言与符号学研究中心(校级)、澳大利亚研究中心、外国文学研究所、语言学研究所、翻译研究所、计算机辅助外语教学研究所、外语教学研究所等研究机构。学院现为中国语言与符号学研究会秘书处挂靠单位。近 5 年来,学院教师先后承担国家社科基金项目 20 多项、省部级科研项目 30 余项,出版学术专著 40 多部、译著 50 余部、教材 20 多套(部),在国内外权威和核心期刊上发表学术论文 300 多篇。学院每年承办大型国际性或全国性的学术会议。

二、教学工作

1. 本科生教学工作

2017 年,教学工作的重点是本科审核评估。通过党政联席会议、教授工作会议、系主任工作会议、行政后勤保障会议等,确保本科审核评估工作顺利完成。

2017 年,翻译专业学士学位授予权专家现场评估完成,顺利通过。

2017 年,各专业对 2017 级培养方案和教学计划进行了调整。英文系和翻译系在"英文专业"这个名称下,在排课上进行课程与工作量的总体调配,统一思想,全力协作;本院英语(师范)专业认证工作的前期自评告一段落;朝鲜语专业的双语化工作正式启动。重组英语赛事6支指导团队,指导"外研社杯"辩论、演讲、写作、阅读大赛和华澳杯演讲、21世纪杯演讲、师范生基本功大赛等赛事。通过锐意改革,努力做大做强学院的英文专业。英语专业作为苏州大学"十三五"品牌专业培育专业顺利通过中期检查。

2017年,学院继续推动课程和教材建设,大学英语应用类课程各教学团队修订、修改精品课程系列教材,高级英语口语和跨文化交际已率先完成,并向全国同行介绍并分享。孙倚娜和顾卫星老师领衔的大学英语"3+1"应用能力培养体系的研究与实践获2017年江苏省教育教学成果奖二等奖。卫岭主编《英语影视欣赏》由高等教育出版社出版;方红和朱新福主编的《英国文学选读》由苏州大学出版社出版,并且已经投入使用。朱新福教授获第六届全国教育硕士优秀教师。朝鲜语系张乃禹申请了《韩语语法》微课程建设教改项目。大外部教师出版了"互联网+"模式下的新形态教材。大学外语部语言中心指导外教参与教育部教学评估工作,完成了试点学院24门课程教学大纲的修订工作以及试点学院的教学调整。"中国特色文化英语教学"获得苏州大学在线课程建设立项(自建类),团队于9月录制完成所有视频课及课程推广片,完成在线课程平台建设,并在公选课班尝试使用。"英语影视欣赏"教研团队赴北京录制在线课程"英语影视欣赏",张立蓉老师和王静老师圆满完成教学录像,积极推进了苏州大学和江苏省大学英语在线课程建设。施晖和宋晔辉的《日韩文化入门》获"苏州大学2017年新生研讨课"项目立项,陆询的《法国文化概况》获"苏州大学2017年通识选修课程"项目立项;顾卫星和叶建明的《中国特色文化英语教学》、陆小明的《综合英语》和杨志红的《中级英汉笔译》等获"2017苏州大学在线开放课程立项"。

2017年,曹俊文、曹艳红、陆倩和周行获"苏州大学第十六届青年教师课堂教学竞赛"三等奖。朱新福的《美国文学选读》获2017年苏州大学校级精品教材。中国特色文化英语教程于2015年获得江苏省高等院校重点教材修订立项,相关教材于2017年6月由高等教育出版社顺利出版,并完成项目结项。

2017年,苏州大学2015年高等教育教改研究课题项目有3项结项:

莫俊华、陶丽的《高校学生英语文体能力与学术英语交流能力的培养研究》;

曹俊雯的《基于模拟会议的高级口译人才培养模式构建与课程设计研究》;

庄宇峰的《数字化导学资源建设研究——以法语系为例》。

2017年,学院教师在学校公布的2016—2017学年第一学期本科课程教学质量测评中,全校本科教学测评平均分为90.10分,外国语学院为91.72分,在全校29个院系中排名第10,比去年有所下降。第二学期的测评成绩远超各学院平均成绩。

2017年,学院又一实训基地在江苏星通俄国际货运代理有限公司正式挂牌,标志着学院人才培养校外基地建设取得新的进展。

2017年,各专业四八级考试成绩喜人。各专业四八级通过率达98%,优良率60%左右。其中西班牙语2015级专业学生在全国西班牙语专四测试中再创佳绩,禹玮婷同学获得全国第一名。在90分以上的高分段,全国共有24名,其中学院西语占有4名。

2017年,接受2016级本科生转专业9人(其中2人是本院学生转入本院其他语种专业),8名本院同学申请转出本院。

2017年,学院举办了3次科研训练专题讲座、2次专题沙龙。在大学生课外学术科研基金资助项目中,学院有15个课题成功立项。大学生创新创业训练计划项目中,有1个项目获得国家级立项、2个获得省级立项、3个获得校级立项。2015级范诗萌同学获"箬政学者"项目。

2. 研究生教学工作

2017年,学院按照研究生院的部署,对本院博、硕士研究生以及MTI专业学位培养方案进行了调整。

2017年,学院加强了研究生督导工作。督促研究生认真听课,参与学院研究生招生的命题、复试、招生工作,参与研究生平时的培养工作,使研究生招生工作更加透明公正,研究生培养工作更加科学规范。

2017年,学院MTI笔译专业宣俊鸿同学经过层层选拔成为联合国实习生,于2017年11月顺利结束实习。

2017年,学院硕士研究生顺利通过答辩,其中学术型硕士研究生46人,翻译专业硕士研究生43人。

2017年,新一届的博硕士研究生招生和录取工作如期完成,录取专业型研究生(MTI)51人,学术型研究生42人,教育硕士23人,博士生6人。

2017年,学院接受外校推免2017级研究生35人,与此同时,本院21人获得推免资格,19人被包括清华大学在内的各大名校录取,2人未录取。此外,学院还拟定2017年博士生导师招生计划安排,2017年博士生招生名额6人,继续执行既定的轮空方案。学院第二名国际留学生意大利籍博士生罗马克复学。

2017年,学院多篇硕士论文被江苏省教育评估院抽查,被查硕士论文顺利通过,未出现抽检不合格情况。古海波、程颖洁获2016苏州大学优秀博、硕士论文。博士研究生柳超健、卜杭宾获2017江苏省研究生科研与实践创新计划立项。

2016级研究生导师配备工作正常开展;2017级学术型博、硕士培养方案及硕士专业学位研究生培养方案(全日制与非全日制)完成最终修订工作,2017级新生全部按照新的培养方案进行培养。学院对超出最长学习年限的博硕士研究生进行清理,在学院官网上发布了《关于对叶沁芳等3名研究生作自动退学处理的公告》。对于超期但是已经完成毕业论文的教育硕士蔡永妹,学院积极和研究生院沟通,汇报情况,争取2018年年底毕业。

2017年,顺利完成2018级硕士考试命题工作。

2017年,文学专业方向的博士徐淑仪顺利通过博士论文答辩,博士后喻锋平顺利通过出站答辩。

三、科研工作与学术交流

1. 科研项目及成果

2017年,朱新福、施晖、钱激扬荣获国家社科基金一般项目立项资助;周民权教授申报的2017年度教育部人文社会科学重点研究基地重大项目《阿鲁秋诺娃语言文化思想系列研究与本土化探索》获得立项,为学院如何拓展项目申报路径及方式提供了新的思路,并有助于提升学院在国内学界的学术影响力。

2017年,张乃禹的相关课题获省社联应用精品工程立项;古海波的《江苏外语名师成长规律与培养策略研究》获得省社科规划教师发展专项课题立项;莫俊华、杨欣文、洪艺花、黄洁、石晓菲、张乃禹获得江苏高校哲学社会科学基金项目立项。

2017年,高永晨的国家社科基金项目顺利结项,结项结果为合格;王军、孙倚娜的省社科基金项目顺利结项。

2017年,孟祥春翻译的《生态时代与中国古典自然哲学》由Springer出版并在全球发行;《语言与符号学研究》编辑部进入第三个发展年头,王军担任《语言与符号学研究》主编,积极为本刊拓展思路。

2017年,学院教师在权威核心期刊发表论文1篇,在二类核心期刊发表论文31篇,在三类核心期刊发表论文11篇,北图期刊2篇,刊物包括《语言研究》《外国语》《外国文学评论》《外国文学研究》《外国文学》等;出版教材10部,专著9部,译著7部。

2. 国内外学术交流情况

2017年,学院继续拓展对外学术交流,支持教师外出参加各类各级学术活动,邀请一大批中外著名学者来学院讲学。

2017年,学院成功举办"亚洲的交流与文学"国际学术会议、首届江苏省法语教师培训会、"全国第六届认知神经语言学学术研讨会""以英语为媒介的全球化背景下中国文化的传承与发展""江苏省研究生学术交流大会暨江苏省研究生公共英语教学专题研讨会""澳大利亚后现代文学学术研讨会"。

2017年,学院继续大力推进学术交流,邀请40多位国内外著名专家来院讲学。

2017年,学院继续支持师生外出交流,多位教师参加国内外各种学术会议。

2017年,学院继续与联合国新闻司保持良好的合作,为联合国翻译了三本联合国年鉴(1994年、1995年和2012年),总字数约6万字。在联合国实习的本院学生回国后给学生做了详细的报告,对宣传学院产生了非常积极的影响。

2017年,学院保持与世界10多个国家的近30所大学的合作交流联系。后续跟进工作正在进行中。

2017年,学院日语系与大阪府教职员会合作20年,大阪府教职员交流会谷川会长一行前来续签合作协议。学院接受野泽丰纪念文库第五批捐赠苏州大学日文原版图书,接受大阪府教职员交流会捐赠日文原版图书,邀请苏州外国语学校及苏州科技城外国语学校的日语师生参加本系日语周活动(茶道体验、寿司节、参观校博物馆等)。

2017年,中核核电运行管理有限公司K-2/K-3运行和维护培训项目授课教员英语专项培训如期完成,江苏信息职业技术学院2017年专任教师全国英语等级考试(PETS-5)培训也圆满完成。苏州市工商档案管理中心培训项目、苏州市国家安全局英语培训服务项目也在学院如期举行。

2017年,学院接待中央民族大学、南通大学外国语学院、山东齐鲁师范学院外国语学院、外交学院西班牙语系、长江大学外国语学院等兄弟院校先后来访交流。

四、学院重大事项

(1) 本科教学审核评估顺利完成。

(2) 进行"十三五"省重点学科制定的各项工作以及江苏省重点专业(英语)方面工作。

（3）翻译专业学术学位授予权评审顺利通过。

（4）周民权教授申报的2017年度教育部人文社会科学重点研究基地重大项目《阿鲁秋诺娃语言文化思想系列研究与本土化探索》获得立项。

（5）孟祥春副教授翻译的《生态时代与中国古典自然哲学》由Springer出版并在全球发行。

（6）成功主办"全国第六届认知神经语言学学术研讨会"。

（7）成功举办"以英语为媒介的全球化背景下中国文化的传承与发展"江苏省研究生学术交流大会暨江苏省研究生公共英语教学专题研讨会。

（8）参与江苏省重点专业（英语）的中期验收和部分本科专业（英语及西班牙语）的校内评估。

（9）我国当代著名的翻译家、语言学家、词汇学家与英语教育家，学校柔性引进特聘教授汪榕培先生因病医治无效，于2017年9月11日15时在大连市去世，享年76岁。

（10）由北京外国语大学倡议发起、全国25所外语类院校及具备外语优势学科的70余所院校联合组建的中国高校外语慕课联盟（China MOOCs for Foreign Studies）在京成立。苏州大学外国语学院成为首批97所中国高校外语慕课联盟理事院校之一。

（蒋莲艳）

金螳螂建筑学院

一、学院概况

苏州大学金螳螂建筑学院坐落在风景秀丽的独墅湖畔,秉承"江南古典园林意蕴、苏州香山匠人精神",肩负延续中国现代建筑教育发端的历史使命,是苏州大学依托长三角经济发达的地域优势,为主动适应21世纪中国城市发展需求,与社会共创、共建、共享而探索的新型办学模式。

学院这几年发展快速,现已具有建筑、规划、风景园林、历史建筑保护工程完整的建筑培养学科专业,已具备博士生、硕士生、本科生完整的培养链。设有建筑学(含室内设计方向)、城乡规划、风景园林(含植物应用与设计方向)、历史建筑保护工程4个本科专业,设有1个二级学科博士点(建筑与城市环境设计及其理论)、2个一级学科硕士点(建筑学、风景园林学)、1个二级学科硕士点(城乡规划与环境设计)、1个专业学位硕士点(风景园林),另在艺术设计(专业学位)硕士点下设有建筑与城市专业设计研究方向。

学院现有在校全日制本科生720多名,研究生149名。有教职工81名,62名专任教师中具有博士学位或博士学位在读的教师46名,占74.2%;有国外工作、学习经历的教师35名,占56.5%;有高级职称的教师31名,占50%。

学院的发展定位和目标:以工科为基础,以建筑类为主导,以设计为特色,各专业协调发展;通过差异化的发展道路和"产、学、研"齐头并进的发展模式,发展成为国际化、职业化的高水平设计学院。

学院强调"匠心筑品"的院训、"静净于心,精敬于业"的教风、"学思于勤,善建于行"的学风,坚持国际化、职业化的特色发展方向。

二、教学工作

1. 本科生教学工作

在2017年全国高校建筑设计优秀教案和优秀作业评选中,学院获评优秀教案1项,优秀学生作业2份。在第十四届全国高校建筑与环境设计专业美术教学研讨会学生美术作品大奖赛中,教师获教学课件银奖、铜奖、优秀奖各1项,学生获银奖1项、优秀奖5项。在2017谷雨杯全国大学生可持续建筑设计竞赛中,学生获优秀奖1项。在2017中国风景园林学会大学生设计竞赛中,学生获三等奖、佳作奖各1项。在全国高校城乡规划学科2017年城市交通出行创新实践作业评优中,学生获佳作奖1项。在第6届IMSIA全国太阳能建筑设计竞赛中,学生获三等奖1项(一等奖空缺)。在第七届中国国际空间设计大赛中,学生获优秀奖2项。在UIA-霍普杯2017国际大学生建筑设计大赛中,学生获入围奖2项。在2017年度(首届)全国高校城乡规划专业大学生乡村规划方案竞赛中,学生获二等奖、三等奖、佳作奖各1项。在2017年全国大学生英语竞赛(NECCS)中,学生获C类三等奖1项。

1人获得校级青年教师课堂教学竞赛二等奖。新增三门2017—3I教改课程立项(新生研讨课、创新创业课、通识选修课各1门)。

2篇毕业设计(论文)评为校优秀毕业设计(论文),1个毕业设计小组获校优秀毕业设计团队,1名教师获校毕业设计(论文)优秀指导教师,1个毕业设计团队经学校推荐参加江苏省2017年普通高校本专科毕业设计(论文)省优评比。学院获大学生创新计划6项立项:国家级2项,省级2项,校级2项;并获得省级创业训练项目1项立项。2人获"箐政学者"项目。

2. 研究生教学工作

2017年,建筑学院共招收研究生新生61名。其中全日制学术型博士研究生1名,全日制学术型硕士研究生27名,全日制专业学位硕士研究生32名,非全日制专业学位硕士研究生1名。建筑学一级学科硕士点为首届招生(9名)。

2017年,新增列学术型博士生导师2名,新增列硕士生导师4名,认定硕士生导师4名,新增列专业学位导师1名。

2017年,学院学生9项设计作品在国际、国内竞赛中获奖,涉及研究生29人次。张媛媛等同学的设计作品"Back to Lake"获得了IFLA亚太地区学生竞赛最高奖(同时参赛的北京林业大学、清华大学两高校的设计作品获得佳作奖)。林婉婷等同学的设计作品《步步为生》、李文超等同学的设计作品《大地乐章——苏州东环路高架桥声环境修复》在2017年中国风景园林学会全国大学生设计竞赛中分别获得了佳作奖。

2017年,学院5名研究生成功申报了研究生创新计划省级项目。以第一申请人申请专利1项,署名参与申报的专利11项。学生参与国家级、省部级科研项目11项。

2017年7月,学院成功举办了2017建筑设计国际研修营。2017年12月,学院首届研究生学术沙龙"由设计竞赛获奖说起"成功举办。

三、科学研究与学术交流

1. 科研项目及成果

2017年度学院获得国家级项目6项(含国家科技部重点研发计划专项子课题2项),省部级项目7项(含人文社科项目1项),市厅级项目14项(含人文社科项目7项)。民口纵向项目总经费264.73万元,民口横向项目总经费107万元。SCI(E)第三、四区收录论文3篇,ISTP收录论文1篇,EI收录论文1篇。发表SCI(E)/ISTP/EI三大期刊园论文和北图核心期刊论文32篇。出版专著5部,参编著作(教材)6部。申请专利17项。获得市厅级奖励6项(含人文社科类5项)。

2. 国内外学术交流情况

学术讲座常态化。2017年1月1日至2017年12月31日,"信义讲堂"在学术交流中心成功举办了35场高水平学术讲座,从2015年9月开始的"信义讲堂"至2017年12月总计完成100场。2017年度演讲嘉宾分别来自清华大学、浙江大学、厦门大学、重庆大学、青岛理工大学、北京林业大学、中南大学、上海大学、日本福冈大学、德国卡尔斯鲁厄国立设计学院等国内外知名高校及海内外多个顶级研究机构、设计院和事务所,他们多为国内外建筑、规划、风景园林、历史建筑与保护等学科领域有卓越成就和广泛影响力的知名人士,直接听众达4 000人次。35场学术报告作为第二课堂辅助第一课堂的教学,结合教学大纲、关联课程计划、紧跟学科前沿知识、切合行业最新动态,对巩固和深化第一课堂教学、拓宽学生知识面起到了显著的促进作用,并在业界取得了良好口碑。

国际合作顺利开展。2017年4月,学院与三位外籍教师签署外聘讲席教师协议,进一步壮大学院国际化教师队伍。2017年5月,中加(中国·加拿大)联合设计工作坊顺利进行第四年教学活动,形成跨界、跨国的以文化融合为重点教学内容的创新教学方式。2017年7月,为期一周的"2017苏州大学建筑设计国际夏令营"活动在学术交流中心成功举办,受到了社会各界的广泛关注与好评;与此同时,学院建筑系7名教师赴香港参加全国建筑设计教学第7期研习班,促进了香港及内地高校教师间的设计教学交流,也为学院教改起到积极推动作用。2017年9月,新加坡国立大学设计与环境学院建筑系、英国王储传统艺术学院来学院参观交流。2017年11月,英国普利茅斯大学来访,与学院洽谈联合培养研究生等项目合作,目前两校已签订初步合作意向书(MOU),博士联合培养等具体合作协议正在拟定中。

学院于2017年9月承办了2017第十六次建筑与文化国际学术讨论会,海内外200多位专家学者前来参会,学院在国内国际知名度显著提升。

四、学院重大事项

(1) 2017年3月,学院承办"2016年度中国建筑学会苏沪地区科普基地授牌仪式暨科普讲座",学院被认定为"中国建筑学会科普教育基地"。

(2) 2017年3月,学院完成系科组织架构调整,新一届系主任聘任上岗。

(3) 2017年4月,苏州大学与《中国名城》杂志社举行合作签约。

(4) 2017年5月,学院荣获校"炫舞之星舞蹈大赛"第一名。

(5) 2017年6月,苏州三校联合主办的"中国新型城镇化背景下的规划与设计教育国际会议"成功召开。

(6) 2017年6月,学院郭明友老师喜获苏州大学学生"我最喜爱的老师"。

(7) 2017年8月,学院国家基金中标6项,在全国同类专业学院中排名并列第12名。

(8) 2017年9月,第十六次建筑与文化国际学术讨论会在学院成功召开。

(9) 2017年11月,学院风景园林专业研究生获得IFLA亚太地区学生竞赛一等奖。

(10) 2017年12月,学院二届五次教代会顺利召开。

(11) 2017年12月,学院第五次团代会、学代会、科代会、社代会圆满召开。

(陈　星)

数学科学学院

一、学院概况

苏州大学数学科学学院有着辉煌而悠久的历史,其前身是 Soochow University(东吴大学堂,1900 年创办),1928 年东吴大学文理学院设立数学系。"华罗庚数学奖"获得者姜礼尚教授,华人第一位国际组合数学终身成就奖——"欧拉奖"获得者朱烈教授,全国首批 18 位博士之一、全国优秀教师称号获得者谢惠民教授,国内一般拓扑学研究先驱之一的高国士教授等知名教授都是苏大数科院的荣耀。学院一贯治学严谨,精心育人,至今走出了中科院院士 1 名,中组部"千人计划"入选者 2 名,长江学者特聘教授 2 名,国家杰青 6 名,国家优青 2 名,为江苏培养了一大批中学数学特级教师和教授级高级教师、中小学名校校长、优秀企业家和金融精英。

学院目前拥有 2 个一级学科,数学一级学科博、硕士学位授予点下设基础数学、应用数学、计算数学、概率论与数理统计、运筹学与控制论、数学教育 6 个二级学科博、硕士点,统计学一级学科博、硕士学位授予点下设数理统计、应用概率、金融风险管理、生物统计、经济统计 5 个二级学科博、硕士点;学院还有应用统计、金融工程、学科教育(数学)3 个专业硕士学位点;设有数学和统计学博士后流动站以及全国省属高校中唯一的国家理科基础科学研究和教学人才培养基地(数学);数学、统计学均为江苏省一级重点学科;数学与应用数学为国家"211"重点建设学科。

学院设有数学与应用数学系、计算科学系、统计系和大学数学部,同时还设有数学研究所、应用数学研究所、高等统计与计量经济中心、金融工程研究中心、设计与编码研究中心、系统生物学研究中心、数学与交叉科学研究中心等 7 个研究机构。

学院现有教职工 136 人,其中专任教师 115 人,教授 32 人(含博士生导师 20 人),副教授 52 人。专任教师中有 83 人具有博士学位。学院现有国家自然科学杰出青年基金获得者 1 人,国家自然科学优秀青年获得者 1 人,国家"青年千人计划"1 人,全国优秀教师 2 人,国家级有突出贡献的中青年专家 3 人,享受国务院政府特殊津贴 10 人,教育部新世纪优秀人才 2 人,江苏省教学名师 1 人,江苏省"333 工程"学术带头人 4 人,省级有突出贡献的中青年专家 2 人,江苏省青蓝工程学术带头人 1 人,江苏省青蓝工程骨干教师 4 人,江苏省普通高校优秀青年骨干教师 4 人。

学院下设数学与应用数学(基地、师范)、信息与计算科学、金融数学、统计学 4 个本科专业。"数学基础课程群教学团队"被评为国家级教学团队建设点,"数学与应用数学专业"被教育部批准为"第六批高等学校特色专业建设点"并被授予江苏省品牌专业,数学类专业获"十二五"江苏省高等学校重点专业,《数学分析与习题课》被评为国家级和省级精品课程建设点,《高等代数》和《抽象代数》被评为江苏省精品课程。目前有全日制在校硕、博士研究生200多人,本科生近千人。

学院自2009年参加第一届全国大学生数学竞赛起,累计获得全国总决赛一等奖2人次,二等奖7人次,三等奖1人次,2016年3月本院邱家豪同学获得了第七届全国大学生数学竞赛第一名的好成绩。在美国大学生数学建模、国家大学生创新性试验计划、国家基础科学人才培养基金项目、箐政学者等课外科技学术活动中学院学生屡获佳绩。

学院目前在研国家级科研项目近百项,研究经费3 000余万元。近年来学院科研成果令人瞩目,先后承担了包括国家自然科学基金重点项目、重大课题子课题、面上及青年项目等一大批科研项目。教师每年在国际、国内权威期刊发表高质量论文近百篇。在组合设计、常微与动力系统、代数、函数论、几何与拓扑学、科学计算、统计学等方面的科学研究处于国际知名、国内一流水平。在 Annals of Statistics,Journal of the American Statistical Association 等数学统计顶级期刊上发表多篇高水平论文。学院科研成果获省部级科技进步奖3项。

二、教学工作

1. 本科生教学工作

2017年度,根据学校的教学工作安排,学院共承担教学任务总计439个班,学院专任教师114名,人均承担3.85个班。学院共开设6门次本科新生研讨课、新增新生研讨课1门。省级在线慕课立项1门、校级2门、过程化考核课程5门。省级教改重点项目立项1项。完成自主招生、转专业工作、本科生硕士推免等工作。顺利完成了本科教学工作审核评估,根据反馈意见,进行后续改进工作。《高等代数》在线课程(主持人:黎先华)获省级立项,上册已经制作完成并上线。地方综合性大学的《高等数学》教材建设(主持人:严亚强)获得江苏省重点教改项目立项。继续推进江苏省品牌专业建设,完成教学成果奖的申报、中期检查等项目任务。建设完成了录播教室一间(维格堂417)、大数据实验室、Maple联合实验室,在建本科生创新创业实验室。建设完成试卷识别扫描系统(专业课),公共数学扫描批阅系统在建;大数部出版高等数学和线性代数习题册;精品课程网站在建,数学建模网站在建,教学资源网站在建。与新加坡国立大学、南洋理工大学、曼彻斯特大学国际合作项目继续正常运行。新增与美国伊利诺理工学院全面合作关系(已签约),与美国罗格斯大学洽谈"3+1+1"本硕项目,与加州大学洽谈合作项目。新增中国人寿、上海证券等实习基地。

2017年度,学院学生工作在辅导员职业能力、学风建设、标兵选树方面取得较好成绩,在创就业工作上取得突破。本科招生形势较好,以高于苏大分数线7分的分数录取新生,为近7年录取分数最高线,无调节志愿录取。"以学生为本",科学规范开展工作。始终秉持"育人为本、德育为先"的教育理念,以培养德才兼备、明礼守范的高素质数学、经济学和统计学人才为目标,通过加强辅导员队伍建设、积极落实社会主义核心价值观教育、扎实有序推进和谐稳定工作、完善规范"奖助贷勤补减"六位一体立体化资助工作,以党团组织建设和学风建设为重要抓手,以心理健康教育和生涯规划引导服务为支撑,在推动学生高尚人格、优化心理、精湛学业、创新创业、全面发展上搭建扎实平台,营造良好氛围。学院2013级李祥飞同学获得第八届全国大学生数学竞赛(数学类)决赛一等奖(高年级组);学院邱海权、唐伟、王祯琪三位同学获得2017年"高教社杯"全国大学生数学建模竞赛国家一等奖,另外三个团队获得国家二等奖;学院2015级唐鉴恒同学获得"蓝桥杯"全国软件和信息技术专业人才大赛国家二等奖,2015级王淋生同学获得第九届全国大学生数学竞赛江苏赛区一等奖,并获得代表江苏省参加2018年全国决赛的资格。

2. 研究生教学工作

学院重视研究生培养质量,通过系列举措完成研究生教育改革创新,在招生模式、培养过程、民主管理上都狠抓规范,获得了良好的效果。2017年录取全日制硕士研究生71人,非全日制硕士研究生3人,博士研究生8人。学院组织申报研究生创新项目,3人获得了江苏省科研创新计划省立省助项目;组织学生参加全国研究生数学建模比赛,1支队伍获二等奖,4支队伍获三等奖。为了推进研究生国际交流和海外研修,学院调整了《关于苏州大学数学科学学院研究生培养补充条例》(数学字〔2015〕1号)的第四条,增加国际交流和海外研究的资助力度。相比2016年,国际交流和海外研修的人次有所增加,有3人获2017年国家公派研究生项目,1人获学院优势学科经费资助留学,3人参加国际会议或交流。组织完成学科教学学位授予点自我评估,协助完成数学、统计学科学位授予点自我评估。为了提高研究生的专业基础,通过调研、讨论,试行在研究生第二学期开设公共基础课,同时这些课程向本科生开放,夯实本科生基础,并以此吸引优秀本科生留校读研究生。修订完成《苏州大学数学科学学院研究生培养实施办法修改补充条例》(数学字〔2017〕14号)。

三、科研工作与学术交流

1. 科研项目及成果

学院共获批国家自然科学基金13项,其中面上项目8项,青年基金项目4项;获得江苏省自然科学基金青年项目2项,江苏省高校自然科学研究基金1项。全年共获批纵向基金超过800万元。学院教师全年累计发表SCI论文70余篇。

曹永罗教授获批主持国家自然科学基金重大项目课题"动力系统的遍历论"(项目参与者有本学院秦文新教授、史恩慧教授、赵云教授、杨大伟教授、廖刚副教授,以及南京大学代雄平教授、窦斗教授)。获批此项国家自然科学基金重大项目课题,是学院动力系统团队的重大突破和科学研究的标志性成果。

2. 国内外学术交流情况

学院邀请了国内外专家100余人次(其中院士4名、杰青8名、4名中组部"千人计划"教授、国家级教学名师2名)来院作学术报告;同时举办了共计10余场次国际、国内高水平学术研讨会。通过营造浓郁的学术科研氛围,极大地开阔教师的学术视野,激发学术灵感。

四、学院重大事项

(1) 2017年1月13日,校党委组织部来学院宣布新一届班子成员,熊思东校长出席并发表重要讲话。

(2) 2017年2月20日,学院季利均教授荣获国际组合数学及其应用协会2015年度霍尔奖。

(3) 2017年3月17日,学院李祥飞同学获第八届全国大学生数学竞赛决赛一等奖。

（4）2017年7月1日,学院二届四次教代会在天元讲堂举行。

（5）2017年9月5日,由蒋星红副校长主持,本科教学工作审核预评估小组来学院检查工作。

（6）2017年9月24日,学院2017级本科生荣获军训"先进集体"称号。

（7）2017年10月13日,由学院主办的"2017年大数据专业建设研讨会暨大数据实验室建设现场会"在独墅湖畔开幕。

（8）2017年11月13日,学院学生在2017年全国大学生数学建模竞赛中获全国一等奖1项,全国二等奖3项,江苏省一等奖2项、二等奖9项、三等奖9项。

（9）2017年11月23日,学院与金鸡湖大数据产业联盟合作举办"2017年大数据人才数学科学学院专场招聘会",合计10家联盟会员单位参与招聘。

（10）2017年12月18日,学院曹永罗教授主持申报的"动力系统的遍历论"喜获重大项目课题立项。

（金　贤）

物理与光电·能源学部

一、学部概况

物理与光电·能源学部坐落于风景秀丽的天赐庄校区,经历百余年沧桑,学部已发展为国内外重要的物理、光电与能源学科科研和人才培养基地。根据2017年12月份的数据,苏大物理学科国际排名位列533位,国内大学和科研机构排名第23位(含中科院及中科院大学);苏大物理学在自然指数(Nature Index)的国际学术排名中居全球第60位,在国内学术排名中居第9位。

学部前身为东吴大学物理系,创建于1914年,是学校历史最为悠久的院系之一。学部现有物理科学与技术学院、光电信息科学与工程学院、能源学院、高技术产业研究院、现代光学技术研究所、信息光学工程研究所和化学电源研究所等学院和学术机构,学校软凝聚态物理及交叉研究中心挂靠学部。现有在校研究生500多名,本科生1400多名;教职工270名,其中院士2名,中组部"千人计划"入选者1名,长江学者1名,杰青2名,优青5名,青年千人10名,青年"973"首席专家1名,教育部优秀人才2名,江苏省双创人才6名,江苏省特聘教授4名。全体教职工中具有高级职称的有152名,具有博士学位的有190名。

根据基本科学指标数据(Essential Science Indicator,ESI)分析,学校的物理学学科已跻身全球前1%。英国自然出版集团发布的2017年度自然指数统计显示,学部物理学科在全国各大科研机构与高校中排名第9位,在亚太地区各大科研机构与高校中排名第32位。学部先后承接了国家"973"和"863"项目、国家重点科技专项、原总装备部基金项目、教育部基金项目、国家和江苏省自然科学基金项目等一大批科研项目,年度科研经费达8 000多万元。近三年来,学部教师分别在Physical Review Letters、Nature Materials、Nature Communications、Advanced Materials等国际SCI学术期刊发表论文600余篇。学部拥有省部级重点实验室6个,省部级工程研究中心2个,国家及省部级公共服务平台5个,国家级检验检测中心2个,国家级标准委员会2个,国家地方联合工程中心1个。

学部有国家特色专业物理学,江苏省特色专业光信息科学与技术,国家级精品课程《普通物理学》,江苏省高等学校精品课程《大学物理实验》,江苏省高校英文授课精品课程《普通物理学》,国家级双语教学示范课程《电磁学》,国家级实验教学示范中心物理实验教学中心,国家级教学团队基础物理(实验)教学团队。

二、教学工作

1. 本科生教学工作

充分发挥学部教学委员会和学部教学督导作用,认真组织学习学校关于加强研究性学习相关文件。组织安排学部教学委员会委员和教学督导开展期中课堂听课和评课活动以及期中的学生座谈会,2017年度重点听实验课教学,有力促进实验课堂教学。同时紧密结合专业认证,重点关注专业培养目标同学校发展目标的契合度、毕业要求同专业培养目标的关系,以及课程设置同毕业要求的相关度等方面做重点修订。此外,也积极要求企业专家参与本科培养方案的修订。

继续推进物理学国际班的教学工作,加强对教学过程的监管、监控。召开教学助理和物理学国际班专业教师的专题座谈会,推进国际班教学,并取得显著成绩。同时积极做好学部与文正学院新能源科学与工程专业培养方案的修订工作。

继续推动实验、实习基地的建设,拓展本科教学工作的辐射能力。在国家级物理教学示范中心现有的基础上,2017年着力开展了"物理虚拟仿真实验教学中心"的建设工作,目前普通物理虚拟仿真实验部分项目已投入使用,极大提高了学生对实验知识的掌握。重点建设了全英文普通物理实验室,有力支持了国际班、新中外合作办学的全英文教学。学部领导重视校企合作工作,与阿特斯阳光电力(苏州)有限公司进行了校级实习基地的签约。

高度重视本科教学审核评估工作,全体教师通力配合,扎实推进本科教学各项工作。学部多次召开全体教师大会,将相关政策宣讲到每位教师。学部党政班子成员及相关教研室领导就开展听课、看课等活动,规范学院教师的教学活动。大部分教师能保质保量按时完成对试卷、毕业论文、教学材料的复核工作。教务办公室在做好日常工作的同时,认真完成学校要求的各类教学数据统计,确保支撑材料的准确性。学部教学工作的规范化和取得的成绩受到了专家的好评。

课程建设方面,"普通物理学"获批成为江苏省在线开放课程建设的立项项目,"普通物理Ⅱ"全英文课被评为江苏省级留学生全英文授课精品课程培养项目。"量子力学"获批苏州大学在线开放课程群的建设。"现代物理学(英文)""现代物理学在创新创业中的应用"获批苏州大学3I课程。在教材建设方面,《基础物理学》获评成为2017年苏州大学精品教材,出版《物理学简明教程》教材一部。在教改研究项目上,获批教育部高教司产学研合作协同育人项目一项,获批江苏省高校实验室研究会研究课题一项,获批教育部高等学校物理学类专业教学指导委员会力学分会教改项目一项。

2. 研究生教学工作

针对学部研究生生源质量不高的情况,加强招生宣传力度,提高生源质量,保证研究生录取规模的逐年提高。2017年7月9—11日举办了优秀本科生夏令营活动。为了增加校外优秀生源,本次夏令营活动主要面向校外学生,营员分别来自全国13个省份的33所高校,取得了良好的宣传效果。在学部领导和各位老师的共同努力下,招生规模继续取得突破。2017年物理与光电·能源学部共招收博士研究生33人(硕博连读19人、申请考核制9人、公开招考5人),全日制硕士研究生194人,非全日制硕士研究生8人,全日制海外留学生10人。今年各类研究生总数达245人,招生人数逐年增长,总人数比2016年度增长17.2%。另外,学部下半年接收了18级推荐免试硕士研究生19人,为2018年的整个研究生招生工作打下了良好的基础。

2017年学部新增列博士生导师6人（含全职外籍教授1人），增列学术型硕士研究生导师17人，增列专业型硕士研究生导师6人。进一步扩大学部研究生导师队伍，为研究生教育的发展创造了条件。

2017年学部获江苏省研究生科研与创新计划立项7项、江苏省研究生教育教学改革课题1项、江苏省优秀博士学位论文1篇、江苏省优秀硕士学位论文1篇，新增江苏省研究生工作站2家。研究生获得第十二届中国研究生电子设计竞赛华东赛区团体二等奖，江苏省高校第十四届大学生物理及实验科技作品创新竞赛一等奖3项、二等奖1项、三等奖2项。

10位同学成功入选"2017年国家建设高水平大学公派研究生项目"，其中，攻读博士学位研究生2人、联合培养博士研究生8人。1人获得2017年国际交流奖学金，研究生参加国际学术会议及短期海外研修约40人次。另外，有10位分别来自巴基斯坦、印度、乌克兰的海外留学生全日制攻读博、硕士学位。

2017年全年学部共有22名博士、140名硕士研究生通过毕业答辩，13人被授予理学博士学位，9人被授予工学博士学位，70人被授予理学硕士学位，48人被授予工学硕士学位，21人被授予教育硕士专业学位，1人被授予教育学硕士学位。

三、科研项目及成果

积极组织学部科研人员申报国家、省部各级各类科研项目。2017年共获国家自然科学基金26项（资助1 121万元）：重大研究计划（重点支持）项目1项，面上项目14项，青年基金项目10项，海外及港澳学者合作研究基金项目1项，学部申报成功率为29.4%；获省基础研究计划（自然基金）项目10项（获得资助180万元）：优青1项，面上5项，青年4项。获市厅级项目5项（获得资助73万元）。新增军口项目27项，合同经费约3 850万元。

2017年，学部教师发表各类论文366篇，其中三大检索收录249篇；授权专利102项，其中发明专利54项，美国专利2项；申请专利113项，其中PCT专利18项，发明专利56项；专利转让13项（117万元）。2017年度学部获得江苏省科学技术奖二等奖1项，中国光学工程学会科技创新奖三等奖1项。

四、学部重大事项

2017年5月3日，省委常委、市委书记周乃翔，市委常委、市委秘书长黄爱军，市委副秘书长、市委研究室主任俞愉等领导一行来到苏州大学能源与材料创新研究院调研。苏州大学党委书记王卓君、副校长路建美、党委副书记高祖林，以及刘忠范院士陪同调研。

（朱利平）

材料与化学化工学部

一、学部概况

材料与化学化工学部由苏州大学原化学化工学院和原材料工程学院的材料学科合并组建而成。原化学化工学院历史悠久,源远流长,其前身是创建于1914年的东吴大学化学系,它的创始人是东吴大学第一位理科教师、美国生物学家祁天锡教授(美国范德比尔特大学硕士研究生毕业)和东吴大学第一位化学教师、美国化学家龚士博士(1913年来自美国范德比尔特大学)。1917年,龚士博士指导的两名研究生获得化学硕士学位,他们是中国高校授予硕士学位的第一批研究生。材料学科有近40年办学历史,目前已成为国内重要的材料科学研究和人才培养基地之一。

学部涵盖化学、材料科学与工程、化学工程与技术3个一级学科,拥有化学、材料科学与工程、化学工程与技术等3个博士后流动站,化学和材料科学与工程一级学科博士点以及应用化学二级学科博士点授予权。设有化学、应用化学、化学教育、化学工程与工艺、环境工程、无机非金属材料与工程、材料科学与工程、高分子材料与工程、材料化学、功能材料等10个本科专业。目前在校本科生、研究生约2 500人。

学部下设化学学院、材料科学与工程学院、化工与环境工程学院和实验教学中心、测试中心。化学学院下设无机化学系、有机化学系、分析化学系、物理化学系、公共化学与教育系;材料科学与工程学院下设高分子科学与工程系、材料科学与工程系。学部现有在职教职员工252人,其中中国科学院院士1人,新西兰皇家科学院院士、澳大利亚工程院院士1人,教育部"长江学者"特聘教授1人,国家杰出青年科学基金获得者5人,国家优秀青年科学基金获得者5人,中组部"千人计划"特聘教授1人,"青年千人计划"11人,人力资源和社会保障部"百千万人才工程"培养对象(国家级)2人,"万人计划"科技创新领军人才1人,其他省部级人才20余人,同时还聘请了包括诺贝尔奖获得者在内的30余位外籍名誉教授和讲客座教授。

学部学科平台建设成绩斐然,绿色化学与化工过程、材料科学与技术是江苏高校优势学科建设项目。化学专业是"211"工程"十五""十一五""十二五"重点支持学科,为江苏省"十二五"高等学校重点建设专业,"高分子材料与工程"入选教育部"卓越工程师"计划,化学实验教学中心为江苏省实验示范中心。

学部科研条件优越,拥有新型功能高分子材料国家地方联合工程实验室、环保功能吸附材料制备技术国家地方联合工程实验室、智能纳米环保新材料及检测技术国际联合研究中心、江苏省有机合成重点实验室、江苏省先进功能高分子材料设计及应用重点实验室、江苏省新型高分子功能材料工程实验室、江苏省水处理新材料与污水资源化工程实验室及其他20余个省、市、校级重点实验室。

二、教学工作

1. 本科生教学工作

2017年,学部高度重视本科教学审核评估和工程教育专业认证工作。2017年6月顺利完成高分子材料与工程专业工程教育专业认证的现场考查工作,2017年11月顺利完成本科教学审核评估的进校考查工作。

建设优质课程资源,夯实教学质量工程。完成"无机化学实验""有机化学实验""分析化学实验"的全程录播工作,完成"仪器分析实验"的数字化平台建设工作。组织申报苏州大学3I工程项目,"无机化学"和"无机及分析化学"两门课程入选微课程(群)立项建设项目,"走进化学"获得省级推荐重点教材,"仪器分析实验"获批建设在线开放课程。

加强组织和引导,推动教学改革,强化专业建设。2017年学部教师共发表教研论文16篇。对2017级本科专业培养方案进行了合理微调,以适应专业认证的需要。完成化学品牌专业培育点的中期检查工作。

以大学生科研训练项目为抓手,着力提高本科生的科研兴趣和水平。学部2名本科生被遴选为2017年"箬政学者"。获得国家级大学生创新创业训练计划项目2项,省级大学生创新创业训练计划重点项目2项、一般项目1项、指导项目1项,省级创业训练项目1项,校级大学生创新创业训练计划项目4项。

2. 研究生教学工作

2017年材化部研究生获得"江苏省2017年度优秀博士学位论文"奖1篇、"江苏省2017年度优秀硕士学位论文"奖2篇;5名博士研究生获得2017年度"江苏省研究生培养创新工程"立项资助。全国学位论文抽检合格率达100%。

2017年全面完成新一轮培养方案的修订,推出了模块化的培养方案和课程计划。2017级研究生已经按新的培养方案培养,全体在校生申请学位的科研成果要求也已参照新规定执行。研究生督导人员配备齐全,不定期检查课堂教学,随机听课。定期召开督导工作会议,反馈意见和建议,发挥沟通桥梁作用。

指导3位企业家申请江苏省第五批产业教授;与5家企业达成合作意向,并成功申报"江苏省研究生工作站";3个研究生工作站通过期满考核。

三、科研工作与学术交流

根据ESI美国基本科学指标数据库数据显示,2017年5月,苏州大学化学学科上升至全球第111位,材料科学与工程学科位列第70位,同时进入ESI排名前1‰,成为苏州大学仅有的两个进入ESI全球排名前千分之一的学科。材料科学与工程入选教育部"双一流建设"的一流学科,化学和材料学科分别为主要支撑学科。根据Nature Index最新排名,化学位列世界第27名、国内第9名。

完成江苏省优势学科二期工程"绿色化学和化工过程"项目建设任务。完成化学、应用化学两个学术学位,化学工程、材料工程、学科教育(化学)三个专业学位授权点的合格评估工作。申报增列"化学工程与技术"一级学科博士点。

1. 科研项目及成果

2017年学部共发表SCI论文500余篇,在 JACS、Angew. Chem. Int. Ed. 、Adv. Mater. 等TOP期刊发表论文20余篇,保持良好的高位稳定增长态势。

2017年学部共获批国家自然科学基金项目32项,包括2项优青项目、27项面上项目和3项青年项目;获批省科技厅项目7项,包括1项省杰青项目和1项省优青项目;获批省高校项目及苏州市科技计划项目共13项。获批各级纵向项目总经费超过2 500万元。完成国家自然科学基金项目结题39项,省科技厅项目结题10项,省高校项目及苏州市科技计划项目结题10项。目前学部在研国家级项目近180项,其他项目23项。

学部新增苏州市精准催化技术重点实验室。申请专利127项,PCT专利19项,授权专利71项,专利转化38件。横向项目立项20项,包括校企共建科研平台2个。

2. 国内外学术交流情况

2017年学部接待了巴基斯坦驻沪总领事一行、澳大利亚驻北京使馆工业创新科技参赞一行等10余个国外团体,与国外高校建立教学科研合作关系,并就本科生"3+2"项目、联合培养博士生"2+2"项目等进行协商,已与日本Saga大学签署了合作框架协议。接待来自美国、法国、德国、加拿大、日本、澳大利亚等国外高校、科研院所专家学者10余人。

学部有9位教师以访问学者身份前往美国、加拿大、日本等国家高校和科研院所进修,参加国际会议及合作研究等短期出国有50余人次,50余位外籍专家学者受邀到学部开展学术交流。

学部非常重视学生的国际视野培养,2017年学部共有38名研究生和40名本科生赴国(境)外参加交换学习和交流活动。学部遴选了20名强化班优秀学生前往新加坡国立大学、新加坡南洋理工大学和德国工业大学新加坡分校进行短期交流学习。2017年共接受7名境外学生来进行短期交流学习。

四、学部重大事项

(1) 2017年5月,化学学科和材料科学与工程学科同时进入ESI排名前1‰,成为苏州大学仅有的两个进入排名前千分之一的学科。

(2) 2017年6月,顺利完成了高分子材料与工程专业工程教育专业认证的现场考查工作。

(3) 2017年6月,顺利召开材料与化学化工学部第二届三次教代会。审议通过了《苏州大学材料与化学化工学部绩效工资分配办法》部分修订条款,审议通过制定《苏州大学材料与化学化工学部对外技术服务暂行规定(试行)》《苏州大学材料与化学化工学部非学历教育培训管理办法(试行)》。

(4) 2017年9月,材料科学与工程入选教育部"双一流建设"的一流学科,化学和材料学科分别为主要支撑学科。

(5) 2017年11月,配合学校完成了本科教学审核评估进校考查工作。

(6) 2017年12月,学部积极整合内部资源,组建了"苏州大学分子科学研究院",形成化学合成、环境、光电能源、健康、催化和化工过程等六大交叉融合的研究方向,成为材料与化学化工学部下一阶段发展的新动力。

(蔡琪)

纳米科学技术学院

一、学院概况

苏州大学纳米科学技术学院是苏州大学、苏州工业园区政府和加拿大滑铁卢大学携手共建的一所高起点、国际化的新型学院。学院成立于2010年12月,2011年10月成功获批为教育部首批设立的17所国家"试点学院"之一,成为中国高等教育体制机制改革的一个特区。学院唯一的"纳米材料与技术"专业是与国家战略性新兴产业相关的本科新专业,2015年入选江苏高校品牌专业。此外,学院还相继获批国家首批"2011计划"协同创新中心、国家级创新人才培养示范基地和"111计划"创新引智基地。

学院的人才培养目标是,培养纳米科学与技术领域具有创新思维能力、具备学科交叉优势、拥有国际化视野的创新人才,包括学术创新人才和应用创新人才。学生毕业五年后将活跃在纳米材料科学与工程、纳米器件技术、纳米医学等相关领域,从事科学研究、技术开发或科技管理工作,为国家与区域的战略性新兴产业发展做出贡献。学院紧扣人才培养主线,构建了以研究性学习为载体的教学科研深度融合机制,建立了以个性化培养为导向的学段贯通、学科交叉融合人才培养机制,建成了以全球视野协同办学的国际资源融合平台,形成了纳米专业创新人才的"三融合"(教科融合、学科融合、国际融合)培养模式,探索出一条适应国家战略性新兴产业相关工科专业创新人才培养的有效路径。

学院现有学生888名,其中本科生415名,硕士研究生368名,博士研究生105名。

学院由世界著名纳米与光电子材料学家、中国科学院院士、发展中国家科学院院士李述汤教授担任院长,由加拿大皇家科学院院士、滑铁卢大学纳米技术研究院执行院长亚瑟·卡堤(Dr. Arthur Carty)担任名誉院长。同时,学院凝聚了一支学术声望高、专业理论水平扎实、实践教学经验丰富的精英师资队伍。学院现有教职工103人,其中特聘教授30人、特聘副教授2人、教授6人、副教授12人、副研究员2人、英语语言中心外籍教师6人。在这支队伍中,有中科院院士1人、中组部"千人计划"3人(含"外专千人"1人)、"青年千人计划"10人、教育部"长江学者奖励计划"特聘教授1人、国家自然科学基金委"杰出青年"基金获得者4人、国家自然科学基金委"优秀青年"基金获得者10人、科技部"中青年科技创新领军人才"3人、人保部"高层次留学人才回国资助对象"2人、教育部高等学校科学研究优秀成果奖二等奖获得者3人、中国化学会青年化学奖获得者3人、"863计划"首席科学家2人、青年"973计划"首席科学家2人、国家重点研发计划重点专项项目负责人2人、国家重点研发计划重点专项课题负责人6人、科技部创新人才推进计划—重点领域创新团队1个等。此外,学院组建了阵容强大的学术支撑团队。学术委员会专家由20人组成,其中17人为院士。同时还聘请了国内外30余名著名学者担任学院的名誉教授、国际顾问、讲座教授或客座教授。

二、教学工作

1. 本科教学工作

学院围绕"具有创新思维能力、具备学科交叉优势、拥有国际化视野"的创新人才培养理念,建立了以个性化培养为导向的学段贯通、学科交叉融合人才培养机制,建成了以全球视野协同办学的国际资源融合平台,形成了纳米专业创新人才的"三融合"(教科融合、学科融合、国际融合)培养模式,探索出一条适应国家战略性新兴产业相关工科专业创新人才培养的有效路径。

(1) 教师发展与教学团队建设:学院采用与国际接轨的薪酬标准,实行"一人一价""按水平定薪"的年薪制。同时,积极鼓励本专业教师到国外名校进修、讲学,邀请国际著名的学者来院讲学,聘请国际知名教师为兼职讲(客)座教授。2017年引进1位副研究员(徐勇)、1位讲师(邓巍)、1位助理研究员(张广),这几位教师都是具有海外背景的博士。学院100%正高职称教师每学年为本科生授课不少于36学时。

(2) 课程资源和教材建设:开启特色课程的网站建设,逐步实现教学的线上线下互动。加强教学成果激励力度,组织成立教学资源建设团队,鼓励并组织全院教师积极参与课程资源与教材的建设。2017年学院教学成果获评江苏省教学成果奖特等奖,"纳米材料与技术"教学团队入选首批苏州高校优秀教学团队,学院教学工作获评苏州大学本科教学工作综合考评优秀奖。2017年新增江苏省高等学校在线开放课程2门、苏州大学在线开放课程项目1项、苏大课程2017—3I工程项目2项、苏州大学高等教育教改研究课题2项,出版全英文教学专著1本。1名教师获苏州大学第十六届青年教师课堂教学竞赛一等奖,1名教师获三等奖,1名教师获苏州大学2017届本科毕业设计(论文)优秀指导教师,1名教师获苏州大学2017届本科毕业实习优秀指导教师,1名教师获全日制普通本科招生宣传优秀个人,6名教师获苏州大学教学先进个人。

(3) 实验实训条件建设:依托苏州纳米科技协同创新中心拓展校外实习/实训基地,增设重点实习基地,增设优秀的青年教师为本科生进行分方向的实习/实训指导。将数字化实验教学互动系统引进纳米材料与技术实验教学中心,建成多功能互动实验教学平台。聘请科技领域的高新技术企业负责人为本科生的"企业导师"。目前,学院已与方晟、维信诺、西卡、星烁纳米、百益倍肯、纳凯科技、亚宝药物、瑞晟纳米等苏州地区的高科技发展有限公司建立了良好的协作关系,上述几家公司已成为学院长期稳定的实习单位。

(4) 学生创新创业训练:以研究性学习为导向,建立学生科研学业奖学金、教师教改激励机制,及时将优势科研资源以新课程、新项目等形式引入培养方案并转化为优质教学资源。实行师生双向选择、学段贯通的本科生全程导师制,教授全员参与教学,将科技前沿和创新训练融入教学。建立国家级、省级、校级和院级"四级"创新训练体系,实现全部本科生都有教授导师、全部本科生都参与项目实践、全部科研仪器都向本科生开放,全面提升学生的创新思维和实践能力。2017年,获批国家级、省级大学生创新创业训练计划项目2项、校级项目1项,箬政学者项目2项,大学生课外学术科研基金资助项目27项,数学、英语等其他各类奖项20个,本科生以共同第一作者发表SCI一区论文6篇。

(5) 国内外教学交流合作:通过邀请国际知名教授讲学、参加/承办国际会议、科研合作、共建实验室,以及互派学生的方式来提升学院的国际影响力。学院建成多方协同的4个国际联合实验室,实现优质教育资源的积聚共享;建设国际化教师队伍,教师全部拥有海外学术经历;构建国际化课程体系,英语语言中心独立教学,使用英文原版教材,专业课实行全英文教学;通过与滑铁卢大学、洪堡大学等国外名校开展"2+2"本科、"3+1+1"本硕连读和CO-OP学生互访等联合培养项目,有效扩大学生的国际化视野和提升其交往能力。2017年,共有选派本科生75人次参加与加拿大滑铁卢大学等国外高校的国际交流项目,以及英国剑桥大学、美国斯坦福大学等高校的暑期研修项目。毕业生中具有海外研修经历的学生比例超过50%。

(6) 教育教学研究改革方面:通过制定并调整《苏州大学纳米科学技术学院教学教改绩效计算与分配办法》,鼓励教师积极申报校级、省部级、国家级教学成果奖和教改项目,推动教学改革与教育研究。2017年,《光明日报》《中国教育报》《中国科学报》等主流媒体对学院的"三融合"人才培养模式与成果进行了专题报道,该成果也荣获了2017年江苏省教学成果奖特等奖。

2. 研究生教学工作

在研究生课程方面,为了配合国家试点学院改革的相关工作,2017年研究院进一步完善跨学科的培养方案,不断完善与本科生教学的课程共享、学分互认举措,从而提高整体学院学生培养的综合水平。

研究生科研成果不断,学院研究生在导师的指导下,2017年度以第一作者发表SCI论文248篇,一区论文173篇,影响因子大于10的论文55篇,研究生参与的获批授权发明专利12项。2017年学院有6名博士生、9名硕士生获得了研究生国家奖学金,1名博士生获得了江苏省优秀博士学位论文奖。6名研究生获得了省立省助的"江苏省研究生创新工程项目"。另外在第十五届"挑战杯"江苏省大学生课外学术科技作品竞赛中获得二等奖2项,在第十五届"挑战杯"全国大学生课外学术科技作品竞赛中获得二等奖1项、三等奖1项。

为激励和培养优秀学生,学院继续推进"优博论文培养计划",2017年度共有2名博士生获得该计划的支持。

学院特别重视对学生国际化视野的扩展。2017年度,学院研究生54人次以国家留学基金资助或以联合培养的方式前往美国、加拿大等国家的高校攻读博士或进行学术交流。

三、科研工作与学术交流

1. 科研项目及成果

2017年学院以苏州大学为第一单位共发表SCI论文290篇,一区论文194篇,二区论文65篇,影响因子大于10的论文60篇,其中在国际顶级期刊 *Nature Communications* 上发表论文2篇,在 *Advanced Materials* 上发表论文8篇,在 *Journal of the American Chemical Society* 上发表论文2篇,在 *Angewandte Chemie International Edition* 上发表论文2篇。学院教师出版英文专著2部。申请国家发明专利23项、实用新型专利1项、国际专利1项,授权国家发明专利12项,3项国家发明专利成功实现成果转化。学院获批各类纵向科研项目39项,其中国家级项目21项,含国家自然科学基金委国家杰出青年科学基金项目1项、国家自然科学基金委优秀青年科学基金项目1项、国家自然科学基金委重大项目课题1项、国家重点研发计划重点专项课题2项,年度总获批科研经费达3 831.6万元等。获奖方面,2017年获江苏省科学技术奖自然科学一等奖1项,获教育部高等学校科学研究优秀成果奖二等奖2项(技术发明奖、自然科学奖各1项)。3人入选"2017年全球高引用科学家名录",6人入选"2017年中国高被引学者榜单",1人获国际纯粹与应用化学联合会2017年度化学化工杰出女性奖,1人获2017年度Biomaterials Science Lectureship,1人获2017年度Elsevier MEE Young Investigator Award,1人获中国化学会青年化学奖,1人获苏州大学周氏教育科研奖(科研类)。平台/团队建设方面,顺利获批江苏高等学校优秀科技创新团队1个,江苏省"六大人才高峰"创新人才团队1个,江苏省外国专家工作室1个。此外,学院江苏省碳基功能材料与器件高技术研究重点实验室在72个省重点实验室(含4个省部共建国家重点实验室培育基地)2014—2016年的建设和运行绩效评估中获评优秀(排名第一)。

2. 国内外学术交流情况

2017年,学院主承办了6次学术会议,分别是首届苏州大学—瑞典林雪平大学纳米材料与纳米技术双边研讨会、第一届ChinaRRAM国际会议、中美纳米医学与纳米生物技术学会2017年学术年会、第二届能源材料的光谱学研究国际研讨会、FUNSOM-ACS NANO双边学术研讨会、慕尼黑工业大学—苏州大学双边研讨会。学院与加拿大西安大略的同步辐射联合研究中心的工作有了进一步的实质发展,包括推进苏州大学与西安大略大学间的本科生交流项目,出访学生5人,来访学生4人;举办1次中心成员会议及1次国际学术研讨会;30人次教授互动;资助学生10余人次前往加拿大光源、中国台湾光源等高校或科技机构开展实验或交流学习。此外,中心自主设计的软X射线能源站正在顺利建设中,预计将于2019年正式投入使用。苏州大学—滑铁卢大学纳米技术联合研究院持续推进产业化工作,第三批双方合作研究项目正在按计划开展。2017年学院与加拿大滑铁卢大学、加拿大西安大略大学、加拿大魁北克大学国立科学研究院、德国柏林洪堡大学、爱尔兰都柏林圣三一学院的联合培养项目也有了新发展,共接收CO-OP本科交流生10人;学院本科生中有5人参加"2+2"本科联合培养项目;4人参加"3+1+1"本硕联合培养项目;8人获江苏省省政府出国资助项目。另有40余人次(学生)参与了各层次的国际会议、短期交流、实验访问等诸多国际交流活动。

四、学院重大事项

(1) 2017年6月,苏州大学功能纳米与软物质研究院入选科技部创新人才推进计划—创新人才培养示范基地。

(2) 2017年6月,江苏省人力资源社会保障厅授予学院"江苏省外国专家工作室"铜牌。

(3) 2017年9月,江苏省碳基功能材料与器件高技术研究重点实验室在72个省重点实验室(含4个省部共建国家重点实验室培育基地)2014—2016年建设期的建设和运行绩效评估中获评优秀(排名第一)。

(4) 2017年9月,面向国家战略性新兴产业的纳米专业创新人才"三融合"培养模式探索与实践荣获2017年江苏省教学成果奖特等奖。

（5）2017年10月，学院康振辉教授获得2017年"国家杰出青年科学基金"资助。

（6）2017年11月，学院刘庄教授、李彦光教授、程亮副教授入选2017年全球"高被引科学家"名录。

（7）2017年12月，学院李彦光教授荣获2017年度中国化学会青年化学奖。

（8）2017年12月，学院张晓宏教授、刘庄教授、唐建新教授入选科技创新领军人才拟入选人员名单。

（钟　帅）

计算机科学与技术学院

一、学院概况

苏州大学计算机专业开设至今已 30 多年,是江苏省高校较早开设的计算机专业之一。1987 年应苏州市社会发展需要组建工学院,2002 年正式成立苏州大学计算机科学与技术学院。学院秉承"养天地正气,法古今完人"的校训和"厚德博学、敬业求真"的院训,形成了从本科、硕士(计算机科学与技术、软件工程、管理科学与工程 3 个一级硕士点和计算机技术、软件工程 2 个专业硕士点)、博士(计算机科学与技术、软件工程)到博士后(计算机科学与技术、软件工程 2 个流动站)的完整人才培养体系,已为国家培养了近 6 000 名信息产业的高端人才,成为长三角区域高层次创新人才培养的重要基地。

学院拥有计算机科学与技术、软件工程 2 个江苏省一级重点学科,计算机信息技术处理江苏省重点实验室、江苏省网络空间安全工程实验室、江苏省大数据智能工程实验室。

学院现设计算机科学与技术(江苏省品牌专业,江苏省重点专业)、软件工程(国家特色专业建设点及教育部"卓越工程师教育培养计划"专业,江苏省重点专业)、网络工程(江苏省重点专业)、物联网工程(江苏省重点专业,国家首批战略性新兴产业相关专业)、信息管理与信息系统 5 个本科专业。

目前,学院共有全日制学生 1 841 人,其中本科生 1 426 人、硕士研究生 362 人、博士研究生 53 人。

学院现有教职工 155 人,其中国家人才项目专家 5 人(国家"千人计划"专家 2 人、国家杰出青年科学基金 1 人、国家"青年千人"1 人、国家优秀青年基金 1 人)。学院有教授 28 人,副教授 50 人,博士生导师 18 人,硕士生导师 40 人。教师中"国家级有突出贡献的专家"2 人、江苏省高校教学名师 1 人,多人获得江苏省"青蓝工程"学术带头人和"333 高层次人才工程"中青年科学技术带头人等称号。

二、教学工作

1. 本科生教学工作

2017 年,新增 3 部校级培育教材,2 部省级重点教材,3 门省级在线开放课程建设项目。获江苏省教学成果二等奖 1 项,2 项省教改课题立项进入公示(其中 1 项是重点项目)。中文信息处理获批国家级精品资源共享课,另有 3 门课程获批省高等学校在线开放课程。"人工智能教学团队"获评苏州市教学团队。

2. 研究生教学工作

加强学科内涵建设,提高学科竞争力。准备"计算机科学与技术""软件工程"两个一级学科的评估材料,取得 B 和 A-成绩;完成了"软件工程""计算机科学与技术"两个专业学位授权点的合格式评估自评工作;新增"军用计算机技术"为"十三五"国防特色学科;积极参与工程博士点申报的相关工作;获省研究生教育改革成果奖 1 项。

三、科研工作与学术交流

1. 科研项目及成果

2017 年获批国家自然科学基金重点项目(AI 应急管理项目)1 项,国家重点研发计划项目 1 项,国家重点研发计划课题 1 项,国家重点研发计划子课题 1 项,国家自然科学基金面上、青年项目 5 项;新承担横向项目 6 项[其中大型横向项目 1 项(1 200 万元合同经费)],到账经费 1 144 万元。

全年发表 SCI 论文 30 篇(其中 1 区 1 篇,2 区 16 篇),CCF-A 类期刊论文 2 篇、会议论文 7 篇,CCF-B 类期刊论文 18 篇、会议论文 17 篇。

"江苏省大数据智能工程实验室"获批省重点工程实验室。成功申请到省双创团队 1 个。

2. 国内外学术交流情况

学院邀请美国纽约州立大学布法罗分校、美国蒙特克莱尔州立大学、澳大利亚昆士兰大学、香港城市大学等著名高校的专家学者讲学。除学校设立的本科生海外交流奖学金外,学院设立专项经费资助研究生参与国内外学术交流和出国(境)短期学习。2012—2017 年,共有 60 余名学生赴上述国家和地区参加研修和学术交流;学院还与美国、德国、澳大利亚、加拿大等国家的知名高校有学生互派计划或联合培养项目,为学生的国际化培养开辟了渠道。

四、学院重大事项

(1) 学科评估成绩取得新突破,软件工程获评 A-、计算机科学与技术获评 B。

(2) 获得 1 项国家重点研发计划项目;争取到 1 项大型横向项目。

(3) 申请成功省重点教改项目 1 项;获省双创团队 1 个;获苏州市教学团队 1 个。

(4) 开展专项调研学习,工程教育专业国际认证进入认证行列,以专业认证申请为契机,推进专业建设。

(5) 完成学院 30 周年院庆的相关工作。

(俞莉莹)

电子信息学院

一、学院概况

电子信息学院始建于1987年的苏州大学工学院电子工程系,随着学科发展和规模扩大,2002年7月更名为电子信息学院。

学院覆盖2个一级学科:信息与通信工程和电子科学与技术,其中信息与通信工程被列为江苏省"十三五"重点学科,1个博士后科研流动站:信息与通信工程;2个博士点:信号与信息处理和生物医学电子信息工程;2个一级学科硕士点:信息与通信工程和电子科学与技术;6个硕士点:通信与信息系统、信号与信息处理、微电子与固体电子学、电路与系统、电磁场与微波技术、物理电子学;2个专业硕士学位点(工程硕士点):电子与通信工程、集成电路工程,其中,电子与通信工程专业硕士学位点2014年被列为教育部"卓越工程师培养计划"试点。

学院现有电子信息工程、信息工程、通信工程、微电子科学与工程、电子科学与技术和集成电路设计与集成系统6个本科专业,其中信息工程、通信工程、电子信息工程和微电子科学与工程被列为"十二五"江苏省高等学校重点专业,通信工程为江苏省特色专业(2011年被确定为江苏省"卓越工程师培养计划"试点专业),微电子科学与工程为校特色专业。2015年通信工程专业被列为江苏省品牌专业培育点,2016年通信工程参加中国工程教育专业认证,成为学校第一个通过中国工程教育专业认证的工科专业。

学院师资力量雄厚,拥有一支结构合理、充满活力和富有创新意识的高水平教师队伍。中国工程院院士潘君骅先生为学院名誉院长。学院现有在职教职工112人,其中,专任教师89人,教授16人(其中特聘教授5人)、副教授49人,博士生导师12人,硕士生导师30余人,具有博士学位的教师比例达67.4%。拥有中组部"千人计划"专家1人,"青年千人计划"专家1人,"973"青年科学家1人,国家"优青"2人,江苏省"杰青"1人,江苏省"双创计划"专家2人,中科院"百人计划"专家1人。另有外聘院士3人,讲座教授8人,兼职教授10余人。学院现有全日制本科生1296人,硕博士研究生近400人。

学院拥有两万多平方米的电子信息楼作为教学实验和科研的场所,并拥有电工电子实验教学省级示范中心和生物医学电子技术、射频与微波毫米波2个苏州市重点实验室,与214研究所共建了"江苏省MEMS工程技术研究中心";建有通信、信号与信息处理、微纳电子等相关领域的多个科研机构,在芯片设计、电路与系统设计、通信网络设计以及生物医学信息处理等领域具有较强的研发能力。学院建有光纤通信、数字通信、无线通信辐射测试、电子测量、嵌入式教学实验系统、电子设计自动化、数字信号处理、集成电路设计与测试、半导体器件分析等专业实验室。

二、教学工作

1. 本科生教学工作

2017年,通信工程专业通过工程认证,有效期3年。全院开展审核评估的各项工作,积极推进3I课程建设,开设了2门新生研讨课、3门通识课程。完成3门专业课程的录播任务、1门课程7个班级的过程化考核。出版4本教材,一本教材获江苏省"十三五"重点教材。获批1门全英文教学示范课程、1门创新创业课程。获批教育部—企业产学合作专业综合改革项目1项,完成2015年校级教改项目结题3项,新申报2017年校级教改项目6项。学院教师发表教学研究论文8篇,学院承办了第五届全国高校电子信息类课程"系统方法"教学研讨会。

学院注重实习实践环节,新建实习基地2家。暑期开展了15项活动,完成了近700人次的暑期实践组织管理工作。学院学生获全国大学生电子设计竞赛全国一等奖1项,全国二等奖1项;1人获电子专业人才设计与技能大赛国家一等奖,7人获二等奖,6人获三等奖。学院以箬政学者、大创计划、学科竞赛、课外科研训练等四大载体提升学生科研能力;第3批本科生科研能力提升计划24个项目顺利结题,第4批39个项目顺利启动;学生发表论文13篇,申请专利5个,软件著作权5项。获国家级、省级、校级大创计划项目分别3项、1项和4项;获箬政学者计划2项;6名学生参加了各类出国(境)交流项目;与新加坡国立大学顺利开展了"3+1+1"合作办学计划,2017年学院共有4名学生顺利进入第二个"1"的学习,9名学生经过综合考核进入第一个"1"的学习。

学院对专业教师进行梳理,明确了教师与专业的对应关系。2017年,1名教师获周氏教育教学奖;1名教师获青年教师课堂教学竞赛三等奖。学院获苏州大学优秀毕业论文团队1项,省优秀论文二等奖1项。

2. 研究生教学工作

2017年,学院获江苏省研究生创新项目2项,获中国电子学会优秀硕士论文1篇,江苏省优秀硕士论文1篇,苏州大学优秀博士论文1篇、优秀硕士论文2篇。研究生在国内外学术期刊和国际会议上发表了一批高水平学术论文,其中在国际著名的IEEE汇刊上发表论文5篇。

三、科研工作与学术交流

1. 科研项目及成果

2017年,学院获国家自然基金面上项目1项,国家青年基金项目1项,省自然科学基金项目3项,省高校自然科学基金项目2项,苏州市前瞻性应用研究项目1项,横向项目26项,科研经费达到1 075万元。授权发明专利16项,软件著作权38项,实用新型专利13项。学院教师发表论文153篇,其中核心期刊152篇,在国际权威的IEEE汇刊上发表论文9篇,学院覆盖的2个一级学科均在国际权威刊物上展示了高水平的成果。

2. 国内外学术交流情况

学院在加强教学及科研工作的同时注重国内外的学术交流活动,邀请了美国约翰·霍普金斯大学、美国明尼苏达大学、英国利物浦大学和中国科学技术大学等国内外著名高校的

30多位知名专家学者来院为师生做学术报告；承办了2017第四届苏州国际医学影像研讨会，国内外近400名医学影像领域的专家学者参加了研讨会。学院多名师生前往美国、加拿大、韩国等国交流访问，积极开展合作研究。

四、学院重大事项

（1）2017年3月，苏州大学EE校企合作联盟2017年会暨新形势下新工科建设与发展专题研讨会成功召开。

（2）2017年6月，通信工程专业通过中国工程教育专业认证，有效期3年。

（3）2017年10月，学院承办第五届全国高校电子信息类课程"系统方法"教学研讨会。

（4）2017年11月，第四届苏州国际医学影像研讨会成功召开。

（5）2017年6—12月，学院举办了建院三十周年系列活动。

（刁爱清）

机电工程学院

一、学院概况

机电工程学院是苏州大学建院较早、实力较强的工科学院之一,其前身是始建于1977年的苏州丝绸工学院机电系。苏州丝绸工学院于1978年、1980年分别设置"纺织机械""工业电气自动化"本科专业,1978年开始招收硕士研究生。1997年7月,苏州丝绸工学院并入苏州大学,原苏州丝绸工学院机电系与原苏州大学工学院合并重组成立新的苏州大学工学院。随着办学形势的发展,1999年年底,苏州大学工学院划分成机电系、电子系、计算机系等3个独立系,2001年,苏州大学机电系更名为苏州大学机电工程学院。2012年,南京铁道职业技术学院苏州校区机械系、控制系并入苏州大学机电工程学院。

学院现有教职工162人,其中专任教师130人,在岗正高职21人、副高职74人,苏州大学特聘教授6人,博士生导师10人,硕士生导师64人,在站博士后人员20余人。教授和副教授占专任教师总人数的69%,专任教师中具有博士和硕士学位的人数比例达89%。拥有中组部第六批"千人计划"1人,中组部第五批"青年千人计划"1人,长江学者特聘教授1人,国家杰出青年科学基金获得者1人,"百千万人才工程"培养对象(国家级)1人,国家"万人计划"科技创新领军人才1人,"863计划"专家1人,教育部"新世纪优秀人才支持计划"1人,享受国务院政府津贴2人,江苏省"333高层次人才培养工程"培养对象第一层次1人、第三层次3人,江苏省有突出贡献中青年专家1人,江苏省高层次创新创业人才引进计划4人,江苏省杰出青年基金获得者1人,江苏省"青蓝工程"中青年学术带头人2人,江苏省"六大人才高峰行动计划"入选者4人。获得江苏省创新团队、国家科技部先进机器人技术重点领域创新团队等团队称号。学院聘请了吴忠俊、孙东、高学山、席宁、李文荣、Sean J. Cheng、Phillip L. Gould、Philip V. Bayly等多名国内外知名学者和企业家为客座教授、兼职教授和讲座教授。

学院现有激光制造工程、数字化纺织与装备技术、智能机器人技术3个二级学科博士点。拥有机械工程、控制科学与工程2个一级学科硕士点以及工业工程1个二级学科硕士点。现有的机械工程、机械电子工程、电气工程及其自动化、工业工程、材料成型及控制工程5个本科专业中,机械工程专业通过省级特色专业验收;电气工程及其自动化专业入选教育部第三批"卓越工程师教育培养计划"专业;机械类专业(机械工程、机械电子工程、材料成型及控制工程)为江苏省"十二五"高等学校重点建设专业。形成了新型纺织技术与装备、激光加工与表面技术、超精密加工与检测技术、机械系统动力学及控制、信息检测与处理技术、传感与测控技术等具有特色的研究方向,并开发了生物制造、智能机器人和微纳制造等新的研究方向。目前学院有在校全日制本科生1 000多名,在校研究生600多名。

学院下设机械工程系、自动化工程系、工业工程系等3个系和1个院级中心实验室。院中心实验室含机械基础实验室、先进制造技术实验室、激光加工与快速成型实验室、动态测试与分析实验室、人因工程实验室、物流工程实验室、电机拖动实验室、PLC控制实验室、创新设计实验室、生物制造实验室、微纳制造实验室、先进机器人技术实验室、智能制造实验室、机电一体化实验室、创新创业实验室等,其中,先进机器人技术实验室为江苏省重点实验室,机械基础实验室为江苏省高等学校实验教学示范中心,先进制造技术实验室为苏州市重点实验室。

学院继承与发扬"厚基础、重实践、求创新"的办学传统,以能力培养为目标,融入现代设计、现代技术理念,着力进行学科专业课程体系改革,培养出的学生具有扎实的学科基础和专业知识,动手能力及创新能力强。长期以来应届毕业生就业率名列学校前茅,学生在全国大学生课外学术科技作品竞赛、机械创新设计大赛、电子设计大赛以及机器人大赛等学科竞赛中屡获大奖。"医疗康复机器人团队"获2014年团中央"大学生小平科技创新团队"称号。

学院近年来积极开展对外交流与合作,与英国、德国、日本、法国、加拿大等多个国家和地区的大学建立了长期稳定的交流关系,开展教师进修和学生交流等合作项目;与江南嘉捷、东南电梯、旭电(伟创力)、捷普、江苏新美星、无锡格莱德等众多知名企业建立合作关系,成立共建实验室和学生实践基地,为学生的学习和发展提供更广阔的空间。

二、教学工作

1. 本科生教学工作

电气工程及其自动化专业于2017年6月接受了中国工程教育专业认证协会专家组的进校考查,获得好评。2017年11月,学院配合学校完成教育部本科教学工作审核评估工作。2017年12月,学院获得2017年本科教学工作考评单项奖——专业建设质量奖。陈再良、盛小明等教师完成的教学成果获江苏省教学成果奖(高等教育类)一等奖。由高强教师指导的本科毕业设计(论文)获江苏省高等学校本专科优秀毕业设计(论文)一等奖。倪俊芳等教师主编的教材《机床数控技术》获2017年苏州大学精品教材立项。余雷教师获得"苏州大学教学先进个人"。

2. 研究生教学工作

加强导师队伍建设,2017年新增博士生导师1人,硕士生导师14人;招收博士生4名、硕士生126名;毕业硕士生115名、博士生2名。2017年新建立省级研究生工作站7个,校级研究生工作站3个。完成机械工程一级学科博士点和控制科学与工程一级学科硕士点申报工作,顺利新增控制科学与工程一级学科硕士学位授权点1个。积极营造研究生博学、创新的学术氛围,2017年度研究生参与发表SCI、EI论文70篇,授权专利41项。博士研究生宋英入选2017年江苏省创新实践计划,陆小龙同学的论文获苏州大学优秀硕士学位论文,研究生参加国内外学术会议35人次。博士研究生陆小龙受国家留学基金委资助,赴美国佛罗里达国际大学参加联合培养博士生项目。2017届毕业研究生年终就业率为96%。

三、科研工作与学术交流

1. 科研项目及成果

2017年,学院共计承担科技项目124项,民口纵向项目73项,民口横向项目49项,国防横向项目2项。其中,民口纵向项目立项24项,立项金额1 106万元,到账金额1 623.85万元;民口横向项目到账金额662.52万元;国防横向项目到账金额37.78万元;中国博士后、江苏省博士后人才项目立项6项,立项金额42万元。项目方面,获批国家重点研发计划"植入式心室辅助装置研发和临床评价"之课题三"血泵的电机驱动和主动磁悬浮前沿技术"1项,国家自然科学基金8项(青年2项、面上6项),江苏省自然科学基金面上1项、青年2项,江苏省高校自然基金2项、重大项目2项,苏州市发改委软课题1项,苏州市前瞻性应用研究1项,中国博士后基金、省博士后基金6项。承担国家高技术发展计划("863计划")子课题7项,国家科技支撑计划课题1项,国家科技部重大仪器专项1项,国家科技部重点研发计划4项,国家自然科学基金联合基金2项、重大科研仪器设备研制专项2项。授权专利共117件,其中发明77件,实用新型29件,软件著作权11件。学院教师发表论文共186篇,其中SCI论文40篇,EI论文61篇,核心35篇,普通论文50篇。出版论著2部。科技获奖3项,汝长海教授的"面向纳制造的纳米机器人系统基础研究"获黑龙江省高校科学技术奖二等奖。陈再良教授的"注射模全自动热流道"获苏州市科学技术进步奖三等奖。邢占文副教授的"高精度立体光固化快速成型与成套装备的研发及产业化"获苏州市科学技术进步奖三等奖。苏州大学相城机器人与智能装备研究院喜获2017年苏州市产学研创新载体绩效评估A类载体。

2. 国内外学术交流情况

2017年,学院教师参加各类国内会议约40人次。其中,余雷参加2017年中国自动化学会第32届青年学术会议。陈长军等参加2017年中国光学学会学术大会。陈长军、张敏等承办LMN2017中国先进激光在轨道交通应用大会等。

2017年,学院教师出国研修及交流、参加国际会议25人次。积极邀请海外专家学者来访交流、合作科研,举办学术研讨讲座10次,承办"机器人国际标准·技术·产业大会",协办"第九届全国青年表面工程学术会议"。朱刚贤、石世宏等在第五届激光先进制造技术应用研讨会上发表重要讲话;徐博翎、陈琛、吴鹏等赴美国参加美国人工脏器协会第63届年会;张虹淼参加国际会议IEEE2017年国际仪器仪表与测量技术会议;徐博翎赴德国亚琛工业大学及英国布鲁奈尔大学进行学术交流,徐博翎、陈琛、吴鹏参加机械循环支持国际协会第25届年会等。

四、学院重大事项

(1) 2017年1月,学院本科生一至三年级搬迁入阳澄湖校区,5月完成教学实验室的改选搬迁,投入教学使用,8月完成了学院行政及机械、自动化、工业工程3个系教师工作室的搬迁。

(2) 2017年6月19—21日,电气工程及其自动化专业接受国家工程教育专业认证专家组现场考察。

(3) 2017年9月,学院高速精密加工技术与装备工程研究所与西门子中国研究院签署项目合作协议。

(4) 2017年9月,陈再良、盛小明等教师完成的教学成果获江苏省教学成果奖(高等教育奖)一等奖。

(5) 2017年9月,学院"江苏省先进机器人技术重点实验室"在省重点实验室评估中获评良好。

(6) 2017年12月,学院出台"机电星奖教金"系列激励制度。

(7) 2017年12月,学院通过考评汇报,获得2017年苏州大学本科教学工作考评单项奖—专业建设质量奖。

(8) 2017年12月,学院与天智(苏州)智能系统有限公司智能制造战略合作签约仪式隆重举行,设立苏州大学"天智智能"大学生创新基金。

(9) 2017年12月,苏州大学相城机器人与智能装备研究院建立苏大机器人与智能制造学生创新基地。

(10) 2017年12月,学院获苏州大学2017年度"综合科技最佳进步奖"。

(李知瑶)

沙钢钢铁学院

一、学院概况

苏州大学沙钢钢铁学院于2010年5月18日正式成立,是苏州大学实行校企合作办学的新型学院。学院下设冶金工程、金属材料工程、资源循环科学与工程、复合材料工程4个系,1个院级实验中心,以及冶金资源综合利用、高性能材料冶金制备技术、冶金过程检测与控制等3个研究所,成立了卓越工程师专家委员会和发展咨询委员会,邀请企业、高校、专家共同研究学院的建设发展。学院在校党委、校行政的正确领导下,建成了本科、硕士、博士三层次完整配套的人才培养体系。

二、教学工作

学院高度重视本科教学质量,进一步加大了教学规范化管理力度,积极推进教学改革,实施"卓越计划"实践教学新模式,形成了实践教学的顶层设计,教师、学生工程实践能力的提升和以课程改革为主线的卓越工程师人才培养特色。

学院的办学定位是学院的顶层设计,直接引领和统率学院各方面的工作;人才培养目标是人才培养的总纲,在人才培养工作中起统领作用。学院的办学定位和人才培养目标对学院的建设和发展有着十分重要的意义,因此,合理制订学院的办学定位方案,首先需要考察学院的办学定位是否与学校的办学定位相一致,并且是否符合学院自身发展的实际。

学院立足于冶金工程与金属材料工程的学科专业特点、结合区域与行业对人才的需求,依据苏州大学的办学定位、"十三五"发展规划以及"卓越工程师培养计划"对工程人才的培养要求,结合学院自身办学现状,科学合理地制订了学院的办学定位方案。同时,学院按照学校人才培养目标的要求,立足冶金、金属材料行业的情况,结合专业培养目标的要求,科学合理地制订了学院的人才培养目标。

人才培养的中心环节是教学,因此学院主要从以下几方面开展工作,从而贯彻落实教学工作的中心地位。

确定了学院党政"一把手"是本科教学工作的第一责任人。学院在每次的党政联席会议上强调本科教学的重要性,并且定期讨论解决教学工作中的重要问题,通过建立领导听课和深入教学一线等制度,及时掌握教学第一手信息。

制定一系列保障教学的规章制度。如在考评、晋升、评先评优中实行"教学考核一票否决"制,在岗位聘任中对本科教学工作有明确的要求。

建立教学经费保障机制。经费优先投入教学,教学经费100%投入本科教学。

积极组织全院教师参与教学研究与改革,并提供配套经费和奖励,鼓励全院教师将教学改革成果撰写成教改论文,并且给予经济支持。

学院始终以人才培养为核心,紧抓本科教学,切实提高教学质量,主要通过主干课程责任人负责制、实验教学课程设计、青年教师培养这三个抓手来开展工作。

主干课程责任人负责制。教学委员会委员与冶金工程、金属材料工程的专业负责人共同探讨分别确立这两个专业的主干课程,每门主干课程由一个教学小组负责,实行课程责任人负责制,确保主干课程的授课质量。主干课程的教学质量显著提高,如国宏伟、王德永老师负责的炼铁学、炼钢学两门主干课程,分别获得国家微课教学比赛二等奖、江苏省微课教学比赛二等奖。

实验教学课程设计。工科专业对实验教学的要求较高,因此学院非常重视实验教学。学院将实验教学划分为不同的模块,每模块内容均由理论授课教师和实验技术人员共同负责,确保理论与实验紧密结合。并且实行实验模块负责人、实验中心和学院三层次管理模式,由实验模块负责人综合实验教学检查情况和学生反馈的问题,对负责的实验内容和教学质量进行自查,对实验模块内的实验内容梳理,并逐步完善改进。召开实验教学研讨会,研讨所开设的实验项目是否合理,从而更好地完善实验教学课程设计,并且补充实验课程设置改革所需实验设备。

青年教师培养。作为年轻学院,青年教师相对比例较高,学院为教师发展特别是青年教师成长创造良好的教学与科研环境,促进教师不断提升教学能力和业务水平。主要政策措施有:通过教学观摩和交流,提高青年教师的教学水平;通过让青年教师和老教师共同参加课程建设、教材编写、实验室和实习基地的建设,提高青年教师的教学能力和业务水平;每两年举办一次"青年教师教学法研讨班",邀请国内高校与企业知名专家讲授示范课,经过学习教学文件、观摩示范课、试讲点评和讨论总结,提高了青年教师的教学基本功;鼓励教师参加国内外学术交流活动或参加国际国内多种形式的进修培训和学术研修,切实提高教师的整体教学能力和业务水平,同时也鼓励教师深入企业,利用专业知识为企业服务,同时提高自己的工程实践能力;对在教学上取得的项目、成果和论文,采取奖励机制,提高教师的积极性。因此,青年教师成长较快,如章顺虎老师、周巍老师分别在青年教师讲课比赛中获得一等奖和二等奖,王晓南老师和盛敏奇老师获得最受欢迎老师的荣誉称号。在本科课程教学质量学生网络测评工作中,学生对青年教师授课的测评结果100%达到优秀和良好,测评平均分为优秀。

三、科研工作与学术交流

1. 科研项目及成果

学院高度重视科研工作的推进,在个人、系、学院齐抓共管和共同努力下,2017年共获得科研项目30余项,其中省部级及以上项目17项,到账经费350万元;横向课题9项,到账经费809.73万元。学院科研总经费到账1 200多万元,人均40余万元。学院教师发表高水平学术论文30余篇,申请发明专利10项,软件著作权2项。

2. 国内外学校交流情况

学院重视学术交流国际化,已与日本东京大学、英国伯明翰大学、瑞典皇家理工学院、澳大利亚新南威尔士大学建立定期访问机制意向;邀请国内外知名学者担任兼职教授并来学院交流讲学,开拓师生视野,提高在行业领域的知名度和影响力。

四、学院重大事项

(1) 在学校规定时间节点前完成整体搬迁工作,保障教学科研工作的顺利进行。以校区搬迁为契机,进一步推进实验室安全标准化管理工作,开展实验室安全培训、进行隐患排查及整改,做好安全标准化管理的院内宣传。

(2) 教学评估期间,两位评估专家和评估组组长先后莅临学院,听取学院各方面工作介绍,并给予高度评价。

(3) 国务院学位委员会第七届冶金工程学科评议组全体专家莅临学院调研冶金工程学科一级学科博士点建设情况,对学院学科建设所做的工作给予肯定和指导。

(4) 学院提出的"材料制备与加工工程"新工科专业建设项目作为苏州大学唯一的新工科建设项目被推荐至江苏省教育厅,并由江苏省教育厅推荐至教育部参加项目评审。丁汉林教授和宋滨娜副教授在第二届中国高等工程教育峰会上做主题报告,提升了学院知名度。

(5) 学生培养质量不断提升,2017届金属材料工程首届毕业生毕业率97.3%,学位通过率97.3%,考研率51.2%,就业率100%。金属材料工程专业学士学位授权评估成绩优秀,位列苏州大学第一名。

(管 淼)

纺织与服装工程学院

一、学院概况

纺织与服装工程学院(兼丝绸科学研究院)成立于2008年7月,由原材料工程学院按纺织科学与工程一级学科单独组建而成。至2017年年底,学院设有纺织工程系、轻化工程系、服装设计与工程系及非织造材料与工程系,并设有丝绸科学研究院、现代丝绸国家工程实验室、国家纺织产业创新支撑平台、江苏省产业技术研究院纺织丝绸技术研究所、江苏省丝绸技术公共服务平台、江苏省纺织印染节能减排清洁生产工程研究中心、丝绸工程江苏省重点实验室、苏州市生物组织工程材料与技术重点实验室、苏州市丝绸文物测试与复制技术重点实验室、苏州大学纺织经济信息研究所、院总实验室、《现代丝绸科学与技术》编辑部、纺织与服装设计国家级实验教学示范中心、纺织与服装工程国家级虚拟仿真实验教学中心、纺织服装省级实验教学中心等科研、教学平台。纺织工程是国家重点学科,江苏省省级重点学科和品牌专业,江苏省优势特色学科。学院现有一级学科博士点1个(纺织科学与工程),二级博士点5个(纺织工程、纺织材料与纺织品设计、纺织化学与染整工程、服装工程与设计、非织造材料与工程),硕士点5个(纺织工程、纺织材料与纺织品设计、纺织化学与染整工程、服装工程与设计、非织造材料与工程),纺织工程领域工程硕士点1个,高校教师在职攻读硕士学位专业硕士点4个(纺织工程、纺织材料与纺织品设计、纺织化学与染整工程、服装工程与设计),纺织科学与工程博士后流动站和江苏省一级重点学科。学院现有教职员工109名,其中专任教师69名,实验技术人员17名。专任教师中,教授30名,副教授31名,博士学位获得者62名,占专任教师总数的89%;国家引进海外高层次人才"千人计划"2名。学院设有2个江苏省产学研联合研究生培养基地。至2017年年底,学院在册全日制本科生1 197人,博士研究生64人,硕士研究生325人。

二、教学工作

1. 本科生教学工作

学院高度重视本科教学。认真做好教育部普通高等学校本科教学审核评估各项工作,在评估工作中获得专家好评。启动纺织工程、服装设计与工程专业认证申请工作,其中服装设计与工程专业获得受理。完成了江苏省品牌专业(纺织工程)的中期检查工作。

教学质量工程及教学改革有亮点。新增各类教学成果奖11项,其中省级二等奖1项,部级特等奖1项、一等奖2项、二等奖1项、三等奖6项;1名教师因在纺织服装领域教书育人成绩突出而获得了"纺织之光"教师奖;2017年新增出版教材1本,获批江苏省重点教材

1本、苏州大学精品教材1本,新增获批纺织服装教育学会"十三五"部委级规划教材2本;发表教学研究论文4篇;获批江苏省教学改革与研究项目1项,中国纺织工业联合会教改项目23项。2017年获批省级在线开放课程2门(均已上线),申报并获批校级3I课程7门,其中新生研讨课2门、微课3门、创新创业课程1门、在线开放课程1门。9篇毕业论文获得校级优秀本科生毕业论文。

大力加强优质教学资源建设。推进纺织与服装工程国家级虚拟仿真实验教学中心建设,明确了建设目标和建设方向。推进卓越工程师计划建设,优化学生实践基地的地域布局和企业结构,提高实践基地的质量,新增大学生实践教学基地4个。

本科人才实践创新获佳绩。2017年科研立项共计70项,其中大学生创新创业项目14项(国家级2项、省级3项、校级4项、校企合作5项);苏州大学箐政基金项目2项;苏州大学大学生科研基金立项54项(重点项目4项、一般项目50项),参与学生189名。2017年新增本科生发表论文12篇,本科生为第一作者的8篇,SCI收录5篇,EI收录1篇,中文核心期刊3篇;申请专利13项,其中本科生为第一申请人4项。2017年获首届中国纺织类高校大学生创新创业大赛二等奖3项、三等奖3项、江苏省"互联网+"大学生创新创业大赛银奖4项。第七届全国大学生外贸跟单(纺织)+跨境电商职业能力大赛一等奖1项、二等奖3项、三等奖1项、团体二等奖1项,优秀指导教师2人。第九届中国高校纺织品设计大赛一等奖2项、二等奖4项、三等奖4项,优秀指导教师1人。

国际化人才培养有特色。2017年,学院共有64名应届毕业生赴国(境)外知名大学交流深造,其中12名同学成功申请全球排名前10高校,38名同学成功申请全球排名前50高校,45名同学成功申请全球排名前100高校,1名同学获得国家留学基金委帝国理工奖学金(全国共10人),另有1名同学获得国家留学基金委公派硕士项目资助。各项人数均超过或接近学院前三年相应项人数的总和,创学院历史新高。14名同学获国家留学基金委优秀本科生项目资助赴英国曼彻斯特大学进行为期十个月的交流学习,15名同学参加"2+2"交流项目赴英国曼彻斯特大学学习,1名同学参加加拿大滑铁卢大学"2+2"交流项目。此外,进一步拓展了与英国曼彻斯特大学的短期合作交流,选派了16名纺织工程(中外合作办学)专业的优秀本科生参加为期一个月的"United in Manchester"暑期学分研修项目,学院从中外合作办学专项经费中为选派的16位同学提供1万元/生的奖学金资助,项目反响良好。因2017年学校调整了本科生出国交流经费资助的相关政策,学院有4名学生获得苏州大学本科生出国(境)交流经费资助共计6万元。在美麟奖学金的基础上,增设了美麟奖教金,进一步强化对教师的激励,2017年共有4名教师获得该项奖励。

2. 研究生教学工作

纺织与服装工程学院设置纺织工程、纺织材料与纺织品设计、纺织化学与染整工程、服装设计与工程、非织造材料与工程5个全日制硕士、博士点。研究生培养水平有所提升。2017届共有博士毕业生6人,硕士毕业生99人,盲审及答辩通过率均为100%。7名博士研究生获得国家留学基金委2017年国家建设高水平大学公派研究生项目资助,分赴英、美、比利时等国家高校参加联合培养项目。邀请国际知名专家做高水平学术讲座,积极鼓励研究生参加国内外学术交流会议,已有30余人次参加国内外学术交流。2017年上半年认真高效地完成了研究生招生工作,共招收2017级博士16人、硕士142人,其中非全日制硕士10人。下半年完成了2018级研究生推荐免试接收工作,招收推荐免试和申请考核博士10人,推荐免试硕士10人。重视就业指导服务,组织了60余家单位来校招聘。

三、科研工作与学术交流

学院坚持立足纺织工科的办学特色,确立科研为教学服务的理念,继续加强学科方向凝练和研发团队建设,加强人才引进和师资队伍建设,引进"青年千人计划"入选人才1人,校优秀青年学者1人,师资博士后5人,实验室和行政人员2人;新增博士生导师4人,硕士生导师8人。新增国家级项目5项,其中国家级重点项目2项,纵向到账经费988.7万元;新增横向项目27项,到账经费630.2万元;获得市厅级以上科技成果奖5项;SCI收录论文99篇(其中1区22篇)、EI收录54篇、ISTP收录13篇。申请专利113项,其中发明专利73项;授权119项,其中国内发明专利60项,国际发明专利3项,实用新型专利33项,软件著作7项,外观设计专利16项。完成了苏州市2016年度名城名校融合发展战略项目——创新类项目"纺织品生态染整技术的研究与产业化推广";在苏州市相关企业进行技术推广,服务企业5家,并建立了3条示范生产线,获得企业好评,产生较好的经济效益和社会效益。

加强产学研服务平台建设,努力扩大在行业内的影响力和话语权。江苏省产业技术研究院纺织丝绸技术研究所积极探索体制机制改革,召开了由省产研院、南通市科技局、南通高新区、苏州大学四方参与的体制机制建设交流会;修订并完善了纵、横向项目管理及专利资助奖励、科技成果转化等各类制度12项;完成了新址搬迁工作;新招聘全职研发人员10名(其中博士1名、硕士6名、本科3名);新申请专利43项,其中发明专利36项,PCT 6项;授权专利25项,其中发明专利15项。与江苏联发纺织股份有限公司等企业签署了14项横向合作协议,到账经费328万元;获批省创新能力建设计划——特色基地(示范区)服务机构能力提升项目1项,省政策引导类计划(苏北科技专项)1项,申请南通市项目18项;获江苏省科协"创新创业服务示范基地"荣誉称号及专项资助;组织产学研系列对接活动30次,其中承办中国江苏·大院大所合作对接会——高端纺织专题推介会1次,参加国家纺织丝绸行业专业展会2次,承办国家纺织丝绸行业培训及标准会议3次,梳理企业技术需求120项,服务企业100家,为行业、企业培训工程技术及管理人员300名左右。引进国内、外技术成果3项,孵化企业2家。

加强对外交流与合作,与日本信州大学尖端研究交叉学科群纤维工程研究所签署学术交流与合作备忘录;积极参与苏州大学与老挝国家科技部共建绿色丝绸研究中心建设工作,"高效集约化现代养蚕关键技术及其产业化"项目将作为该中心的首个启动项目。现代丝绸国家工程实验室积极开展丝绸科学基础研究,组织或协助组织申报国家和省自然科学基金以及各级各类科研项目,积极动员做好专利申报工作;参与中国农科院蚕业研究所承担的商务部"茧丝绸科技转化服务项目"(丝绸工业科技方向)的工作;完成了商务部茧丝绸专家智库的工作,编写了新疆丝绸发展报告,组织专家对四川、广西、云南、新疆进行送科技、精准扶贫活动;为规范行业作业,完成了数码印花操作规程一套;做好了实验室日常管理和运行。

四、学院重大事项

(1)学院高度重视国际化发展工作,认真做好欧盟联合培养博士项目SMDTex学生来学院学习的相关工作。目前,来我校学习的 2013 级 6 名学生中,已有 3 名学生顺利完成答辩,其余 3 名学生正在进行答辩环节。2014 级 6 名欧盟博士按预订计划到达我院学习。2017 年度欧盟委员会教育文化总司总司长玛蒂娜·雷切茨女士一行访问学校,并与在校欧盟博士及相关教师进行座谈,肯定了学校在中欧文化交流中做出的贡献。召开了"国际化纺织高层次人才培养研讨会暨欧盟联合培养博士 2017 年会",较好地提升了学院的办学影响力和知名度。此外鼓励老师参加各类国际学术会议,学院设立了教师短期出国学习交流专项资金,作为国家和省公派出国访问学者的有效补充。

(2)学院高度重视对外宣传工作。《中国纺织报》题为《苏州大学纺织与服装工程学院:让创新实践型人才破茧而出》《三大举措助力行业转型升级——记苏州大学纺织与服装工程学院培养高质量纺织行业人才》的两篇报道,提升了学院的影响力。同时通过学院微信平台等积极宣传学院的教学、科研、人才培养各方面的工作亮点,苏大纺服公众号全年共推送 136 篇,累计阅读量 117 498 次;苏大纺院研究生公众号全年共推送 162 条,累计阅读量 49 334 次,扩大了学院的办学影响。

(司 伟)

轨道交通学院

一、学院概况

轨道交通学院是学校坚持地方性综合大学为地方经济建设服务发展理念,顺应中国现代化建设,特别是现代化城市发展的趋势,为适应长三角地区尤其是苏州城市轨道交通建设的发展需要,在苏州市政府的支持下,于2008年5月成立的一所应用型工科学院。学院成立9年多来,充分利用苏州大学强大的教学资源和苏州市得天独厚的区域优势,以服务社会发展为目标,以学科建设为龙头,以师资队伍建设为重点,以实验室建设为基础,不断开拓创新,重点建设和发展城市轨道交通相关专业,力争成为全国地方高校城市轨道交通专业的领头羊。2012年8月,学院整体迁入阳澄湖校区办学,原南京铁道职业技术学院城市轨道交通系和建筑环境与设备工程系并入,学院的轨道交通行业背景大大加强。2016年6月,学院整体迁入交通大楼,至此,学院拥有固定的教学科研场所和长远的发展空间。2017年8月,学院由苏州大学城市轨道交通学院更名为苏州大学轨道交通学院。

学院拥有智能交通科学与技术博士点、交通运输工程一级学科硕士点(道路与铁道工程、交通信息工程及控制、交通运输规划与管理和载运工具运用工程等4个二级学科硕士点),以及车辆工程和测试计量技术与仪器(即将撤销)和模式识别与智能系统等硕士点。设有交通运输、车辆工程、工程管理、轨道交通信号与控制、电气工程与智能控制、建筑环境与能源应用工程等6个本科专业或专业方向。现有全日制本科生总计1 131人,全日制硕士生89名,在校博士生15名。

近年来,学院先后组建了苏州市轨道交通关键技术重点实验室、苏州大学交通工程研究中心、苏州大学工业测控与设备诊断技术研究所、苏州大学智能结构与系统研究所等7个校院级科研机构和科研平台。学院获得2017年度苏州大学知识产权最佳进步奖。

学院现有教职工111人,其中专任教师85人,博士生导师7名,硕士生导师25名,教师中拥有博士学位56人。师资专业领域涉及交通运输、交通工程、交通信息工程、工程力学、交通规划、通信信号、电气控制、车辆工程和土木工程等,具有较显著的轨道交通特色。

学院实验室现有3 000平方米场地。建有省级教学实践中心——江苏省轨道交通实践教育中心,下设以车辆与轨道电气、交通运输规划与运营、列车运行控制、地下工程等为核心内容的教学实验室。学院建有原铁道部苏州大学铁路电力机车司机培训基地和国家节能型空调实训基地。

二、教学工作

1. 本科生教学工作

学院本科生具体教学工作的亮点体现在：以双"6+1"做好学院的本科教学工作审核评估工作，获得分管领导的多次口头表扬。针对学院6个本科专业，为了达到"以评促建、以评促改、以评促管、评建结合、重在建设"的目的，每个专业均按照评估要求完成评估报告，学院在此基础上完成总体评估报告。在省大学生力学竞赛、高等数学竞赛和数学建模竞赛和英语演讲大赛上具有十分突出的表现：力学竞赛获奖人数是苏大总获奖人数的50%；高等数学竞赛有12人获奖，是苏大获奖总人数的30%；数学建模竞赛有四组12人获奖，为苏大唯一非数学类学院获得奖励的；在省大学生英语演讲大赛获得一等奖，是苏大非英语类学生唯一获奖的。

2017年度，工程管理专业暂停招生。

2. 研究生教学工作

与机电工程学院、光电信息科学与工程学院联合申请的控制科学与工程一级学科硕士点获批，学院主要承担模式识别与智能系统二级学科硕士点建设任务。

2017年度，学院启动了交通运输工程一级学科下的道路与铁道工程和交通运输规划与管理2个二级学科招生，并将于2018年度全面启动交通运输工程一级学科的4个二级学科招生。

2017年度共招收31名硕士研究生，1名博士研究生；25名硕士生顺利通过答辩，1名博士顺利通过答辩；3名研究生出国(境)交流半年。

三、科研工作与学术交流

1. 科研项目及成果

学院在2017年的科研工作取得较大进步，圆满完成各项科研指标任务。优秀青年教师在论文发表上异军突起，在一区期刊和IEEE Trans会刊上发表了多篇高水平论文。学院与国内多家著名交通院校和科研院所建立了紧密的教学科研合作关系，为学科建设和人才培养奠定了坚实的基础。学院获得2017年度苏州大学知识产权进步奖。

2. 国内外学术交流情况

通过多种渠道、多种形式拓展国际国内交流。继续推进与亚利桑那大学"3+1+1"联合培养的招生选拔工作；完成了与美国凯斯西储大学工学院在优本计划上的合作协议签署；加强本科生的多种形式的交流学习，选派8名同学出国(境)交流3个月以上；举办了近20场学术报告，参加了国内国际的多种学术会议。

四、学院重大事项

（1）2017年2月27日，美国亚利桑那大学加速硕士项目推进会在学院举行。院长朱忠奎教授主持了本次推进会，参会的嘉宾有美国亚利桑那大学土木与机械工程系邱怡璋教授及学院师生。

(2) 2017年4月25日,汉格斯特滤清系统(昆山)有限公司总经理邢少卿先生一行来到学院,双方就产学研合作、奖学金设置、学生实习就业等方面进行洽谈。双方就奖学金设立、学生实习就业、科研横向合作等方面进行了深入交流,在安排研究生、青年教师到企业挂职,为有意向加入公司的学生提供赴德实习机会,设立企业捐赠奖学金等方面初步达成了进一步合作的意向。

(3) 2017年4月27日,学院研究生党支部在学院党委的领导和支持下,组织了支部党日活动——沙家浜红色之旅。2017年11月24日,学院研究生党支部组织了党日活动,参观了中共一大会址、中共二大会址和上海博物馆,党委书记杨清参加了活动。2017年12月2日,行政实验支部全体党员赴位于浙江余姚梁弄的浙东抗日根据地,开展党日活动。2017年12月9日,学院师生党员来到江苏省句容市茅山的新四军纪念馆开展主题党日活动。

(4) 2017年5月5日,苏州大学学科建设办公室召集相关专家,针对苏州大学城市轨道交通学院更名事宜进行了论证。论证会专家组成员包括合肥工业大学汽车与交通学院党委书记石琴教授,上海交通大学机械系与振动国家重点实验室副主任、国家杰出青年基金获得者、长江学者彭志科教授,东南大学交通学院副院长陈峻教授等。苏州大学城市轨道交通学院学术委员会主任汪一鸣教授和学术委员会副主任姚林泉教授列席会议。论证会由苏州大学学科建设办公室主任沈明荣教授主持。

(5) 2017年5月21日,学院在"第十一届全国周培源大学生力学竞赛"中荣获佳绩。轨道交通学院2014级车辆工程专业宦冬同学获得了基础力学实验个人省级二等奖;姚林泉、李成和沈纪苹三位老师获得了江苏省第十一届大学生力学竞赛优秀指导教师称号。

(6) 2017年6月10日,第一届全国大学生"深圳地铁杯"城市轨道交通科技大赛暨第六届城市轨道交通专业人才培养交流会决赛在深圳大学南校区机电楼601会议室举行,共有104名领导、教师和学生参加。学院院长朱忠奎、副书记黄晓辉、信号与控制工程系副主任郑建颖、2014级本科生辅导员刘仕晨4位老师和3个科技作品项目的4位同学代表参会。

(7) 2017年6月22日,美国凯斯西储大学机械与航天工程系主任Robert X. Gao教授到访苏州大学,并就人才培养合作与本院和机电工程学院进行了会谈。双方并就凯斯西储大学机械与航天工程系与苏州大学轨道交通学院和机电工程学院在大机械类相关专业进行优本项目试点达成初步意向。

(8) 2017年8月8日,学院由苏州大学原城市轨道交通学院更名为苏州大学轨道交通学院。

(9) 2017年10月14日,江苏省仪器仪表学会状态监测与故障诊断仪器专业委员会成立大会暨学术交流会在学院隆重召开,来自国内10余所高校、研究所和企业的专家学者参加了此次会议,苏州大学党委常委周高总会计师代表学校出席会议并致辞。江苏省仪器仪表学会理事长、国家杰出青年基金获得者、东南大学宋爱国教授宣布状态监测与故障诊断仪器专委会成立,并任命苏州大学朱忠奎教授为专委会主任委员、东南大学严如强教授和苏州东菱振动试验仪器有限公司王孝忠总裁为副主任委员。周高总会计师与宋爱国教授共同为专委会成立揭牌。

(10) 2017年11月18日,由西南交通大学主办,苏州大学轨道交通学院、西南交通大学苏州校友会共同承办的"交通强国战略——交通发展的新机遇"高峰论坛在阳澄湖校区举行。上午,校党委常委、总会计师周高,西南交通大学校长徐飞一行在苏州高新区科技局副局长李艰、新区有轨电车公司总经理余黎康、太湖金谷总经理高进等人的陪同下,分别参观了苏州高新区展示馆、太湖金谷、苏州有轨电车基地等地,并与苏州高新区管委会主任吴新明、高新区管委会副主任陶冠红、高新区科技局局长顾彩亚等领导举行了高新区政府、高校、企业战略合作会谈。下午,"交通强国战略——交通发展的新机遇"高峰论坛在阳澄湖校区图书馆大报告厅举行,西南交通大学校长徐飞,苏州大学党委常委、总会计师周高,苏州轨道交通集团董事长周明保,中铁上海工程局党委书记梁永兴,江苏瑞铁轨道装备集团董事长文生,中铁十局局长李学民,西南交通大学唐山研究院院长钱晓群,苏州大学轨道交通学院院长朱忠奎,苏州科技大学土木学院院长毛小勇等嘉宾出席。苏州大学、浙江大学、上海交大、西安交大、西南交大、台湾新竹交大等近300名高校及相关企业代表出席了会议。

(金菊华)

体 育 学 院

一、学院概况

苏州大学体育学院的办学历史可以追溯到1924年的东吴大学体育专修科,至今已有90多年的办学历史。1997年成立体育学院。在几代体育人的共同努力下,苏州大学体育学院已经成为一所国内领先,并且具有一定国际知名度的体育院校。学院现有运动训练、武术与民族传统体育、体育教育、运动康复(本二招生)4个本科专业,设有体育教育训练学研究中心、运动科学研究中心、体育文化与奥林匹克研究中心、武术与民族传统体育研究中心等4个研究中心和体育运动系、运动人体科学系、民族传统体育系、社会体育部、公共体育部等5个系、部,拥有体育学博士后流动站和体育学一级学科博士学位授权点、体育学一级学科硕士学位授权点、体育硕士专业学位授权点,拥有国家体育总局体育社会科学重点研究基地、机能评定与体能训练重点实验室等科研平台以及若干国家、省级和校级精品课程等优质教学资源。长期以来,学院致力于高素质体育人才培养,为国家和社会输送了包括奥运会冠军陈艳青、吴静钰、孙杨、郭丹在内的一大批高水平体育专业人才,为我国体育事业做出了应有的贡献。

学院共有教职员工150人,其中教授16人,副教授58人(公体副教授34人),博士生导师9人,硕士生导师46人,国际级裁判3名,国家级裁判10名,另有柔性引进、兼职、客座教授20余名。现有全日制在校本科生704名,博士研究生46名,硕士研究生239名,在职攻读体育硕士专业学位学员近300名。

二、教学工作

1. 本科生教学工作

2017年度,招收本科生173名。教学工作中,抓管理、重建设,落实提升本科教学质量工作,圆满完成学校本科教学审核评估各项工作,其他工作有序开展。

加强师资队伍建设。进一步加强师德建设,强化教师教书育人的责任感和使命感。加强教师和教辅队伍建设。按照专业发展的需求,努力配齐主干课程的教师梯队,2017年新进教师5人,其中运动健将1人,初步改善了教师队伍的结构。2017年度学院成功举办了十六届青年教师课堂教学竞赛和首届教案比赛。同时择优向学校推荐了获学院青年教师课堂教学竞赛一等奖的沈文熹、董刚强两位教师参加学校青年教师课堂竞赛。最终,沈文熹获学校青年教师微课竞赛一等奖,是学院青年教师首次在学校获得微课竞赛一等奖。

重视优质课程资源和教材建设。以体育教育品牌专业建设为契机,开展了课程与教材建设工作。新增省级在线开放课程1项、"基于全面提升体育学类专业学生核心素养的课程改革与实践"获江苏省教学成果奖二等奖。1名教师获得苏州大学周氏教育科研奖。

加强本科专业学生的实践教学环节,1名教师获评苏州大学2017届毕业实习优秀实习指导教师,4名学生获评优秀实习生;2名教师获评2017届毕业设计(论文)优秀指导教师,4篇毕业设计(论文)获评2017届优秀毕业设计(论文);学院入选苏州大学2018届教育实习先进单位名单,2名教师获评教育实习校内优秀指导教师,3名学生获评教育实习优秀实习生,2个实习小组获评优秀实习小组。

在苏州大学2017年师范生教学基本功大赛暨"明日之师"系列活动中,学院获一等奖1项,二等奖3项,三等奖1项。体育教育专业王晨和嵇冲分获苏南师范生首届竞赛一、二等奖,运动康复专业学生组队参加全国运动康复专业技能竞赛,获集体二等奖等诸多教学奖项。学生的科研能力与水平稳步提高,获得大创项目国家级3项、校级2项,本科生发表学术论文3篇。

丰富学生第二课堂。在不断提升专业技能水平的同时,创造条件开设第二课堂,学生的自身素养和能力水平得到显著提高,毕业生受到了所在单位的青睐。

2. 研究生教学工作

2017年度,共招收博士研究生8人,招收硕士研究生90人。共毕业全日制硕士研究生93人、博士研究生9人、在职硕士124人。开展新生入学系列活动、学术沙龙、研究生素质拓展活动等各项活动19项。2篇论文获评江苏省优秀硕士论文,1篇论文获评苏州大学优秀论文,1人获评省优秀研究生干部,研究生主持2017年度苏州市体育局体育科研课题13项。顺利完成了硕士、博士研究生的招生和论文答辩工作,研究生奖学金评审工作,以及研究生科学道德和学风建设宣讲教育工作。

在研究生培养上,强化国际意识,拓宽国际视野。2017年度4名硕士生赴台北市立大学进行为期半年的交流学习;1名博士生赴加拿大进行为期1年的访学;2名博士生和2名硕士生赴巴西、1名硕士生赴美国、1名硕士生赴中国台湾参加了国际学术会议。

三、科研工作与学术交流

科研工作稳步推进。2017年度学院师生共发表核心期刊学术论文52篇(其中SSCI论文1篇,一类核心期刊论文9篇,二类核心期刊论文14篇),虽然一类核心期刊论文数量有所增加,但论文总数比去年减少了25篇。主编、参编教材以及出版专著10部。获国家社科基金研究项目1项,国家自然科学基金项目1项。获得省部级研究项目3项,市厅级项目38项,纵向委托项目9项,科研经费达200余万元。3项研究成果得到地方政府批示。获得实用新型专利4项,软件著作权2项。获得中华人民共和国第十三届学生运动会科学论文报告会一等奖2项、二等奖3项、三等奖1项,获得苏州市第三届"社科应用研究精品工程"优秀成果奖一等奖1项。承办了第四届中国篮球文化论坛暨国际篮球运动发展研讨会,举办国内外专家讲座近20场。资助教师和研究生参加国际、国内会议60余人次。

四、学院重大事项

（1）2017年7月21日,承办了第四届中国篮球文化论坛暨篮球运动发展国际研讨会。

（2）2017年8月27日—9月8日,在全国第十三届运动会上,学校师生获得了9枚金牌、4枚银牌、3枚铜牌、2个第五名、2个第七名的优异成绩,为学校争得了荣誉。

（3）2017年9月4日—16日,在第十三届全国大学生运动会上,苏州大学24名运动员参加了田径、游泳、武术、篮球等项目的比赛,取得6枚金牌、4枚银牌、6枚铜牌的优异成绩,最终以249.5的总分,在参赛高校中排名第七,获得"校长杯"奖。其中,学校研究生孙杨打破大学男子乙组200米、400米自由泳的全国大学生记录,本科生徐安珂、钱伊静和王晓娜获"体育道德风尚奖"。

（张鑫华）

艺 术 学 院

一、学院概况

艺术学院始创于1960年,经过几代人的不懈努力与奋斗,已发展为师资力量雄厚、专业方向比较齐全的综合性艺术院系。学院现有在职教职工121人,专任教师95人,博士生导师4人,硕士生导师42人,教授20人,副教授32人,海外专家3人,江苏省教学名师1名,具有博士学历人员19人。学院还聘请了多名国内外著名画家、设计师担任讲座教授、客座教授、兼职教授。目前在校博士研究生、硕士研究生、本科生和成人教育学生约2 450人。学院拥有产品设计、服饰与配饰设计(含时装表演与服装设计)、视觉传达设计、环境设计、美术学(美术教育、插画)、数字媒体艺术、艺术设计学专业7个专业;拥有艺术研究院、非物质文化遗产研究中心2个校级研究机构;拥有良好的实验设施,设有计算机、陶艺、染织、服装、数字动画、版画等实验室和工作室,纺织与服装设计实验中心为国家级实验教学示范中心,艺术设计实验教学中心为江苏省实验教学示范中心;拥有设计学一级学科博士授予权和博士后科研流动站;拥有设计学、美术学、艺术学理论3个一级学科硕士授予权,以及艺术硕士和工程硕士专业学位授予权。2010年,艺术学被批准为江苏省首批优势学科建设项目;2014年,设计学再次被批准为江苏省第二批优势学科建设项目。艺术设计专业现为教育部、财政部批准的全国艺术教育类人才培养模式创新实践区、江苏省品牌专业、江苏省"十二五"高等学校重点专业建设点。多年来,学院培养了马可、吴简婴、王新元、赵伟国、邱昊、逄增梅等一大批优秀的艺术与设计人才,毕业生遍及海内外。

二、教学工作

1. 本科生教学工作

以2017本科教学审核评估为契机,学院进一步规范了教学档案管理工作。坚持"以评促建、以评促改"原则,起草并修订了《苏州大学艺术学院考试工作细则》等文件。开展了教学秩序大检查,及时发现问题,及时整改解决问题。对学院教学场所环境进行整治,布置了公共空间橱窗,举办了"2017年艺术学院课堂教学成果展"等活动,营造良好的教学与学术氛围,受到评估专家的好评。省品牌专业培育项目工作稳步推进,数字媒体系和美术系专业合格验收工作顺利推进。本科教学成果取得新突破,获江苏省教学成果二等奖1项,取得了10多年来该项教学成果奖历史突破。学院还获得中国纺织工业联合会纺织教育教学成果奖一等奖1项、二等奖3项、三等奖1项以及"纺织之光"教学改革项目4项的好成绩;获苏州大学精品教材立项1项。学生参加各类大赛获得各类奖项累计达100余项。其他本科日常教学管理工作有序推进。

2. 研究生教学工作

2017年,学院完成落实设计学等一级学科的整改措施、2次教育部第四轮学科评估数据反馈工作、相关学科的合格评估系列工作、优势学科建设工程二期2016年度项目支出决算和2017年度预算调整以及相关资助项目和活动经费使用管理工作。获得了国家级项目立项2项,省部级立项3项,横向项目、核刊论文发表、出版著作及教师个人获奖等方面已超额完成学校2017年科研目标责任书任务。成功举办"第六届中国(国际)非物质文化遗产·东吴论坛""江苏省研究生学术创新论坛"等学术活动。研究生日常工作及博士后管理工作有序推进。

三、科研工作与学术交流

2017年,学院先后与法国国立高等装饰艺术学院、法国图卢兹大学、意大利米兰理工大学、英国王储传统艺术学院、美国蒙赛罗大学、匈牙利美术大学、奥地利维也纳大学、英国普利茅斯大学、中欧文化教育基金会、欧洲伽利略-思图迪教育集团、美国硅谷亚洲艺术中心等学校及机构商讨了合作事宜,进一步加深了与法国图卢兹大学的合作,并与台湾师范大学艺术学院签订了互派师生的合作协议,通过工作坊、师生互访、讲座等形式深入开展学术交流。约20名学生赴海外高校研修学习或攻读学位;李琼舟老师赴图卢兹大学开设了为期两周的工作坊课程;先后派出4个团队老师分赴法国、匈牙利及中国台湾等国家及地区高校开展学术访问与交流。同时,先后与中央美术学院等多家国内院校进行了学术交流与对外合作。

四、学院重大事项

(1) 2017年3月23日,嘉兴锦霓时装有限公司张锦浩总经理一行来院洽谈校企合作,并签订双方合作协议。

(2) 2017年3月29日,加拿大西安大略大学一行来院洽谈合作办学。

(3) 2017年4月初,范炜焱老师荣获"2017意大利米兰国际家具展—青年明日之星沙龙展"评审会特别奖,成为1961年办展以来第4位获奖的中国大陆设计师。

(4) 2017年5月31日,苏州大学艺术学院三届一次教职工代表大会胜利召开,大会的主题为"以学生为本,提高本科教学质量"。本次大会投票通过了《苏州大学艺术学院教代会实施细则》和《苏州大学艺术学院退休教师返聘工作暂行办法》。

(5) 2017年6月8日,艺术学院党委在独墅湖校区一期炳麟图书馆报告厅召开换届选举大会。大会选举产生了新一届学院党委委员会成员。

(6) 2017年9月22日,由江苏省文化厅、江苏省财政厅指导,苏州大学主办的"江苏艺术基金2017年度艺术人才培养资助项目:中国色粉画艺术高端人才研修班"在苏州大学教学实习基地——苏州工业园区明加教育培训中心举行开班仪式。杭鸣时、陆庆龙、高柏年、卢卫星、姜竹松等艺术家以及来自江苏各地的20位学员参加了本次活动。

(7) 2017年10月16—17日,2017年中国美术家协会服装设计艺术委员会主任会议、《中国大百科全书设计卷染织服装分卷》主编会议在苏州大学艺术学院召开,数位专家相聚苏州,部署工作。中国美协服装设计艺术委员会主任、深圳大学吴洪教授,副主任兼秘书长、清华大学肖文陵教授,副主任、苏州大学李超德教授,东华大学陈建辉教授,苏州大学张晓霞教授出席会议,会议由中国美协服装艺委会主任吴洪教授主持。

(8) 2017 年 11 月 15 日,2017 年江苏省"基于传统工艺的创新设计与研究"研究生学术创新论坛在苏州大学独墅湖校区炳麟图书馆学术报告厅开幕,本次论坛的主题是"基于传统工艺的创新设计与研究",旨在启发对我国相关专业博、硕士研究生在这一领域相关成果的总结和思考,对基于传统工艺的创新实践和研究产生积极的推动作用。

(9) 2017 年 11 月 16 日,第六届中国(国际)非物质文化遗产·东吴论坛在苏州高新区文体中心开幕,本次论坛的主题是"非物质文化遗产的活化与复兴"。出席开幕式的领导有中国民间文艺家协会副主席吴元新,中国美术学院副院长杭间,苏州市文广新局党组书记、局长李杰,苏州大学副校长刘标,苏州市发展和改革委员会党组副书记、副主任范建青,苏州大学人文社会科学院常务副院长母小勇,苏州高新区区委常委、宣传部部长朱奚红,苏州大学艺术学院院长姜竹松。开幕式由苏州大学研究生院副院长、非物质文化遗产研究中心主任李超德主持。

(10) 2017 年 12 月 9 日,由苏州大学主办、苏州大学艺术学院承办、苏州市美术家协会和明·美术馆协办的江苏艺术基金 2017 年度艺术人才培养项目"中国色粉画艺术高端人才研修班作品展"在苏州金鸡湖畔拉开帷幕,从各地赶来的 100 余位艺术家及艺术爱好者参加了展览的开幕活动。

(卢海栗)

音乐学院

一、学院概况

苏州大学的音乐学科成立于1998年,原为艺术学院音乐系,2012年10月苏州大学成立音乐学院。学院首任院长为美籍华裔音乐家吴和坤教授。现由中国交响乐团发展基金会主席、苏州交响乐团团长陈光宪教授担任名誉院长;著名指挥家、钢琴家,上海歌剧院院长、意大利维罗纳歌剧院首席指挥,以色列海法交响乐团音乐总监、首席指挥许忠教授担任院长;执行院长为吴磊教授。学院现有音乐与舞蹈学一级学科硕士点,音乐表演、音乐学(师范)以及作曲与作曲技术理论3个本科专业。学院按照国际一流音乐学院的办学模式来建设运行,旨在打造一所集音乐教育、表演、作曲和学术研究为一体的"国内一流、国际知名"高水平音乐学院,致力于培养德艺双馨的音乐人才。

音乐学院以西方艺术音乐为基础教育体系,结合中国民族音乐特色开展教学。积极倡导跨学科学习和英语授课,努力培养学生独立思考、艺术感悟和跨文化交流的能力。在实践方面,学院通过田野调查、采风、访问大师等拓展性的学术活动帮助学生了解和传承地方特色。学院推荐学生参加各类国内外比赛、音乐节和国际学术会议,积极鼓励学生举办音乐会,通过教育实习及教学法课程提高学生自身专业技能,掌握了如何进行教学传授。学院成立了交响乐团、木管乐队、打击乐团以及合唱团,给学生艺术生涯和职业道路提供发展平台。

学院拥有一支由一流演奏家、作曲家、理论学家及教育家组成的教师队伍,现有专职教师36名,其中教授8名、副教授5名、讲师20名、助教3名。音乐表演专业的师资来自国际顶尖大学和专业音乐学院,其中包括英国皇家音乐学院、耶鲁大学、斯坦福大学、维也纳大学、茱莉亚音乐学院、新英格兰音乐学院、法国巴黎国立高等音乐学院、德国科隆音乐学院等,68%的教师具有博士学位。音乐学(师范)已有18年的办学历史,目前拥有钢琴、声乐及音乐理论的师资,其中多位教师曾在美国印第安纳大学、法国巴黎高等师范音乐学院及德国卡尔斯鲁厄国立音乐学院等学校学习深造。

音乐学院具备先进的教学设施,包括现代化音乐厅、教学楼、琴房和专业音乐图书馆。现有380座多功能音乐厅和150座室内乐报告厅,有钢琴97台,其中立式钢琴70台,三角钢琴27台。学院建有打击乐工作室、电子音乐工作室和多个室内乐排练室,是学生进行音乐实验和音乐实践的场所。学院购置了一批小众乐器,以供学生学习部分曲目使用,同时它们也是交响乐队课上课的重要乐器,包括低音单簧管、次中音长号、直式中音长笛和短笛、三排键圆号等。音乐学院还配备了一个专业的音乐图书馆。图书馆由汪镇美馆长于2012年组建,该图书馆馆藏资源丰富,设施完善并提供专业的读者服务。

二、教学工作

1. 本科生教学工作

2017年,在"以评促建、以评促改、以评促管"的大方针指导下,学院完成本科新设专业评估(音乐表演),顺利通过音乐表演专业学士学位授予权申请和新设专业实地考场工作,配合学校做好了教育部本科教学审核评估工作,积极筹备音乐学(师范)专业师范认证;完成首次音乐学院来华留学生质量认证相关报告及资料准备。在苏州大学2017年师范生教学基本功大赛暨"明日之师"系列活动教学基本功大赛中,学院1名本科生获得二等奖、1名本科生获得三等奖。在第十五届"明日之师"模拟课堂教学大奖赛中,1名本科生获得三等奖。1名本科国际学生获得CSC全额奖学金。

2. 研究生教学工作

2017年,学院1名研究生获得国家奖学金,2名研究生获得优秀研究生称号,1名研究生获得优秀研究生干部称号,1名研究生获得学术标兵称号,1名研究生获得优秀毕业生称号。8名研究生赴美国、爱尔兰等地交流参加学术会议,并在会议中发表自己的论文,得到广泛好评。

三、科研工作与学术交流

1. 科研项目及成果

2017年,3名老师分别获得"国家社科项目""省社科项目""省教育厅项目";2名老师分别发表核心期刊论文各1篇;6名老师分别完成译著及编著教材4本;1名老师获得江苏省第五届大学生艺术展演教育科研论文奖特等奖及江苏省教学成果奖(高等教育类)二等奖。

2. 国内外学术交流情况

学院立足自身国际化平台,在师生中加强与国内外学术界的交流。2017年学院共举办了9场学术讲座,讲座嘉宾包括香港浸会大学文胜博教授、美国明尼苏达大学油雅莉教授、维也纳音乐与表演艺术大学Gertrude教授等。另外邀请了25位不同专业的演奏家和演出团体到学院举办大师课或者音乐会,包括意大利博洛尼亚巴洛克室内乐团、美国低音提琴大师Cameron、俄罗斯钢琴大师Alexei Kornienko等。这些国际学者和音乐家带来了不同文化背景的研究和演出,帮助学生近距离接触世界不同地方的音乐表演和学术研究,为学生学习提供了多样化的平台。在引进来的同时学院还鼓励教师走出去,2017年学院有5位教师赴法国、芬兰、美国等国家讲学、参加会议和举办音乐会,提升自身业务水平,加大了苏州大学音乐学院在国际上的影响力。

四、学院重大事项

2017年,学院交响乐团共举办了6场交响乐音乐会,演出场地包括独墅湖校区601号楼音乐厅、无锡大剧院、苏州保利大剧院。星空女子合唱团在独墅湖教堂和苏州文化艺术中心举办专场合唱音乐会,并受邀参加"俄罗斯中国文化节之中俄合唱国际研讨会闭幕式音乐会",与专业合唱团同台竞技。学院继续推动各类学院级别的专业比赛,如:雅马哈亚州奖学金——苏州大学音乐学院钢琴比赛,2017年周文轩音乐奖学金比赛和2017苏州大学音乐学院协奏曲—咏叹调比赛。2017年的周氏奖学金获奖学生受邀参加了由苏州市统战部组织的纪念周文轩先生逝世叙事音乐会和苏州大学纪念周文轩先生恳谈会并表演了室内乐节目,给在场的嘉宾留下了深刻的印象。

(马晓钰)

医 学 部

一、学部概况

苏州大学医学部坐落于苏州工业园区美丽的独墅湖畔,为学校医学和生命科学教育管理的实体单位。其前身可追溯到张謇先生创立于1912年的南通医学专门学校,1957年迁址苏州后更名为苏州医学院,隶属核工业部;2000年并入苏州大学,于2008年组建医学部。附属医院始于1883年创建的博习医院。生命科学教育可追溯到创办于1901年的东吴大学生物学系及建于1911年的苏州蚕桑专科学校。

秉继"祈通中西、以宏慈善"的良训,医学部办学历史悠久,文化底蕴深厚,不断加大教学改革力度,注重理论与实践相结合,培养了一大批创新型医药和生物科学高层次人才,杰出校友遍布海内外。

作为国内创办最早的医学院校之一,医学部是我国首批获得博士学位授予权的。目前拥有博士后流动站6个,一级学科博士点6个,一级学科专业学位博士点1个,二级学科博士学位点60个;一级学科硕士点10个,二级学科硕士学位点76个,专业学位硕士点6个;国家级重点学科3个,国家级重点临床专科8个,国防科工委重点学科2个,省优势学科5个。现有博士生导师248名,硕士生导师642名。

作为教育部卓越医生培养计划首批试点高校,医学部现有本科专业15个,其中国家级特色专业建设点1个,江苏省品牌专业1个,江苏省特色专业3个,江苏省重点专业1个。附属医院共17所,其中直属附属医院3所,教学实习点100多个;生物类校外实习基地18个,药学类校外实习点10余个。

医学部现有在校生近8 500余名,其中本科生近5 000名,硕士生近2 600余名(含专业学位),博士生350余名,海外留学生近500名,以及各类继续教育学生近万名。

医学部现有教职工近800人,三家直属附属医院具有教学职称的教师985人。其中院士3人,中组部"千人计划"获得者4人,"千人计划"青年人才获得者10人,国家"杰青基金"获得者10人,"优青基金"获得者7人,教育部"长江学者奖励计划"特聘教授2人、青年学者3人,国务院学位评定委员会学科评议组成员4人等。现有教育部创新团队2个,教育部工程技术研究中心1个,江苏省"创新团队计划"引进团队3个,江苏高校协同创新中心2个,江苏高等学校优秀科技创新团队1个,省部级重点实验室8个,省级科技公共服务平台1个,以及市厅级重点实验室和公共服务平台18个。

医学部积极开展国际学术交流与合作,先后与美国、英国、法国、德国、日本、韩国、澳大利亚、新加坡等国家及中国香港、中国台湾等地区的高校、科研机构建立了广泛的交流与长期合作关系。

医学部将继续以坚实的人文传统为依托,以学科建设为龙头,致力于创新性人才培养、高水平科学研究,不断追求卓越,引领杏林清风,塑造医学典范。

二、教学工作

1. 本科生教学工作

组织召开苏州大学临床医学品牌专业建设工作会议,研讨医教协同提高人才培养质量。加强教师教学培训,更新教师教学理念,提升教师教学水平。根据考试改革要求,真正以"教考分离"组织实施了第一届、2014级临床医学专业阶段性考核(基础医学知识)。组织完成省级教学成果奖、省级留学生精品课程、省级重点教材及校级精品教材、省级教改研究项目、省级微课比赛、市级优秀教学团队、校级在线开放课程、"苏大课程2017-3I工程"、校级教改研究项目等的申报工作,获得省级教学成果奖(1项),获评2门省级留学生精品课程、5门校级在线开放课程、2门校级精品教材、19项"苏大课程2017-3I工程"。做好江苏省高校品牌专业建设项目的建设计划落实及经费预算,协助完成中期检查报告撰写与支撑材料汇编。新增笮政基金项目8项。启动医学部第三轮本科教学工程建设项目,申报PBL/CBL教学案例建设项目32项、试题库建设项目21项、教改研究项54项。完成2017级人才培养方案的修订工作,并将PBL教学推广到临床医学专业全体学生。顺利完成2017年医师资格考试(临床类别)分阶段考试实证研究第一阶段考试,配合做好学校本科教学工作审核评估。

2. 研究生教学工作

对学部现有硕、博士学位授予点进行评估,完成生物学和畜牧学两个一级博士学位点的申报。完成"江苏省研究生培养创新工程"、苏州大学研究生卓越人才培养计划和苏州大学专业学位建设项目结题工作,组织申报江苏省(优秀)研究生工作站。

为了理顺医学部各学科建设和研究生管理工作,广泛听取老师们的意见,优化研究生名额分配方案,强化培养方案。明确各学位分委员会的职责,颁布了《医学部学科和研究生工作管理办法(试行)》。推进研究生核心课程改革,鼓励特聘教授把相关领域的科研前沿带入课堂。积极推进与美国知名高校的博士研究生联合培养方案,拓展招生渠道,提高研究生培养质量。

三、科研工作与学术交流

1. 科研项目及成果

为了更好地完成学校下达的科技任务,结合各学院(科研机构)近三年各项科技指标的完成情况,制定了2017年度医学部各学院(科研机构)科技目标,并与各学院(科研机构)签订了科技目标责任书。

2017年获得立项的纵向科研项目270项:国家重点研发计划3项;国家自然科学基金项目211项(其中重大项目1项、重点项目3项、国际合作2项、海外学者研究计划1项、面上项目105项、青年基金95项、其他4项),比2016年同期(158项)增长了33.5%;省部级14项(含省杰出青年基金1项、优秀青年基金1项);市厅级42项。放射医学与防护学院院长柴之芳院士牵头的国家自然科学基金重大项目的成功立项,实现了苏州大学国家自然科学基金重大项目零的突破。获得立项的军工项目5项,经费达到1 500万元,创历史新高。

学部积极推进"省部共建放射医学与辐射防护国家重点实验室"建设,获批立项"苏州市系统生物医学重点实验室"。

"江苏省重大神经精神疾病研究重点实验室"和"江苏省干细胞与生物医用材料重点实验室——省部共建国家重点实验室培育基地"完成江苏省重点实验室评估工作,其中前者以良好通过评估,后者以优秀进入复评答辩并获评优秀。

2017年学部在 ACS Applied Materials & Interfaces、Blood、Chemical Communications、Clinical Gastroenterology and Hepatology、Journal of the Amrican Chemical Society、Nature Communications、Nature Immunology、Proc Natl Acad Sci USA 等知名期刊发表了多篇论文。据最新 Nature Index(自然指数)排名(1 September 2016—31 August 2017)数据,学部生命科学类论文共26篇,总WFC为8.23,居全国第26位。

2017年获得国家奖科技进步奖1项,教育部高校科研优秀成果奖5项,江苏省科学技术奖7项,华夏医疗保健国际交流促进科技奖10项,国防科学技术进步奖1项,中华医学科技奖3项(待公示),神农中华农业科技奖1项,宋庆龄儿科医学奖1项。

2. 国内外学术交流情况

(1) 2017年5月12日,国际小鼠表型分析联盟(IMPC)疾病模型资源应用国际科技合作苏州交流会在苏州成功举办。本次会议由剑桥—苏大基因组资源中心和苏州市科技局联合主办。熊思东校长会见参会代表英国皇家科学院院士 Allan Bradley 教授,剑桥—苏大中心徐璎主任陪同会见。本次会议邀请了来自美国、英国、加拿大、德国等9个国家的 IMPC 成员单位的50余位专家参会。同时,为了推动学术成果与产业化的联结,为企业提供与世界顶尖的学术专家对接的交流机会,大会邀请了30余家生物医药领域的公司负责人与会交流。

(2) 2017年5月13—14日,由中国睡眠研究会睡眠障碍专业委员会主办,苏州大学神经科学研究所、苏州大学附属第二医院协办的"第七届中国睡眠医学论坛"在江南水乡苏州召开。本届论坛邀请了国内外知名睡眠专家对睡眠疾病的诊断、治疗和最新研究进展进行专题报告,介绍国际睡眠科学的最新动态,全方位促进睡眠医学事业的健康发展。

(3) 2017年5月24日,第五届 International Symposium on Space Radiation and Particle Radiotherapy 在苏州工业园区独墅湖世尊酒店开幕。会议主席美国哥伦比亚大学医学中心放射肿瘤学系主任 Tom K. Hei 教授主持开幕式,会议共同主席、苏州大学放射医学与防护学院院长柴之芳院士致欢迎词,他介绍了会议的缘起与历届会议的举办情况,并对本次会议的组织概况和参会人员等做了说明。他说,在我国载人航天飞速推进、粒子辐射治疗肿瘤在世界范围内蓬勃发展的今天,这次会议在苏州召开具有非常特别的意义,是国际辐射生物学界对我国该领域所做贡献的肯定,将会推动苏州大学放射医学的发展。组委会成员、苏州大学放射医学与防护学院周光明教授代表组委会详细介绍了会议日程安排、最佳海报奖的设立以及其他事宜。

(4) 2017年8月3—5日,第四届 MDS-AOS Basic Scientist Summer School 在苏州举行。本届会议由国际运动障碍协会(International Parkinson and Movement Disorder Society, MDS)主办。MDS 会议二度选择苏州大学神经科学研究所作为承办方,是对研究所实力的认可。

会议也为国内外专家、青年学者提供了合作平台。

四、学部重大事项

（1）2017年1月9日，中共中央、国务院在北京隆重举行国家科学技术奖励大会，习近平总书记出席大会并为最高获奖者颁奖。苏大附一院血液科主任、苏州大学造血干细胞移植研究所所长、中华医学会血液学分会候任主委吴德沛教授在北京人民大会堂接受颁奖。由苏州大学附属第一医院、中国医学科学院血液病医院（血液学研究所）、苏州大学共同完成的"恶性血液肿瘤关键诊疗技术的创新和推广应用"荣获国家科技进步二等奖。

（2）2017年1月12日，医学部2016年度工作总结表彰大会在炳麟图书馆学术报告厅隆重举行。出席大会的有阮长耿院士、柴之芳院士、陈卫昌副校长以及医学部全体党政领导和附属医院领导，医学部教职员工代表参加了会议。会议由医学部党工委书记邹学海主持。

（3）2017年4月21日，在独墅湖校区炳麟图书馆学术报告厅召开了医学部本科教学工作审核评估动员大会。参会的人员有：副校长陈卫昌，教务部教学质量与资源管理处处长冯志华；医学部领导班子、教学督导、各学院本科教学工作审核评估领导小组成员、专业负责人、教研室主任、教师代表、教学秘书；附属张家港医院、附属常熟医院分管教学领导、教师代表；医学部教学办公室、学生工作办公室、实验中心全体人员；各年级学生代表。会议议程包括：医学部党工委书记邹学海进行动员报告、医学部副主任龚政布置评建任务、有关学院评建工作交流、冯志华处长发表讲话、陈卫昌校长发表讲话。

（4）2017年5月7日，江苏省人民政府副省长张敬华来学校调研学校改革发展情况。省政府副秘书长陆留生、省教育厅副厅长王成斌、苏州市副市长曹后灵，省市有关部门负责同志等陪同调研。校领导熊思东、路建美、田晓明、陈一星、江作军、杨一心、蒋星红、陈卫昌，校长助理、国际合作交流处处长张晓宏，相关职能部门和医学部负责人等参加调研。

（5）2017年5月17日，江苏省科技厅组织专家组在南京江苏省会议中心对学校省部共建"放射医学与辐射防护"国家重点实验室的建设计划进行了可行性论证。江苏省科技厅邀请的论证组专家有南京大学陈洪渊院士、南京航空航天大学机械结构力学及控制国家重点实验室主任熊克教授，军事医学科学院国家"973"项目首席科学家周平坤教授，东南大学生物科学与医学工程学院院长、生物电子学国家重点实验室主任、长江学者、杰青获得者顾忠泽教授，以及山东省肿瘤医院放疗科李建彬主任。参加会议的江苏省科学技术厅领导有蒋跃建副厅长、景茂副巡视员、项目管理员尤琛辉博士；参加会议的苏州大学领导有路建美副校长、科学技术研究部科学技术处郁秋亚处长、苏州大学医学部龙亚秋副主任。会议由省科技厅景茂主持。

（6）2017年5月23日，苏州大学医学部全日制本科生学生工作研讨会于独墅湖校区炳麟图书馆一楼报告厅隆重举行。此次学生工作研讨会旨在深入学习贯彻《关于加强和改进新形势下高校思想政治工作的意见》精神，总结和思考五年多来的全日制本科生学生工作，进一步加强医学部班主任队伍建设，促进学生成长成才。会议在前期广泛调研的基础上围绕十一条议题展开，涉及加强学风建设、促进学生发展、实施医德教育和职业道德教育、发挥班主任作用，建设和谐平安校园等重要内容，以期落实立德树人、以学生为本的教育理念。

（7）2017年9月23日，由苏州大学医学部举办的"东吴·谈家桢讲坛"在苏州大学独墅湖校区炳麟图书馆学术报告厅启动。本次讲坛有幸请到了北京大学党委常委、副校长、医学部主任詹启敏院士作"科技创新和医学发展"的主题报告,旨在传扬百年苏医精神,倡导学术科研风尚。

(8) 2017年10月25—30日,为进一步做好教育部评估专家组对学校本科教学工作的审核评估,医学部对附属第一医院、附属第二医院、附属儿童医院、附属第三医院、附张家港医院、附属常熟医院等6家附属医院开展了本科教学工作审核评估预评估工作,预评估专家组由副校长陈卫昌、医学部党工委书记邹学海、医学部副主任龚政、附属第一医院教学院长胡春洪、附属儿童医院教学院长王晓东等领导、临床专家组成。此次预评估内容分为4个部分:听取附属医院院长汇报、召开临床教师和教学管理人员座谈会、查阅近3年临床教学资料、观摩教学活动,每个环节结束后由预评估专家进行点评、找问题、提建议。

(9) 2017年11月18日,学部在苏州大学附属常熟医院会议室成功组织举办了临床医学品牌专业建设工作会议。出席此次会议的人员有浙江大学郭永松教授,上海交通大学附属第六人民医院东院院长孙永宁;苏州大学教务部教学改革与研究处处长茅海燕,医学部副主任龚政,医学部教学办公室主任钟慧及相关工作人员;苏州大学附属常熟医院院长陈波和书记黄伟;苏州大学医学部基础医学与生物科学学院、公共卫生学院、药学院、临床医学专业各实习基地教学管理人员、教师代表;贵州医科大学教务处处长温小军及教学管理人员。本次工作会议议程分为开幕式、专家报告、工作交流、闭幕式4个部分。

(10) 2017年12月21日,国家自然科学基金重大项目"乏燃料后处理复杂体系中的锕系元素化学研究"项目启动会在苏州大学成功召开。该项目是迄今苏大获批的首个自然科学基金重大项目,包括"复杂体系下锕系元素价态变化规律与调控方法""复杂体系下锕系元素萃取分离""锕系元素高温熔盐化学""锕系元素固体化学性质"4个子课题,分别由中国原子能科学研究院、清华大学核能与新能源技术研究院、中国科学院高能物理研究所及苏州大学医学部放射医学与防护学院4家单位承担,项目总负责人为苏州大学柴之芳院士。

(姜雪琴)

医学部基础医学与生物科学学院

一、学院概况

医学部基础医学与生物科学学院于2008年年初由基础医学系和生命科学学院合并组建而成。学院下设12个系,8个校级研究院(所)。

学院现有教职工203人,其中教授43人、副教授72人、讲师51人;具博士学位者142人;博士生导师27人、硕士生导师64人;杰出青年基金获得者2人、教育部长江学者1人、教育部新世纪优秀人才计划获得者2人、农业部岗位科学家3人、江苏省"高层次创新创业人才引进计划"资助者3人、江苏省"333工程"培养对象9人、江苏省"青蓝工程"培养对象12人。另外,学院还聘请刘富友教授(英国皇家科学院院士、英国格拉斯哥大学教授)、赵国屏教授(中国科学院院士)、Peter Delves教授(英国UCL副院长)、虞献民教授(美国佛罗里达州立大学教授)及卢斌峰教授(美国匹兹堡大学终身教授)等为学院的讲/客座教授。

学院承担临床医学、医学影像学、护理学、口腔医学、医学检验、放射医学、预防医学、药学、中药学等专业本科生、研究生及留学生基础课程的教学任务;此外,负责法医学、生物科学、生物技术、食品质量与安全、生物信息学本科专业的建设和750名本科生的培养任务。目前已建成国家级双语教学示范课程2门、省级精品课程2门、江苏省品牌特色专业和国防科工委重点建设专业点1个、省级实验教学示范中心2个。

学院负责基础医学、生物学、畜牧学3个一级学科建设工作。现有博士后流动站2个(基础医学、畜牧学)、一级学科博士点2个(基础医学、畜牧学)、二级学科博士点12个;一级学科硕士点3个、二级学科硕士点23个;在读研究生350余人。

学院拥有江苏省一级学科重点学科1个(基础医学)、一级学科重点学科培育点1个(畜牧学)、二级学科重点学科2个(免疫学、特种经济动物饲养);教育部长江学者和创新团队发展计划创新团队1个(带头人:高晓明);江苏省重点实验室4个(江苏省干细胞研究重点实验室、江苏省水产动物营养重点实验室、江苏省干细胞与生物医用材料省部共建重点实验室、江苏省感染免疫重点实验室);苏州市重点实验室3个(苏州市疼痛基础研究与临床治疗重点实验室、苏州市蚕丝生物技术实验室、苏州市癌症分子遗传学重点实验室)。同时,学院积极参与国家"211工程"重点学科建设1个、共建国家"211工程"重点建设实验室1个。

近年来,学院促进学科交叉,加强国内外的学术交流与合作,提升学科内涵,获批科研项目层次不断提升,重点重大项目取得突破,科研成果不断丰富。承担科技部重大专项、"973计划""863计划"、国家自然基金重大和面上项目90余项,2017年共发表SCI论文85篇,授权专利30余项。

学院秉承"养天地正气,法古今完人"的校训精神,坚持"教学科研并重、基础应用结合"

的理念,以人才培养为中心,加强教学质量管理与改革,努力培养基础扎实、综合素质好、实践能力强的医学及生物学专门人才。

二、教学工作

1. 本科生教学工作

2017年度学院全力配合学校迎接本科教学审核评估的现场考评,推进教改,努力探索"科教融合、创新创业"培养人才的新途径。

2017年度全院共承担课程313门(共538个班),30 197学时。继续推进医学教学改革,更好地开展卓越班教学。组织全英文教学团队,提高教学水平。为201名本科生顺利配备了导师,辅助学生完成了第一篇综述。邀请校内四大科研机构杰出教授举办了专题科研报告会,帮助2017级新生更好地适应大学生活、培养科研兴趣。2017年上半年有2013级5个专业的153名同学完成毕业论文(设计),2名同学由于个人健康或家庭问题申请延期毕业;下半年有2014级156名同学顺利开展毕业实习工作。

科教融合、协同育人成果显著。2016、2017届高尚荫菁英班毕业生中,50%以上进入高等学府或研究所深造,2017届高尚荫菁英班获评江苏省优秀班集体。

2017年度立项的教学项目有:2017年江苏高校省级外国留学生英文授课精品课程1项、2017年苏州大学精品教材1项、"箐政基金"项目2项、苏大课程2017-3I工程项目之"新生研讨课"项目3项、"通识教育课程"项目3项、"微课群"项目1项、创新创业课程1项、全英文教学示范课程1项、2017年苏州大学在线开放课程3项。2017年度本院学生成功申报的大学生创新创业训练计划项目有:国家级大创项目4项、省级大创项目7项、校级大创项目3项,苏州大学第十九批大学生课外学术科研基金资助项目11项,医学部学生课外科研项目18项。学院两位老师获得苏州大学第十六届青年教师课堂教学竞赛二等奖。

2017年度共召开教学会议33次,利用"教师成长中心"平台开展多种形式的教学研讨活动,组织教师培训。学院教学质量工程委员会继续发挥积极作用,从听课评价逐渐转变成向听课反馈指导,由理论教学逐渐转向实验教学。2017年共安排了教学听课评课和教学录播23次,本科审核评估期间有针对性地听课25次;在29次学系观摩课上,通过组织听课,促进了教师的互相学习与成长。

全力完善医学基础Ⅰ和医学基础Ⅱ在线课程教材建设;"医学免疫学"申报省在线课程建设项目,大力推进"生理学""病理学"在线课程项目建设。配合实验中心对解剖、形态、机能学实验室进行了建设提升;开展虚拟仿真实验平台建设,召开生物学虚拟实验建设会议,组织教师开发和建设虚拟实验,申报省级虚拟实验教学项目。配合学部对免疫学和生化教研室进行了调研考察,为免疫学实验室增添荧光显微镜。

2. 研究生教学工作

2017年度加强研究生管理队伍力量、规范相关管理。强化研究生自我管理,完成研究生分会换届工作,制定了《苏州大学医学部基础医学与生物科学学院研究生分会章程》;完成每月例会制度,举办第三届研究生趣味运动会。

2017年度学院硕士及博士论文全部实行盲审,通过率100%;学位授予率100%;取得学位研究生为130人,其中博士生18人,学术性硕士生79人,专业学位硕士生26人,同等学力研究生7人。研究生以第一作者发表的SCI论文70篇(其中一、二区35篇),核心期刊10篇。3人获苏州大学2017年度研究生国际交流奖学金;获批3项2017年度江苏省研究生科研与实践创新计划项目。

三、科研工作与学术交流

1. 科研项目及成果

学院组织教师积极申报各级各类科研项目,科研成果稳步提升。2017年度,学院获得国家自然科学基金面上项目11项、青年基金项目5项;省青年自然科学基金3项,省高校面上项目1项,市厅级项目5项。民口纵向项目到账总经费超过1600万元,横向经费180万余元。

学院教职工2017年共发表SCI论文85篇,其中一区论文11篇,二区论文30篇,三、四区论文44篇;授权知识产权30余项。周翊峰教授荣获2017年度高等学校科学研究优秀成果自然科学二等奖;李兵、沈卫德教授的研究成果《优质高效养蚕技术体系的建立及其应用》,获得2016—2017年度神农中华农业科技奖科研成果三等奖。

2. 国内外学术交流情况

学院注意学术交流,2017年度共举办院长论坛及学术讲座30余次,主办及承办了2017脂组学与代谢研讨会、第34届苏州市生物学会年会等多次大型会议。学院2017年度共有9名教师公派出国留学进修,约30人次出国参加学术会议及交流。

四、学院重大事项

(1) 2017年3月28日上午,学院与康宁杰瑞生物科技有限公司联合举办2015级生物科学"创新创业"班开班仪式。

(2) 2017年4月10日,学院苏雄教授主持召开了"2017脂组学与代谢研讨会"。研讨会得到了国家自然科学基金委重点国际(地区)合作研究项目及苏州市科协的资助,并得到了美国圣路易斯华盛顿大学人类营养中心的大力支持。

(3) 2017年4月24—26日,学院第三届高尚荫菁英班全体同学由副院长杨雪珍带队,赴中科院武汉病毒所交流。高尚荫菁英班成立4年来,学院与中科院武汉病毒研究所紧密联系,充分发挥双方优势,科教结合、教改创新,人才培养成效凸显。

(4) 2017年9月23日上午,学院党委于医学楼学术报告厅召开换届选举党员大会,会议差额选举产生了新一届学院党委委员。

(5) 2017年11月17日,学院应用生物学系李兵、沈卫德教授团队获得农业部颁发的神农中华农业科技奖科研成果三等奖。

(6) 2017年12月3日,教育部科技发展中心正式公布了2017年度高等学校科学研究优秀成果奖(科学技术)的授奖项目,我院周翊峰教授以第一完成人获得科学研究成果自然科学奖二等奖。

(7) 2017年12月28日,全国第四次学科评估结果揭晓,学院基础医学学科为B+类别,位列前20%,与第三次评估相比,有了显著提高。

(陈玉华)

医学部放射医学与防护学院

一、学院概况

放射医学与防护学院前身是创建于1964年、隶属原核工业部的苏州医学院放射医学系。经过50余年的建设,已成为适应国防、核事业发展战略需求,培养放射医学专业人才和开展放射医学科学研究的主要教学、科研基地。

学院放射医学是我国该领域唯一的国家重点学科,同时也是江苏省和国防科工委重点学科及"211工程"重点建设学科,具有鲜明"核"特色的优势学科。学院拥有江苏省放射医学与防护重点实验室,教学团队多次被授予省部级优秀学科梯队称号,2009年获得教育部长江学者和创新团队发展计划"创新团队"资助建设,于2012年顺利通过教育部验收。2011年成立放射医学与防护学院后,成为目前国内高等院校中唯一一个专门从事放射医学与防护人才培养的学院。2011年获得江苏省高校优势学科建设工程"特种医学"一期建设项目,2014年获得二期建设项目;2014年获批成立"放射医学"江苏高校协同创新中心,2017年获得二期资助;2017年3月"辐射防护与环境保护"获得国防特色学科,极大地推动了放射医学国家重点学科建设。

二、教学工作

1. 本科生教学工作

放射医学专业是国家特色专业建设点、江苏省特色专业和苏州大学品牌专业。放射医学专业已形成从本科到博士后乃至就业后继续教育的完整培养体系。

学院十分重视放射医学专业建设工作,着重加强放射医学品牌专业建设,以及本科生教育的过程管理,继续开设医学物理培训班和放射医学夏令营,做好本科生和研究生的思想工作,提升他们对放射医学的学习兴趣。同时努力提高办学质量,切实提高人才培养质量。

2017年学院编写出版放射医学系列教材2部;发表教改论文4篇;获得苏州大学"箸政基金"项目1项;"放射生物学"获得苏州大学在线开放课程立项;3I课程新增新生研讨课2门、通识选修课程3门(包括网络进阶式课程);"放射生物学在线虚拟仿真实验"获江苏省2016年省级在线开放虚拟仿真实验实验教学项目立项;大学生创新项目7项,其中国家级1项、省级3项、校级3项;医学部学生课外科研项目15项;苏州大学第十五届青年教师课堂教学竞赛三等奖1项。继续推进放射医学MOOC建设,顺利完成第一期课程"放射医学概论"和"放射生物学"的拍摄工作,已于2017年9月正式网上开课。2017年度承担教学课程77门,约3 327学时,2012级放射医学专业学生62人顺利毕业并取得学士学位,通过教育部专家组对放射医学本科专业的审核评估。

继续实行全体本科生导师制,引导学生学业学习,进行专业辅导,注重科研兴趣培养。组织2016级放射医学专业全体同学赴苏州大学教学医院——浙江省肿瘤医院进行参观学习,帮助学生了解放射医学在临床的应用,提升学生学习放射医学的热情。加强放射医学专业本科生的专业教育和引导,组织相关专业老师进行放射医学专业介绍,同时吸引其他专业的学生加入放射医学专业,2017年有13名学生转专业进入放射医学专业学习。

学院在继续办好放射医学夏令营的同时,也组织放射医学专业的学生走出去。2017年7月4—6日,举办了上海仁机夏令营暨苏州大学"核+X"走出校园活动,有10名学生参加了本活动。7月4—9日,与华克医疗科技(北京)股份公司联合组织"苏大放医—华克"夏令营,学院的在读研究生和本科生共9人参加。7月13—16日,举办放射医学第四届全国优秀大学生夏令营活动,吸引了来自美国爱荷华大学、兰州大学、重庆医科大学、南京理工大学等20余所高校的43名优秀在校生参加了此次活动。

2017年3月2日,与昆山杜克大学就医学物理专业学生的国际化培养进行交流,探讨学生合作培养等。6月10日,与上海仁机仪器有限公司联合举办全国高校学生"核+X"创意大赛苏州赛区工作,拓展放射医学专业学生的"核"创意能力,更好地服务社会。9月19日至20日,学院老师和研究生赴上海复旦大学参加了由中核集团主办的全国高校学生课外"核+X"创意大赛对话交流活动,获三等奖、优秀奖各1项。本科生王玉民等获得第十五届"挑战杯"全国大学生课外学术科技作品竞赛、中国华信"一带一路"国际专项赛一等奖。

2. 研究生教学工作

以协同创新为纽带,推动我国放射医学专业人才从本科到博士乃至终身教育的培养系统的形成。2017年,4人获得江苏省研究生科研创新计划项目。完成2017年研究生招生工作:共招博士14人,硕士43人。博士毕业12人,授予博士学位12人;硕士毕业25人,授予硕士学位24人。2017年学院的毕业研究生就业率为100%。学院举办了第四届放射医学夏令营,取得了成功。

2017年7月19—24日,与泰和诚医疗集团有限公司联合组织"泰和诚"苏州大学放射医学优秀研究生新加坡夏令营活动,5名研究生参加。8月21—25日,学院组织的博士、硕士研究生及本科生一行9人赴日本国立放射线医学综合研究所进行了为期5天的交流学习。本次活动旨在加强学院的国际化教学,开阔学生的国际化视野,拓展学生的科研思路。

在柴之芳院士出资设立奖学金的基础上,吸引合作医院、公司投入资金,对品学兼优的放射医学专业学生、优秀青年教师进行嘉奖,以提高学生的培养质量,激励学生的学习积极性和教师的科学创造性,为我国放射医学与防护事业的发展输送高层次人才。

学院博士生谢健参加"Actinides 2017"国际会议(日本仙台),荣获最佳墙报奖。在第五届International Symposium on Space Radiation and Particle Radio Therapy (ISSRPRT)上,学院曹倩林获得墙报一等奖,谭雯、裴炜炜、张玉硕、马季、黄平获得墙报二等奖。

三、科研工作与学术交流

1. 科研项目及成果

学院各团队在做好现有课题研究的同时,继续抓好国家自然科学基金、江苏省自然科学基金、江苏省高校自然科学基金项目等的申报工作。2017年度获批国家自然基金委重大项目1项,取得苏大在主持重大项目上零的突破;"十三五"核能开发项目1项;科技部、基金委重点项目子项目4项;国家自然基金面上项目10项,联合基金1项,青年基金项目5项;江苏省自然科学基金重点研发计划合作项目2项,面上项目1项;江苏省高校自然科学基金重大项目1项,面上项目1项;苏州市名城名校融合发展战略项目2项,民生科技项目3项等,共计40项,资助科研经费总额4 855.5万元。"肿瘤辐射增敏及其临床应用研究"获得江苏省科学技术奖。2017年发表第一通讯/作者SCI论文114篇,其中1区61篇,质量有所提高;影响因子大于10的有20篇。2017年授权专利8项,申请专利17项,专利转化也有新进展。

学院于2017年6月11—12日召开了放射医学及交叉学科第五届战略发展研讨会,本次会议研讨主题是:进一步明确目标、凝练方向;如何取得有显示度的成果;如何与时俱进;如何加强创新文化建设;如何实现放射医学梦。苏州大学副校长陈卫昌与会指导。学院进一步凝练研究方向,构建知识结构互补、人员搭配合理的团队,提升科研水平和在国内外的影响力。

2. 国内外学术交流情况

学院积极开展国际学术交流与合作。与国际原子能机构、国际辐射防护委员会等国际组织保持密切联系,与美、德、日、法、加等国建立了人员互访和合作研究渠道;同时也积极与国内放射医学主要科研教学机构加强联系与合作,促进放射医学与防护事业的进步与发展。

学院积极推进为行业服务的力度,努力将科学技术转化为生产力,为相关产业提供技术支撑。先后与华克医疗科技(北京)股份公司签订战略合作协议,与桂林市卫生监督所签订了共建"放射防护示范医院"协议,与鞍山市肿瘤医院签订院士工作站建设协议,与四川好医生药业集团签约,在与日本国立放射线医学综合研究所及泰国清迈大学的多边圆桌会议上签订合作备忘录。

邀请国内外知名专家来访学院并作学术交流,举办先进放射医学论坛38期。21名教师赴美国、日本、英国、瑞士、韩国、巴西、墨西哥、菲律宾、印度尼西亚等国参加国际会议,3人赴美国合作研究。

四、学院重大事项

(1)组织全院师生认真学习中国共产党第十九次全国代表大会精神,结合学院实际,认识到放射医学学科的发展必须强调前瞻性、变革性和原创性。明确学院应当建设大平台,组织大团队,争取大项目,产出大成果。应当集中力量开展具有重大原创性的研究,克服小作坊、小课题、小文章的旧习。

(2)在学校领导的支持下,省部共建放射医学与防护国家重点实验室的申请程序基本完成。

(3)获得国家自然基金重大项目"乏燃料后处理复杂体系中的锕系元素化学研究",直接经费1 669.55万元。

(4)举办了第五届国际空间辐射和粒子治疗会议,这是我国首次举办这一系列的国际会议,是我国在这一领域显示度的一个标志。

(5) 学院放射医学学科居国内领先地位,据 2017 年上海"软科"学科评估,学院特种医学(含放射医学等)名列全国第一。

(6) 学院在研发合作和成果转化方面继续保持良好势头。与中广核技、好医生医药集团、中陕核医疗产业有限公司、鞍山肿瘤医院、华克辐射防护公司、华益、超敏等的合作稳步向前。与中广核技的合作具有重大战略意义。

(朱本兴)

医学部公共卫生学院

一、学院概况

苏州大学医学部公共卫生学院是在原苏州医学院1964年创建的卫生学系基础上发展起来的。

学院设5个系(流行病与卫生统计学系、卫生毒理学系、劳动与环境卫生学系、营养与食品卫生学系、儿少卫生与社会医学系)和1个研究中心(遗传流行病与基因组学研究中心),拥有江苏省老年病预防与转化医学重点实验室、苏州市健康城市研究所、苏州市电磁辐射重点实验室、苏州市出口化工产品检测与评估公共技术服务平台和校级卫生发展研究中心。学院现有教职工60人,专任教师53人,其中教授13名、副教授26名,博士生导师8名、硕士生导师30名,还聘请国内外10多名著名专家作为讲座或兼职教授。

学院现有公共卫生与预防医学博士后流动站、一级学科博士学位授权点、一级学科硕士学位授权点、公共卫生硕士(MPH)专业学位授权点、预防医学本科专业(校特色专业)。公共卫生与预防医学是"十三五"江苏省重点学科,也是国家重点学科(放射医学)和江苏省优势学科(特种医学、系统生物学)的支撑学科。学院是中国中西医结合学会时间生物医学专业委员会的挂靠单位。目前在校生500余名,其中本科生289名,硕士研究生、博士研究生132名,在职公共卫生硕士(MPH)99名。

近五年来,学院承担国家"973计划"项目、"863计划"项目、"十二五"科技支撑计划子项目、国家自然科学基金重点国际合作项目、国家自然科学基金面上项目/青年项目、世界卫生组织合作项目以及其他国际合作项目等60余项;发表SCI收录的论文240余篇,其中一区论文10余篇、发表于国际著名医学期刊JAMA杂志上论文1篇、中国百篇最具影响国际学术论文1篇、ESI高被引论文2篇;获得国家专利授权20多项;获得国家科学技术进步奖二等奖等科研奖励10余项。

学院积极开展国际学术交流与合作,与杜兰大学签订"4+2"联合培养本科—研究生的计划书;建设了一批与公共卫生紧密相关的教学实习基地和研究生工作站;十分注重科技开发和成果转化等。

二、教学工作

1. 本科生教学工作

继续贯彻落实学校关于"回归大学本位,提高办学质量"的精神,狠抓教学质量工程,加强对本科教学的过程化管理,增强一线教师和学院的沟通和交流,定期举行期中教学检查教师座谈会、青年教师座谈会和学生座谈会,全力解决提出的问题和建议。继续举办本科生第二课堂系列活动、公卫大讲堂活动,共有500多人次参加;组织开放实验活动3次,参加同学100多人次。顺利完成本科生转专业的工作,全力加强专业建设,提升专业魅力,增强专业吸引力。

高度重视本科教学审核评估工作,及时召开动员大会,党政主要领导亲自动员,在学院网上和公告栏上公布"以评促建、以评促改、以评促管、评建结合、重在建设"的原则,大会小会必讲,要求教师注意教学规范,认真备课、授课,积极配合医学部顺利完成评估专家对学院毕业论文检查、教师座谈会、实习单位走访等工作。2名教师分别获医学部"我最喜爱的老师"奖和"我最喜爱的老师"提名奖。学院获2017年度医学部教学工作三等奖。

学院顺利开展迎新系列活动。为了增强本科生家长对公共卫生的认知,及时召开家长会,并建立班主任家长微信群。院长、书记分别为研究生、本科生主讲"新生入学第一课",围绕"树立上医治未病的理想,为健康中国作贡献"这一主旨,对同学们如何尽快适应大学、研究生学习生活提出了指导。

2017年度学院教师的教学工作量为自考、成教、留学生、统招本科生等理论学时5 589学时、实验课时677学时。完成了2012级预防医学专业30名学生的毕业实习、毕业课题和毕业论文答辩工作,获优秀毕业设计(论文)、优秀论文指导老师、优秀实习指导老师、优秀实习生、优秀实习小组等奖项各1项。

2014级预防医学专业三位本科生同心协力、顽强拼搏,在由数据分析领域SAS公司主办的2017中国高校SAS数据分析大赛上,一举获得全国二等奖的好成绩,同时获优秀组织奖,并荣获江苏赛区第一名。

为了响应学校国际化战略的实施,与美国杜兰大学积极实施本硕"4+2"合作办学的新模式,已有1名本科生完成在杜兰大学的学习任务,进入直博阶段,另有3名本科生已赴杜兰大学深造。

成功举办首届全国优秀大学生夏令营活动,来自全国兄弟高校的44名优秀大学生参加此次活动。学院向学员们展示科研风采、学术氛围及师生风貌,搭建全国学子认识苏大公卫的桥梁,促进全国高校优秀大学生之间的交流。

由学院选拔的4名预防医学专业的本科生组成苏州大学代表队参赛,他们不畏强手、团结拼搏,勇夺首届全国大学生公共卫生综合技能大赛二等奖,以及大学生健康教育科普作品大赛一等奖、二等奖和最受学生欢迎奖。大赛由教育部公共卫生与预防医学类专业教学指导委员会主办。

2. 研究生教学工作

2017年度学院教师完成硕士、博士、公共卫生专业硕士学位(MPH)课程教学工作量720学时。28名学术型硕士、1名全日制专业学位硕士和5名博士通过毕业论文答辩并毕业,另有1名补授学位的博士、89名在职MPH的学员也顺利通过论文答辩并毕业。

喜获校研究生工作考评优秀奖;1篇硕士论文获评江苏省优秀硕士论文,1篇获评校优秀硕士论文;1门课程获评江苏高校省级外国留学生英文授课精品课程;1部教材获评校精品教材;5名学生参加国际交流活动,获校研究生国际交流奖学金奖1项。

学院研究生工作站获评江苏省优秀研究生工作站(全校唯一);获批省研究生工作站4家和校研究生工作站2家;获医学部研究生工作站先进单位;获省研究生科研实践创新计

划 2 项,申报"互联网+"创新创业大赛项目 12 项。

成功举办"研究生工作站和教学实习基地教学科研发展研讨会",50 多位领导专家参会,大家本着"教研协同、共赢发展"的理念,就如何提高科学研究水平和人才培养质量畅所欲言,积极献言献策。

获评校优秀研究生 5 名,校优秀研究生干部 1 名,校优秀毕业研究生 6 名,学部优秀研究生 4 名,学部优秀研究生干部 1 名和学部优秀毕业研究生 4 名。获研究生国家奖学金 4 名,获周氏奖学金、朱敬文奖学金、朱敬文助学金各 1 名。获园区 CDC 奖学金 3 名。获学部优秀研究生会干部 6 名、优秀团干部 5 名、优秀班干部 7 名、优秀学生党员 6 名、优秀学生团员 12 名、优秀研究生 4 名、优秀研究生干部 2 名、优秀毕业研究生 4 名。

三、科研工作与学术交流

2017 年获得国家级项目 13 项,其中国家重点研发计划课题 1 项,国家自然科学基金项目 12 项(面上项目 8 项、青年项目 4 项),省级项目 1 项,市级项目 3 项,国家博士后基金特别资助项目 2 项。发表三大检索论文 79 篇,其中 1 区论文 4 篇,2 区论文 25 篇。授权专利 12 项,其中发明专利 1 项,实用新型专利 11 项。获华夏医学科技进步二等奖 1 项、苏州市科技进步三等奖 1 项。荣获医学部科研工作集体奖。

积极开展名城名校融合发展战略之健康城市研究项目的各项工作,为名城苏州—健康城市的建设提供科学依据。认真组织"基于健康城市建设的医疗数据管理及高级统计方法培训班",来自包括苏州市各县区 CDC 和医院、上海同济大学等 50 余名青年学者参加培训。学院还成功举办"苏州市名城名校融合发展战略项目——2017 健康苏州建设"培训会议,来自包括苏州市各县区机关、CDC、社区、街道、学校、公司等 375 名学员参加为期两天的培训会。

成功举行"应用贝叶斯生物统计研究中心"揭牌仪式,苏州大学讲座教授易能君担任主任,标志着国内首个"应用贝叶斯生物统计研究中心"正式成立,不仅带动提高师生的学术研究能力,加速青年人才的培养,为学校医学统计学研究开辟新的研究方向,而且也将为临床、基础和公共卫生的相关研究提供有力支撑。

加强人才引进和培养力度。制定优秀青年学者的遴选标准。引进校优秀青年学者 1 名、博士 1 名,1 名教授和 1 名师资博士后已通过面试。20 多位教师参加国内外学术会议。获"双创博士"1 名。继续选派优秀青年教师赴姑苏区、园区疾控中心挂职锻炼。增列博导 1 名,认定博导 1 名;增列硕导 7 名,认定硕导 1 名;增列专业硕士学位导师 33 名。职称申报正高 3 名、副高 5 名。

成功举办"全国卫生事业管理学会青年委员会 2017 年青年沙龙会议",来自全国各个高校的教师和卫生计生部门的领导、专家共 70 余人参加此次会议,青年沙龙的举行不仅给全国的优秀青年人才提供了一次思想碰撞的机会,而且有利于加强今后的共赢合作。

成功举办江苏省老年病预防与转化医学重点实验室学术年会。会议特邀六位教授做了六场精彩的学术报告,有力地推动了重点实验室的发展,在科学研究、人才培养和研究生教育方面发挥学术引领作用,力争取得高显示度的研究成果。

在成功申报江苏省重点学科的基础上,学院聘任一名院长助理协助院长分管学科建设工作,认真做好经费预算、经费执行工作,力争出标志性成果。学院成为第一届江苏省卒中学会预防与控制专委会主任委员单位。

四、学院重大事项

(1) 深入学习宣传贯彻党的十九大、校第十二次党代会精神。荣获校"最佳党日活动"方案鼓励奖。学院工会被评为"合格教工之家"。

(2) 为了增强本科生家长对公共卫生的认知,及时召开家长会,并建立班主任家长微信群。院长、书记分别为研究生、本科生主讲"新生入学第一课"。

(3) 高度重视并认真落实本科教学审核评估工作。切实开展本科生"导师制",全体教师兼做本科生"导师"。继续举办本科生第二课堂系列活动。

(4) 积极开展与江苏海尔森检测技术服务有限公司的合作,设立学院研究生专项奖学金10万元。对在教学、科研、管理、社会服务、学生工作等方面取得较好成绩的团队和个人颁发亿马奖教金。

(钟宏良)

医学部药学院

一、学院概况

苏州大学医学部药学院是一所立足国际学术前沿,致力于新药研究和优秀药学人才培养的研究型药学院。

学院拥有药学一级学科博士学位授权点、药学一级学科硕士学位授权点、药学专业硕士和工程硕士(制药工程领域)学位授权点,拥有药学博士后科研流动站。建有 1 个省级重点实验室、2 个市级重点实验室、3 个校级研究机构。药学学科为江苏省高校优势学科建设工程一期项目支撑学科、"十三五"江苏省重点学科。药理学与毒理学(Pharmacology & Toxicology)学科跻身 ESI 全球排名前 1%。2015 年成功入选汤森路透《开放的未来:2015 全球创新报告》全球制药领域"最具影响力科研机构",位列第 7。

现有教职工 104 人,专任教师 85 人,其中,教授 29 人,副教授 37 人,讲师 19 人;博士生导师 19 人,硕士生导师 57 人。全院在校学生 968 人,其中,全日制本科生 673 人,硕士研究生 249 人,博士研究生 46 人。在站博士后 16 人。

二、教学工作

1. 本科生教学工作

在保障日常教学工作平稳有序基础上,学院紧紧围绕提高人才质量,切实推动教学改革,取得了可喜成绩:指导本科生在"第二届江苏省医药院校大学生化学、药学知识与实验技能邀请赛"中获得团体一等奖,在全国医药院校药学/中药学专业大学生实验技能竞赛中获得二、三等奖。主编出版人卫版生命科学学科综合训练教程的教材 1 部。获 2017 年全国高校药学类专业青年教师微课教学大赛暨教学能力大赛(初赛)特等奖 1 项,苏州大学青年教师课堂教学竞赛三等奖 1 项。2017 年指导国家级大学生创新创业训练计划项目立项 1 项,江苏省高等学校大学生实践创新训练计划项目立项 4 项,苏州大学大学生创新创业训练计划项目立项 3 项,"箬政学者"基金研修课题立项 2 项。11 名 2017 届毕业生被推荐免试攻读硕士学位,并被国内外高水平大学录取。推荐申报苏州高校优秀教学团队 1 个,获 2017 年度江苏省本科生优秀毕业设计(论文)1 项。

本科生出国境交流日趋频繁。2017 年派 4 名本科生到爱尔兰皇家外科医学院进行暑期短期交流,推荐 4 名全英文班毕业生至法国格勒诺布尔大学攻读硕士研究生学位。

此外,深入开展药学全英文教学班改革。培养方案和课程体系不断完善,已建设"药学基础""药理学""药剂学"等 12 门全英文课程。

2. 研究生教学工作

学院高度重视研究生培养工作,研究生培养质量不断提高。研究生发表SCI收录的论文,其平均影响因子超过4.0。2017年,获评江苏省优博论文1篇、江苏省优硕论文1篇,获评苏州大学优秀博士学位论文1篇、苏州大学优秀硕士学位论文2篇。为加强专业学位研究生教育,学院面向企业"千人计划"等人才聘任"江苏省产业教授"4名。

成功举办了药学院第六届研究生学术论坛,学院200余名研究生参加了国际学术论坛,并有近20名研究生站上了国际学术交流的舞台。

从2016年起,学院与中科院昆明动物所以"研究生学术论坛"为载体,加强双方师生交流互访,不断探索研究生联合培养的新途径、新方法。

三、科研工作与学术交流

1. 科研项目及成果

2017年,学院获得国家级科研项目18项,其中国家自然科学基金重点项目1项,国际合作与交流项目1项,面上项目11项,青年项目5项。获得省部级科研项目3项,市厅级科研项目7项。全年累计发表论文144篇(SCI/EI/ISTP三大检索源期刊论文125篇,其中,影响因子5.0以上的论文34篇)。授权专利17项,申请专利35项。

2. 国内外学术交流情况

2017年,药学院主办药学研究与药学教育国际学术论坛,来自美国、法国、爱尔兰、日本、韩国等国家以及中国药科大学、复旦大学、南京中医药大学等国内高校的药学专家、学者及药学院师生200余人参加论坛。爱尔兰皇家科学院院士、苏州大学讲座教授John L. Waddington担任本次国际学术论坛主席。着力推进学院与爱尔兰皇家外科医学院"2+2"双学位项目,积极拓展与法国格勒诺布尔大学和美国纽约州立大学布法罗分校的学生交流项目,不断开拓学生的国际视野,为培养国际化的药学专业人才奠定基础。全年邀请30余位国内外高校和研究机构知名学者来访交流,派出10余名教师出国交流访学。

四、学院重大事项

(1) 2017年1月,国家杰出青年基金获得者龙亚秋教授加盟学院。

(2) 2017年2月27日,学院秦正红教授入选"爱思唯尔"2016年中国高被引学者(Most Cited Chinese Researchers)榜单。

(3) 2017年3月31日,陈华兵教授入选2016年度"长江学者奖励计划"青年学者。

(4) 2017年6月8日,学院党委进行"两学一做"学习教育常态化制度化工作部署安排。

(5) 2017年6月21日,学院张学农教授荣获2017年苏州大学学生"我最喜爱的老师"称号。

(6) 2017年11月2日,学院2篇研究生学位论文荣获2017年江苏省优秀博士硕士学位论文。

(7) 2017年11月4日,学院应征教授荣获2017年"中国药理学会—施维雅青年药理学家奖"。

（8）2017年11月23日，江苏省重大神经精神疾病研究重点实验室第二届学术委员会2017年会议顺利召开。

（9）2017年12月1—3日，药学院开展"2017药学研究与药学教育国际学术论坛暨苏州大学药学院第七届研究生学术论坛"。

（10）2017年12月18日，学校药学学子获第十届全国大学生"药苑论坛"创新成果一等奖。

（11）2017年12月25日，学院王燕副教授获全国高等学校药学类专业青年教师教学能力大赛一等奖。

（彭 蓓）

医学部护理学院

一、学院概况

苏州大学医学部护理学院1985年开始实行成人护理学专升本教育,1997年建立护理系,1999年开始本科招生,2008年成立护理学院。学院拥有一级学科博士、硕士学位授权点,江苏省重点学科,江苏省特色专业;临床护理为国家级重点专业。1999年开设以心血管专科护理为特色的五年制护理本科教育,2009年改为四年制护理本科教育。学院是"江浙沪闽研究生导师沙龙"发起单位和"华夏地区高等护理教育联盟"组建院校之一。2015年通过了教育部高等学校护理学专业认证,并获得江苏省省级实验教学示范中心,2017年荣获第二届全国护理专业本科临床技能大赛三等奖。

学院从2017年将原有教研室建制重组为护理人文学系、基础护理学系、临床护理学系、社区护理学系和护理实践中心、护理研究中心。护理实践中心设有生命支持中心实验室、健康评估实验室、母婴护理实验室、康复护理实验室及全真模拟病房、中医养生实验室等并配置国内先进的多媒体互动教学实验系统和仿真护理教学模型,已达到国内先进水平。另外,该中心也是江苏省专科护士、苏州市卫生局、苏州大学护理学会及海外留学生的培训基地。学院现有临床直属附属医院3家及上海、常州等实习基地6家,均为江、浙、沪地区实力雄厚的三级甲等医院。

学院人才培养具有精英化、国际化特色,以心血管护理、急危重症救治和慢病护理作为专业特色。多次成功举办国际学术会议,中、美、英论坛,我国海峡两岸及香港、澳门论坛。柔性引进英、美等国以及我国香港和台湾等地的知名教授作为学院客座教授。学院每年还选派优秀学生参加由"华夏高等护理教育联盟"提供的境内外学习交流项目。还为本科毕业生开辟了赴英国、美国、日本等国学习深造及硕士、博士合作培养途径和优惠学习机会。

建院以来,学院始终坚持"质量建院、人才强院、创新活院、特色兴院"的办学理念,先后开设了"博习讲堂""名著赏析""人文素质积分卡""早期临床体验""慢病管理讲座""暑期海外夏令营"等课外活动课程,引入学校人文、艺术、教育、公共卫生学院等其他学科名师来院讲学,以人文和专业兴趣引导学生早期培育专业人文底蕴、情感和素养,培养自主学习能力。同时为本科生配备由学院资深教师、临床护理专家和优秀研究生担任的导师,以培养适应护理学发展需求的"厚理论、硬技术、善关怀、强胜任"的特色护理人才为目标,为社会输送了大批护理精英人才。历届毕业生就业率均达100%,就业区域集中于江、浙、沪地区医、教、研实力雄厚的大型医院及卫生管理、教育部门。

护理学院将继续以"回归大学本位、提高办学质量"精神为指导,拓展本科教育规模及卓越护理、国际护理等特色教育,发展符合岗位需求的研究生教学,加强与国内外著名院校的合作交流,努力形成人才培养科研氛围,努力争创现代化、国际化的教学研究型学院。

二、教学工作

学院采取强有力措施实施人才发展战略,将师资队伍建设重点放在中青年教师队伍建设上。为加强骨干学科带头人的培养工作、加强骨干师资队伍的自身培育和建设,学院以各种方式、多种渠道对不同层次的教师进行培养及培训,如提高学历、国内交流等,并不定期选派优秀教师到京、沪、港、台等地进行学术交流,提高了师资队伍素质,也扩大了学院的影响力和知名度。初步议定引进山东大学护理学院博士张雪琨作为护理学院的师资博士后。在学校人事处的指导下,学院制定了《医学部护理学院青年学者遴选条件》,希冀以此吸引、培养、遴选和储备一批有发展潜力的优秀青年学者,推进护理学科的持续发展。

为加强学院专业学位硕士生导师队伍建设,优化师资结构,学院高度重视2017年专业学位硕士导师增列和认定工作,广泛发动符合条件的年轻教师积极申报。吴茵等17位教师成为新晋硕士专业学位研究生指导教师。

学院党政领导在全院大力营造良好的人才建设氛围,想方设法引进名校护理学院知名教授加盟客座教授行列。2017年度,学院聘任林征、蒋琪霞、周郁秋、程瑜、韩琳等业界精英为客座教授。客座教授具有广阔的学术视野、敏锐的学术思维和较强的学术能力,将带动学院专业建设与学科建设,推动教学、科研工作的发展,提高学院整体水平,为护理学院搭建了高层次的育人平台,通过学术讲座、科研合作、咨询交流等方式不断促进护理学科的又好又快发展。

2017年3月25日,学院举行了苏州大学护理学专业学位硕士点5个方向的实践基地授牌仪式(上海六院、上海十院和南通大学附属医院的临床护理方向,苏州心圆护理院的老年护理方向、苏州卫计委的护理管理方向)。基地建设对学院的人才培养而言,可以更好地把握社会经济发展的方向,培养适合社会发展和需要的高层次创新型人才,同时提高高校的科研水平;对研究生自身而言,一方面可以接受传统的学校学术培养,另一方面可以提高其实践及适应社会需要的竞争力,培养自身的科研能力和创新能力;对用人单位来说,不但可以将科研课题转化成科研成果,获得经济效益,同时可以更加高效地获得适合自身发展需要的优质人才。

学院按照学校部署的本科教学工作审核评估工作的统一安排,高度重视,齐心协力,精心准备,认真筹划,高质量按时完成了评估的各项工作。本次审核评估工作是学院2017年度教学的中心工作。对此,学院领导高度重视,成立了以院长、书记为组长的"护理学院审核评估领导小组"。

迎评工作涉及每位教职工和学生,学院在适当时机召开全体教职员工大会、学生班会,院长、书记在各种会议上反复强调本次评估的重要意义,不断增强每位教职工在思想意识上对迎评工作的紧迫感和责任感,最大限度地调动了广大教职工的积极性和创造性。在学生班会上,班主任就本科教学审核性评估工作的目的、意义、内容进行了广泛深入的宣传和动员。

为了周到细致地完成各项准备工作,学院根据迎评准备工作的需要分解评估任务,使任务落实到人,增加教职工的责任心和紧迫感。对教学文件的及时整理,为学院自评报告的完成提供了有力的材料支撑。为了保证试卷批改的准确性,学院先后组织督导、学院领导对保存的试卷进行了多次复查,制定了复查试卷的规范化要求,从批改试卷使用的笔到每个小题的打分形式都做了具体要求,要求教师以高度的责任心对待试卷复查,细致认真、一丝不苟地把问题彻底解决,确保批改试卷的客观性、准确性。在前期的材料准备基础上,精心提炼,反复修改完善学院本科教学审核评估工作自评报告。

三、科研工作

护理学院 2017 年度科研经费总量继续稳步增长,共获得资助项目 10 项,其中纵向项目科研经费 32 万元,横向经费 20 万元。

获奖项目方面:2017 年,获评苏州市优秀自然科学论文二等奖 2 篇、三等奖 3 篇;苏州大学交行教学奖、建行教学奖各 1 项;第二届江苏省高校应急救护比赛三等奖 1 项;出版编著 4 部、参编人民卫生出版社教材 4 部;发表论文 36 篇,其中 SCI 6 篇;获专利授权 13 项,其中发明型专利 4 项,实用新型专利 9 项。

四、学院重大事项

(1) 完成护理人文及老年护理、临终关怀教育实验室的装备工作。
(2) 筹备、承办中国生命关怀协会人文护理专委会学术年会。
(3) 筹备护理学院建系 20 年庆典会议。

(孟红燕)

敬 文 书 院

一、学院概况

为积极推进人才培养改革,苏州大学借鉴剑桥、哈佛等国外著名大学"住宿学院制"以及香港中文大学"书院制"等管理模式,顺应高等教育改革需要,结合学校实际情况,于2011年6月成立了以香港爱国实业家朱敬文先生名字命名的书院——敬文书院。

作为江苏省首家培养高素质学生的住宿学院,敬文书院(以下简称"书院")坐落于粉墙黛瓦、绿树葱郁、古韵悠然的苏州大学本部校园东北侧。书院每年从苏州大学天赐庄校区各学院录取的新生中选拔100名左右的优秀学生。目前汇聚了具有40多个学科专业背景的学生407名,书院除设置常任导师、助理导师、社区导师外,聘有学业导师76名,形成了一个从多方面服务学生的导师群体。

敬文书院自成立以来,已培养出4届优秀毕业生,有近70%的书院学生成功保送或考取了国内众多"985"和"211"重点高校以及欧美等国家和中国香港等地区的著名高校研究生。其中包括清华大学6位、北京大学3位、复旦大学13位、浙江大学4位、南京大学11位、中国科技大学5位、东南大学9位、中国人民大学4位等;还有毕业生前往英国帝国理工、英国伦敦大学国王学院、美国杜克大学、新加坡国立大学、新加坡南洋理工大学、香港中文大学、香港科技大学等全球著名学府深造。就业的学生也深受用人单位的欢迎,许多毕业生纷纷进入知名企业就职。

2017年,书院将办学经验总结凝练,积极申报教学成果奖,并最终荣获"江苏省高等教育教学成果二等奖"。顺利完成本科教学工作审核评估的相关工作,书院人才培养模式得到评估专家的好评。加入长三角书院联盟,并成为该联盟的十个发起单位之一,从而加强了与兄弟高校书院的交流,推动书院各项事业迈上新台阶。

二、人才培养改革工作

1. 完善全程全员导师制

目前,书院有常任导师6名、学业导师76名、助理导师4名、社区导师1名。其中学业导师是书院导师队伍的中坚力量,负责专业学业辅导,对象化、专门化培养学生的科研创新能力。2017年度修订导师手册,进一步规范导师导学形式和导学内容,完成2017级学业导师的评聘工作,继续推进和完善助理导师制。2017年共组织课后英语辅导18次,高数、线性代数以及基础物理等课后辅导30次。其他导师每两周进行一对一和一对多的辅导。

2. 深化通识课程教学改革

2017年书院开设经典会通、文化传承、艺术审美、创新探索4个系类学分课程。此外，大力实施以"适应和提高"为宗旨的外语教学改革，实施具有书院特色的思想政治理论课改革。2017年度书院共开设6门公共英语课程、4门公共政治课程，涉及2015、2016、2017三个年级的书院学生，完成课程编排、学生选课、考试考核管理等教务教学工作，并顺利完成本科教学工作审核评估的相关准备工作。

3. 狠抓学风建设工作

三深入，抓学风，守纪律，回归大学本位。坚持深入宿舍、深入课堂、深入班级，详细掌握学生学习、生活和心理等情况；组织学生听取优良学风班宣讲会，学习经验，制订班级学风建设方案；查看晨读、晚自习，开展学力加油站、答疑坊、学缘坊等学业辅导；开展班级、年级大会，对成绩不够理想的同学逐一谈话，分析原因；通过家长QQ群、短信和电话等方式及时将学生的情况告知每位家长；走访学生宿舍，关心学生的学习、生活，开展思想、学习、安全教育工作。

4. 创新团工作和学生组织工作

书院团委推进基层团支部的组织建设，定期组织班团例会和形式多样的联谊活动；完善"推优入党"工作机制，严格遵守推优程序，实现了入党工作的严把关；做好团费的收缴、团员教育评议、我的青春梦等工作；指导学生开展内容丰富、形式新颖的主题团日活动；响应学校号召，积极开展学生心理健康节及心理健康信息月上报、义务献血等活动。

带领学生组织打造品牌活动，展现书院特色，繁荣书院文化。带领学生会健康中心开展院篮球赛、羽毛球赛、院运会、校运会、健身达人等群众体育活动；带领科协负责智慧之星、新生英语短剧大赛、科研能力培训、书院3I工程（立项、考核、结项、答辩）、学校课外学术科研基金立项、挑战杯课外学术科技作品竞赛、创青春创业计划竞赛、互联网+创新创业大赛等活动、竞赛、项目的全程开展；指导志愿中心在书院内部推出20个义工岗位，组织学生开展校外志愿服务，如"我是中国人，写好中国字"品牌活动；指导文化中心开展新生舞蹈大赛、炫舞之星舞蹈大赛等活动；指导关爱中心举办"家文化·共膳"系列活动；指导引航中心开展领导力培育、好书悦读计划、"朗读者"系列活动，指导青年传媒中心配合各中心撰写新闻稿，完善微信推送和网站管理工作，助力书院形象建设。此外通过社会资助，专门设立"未来卓越领导人奖学金"，提升学生的领导力，全面提升学生未来发展的竞争力。

5. 建设学生创新创业3I空间

依托书院专供学生赛事集训和创意研讨的实体空间，创建以"交叉（Interdisciplinary）、探究（Inquiry）、创新（Innovation）"为特色的3I空间，并将3I空间建设成为多元协同创新的基地。2017年3I空间完成第五期项目结项工作和第六期项目的立项工作，共立项指导项目26项，重点和一般项目28项；组织了"互联网+"创新创意大赛，近30名学生成功申报了学校、省级、国家级大学生创新创业训练计划项目；30余人次在2017年度国家级、省级学科竞赛中获奖；1名学生休学创业。

6. 推动书院国际化人才培养

书院在总结前几年经验的基础上，进一步完善推进书院国际化人才培养的举措。开设英语口语强化课，普及第二外语，设立"书院英语学习中心"，帮助学生提升外语水平。积极拓展高层次的合作项目，进一步拓展与海内外名校的合作项目。此外，设立捐赠奖学金，为书院国际化人才培养寻求外部资源。2017年,书院共有54名学生赴海外研修,其中三个月以内短期研修30人次,三个月及以上长期交流24人次。书院由此培养了学生的国际化视野,成效显著。

(孟玲玲)

唐文治书院

2017年，唐文治书院在校党委、校行政的正确领导与亲切关怀下，突出民主办学、敬畏学术、教学相长、自我发展的特征，以培养复合型、学术型的高端文科人才为目标，不断优化配置教学科研资源和推进建立研究型教学模式。2017年，唐文治书院在完成正常教学计划的基础上，另在制度建设、教学管理、学术建设和学生活动等方面亦有所改进，具体总结如下。

一、不断改革创新，完善制度建设

党的十八届四中全会提出全面推进依法治国建设，大力弘扬社会主义核心价值观。学校落实会议精神，提出了"依法治校"的口号，书院响应学校号召进一步完善各项规章制度，以法律思维和方式开展学生工作：为帮助学生养成良好学习习惯，培养优良学风，进一步修订和完善了《苏州大学唐文治书院导师制实施条例》《唐文治书院班主任工作职责（试行）》《唐文治书院本科生转专业实施细则》等条例。为细化评奖评优过程，做到公平、公正、公开，引导学生争先创优，激发学习动力和热情，制定了《唐文治书院全日制奖学金评定实施细则（试行）》《苏州大学唐文治书院"长光奖学金"实施细则（试行）》。为进一步强化学生事务管理，更好地服务学生，制定了《苏州大学唐文治书院学生培养和管理工作条例》《苏州大学唐文治书院学生管理办法》等条例。2017年还完善了唐文治书院2017级新生招生方案，将电话面试调整为视频面试，以便综合考察、更加全面地了解学生情况，使招生录取工作更加公平公正，有理有据。

二、加强科学管理，提高管理水平

唐文治书院的日常管理工作始终以学生为中心，将服务和促进学生健康成长作为一切工作的落脚点和出发点，完善奖惩机制，推进贷、困、补、免、减、助政策的落实，将关怀落实到学生学习生活的方方面面。

书院领导设计顶层工作目标与全面支持学生活动紧密结合起来，分步有序推进学生工作；综合秘书具体组织实施学生工作，并致力于提升学生工作的专业化水平，推进书院学生工作的科学化发展；班主任全程参与学生工作，关心学生学习生活，关注学生成长成才；专业教师发挥专业优势，积极担任本科生导师，举办专题学术讲座，指导学生课题研究，提升学生专业素养；学生骨干发挥桥梁和纽带作用，有意识地参与和谐师生关系和同学关系的构建，通过加强队伍建设为学生工作提供有力保障。

三、加强学术建设,突出书院特色

1. 落实导师制,优化研究型教学模式

为进一步推进"卓越人文学者教育培养计划",唐文治书院采用研究型教学模式,主要形式为本科生导师制。根据《苏州大学唐文治书院导师制实施条例》,唐文治书院学生从大一进校便开启了导师制的育人模式,每3位学生配备1位专业导师,导师配备实行导师与学生的双向选择。导师负责指导学生读书、学习及科研等方面的指导,每半个月至少与学生面谈一次。可以带领学生共同研读经典文献,也可以指导学生就具体课题进行集中性阅读,鼓励导师指导学生进行论文写作方面的训练。2017级新生一进校就通过双向选择的形式,根据自己的研究兴趣从书院优秀导师中选择方向对口的导师。通过不断的实践,文治书院建立健全了导师制学员遴选、培养机制。

2. 进一步组织好书院特色讲座

自书院成立以来,持续开展特色讲座,至今已举办40场以上,书院学子借此机会接触到李欧梵、王德威、李孝悌等学术界知名学者,深入了解了文学、历史、哲学等领域的学术成果和前沿话题,为日后的学术发展打下了坚实基础。

3. 营造浓郁的读书氛围,充分发挥读书会和读书园地的作用

为进一步培养高端文科人才,书院不断整合各种教学资源,努力组织各种学术活动。由书院优秀导师带头,每月定期举行读书会,提高学生读书兴趣、培养学生读书习惯。为方便学生阅读,书院花了大量人力物力创办了唐文治书院读书园地,读书园地中的书都是由书院导师为书院学子精心挑选的高质量文科经典。从学生借阅的频率和反馈可以看出,读书园地的设立在营造读书氛围方面的效果甚佳。

此外,书院鼓励并帮助学生申请各种科研项目,运用过程化、项目化的管理和服务方式共同推进学生科研能力的提升,并取得良好效果。书院多个学术科研项目在"挑战杯"等活动中获得优秀成绩。书院将继续培养学生学术能力,鼓励学生参加科研项目,提高学生团结合作、自主创新能力,提升学生科研素养。在科研活动中,书院扮演"中间人"角色,及时为有科研探索要求的学生联系指导老师,促进学术性人才的发展。

4. 以文治学刊为平台,辅助培养高端学术人才

自书院成立以来,《文治学刊》至今已成功出刊11期。学刊编辑部同学不断探索,使《文治学刊》在保持学术类杂志基调的基础上,扩大与书院学生生活的联系,将学术性与可读性紧密结合,激发书院学生的阅读兴趣。通过总结以往的出刊经验,学刊编辑部将大力约请书院教师写稿,丰富了杂志的学术性,同时也紧密关注书院学生动态,对各种活动都进行登载。另外,学刊编辑部还大力进行《文治学刊》的宣传工作,扩大《文治学刊》及唐文治书院在苏州大学的影响力。杂志2017年度已受到校学生工作处、团委等部门的一致好评,编辑部力争将《文治学刊》打造为唐文治书院的优秀品牌。

此外,以学生事务中心为主,创办书院微信订阅号"文治"。除了在订阅号上及时发布书院相关信息外,还进行"文治征文活动"。每期征文有不同的主题,这些主题贴近学生生活,紧随热门话题。学生可以自由发挥创意,书写灵感。因为网络的便利性和传播的广泛性,"文治"订阅号与《文治学刊》互为补充,为学生展示自我、提高学术创作能力提供了广阔平台。

四、创新学生管理,收获丰硕成果

在学生工作方面,书院2017年已有第三届毕业生,初次升学就业率高达89.7%。在全院进行学风宣传教育,以"诚"为先,以"信"殿后,积极在学生及教师之间搭桥牵线,积极与毕业生沟通,为学位论文的质量提供保证。同学们继续深造的学科方向涉及文史哲各个专业。由此可见书院的培养模式是有其优越性的,书院的博雅教育、通识教育在某种程度上来说是成功的。总的来说,显示了文治书院良好的学术水平和学术底蕴。

在学生活动方面,2017年书院学生先后去常熟、西山、天平山等地进行文化考察,在文化考察中感悟文化的魅力、领略自然风光的壮丽。读万卷书,行万里路。书院学子在文化考察中激发灵感,创作出了很多精彩的游记佳文。

唐文治书院从创立至今已有七载,虽取得一些成绩,但在探索之路上还须不断创新,我们应不断总结以往工作的经验教训,虚心向国内外优秀书院学习,掌握更多理论知识,提高自身修养,以饱满的热情、踏实的作风、尽职尽责地做好学生工作。

(胡月华)

文正学院

一、学院概况

苏州大学文正学院诞生于我国高等教育大变革、大发展的背景下,是苏州大学大胆探索实践高等教育多元化发展新路径的产物。学院创办于1998年,为全国首家在教育部登记设立的公有民办二级学院,并于2005年获准转设为独立学院。2012年经省政府批准在省内独立学院中率先由民办非企业单位法人登记为事业单位法人,同年起独立颁发学士学位证书。

多年来,学院综合办学水平持续提升,连续六年顺利通过江苏省教育评估院组织的独立学院专业建设抽检,两次获评"江苏省高校毕业生就业工作先进集体",两次获评"江苏省共青团工作先进单位"。在近20年的办学历程中,各项事业发展得到了主管部门、用人单位、学生家长等社会各界的广泛认可。

学院现有在校生11 000余人,设置经济系、法政系、文学系、外语系等12个系科和体育、思想政治教育2个教研室,设有43个本科专业,涵盖法学、文学、经济学、管理学、理学、工学、艺术学等多个学科;专业覆盖面广,专业结构合理;教育教学设施完备,功能齐全,建设标准高,使用效果好;顺应数字化潮流,借力信息化建设,智能化校园建设取得阶段性成果,校园管理创新成效显著。

学院各项工作始终坚持服务学生成长成才。以立德树人为根本任务,努力优化大学生思想政治教育的方式方法,提升学生党建的科学化、专业化水平;以人才分类个性化培养为总体思路,针对海外研修、考研升学、创新创业、实习就业的差异化需求,打通人才培养各环节形成系统合力;提倡环境育人、过程育人,注重学生自我教育、自我管理、自我服务"三自"能力的锻炼,通过大学生行为量化评价推行养成式教育。

二、教学工作

2017年共有2 770名同学参加毕业论文答辩,一次答辩通过率98.8%,同时产生校级优秀论文57篇。2017届毕业生人数共计3 114人,毕业2 808人,毕业率为90.17%;授予学士学位人数2 592人,学士学位授予率为83.24%。

学院加强师资队伍建设力度。面向社会公开招聘49名青年教师及4名退休返聘教师,在引进的同时积极推进青年教师培养工作,组织青年教师培养系列活动两期、各类讲座十余场,推行青年教师导师制,协助跟进落实教师个人职业成长计划。做好自有师资建设的相关基础保障、规章制度及实体系建设工作。截至2017年年底,学院自有教师(含共建学院双聘教师)达163名,其中双聘教师81名,自聘教师82名(含实习人员)。

学院与"梨视频"签署战略合作协议,为新闻传媒相关专业学生实习就业、教师挂职锻炼构建平台。同时完成了苏州艾丁心理咨询服务有限公司、苏州新锐合金工具股份有限公司、中国银行股份有限公司苏州相城支行等8个校外实践教学基地的建设,依托蓝鸥科技有限公司上海分公司和中傲智能科技(苏州)有限公司完成"蓝鸥科技移动互联网技术"和"档案专业实训中心"共建工作。

创新书香校园建设。继共同建设苏州图书馆文正分馆之后,举办读书文化节活动,推行校园阅读,提高学生阅读的积极性。推广"彼岸书香·文化沙龙"项目,涵盖国际交流、民主议校、教师交流、创新创业等多个领域。有效利用了文化主管部门的政策关怀和文化实体单位的专业指导,丰富校园生活,提高校园文化软实力。

三、科研工作与学术交流

为进一步加强学院特色教材的建设工作,学院组织开展了2017年教材立项建设的工作,产生了院级教材立项建设以及推荐申报江苏省重点教材立项建设名单。本次教材立项共计12项,涵盖重点项目3项,一般项目9项。其中,上官丕亮的"宪法入门"和姚林泉的"理论力学"被推荐为江苏省重点教材立项建设。

随着学院师资队伍建设工作的不断深化,科研工作在日常教学运行、教师发展方面的重要性越发显著。2017年度组织申报省级教育改革研究项目2项(立项1项)、省级教学成果奖1项、省级社科研究项目10项(均获立项)、省级自然科学基金项目2项、省级软科学研究2项,顺利完成学院2015年高等教育改革立项研究课题结题工作。

进一步加强制度建设相关工作。研究出台、修订《课程过程化考核管理办法》《教材建设实施办法》《试题库建设管理办法》《重点专业建设管理办法》《精品课程建设管理办法》《高等教育研究与改革课题项目管理办法》等规范性文件,并在推动教学改革工作、完善制度的前提下,启动了教材建设立项,全面推动课程过程化考核等工作。

加大学生科研创新投入,营造校园学术氛围,提升学生科研技能。组织学生参加了包括全国大学生英语竞赛在内的16项省级及以上级别竞赛,参与学生达到2 765人次,获奖学生373人次。其中1人获全国大学生英语竞赛特等奖、12人获一等奖、58人获二等奖、105人获三等奖;参加第八届"蓝桥杯"全国软件和信息技术专业人才大赛华东赛区赛5人获一等奖、5人获二等奖、28人获三等奖;获2017中国旅游暨安防机器人大赛第三名和第五名;获2017中国旅游暨安防机器人大赛二等奖2项、三等奖1项;获第十五届中南谷江苏省大学生课外学术科技作品竞赛暨"挑战杯"全国选拔赛决赛一等奖1项、三等奖1项;获2017年中国工程机器人大赛暨国际公开赛一等奖2项。

重视创业实践,力推意识培养。在2017年度苏州市"汇思杯"大学生创新创业竞赛决赛中,学院孵化项目"苏州领域通讯设备有限公司"成功入选"蒲公英"创业项目;学院学生在江苏省"创青春"大学生创业大赛、苏州市大学生菁英之星创业创新竞赛、"创慧湖杯"第三届全国大学生创业大赛等比赛中连获佳绩;"甲库档案集成化平台"项目被省人社厅认定为"江苏省优秀创业项目",并获10万元创业资金扶持。学院荣获"苏州市优秀高校就业创业指导站"荣誉称号。

新签友好交流及合作协议2项,新增校际交流项目2项。接待来自美日韩等国以及中国澳门、台湾地区高校校际交流团33批次104人,学生交流团1批次44人。教学管理人员赴海外访问、研修、考察合计15人。2017年各类出国(境)留学学生计269人次,其中双学位44人、校际交换学生73人、短期研修103人、友好学校升学49人、学生自行联系38人。学院还迎来了办学史上首批海外留学生,他们一行5人,均来自爱达荷大学。中外电气专业顺利完成"3+1"人才培养计划的前三年国内教学任务,首批22名学生于2017年8月15日赴美开始最后一年的学习。

四、学院重大事项

(1) 2017年2月18日,学院综合楼落成使用仪式在综合楼南广场举行。

(2) 2017年3月10日,在中国高等教育学会学生工作研究分会举办的2016年度全国高校学生工作优秀学术成果评选中,学院袁昌兵等申报的"大学生就业与创业实训教程"与施盛威等申报的"大学生职业生涯规划实务"分别获得优秀学术成果一等奖、二等奖。

(3) 2017年3月27日,英国威尔士大学副校长Robert Brown一行三人来学院访问。学院副院长施盛威、国际合作交流处处长唐凤珍在学生活动中心204会议室会见了来宾,双方就双学位、硕士研究生和交换学生等项目的合作展开了深入交流。

(4) 2017年4月10日,学院顺利完成江苏省2017年普通高校专转本录取工作。学院2017年共有广告学等8个专转本专业招生,招生计划总数为530人,最终录取543人。其中会计学专业为2017年新增专业。

(5) 2017年4月16日,"情系文正"著名书画家作品捐赠仪式在学院综合楼三楼大会议室举行。苏州市美协名誉主席、江苏省文史馆馆员张继馨先生等5位著名书画家先后向学院捐赠了自己创作的以范仲淹生平为题材的书画作品。苏州市范仲淹研究会名誉会长、范仲淹28世孙范敬中先生还捐赠了第九届全国人民代表大会常务委员会委员、教科文卫委员会副主任委员范敬宜先生的墨宝《岳阳楼记》。

(6) 2017年5月20日,学院"以梦为马,不忘初心,不负韶华——2017'校友集体返校日"大型主题活动圆满落幕。以2007届20个班级毕业十周年返校为主力,校友们从各地奔赴母校。此次"2017'校友集体返校日"以各种精彩活动,带领校友们感受学院的变化,追溯在校时光。

(7) 2017年5月27日,学院教育发展基金会在综合楼会议室举行换届选举会议暨理事会二届一次会议。会议由基金会理事长仲宏主持。会议选举产生了新一届理事、监事、理事长、副理事长、秘书长、监事会主席。随后召开理事会二届一次会议,审议通过了相关决议。

(8) 2017年6月1日,学院2015级英语专业童梦同学在B类英语专业学生组别中荣获特等奖。据悉,省内仅有8位同学获此殊荣,学院是唯一一所荣获特等奖的独立学院。

(9) 2017年6月20日,学院2017年第一次理事会在苏大本部钟楼303室举行。王卓君、熊思东、盛惠良、刘标、赵阳、吴昌政、仲宏出席,施盛威、蒋峰、袁昌兵、杜明、邢超、葛军列席,会议由王卓君理事长主持,邢超记录。会议听取了开学以来主要工作等情况的汇报;会议同意了基建及大中维修项目、资产处置情况的汇报;会议同意了学院与捷美公司解除合作事项的汇报。

（10）2017年8月10日，学院2017年普通本科招生录取工作顺利结束，共完成全国15个省（市、自治区）2741名招生计划。其中省内普通类投档分数线分别为文科311分、理科300分，分别高出本二省控线30分和31分。

（11）2017年9月13日，学院在学生活动中心201室举行党员大会，选举中国共产党苏州大学文正学院委员会出席校第十二次党代会代表。本次选举大会共发出选票115张，收回选票115张，其中有效票115张。经差额选举产生学院代表为：仲宏、吴安琪、吴昌政、胡荣、袁昌兵、熊莹。

（12）2017年11月20日，学院首期管理骨干培养对象座谈会在综合楼312会议室举行，院长吴昌政、院党委书记仲宏参加会议并讲话。根据《苏州大学文正学院管理骨干培养对象选拔实施办法》，选拔产生的学院首期管理骨干培养对象为：韦玮、邓小玲、孙兰镇、祁素萍、杨帅、张毅驰、沈瑛、顾荣庆、徐进华、栾仕喜。

（13）2017年11月29日，学院创意创业园孵化项目"苏州甲库档案信息科技有限公司"荣获由江苏省人力资源和社会保障厅认定的"江苏省大学生优秀创业项目"，并获得10万元创业资金扶持。

（14）2017年11月23日，省委宣讲团成员、十九大代表、苏州大学副校长张晓宏教授来学院作党的十九大精神学习报告。宣讲会在学院综合楼多功能厅举行。参加报告会的有省委宣传部吴瑾同志、学院领导班子全体成员、党员及部分教工与学生代表。报告会由学院党委书记仲宏主持。

（刘　言）

应用技术学院

一、学院概况

苏州大学应用技术学院（Applied Technology College of Soochow University）位于中国第一水乡——昆山周庄，距苏州大学独墅湖校区20公里，毗邻苏州工业园区、昆山经济技术开发区、花桥国际商务城和吴江高新技术开发区，隶属于苏南国家自主创新示范区。

学院成立于1997年11月，2005年改制为由苏州大学举办的本科层次的独立学院。学院设有工学院、商学院、时尚学院、中兴通讯电信学院、海外教育学院，设有1个国家职业技能鉴定所、1个应用技术教育研究所，获批江苏省国际服务外包人才培训基地、江苏省服务外包人才培养试点高校、江苏省电子商务人才培训基地等，现设有32个本科专业，在校生8 000余人，担任各类课程的教师中高级职称者占60%以上，双师型专业教师占80%以上。

学院秉承发扬苏州大学百年办学传统，始终坚持以培养高层次应用型人才为宗旨，坚持"加强理论、注重应用、强化实践、学以致用"的人才培养思路，依托苏州大学雄厚的师资力量和本院的骨干教师，利用灵活的办学机制，在加强基础理论教育的同时，突出学生实践能力与现场综合处理问题能力的培养。近十年来，学生在国家级、省级专业技能和学科竞赛中荣获奖项320余项，其中全国大学生电子设计竞赛等全国奖30多项。近五年来，毕业生就业率连年超过96%，协议就业率均在94%以上，毕业生质量得到了用人单位的一致好评。

学院积极拓展国际交流，已与美国、英国、德国、韩国、日本等国家的高校开展合作办学、优秀学生出国交流、攻读双学位、本硕连读等项目。

近年来，学院积极把握国家引导一批普通本科高校向应用技术型高校转型的战略机遇，获批加入应用技术大学联盟、入选首批教育部—中兴通讯ICT产教融合创新基地院校、"互联网+中国制造2025"产教融合促进计划试点院校以及"科学工作能力提升计划（百千万工程）"首批试点院校，将应用型本科教育办出特色、办出品牌，并逐步开展应用型硕士教育，构建完善的应用型创新人才培养体系，力争将学院办成特色鲜明的高水平应用技术大学，让百年学府在千年古镇创造出新的辉煌。

二、教学工作

基于移动信息平台提供的技术资源，支持学院教师积极参与教育教学创新活动，推进以教师为主导、学生为中心的教学改革。通过鼓励教师在移动信息化平台教学、教育管理和服务等方面的创新性应用，充分利用现代化教与学的最新技术，提高人才培养质量。2017年度，共有13位教师获批移动信息化平台教学实践项目。

三、科研工作与学术交流

1. 科研项目及成果

2017年度,学院教师共申报各级各类科研项目40项,教学、科研成果奖5项,其中立项科研项目16项、科研成果奖1项,具体包括:江苏省自然科学基金(面上项目)1项、江苏高校哲学社会科学研究项目10项、苏州市社会科学基金项目2项、昆山市软科学研究项目2项、昆山市学会能力提升项目1项、苏州市社科应用研究精品工程优秀成果奖1项。与地方政府、企事业单位广泛开展咨询研究和产学研合作,承接苏州市发展和改革委员会、苏州市质量技术监督局委托的横向课题项目——苏州市服务业顾客满意度调查研究,获批中国纺织服装教育学会2017"凤凰庄杯"中国纺织服装产业研究优秀成果一等奖1项。

2. 国内外学术交流情况

在与国(境)外院校交流方面,学院继续与国(境)外多所大学开展各项交流活动,学生可通过带薪实习项目、学分互认双学位项目、寒暑假短期交流项目等形式,赴国(境)外院校开展交流与学习。另外,通过教师互访、学术讲座等形式,鼓励教师与国(境)外院校开展学术合作与交流。

五、学院重大事项

(1) 2017年3月,学院与昆山市经济开发区签署《区校合作协议》。

(2) 2017年5月,学院入选教育部"科学工作能力提升计划(百千万工程)"首批试点院校。

(3) 2017年6月,学院作为江苏省人力资源和社会保障厅遴选认定的"时装技术"项目的技术支持单位,为中国国际技能大赛提供技术支持。

(4) 2017年6月,院长傅菊芬代表学院与北京华晟经世信息技术有限公司签署教育部项目《"互联网+中国制造2025"产教融合创新基地合作协议》。

(5) 2017年7月,学院党委开展"双抓双促"大走访大落实系列活动。

(6) 2017年9月,学院召开全体党员大会,选举产生出席苏州大学第十二次党代会代表。

(7) 2017年11月,学院与圆通科技股份有限公司合作共建的"百千万工程"项目顺利签约。

(8) 2017年11月,由教育部学校规划建设发展中心应用型课程建设联盟主办、学院承办的应用型课程建设联盟2017年年会在苏州举行。

(9) 2017年11月,苏州大学第八届应用技术教育教学指导委员会大会在学院举行。

(10) 2017年11月,学院建校20周年纪念大会在周庄文体中心隆重举行。

(11) 2017年11月,在教育部学校规划建设发展中心的指导下,由北京华晟经世信息技术有限公司主办、学院承办、通用电气智能设备(上海有限公司)协办的产教融合2.0时代项目创新发展研讨会在昆山举行。

(12) 2017年11月,学院荣获2017年全国实施用户满意工程先进单位。

(王 静)

老挝苏州大学

一、学校概况

老挝苏州大学成立于2011年,是老挝政府批准设立的第一所外资大学,也是中国政府批准设立的第一所境外大学,由苏州大学投资创办,校址位于老挝首都万象市郊赛色塔县香达村,占地面积22公顷(约350亩)。

2006年,中国国家开发银行邀请苏州工业园区承担万象新城的开发建设,并提供融资支持。苏州工业园区邀请苏州大学加盟,在万象新城筹建高等学校。2008年5月,苏州大学设立老挝代表处,开始筹建老挝苏州大学。

二、本科教学

2012年,老挝苏州大学获得老挝教育与体育部批准,开设国际经济与贸易、国际金融、中国语言、计算机科学与技术等4个本科专业。

由于校园建设尚未最后完成,临时租用的场所有限,目前还是采用"1+3"培养模式,即学生第一学年在老挝学习汉语和老挝教育部规定的通识课程,第二学年开始到中国苏州大学学习专业课程,最终可获得由中国苏州大学和老挝苏州大学分别颁发的毕业文凭。

三、招生和培训工作

2017年加大招生力度,分赴老挝南方、北方省份进行招生宣传,但是由于新校园迟迟没能投入使用,同时受国内各级各类对外国留学生提供奖学金的冲击,加之学校的学费标准一直没有调整,招生人数没能取得突破。

学校的汉语教学自2012年开展以来,稳中有进,在近年社会上汉语培训机构增多的情况下,一直以师资优良和教学正规著称于老挝。汉语培训班每年举办5期,截至2017年年底,参加学习的学员累计超过2 500人次。

学校经中国国家汉语推广委员会批准设立汉语水平考试(HSK)考点,每年组织多次考试。2017年,学校还组织人力赴老挝琅南塔省上门送考,为众多北方考生解决了长途跋涉往返万象参考的困难,受到考生的衷心赞扬和感谢。

四、对外交流

2017年7月,黄兴副校长参加了老挝科技部与苏州大学的合作讨论会,11月又出席了老挝科技部工作座谈。在苏州大学与老挝科技部的合作过程中,学校甘当桥梁,蚕桑科技合作项目即将正式启动。

2017年9月,老挝前政府总理、现任老挝国家经济研究院院长波松·布帕万一行到访学校,听取了学校办学情况汇报,并视察了新校园。

2017年12月,由江苏省国际文化交流中心、南京大学、老挝国立大学、万象寮都公学及老挝苏州大学联合主办,老挝苏州大学承办的首届"江苏杯"汉语演讲比赛(老挝赛区)决赛成功举行,在老挝社会产生了积极影响。

五、重大事项

(1) 2017年1月,苏州大学组织部副部长周玉玲在绿楼会议室宣读干部任免文件(苏大委组〔2017〕2号、苏大人〔2017〕4号),聘任黄兴为学校副校长,免去倪沛红、谭玉坤担任的行政职务。熊思东校长明确黄兴接替汪解先的工作,学校不再聘任汪解先行政职务。

(2) 2017年3月,由苏大审计处孙琪华处长、后勤处查佐明处长等组成的学校校园工程验收审计工作组来老挝调研。工作组听取了学校情况介绍,并实地考察,同时走访了中国建筑、先锋木业等五家中资机构。工作组就下一步校园交接及装修工程制订了方案。

(3) 2017年7月,学校与老挝万象赛色塔综合开发区运营主体老中联合投资有限公司举行了共建教学实习基地签约暨揭牌仪式。赛色塔综合开发区是中老两国政府共同确定的国家级合作项目,是中国在老挝唯一的国家级境外经贸合作区。

(4) 2017年10月,副校长黄兴前往中国驻老挝大使馆拜会了中国驻老挝新任大使王文天。

(5) 2017年11月,习近平主席对老挝进行了国事访问。学校组织师生沿途设点迎接习主席及中国代表团的到来。

黄兴副校长与在老挝的华人华侨、中资机构、教师及留学生代表一道受到习主席的亲切接见并合影留念。

学校樊庆丰老师由中国大使馆安排,担任了习主席随行领导一对一全程陪同和翻译工作。

(薛 晋)

附属医院简介

苏州大学附属第一医院

一、医院概况

苏州大学附属第一医院始创于1883年(清光绪九年),时称"博习医院",1954年6月易名为苏州市第一人民医院,1957年成为苏州医学院附属医院,2000年苏州医学院并入苏州大学,医院更名为苏州大学附属第一医院。医院于1994年通过江苏省首批卫生部三级甲等医院评审,并成为苏南地区医疗指导中心。2013年10月,医院以优异成绩通过新一轮三级医院评审,被江苏省卫生厅再次确认为三级甲等医院。医院系江苏省卫生厅直属的集医疗、教学、科研、预防为一体的综合性医院,并被设为卫生部国际紧急救援网络中心医院。2012年,医院被确认为江苏省省级综合性紧急医学救援基地,苏州大学第一临床医学院、护理学院设在医院,江苏省血液研究所、江苏省临床免疫研究所挂靠在医院。

医院本部坐落于古城区东部十梓街188号,占地面积64 960平方米;医院南区(人民路地块、竹辉路地块、沧浪宾馆地块)占地面积93 754平方米;建设中的总院坐落在苏州城北平江新城内,占地面积约201.9亩,核定床位3 000张,将分二期建设,其中一期建设床位1 200张,建筑面积20.16万平方米,已于2015年8月28日正式投入使用;二期规划床位1 800张,建筑面积21.84万平方米。实际开放床位3 000张,职工4 200余人。

2017年,医院积极落实现代医院改革精神,探索地级城市医院制度建设之路,牵头成立中国医疗保健国际交流促进会城市医院分会,为城市医院合力找寻新时代发展道路打造全国性平台;与《健康报》合作,承办全国城市医院峰会,牵头成立院长精英汇,勇做构建现代医院管理制度的排头兵;创新优势专科对周边医院对口科室托管模式,推进医联体建设,一系列举措走出现代医院管理制度的探索实践之路。连续四年位居中国地级城市医院百强排行榜榜首,获得"全国文明单位"荣誉称号。举办中国卫生计生思想政治工作促进会2017年秘书长会暨书记论坛、2017中国标杆医院学习之旅——苏大附一院专场、2017城市医院苏州峰会、中国医院重点专科临床管理项目——苏州站、中国研究型医院学会QSHE专委会第三届学术研讨会、DRGs医保精细化管理全国研讨会等各类全国影响力会议,涉及医院管理、学科建设、专科发展等,为城市医院构建发展共同体,发挥城市医院领头羊的积极作用。

二、医疗工作

2017年,医院完成诊疗总量349.1万人次,同比增加10.1%;出院14.4万人次,同比增加14.1%;手术4.2万例,同比增加8.9%;病床周转次数48.2次,同比增加4.0次;平均住院日7.8天,同比减少0.5天;平均术前住院天数2.4天,与2016年持平;病房危重病人抢救成功率96.1%,同比增加1.1%;药占比36.2%。

2017年,医院建立健全医疗质量管理组织体系,每季度组织召开医疗质量管理委员会工作会议,全面加强质量管理;定期开展医师考核,加强"三基三严"培训,组织"三基"抽考活动,规范医师执业行为;继续实施大内科总住院医师制度,强化住院医师临床解决实际问题的能力;加强医疗技术临床应用管理,保证技术提升严格遵守国家相关技术规范,为质量进一步提供安全保障。继续扩大临床路径科室和病种;着重加强内涵质量管理,定期组织专家对临床路径工作开展情况进行动态评估。在苏州率先开展日间病房(手术)服务,创新管理模式,打造"联合收、分散治、集中康"的附一院特色;对接"健康苏州掌上行"项目,初步实现患者就诊脱卡支付。按照"综合整治、重点切入、全程监管"的总体思路,以Ⅰ类切口预防用药、药敏指导下抗菌药物使用为突破口,突出事前培训学习、事中网络监控、事后通报奖惩的全程监管,抓好组织管理、技术支持、加强监测、自查自纠、责任落实等综合整治工作。助力石阡县人民医院顺利通过三级综合医院认定评审,在新疆克州建立"阮长耿院士工作站"。积极推进专病护理,加强专科护理标准化示范病区建设,提高年轻护士专病护理能力,提升住院患者满意度;拓展优质护理服务形式,服务延伸至家庭和社区,进行出院患者的疾病管理,助力"健康中国";继续实行护理质量三级管理,发挥"质量与安全管理委员会"和"专科护理管理委员会"的职能,加强护理质量、不良事件的管理;加强专科基地建设,引入移动智能考核培训系统,壮大专科护士队伍。进一步落实手术分级制度、不良事件报告制度;进一步规范药品管理,保障用药安全;进一步强化输血安全;严格控制医院感染,保障医院安全;进一步畅通信访渠道,加强医患沟通,为医院发展构建安全和谐的环境。坚持以打造华东地区应急中心为基准,努力构建与地区经济相适应的现代紧急医学救援服务体系。通过实施"创建、拓展、提升"工程,促进医院脑卒中、胸痛、创伤、孕产妇危急重症救治四大中心建设再上新台阶。

三、教学工作

2017年,医院配合大学顺利通过教育部的本科教学工作审核评估;完成47个班级的教学任务,其中理论教学7 151学时,见习带教1.4万学时,共计2.1万学时;重视教学过程管理,院领导深入课堂和临床教学一线,掌握课堂情况;积极推进床边教学、观摩教学,开展教学行政联合查房、坚持师资培训、提升教学技能、强化实践培养、稳步推进教改等,实施全过程课堂教学质量评估,圆满完成了研究生招生、教学管理、就业指导等工作。继续做好国家住院医师规范化培训基地和全科医生临床培养基地工作,合理布局总院二期建设,为培训工作打好硬件基础,顺利通过省卫计委对医院国家级全科专业基地专项督查;进一步做好教育培训工作,举办院内培训60场,推进科室内部讲座常态化;获批继续医学教育项目共计146项,其中国家级继续教育项目54项;认真抓好研究生、进修生和医务人员外出进修学习、学术会议交流等工作,共派出国内进修人员23名,参加学术会议约450人次,国外学术交流约80人次,接收进修人员509名。

四、科研与学术活动

2017年,医院新建立5个院士工作站,迄今已建立13个院士工作站;获得"十三五"期间江苏省"科教强卫"工程5个重点学科及14位重点人才;获批4个A类"苏州市引进临床医学专家团队"项目;共获国家自然科学基金75项;获得国家科技部重点研发计划项目1项、重大专项项目1项,省市各级各类其他科研项目68项。2017年,骨外科杨惠林教授课题组荣获国家科学技术进步二等奖。获得省部级以上奖励14项;获江苏省卫生计生委医学新技术引进奖15项;发表北图核刊和统计源期刊论文280篇,SCI论文312篇。2个专科被评为"江苏省临床医学中心";顺利通过全国中医药示范单位复评工作。

2017年全年举办、参加专场招聘会31场,录取毕业生共计214人,其中博士生31人、硕士生47人;2人入选"江苏省医学杰出人才",1人入选"江苏省医学杰出人才"培养对象,1人入选省"双创博士",2人入选江苏省"六大人才高峰";柔性引进高层次人才10人;高级专业技术职务聘任102人,初、中级745人;做好学会任职工作,目前任省级以上副主委人员48人,人才梯队不断优化。

继续与海外名校加强联系,派出临床及行政人员70余人赴美国、英国、日本、新加坡、爱尔兰等国家或地区的医疗机构或科研院所进行交流、访问、研修;接待海外医疗机构专家访问20余次;助力特色专科与美国、欧洲等国家医院深度合作,摸索国际经验、地方特色、可推广可复制的专科发展之路。

五、总院二期建设工作

苏州市委市政府以2017年4号政府会议纪要的形式,将医院二期建设纳入苏州2018实事项目,对建设提供资金支持。目前二期病房大楼已完成功能定位,深化设计和招标工作稳步推进中;首批建设综合楼项目开工,科学谋划功能布局,严格把控程序管理,在保证质量的基础上按时序进度稳步推进;完善"一院两区、同步运行"格局,加强两院区流程衔接与资源配置优化。在总院建设上进一步优化就医环境,提升疑难重症及紧急救援救治能力,实现优质资源的民享,更好地为地区健康保驾护航。

(郜 翀)

苏州大学附属第二医院

一、医院概况

苏州大学附属第二医院又名核工业总医院、苏州市第六人民医院、中法友好医院,创建于1988年12月30日,由中国核工业集团公司前身中国核工业部投资兴建。医院系部属综合性教学医院,集医疗、教学、科研、预防为一体,师资和科研力量雄厚,医疗设备先进。医院被设为中国核工业辐射损伤医学应急中心、秦山核电核事故应急医疗中心、苏州市创伤抢救中心、苏州大学医学部第二临床医学院。苏州大学神经科学研究所、苏州大学放射肿瘤治疗学研究所、苏州大学骨质疏松症诊疗技术研究所挂靠在医院。2002年11月,医院被国家核事故应急办公室列为国家级核事故应急后援单位。2014年,医院被国家核事故应急协调委员会设立为国内首批国家级核应急医学救援技术支持中心、救援分队和培训基地。医院于2011年12月被江苏省卫生厅确定为三级甲等医院;多次获苏州市文明单位及江苏省文明单位等荣誉称号,并被命名为省级"平安医院"。

医院本部坐落于苏州市三香路1055号,占地面积7.8万平方米,现代化建筑面积17.5万平方米。科室设置齐全,临床科室32个,医技科室8个。中核集团重点专科3个,江苏省临床重点专科6个,苏州市临床重点专科20个,苏州市临床医学中心3个。院内设有国家级胸痛中心、卒中中心和苏州市创伤抢救中心。本部现开放床位1 408张,拥有CT、DSA、MRI、直线加速器、SPECT等万元以上设备共计3 263台(套)。

浒关院区(苏州市第七人民医院)始建于1949年11月,系苏州高新区全民事业单位、二级综合医院。2005年3月,在中核集团党组、苏州市政府关心下,苏州大学附属第二医院与苏州市高新区政府正式签字重组苏州市第七人民医院,医院新增院名"苏州大学附属第二医院高新区医院"。2017年12月,经苏州市卫生和计划生育委员会批准,苏州市第七人民医院纳入苏州大学附属第二医院一体化管理,成为医院浒关院区。浒关院区位于苏州高新区浒墅关镇,占地41.12亩(27 414平方米),建筑面积14 764平方米,编制床位206张,开放床位265张,医院职工415人,设有15个临床科室、5个医技科室。

二、医疗工作

微创技术是医院重要特色,神经外科锁孔微创技术全国领先,普外科是卫生部内镜技术培训基地;放射治疗科在省内率先以精准治疗的理念开展各类恶性肿瘤治疗;影像诊断科、病理科、急诊医学科是苏州市质量控制中心牵头单位;医院在成功救治核辐射损伤患者方面积累了比较丰富的临床经验,并得到国际同行认可。

2017年,医院(本部和浒关院区)门急诊人数2 049 945人次,比上年同期增长3.98%;出院72 370人次,比上年同期增长6.40%;病床使用率97.3%,床位周转次数46.0次/年;平均住院日7.74天,较去年下降0.24天;年住院手术例数32 087,术前住院日2.8天;健康体检22.92万人次。

三、教学工作

医院教学办公室负责苏州大学医学部第二临床医学院临床教学管理工作。2017年共完成21个班级96门次的课程教学任务。7名年轻骨干教师参加复旦大学PBL教师培训班、北京大学第一医院胜任力导向本科临床医学教学与评价方法师资培训班。成功举办第23届青年教师讲课比赛。以医院和学校的技能中心为平台,完成110人次技能中心培训。

2017年,医院新增博士生指导教师11名、硕士生指导教师27名。目前医院共有研究生指导教师127名,其中博士生指导教师38名。2017年招收博士生120名、硕士生141名,海外生3名。2017年有259名获研究生学位,其中77名获博士学位,182名获硕士学位。医院博士研究生获国家建设高水平大学公派研究生项目3项。医院研究生获江苏省普通高校研究生创新工程项目12项,获国家建设高水平大学公派研究生项目3项。

2017年,医院加强基地建设。建立大内科和大外科专业基地,将石路街道社区卫生服务中心建设为全科社区实践基地,对协同基地张家港第一人民医院、常熟市第一人民医院和张家港澳洋医院开展四场指导和交流工作。通过江苏省全科医师规范化培训基地评估和苏州市卫计委组织的住院医师规范化培训基地评估。2017年医院分别成功申办并完成国家级、省级和市级继续教育项目26项、18项、40项。接收进修人员共175人,其中对口支援单位19名;支援医联体进修人员5名。

医院设有苏州大学护理学院的护理教研室。2017年完成2个班5门课的全年前期任课任务。年接收实习生200余名,进修生30余名。完成了在研课题护理中期考核,组建护理科研沙龙。举办了2个国家级继续教育学习班、5个省级继续教育学习班。2017年完成神经外科护理专科培训与理论授课,接受了省外的护理人员培训。申报市级课题2项、获新技术引进二等奖1项。

四、科研与学术活动

2017年,医院13个临床学科进入2017年度全国医院学科科技影响力排名前100。2017年度完成医院资助的市、局、院级到期应结题的科研结题答辩,专家验收37项。督促纵向科研项目及时办理结题验收工作,组织了省、市科技项目的验收会议。全院发表SCI论文218篇,其中一区8篇、二区58篇;中华核心84篇。2017年度获国防科学进步奖二等奖1项;获中国核工业集团公司科学技术奖二等奖1项、三等奖1项;江苏省科技奖三等奖2项;中华医学科技奖二等奖1项。2017年度申请专利58项,其中实用新型专利48项、发明专利8项、国际专利2项;授权专利19项,其中实用新型专利18项、发明专利1项。

(张 莉)

苏州大学附属儿童医院

一、医院概况

苏州大学附属儿童医院建于1959年，在原苏州医学院附属第一医院儿科基础上独立组建而成。经过50余年的发展，现已成为一所集医疗、教学、科研、预防为一体的三级甲等综合性儿童医院，隶属于江苏省卫生和计划生育委员会，是江苏省儿科类紧急医学救援基地、首批省级新生儿危急重症救治指导中心、苏州市危重新生儿救治中心、市新生儿急救分站、市儿童创伤救治中心建设单位。医院有总院和景德路两个院区。总院占地面积近6万平方米，一期工程建筑面积13.3万平方米。景德路院区占地面积1.8万平方米，建筑面积4.5万平方米。核定床位1 500张，实际开放床位1 158张。现有职工1 673名，其中卫生专业技术人员1 484名。

二、医疗工作

2017年，医院完成门急诊量近215.08万人次，同比增长13%；出院病人5.1万余人次，同比增长13%；手术例数近1.49万人次，同比增长26%。新增3个省级临床重点专科，1个省级临床重点专科建设单位，3个市级临床重点专科，1个市级临床重点专科建设单位。全年各专科共申报新技术、新项目25项，落实各项医疗核心制度，加大临床路径和日间手术实施力度，确保患儿医疗安全。组织第三届江苏省儿童危重症专科护士培训、首届苏州市市级儿科护理专科护士培训班。深化预约服务，增加普通门诊预约号源，推出部分专家全预约诊疗，推进多学科联合诊疗，当年已开展多学科综合门诊6个；提前完成国家新农合跨省结算，在省内率先投入使用；上线运行"阳光医保"App，实现苏州市区医保在门诊的"脱卡"支付。积极组织相关应急培训，参与卫生应急事件处理，承办江苏省儿童应急和突发事件演练暨儿童群体性事件危重症的处理及院前急救学习班。

三、教学工作

2017年，新增列专业型博导4名，增列和认定学术型硕导6名，专业型硕导2名。共招收硕士研究生72名，其中科学型硕士9名，专业型硕士63名；科学型博士3名，专业型博士16名；招收同等学力硕士38名。组织召开2次导师工作会议，就研究生各培养环节、学位论文质量环节进行了培训和梳理。2017级儿科班顺利开班，全国招生共46名儿科本科生。为2014级本科18名同学"一对一"配备导师，继续实施"导师制"。全年共完成理论课时

1 350学时,见习课时465学时,全年共接纳实习生456人,其中海外实习生82人。完成实习小讲座22次,教学查房19次,实习生病例讨论17次,海外留学生小讲座7次。共授予研究生硕士学位59名,博士学位10名;本科45名同学顺利毕业,就业率100%。

四、科研与学术活动

2017年,医院获得国家自然科学基金首次达到21项,获江苏省重点研发计划项目4项;获教育部科技进步奖一等奖1项,宋庆龄儿科医学奖1项,华夏医学科技奖2项;获江苏医学科技奖一等奖1项。全院公开发表论文239篇,其中SCI论文59篇,其中以第一作者发表的论文刊登在中国科学院JCR期刊分区一区 *BLOOD* 上。获得授权实用新型专利15项。新生儿肿瘤、儿童心脏病一体化诊疗入选为江苏省妇幼健康重点学科。

组织申报的上海交通大学医学院附属新华医院吴晔明教授儿童肿瘤多学科诊疗团队入选为苏州市"临床医学专家团队"引进项目(A类),获得1 500万元资助;入选江苏省妇幼健康重点人才2名;入选国家自然科学基金二审专家2名;3人获得省第五期"333工程"项目资助。招聘和职称方面,拟录用人数184人,完成各级各类职称申报48人次,职称聘任298人次,聘任新增科室的中层管理干部6名。

继续做好国家级儿科住院医师规范化培训工作。临床技能中心完成改建并投入试运行,中心设有多媒体机房、模拟急诊室、会议室、BLS训练室、PALS培训室、内科技能培训室、外科技能培训室及6个客观结构化临床考试站。基础生命支持BLS培训合格164人,高级生命支持PALS培训合格68人,NRP培训合格40人。启动院级教育培训管理类课题项目,资助规培专科管理项目12项,师资个人项目4项,累计资助经费20余万元,带动青年医师医教研协调发展。举办各级继续医学教育项目29项,其中国家级继续医学教育项目10项。

五、重点工作完成情况

2017年2月,医院与苏州工业园区签约组建苏州市首个儿科区域医疗联合体,全年与常熟中医院、太仓市第一人民医院等25家医疗单位完成医联体签约。成立苏州市儿科进修学院,面向基层医疗卫生机构培养儿科医师,通过临床和理论相结合、阶段化、规范化的培训,最终实现全市儿科医疗卫生队伍同质化。创建为苏州市儿童创伤救治中心建设单位,启用外科重症监护病房(SICU),提高儿童创伤诊治水平。新生儿急救分站正式启用,医院完善新生儿转运、急救相关流程,新添置两辆配置先进的新生儿转运救护车,全年完成新生儿转运1 846人次,抢救成功率进一步提高。协办中华医学会儿科学分会80周年诞辰暨第二十二次全国儿科学术大会,共派出近160名志愿者协助会务工作,为参会人员提供优质高效的服务。

(马新星)

表彰与奖励

2017年度学校、部门获校级以上表彰或奖励情况

2017年度学校、部门获校级以上表彰或奖励情况一览表

受表彰、奖励的集体	被授予的荣誉称号与奖励	表彰、奖励的单位与时间
苏州大学	第十五届"挑战杯"中国银行全国大学生课外学术科技作品竞赛校级优秀组织奖	第十五届"挑战杯"全国大学生课外学术科技作品竞赛组委会 2017.11
苏州大学	江苏省青年志愿服务事业贡献奖	共青团江苏省委、江苏省志愿者协会 2017.4
附属第一医院	全国文明单位	中央精神文明建设指导委员会 2017.11
附属第一医院药学部	2015—2016年度全国青年文明号	共青团中央等 2017.3
附属第一医院	全国优质护理服务表现突出医院	国家卫计委办公厅等 2017.5
附属第二医院	中核控股2017年度专项突出贡献奖	中国中核宝原资产控股有限公司 2018.1
附属第一医院	2016年度脑卒中高危人群筛查和干预项目先进集体	国家卫计委脑卒中防治工程委员会 2017.9
附属第一医院	2017年度脑卒中筛查与防治基地医院优秀组织管理奖	国家卫计委脑卒中防治工程委员会 2017.12
离退休工作部(处)	全省老干部工作先进集体	江苏省委组织部、江苏省委老干部局、江苏省人力资源和社会保障厅 2017.12
团委	2017年江苏省大中专学生志愿者暑期文化科技卫生"三下乡"社会实践活动先进单位	江苏省委宣传部、江苏省文明办、江苏省教育厅、共青团江苏省委、江苏省学联 2018.1

续表

受表彰、奖励的集体	被授予的荣誉称号与奖励	表彰、奖励的单位与时间
附属第一医院血液科	江苏省创新争先奖	江苏省人力资源与社会保障厅　2017.5
附属第一医院	2017年度卫生计生行业财务管理先进单位	江苏省卫计委　2018.1
附属第一医院	江苏省节水型企业（单位）	江苏省住房和城乡建设厅　2017.11
大学生志愿服务苏北计划苏州大学项目办	2016年度江苏大学生志愿服务苏北计划优秀组织奖	共青团江苏省委、江苏省志愿者协会、江苏大学生志愿服务苏北计划省项目管理办公室　2017.7
文学院团委	2016年度江苏省五四红旗团委	共青团江苏省委　2017.5
金螳螂建筑学院2014级风景园林团支部	2016年度江苏省五四红旗团支部（总支）	共青团江苏省委　2017.5
苏州大学学生会	江苏省2016—2017年度大中专学校十佳学生会	共青团江苏省委、江苏省学联　2017.11
医学部团委	江苏省青年志愿服务行动组织奖	共青团江苏省委、江苏省志愿者协会　2017.4
出版社	2015—2016年度苏州市重合同守信用企业	苏州市政府　2017.8
功能纳米与软物质研究院	2016年度科技工作先进单位（科技项目最佳进步奖）	苏州大学　2017.1
功能纳米与软物质研究院	2016年度科技工作先进单位（学术论文最佳进步奖）	
机电工程学院	2016年度科技工作先进单位（科技奖励最佳进步奖）	
城市轨道交通学院	2016年度科技工作先进单位（知识产权最佳进步奖）	
计算机科学与技术学院	2016年度科技工作先进单位（产学研合作最佳进步奖）	
物理与光电·能源学部	2016年度科技工作先进单位（军工科研最佳进步奖）	
功能纳米与软物质研究院	2016年度科技工作先进单位（综合科技最佳进步奖）	

续表

受表彰、奖励的集体	被授予的荣誉称号与奖励	表彰、奖励的单位与时间	
医学部 材料与化学化工学部	2016年度科技工作先进单位(突出贡献奖)	苏州大学	2017.1
沙钢钢铁学院	2016年度科技工作先进单位(最佳组织奖)		
文学院	2016年度人文社科科研工作先进单位(科研成果贡献奖)	苏州大学	2017.1
体育学院	2016年度人文社科科研工作先进单位(科研服务地方贡献奖)		
东吴智库	2016年度人文社科科研工作先进单位(科研平台建设贡献奖)		
王健法学院	2016年度人文社科科研工作先进单位(科研成果最佳进步奖)		
王健法学院	2016年度人文社科科研工作先进单位(科研工作组织奖)		
电子信息学院 医学部	苏州大学2016年学院(部)本科教学工作综合考评优秀奖	苏州大学	2017.1
城市轨道交通学院	苏州大学2016年学院(部)本科教学工作考评专业建设质量奖		
物理与光电·能源学部	苏州大学2016年学院(部)本科教学工作考评课程建设推进奖		
艺术学院	苏州大学2016年学院(部)本科教学工作考评实验教学示范奖		
纺织与服装工程学院	苏州大学2016年学院(部)本科教学工作考评教改教研成果奖		
东吴商学院(财经学院)	苏州大学2016年学院(部)本科教学工作考评人才培养贡献奖		
纳米科学技术学院	苏州大学2016年学院(部)本科教学工作考评年度卓越创新奖		

续表

受表彰、奖励的集体	被授予的荣誉称号与奖励	表彰、奖励的单位与时间	
物理与光电·能源学部 公共卫生学院 药学院	苏州大学2016年研究生工作综合考评优秀奖	苏州大学	2017.1
金融工程中心	苏州大学2016年研究生工作考评特色奖(招生贡献奖)	苏州大学	2017.1
基础医学与生物科学学院	苏州大学2016年研究生工作考评特色奖(教学管理质量奖)		
材料与化学化工学部	苏州大学2016年研究生工作考评特色奖(培养质量奖)		
纺织与服装工程学院	苏州大学2016年研究生工作考评特色奖(立德树人成就奖)		
金螳螂建筑学院	苏州大学2016年研究生工作考评特色奖(最佳进步奖)		
苏州大学青年志愿者协会 苏州大学中国传统文化工作坊	2017年苏州大学王晓军精神文明奖先进集体	苏州大学	2017.5
体育学院	第十三届学生运动会先进集体	苏州大学	2017.10
东吴商学院(财经学院)	2017年度人文社科科研工作先进单位(科研项目贡献奖)	苏州大学	2018.1
文学院	2017年度人文社科科研工作先进单位(科研成果贡献奖)		
社会学院	2017年度人文社科科研工作先进单位(科研服务地方贡献奖)		
凤凰传媒学院	2017年度人文社科科研工作先进单位(科研平台建设贡献奖)		
王健法学院	2017年度人文社科科研工作先进单位(科研项目最佳进步奖)		
教育学院	2017年度人文社科科研工作先进单位(科研成果最佳进步奖)		
政治与公共管理学院	2017年度人文社科科研工作先进单位(科研工作组织奖)		

2017年度教职工获校级以上表彰或奖励情况

2017年度教职工获校级以上表彰或奖励情况一览表

受表彰者姓名	被授予的荣誉称号与奖励	表彰、奖励的单位与时间
刘 亮	第十五届"挑战杯"中国银行全国大学生课外学术科技作品竞赛优秀指导教师	第十五届"挑战杯"全国大学生课外学术科技作品竞赛组委会 2017.11
田芝健	高校思想政治理论课教师2016年度影响力人物	教育部社会科学司、教育部高校思想政治理论课教学指导委员会等 2017.6
方 琪	国家卫计委2016—2017流行季H7N9防控工作先进个人	国家卫计委 2017.8
方 琪	国家卫计委脑卒中防治工程委员会模范院长	国家卫计委脑卒中防治工程委员会 2017.5
陈 波	2016—2017年度中国核工业集团公司安全保卫工作先进个人	中国核工业集团公司 2018.1
王 英　钟丰云	中核控股2017年度先进工作者	中国中核宝原资产控股有限公司 2018.1
黄郁健　陈红霞　朱 虹　胡 萱	2017年江苏省大中专学生志愿者暑期文化科技卫生"三下乡"社会实践活动先进工作者	江苏省委宣传部、江苏省文明办、江苏省教育厅、共青团江苏省委、江苏省学联 2018.1
陈中华	2017年全省国有企业财务信息管理工作先进个人	江苏省财政厅 2018.1
吴德沛	中国好医生（江苏专场）	江苏省卫计委 2017.11

续表

受表彰者姓名	被授予的荣誉称号与奖励	表彰、奖励的单位与时间
苏 雄	第十五届江苏省青年科技奖	江苏省委组织部、江苏省人力资源和社会保障厅、江苏省科协　2016.11
戴华洁	江苏省优秀青年志愿者	共青团江苏省委、江苏省志愿者协会　2017.4
徐美华	2016年度江苏省优秀共青团干部	共青团江苏省委　2017.5
何宋兵	江苏省十佳青年志愿者提名奖	共青团江苏省委等　2017.4
杨孝军	援疆干部人才嘉奖	中共伊犁州委员会　2017.1
李 苏	2016年度苏州市区医疗保险先进个人	苏州市人力资源与社会保障局　2017.8
李春华	苏州市第一届执业药师职业技能竞赛苏州市技术能手	苏州市人力资源与社会保障局　2017.9
王家宏　张 明	2016年度人文社科科研工作先进个人（个人杰出贡献奖）	苏州大学　2017.1
徐汀荣	2017年苏州大学王晓军精神文明奖先进个人	苏州大学　2017.5
徐建荣　陈 钢　吴 松	第十三届学生运动会优秀教练员	苏州大学　2017.10
丁治民　毛新良　康振辉	2017年周氏教育科研奖（优异奖）	苏州大学　2017.10
秦立强　黄小青　程雪阳	2017年周氏教育科研奖（优秀奖）	
吴 华　李孝峰　汪德根	2017年周氏教育科研奖（优胜奖）	
张 晨　胡明宇　盛 瑞	2017年周氏教育教学奖（优秀奖）	
刘学观　胡化刚　钟 华	2017年周氏教育教学奖（优胜奖）	
龚呈卉　黎春虹　吴 奇	2017年周氏教育教学奖（卓越管理奖）	

续表

受表彰者姓名	被授予的荣誉称号与奖励	表彰、奖励的单位与时间	
卜　璐　曹艳红　章顺虎 尹雪峰　邓冰彬　朱珏华	苏州大学第十五届青年教师课堂教学竞赛一等奖		
曹俊雯　邵伟钰　张梦晗 王墨涵　秦传香　刘丽娜 魏　凯　王杰青　刘　珺 朱永进　项守奎　常　杰	苏州大学第十五届青年教师课堂教学竞赛二等奖	苏州大学	2017.1
丁义珏　施小丽　丛培栋 李一城　谢贵兵　熊瑛子 管贤强　张玉华　石娟娟 王　勇　田景华　张桂菊 马艳芸　汤如俊　邹　青 刘　尧　杨世通　孙雄华 万岱维　季　伟　顾惠芳	苏州大学第十五届青年教师课堂教学竞赛三等奖	苏州大学	2017.1
方　亮　蒋佐权　沈文熹 刘忠志　周　鹏　常　新	苏州大学第十六届青年教师课堂教学竞赛一等奖		
陈昌强　昝金生　周永博 叶绿叶　元　冰　周　巍 董裕力　王　珲　陈　娇 周　靖　薛　蓉　王　悦	苏州大学第十六届青年教师课堂教学竞赛二等奖	苏州大学	2017.11
许静波　刘向东　张　阳 蒋　丽　施立栋　周　行 陆　倩　董　刚强　徐　茜 丁远蓉　沈纪萍　刘昌荣 刘俪佳　陈小芳　李东亚 莫兴波　张昊文　王　燕 胡化刚　王云洁　刘志杨 卢　嘉	苏州大学第十六届青年教师课堂教学竞赛三等奖		
刘　亮　刘　庄　程　亮 张　桥　徐　勇　殷黎晨 袁建宇　张　晨　余　雷 王殳凹	苏州大学教学先进个人	苏州大学	2017.12
孙　磊　陈　一　冯成志 王振华　李　卫　许宜申 丁建刚　钟　俊　马小虎 孙　涌　郭晓雯　李文石 刘进明　王光阁　宋　军 芮秀文	2017年苏州大学全日制普通本科招生宣传工作优秀个人	苏州大学	2017.12

2017年度学生集体、个人获校级以上表彰或奖励情况

2017年度学生集体、个人获校级以上表彰或奖励情况一览表

受表彰、奖励的集体、个人	被授予的荣誉称号与奖励	表彰、奖励的单位与时间
喜迎十九大理论宣讲团 "以法为基,筑梦十九"《预防条例》宣讲实践团队 中国传统文化公益课堂实践团 "欣长征,彩虹行"贵州支教团 "赤色蜗牛"寻访老兵实践团	2017年江苏省大中专学生志愿者暑期文化科技卫生"三下乡"社会实践活动优秀团队	江苏省委宣传部、江苏省文明办、江苏省教育厅、共青团江苏省委、江苏省学联 2018.1
东吴辩论社	2016—2017年度百优社团	共青团江苏省委、江苏省学联 2017.11
研究生会	2016—2017年度优秀研究生会	共青团江苏省委、江苏省学联 2017.11
材料与化学化工学部2013级强化班团支部 政治与公共管理学院2014级公共事业管理团支部 教育学院2014级教育学班团支部 文正学院2013级测控技术与仪器团支部 文正学院文正助残志愿者服务协会团支部 应用技术学院商学院2014级应用心理学团支部 应用技术学院时尚学院2014级日语团支部	2016年度江苏省大中专学校"活力团支部"	共青团江苏省委 2017.1
材料与化学化工学部2013级强化班团支部	2016年度江苏省大中专学校"人气团支部"	共青团江苏省委 2017.1

续表

受表彰、奖励的集体、个人	被授予的荣誉称号与奖励	表彰、奖励的单位与时间
文正学院	2016年度江苏省大中专学校"魅力团支部""活力团支部"风采展示优秀组织奖	共青团江苏省委　2017.1
研究生会团支部 凤凰传媒学院播音与主持艺术专业2016级播音与主持班团支部 机电工程学院电气工程及其自动化专业2015级电气工程及其自动化班团支部	2017年度江苏省大中专学校"活力团支部"	共青团江苏省委、江苏省学联　2018.1
医学部2015级生物信息班	2017年苏州大学王晓军精神文明奖先进集体	苏州大学　2017.5
吴笙　范莹莹　苍晗　曹砚秋	第十五届"挑战杯"中国银行全国大学生课外学术科技作品竞赛一等奖	
金秋桐　朱文俊　杨志娟 张瑞　於佳琪　姜晓静 郑浩文　陈文娟　吴宇辰 杨剑东　梁秋君　贺帆 陈文文　陈雯　徐嘉艺 徐伟亮　戴广军　徐浩楠 王鹏	第十五届"挑战杯"中国银行全国大学生课外学术科技作品竞赛三等奖	团中央、全国科协、教育部、中国社会科学院、全国学联、上海市政府　2017.11
金秋桐　朱文俊　杨志娟 张瑞	第十五届"挑战杯"中国银行全国大学生课外学术科技作品竞赛累进创新银奖	
王玉民　陆黄杰　王婉	第十五届"挑战杯"中国银行全国大学生课外学术科技作品竞赛中国华信"一带一路"国际专项赛一等奖	第十五届"挑战杯"全国大学生课外学术科技作品竞赛组委会　2017.11
於佳琪　姜晓静　郑浩文 陈文娟	第十五届中南谷江苏省大学生课外学术科技作品竞赛暨"挑战杯"全国竞赛江苏省选拔赛二等奖	共青团江苏省委、江苏省科协、江苏省教育厅、江苏省学联、南通市政府　2017.6

续表

受表彰、奖励的集体、个人	被授予的荣誉称号与奖励	表彰、奖励的单位与时间
张文君 高申一 查则成 吴玉婷 刘 畅 顾文杰 王紫璇	2017年江苏省大中专学生志愿者暑期文化科技卫生"三下乡"社会实践活动先进个人	江苏省委宣传部、江苏省文明办、江苏省教育厅、共青团江苏省委、江苏省学联 2018.1
刘贞伶	2017年江苏省大中专学生志愿者暑期文化科技卫生"三下乡"社会实践活动十佳使者	江苏省委宣传部、江苏省文明办、江苏省教育厅、共青团江苏省委、江苏省学联 2018.1
任 楠 张苏斌	2016年度江苏省优秀共青团员	共青团江苏省委 2017.5
李 琪 仇成功	2016年度全省大中专学校"魅力团支书"	共青团江苏省委 2017.1
仇成功	2016年度全省大中专学校"十佳团支书"	
张 云	江苏省优秀青年志愿者	共青团江苏省委、江苏省志愿者协会 2017.4
金 雁 朱雯飞 纪 策	2016年江苏省大学生"校园青春榜样"	共青团江苏省委、江苏省学联 2017.3
黄子艺	2017年苏州大学王晓军精神文明奖先进个人	苏州大学 2017.5
孙 杨 冯志强 黄 妍 黄镇飞	第十三届学生运动会校长特别奖	
徐安珂 汪紫珩 上官悄然 宋 健 许美玲 刘 壮 张嘉豪 胡雨飞 李天蕾 钱伊静 王晓娜 徐茜彧 张紫璇 吴依文 宗浩威 许晗斐 居 政 于明礼 朱 柯 许 柠	第十三届学生运动会优秀运动员	苏州大学 2017.10

2017年度江苏省普通高校省级三好学生、优秀学生干部、先进班集体名单

一、江苏省三好学生（18人）

马嘉雯　　袁　洁　　陆旻雯　　蒋月清　　杨亚琴　　赵　倩　　程向文
徐璐莹　　吴　妮　　李天琪　　张　朦　　陈　慧　　朱　凯　　曾盼林
王庭晔　　赵雯婷　　谭　蓓　　朱业张

二、江苏省优秀学生干部（17人）

陈玟好　　徐婷婷　　朱万苏　　唐　静　　杜金莹　　刘子歆　　张景越
戴以恒　　唐茜琳　　毛　莉　　徐　文　　查沁怡　　黄铭豪　　闫家辉
孙　壮　　莫　涯　　冯锦琰

三、江苏省先进班集体（19个）

文学院	2014级汉语言文学（师范）班
凤凰传媒学院	2014级广告班
政治与公共管理学院	2014级公共事业管理班
社会学院	2014级旅游管理班
东吴商学院（财经学院）	2014级金融班
外国语学院	2014级翻译班
金螳螂建筑学院	2014级风景园林班
物理与光电·能源学部	2013级物理学（师范）班
材料与化学化工学部	2014级高分子材料与工程班
计算机科学与技术学院	2014级计算机科学与技术班
电子信息学院	2013级通信工程班
机电工程学院	2014级机械电子工程班
沙钢钢铁学院	2013级金属材料班
纺织与服装工程学院	2014级服装设计与工程班
轨道交通学院	2013级通信工程班
体育学院	2015级运动康复班
医学部	2013级生物技术（免疫）班
	2013级临床医学（本硕连读）1班
敬文书院	2013级笃行班

2016—2017 学年苏州大学校级三好标兵、优秀学生干部标兵、先进班集体名单

一、校级三好学生标兵(29 人)

文学院	陈嘉琳
凤凰传媒学院	王佳珍
社会学院	孙　悦
政治与公共管理学院	李佳桐
教育学院	吴怡雯
东吴商学院(财经学院)	陈健萍　杨子慧
王健法学院	陈怡君
外国语学院	张　珏
金螳螂建筑学院	刘　婧
数学科学学院	刘子歆
物理与光电·能源学部	孙　仪
材料与化学化工学部	周学军
纳米科学技术学院	陈思雨
计算机科学与技术学院	蒋　婷
电子信息学院	丁俊杰
机电工程学院	张乐然
沙钢钢铁学院	左昌坚
纺织与服装工程学院	顾嘉怡
轨道交通学院	单　昭
体育学院	李　建
艺术学院	龙微微
音乐学院	徐建晔
医学部	王云鹏　徐　悦　孔柯瑜　吴　博
敬文书院	李嘉琦
唐文治书院	张煜棪

二、校级优秀学生干部标兵(28 人)

文学院	马嘉雯
凤凰传媒学院	王　磊
社会学院	李　雪

政治与公共管理学院	袁慧琳
教育学院	唐珊珊
东吴商学院(财经学院)	杜雅静　陈　璞
王健法学院	程向文
外国语学院	周　雪
金螳螂建筑学院	代鹏飞
数学科学学院	吴　妮
物理与光电·能源学部	徐维泰
材料与化学化工学部	朱佳雯
纳米科学技术学院	张秋馨
计算机科学与技术学院	陈石松
电子信息学院	俞艳东
机电工程学院	卜俊怡
沙钢钢铁学院	葛　彬
纺织与服装工程学院	吴玉婷
轨道交通学院	胡正豪
体育学院	陶欣雨
艺术学院	赵雯婷
医学部	张米娅　任重远　雷奕辰　叶程心月
敬文书院	黄子阳
唐文治书院	史峻嘉

三、校级先进班集体(26个)

文学院	2015级汉语言基地班
凤凰传媒学院	2015级广告学班
社会学院	2015级历史学(师范)班
政治与公共管理学院	2015级哲学班
教育学院	2015级应用心理学班
东吴商学院(财经学院)	2015级会计班
	2015级经济班
王健法学院	2015级法学2班
外国语学院	2015级英语(师范)1班
金螳螂建筑学院	2014级风景园林班
数学科学学院	2015级数学与应用数学(基地)班
物理与光电·能源学部	2014级物理学(师范)班
材料与化学化工学部	2015级材料科学与工程班
纳米科学技术学院	2015级纳米1班
计算机科学与技术学院	2015级计算机图灵班

电子信息学院	2014级通信工程班
机电工程学院	2015级机械电子工程班
沙钢钢铁学院	2014级金属材料工程班
纺织与服装工程学院	2015级服装设计与工程班
轨道交通学院	2016级电气(3+2)班
体育学院	2015级运动康复班
医学部	2014级食品质量与安全班
	2014级临床医学(本硕连读)卓越医师班
	2015级临床医学(5+3一体化)卓越医师班
	2015级医学影像班
唐文治书院	2014级汉语言文学基地

2016—2017学年苏州大学三好学生名单

文学院(35人)

张 雪	陈嘉琳	刘诗吟	薛 健	朱蔼如	张 羽	王立凤
束 婷	庄思敏	李 梅	姚悦晴	谈嘉悦	吴晨辰	谈逸蕾
王慧萍	方 芳	杨云燕	覃林昕	茅沁恬	马浩宇	肖慧敏
高顾楠	汪玉莹	缪之淇	袁 彬	李芝霖	张 璇	黄蓓琪
周莎莎	罗 易	戴思钰	陈屠亮	季从蓉	陆紫嫣	蒋晨辰

凤凰传媒学院(35人)

闫思彤	杨继芳	袁 洁	陈涵宇	王佳珍	熊维倩	陈 雷
欧静怡	张 瑾	陈林茜	庞叶媚	张思凡	苏静茹	顾杰钰
吴子铭	顾嘉乐	曾思佳	崔 冰	索士心	闻雅娟	李舒霓
谭媛尹	王 婷	戴淑雯	张庭诺	杨 波	费 楠	曾 晨
李江薇	蔡昕儒	王卉蕾	袁 方	苟洪景	李 超	李霖清

社会学院(44人)

严 格	刘贞伶	熊怡静	孙 悦	崔 晗	张晨晓	薛雨萌
闫艺涵	王含含	陈思凡	王柯玉	谢紫悦	曹 玉	张 玲
张凌霄	李 峰	叶雪婕	崔雪晴	许 彬	李 璐	潘 桐
王 康	江 欢	陆逸凡	朱玮琪	徐嘉钰	费慧敏	吕彦池
陆凯英	吴锐熠	徐 慧	韩晶晶	范文博	倪誉溪	周宇婧

陆柳梦　　李　雪　　陈遵丽　　谢胜杰　　杨　璐　　姜洧钟　　熊雨馨
马　娇　　郑笑越

政治与公共管理学院(66人)

孙宇江　　吴巧玉　　薛晓宇　　徐舜琰　　霍宗毅　　陶希景　　安恬妮
丁佩嘉　　李梦璐　　李竹馨　　冯露露　　夏楚凡　　贺涵彦　　吴茜茜
贾　青　　汪　曼　　李佳桐　　沈耘辰　　田杰宇　　袁慧琳　　陶　然
顾雨清　　陈兆琳　　刘育宛　　陈　雯　　马仁标　　陆梦怡　　张　燕
马冰婕　　曹　南　　夏昕怡　　陈玟好　　赵晓雯　　毛敏康　　朱予同
潘体芳　　王霜霜　　张治露　　耿　旭　　陈鸣珠　　彭可欣　　王　蕊
王宇凡　　钮　璇　　沈晶晶　　朱　敏　　张雅媛　　周浩然　　戴静宇
方程程　　包　慧　　邵馨瑶　　智倩玉　　张　琳　　郁港宁　　吕秋婷
许植瑾　　端　翔　　李　洁　　吉　蓉　　陈　旸　　唐　植　　毛　睿
徐　睿　　丁元淇　　蔡铃琳

教育学院(18人)

吴怡雯　　张伟琴　　林艳霞　　蒋月清　　唐珊珊　　王佳雯　　李　敏
张小玉　　孙鹏媛　　程子鹏　　吴英慧　　邱鸶涵　　孙雅雯　　刘胜兰
黄佳祺　　李振江　　吴梦琳　　佘名鑫

东吴商学院(财经学院)(96人)

刘　奇　　钱雨桐　　杨亚琴　　许　铃　　竺丽鑫　　史晓璐　　戴　鑫
丁　瑜　　陈　嫣　　孙　静　　朱晨曦　　刘璐璐　　陈怿华　　许瑞晶
朱万苏　　刘　香　　董　畅　　王文婧　　王家祺　　杨子其　　冯祖涵
陈澍贤　　康梦妍　　赵　倩　　刘逗逗　　唐琴琴　　陈金花　　顾慧宁
华盈悦　　孟　妮　　孙　进　　赵童童　　高　冉　　陈佳锋　　陈雪宁
贾飞燕　　秦　媛　　杜雅静　　王晓玲　　侯泽玮　　张心悦　　冯沈艺
周　园　　汪思凡　　余佳玲　　王晨昀　　李雨欣　　蒋姝程　　沈伶俐
刘圣瑜　　陈　璞　　陈健萍　　徐哲源　　杨子慧　　谢红阳　　朱文婕
沈　璐　　何静娴　　汪依颖　　承　晨　　韩慕玥　　朱　丽　　赵浚延
糜家辉　　朱莹莹　　王　韬　　马　丽　　李婧婧　　侍　倩　　张泽仪
潘　杰　　王　雯　　叶诗静　　高　远　　王　薇　　沈雯锦　　霍雨佳
吴　纪　　胡紫紫　　顾　琳　　徐隽丹　　杨　洁　　孔凡楚　　俞雯霞
张弋菲　　居鑫悦　　孙倩文　　黄　睿　　钱云钰　　方景怡　　高　芬
杜一琳　　费　凡　　吴　桐　　颜　昕　　宋啸宇

王健法学院(32人)

程向文	周 玥	庄羽轩	吕玉洁	柯婵换	卢 桐	王吟秋
宋杰亭	葛雅晴	余清雯	梁 哲	顾颖琦	葛 君	王正浩
钱静瑶	顾 斌	章 金	周雯露	陈怡君	王逸云	潘航美
范江伟	陈洁君	张晨曦	杨巽迪	雷一鸣	卞一凡	赵 艺
孙加凤	缪 奇	彭 博	林 炜			

外国语学院(36人)

金彦芸	胡新宇	陈可心	余安莉	颜 蓉	周 雪	吴根祺
王之瑞	刘梦轩	周影星	王子妍	方贵敏	严 语	杨 泽
付佳琪	许敏达	陈思甜	苏文蔚	张 珏	周 舟	张颖梦
刘施琼	林秋晶	张梦丹	熊润竹	叶丛笑	赵亦慧	王锡瑞
王雨柔	沈 宵	张 璐	刘音音	严佳敏	张莹莹	李舒怡
张秋芳						

金螳螂建筑学院(34人)

张 蓓	刘 婧	朱玉蕊	潘嘉敏	张亚迪	代鹏飞	安一欢
李耀栋	李仪琳	王 博	高祥飞	刘雨红	牟雅闻	李可澜
张婷雨	孙庆颖	刘歆懿	董 沁	王歆月	陈少峰	施佳蕙
李光耀	方奕璇	张伊婷	韩 扬	钱湘仪	杨鑫秀	任 敬
张斯曼	王轩轩	石张睿	詹 晔	李诗吟	卞 梧	

数学科学学院(34人)

张诗芸	任 鑫	倪 琳	刘成诺	史静怡	戴安琪	周楚洋
肖 昊	袁刘尧	沈 帅	郭文静	刘子歆	郭晓娟	李奕波
朱明超	俞筱晨	吕力遥	潘佳仪	余 律	彭 霞	蒋冰珏
许 毅	祝子皓	徐静璇	徐林钦	杨潘烨	徐天琛	王 辉
蒋涵雨	解 周	曹 璐	刘泓钰	朱 越	王雯婷	

物理与光电·能源学部(66人)

陈泓余	马 伟	邵伟冬	孙 仪	王钦豪	曹 蓉	郭 宇
王 青	浦丹宁	刘子衡	毛蕴洁	聂晓雨	张云楚	葛怡雯
吕鹏翼	孙绪福	傅佳怡	刘思鸢	王 仪	孙雅雯	周如玉
王超棋	郝怡然	王陈皞玥	张文珅	刘 萧	王 鑫	何海南

韩 仪	朱文君	孙心怡	曾馨逸	任康宇	邢春蕾	李新月
文 亚	伍远博	周长伟	江均均	孟苑春	张敏玥	胡艺凡
江启瑞	邱 蕾	鞠 煜	景可语	吴振宁	林 召	江 阳
马仕哲	王宇昊	刘笑之	刘奕然	张婷婷	王泽宇	尤俊博
戴 宸	金鲁杰	潘泽晖	叶翔宇	冯泽源	朱留涛	邹路玮
史怡然	黄淑静	黄启亮				

材料与化学化工学部(63人)

晋美和	荆琦琦	徐文文	冯泳仪	高 奕	薛贵兰	王少燕
曲佳佳	何 鹏	冯思荻	梁晓红	谭惟轶	宋童欣	徐梦贺
金国庆	朱健良	周学军	吴 聪	马 旭	韩翠婷	余晓波
杜 丹	朱良宇	邢 栋	王 伟	赵小飞	薛佳莹	项 磊
王 艳	印 璐	龙 水	孙银萍	赵松松	菅亚亚	茅戴睿
李新月	马晓亮	钱喆焱	隋铖奇	丁心雨	陈思琪	叶林飞
田荣飞	丁汇丽	李欣霏	李 想	符 蓉	朱文杰	丁 娆
黄舒婷	景 钰	徐邵栋	谈馨月	何雅慧	熊 韬	徐铭丰
赵方彤	种锦雨	张志琳	朱凯成	陆黄钰薇	皇甫梦鸽	加德拉·艾山

纳米科学技术学院(18人)

崔明月	崔 潇	王舒颜	聂 万	陈小平	赵 云	李晓雷
姚 楠	徐超颖	李衢广	林沫琼	陈思雨	王婷婷	张 佳
梁晶晶	许 悦	党婧琪	华 灵			

计算机科学与技术学院(53人)

张 娴	吴 宇	史小静	罗雨薇	顾 珉	岳林枫	俞心怡
沈家赟	李甜甜	单丹丹	陈昕宇	张运涛	李 颖	胡晓娇
徐悠然	蔡文静	周 倩	崔 波	周明月	蒋 婷	尹婉秋
沈梦洁	李 婧	宋彦杉	庄伟渊	张钰峰	李 恬	李帅克
王可心	王仁杰	朱志玲	束云峰	谢铁良	陈莉莉	严瑞琪
黄彦芸	刘 欢	熊 玲	张文雅	郑乐琪	干 敏	沈俊东
贾永辉	王妍佳	仲 跃	黄云云	沈永亮	田 浩	吴 刚
徐晟辉	张博宇	严嘉祺	令狐川露			

电子信息学院(54人)

张军莲	李彬滨	彭云祯	郭宁宁	刘云晴	晏萱藤	刘益嘉

刘晨秀	臧佩琳	尹湘媛	柳俊彦	丁俊杰	卞诗航	陈浩哲
潘声雪	俞艳东	钱承晖	陈乐凯	卞天宇	洪 潇	刘天宇
宁于峰	汪世平	王 婷	刘 银	卜欣欣	李思慧	严纪强
黄维康	张昊宸	朱青橙	于长周	陈婷婷	吴雯秀	钱 渝
崔柏乐	佘一凡	朱静波	杨皓文	朱文杰	吴 梅	卢佳艺
潘敏慧	孟凡泽	陆 蝶	胡 洋	谢紫怡	温 馨	王朵朵
李欢欢	刘奕含	程鲁杰	褚荣晨	张书安		

机电工程学院(47人)

钱毅新	雷鸣娟	高世伟	陶嘉瑜	柯雩溱	陈 蕊	方 佳
吴青松	谢 杰	冯仁浪	陈 浩	朱阳洋	钱智丰	尤红曙
王乐洋	胡 悦	闫 玲	戴辰昕	许 力	龚申健	张菁华
何瑞瑶	王新志	卜俊怡	宋宇航	顾钰颖	赵建华	蔡泽钰
佟 琳	梁家栋	张 峥	马 晖	纪海纳	朱镇坤	庞雅天
王昕燕	卢翔倩	李耀文	董美辰	王国伟	张君贤	张乐然
葛 涵	张雨薇	王则涵	张宇轩	任中国		

沙钢钢铁学院(14人)

王星懿	李 瑶	阴雅雯	张 敏	胡 钦	唐建国	杨 蕾
蒋 坤	刘宇坤	徐帅权	汪 鑫	易 格	高泽汉	孙镜涵

纺织与服装工程学院(48人)

韩子意	刘欣亚	范语婷	吕康孝	叶 鑫	吴壁燕	杨慧萍
惠兰心	刘赛男	顾嘉怡	陈梦瑶	孙青梅	孙 慧	潘玉敏
毛 莉	张 生	杨 蓓	曹开莉	韩小珂	陈雨昕	刘 斌
严 佳	毕 明	冯蕊琪	张泽阳	梅婷婷	李雯雯	乔聪聪
仇卢琦	孟 晶	徐奇玉	马成超	杜泳胶	何芳妮	陈宇希
贾荞侨	王佳仪	王笑颜	刘永红	荆梦瑶	黄宇笛	饶 婷
徐一茗	蒋紫仪	卞香鋆	唐雪萌	陆欣怡	殷若凡	

轨道交通学院(49人)

雷 飘	尤 扬	沈子涵	徐英豪	司维琦	李惠丽	徐新晨
胡 敏	周 睿	么 博	左亚玲	姜 鑫	胡 楠	汪后云
谢金宏	温 帅	张 萍	杨玉琪	刘帅鑫	俞 森	王杨浩
杨添通	陈思懿	魏闻语	黄 蕾	吕思嘉	王 茜	昝雨尧

田　静	王玉琦	施瑞琪	洪文辉	徐　良	王彩琳	周　丹
杨文秀	张邵伟	蔡兴强	周瑞祥	王　燕	周才杰	周卓筠
吴碧霄	田戎晋	倪阳阳	毛一鸣	李　彤	顾圆圆	府香钰

体育学院(31人)

齐鹏程	陶欣雨	金柳沁	李　建	祁　豫	李梦婷	赵　晨
潘泓桦	秦　卿	宋　静	汤美华	吴　迪	吕邵钦	陈明杨
张义定	赵克岩	严　鑫	王　晨	金　霞	周丽芳	陈梦竹
高　浩	徐嘉鑫	范　洋	张宇宸	李　凯	赵妍清	赵　兵
周　冲	王彩霞	上官俏然				

艺术学院(30人)

曲艺彬	龙微微	师茜茜	张翠云	岳　满	彭福双	费嘉昱
王子龙	吴　虞	陈思翰	刘　馨	邓舒婷	梁宝莹	赵雯婷
傅秋霞	翟嘉艺	史抒瑞	王亚楠	雷雅玲	刘倚均	曾佳琦
周碧凤	周　静	舒萌萌	郑婉莹	段雪妮	钟美花	李雯菁
陆诗韵	张子芊					

音乐学院(14人)

| 徐建晔 | 於琬婧 | 姚　瑶 | 秦高洁 | 司雨婷 | 朱佳妮 | 田港璨 |
| 王梦喆 | 赵恩棋 | 姚亦然 | 彭楚玥 | 郝子铭 | 郭之祺 | 张译舟 |

医学部(228人)

汤夕峰	龙小敏	戴　鉴	金家慷	麻世英	闫家辉	张智博
宋清怡	高言心	侯亚信	李雪锴	郭康丽	蔚静宜	唐小苗
李茗茗	张卿义	任锦锦	丁佳涵	张　艺	韩玉莲	叶　晶
王　婉	温冬香	王金芳	汪　磊	高　欢	王云鹏	唐　琪
张蒙蒙	袁　洁	许　诺	王　钰	汪　冰	倪　沁	左桃红
申卫国	杨　雪	谢静慧	杨舒画	臧　媛	谭　蓓	区　玥
曹　培	魏　源	李　斐	黎梦丽	王静怡	周慧敏	周涟漪
刘梦瑶	杨　洋	宋李娜	孙　壮	周天浩	李　愫	陈　婉
杨　莹	程霄霄	吴天梅	张　晁	盛祖凤	魏文倩	王　肥
赵宇豪	王　瑞	虞　帆	谈辰欢	李江楠	魏子好	金奕滋
孙丹丹	夏青月	徐　悦	李　琴	戴淑琪	钱焱霞	方　丹
张曹旭	岳　萍	雷奕辰	宋　伟	杨　毅	徐秋冬	冯家蓉

刘伊娜	齐若含	丁莉欣	侯馨竹	孔柯瑜	王玮珍	张 懿
张艳香	袁芳琴	王淳雅	罗辰宇	梁晓龙	蒋高月	秦子然
贺广晨	万超玲	茅娅男	王 苹	吴 英	赵绿扬	张 婷
肖嘉睿	黄舒怡	徐 曦	陈茜楠	陈 晨	李 赞	王 侠
钮婧歆	顾雨洁	庄歆予	黄 傲	程怡茹	巢 婷	邱寒磊
魏霄滢	薛 韬	陈晓帆	陈秋帆	宗 秋	王丽蓉	梅 楠
曾上予	印旭阳	余小敏	陆嘉伟	胡俊逸	申 真	梁 晴
张 悦	董兴璇	周 淼	郑佳杰	吴 博	相柏杨	陈莉聪
崔宇婕	叶珠静	邵汉成	李伟鹏	贺梦颖	陈旭亚	蒋岚欣
范 琼	周俊秀	王 钧	彭 嫱	杨蒲媛	李如一	陈倩倩
东汝娇	傅卓凡	张晓芙	邓悦婷	李沐璇	张昕妤	段佩辰
党宁琪	梁 欢	闫端阳	李艳博	孙思敏	宋子玥	娄嘉豪
刘兰岚	张超瑜	申 晓	李 航	陈晓晗	朱丽媛	郭宇昕
闫玉洁	赵文玉	殷瑞琪	刘龙娇	唐 娜	张 哲	揭凯悦
林彬彬	葛金卓	陈国梁	赵明晖	彭攀攀	郭仕琪	汪佳玉
张 瑾	刘 鑫	张 倩	付晓钰	陈茂敏	靳晓娅	郑海萌
崔星月	刘 冲	雷张妮	过沄杰	何 静	封 娜	徐晓倩
孙瑞琪	徐 颖	亢重傲	刘颖慧	孙文琳	范佳颖	吕青兰
陈珏旭	吴元元	罗 洁	闫 娜	王一斐	朱 渊	陈 阳
许映娜	李静梅	许晓轩	樊星砚	李 娜	罗凌云	王雅惠
黄 帆	朱 磊	王 霖	牧旦古丽·李伟			

敬文书院(18 人)

黄文麒	王 凯	蒋 毅	王紫璇	顾瀚驰	保辛琪	祖婷菲
时 间	李金洋	林奕辰	章洁银	蒋 屹	袁诚忆	严港斌
张布衣	黄 晨	黄子阳	李嘉琦			

唐文治书院(5 人)

于斯瑶	沈冰沁	张子涵	张嫣楠	张煜棪

2016—2017 学年苏州大学优秀学生干部名单

文学院(29 人)

钟红梅	赵广生	沈 昕	杨锦非	孙一丹	蒋诗怡	季天孺
温文雅	成艳容	张 琪	孔子宁	胡永涵	徐陆璇	柏艺琳
赵 聪	刘雨涵	孙小涵	衣俊达	李雨桐	杨雨婷	潘睐城
李文卓	蒋丰蔓	潘欣瑜	徐晶莹	张滨彦	马嘉雯	折琪琪
高祺琪						

凤凰传媒学院(28 人)

钱茹冰	刘洁吟	沈书凝	陈 醒	朱梦秋	王安康	朱 琳
张喻澍	张海菲	顾晓璇	王明巧	马国元	李艳艳	杜玲超
张一弛	陆佳欢	黄雪琴	田子玉	陈细女	徐 颖	闫丛笑
王 娜	姚 姚	王 磊	马冰歆	李雪冰	陈昕悦	乐美真

社会学院(32 人)

刘 颖	吴雨辰	赵明月	寇 琴	喻鑫森	阚延涛	罗钧瀚
季翔兆	季鸿玮	孙一言	张小云	牟小波	朱 妤	陆旻雯
巫梦雅	吴 静	邓景峰	李锶晨	邓梦浩	韩 智	王一帆
朱冒纯	胡馨好	鄢欣仪	景 祁	季 悦	邢 相	袁苏豪
袁 捡	王语欣	王昕宇	圣金如			

政治与公共管理学院(48 人)

陶 鑫	桑芝燕	田梦贤	杜 茜	田 源	梁芳芳	陆乃薇
顾文卓	徐伟亮	金泽琪	向 莉	王 欣	查则成	高乙今
杨润莹	戴 婷	文 龙	胡晓诚	耿 莹	江 姝	黄青青
杨 欢	濮子萸	李沛玲	张咪咪	段宇涵	张馨尹	李姣姣
杨雪晨	顾玉丽	秦林霞	徐 倩	王筱薇	赵晓宁	杨安星
王梓珈	孔维圆	郭小婉	陈方舟	余黎明	黄琛丹	徐亮亮
顾小武	许研卓	张晨阳	田世荣	陈子莹	许雅雯	

教育学院（16人）

姜心怡	李安民	郭双双	王雷雷	孙佚思	朱茹月	包婷舒
寇丽红	陆智婕	李奕	熊文文	张天	王筱	董熠
许心悦	蒋雨恬					

东吴商学院（财经学院）（67人）

罗捷	崔夏龄	梁雅婕	顾志豪	李彦希	潘颖	朱铭嘉
马菁文	姚冰玥	卢心怡	卞玮佳	梁羽洁	邵晴怡	葛劲帆
王雪	杨菲琳	吴成强	吴雪雨	翁天昊	周平	杨尚珠
姚艳妮	王嘉欣	苏重文	顾剑波	钱鸣欧	倪婷	王昇唯
沈晓彤	周子月	姜佳钰	周雅雯	蒋李娜	花絮	高凡
冯波	李若洋	李佳敏	张旭	包仕珺	陈静	袁江州
苏雨佳	刘星辰	王明月	潘子衿	徐汪林	杨雨晨	刘方龙
蒋文煊	戎锦慧	方杏文	汤风炜	洪家豪	孙逊	赵一诚
朱傅哲	徐佩玥	罗丹	吴梦然	王晓雪	钱伶	殷琳
宁佳	张舟	陆靓华	蒋可焱			

王健法学院（22人）

晁霄	吕佳坤	周晗蕾	赵有	吴奕炜	汪鸿	陈雨婷
陆成豪	黄爱东	陈林	邱滋森	聂茜卓	徐心怡	林韵倩
施金花	赵翊吾	杨清竹	危柯婧	王远见	钱雨佳	邓家豪
黄薇						

外国语学院（34人）

裴南兰	丁姝晗	陈晋	杨兰	陆慧	庄婷	王佳轶
叶楠	潘榆桐	严格	张思桦	臧蕾	王佳慧	孙童
吕宛庭	王璠	徐廷誉	郑子怡	陈子安	许冰超	赵天爱
李芷辛	闵文佳	何蕾	黄菊	孙佳阳	陆小凡	蔡玮晗
时少仪	朱亦雯	蒋玉霜	王艳萍	范倩	马毓璟	

金螳螂建筑学院（28人）

赖强	严佳慧	杨晟	王颖怡	茆昕明	谢佳琪	沈宇
胡雯璐	薛长瑜	何秋叶	蔡丹妮	高洪霖	胡峻语	韦乐樵
江天一	宋医	周天祺	张欣然	李竹	罗海瑞	宋科

方　雨　　张　希　　刘艺涵　　吴子豪　　刘依芸　　范子澄　　张传敏

数学科学学院(29 人)

　　叶云倩　　陆馨瑜　　陈　越　　钱媛媛　　何　湛　　陈　淳　　詹浩铎
　　宋笑寒　　吉妮雅　　王雅丽　　吴　妮　　陈　茜　　倪　亿　　钱敏杰
　　李晓雯　　季　滢　　范振越　　王宇轩　　陈书晓　　胡恩约　　高　梦
　　罗嘉詠　　杨　瑜　　朱文涛　　刘宇梦　　徐海博　　刘舒璇　　李　佳
　　胡昌艳

物理与光电·能源学部(49 人)

　　戴　成　　徐相杰　　仲振秋　　戴祖建　　陈志鹏　　王红颖　　刘　源
　　张孟影　　喻杏涛　　程李丹　　徐维泰　　赵炜萌　　贾子畏　　秦　伟
　　赵梧汐　　陈玉弓　　金　阳　　陈甘霖　　周　洲　　刘　硕　　席家伟
　　沈　成　　朱听听　　陆　飞　　王飞龙　　孟　醒　　汪子意　　葛宇轲
　　丁萌月　　张嘉铭　　孙　妍　　蒋昱宸　　周仕杰　　陈世杰　　冯安伟
　　李柯江　　黄梓杰　　李漪含　　刘思尧　　徐雪儿　　林小渝　　姜聪慧
　　陈咏琳　　严潇远　　赫一涵　　王一淳　　张　岂　　张亚丹　　杨世齐

材料与化学化工学部(52 人)

　　田　蓉　　杨艳平　　赵子青　　周　涛　　沈　杰　　陈启俊　　张　凯
　　石杨杨　　陆雨彤　　彭鑫楠　　付家乐　　吕兴华　　孙　昊　　戴以恒
　　贾　睿　　宋　佳　　白　鹤　　翟伟杰　　杨　颖　　谢华蓉　　鲁坤焱
　　朱佳雯　　王璐璐　　刘向宇　　杨　贺　　陈梦迪　　甄景森　　刘晓雨
　　任婷婷　　陈俊俊　　窦悦珊　　龚越涵　　陈福广　　冯梦佳　　夏新月
　　黄　磊　　孟　越　　魏晓旭　　张雪俐　　李宛霖　　王云阳　　胡欣欣
　　王超逸　　王跺予　　有少文　　柯亚铭　　谭绍禧　　曹金宇　　申凌慧
　　彭　程　　郭陈锴　　皇甫贞元

纳米科学技术学院(15 人)

　　许潇逸　　王国楠　　谢文鹤　　宋哲恒　　邵琪雯　　蒋　姝　　丁丽燕
　　张默淳　　李立星　　崔益硕　　张秋馨　　蔡佳伟　　张栋豪　　姜慧慧
　　徐翼苏

计算机科学与技术学院(35 人)

李　宁	张一丹	许　潇	张燕娟	顾周超	李　响	曾伟铭
倪逸帆	宋泱泱	肖　康	俞　良	潘　洛	施庭雨	李皓威
封　琳	高　奔	王大木	刘常杰	李朝锡	蔡小翠	陈石松
徐泽楠	王　瑜	宋佳娱	吴若楠	季　祎	仲启玉	唐思南
杜若愚	张　萌	陈　婷	王　捷	张　灿	焦润泽	陈嘉俊

电子信息学院(43 人)

王　安	林子奇	宋天豪	徐梦雅	胡志君	孙梦莉	赵一权
李荣莹	陈　会	刘平平	张黎月	张子微	沈　丹	许馨雨
许　晋	邢智杰	杜孟君	李宏达	徐　泽	吴　昊	陈　敏
钱雯敏	阚立宸	卢龙进	吴　龙	杨德鹏	倪成润	张　啸
张智勇	高立慧	夏　星	王　阳	张　开	杨　颖	郑乐松
曹　龙	闫朝超	李钦星	黄辉峰	席　昱	侯子婕	赵灿杰
孙仲达						

机电工程学院(40 人)

朱　蓉	阴国光	申　鸿	张永娟	朱永南	边玉成	梅晓森
黄　凤	钱蒋忠	帅　俊	张泽辉	关　迪	郑在武	曹桢恺
朱　权	覃彩虹	李　奇	刘佳祺	宋继聪	张烨虹	顾佳昊
陈恬恬	张愉健	黄佳瑛	张　艺	仇铭劼	周坤钰	李飞宇
任旭东	吕　林	黄淑君	李　辉	吴思怡	刘紫荆	范祎杰
赵超凡	隗世松	甄伟能	张　聪	包涓红		

沙钢钢铁学院(12 人)

汪　杰	葛　彬	施嘉伦	喻桢璐	左昌坚	虞莉强	臧家庆
吴晓洋	王　亚	占　洁	杨　柳	陈良渊		

纺织与服装工程学院(39 人)

石江林	黄乐伟	吴玉婷	李一平	王丽君	牛梦雨	尤禅懿
狄思嘉	张维泼	王凯琦	王　萌	赵雅洁	陈明君	陶星月
郭妍婷	吴妍霏	冯佳文	韩熠楷	钱　飒	徐　培	王毅楷
陈凯丽	杨　雯	张　蓉	刘　奎	吴天宇	李　香	吴美玲
蒋林秀	相烨焕	戚宸冰	张　悦	陈佳琳	刘艳秋	俞可欣

陈小飞　龚依澜　周竑宇　周昕妍

轨道交通学院(40人)

汪　洋　耿天伟　徐瑞龙　胡正豪　马　腾　李　嵩　黄晓婧
陈　旭　吴治芬　罗　欣　冯化吉　樊　帆　王凯伦　邵珠强
汪海恩　陶奕玮　张寓厚　单　昭　张　曼　唐思颖　李　涛
郑子璇　何　峥　贾　悠　严礼杰　曹艺晖　宋卓康　钱露露
宋秋昱　帅金伶　吴　奔　徐亚萍　施欣桐　王子悦　刘　杰
高天晴　赵予安　王亚杰　郭绍雄　王　讯

体育学院(26人)

张　辉　苏丽娟　侯泽林　马文杰　李　刚　顾沁文　姜静远
王　楠　孙　雷　李春旺　陈钦壬　梁国栋　朱晨月　季卫刚
嵇　冲　杨福斌　王　威　任园园　蒋　智　黄　红　余旻昊
张　磊　张国成　刘方正　杨浩渤　李　晶

艺术学院(31人)

姜礼明　杨雨晴　毛钟慧　黄志文　姚宜玮　宋佳瑶　冯佳宇
李　琪　耿　谦　姚　靖　曾华倩　王胜伟　翁晓静　薛永辉
黄美琪　吕佳奇　胡林丹　赖雯敏　黄　茵　唐澜菱　康金蒙
朱芸阁　钟巧宏　袁一鸣　郭梦娜　叶凯婷　邓尹臻　俞梦月
姚燕怡　舒蒙春　徐　笑

音乐学院(11人)

朱子琦　范恬倩　李怡静　郭　昊　罗霄霄　张智超　李孟泽
董爱钰　陈昱廷　葛文康　曹惠娜

医学部(185人)

李　杰　王　庆　张文浩　邱心一　钟宇才　孙睿宏　魏　丹
曹小萌　朱　萌　姜　斌　王　伟　苏秋弟　靳易北　刘　丹
周菲凤　蒋钱伟　杨　龄　张樱子　刘佳丽　丁堰桥　黄朝英
张梓瑶　钱　琳　尤心怡　臧子婧　沈淑芳　苏中珺　孙　杉
张　琳　李定伟　张米娅　周　弘　王　馨　仇沁晓　徐　真
陈学士　张　望　李翰文　周丹丹　吴子越　白　冰　徐佳辉

周羽川	肖倍倍	王　浩	顾怡钰	吴梦茵	朱周军	宋　康
任重远	张天琦	吴冰颖	严　丹	李　菲	刘梦宇	魏西雅
颜　奇	陈　龙	蔡令凯	陈　鑫	林　旭	宋　欣	翁芷杰
刘雨晴	梁广财	刘思宁	徐海波	卫郅星	潘庆瑾	张一健
李梦瑶	王博民	赵静婷	魏相宇	周志芸	朴美娜	拓　蕾
高莉蓉	姜　剑	周子杰	赵　珍	翟婧洁	郭亚茹	王睿云
王籽怡	何　怡	宋晓玥	刘高欣	邵世龙	刘　畅	唐蒙蒙
朱晓菁	谭梦煜	王艺静	蒋晨晨	王悦竹	王　娴	邓可如
洪　昇	王　迎	陈雨蒙	冯羽昕	殷民月	韦卢鑫	张影恬
路　悦	孙　典	倪小杰	孟子堰	缪　瑶	王佐翔	卜　振
刘婕妤	张　莉	雷雅婷	熊龙滨	陈宇迪	姜思佳	龙　楠
何玉瓶	胡静哲	王嘉豪	贺　伟	王艺润	张镜一	郑慧琳
李　晨	肖钦文	张悦越	火　媛	翟　珂	张颖莹	侯一峰
王　梓	董　祥	周于群	刘铭轩	汤孜希	黄姮毅	金伟秋
陈建澎	孙菀晗	毛心齐	周　健	伍鑫晨	俞张立	吉　奇
达美村	任同心	闻奕丞	汶荻儿	佟　洋	代昌平	赵世通
顾　烨	吕诗晴	杨　清	胡晶辉	李晓宇	钱瑞琪	陈星元
陈会会	蒋全琪	余　越	徐　笛	钱思玉	汪天豪	郑樊程
王艺凡	许钱苇	徐莉萍	梁杨辉	李　林	刘雨萱	马　霏
郭玉梅	黄雪滢	荣子芸	王小英	赵若琳	王晨雅	孙　迪
许　靖	陆蒋惠文	叶程心月				

敬文书院(15人)

黄文麒	王　凯	凌　瑜	赵　澄	刘程德	祖婷菲	蔡文意
杭诗雨	孙　琦	丁伊雯	潘乐天	刘文杰	徐　理	丁羽飞
顾昱丰						

唐文治书院(5人)

史峻嘉	刘　妍	李　昆	周子璇	王　睿

2016—2017学年苏州大学优秀研究生名单

文学院(14人)

洪晓彤　景如月　彭诗雨　张　梦　梁妍宁　唐　莉　何忠华
马瑞霞　潘　莉　张　怡　刘　杨　徐　敏　黄卫娜　袁　成

凤凰传媒学院(6人)

郭晓琴　李　亢　季存森　朱　飞　王　杉　赵丹青

社会学院(9人)

方　芳　孙　枫　王　锴　屈洁莹　王　杰　刘祎蓝　丁　宝
张鲁康　羊　凡

政治与公共管理学院(6人)

杨　然　孙　都　张凯丽　朱恩泽　彭珉珺　况　晨

马克思主义学院(2人)

李　庆　张鹏远

教育学院(9人)

张剑心　邢丽琴　孙露莹　李艾苏　耿　婕　夏之晨　金　欢
马　琦　丁怡彤

东吴商学院(财经学院)(13人)

陈柯米　顾梦碟　吴胜男　费婷怡　望如届　周晨玥　杭　叶
宋　芳　张路佳　吴　笙　张天舒　卢莉莉　庄雅淳

王健法学院(17人)

霍中警　刘晓惠　程　霁　王仲海　丁梦迪　吕婷婷　蔡松杭

郭天真　　王梦瑶　　李　杨　　林秋萍　　朱纪彤　　裴　韵　　刘亚坦
裴　欢　　凌　晨　　陈丹阳

外国语学院(9人)

刘　星　　肖　芳　　邓丽雯　　曾玉函　　刘　涓　　赖日旭　　沈嘉怡
王　杰　　路　红

金螳螂建筑学院(4人)

高婷婷　　甘　露　　燕海南　　李秀秀

数学科学学院(7人)

魏晓奇　　孙雨澜　　张　柯　　傅　婷　　刘建松　　黄　鹏　　高建平

物理与光电·能源学部(15人)

王　艳　　罗明辉　　於文静　　张　程　　刘晨凯　　刘　丹　　梁海琛
钱　峰　　许峰川　　范荣磊　　武芳丽　　曹国洋　　马普娟　　安怡澹
何　存

材料与化学化工学部(31人)

顾正洋　　郑　洋　　李洪敏　　章　柯　　陆双龙　　杨冬琴　　吴　月
秦　静　　吴梦雅　　郭　斌　　赵丹丹　　王鹏棠　　冯勇刚　　皮业灿
熊志平　　张玲玲　　李淑敏　　闫　博　　吴　镇　　尹中南　　邓国海
李方卉　　杨　丽　　王　翔　　李宏燕　　曲家福　　蔡亚辉　　侯　香
王振永　　徐　辉　　顾珠兰

功能纳米与软物质研究院(15人)

黄文静　　刘晶晶　　程亚飞　　刘玉平　　汤　洵　　郑　琦　　刘一玲
杨培培　　胡慧成　　景　旭　　梁　超　　龚秋芳　　刘玉强　　陈　敏
李治洲

计算机科学与技术学院(10人)

丁微微　　赵瑞敏　　王晶晶　　杨文彦　　吴新建　　王　磊　　蒋　峰

赵安琪　周逸鸣　黄　婷

电子信息学院(8人)

茅胜荣　章征宇　张　亚　陈仕毅　孔晨晨　严　继　郑　奋
郭　喻

机电工程学院(8人)

林佳宏　王雅琼　施克明　戴广军　周永正　孟　凯　王鸣宇
冯闪闪

沙钢钢铁学院(1人)

石少楠

纺织与服装工程学院(11人)

宋岩华　刘　慧　杨　天　谢旭升　刘泽堃　刘日平　张松楠
闫　涛　李　惠　孙玉发　刘艳清

轨道交通学院(4人)

佘一奇　徐　斌　沈黎韬　王　林

体育学院(9人)

姜　欣　孙　燕　蔡朋龙　栾世超　万文博　汤姣姣　于明礼
黄　敏　吴澜婧

艺术学院(9人)

漆美娴　王雅琪　杜亚宣　费理源　胡静怡　李　玉　郭彦君
江淑容　彭　涵

音乐学院(2人)

黄敏捷　张小涵

医学部基础医学与生物科学学院(13人)

陈学东　李巍　赵金鸽　李雪　叶领群　汤娟　丁彪
薛彬　钮慧　尹志霞　李华善　张家硕　蒋志慧

医学部放射医学与防护学院(4人)

程侠菊　顾宗林　韩小丽　蔡雅雯

医学部公共卫生学院(5人)

丁焕　钱登娟　卢思琦　刘露　唐惠

医学部药学院(9人)

陈维良　杨涛　任兆翔　袁晴　李芳　罗欢欢　戎银秀
赵一凡　臧光瑞

医学部护理学院(1人)

梅彬彬

医学部生物医学研究院(4人)

李原宝　颜克鹏　汪琴　曹婷

医学部唐仲英血液学研究中心(3人)

吕春萍　张滨　郑娜娜

医学部神经科学研究所(2人)

李亚　徐启亚

金融工程研究中心(3人)

何甜祥　杨启帆　席爽

系统生物学研究中心(1人)

　　陈菲菲

医学部第一临床医学院(27人)

刘　菲	许　运	程　莉	汤佳奇	徐明星	徐梦乔	闫金库
冷　霞	何　川	姚　颖	章茜茜	黄　莹	王晓红	王亮亮
马　超	周小刚	张　志	张学文	徐梦丹	胡晓楚	李　祥
孙嘉程	俞冬梅	张　洁	闫　涵	李　歌	张东平	

医学部第二临床医学院(13人)

| 吕冬俊 | 白进玉 | 张　辉 | 李叶骋 | 冷翠花 | 金　宏 | 黄　蕾 |
| 席宇君 | 江　梦 | 庄　圣 | 孟　甦 | 丁启峰 | 侯雨含 | |

医学部第三临床医学院(5人)

　　许　超　　韦　炜　　梁小红　　彭　阳　　刘梦娇

医学部儿科临床医学院(6人)

　　任俊丽　　陈如月　　葛令清　　李丽丽　　褚欣然　　戴小妹

2016—2017学年苏州大学优秀毕业研究生名单

文学院(22人)

于　惠	蔡洞峰	史哲文	李　晨	陈海琳	李肖锐	王希宇
徐　阳	张兰兰	孟琳达	郭琳琳	王慧君	张超远	罗丹丹
王　羽	杨　帆	郝　月	唐梦一	张小霞	吴　默	陈　婷
何欣潼						

凤凰传媒学院(10人)

| 周爱炳 | 崔思瑶 | 张思静 | 王　茜 | 缪　言 | 赫金芳 | 韩　雷 |
| 曹　婧 | 姜旻旻 | 徐　敏 | | | | |

社会学院(14 人)

| 刘 莉 | 岳鹏星 | 张 驰 | 杨凤銮 | 刘思瀚 | 夏 雪 | 于利民 |
| 龚 静 | 程德年 | 孙凌杉 | 谢晓萍 | 曹丽江 | 顾涵硕 | 顾文琳 |

政治与公共管理学院(33 人)

欧文辉	张寿强	宗海勇	马伟玲	卢 艳	焦 阳	卢明哲
程纬光	祁文博	陈 梦	王习习	张健荣	张洋阳	吴 迪
李 丽	张佳凤	潘静霓	祝斌强	郭永胜	顾 婧	丁 宇
毛博峰	范琳琳	成 程	刘建峰	邵兴薇	顾 鲁	苏 姝
钱 璁	陈 刚	俞中远	耿科明	陆 晓		

马克思主义学院(5 人)

| 陈 燕 | 张 娥 | 徐雪闪 | 李佳娟 | 尹 蕾 |

教育学院(12 人)

| 钟 帅 | 黄 颖 | 张 帆 | 许 劼 | 黄建平 | 吴 颖 | 何嘉滢 |
| 卢路路 | 冯文来 | 谢清宇 | 韩 玉 | 田 甜 | | |

东吴商学院(财经学院)(32 人)

刘蔚然	苏琳茹	张晓宇	秦 童	范 利	杨正军	周 红
胡 菊	吴思慧	姜心怡	马怀柯	吴 涛	朱静云	刘 婷
梁 恺	孙长安	曹长凯	朱 洁	陈根升	张 婷	李歆怡
张振岳	高 钦	王金鑫	施雯君	经中武	费欢欢	马昊骋
王雄伟	陈媛媛	杜 睿	张令仪			

王健法学院(27 人)

蒋 超	赵 琪	马 敏	吴俞嘉	徐恒婧	安 冉	钱 佳
柳一舟	倪文琦	张 尧	方 坤	苏亚丽	姚晓辉	孙 砾
胡至深	阴宇真	缪 阳	陈兆慧	陈健炜	靳 娜	陆亚萌
向哲宇	楚 晨	李 喆	孟祥威	郑 琳	刘士博	

外国语学院(14人)

王 倩　　成卫娟　　王 菁　　张后贵　　朱佳璇　　赵黎静　　朱 琳
李雪霞　　渠静静　　施心恬　　任立新　　洪 颖　　方 荣　　樊 娜

金螳螂建筑学院(4人)

易秋丽　　王海滔　　陈 雪　　赵 贞

数学科学学院(11人)

杨 琳　　韦恺华　　王 晶　　杨祎聪　　杨同洲　　仲文杰　　张园园
裴 极　　郭善亮　　刘红月　　沈 霞

物理与光电·能源学部(23人)

金 毅　　卢 豪　　刘娇娇　　陈鸿莉　　胡敬佩　　尚爱雪　　梁 瑶
钱二停　　胡奋琴　　江正华　　唐成双　　任 艳　　卢雪梅　　郭永坤
石 强　　傅士栋　　高 天　　罗 勇　　丁增千　　严继木　　高 翔
盖 峰　　祁 帅

材料与化学化工学部(38人)

卜令正　　黄 洁　　褚雪强　　刘晓东　　耿洪波　　纪宇轩　　詹艳华
李丁庆　　王秀丽　　钟家太　　朱 清　　朱笔峰　　张 楠　　王子木
陈 未　　武娟娟　　茅文彬　　刘青青　　陈 飞　　郭 坤　　章冰洁
孙秀慧　　余佳佳　　董甜甜　　吕秀秀　　郭 冰　　吴 庄　　冯 月
刘伯梅　　王姚峰　　瞿根龙　　陈 红　　吴俊杰　　鲍 清　　郑 媛
肖 昕　　朱京玥　　仲云雷

功能纳米与软物质研究院(17人)

张 磊　　刘 腾　　杨光保　　刘 梅　　邓 巍　　宋雪娇　　刘云霞
邹亚涛　　徐 骏　　薛苗苗　　叶华林　　王亚坤　　吴秀芹　　朱文文
赵斐鹏　　冯 坤　　潘成斌

计算机科学与技术学院(15人)

杨 强　　杜满意　　刘曙曙　　唐海庆　　张 栋　　翟建伟　　李方圆

蔡磊鑫　　章　鹏　　卢星凝　　陶志伟　　江威明　　刘　肖　　孙慈嘉
王志健

电子信息学院(12 人)

支萌辉　　余　倩　　陈奥运　　郭　红　　钱旭升　　郭静云　　王国盛
陈　浩　　种　浩　　朱　敏　　丁梦晓　　吕加兵

机电工程学院(11 人)

黄齐齐　　唐秋明　　杨桂林　　施敏杰　　李嘉楠　　甄天熠　　翟永杰
郭晓洁　　李亚娣　　乔世杰　　姜　宁

沙钢钢铁学院(1 人)

吴　彬

纺织与服装工程学院(15 人)

李秀芳　　王　哲　　宁翠娟　　杨慕莹　　戚　玉　　陈丽丽　　章燕琴
孙晓旭　　沈　靖　　戴　礼　　段为甲　　田亚楠　　冯雪为　　高　冰
蒲泽佳

轨道交通学院(4 人)

刘金建　　王　卿　　杨　斌　　徐浩然

体育学院(14 人)

张庆来　　周亚婷　　邵珠彬　　张双双　　郭珊珊　　谢　丹　　付　冰
满现维　　王　峰　　赵　辰　　李佩鸿　　张爱萍　　李聪聪　　朱梦霞

艺术学院(15 人)

周　莹　　李细珍　　赵　骅　　陈　雪　　张晨暄　　韦宝宝　　杨希楠
花　雨　　蒋艳俐　　黄鸿飞　　王雪梅　　吴　微　　谢　婧　　李　霖
王　虹

音乐学院(1人)

吴佳丽

医学部基础医学与生物科学学院(17人)

李凡池	高 原	周 围	汪龙强	曾钧杰	龙 威	董慧玲
李凯乐	贺美玲	王 飞	许冰清	田江海	胡景生	李茂娟
吴 琼	王守宇	王凯璇

医学部放射医学与防护学院(5人)

陈 磊　薛 姣　文 玲　樊文慧　董爱静

医学部公共卫生学院(6人)

朱 虹　朱晓炜　高雨蒙　谢芳霏　程金波　周玲美

医学部药学院(10人)

郝 杰　李玉姚　吴书伟　杨继羊　朱文静　陶 蕾　顾 超
刘金成　张 艳　朱永铭

医学部护理学院(3人)

顾 洁　温尊甲　陈 诗

金融工程研究中心(5人)

王希舜　李 凯　刘荃月　杨 玉　汤可馨

系统生物学研究中心(1人)

赵静怡

医学部生物医学研究院(5人)

王 祥　赵浩鑫　苏晨鹤　程 巧　徐 捷

医学部唐仲英血液学研究中心(4人)

胡志林　徐非　苏靖娜　陈影

医学部神经科学研究所(3人)

张平安　王晓娜　李萌

医学部第一临床医学院(38人)

胡林昆　刘高勤　陈昊　张露璐　周平辉　王涛　李茂
盛广影　尹周　汪玲　陈彤　纵瑞龙　闫彬　陈颖
翟菊萍　张慧　陈城　郗焜　黄子威　胡圆　冯雪芹
王才华　王秀杰　丁玲　陈彦君　徐宁　寇林冰　张蕾
张福占　蒋玉良　徐志华　沈浩　姜明　杨少锋　胡宣洋
刘璐　杨宇帆　黄强

医学部第二临床医学院(19人)

姜宇　沈剑燊　代兴亮　李文东　蔡尚　李思玥　王辰涛
曹雷芳　李松涛　袁晔　吴昊昊　杜孟华　郭鹤鸣　祝娃娃
马丽婧　李爱青　朱俊佳　黄伟琳　彭啟亮

医学部第三临床医学院(5人)

周光全　古智文　王成林　李靖　乔银标

医学部儿科临床医学院(8人)

陈娇　丁林　杨进　杨元元　叶丹妮　刘敏　董贺婷
陆春久

上海第六人民医院(1人)

任庆贵

上海东方肝胆医院(1人)

梁磊

上海肺科医院(1 人)

  魏　娟

2016—2017 学年苏州大学研究生学术标兵名单

文学院(1 人)

  浦　晗

凤凰传媒学院(1 人)

  朱倩倩

社会学院(1 人)

  丁泽丽

政治与公共管理学院(1 人)

  高　盼

马克思主义学院(1 人)

  吉启卫

教育学院(1 人)

  李艾苏

东吴商学院(财经学院)(1 人)

  杭　叶

王健法学院(1 人)

  张　尧

外国语学院(1人)

刘 星

金螳螂建筑学院(1人)

陈 雪

数学科学学院(1人)

张园园

物理与光电·能源学部(3人)

卢 豪　王 艳　张 程

材料与化学化工学部(2人)

褚雪强　吴 庄

功能纳米与软物质研究院(1人)

邓 巍

计算机科学与技术学院(1人)

顾静航

电子信息学院(1人)

郭 红

机电工程学院(1人)

郭晓洁

纺织与服装工程学院(1人)

李淑荟

轨道交通学院(1 人)

刘金建

体育学院(1 人)

张双双

艺术学院(1 人)

李细珍

音乐学院(1 人)

杨依诺

医学部基础医学与生物科学学院(1 人)

李　巍

医学部公共卫生学院(1 人)

仲崇科

医学部药学院(1 人)

吴书伟

系统生物学研究中心(1 人)

林宇鑫

医学部第一临床医学院(1 人)

盛广影

医学部第二临床医学院(1 人)

李文东

2016—2017学年苏州大学优秀研究生干部名单

文学院(3人)

　　戚　悦　　黄　祎　　陆梦佳

凤凰传媒学院(1人)

　　张庆杰

社会学院(2人)

　　胡　昕　　张梦佳

政治与公共管理学院(2人)

　　沈银才　　杨鹏程

马克思主义学院(1人)

　　吉启卫

教育学院(教育科学研究院)(2人)

　　徐勤梦　　施嘉逸

东吴商学院(财经学院)(3人)

　　陈煜雯　　吴国跃　　刘　炎

王健法学院(5人)

　　唐思佳　　朱怡婷　　杨雨佳　　刘　璐　　耿　浩

外国语学院(2人)

　　万竟成　　陶守存

金螳螂建筑学院(2人)

连先发

数学科学学院(2人)

骆佳琦　　马海艳

物理与光电·能源学部(4人)

道文涛　　王　琰　　檀亚丽　　徐海燕

材料与化学化工学部(9人)

张栋梁　　张双双　　曹开奉　　冯　婷　　张利明　　林洁茹　　刘　琦
倪宇欣　　罗振涛

功能纳米与软物质研究院(4人)

杨　标　　凌旭峰　　王冰茹　　王　慧

计算机科学与技术学院(3人)

黄晓娟　　李　洋　　绪艳霞

电子信息学院(2人)

陈枢茜　　周　颖

机电工程学院(2人)

倪　婧　　钱忠杰

纺织与服装工程学院(3人)

周宇阳　　顾一清　　何正洋

轨道交通学院(1人)

严荣慧

体育学院(2人)

戴冬玲　胡佳佳

艺术学院(3人)

赵　雪　路彦青　甄　珍

音乐学院(1人)

朱一丹

医学部基础医学与生物科学学院(4人)

阮广聪　付朝阳　崔文沼　何婷婷

医学部放射医学与防护学院(2人)

管　建　徐王磊

医学部公共卫生学院(1人)

张　茹

医学部药学院(2人)

汪　媛　宋　雪

医学部护理学院(1人)

张媛媛

医学部生物医学研究院(1人)

梁力文

医学部唐仲英血液学研究中心(1 人)

　　廖怀东

医学部神经科学研究所(1 人)

　　刘腾腾

金融工程研究中心(1 人)

　　熊　睿

系统生物学研究中心(1 人)

　　乔思雨

医学部第一临床医学院(7 人)

　　戚嘉乾　　丁梦圆　　陈春阳　　蔡文治　　吴海滨　　王胜菲　　丁　飞

医学部第二临床医学院(4 人)

　　梁　达　　苏孟迪　　孙　京　　沈　磊

医学部第三临床医学院(1 人)

　　张友浦

医学部儿科临床医学院(2 人)

　　江　璐　　戴　鸽

上海第六人民医院(1 人)

　　于　敏

上海东方肝胆医院(1 人)

　　李小勇

上海肺科医院(1人)

蔡 健

苏州大学 2016—2017 学年各学院(部)获捐赠奖学金发放情况

制表：苏州大学学生工作部(处)　　　　　　　　　　　　　　　　单位：元

序号	学院(部)名称	捐赠奖
1	文学院	35 000
2	凤凰传媒学院	73 000
3	政治与公共管理学院	90 000
4	社会学院	84 000
5	教育学院	23 000
6	外国语学院	82 800
7	艺术学院	78 000
8	体育学院	40 000
9	数学科学学院	61 000
10	物理与光电·能源学部	136 000
11	材料与化学化工学部	129 000
12	东吴商学院(财经学院)	327 600
13	王健法学院	50 200
14	计算机科学与技术学院	106 000
15	电子信息学院	156 500
16	机电工程学院	279 500
17	沙钢钢铁学院	45 000
18	纺织与服装工程学院	152 000

续表

序号	学院(部)名称	捐赠奖
19	医学部	591 500
20	金螳螂建筑学院	47 000
21	轨道交通学院	101 000
22	纳米科学技术学院	55 500
23	音乐学院	29 000
24	唐文治书院	9 000
合计		2 781 600

重要资料及统计

办学规模

教学单位情况

教学单位一览表

院　部	
文学院	
凤凰传媒学院	
社会学院	
政治与公共管理学院	
马克思主义学院	
东吴商学院（财经学院） 东吴证券金融学院	
王健法学院	
外国语学院	
教育学院	
艺术学院	
音乐学院	
体育学院	
数学科学学院	
物理与光电·能源学部	物理科学与技术学院
	光电信息科学与工程学院
	能源学院
材料与化学化工学部	
纳米科学技术学院	

续表

院　部	
纺织与服装工程学院	
计算机科学与技术学院	
电子信息学院	
机电工程学院	
沙钢钢铁学院	
医　学　部	基础医学与生物科学学院
	放射医学与防护学院
	公共卫生学院
	药学院
	护理学院
	第一临床学院
	第二临床学院
	儿科临床医学院
金螳螂建筑学院	
轨道交通学院	
敬文书院	
唐文治书院	
应用技术学院	
文正学院	
海外教育学院	
老挝苏州大学	
继续教育学院	

成教医学教学点情况

成教医学教学点一览表

教学点名称	招收专业
宜兴卫生职工中等专业学校	护理学
江苏省武进职业教育中心校	护理学
常州市金坛区卫生进修学校	护理学
溧阳市卫生培训中心	护理学
太仓市卫生培训与健康促进中心	护理学
张家港市健康促进中心	护理学
昆山市健康促进中心	护理学
江苏医药职业学院	医学影像学
镇江市高等专科学校	护理学

全校各类学生在校人数情况

全校各类学生在校人数一览表

类别		人数
研究生	硕士研究生	13 587
	博士研究生	1 800
全日制本科生		26 572
外国留学生		3 175
成教	函授生	1 923
	业余	7 820
	脱产	0
合计		54 877

研究生毕业、入学和在校人数情况

研究生毕业、入学和在校人数一览表

类别	毕业生数	授学位数	招生数	在校研究生数
博士生	375	525	382	1 800
硕士生	3 160	4 374	4 517	13 587
总计	3 535	4 899	4 899	15 387

全日制本科学生毕业、入学和在校人数情况

全日制本科学生毕业、入学和在校人数一览表

毕业生数	招生数	在校学生数
5 895	6 489	26 572

注：全日制本科毕业生数为实际毕业人数。

成人学历教育学生毕业、在读人数情况

成人学历教育学生毕业、在读人数一览表

在读学生数			毕业生数		
合计	本科	专科	合计	本科	专科
9 743	9 743	0	3 815	3 815	0

注：此表中成人学历教育学生数未包括自学考试学生。

各类外国留学生人数情况

2017年各类外国留学生人数一览表

总人数	男	女	国家、地区数	高级进修生	普通进修生	本科生	硕士生	博士生	短期生
3 175	1 271	1 904	85	7	2 304	758	120	44	871

全日制各类在校学生的比率情况

全日制各类在校学生的比率一览表

类 别	人 数	占学生总数的比例(%)
研究生	12 473	29.54
本科生	26 572	62.94
外国留学生	3 175	7.52
总 计	42 220	100

注：总计中不含成人教育学生。

2017年毕业的研究生、本专科（含成人学历教育、含结业）学生名单

2017年毕业的博士研究生名单

文学院

比较文学与世界文学(2人)
  姜　红　　史元辉

汉语言文字学(2人)
  刘　薇　　张颖炜

文艺学(5人)
  刘　晗　　于　惠　　岳　芬　　赵学存　　赵永君

戏剧影视文学(4人)
  丁国蓉　　梁桂军　　倪　沫　　朱建华

中国古代文学(5人)
  何继恒　　李　晨　　史哲文　　王海男　　杨　曦

中国现当代文学(3人)
　　蔡洞峰　　陈　林　　张婧磊

凤凰传媒学院

媒介文化(1人)
　　荀　洁

媒介与文化产业(1人)
　　顾亦周

社会学院

中国近现代史(1人)
　　吴文俊

中国史(8人)
　　丁泽丽　　霍耀宗　　刘　莉　　裘晓强　　吴　建　　岳鹏星　　张　帆
　　张　杰

政治与公共管理学院

管理哲学(1人)
　　欧文辉

国际政治(2人)
　　许　正　　朱新荣

伦理学(1人)
　　张寿强

马克思主义哲学(6人)
　　高　盼　　顾　芸　　吕鸣章　　孙凤兰　　孙宁华　　宗海勇

政治学理论(5人)
　　李宪军　　马海韵　　马伟玲　　张振波　　周定财

中国哲学(1人)
　　姚建萍

马克思主义学院

马克思主义基本原理(5人)
　　贾微晓　　陆　波　　王周刚　　赵园园　　周经纬

思想政治教育(3人)
　　陈　燕　　程晓军　　徐　斌

外国语学院

英语语言文学(1人)
　　徐舒仪

东吴商学院(财经学院)　东吴证券金融学院

金融学(3人)
　　马　娟　　庞　杰　　王英姿

企业管理(2人)
　　赖铭全　　章小波

王健法学院

法学理论(1人)
　　李延舜

宪法学与行政法学(4人)
　　孙持明　　张恩典　　张牧遥　　赵　哲

刑法学(1人)
　　陈小炜

教育学院

高等教育学(8人)
  柴 江   黄成毅   孙冀宁   王会亭   王小婷   王 瑜   赵郝锐
  朱 苏

艺术学院

设计学(3人)
  荣 侠   孙茂华   王兴业

设计艺术学(4人)
  李 旸   鲁海峰   邱文颖   张文珺

体育学院

体育教育训练学(2人)
  陈新华   冯红新

体育学(7人)
  丁 青   金 梅   王柏利   王荷英   张庆来   张鑫华   周亚婷

数学科学学院

基础数学(3人)
  范 岳   冯小高   王 双

计算数学(1人)
  李 森

金融数学(1人)
  徐亚娟

应用数学(3人)
  陈静远   黄建峰   糜泽亚

运筹学与控制论(1人)
  霍京京

物理与光电·能源学部

光学(2人)
　　刘显龙　　徐常清

光学工程(9人)
　　陈鸿莉　　胡敬佩　　黄　婷　　霍大云　　靳阳明　　尚爱雪　　张　锋
　　赵效楠　　庄振武

凝聚态物理(5人)
　　程　浮　　蒋新晨　　梁　艳　　杨　燕　　张婧娇

软凝聚态物理(2人)
　　李慧姝　　刘娇娇

新能源科学与工程(4人)
　　卢　豪　　王　云　　易庆华　　郑会元

材料与化学化工学部

材料学(4人)
　　陈敏敏　　刘　旭　　张志娟　　郑龙辉

分析化学(2人)
　　陈翠丽　　徐守明

高分子化学与物理(12人)
　　陈　景　　耿洪波　　顾　皓　　顾子旭　　黄卫春　　林书玮　　刘晓东
　　陆伟红　　吕仲林　　武金田　　杨炜静　　周　锋

无机化学(5人)
　　林　坚　　刘　泉　　汤春英　　王　帆　　张海峰

物理化学(4人)
　　卜令正　　黄　洁　　李　刚　　韦　超

应用化学(4人)
　　葛丹华　　王　鹏　　张启建　　周　峰

有机化学(5人)
　　褚雪强　　韩　健　　李乃凯　　卢　冰　　张沛之

功能纳米与软物质研究院

材料科学与工程(7人)
　　陈建美　　陈　倩　　邓　巍　　刘丽梅　　刘　梅　　刘瑞远　　宋雪娇

化学(7人)
　　陈奉娇　　胡海良　　刘　腾　　卢坤媛　　杨光保　　张军昌　　周炎烽

无机化学(1人)
　　高　婧

物理学(4人)
　　顾苏杭　　李鹏飞　　刘　杰　　张　磊

计算机科学与技术学院

计算机科学与技术(5人)
　　顾静航　　李海鸥　　权丽君　　钟　珊　　周东仿

计算机应用技术(2人)
　　李春华　　奚雪峰

电子信息学院

信号与信息处理(12人)
　　曹洪龙　　方二喜　　高恩婷　　季　磊　　金　超　　李泳成　　邵　雷
　　孙　敏　　谢门喜　　余　倩　　支萌辉　　周　燕

机电工程学院

数字化纺织与装备技术(2人)
　　蒋澄灿　　刘　帅

轨道交通学院

智能交通科学与技术(1人)
  徐万江

纺织与服装工程学院

纺织材料与纺织品设计(2人)
  刘 志　　王 哲

纺织工程(4人)
  焦晨璐　　秀 芳　　陶 金　　吴建兵

纺织化学与染整工程(1人)
  丁 晨

服装设计与工程(1人)
  张成蛟

医学部

免疫学(2人)
  郭凌川　　黄子逸

胚胎生理与围产基础医学(1人)
  肖建平

人体解剖与组织胚胎学(7人)
  黄 彦　　李 奕　　沈 宓　　沈卫星　　王小琴　　王亚先　　于 舒

特种经济动物饲养(1人)
  殷培峰

医学部基础医学与生物科学学院

病理学与病理生理学(2人)
  干文娟　　王婧茹

病原生物学(3人)
　　金　敏　　刘耀宝　　王言言

法医学(2人)
　　高　原　　杨利军

免疫学(3人)
　　宋　媛　　王　婧　　王拓一

特种经济动物饲养(3人)
　　曹婷婷　　李凡池　　陶　卉

医学神经生物学(2人)
　　彭建明　　王超群

医学细胞与分子生物学(6人)
　　胡　佳　　胡雅楠　　刘春亮　　吕静雅　　汪龙强　　周　围

医学部放射医学与防护学院

放射医学(12人)
　　陈　杰　　陈　磊　　邓　磊　　杜江锋　　段广新　　黄建锋　　刘　敏
　　刘胜堂　　沈丽萍　　宋建元　　文　玲　　薛　姣

医学部公共卫生学院

流行病与卫生统计学(2人)
　　朱　虹　　朱晓炜

卫生毒理学(2人)
　　张恒东　　朱顺星

营养与食品卫生学(1人)
　　杨　晶

医学部药学院

药剂学(2人)
　　胡　青　　袁志强

药理学(4人)
　　杜　鹏　　秦媛媛　　张祖斌　　朱增燕

药物分析学(3人)
　　蔡雪萍　　郝　杰　　李佳俊

药物化学(2人)
　　杨朝晖　　杨　静

医学部护理学院

护理学(1人)
　　侯云英

医学部第一临床学院

内科学(10人)
　　曹丽娟　　陈梦醒　　丁　琦　　刘顺林　　罗二平　　钱云霞　　沈笑春
　　姚　利　　张露璐　　张秀芹

胚胎生理与围产基础医学(2人)
　　陈　洁　　陶建英

外科学(20人)
　　陈　昊　　陈康武　　干旻峰　　顾　勇　　何雪峰　　胡林昆　　金晓红
　　李　茂　　梅　昕　　王　涛　　吴　江　　徐　崶　　张林林　　张　逸
　　张志刚　　赵　珩　　赵锡江　　周平辉　　朱　政　　左　韬

围产医学与胎儿学(1人)
　　刘佰林

眼科学(1人)
　　刘高勤

影像医学与核医学(1人)
　　倪　斌

肿瘤学(1人)
　　秦华龙

医学部第二临床学院

神经病学(2人)
　　陈　丽　　王亚丽

外科学(5人)
　　代兴亮　　姜　宇　　李文东　　沈剑舜　　许　亮

肿瘤学(2人)
　　蔡　尚　　丁　昕

医学部第三临床学院

外科学(1人)
　　沈卫民

医学部儿科临床医学院

儿科学(2人)
　　李毅平　　肖佩芳

系统生物学研究中心

医学系统生物学(1人)
　　钱福良

医学部唐仲英血液学研究中心

医学细胞生物学(1人)
　　王　璐

医学细胞与分子生物学(7人)
　　胡志林　李　慧　沈丛丛　王　波　徐　非　杨成魁　张　玥

医学部神经科学研究所

免疫学(13人)
　　程　巧　傅　容　刘露露　马　力　梅　雨　宋　媛　苏晨鹤
　　王　祥　王　征　杨园园　殷　亮　赵浩鑫　钟　桥

医学神经生物学(3人)
　　张平安　章梦婷　周　媛

上海东方肝胆医院

外科学(1人)
　　倪庆强

海外教育学院

纺织工程(3人)
　　AGNHAGE TOVE　　KUMAR VIJAY　　YASIN SOHAIL

2017年毕业的硕士研究生名单

文学院

课程与教学论(3人)
　　刘学英　刘雪燕　王　琳

美学(5人)
　　封　兰　吉华欣　王昕晔　张　玉　赵　潇

中国语言文学(47人)
　　曾晨亚　陈海琳　郭琳琳　郭婉玲　胡书萌　蒋淑香　李　畅
　　李晶晶　李晟萱　李肖锐　李奕然　刘　琳　罗　嫦　孟琳达
　　齐圣轩　钱梦佳　沈根花　沈蕾青　史天兰　宋真真　汪亚洲
　　王爱萍　王慧君　王慧敏　王际超　王琼琼　王　然　王　睿

王　涛　　王希宇　　王筱筱　　王雪丽　　王元宁　　王悦华　　温　敦
　　徐　阳　　薛　雯　　颜　霜　　杨恩慈　　姚　婧　　姚婷婷　　张超远
　　张兰兰　　张秋郁　　周　洁　　朱　尧　　庄　静

凤凰传媒学院

戏剧与影视学(7人)
　　杜宛桐　　赫金芳　　李哲睿　　缪　言　　王　茜　　张　华　　张萌萌

新闻传播学(16人)
　　陈　敏　　崔思瑶　　费紫葳　　李文华　　李　响　　刘丹阳　　陆佳玮
　　王涵天　　薛俊恺　　张　环　　张栗栗　　张赛男　　张思静　　张小雪
　　周爱炳　　祝仁涛

社会学院

旅游管理(2人)
　　程德年　　龚　静

社会保障(3人)
　　陈祖燕　　孙凌杉　　许　琳

社会学(5人)
　　胡玲玲　　倪晓诚　　王　凤　　张　露　　周　爽

世界史(7人)
　　董荣鑫　　李丹丹　　刘　克　　秦初蕾　　秦树宇　　于利民　　张艳婧

图书情报与档案管理(12人)
　　曹丽江　　陈巧兰　　邓嘉樑　　梅　洪　　彭枝芳　　吴茜茜　　谢晓萍
　　徐海霞　　游雪雯　　赵睿哲　　赵文成　　周一茗

中国史(16人)
　　曹晶红　　曾文杰　　费艳红　　何　静　　刘思瀚　　欧贺然　　王　燕
　　夏　雪　　徐子理　　杨凤銮　　杨　帅　　於淑娟　　张　驰　　周　峰
　　周一丹　　朱金才

政治与公共管理学院

公共管理(37人)
  曹京津 陈 昊 陈 萌 陈 梦 承 怡 程纬光 仇栋梁
  董 蕾 洪培源 祁文博 徐晗凝 张 琰 郑 爽 朱培培
  李鸿昌 林淑芬 刘延强 吕海涛 缪逸洲 聂群海 彭月月
  钱邦磊 秦孝寰 沈蓓蓓 施瑶瑶 王宁宁 王习习 王亚婷
  徐昕宜 许明珠 言慕洁 袁兴国 袁羽琮 张健荣 张明涛
  张洋阳 赵 丹

管理科学与工程(2人)
  马倩云 张梦迪

哲学(11人)
  冯虎成 焦 阳 雷怡鸿 李楚楚 卢 艳 沈 严 王政剑
  徐甜甜 姚 倩 周诗华 朱 然

政治学(9人)
  陈博盈 陈海楠 郭洲洋 姜传超 李 双 卢明哲 王 遥
  王勇刚 訾凌寒

马克思主义学院

课程与教学论(3人)
  陈 彬 魏 倩 迮 宇

马克思主义基本原理(7人)
  刘 丽 石锐杨 王 鑫 张 娥 张培培 赵巧凤 周飞飞

思想政治教育(7人)
  程 艳 冯城城 罗丙蕊 沈诗诗 涂玉娥 魏晓民 杨 慢

外国语学院

俄语语言文学(6人)
  成卫娟 李倩倩 刘梦雅 石艳兵 张爱朋 周 浩

翻译学(5人)
施心恬　施　怡　王欢欢　姚丽娟　余月花

日语语言文学(7人)
姜　曙　亓海云　汪彩娟　王　菁　王亚芳　张后贵　宗　聪

外国语言学及应用语言学(21人)
陈红艳　陈　璐　杜　秀　蒋翠影　李秋月　李雪霞　李元元
刘浩然　路增依　吕珊珊　牛媛媛　钱　晨　渠静静　瞿媛媛
徐德倩　杨　珌　张　翌　赵黎静　朱佳璇　朱　琳　左雨婷

英语语言文学(8人)
贾玉静　施新裕　史炜煜　王　倩　徐　丹　徐　禹　周怡宁
周弋漪

东吴商学院(财经学院)　东吴证券金融学院

工商管理(18人)
胡　菊　黄　诚　贾　婕　姜心怡　马怀柯　钱铁洲　邱思宇
孙舟天洋　汪学霞　吴　浩　吴思慧　吴　涛　许雪妮　张一帆
周　红　朱佳佳　朱静云　朱　睿

农业经济管理(1人)
刘　婷

世界经济(1人)
苏　迅

应用经济学(25人)
卞牧星　曹越丹　陈伟平　成　月　仇宏娟　范　利　黄晓丽
刘蔚然　卢　茹　陆佳佳　钱思义　钱子星　秦　童　宋一鸣
苏琳茹　孙　莉　汤梦圆　吴熠昊　杨正军　叶　鹏　袁晓芮
张　堃　张晓宇　仲倩雯　周佳花

王健法学院

法学(68人)
安　冉　安子靖　陈梦阳　陈　萍　陈　婷　陈雯婷　陈钰炅

陈争尧	崔皓然	盖小雪	郭思源	韩　磊	胡寒雨	黄　静
惠康莉	姜　瑛	蒋　超	金富文	金徐珩	柯贤星	孔　萍
李文婵	梁艳茹	林宇飞	刘冰捷	刘若楠	刘天祺	刘文丽
刘鑫健	刘宇飞	柳一舟	吕森凤	马佳悦	马健博	马　敏
倪文琦	钱　佳	施嫣然	宋　鸽	苏　峰	孙蓓蕾	孙　浩
孙亚男	唐奥平	王寒晋	王　杏	魏　琪	吴思齐	吴俞嘉
吴圆琴	邢凌波	徐恒婧	徐湘云	徐新佳	许瑞超	杨丽霞
杨　敏	叶含笑	殷凯凯	袁小英	张昊鹏	张基晨	张　琦
张　尧	张雨琦	章　彭	赵　琪	赵晓彤		

教育学院

教育经济与管理(3人)

　　孙博文　万　琴　吴　颖

教育学(18人)

丁　婧	顾蕴藕	黄荣华	黄　颖	贾慧婷	李露菲	陆兆金
牛家兴	齐　杭	钱　磊	孙雯丽	王君秀	王雯静	夏　倩
许　宏	杨　娣	余金峰	钟　帅			

课程与教学论(1人)

　　殷华东

心理学(20人)

蔡罗蕊	蔡艳艳	董安南	郭慕欣	郝俊懿	黄建平	刘景芝
马晓庆	沈　洁	孙朱洪	汪鲁斌	王　璜	王小蕊	魏喜蕾
吴甜甜	许　劼	张　帆	张　静	张开华	张善芹	

艺术学院

美术学(6人)

　　冯　然　刘　涵　孙彦琼　汤　璐　张亚飞　周　莹

设计学(27人)

蔡依璇	曾慧颖	陈　晨	陈　雪	邓　芬	李宸瑶	李细珍
刘文涓	刘仲惠	马小芳	綦　雨	孙芒芒	韦宝宝	项婉钰
肖　颖	谢　琪	徐光耀	许漱文	杨希楠	张晨暄	张国胜
张　琪	赵　骅	赵　雪	钟林鹃	周　颖	朱　盼	

艺术学理论(1人)
　　周雨晴

音乐学院

音乐与舞蹈学(9人)
　　陈雅婷　　纪　璇　　贾扬娣　　唐晓岚　　吴佳丽　　吴圆融　　徐　韵
　　许　昇　　赵胜楠

体育学院

体育学(48人)
　　程　颖　　戴冬玲　　戴佳茹　　杜光旭　　方栓臣　　付　冰　　葛　琰
　　谷艳荣　　郭珊珊　　李晓霖　　李亚萍　　邵珠彬　　申　玲　　吴金龙
　　何丹丹　　侯　坤　　侯露雨　　居方圆　　雷兵兵　　李　彪　　李秋梦
　　刘　璐　　刘志锋　　满现维　　孟亚波　　秦　凯　　曲倩倩　　邵真真
　　孙亮亮　　田文涛　　王　纯　　王　峰　　王之凤　　吴贝丽　　吴　波
　　谢　丹　　严　雯　　姚鸽鸽　　姚　佳　　尹　恒　　张津铷　　张峻豪
　　张　帅　　张双双　　吴轶辉　　张　雯　　周万辉　　朱思晴

金螳螂建筑学院

风景园林学(27人)
　　曾佳诗　　陈　雪　　程坚敏　　崔明霞　　高　菁　　郭沁梅　　洪　丹
　　胡阳旭　　黄慧君　　蒋敏红　　孔周阳　　李　坚　　李娜娜　　连先发
　　沈华燊　　王海滔　　王　赛　　徐凯旋　　杨　丹　　杨　露　　易秋丽
　　袁妮雅　　翟曙琮　　张　丹　　赵　贞　　朱元庆　　邹雨玲

数学科学学院

数学(32人)
　　曹玉利　　陈　诚　　何玉龙　　黄　蓉　　吉晓娟　　贾俊杨　　李胜男
　　刘　芬　　刘桑慧　　王　敏　　王培育　　杨同洲　　杨艳飞　　秦铭灿
　　韦恺华　　商贤冬　　孙杨剑　　孙中琴　　唐　秦　　王凤玲　　王　晶
　　杨祎聪　　吴克正　　吴　莉　　徐　冲　　徐　昕　　杨　静　　杨思思
　　尤志远　　张腾思佳　周吕兵　　朱言庆

统计学(12人)
 陈纪锟　陈　晴　樊城城　郭善亮　刘红月　陆成杰　马苏莉
 裴　极　徐　晖　徐绍珺　张园园　仲文杰

物理与光电·能源学部

材料物理与化学(4人)
 罗　勇　孙亚娜　王　瑞　王雯洁

光学工程(25人)
 卞旭琪　陈海洋　丁增千　高　翔　姜明珠　雷新卓　李　琪
 李　强　李宗尧　刘陈晨　刘　鹏　陆志毅　彭灵杰　宋加加
 孙晓洁　王子武　吴竹慧　徐成云　严继木　易木俣　虞　健
 张宇鹏　朱爱娇　朱继承　宗　亮

化学(3人)
 曾　娴　王　杰　吴学武

化学工程与技术(5人)
 陈永杰　黄继春　李志运　任建新　王　芳

检测技术与自动化装置(4人)
 曾晓亮　史聪文　王珺玥　肖龙飞

课程与教学论(1人)
 梁　瑶

物理学(55人)
 蔡利冰　查嘉伟　陈爱臣　成玉莹　储开龙　戴　松　邓　茁
 丁　云　段　倩　冯媛媛　龚卫祥　古寿林　谷全超　顾　燕
 郭佳敏　郭永坤　胡奋琴　江正华　蒋庚立　孔凡军　李　飞
 李　俊　梁　颖　刘强伟　刘一岑　卢兴园　史志界　宋　洋
 卢雪梅　马晓轩　马玉龙　潘婷婷　钱二停　秦　跃　任　艳
 唐成双　陶　强　王宝成　王　鹏　王文桂　魏　存　夏方弈
 杨佳奇　杨培芳　杨庭舟　姚忠琦　殷　强　於　俊　余海涛
 张有为　周　航　徐秋艳　徐云飞　周　浩　周倩倩

新能源科学与工程(13人)
　　曹英杰　　陈　凯　　傅士栋　　高　天　　江家祥　　刘尉杰　　盛锁江
　　石　强　　孙兵兵　　王　金　　王梦凡　　张丽亚　　朱俊桐

材料与化学化工学部

材料科学与工程(30人)
　　成　尧　　储　阳　　杜雪琼　　韩贤超　　侯俊宇　　胡健康　　黄志成
　　贾翠翠　　康小林　　秦佳明　　沈　鹏　　张开城　　张　权　　祝增伟
　　李　娟　　刘伯梅　　刘　川　　陆楚楚　　陆玉婷　　吕文锦　　浦银富
　　孙　胜　　王姚峰　　王玉媛　　王兆伟　　杨南南　　姚元林　　张　恒
　　张雅君　　周丹丹

化学(137人)
　　卞荣剑　　蔡团结　　蔡永晨　　曹　辉　　曾　奇　　陈　飞　　陈秋芳
　　陈素芳　　陈　婷　　陈　未　　陈小兰　　程志慧　　迟永建　　储冬梅
　　代婷婷　　董甜甜　　方　媛　　费增辉　　郭　坤　　何　玥　　李　鉴
　　冯同雨　　冯　月　　付西泉　　高　攀　　龚　超　　顾天怡　　郭　冰
　　胡青云　　环磊桃　　纪宇轩　　金　琦　　黎建刚　　李斌斌　　李丁庆
　　李　旭　　蔺慧芳　　刘成国　　刘　娇　　刘晶晶　　刘　灵　　刘青青
　　刘晓朋　　刘岩峰　　刘　云　　刘　昭　　陆　宁　　陆晓雯　　罗序成
　　吕秀秀　　马嘉琦　　年夫久　　彭　程　　孙　月　　万　群　　王杨洋
　　马　梁　　毛耀全　　茅文彬　　孟　浩　　孟慧杰　　缪克松　　莫崇姣
　　王玉婷　　吴鸿鑫　　吴凯琪　　徐　雅　　许凤阳　　袁凤玲　　张广霖
　　阙晨杰　　沈　良　　沈晓琴　　师璐璐　　税禹单　　孙权洪　　孙秀慧
　　张　瑾　　章冰洁　　赵一甲　　周志豪　　朱　清　　朱　祥　　卓聪聪
　　汪亚雄　　王臣吏　　王　娟　　王　凯　　王　莉　　王秀丽　　王　艳
　　王志强　　王子木　　韦天琪　　魏慧平　　温　颖　　翁赔赔　　吴　斌
　　吴雨潇　　吴　庄　　武娟娟　　夏乔浪　　邢振华　　徐　俊　　徐　佩
　　许　槿　　颜琪妮　　杨振宇　　姚如威　　殷红楠　　殷少杰　　余佳佳
　　袁燕秋　　袁玉奇　　翟苏燕　　詹艳华　　张　晨　　张晨杰　　张　方
　　张　丽　　张　令　　张敏志　　张　楠　　张　茜　　张　毅　　张　玥
　　赵志文　　郑丽娟　　郑梅青　　郑永祥　　钟家太　　周盼盼　　周小凤
　　朱笔峰　　李　霞　　刘　睿　　刘时元

化学工程与技术(47人)
　　鲍　清　　曹　瑞　　陈海峰　　陈　红　　陈　智　　丁东东　　顾　梁
　　胡　炜　　姜惠楠　　乐砥柱　　李春春　　李　浩　　李　鲲　　李晓娜
　　李　杨　　刘　斌　　刘介瀛　　吕　凤　　邱　洁　　瞿根龙　　孙祥凤

王丰梅　王　娟　王　娜　王　阳　吴俊杰　夏乾辉　夏树刚
肖金伟　肖　昕　徐　匡　许方方　颜丽华　姚方钧　于振江
张洪灿　张　宁　张盛宇　郑　媛　郑志强　仲云雷　周　菲
周　峰　周利芳　朱姣姣　朱京玥　邹　超

课程与教学论(1人)
　　姚　兰

金融工程研究中心

金融工程(5人)
　　廖　乐　王希舜　王　泽　吴俊桥　杨　森

功能纳米与软物质研究院

材料科学与工程(31人)
　　蔡新蕾　邓　硕　刁森林　董永刚　董自亮　冯　坤　韩停停
　　黄晨超　李子洋　梁　丰　梁　珂　陆明敏　陆顺开　南雪燕
　　潘成斌　宋晓雪　苏亚军　孙建侠　孙　腾　王康弘　王鑫霞
　　魏　健　吴圣钒　吴思聪　谢中治　张亚琳　张义波　赵斐鹏
　　赵　阳　朱鸿凡　朱文文

化学(42人)
　　边成林　陈爱喜　陈素丽　邓秋榕　高雪洁　郭思杰　李芳芳
　　李凯旋　李亚利　李　勇　刘东洋　刘国均　刘佳伟　刘艳秋
　　刘　轶　刘云霞　吕小林　瞿莉莉　史晓斐　史　宇　汪利萍
　　王　亮　王　露　王旭春　王亚坤　文　鹏　吴秀芹　徐　骏
　　薛苗苗　杨林聚　叶华林　叶　雯　张丽娜　张盼盼　张小冬
　　赵　佳　赵雅静　郑　妮　周　围　朱晓飞　竹　芯　邹亚涛

生物学(8人)
　　曹朝辉　储彬彬　方　旭　高　敏　李莹莹　石　瑞　徐　飞
　　朱里鹏

物理学(13人)
　　陈　瑶　丁冠群　黄　晶　吉鹏辉　刘　岩　孙　奇　王　波
　　王　琪　杨红艳　于文治　张业栋　张中达　赵鑫栋

计算机科学与技术学院

管理科学与工程(6人)
卢星凝　　陆成韬　　陶志伟　　王绍丹　　余立苹　　周子婷

计算机科学与技术(29人)
巢佳媛　　陈　敬　　陈志鹏　　丁思远　　杜满意　　黄一龙　　李方圆
林天巧　　刘惠雯　　刘　锴　　刘曙曙　　陆志芳　　唐海庆　　王　凯
王潇斌　　温正清　　吴鲁辉　　徐　达　　杨　强　　姚　亮　　郁俊杰
翟建伟　　张　栋　　张　峰　　张健伟　　赵　阳　　周华争　　朱方舟
朱海军

软件工程(16人)
蔡磊鑫　　常东亚　　葛　瑞　　龚慧敏　　顾斌斌　　陆伟国　　马亚晴
钱炜晟　　宋相君　　宋振华　　王　帅　　徐　鑫　　许世华　　姚文强
张　明　　章　鹏

电子信息学院

电子科学与技术(12人)
陈奥运　　陈　平　　韩志远　　胡成煜　　蒋秋实　　李逸宁　　刘轩铭
申　艳　　盛　斌　　孙志豪　　肖　鹏　　徐　政

信息与通信工程(22人)
陈枢茜　　杜先娜　　樊晓鹤　　范苏云　　费健峻　　郭　红　　郭静云
胡广垠　　刘大成　　刘　滔　　麻肖肖　　钱旭升　　师雪姣　　施　娟
索海燕　　唐凤仙　　王申卓　　吴　波　　杨　涛　　赵　凯　　朱　峰
朱书霞

机电工程学院

工业工程(2人)
沈　露　　邹培文

机械工程(17人)
陈继承　　陈晓明　　方琴琴　　管　岳　　黄佳琪　　黄齐齐　　李　松
孙　坤　　唐秋明　　王　聪　　王　挺　　严　凯　　杨桂林　　翟荣安
张　荣　　赵建海　　朱其欢

控制理论与控制工程(8人)
　　蔡校蔚　　陈恺　　豆梦　　顾洪　　李嘉楠　　施敏杰　　叶欣
　　张雯雯

仪器科学与技术(4人)
　　李娜　　钱森　　袁广洲　　张在越

沙钢钢铁学院

化学冶金(5人)
　　陈伟鹏　　洪炜　　彭健　　吴彬　　徐英君

纺织与服装工程学院

纺织科学与工程(63人)
　　柏慧群　　曹春艳　　曾琦　　陈果　　陈娟　　陈丽丽　　陈威
　　陈迎春　　戴礼　　戴琳　　邓舒　　董晓丹　　段为甲　　付华
　　顾佳丽　　郭文君　　胡必清　　姜奕　　金地　　柯哲　　赖丹丹
　　李岭岭　　李璐　　李容　　李硕　　李亚东　　李云　　刘安琪
　　刘海婷　　罗沛　　宁翠娟　　彭慧　　戚玉　　祁丽　　沈靖
　　沈星星　　孙红梅　　孙小龙　　孙晓旭　　王琼玉　　王淑缓　　王小娟
　　王雅芝　　王颖　　韦帆汝　　吴辉　　武明扬　　夏羽　　肖丽媖
　　邢晓宇　　薛珺予　　晏叶　　杨金秋　　杨慕莹　　袁艳华　　张盼
　　张亭　　章燕琴　　赵江惠　　郑茹月　　周马维　　朱丹华　　左刘洋

化学工程与技术(1人)
　　禚洪梅

轨道交通学院

测试计量技术及仪器(10人)
　　冯李　　王卿　　吴楠　　吴庆婷　　徐浩然　　严荣慧　　杨斌
　　张炎峰　　张永萍　　张振鹏

车辆工程(7人)
　　卞安华　　丁皓　　胡统号　　黄旭　　孔祥日　　刘金建　　周平

管理科学与工程(8人)
　　伏紫妍　　刘叶　　孙斌彬　　杨磊　　杨鹭　　俞蔡城　　周俊杰

庄楚天

医学部

病原生物学(1人)
　　郭　勇

法医学(2人)
　　钱　辉　　赵　琪

免疫学(2人)
　　鞠晓晶　　刘星志

神经生物学(1人)
　　孙　莉

生物化学与分子生物学(2人)
　　宁金玲　　张　阳

微生物学(1人)
　　徐　艳

细胞生物学(3人)
　　兰蓓蓓　　王婧怡　　周康熙

遗传学(3人)
　　林　倩　　吴艳艳　　余　盼

医学部基础医学与生物科学学院

病理学与病理生理(2人)
　　焦伟娟　　祝敏圣

病原生物学(1人)
　　杨斯迪

动物学(2人)
　　韩　宇　　朱阳阳

发育生物学(2人)
　　李凯乐　　马梦楠

法医学(4人)
　　褚　洋　　李茂娟　　王守宇　　吴　琼

免疫学(13人)
　　范喜瑞　　黄　筛　　林　彩　　马静姝　　史　丹　　宋　丹　　王艳艳
　　王志遥　　熊玉琪　　徐永芳　　杨英楠　　张　磊　　张　燊

神经生物学(3人)
　　浦怡晨　　王安琪　　吴　蕾

生理学(2人)
　　龙　威　　孙晓玮

生物化学与分子生物学(13人)
　　丁召召　　匡苏兰　　梁　子　　秦海棠　　沈玲玲　　谈鹏程　　仝巧巧
　　王辰骥　　于秋梅　　张康宁　　赵敦梅　　郑雅文　　朱丽媛

生物物理学(4人)
　　刘　东　　吕　毅　　王　飞　　许冰清

水产养殖(1人)
　　罗其刚

水生生物学(4人)
　　付监贵　　王国成　　徐　乐　　朱健明

特种经济动物饲养(5人)
　　杜贝贝　　胡景生　　毛钰霞　　田江海　　赵晓明

微生物学(2人)
　　段中良　　黎德超

细胞生物学(10人)
　　蔡令栋　　代　楠　　关　剑　　郭　宇　　贺美玲　　黄　萍　　王晓博
　　谢云鹤　　徐雪华　　杨梦雅

医学心理学(1人)
    王凯璇

遗传学(6人)
    安明星   陈菲   邓博   董慧玲   刘华振   孙天锦

植物学(3人)
    曾钧杰   郭妍妍   赵琪

医学部放射医学与防护学院

病理学与病理生理学(1人)
    曹倩琳

材料科学与工程(2人)
    李保玉   赵志伟

放射医学(5人)
    曹津铭   曾亚楠   陈碧正   董爱静   张钰烁

化学(3人)
    倪小虎   许小梅   袁芳

化学工程与技术(2人)
    桂大祥   张丽霞

免疫学(3人)
    程慧颖   鹿伦杰   赵明晓

生物化学与分子生物学(2人)
    郭萍   史盼影

生物物理学(1人)
    李素素

生物医学工程(2人)
    樊文慧   余枭

水生生物学(1人)
　　杨列程

微生物学(2人)
　　李向阳　　徐瑞君

细胞生物学(1人)
　　吴晨洁

医学部公共卫生学院

儿少卫生与妇幼保健学(1人)
　　李玖玲

劳动卫生与环境卫生学(4人)
　　付文磊　　李雪骥　　马书杰　　潘国涛

流行病与卫生统计学(10人)
　　高雨蒙　　裘巧燕　　沈　超　　田芸凡　　王艺颖　　谢芳霏　　许　倩
　　张培培　　周逸鹏　　周志伟

社会医学与卫生事业管理(2人)
　　卢晶梦　　赵春华

卫生毒理学(7人)
　　邓晗依　　侯永凤　　黄欢欢　　李春春　　孙玉龙　　陶立静　　张　航

营养与食品卫生学(4人)
　　程金波　　郭飞飞　　庞　幸　　周玲美

医学部药学院

生物化学与分子生物学(1人)
　　王思雨

生药学(1人)
　　黄　璐

微生物与生化药学(2人)
  陈亚莉　雷秀云

细胞生物学(1人)
  杜艳芸

药剂学(9人)
  段　佳　李继昭　刘疆燕　吕小燕　牛广豪　施丹枫　汪巧莉
  朱文静　邹烨璘

药理学(26人)
  曹栎雯　陈霜霜　陈苏萍　费　姚　高　雪　顾　超　何　格
  黄　骏　黄　巧　刘金成　宋丹丹　王　峰　王凤娇　王　龙
  王盼盼　王　倩　徐宇嘉　许琼华　闫秋婷　袁诗宇　张　艳
  张　阳　赵亚飞　周静思　朱永铭　朱　周

药物分析学(7人)
  曾　启　陈　琦　金　梦　李　远　陶　蕾　魏同洪　袁　媛

药物化学(14人)
  陈振邦　范骏超　蒋　静　李玉姚　宋　珍　苏凯迪　王　旭
  王增尚　韦孝晨　吴书伟　徐祥祥　杨继羊　张泉修　周　强

医学部护理学院

护理学(13人)
  陈　诗　丁建平　顾　洁　孔凡贞　李　琴　林　源　王丽丽
  王晓蕾　温尊甲　殷荣平　张诚霖　周　坤　朱瑞雪

医学部第一临床医学院

材料科学与工程(2人)
  徐昌禄　张　祥

耳鼻咽喉科学(1人)
  陈莉莉

妇产科学(6人)
　　冯雪芹　　何阿信　　吴　珏　　张英辉　　仲　元　　竺　迪

化学(1人)
　　高长城

急诊医学(1人)
　　林　玲

临床检验诊断学(5人)
　　陈　颖　　李翔翔　　闫　彬　　翟菊萍　　张　慧

麻醉学(5人)
　　陈文佳　　高金孟　　钱晓波　　沈濛溦　　吴笑敏

内科学(16人)
　　曾现生　　杜雯雯　　方琼蕾　　顾　琴　　刘　畅　　马　晨　　潘婷婷
　　戚嘉乾　　盛广影　　孙思佳　　王　童　　徐　云　　杨志洛　　张培哲
　　张　平　　宗香萍

神经病学(3人)
　　李小平　　刘艳彩　　尹　周

外科学(13人)
　　陈　城　　胡　圆　　黄子威　　莫　骏　　乔渝森　　孙　亮　　王棕逸
　　郗　焜　　游锦智　　余仁春　　翟伟伟　　周　亮　　周　政

影像医学与核医学(9人)
　　陈　彤　　郭周颖　　雷志毅　　李　炜　　林　阳　　滕　跃　　汪　玲
　　郑　璇　　纵瑞龙

肿瘤学(1人)
　　陈　昊

医学部第二临床医学院

麻醉学(1人)
　　王　安

内科学(3人)
   徐玲玲   殷晓娅   张柳琴

神经病学(7人)
   曹雷芳   李思玥   司 猛   孙逸琼   汤 严   王辰涛   张 丹

外科学(11人)
   蔡洪华   高 跃   孔祥鹏   李松涛   刘 韬   马加威   于慧颖
   余 鹤   袁 晔   张保友   张德保

影像医学与核医学(2人)
   董智芬   张峻围

肿瘤学(5人)
   包明月   杜孟华   吴 昊   吴昊昊   徐美玲

医学部儿科临床医学院

儿科学(13人)
   陈 娇   丁 林   丁 莹   冯雅君   陆惠钢   路 攀   王曼丽
   谢圣明   杨 进   杨元元   叶丹妮   张晓青   张艳敏

医学部第三临床医学院

精神病与精神卫生学(1人)
   殷 铭

临床检验诊断学(2人)
   古智文   郑 凡

内科学(1人)
   周光全

外科学(1人)
   辛浩民

眼科学(1人)
   唐 皖

肿瘤学(1人)
　　徐娟俐

上海第六人民医院

外科学(1人)
　　任庆贵

上海肺科医院

内科学(1人)
　　陈珊珊

影像医学与核医学(1人)
　　王亚丽

医学部生物医学研究院

免疫学(25人)
　　陈　鸽　　冯　静　　葛文龙　　黄春景　　江章涛　　姜　芳　　靳春燕
　　黎林峰　　李凤格　　李　雅　　刘　慧　　马子涵　　缪金升　　石晓丹
　　孙　塔　　唐玉旭　　王晓芳　　徐　捷　　杨晓利　　张冬梅　　张鹏潮
　　赵　鹏　　赵新转　　周　哲　　朱　盈

医学部唐仲英血液学研究中心

免疫学(1人)
　　陈　影

生物化学与分子生物学(4人)
　　房兆续　　霍子荷　　王晓晓　　殷旭圆

细胞生物学(11人)
　　曹宜人　　陈　秦　　何兆芬　　廖怀东　　苏靖娜　　汪银燕　　于　远
　　张　策　　张　繁　　张自力　　朱登文

药理学(1人)
　　瞿伟伟

医学神经生物学(1人)
　　文成文

医学部神经科学研究所

神经生物学(16人)
　　陈继博　　陈楠楠　　程若晓　　兰丽君　　李　萌　　沈先志　　施海霞
　　王　彬　　王晓娜　　吴星星　　谢　洁　　薛　露　　杨　靓　　张敏洁
　　张玉锁　　周烽明

药理学(2人)
　　盛玉兰　　袁雨晴

系统生物学研究中心

医学系统生物学(4人)
　　韩　励　　闵　明　　乔思雨　　赵静怡

上海东方肝胆医院

外科学(3人)
　　李小勇　　吴叶晨　　许洁如

海外教育学院

公共管理(1人)
　　KEOMANY PHOUVIENG

2017年取得专业学位的研究生名单

专业学位博士

医学部第一临床医学院

临床医学(100人)
　　曹义娟　　曾　博　　曾艳枫　　晁红颖　　陈　婵　　陈宏亮　　陈　华

陈慧雁	陈 捷	陈 龙	陈 忠	陈咨苗	程 辉	邓 刚
董凤林	高长征	葛胜洁	顾 艳	何 萍	何志锋	胡海波
华海应	黄 坚	姜星杰	蒋 东	焦良和	金立达	雷静静
李大鹏	李会娟	李 婷	李晶菁	李俊晨	李 强	李岳春
李 智	练 炼	梁志刚	刘宏鸣	刘 涛	刘小勇	刘雅克
刘 瑜	卢 遥	马红映	马剑锋	毛新峰	潘 敏	潘哲尔
钱宇锋	邱源旺	沈 继	孙继带	孙捷豪	孙金兵	唐佩军
唐善浩	唐祝奇	田辛辛	童 娟	王春光	王 乐	王 雷
王良荣	王鸣军	王天乐	王月菊	王正飞	韦旭明	魏 磊
魏 鹏	吴 杰	吴连拼	吴 巍	吴小丽	肖 勇	熊响清
徐丙超	徐云钊	闫竞一	姚丽丽	印 佳	郁丽霞	臧 豹
张海峰	张海燕	张 雷	张 立	张同华	章惺惺	赵亚新
郑 勇	仲 楼	周晓宇	周芯羽	朱涛峰	朱天琦	朱 翔
祝娟娟	邹春鹏					

医学部第二临床医学院

临床医学(62人)

卑红喆	蔡东焱	陈建国	陈祥建	陈兆雷	程 千	崔 珍
丁维军	费蓓蓓	伏治国	葛 巍	顾栋华	管杨波	郭亮生
贺 电	洪婷婷	胡春晖	胡长青	黄关立	黄 江	蒋 巍
柯将琼	李能平	刘 坤	刘益飞	刘 颖	陆云南	马 麒
潘晓东	钱玉强	群 森	荣国强	孙鼎明	唐剑飞	唐军建
王 萍	王栓虎	王 腾	王晓东	文会龙	吴冠会	辛 勇
徐 昶	徐 亮	许立军	闫楷忠	杨后猛	杨 麟	杨 茹
尤寿江	张才溢	张 晓	赵丹青	陶 伟	赵洪瑜	周龙江
周耀东	周云海	周震涛	周志毅	朱 华	朱江涛	

医学部儿科临床医学院

临床医学(11人)

安 琪	蔡 群	陈聪德	陈正荣	贾立山	李红新	李振宏
吴宏伟	严永东	殷易钰	张建军			

医学部第三临床医学院

临床医学(10人)

陈长喜	杜 鹏	顾术东	刘 俊	刘政呈	邵英杰	田 婷
王俊珊	熊锐华	赵 韬				

上海第六人民医院

临床医学(2人)

程文波　杨　凯

上海东方肝胆医院

临床医学(1人)

张继如

专业学位硕士

文学院

汉语国际教育(38人)

陈金晶　陈　萍　陈　婷　付洋洋　郭雨辰　郝兴宇　何　苗
何欣潼　黄　莹　雷冬荔　李后荣　李苗苗　李文佳　李新芳
李怡婷　刘　珅　吕素红　吕　妍　牛　芳　彭　璐　申　晨
孙楚越　王　丹　王建鹏　王金秋　魏　韡　吴　默　吴晓阳
吴雨驰　夏　凯　游翠娥　臧娅萱　张　舸　张　君　周　凤
周　瑞　庄俊迁　邹雅婷

学科教学(语文)(35人)

陈佩佩　陈知柳　邓欣悦　郝　月　黄翠华　江　莉　李　琦
刘　会　刘　宁　陆　佳　罗丹丹　钱　丽　沈　乔　施祎锐
宋庆云　孙宁宁　唐梦一　万家欢　王　莉　王巧云　王思淼
王　雪　王　羽　肖婷婷　谢庆霞　谢异洁　熊青青　徐天衡
杨　帆　张　静　张小霞　赵丽平　周伟烨　周吟歆　左　丹

凤凰传媒学院

出版(11人)

鲍相志　成　恳　柳萍萍　石巧艳　谢慧娟　徐　金　杨　姝
袁梓萌　张红燕　周丽文　周　密

新闻与传播(25人)

蔡曼曼　曹　婧　查　俊　陈　爽　丁　瑞　耿黎敏　郭梦宁
韩　雷　郝　瀚　季露露　姜旻旻　蒋　婷　李怡君　苗　锐

牛林昕	祁仲阳	王潇依	王雨昕	吴　睿	徐　敏	张宇佳
张雨晨	张子瑜	赵　晨	竹　梅			

社会学院

社会工作(28人)

蔡雅洁	曹运袭	曾清贵	范　森	高　楠	顾涵硕	顾庭苇
洪银珍	胡忆婷	姜达珍	匡伟杰	李雪雪	刘　青	吕彩云
施慧心	陶兴莉	王开元	王　玥	辛晶晶	徐　静	徐玲玉
徐晓洁	虞　果	岳晨曦	翟亚婷	张　黎	张亚婷	朱正上

学科教学（历史）(12人)

白艳丽	曾　茗	陈心怡	范　晔	顾文琳	孔鹏宇	宋玲霞
王　芳	夏　添	杨小凤	臧贞祯	郑　琳		

政治与公共管理学院

公共管理(136人)

毕　佳	蔡东华	曹　祺	陈　刚	陈　瑞	陈希阳	成　程
程　蕾	单峰铖	丁静琪	丁晓磊	丁　宇	端佳聪	范琳琳
方　琰	高　洁	耿佃利	耿科明	龚心韵	顾　婧	顾　鲁
顾如江	顾司琪	顾婷静	顾　贤	顾　嫣	顾益焕	郭燕萍
郭永胜	何　可	侯沁文	胡绍宜	黄　凯	黄　婷	江　平
金　添	蒯　宙	雷桂军	李　冰	李竞雄	李　丽	李　清
李清华	李　岩	梁　婷	林　霞	刘建峰	刘　俊	刘思沁
刘新宇	柳　杰	卢　琼	陆　晨	陆家辉	陆洁玉	陆蓉蓉
陆　晓	陆晓莲	吕熠莹	毛博峰	缪　瑾	倪玉娟	潘静霓
平雪雅	濮佳佳	浦何浩	钱　璁	邵　思	邵心原	邵兴薇
盛玉欢	宋　华	苏　姝	谭黎琳	陶苏敏	滕　芸	汪林利
王　铎	王　刚	王　宏	王　楠	王　婷	王　婷	王文静
王晓珥	王旭艳	王铮亮	闻　雯	吴　迪	吴　佳	吴　震
夏艳蔚	夏　莹	谢文杰	邢镱镜	徐　菁	徐静芳	徐旺旺
徐瑜浓	许　静	杨立信	杨　希	杨晓婧	杨尹子	杨哲珺
姚勉之	叶　飞	叶仲春	游绪兰	俞思达	俞婷婷	俞中远
袁　铭	臧锁梁	张佳凤	张　莉	张　量	张　璐	张　恬
张　冶	张云蕾	张　芸	赵济世	赵立昕	赵雯佳	赵　玉
赵振涵	郑　佳	郑俊峰	周晓雯	周晓燕	朱禹锡	祝斌强
祝　宇	庄广福	邹顺远				

马克思主义学院

学科教学(思政)(5人)

蔡玉娇　侯舒婷　王倩颖　尹　蕾　袁晓丽

外国语学院

学科教学(英语)(1人)

蔡永妹

英语笔译(24人)

曹梦兰　陈会芹　陈　蒙　洪　颖　黄　琳　霍亚南　纪　婷
孔建好　李　晶　逯娇娇　马　梅　孟双双　闵　蕾　任立新
王　倩　王倩倩　王　时　吴卓群　杨文君　袁敏鸣　张　婷
赵玉洁　周雅琪　邹　枭

英语口译(19人)

陈皖苏　樊　娜　方　荣　郝春梅　霍　琳　蒋毅嘉　李佳恒
秦碧敏　申书英　谭　荣　王梦秋　王颖靓　翁兴瑞　徐小凤
张　红　张静怡　张林芳　张远媛　周爱萍

东吴商学院(财经学院)　东吴证券金融学院

工商管理(176人)

包伟江　卞春湘　卞　逍　蔡　迪　曹长凯　曹　支　曾玉倩
陈　飞　陈根升　陈丽娟　陈　倩　陈　韧　陈　晓　崔彧来
戴凌艳　单敏华　丁　厉　范慕洲　范伟峰　范燚烽　方　立
费欢欢　高　钦　龚　明　龚　婷　龚　晓　龚晓曦　顾海林
顾浩洲　顾家如　顾苏逸　韩　龙　韩腾飞　韩仲凯　侯　霜
胡建龙　花文昌　黄爱华　黄国华　黄娇龙　黄　杰　黄　莉
黄　萍　吉冬进　季梦玲　江中民　姜毓磊　蒋飞杰　金　晶
经中武　李辰杰　李康康　李　利　李　平　李士军　李　玮
李歆怡　李　炫　李　莹　李　勇　林天泽　林增军　凌　鹿
凌　敏　刘　博　刘德芳　刘国斌　鲁自贤　陆汉阳　陆　珏
陆敏哲　陆翁怡　陆瑶晶　陆耀刚　罗三喜　罗晓诚　马昊骋
马华燕　茆福虎　梅喜冬　孟　屹　闵　敏　缪　健　倪文维
潘浩峰　庞大伟　裴信辉　彭良峰　屈　冉　桑　菊　沈辰铖
沈　丹　沈　乐　施雯君　史晓琴　宋来贺　苏春龙　苏志飞
孙苏卉　孙雯雯　孙长安　陶　菁　陶宇川　田颖异　涂菁华

汪时全	汪 耀	王蝶漪	王寒晖	王宏彬	王吉辰	王佳一
王金鑫	王 甜	王 玮	王雄伟	王雅梅	王渊超	王泽浩
王智亮	王 洲	位 凯	文 涛	吴佳良	吴秋琴	吴文静
吴晓岚	夏 露	夏 媚	谢 凯	谢 维	谢艳秋	谢祝伟
邢 彩	胥振业	徐 翀	徐锦江	徐子桉	许 悦	羊洪云
杨 辉	杨 杰	杨 婕	杨军赛	杨林芳	杨 鹏	杨 雪
殷玲玲	英成早	袁 园	翟小艳	张东慧	张冬磊	张 婷
张 薇	张 炜	张夏芸	张 翔	张振岳	章 夏	章耀秋
赵晓君	周 飞	周 翰	周君鹏	周逸辽	周颖一	周 宇
朱 洁	朱晓敏	朱晓莺	朱亚娟	朱韵姣	左静明	张加健
张志祥						

国际商务(1人)
　　仲 妮

会计(52人)

薄才妹	蔡 鹰	陈柏宇	陈倩倩	程 颖	仇海尉	冯朝霞
冯 蕾	高 珺	葛盛晓	姜凯华	蒋怡澜	李春娟	李 舒
李贤赟	李逸聪	刘 粲	刘佳钰	刘鹏娟	刘薇薇	刘欣欣
刘洋翔宇	钱时敏	秦 琪	史静怡	孙书杰	唐春霞	万 方
万 菲	王佳园	王静娴	王均惠	王 颖	吴 宇	伍艳玲
夏佳欢	夏心蕾	徐静文	许晓彤	颜金鑫	杨 琳	叶珮祎
张康建	张令仪	张入语	张 俞	张 悦	赵 凯	周小舟
周 璇	朱冰洁	朱书红				

金融(14人)

褚 雪	丁 月	胡一帆	李 敏	梁 恺	毛 晟	邱琳怡
魏 玲	吴绿叶	谢思蕊	赵 敏	周 婷	朱 晗	朱鸿涛

税务(4人)

陈媛媛	杜 睿	纪焱文	宗柯燕

王健法学院

法律(6人)

陈 皓	陈晓军	方 振	潘科平	钱 洁	朱佳兴

法律(法学)(52人)

曹晗婷	陈健炜	陈梦	陈亦文	陈兆慧	陈子君	程帆
程静	楚晨	崔淑敏	丁佳佳	冯广亮	郭晶晶	何娇
靳娜	李华蓉	李玲	李倩	李喆	刘丹文	刘静
刘士博	陆亚萌	孟祥威	缪阳	孙智慧	谈家霖	滕越
王纯诗	王静茹	王力	王晓姣	向哲宇	徐伟娟	杨静婷
杨雨婷	郁萍萍	张敬佩	张曼	张梦琪	张宁	张琪琪
张若男	张杉杉	张雪娅	赵悦莲	赵蕴清	郑琳	周金荟
周敏慧	朱丽佳	祝晶晶				

法律(非法学)(46人)

常露	陈俊	陈露	陈思雨	陈鑫	陈兴凤	范磊
方坤	高娟	高美慧	高欣	韩进飞	韩若雨	郝丽
胡至深	蒋元芳	李昊	李红军	李诗雨	林婷	刘必云
刘朋	刘婷婷	刘越	马志鹏	任斐	阮亚伟	苏亚丽
孙刚	孙砾	孙岭雁	唐蒙	王丹	王鹏里	卫杨眉
吴晶	谢婷婷	姚晓辉	阴宇真	余静	张敏	张小丰
周静雯	周雯羽	周雅玲	邹梦菲			

教育学院

应用心理(40人)

卜亚男	陈雪	冯文来	宫淑阳	郭泽瑶	韩玉	何嘉滢
胡媛媛	季柏庭	金黛茜	金梦婷	李晨曦	刘旭飞	刘羽曦
龙素玉	卢路路	糜蒙蔓	穆志江	宁宁	潘婷	祁敬茹
钱程	钱璐	邱鑫艳	史浪	孙井景	孙雪洁	田甜
王亚男	吴航	谢清宇	徐灿灿	叶静	郁婷	袁卓
张弘	张亚飞	章旭	周颖	朱冰璠		

艺术学院

工业设计工程(2人)

衡文明　李金翼

美术(13人)

| 陈路遥 | 陈琼 | 韩华卓 | 韩郁婷 | 花雨 | 黄鸿飞 | 蒋艳俐 |
| 阚明敏 | 厉夏 | 徐婷婷 | 杨忱怡 | 杨年 | 周璇 | |

艺术设计(49人)

鲍晶晶　曹又丹　陈蕾　　陈素文　陈熙　　陈笑宇　崔星雨
丁晗　　葛帆　　谷橙橙　顾天玲　顾晓羚　蒋莼淳　李东醒
李嘉懿　李霖　　李启慧　李飒　　李纤　　刘玲　　陆秋澄
马晓丽　欧阳运昕　宋军杰　宋洋秋歌　谭婷婷　田科化　王虹
王静思　王琪　　王涛　　王小萌　王雪梅　魏然　　吴微
武静　　谢婧　　徐亚运　许可　　杨柳青　张秀云　郑天琪
郑艺　　周玲玉　周蕊　　周学蓉　周驿　　周颖　　周长颐

体育学院

体育(36人)

边雨霏　陈百川　陈静　　陈林玉　邓勇　　郭仲希　胡佳佳
黄帅　　黄小虎　蒋鹏程　蒋稳安　孔燚　　李聪聪　李军
李佩鸿　李鹏　　李燕　　林强强　刘宝众　刘广东　刘苗苗
孟庆伟　倪洋　　祁耀　　秦丹　　史宏涛　孙杨　　王培勇
王亚辉　尹梦婉　于良　　张爱萍　张兴持　张瑶　　赵辰
朱梦霞

体育教学(4人)

何东平　陶敏敏　项俊　　张凯

运动训练(4人)

李森　　张甜　　赵杰　　钟婵婵

数学科学学院

学科教学(数学)(5人)

沈霞　　孙林　　杨琳　　殷殿宇　张雪花

应用统计(12人)

陈珊珊　李雅宇　林挺挺　刘栋　　刘利　　刘庆霞　倪显情
时丕显　陶璐　　王诗慧　吴彤　　尤玉凤

物理与光电·能源学部

光学工程(9人)

盖峰　　林雨　　刘亚彬　毛静超　王磊　　徐超　　张晓静

张旭婷　　周思阳

学科教学(物理)(13 人)
　　曹广英　　陈鑫鑫　　顾家桐　　韩亚南　　黄红敏　　姜庆荣　　金　毅
　　林小婷　　祁　帅　　沈　育　　苏　敏　　王秋宇　　许瀚尹

材料与化学化工学部

化学工程(1 人)
　　胡小明

计算机科学与技术学院

计算机技术(37 人)
　　白　聪　　戴春雷　　何天雄　　胡唯唯　　贾灿灿　　江威明　　蒋千里
　　旷晓鹏　　李　辉　　李　凯　　李　阳　　李云建　　林少坤　　刘　肖
　　吕宏达　　庞　飞　　裴庭伟　　彭　颖　　乔伟伟　　沈恺宁　　司萧俊
　　孙　昊　　孙　琪　　王丹丹　　卫亭廷　　吴　晶　　伍　勇　　奚　浏
　　邢海华　　许桂平　　薛潇宇　　杨　萌　　杨荣刚　　张晓斌　　章及第
　　朱桂墘　　朱世行

软件工程(20 人)
　　查宏伟　　陈　炯　　陈岭岭　　陈　琪　　戴　斌　　顾　偶　　黄海新
　　黄先明　　姜寒寒　　李　丁　　厉柏伸　　凌　蒙　　马琳琳　　潘　舟
　　濮　澈　　孙慈嘉　　王志健　　许文飞　　张志浩　　周　剑

电子信息学院

电子与通信工程(41 人)
　　陈　浩　　陈　思　　成乐乐　　丁梦晓　　杜玉和　　顾益俊　　何立立
　　胡春林　　鞠青云　　李　想　　刘淑琳　　钱　超　　钱佳沁　　钱　婕
　　石蕾蕾　　陶文哲　　王纯配　　王国盛　　王　欢　　王　慧　　王巧云
　　魏强定　　闻　娟　　吴升光　　吴　霄　　谢　智　　徐向锋　　杨志佳
　　臧金杰　　张东东　　张　林　　张梦翔　　张敏靓　　张　娜　　张　霞
　　种　浩　　周　峰　　周　蕾　　周　帅　　周志明　　朱　敏

集成电路工程(6 人)
　　戴雨航　　董　川　　刘建成　　吕加兵　　孙志鹏　　王涵阳

机电工程学院

机械工程(50人)

常 晨	陈 鉴	陈晶晶	成 谏	丛军峰	邓大松	邓志强
范进泉	方智立	盖立武	虢 建	黄鹏辉	姜敏泉	姜 宁
李 星	李 亚	李亚娣	刘 波	刘海祥	刘少波	刘思奇
陆历历	陆 庆	缪灿锋	倪敏明	潘 豪	乔世杰	邱 斌
沈翔宇	眭演祥	孙 建	孙 亮	孙越高	田晓花	吴 磊
夏先春	许振海	杨飞雨	殷振中	翟永杰	张来峰	张勇罡
张志盛	甄天熠	郑帅印	郑智刚	周 斌	周 瑞	朱金成
朱 伟						

控制工程(12人)

| 毕海合 | 范卫平 | 顾群林 | 郭晓洁 | 吉张萍 | 孙 朕 | 孙 萌 |
| 夏月冬 | 张 凯 | 张照磊 | 朱成海 | 朱现超 | | |

金融工程研究中心

金融(26人)

陈善文	陈 硕	胡亮亮	焦 梅	李 凯	刘荃月	刘 荣
陆孝烨	罗 婧	漆舜杰	齐汪旭	孙艳君	汤可馨	王 静
王 映	翁玲园	吴晓东	严 寒	颜 康	杨 莉	杨 玉
张金梁	张俊成	张 瑞	周广琰	朱江良		

纺织与服装工程学院

纺织工程(37人)

曹兵权	陈大旗	陈 玲	丁力进	冯雪为	高 冰	洪正琳
季 慧	李 瑾	李雪兰	李志平	刘 畅	刘 磊	刘 鹏
卢琳娜	陆 琪	马小飞	毛双成	潘晓虹	蒲泽佳	孙广祥
孙隆隆	陶海燕	田亚楠	王炳硕	王 丽	王守辉	王学伟
王遥雪	王永峰	薛 香	姚 平	张海希	张玉金	郑 凯
朱娅楠	祝 贺					

医学部

临床医学(93人)

| 毕国荣 | 卜计源 | 陈思佳 | 程可然 | 褚 晨 | 戴金峰 | 丁 延 |
| 冯城婷 | 冯正阳 | 高 迪 | 古 洁 | 顾炎林 | 管喆恒 | 郭志钢 |

季清华	蒋今尧	蒋喆成	居　中	李林强	李舒雯	李志斌
刘诚林	刘佳妤	刘俊逸	刘　磊	刘泉春	刘志鹏	柳燕冬
陆晶磊	陆　珂	陆依岭	罗家乐	罗　洋	糜亚琴	潘国锋
潘思孟	潘晓宇	彭　樱	邵冬旋	沈　浩	沈　杰	沈培培
沈益诚	沈颖筱	施林丽	施晓婷	石　佳	宋嘉胤	苏　艳
孙嘉辰	谈春业	覃　康	唐建芬	陶　晨	汪辉玉	王爱民
王冰一	王嘉宁	王　旗	王　强	王　霞	王晓露	王　欣
王　熠	魏　强	吴兵兵	吴佳妮	吴　祺	熊　飞	徐　静
徐小祥	许亚男	燕晓天	杨　菲	杨　澜	姚溪洋	姚心怡
张浩通	张聚斌	张骏磊	张恺昱	张　玲	张世梦	张亦弛
张岳琦	章璐璐	赵江涛	周辰超	周　峰	周家旺	周顺丰
周　杨	朱紫薇					

学科教学(生物)(2人)
刘　佳　袁亚梅

医学部基础医学与生物科学学院

农村与区域发展(2人)
马　鹏　任园园

学科教学(生物)(12人)
蔡佳乐　陈海萍　华　洁　李伟勤　刘　静　彭　怡　邱晓华
陶维军　王　磊　吴萍萍　张海香　赵　婕

养殖(1人)
雍香宇

渔业(1人)
崔立奇

植物保护(1人)
盛俊杰

医学部公共卫生学院

公共卫生(12人)
陈玉雯　丁加干　顾　静　陆义萍　吕　莉　盛云峰　王瑜亮

吴鑫翰　严冠敏　颜　瑜　张　彬　朱　凯

医学部药学院

药学(2人)
　　钱玉兰　杨　书

制药工程(10人)
　　陈　嘉　陈　实　丁飞飞　刘娅妮　毛永刚　王明珊　叶舒岳
　　张永娥　赵兴娟　郑佳新

医学部第一临床医学院

耳鼻咽喉科学(2人)
　　刘　芳　潘　晨

妇产科学(8人)
　　胡小月　江晓娟　金　珠　郎亚萍　李　贺　孙子茜　张　慧
　　张艳丽

急诊医学(4人)
　　韩　玉　黄　强　吴彬彬　张大龙

老年医学(5人)
　　宋　琪　汤　雨　王春洁　翁晓芬　张振蔚

临床检验诊断学(1人)
　　韩　絮

麻醉学(2人)
　　耿　俊　杨宇帆

内科学(54人)
　　陈彦君　刁红杰　丁　玲　费琴雯　龚正华　胡兴娜　焦晨阳
　　金月红　寇林冰　李春亮　李　婧　李梦颖　梁青松　林奔腾
　　刘　瑶　陆　娇　陆丽丽　马小花　毛佳燕　钱春霞　盛丹叶
　　孙　词　孙洁琼　汪弘毅　汪　小　王才华　王枫艳　王　娳
　　王　杰　王　丽　王娜娜　王　鑫　王秀杰　王雨婷　吴雪华

肖　丹　　肖小芳　　徐　宁　　许浪标　　许　倩　　许　巍　　杨冰玉
杨庆龙　　喻　艳　　袁和秀　　张环环　　张　密　　张欣欣　　赵　莹
郑亚杰　　周灵巧　　周盈盈　　邹　欢　　邹　璆

皮肤病与性病学(1人)
　　闫美荣

神经病学(8人)
　　陈　洋　　高　艳　　王国防　　杨玉萍　　张乐驰　　张　蕾　　仲　伟
　　周　莉

外科学(67人)
　　卞光亮　　卞　文　　曹志骏　　陈　鸿　　陈　晔　　窦　阳　　郭　航
　　何　伟　　胡宣洋　　黄　洋　　姜　明　　蒋安清　　蒋才奇　　蒋玉良
　　金乾衡　　鞠　昕　　康永强　　李东宝　　李进江　　李骏坤　　李　凯
　　廖　莉　　刘　标　　刘　彬　　刘国路　　刘延安　　刘　勇　　卢　冰
　　卢忠胜　　陆宇翔　　吕庆兵　　毛国才　　毛　祎　　彭　雷　　平子川
　　秦丹莹　　沈　浩　　沈思嘉　　沈天伦　　谭成龙　　陶　正　　田孝迪
　　王　飞　　王嘉玮　　王龙刚　　王　盛　　王　宇　　王璋瑜　　吴晓飞
　　武亚运　　夏　伟　　徐贵英　　徐　磊　　徐　力　　徐志华　　许光胜
　　闫　可　　杨少锋　　姚　峰　　姚一舟　　尹海波　　于晓军　　余　炯
　　张福占　　张　磊　　周立宇　　左建峰

眼科学(2人)
　　李　丹　　李　磊

影像医学与核医学(14人)
　　包　婕　　卞　路　　陈　涛　　丁亚芳　　董立山　　耿　莉　　顾铖涛
　　蒋诚诚　　李　俊　　廖　骞　　牟汝涛　　隋秀莉　　王玥瑶　　张　亶

中西医结合临床(1人)
　　赵莉莉

肿瘤学(14人)
　　曹　芽　　曹　莹　　陈　辰　　李一凡　　刘　璐　　刘淑玲　　孙佳星
　　王　翰　　王瑞丽　　王文杰　　吴　骁　　吴秀珍　　张　允　　张　政

医学部第二临床医学院

耳鼻咽喉科学(1人)
　　李小波

妇产科学(5人)
　　黄伟琳　　马晴晴　　王露玉　　吴　婷　　徐敏芹

急诊医学(2人)
　　袁慧琴　　邹勤华

临床检验诊断学(3人)
　　洪　蕾　　李爱青　　赵　莲

麻醉学(2人)
　　高　蓓　　张晓晓

内科学(17人)
　　蔡敏杰　　陈　颖　　董莉莉　　郭鹤鸣　　李婷婷　　施秋泓　　时吉祥
　　孙彦秋　　孙　艳　　徐燕霞　　严晓林　　杨盼盼　　姚　彪　　张靖悦
　　张奕蕊　　周迪肯　　祝娃娃

神经病学(13人)
　　丁猛猛　　杜文秀　　端光鑫　　傅蕴婷　　李婉莺　　马丽婧　　沈海林
　　史路遥　　王　益　　徐志强　　张　莉　　张　沁　　赵　英

外科学(23人)
　　蔡长松　　程　明　　高　欢　　顾利洋　　何继保　　纪　纤　　李　鑫
　　李秀洁　　毛洪武　　沈　佳　　石星鹏　　唐胤尧　　王迪煜　　魏　森
　　吴松华　　徐　敏　　严敏伟　　姚鹏飞　　姚　秀　　张　欢　　朱俊佳
　　朱文浪　　庄　景

影像医学与核医学(9人)
　　高　欣　　高艳艳　　李　誉　　卢丽娜　　王才善　　温　茹　　徐　耀
　　张　云　　周　闪

肿瘤学(13人)
　　常　新　　陈　欢　　陈彦防　　达　彬　　郭凯琳　　黄　萍　　林开粟

彭啟亮　沈娇凤　沈培佩　王　璟　张军军　朱丽娜

医学部儿科临床医学院

儿科学(38人)
　　别文辉　陈　静　陈　青　陈素红　崔铭玲　崔宁迅　董贺婷
　　杜薇薇　方逸萍　高　静　郭　洁　韩洪军　黄圆美　孔维环
　　黎　璇　李　洁　李思慧　廖亚茹　刘会青　刘　敏　刘小波
　　刘　鑫　鲁成刚　陆春久　陆敏华　任吟莹　石　婷　孙　辉
　　孙　艳　谈家佳　陶　会　王　宁　吴婷婷　吴晓芳　夏　天
　　徐基昕　张云强　周进进

医学部第三临床医学院

儿科学(1人)
　　张春伟

妇产科学(1人)
　　曹艳玲

内科学(6人)
　　慈娟娟　刘会丹　马　波　孙晓莉　杨丽惠　周雨晴

皮肤病与性病学(1人)
　　李　娣

外科学(13人)
　　操加明　董友军　黄　波　黎仁龙　李　靖　梁　峰　潘　成
　　乔银标　盛海军　王成林　王　敏　王盼盼　熊玉龙

影像医学与核医学(1人)
　　林英楠

肿瘤学(2人)
　　李诗阳　杨　燕

上海肺科医院

麻醉学(1人)
　　魏　娟

内科学(2人)
　　李成伟　　王　红

外科学(2人)
　　蔡　健　　陈秦俊杰

影像医学与核医学(1人)
　　黄珊珊

肿瘤学(1人)
　　丁　婷

中国人民解放军火箭军总医院

内科学(4人)
　　丁　咪　　杜聪梅　　沈　亚　　于　浩

神经病学(1人)
　　许婉婉

外科学(4人)
　　李永盛　　卢　昊　　宁　晶　　王大玮

上海东方肝胆医院

妇产科学(2人)
　　曹忆梦　　孟喜燕

内科学(1人)
　　魏燕燕

皮肤病与性病学(1人)
　　孙　睿

外科学(7人)
　　陈善本　　李清华　　李　扬　　梁　磊　　卢文峰　　王文超　　于　敏

海外教育学院

汉语国际教育(3人)
　　JEOUNG DUCK NYEO　　KIM JI HYUN　　WALE-OJO MERCY TEMILADE

2017年毕业的同等学力硕士研究生名单

社会学院

旅游管理(1人)
　　纪爱飞

政治与公共管理学院

行政管理(8人)
　　安阳阳　　陈　锋　　冯　超　　葛慧敏　　缪亦甜　　王晓峰　　张海霞
　　朱国胜

社会医学与卫生事业管理(2人)
　　刘征远　　邵明琪

东吴商学院(财经学院)　东吴证券金融学院

会计学(2人)
　　钱　翠　　田意颖

王健法学院

民商法学(1人)
　　刘　淼

宪法学与行政法学(4人)
　　高　婧　　李偲溟　　王晓青　　周兰兰

教育学院

课程与教学论(5人)
　　冯卉　黄娟　黄莉　王红梅　张柳

医学部基础医学与生物科学学院

免疫学(9人)
　　储玲玲　顾猛　李玉生　刘检　刘琳　钱波　徐丹
　　许飞　于春红

医学部药学院

生药学(1人)
　　吴云

药剂学(7人)
　　曹俊　陈笛　陈燕飞　居晓玲　杨彧　张梦　朱洁

药理学(7人)
　　蒋艳　钱晓兰　盛一梁　石建　王春梅　吴嫣　杨昊钰

药物分析学(1人)
　　徐容

医学部护理学院

护理学(14人)
　　陈群　丁玉洁　郭宏卿　金晓虹　陆海林　钱微琳　秦霞
　　石彬　屠静　吴雯亚　徐洋　尹荣荣　张红　周海琴

医学部第一临床医学院

耳鼻咽喉科学(1人)
　　陆佳

放射医学(1人)
　　贾婕

妇产科学(24人)
　　蔡　蓉　　陈　洁　　陈圣莲　　承　莉　　龚　燕　　顾　乔　　贾丽娅
　　马峭岩　　茅国琴　　钱丹凤　　钱敏华　　沈　晔　　时俊宇　　唐佳妮
　　吴　佳　　徐爱芳　　徐淑静　　徐逸尘　　严　琦　　姚　青　　郁玲珏
　　张志娟　　仲　波　　朱　丽

急诊医学(7人)
　　陈兰平　　冯静云　　陆高峰　　钱　平　　隋明亮　　王鸿彬　　郑　峰

精神病与精神卫生学(1人)
　　陈　啸

康复医学与理疗学(1人)
　　范隽韵

临床检验诊断学(2人)
　　裴　兵　　杨　李

麻醉学(6人)
　　丁孟瑶　　蒋华萍　　劳　蔚　　李晓玲　　刘宇芳　　孙　浩

内科学(29人)
　　曹婷华　　陈　明　　陈志贤　　丁　媛　　高　静　　高玲燕　　耿燕来
　　韩　靓　　华　青　　闵春燕　　邵俊丽　　沈　沁　　盛越锋　　滕艳玲
　　汪晶晶　　汪　伟　　王金霞　　王　娟　　王艳平　　许超国　　许金晶
　　薛琼花　　詹园园　　张芸芸　　张志燕　　周　璐　　朱晓明　　朱于娟
　　祖宝宏

皮肤病与性病学(2人)
　　黄　达　　杨　红

神经病学(6人)
　　卞科宇　　陈　瑜　　李永平　　孙丽霞　　王明玉　　张婷婷

外科学(43人)
　　蔡旭东　　曹　源　　曹　政　　崔　毅　　杜生旺　　方　健　　冯俊成
　　顾龙飞　　顾　擎　　韩　丁　　韩丁落　　胡昌庆　　黄　磊　　黄　频
　　霍晓飞　　江　飞　　李　栋　　刘武新　　陆　辉　　缪　伟　　倪明良

钱涵泓　　钱李科　　邵志恩　　宋永见　　王　凯　　吴　蕾　　吴志超
　　熊　胜　　徐志明　　杨英果　　姚宗浠　　尹　春　　詹德平　　詹发筝
　　占三辉　　张　杰　　张　坡　　张绍宇　　张玉军　　郑华庆　　周　荣
　　朱　峰

眼科学(3人)
　　丁银霞　　汤银峰　　吴雁冰

影像医学与核医学(17人)
　　陈立洲　　杜红娣　　洪　琴　　刘　超　　马玉梅　　孟　云　　孙中洋
　　唐　文　　王雪扬　　王远勤　　夏从羊　　谢　萍　　徐琳琳　　许远帆
　　杨淳玮　　殷慧康　　赵艳军

中西医结合临床(1人)
　　周亚芬

肿瘤学(6人)
　　胡善良　　施晓婧　　王　伟　　于　波　　张　闽　　周霜霜

医学部第二临床医学院

耳鼻咽喉科学(1人)
　　樊　磊

妇产科学(9人)
　　卜雅琴　　侯　芳　　黄海伟　　黄　燕　　刘金铃　　马金春　　束长珍
　　孙　敏　　徐水仙

临床检验诊断学(1人)
　　邓一脉

麻醉学(5人)
　　方　芳　　顾利华　　王易君　　杨广宇　　钟国云

内科学(7人)
　　包　闻　　车燕芳　　刘　亚　　鲁　标　　徐　峰　　殷春花　　印　永

神经病学(2人)
  陈国强 刘圣庆

外科学(11人)
  陈燕玉 顾芯烨 柳　宁 陆佳昊 潘健鹏 沈　亮 王　兵
  严建明 张珂伦 赵星毅 朱征海

影像医学与核医学(23人)
  陈津津 陈　爽 丁　洁 杜星星 高　韻 花纯香 黄　艳
  居敏昊 孔子珍 刘　娟 刘荣荣 路旭东 浦晓佳 施海建
  时　林 王俊超 王晓明 王欣然 许　岗 张燕妮 周　超
  朱绘绘 左孟哲

肿瘤学(1人)
  周丽娜

医学部儿科临床医学院

儿科学(16人)
  何香萍 金益羽 李　捷 李　筠 马泽南 孟玉梅 祁　静
  孙　旦 孙　瑜 王　娟 王　涛 袁　园 张春扬 郑　晨
  周　丹 周　琴

医学部第三临床医学院

儿科学(1人)
  余　红

精神病与精神卫生学(3人)
  陈利君 黄晓霞 潘　惠

临床检验诊断学(1人)
  张　俊

内科学(4人)
  曹菊华 邓　跃 刘　健 刘　钰

外科学(3人)
　　陈　杰　　毛可人　　奚　诚

影像医学与核医学(4人)
　　贾赛玉　　姜云珠　　马一博　　俞立琛

肿瘤学(1人)
　　肖　瑶

上海第六人民医院

老年医学(1人)
　　赵　晖

麻醉学(1人)
　　姚海军

内科学(1人)
　　何　茜

神经病学(1人)
　　李克良

外科学(3人)
　　陈俏峰　　李　里　　庞澄宇

影像医学与核医学(3人)
　　刘启平　　吕良靓　　徐　楣

2017年6月全日制本科毕业生名单

文学院

汉语国际教育(44人)
　　吉文丹　　罗天男　　沈　烨　　王莹怡　　孙　霞　　金　晶　　吕　云
　　朱　朱　　梁　燕　　朱雨婷　　沈　敏　　姜　睿　　严　睿　　易　峰
　　顾雅洁　　赵雨雯　　冒志灵　　李学敏　　郭玉桐　　张　蕊　　徐翮鸿

沈宇颉	王 茜	王珺靓	陈 旸	颜 卿	朱 琪	陈雅洁
文佳卉	袁 玥	刘雨珊	刘金琪	郭媛媛	张宛竹	胡佩云
孔繁漪	华文绮	吴婷婷	王 倩	李昀倩	周凌云	戴天欣
马岩岩	陈怡婷					

汉语言文学(58人)

沈雨秋	郭思涵	王思涵	张雪彦	刘园琳	赵艺鸿	夏 喆
郑雯兮	姚 琪	唐 媚	李金龙	方琳忻	张若冰	楼晓瑜
刘慧琴	徐宝城	刘星伽	刘菲菲	孙一鑫	郭 艺	蒋佩玲
徐 唱	韩心怡	欧 茜	李月兰	严佳斐	吴 悔	张东健
谢稳荼	肖艳萍	石 佳	张萍萍	黄一晨	顾龙双	顾育宁
韩京晏	赵梦霞	刘 曦	童楠楠	陈天予	凌 星	王 蓉
吴雪艳	王 津	谈 蓉	贾愫娟	王 硕	赵瑞琦	陈苏苏
张 晶	陈科旭	靖 佳	杨 悦	白 贺	高明伊	孟朝阳
王倩芳	贾 倩					

汉语言文学(基地)(31人)

吴卓晓	冒 鑫	吴钰豪	李傲寒	朱钇宣	徐稚淇	程 芳
尹 玙	刘艳楠	金 梦	李映晓	袁慧莹	张亚男	王 璐
陆怡菲	徐敏惠	孙 晓	肖 冉	季 力	罗 顿	刘 骞
徐 栋	倪 琳	殷文秀	陈泽栋	奚 倩	唐燕珍	魏笑雪
金梦蝶	毛靖雯	唐丹栖				

汉语言文学(师范)(64人)

娄远星	谭智嘉	金韫之	张羽琛	唐菲菲	殷肖旎	奉亚玲
朱 婷	张艳阳	金晓婷	杨佳琪	安 琪	朱凌云	朱联亚
唐俊阳	龚淑娟	徐 慧	黎 月	陈婷芳	树 漪	季立群
胡 婷	陈新怡	仲捷敏	张 瑜	邵庞霏	王 洁	吴昕宇
朱 琰	庄 懿	廖祥祎	杨 艺	潘淑婉	郭丽雯	吴 茜
江涵婷	苏 佩	徐 婷	严佳炜	金 梦	俞颖艳	吴佳琦
顾心月	陈戈田	周 玉	徐媛媛	康毓芷	王茜茜	骆 晨
潘丽云	陶心仪	唐立琪	张 书	王梦瑜	黄金澜	赵 怡
包蕴涵	詹 妮	王 婷	翟 地	何 扬	宗 源	吴 熹
归鹏程						

凤凰传媒学院

播音与主持艺术(36人)

| 王 璐 | 郑子豪 | 沈熙宇 | 赵晨伊 | 邓嘉欣 | 杜佳雯 | 昌 雪 |

尹　赫	侯方维	钱小凡	王志旻	孙　越	刘资慧	强　薇
金　梦	姜　楠	张　欢	张璐瑶	朱旭晨	王肖琳	李　璐
李　彦	吴　迪	陈楚翘	徐秋婉	田　雨	王　颖	尹　童
许　啸	陈军廷	徐轸轸	刘紫嫣	潘凌飞	肖锦玲	王昱茜
杨琳轩						

广播电视新闻学(1人)
殷鑫彤

广播电视学(35人)
胡金晶	刘杨丽	合丹妮	王　晶	庄非凡	黄丹妮	钱晶晶
周梦蝶	谢振海	朱　赫	李　楠	施丹丽	朱紫钧	赵　丹
陈　玲	孙小婷	陈　晓	林东惠	陈逸婷	杨　璐	郝雅宣
张淑兰	罗玲玲	钱佳伟	赵　松	韩好阳	蒋莹超	穆秋雨
李　润	娄会鑫	孔瑞洁	王薏茹	晏皓洁	王子健	沈彤扬

广告学(55人)
顾诗敏	史雨琛	沈亭屹	秦敬轩	袁　青	张　云	董闰瑶
沈　颖	钱宸越	陈凌芸	王姣芸	曹冬练	吴庆华	丁　群
陈　婷	陈志颖	姚丽娜	姜昱旻	袁晓娟	叶　珂	范蕾蕾
朱　苗	农凯钧	傅嘉雯	燕　朦	周宇宁	聂巧琳	韩小宇
施浩然	黄夕雯	陈小红	丁宗媛	顾　茜	孙家辉	汤子晴
顾金好	潘昕怡	邵巧露	陆　意	汪子吟	杨嘉仪	卞　雪
房　岳	钱　敏	匡晓燕	李天伊	杨　冰	王馨慧	吕奕成
刘　航	陈　玲	钱梦怡	邢辛辛	马　强	魏文超	

新闻学(55人)
魏　萍	崔格林	李佳屿	顾嘉铭	马佳妮	杨明哲	张天瑶
朱亮亮	董兆鑫	张静琦	朱梦真	陈劳平	毛　豆	吴　卉
顾邢淮	张东润	黄婉玲	左雪纯	吴　瑾	徐沛文	吴　倩
李征宇	戴　月	孙红阳	张　淼	陈文佳	宋　悦	周　娜
刘晓丽	顾　遥	韦定珍	马芯怡	潘霞菲	王悦阳	曹兴芳
黄翙书	谭　洁	田晓雨	肖梦琪	徐云璐	丁朦倩	谢晓欣
智　丽	葛灿云	章　璐	陈　惠	陈　颖	杨天怡	张一丰
王　睿	施佳一	李晨笛	胡诗琪	曲绍康	陈　曦	

社会学院

档案学(29人)

胡安迪	王晋萍	刘一心	颜明杰	起瑜漫	王静秋	陈　硕
王紫娟	赵之咏	黄晓玉	沈晓鸣	郑诗洁	刘映汝	董庆凤
孙筱宁	赵吟月	姜雨辰	黄　青	沈佳琳	张仪倩	都寒誉
孟　娇	项丽娟	张　颖	茅纯瑜	常碧云	王　悦	武　蒙
王政博						

劳动与社会保障(50人)

傅劭炯	汪　恺	顾书琴	周佳印	张金鑫	俞佳蕾	吴以伦
朱　红	于凯歌	蒋　景	余　浩	胡姚欢	顾晓杰	张心怡
司　雯	黄冬凌	李昕峄	黄书婷	吴媛婷	缪　媛	周艺玲
胡雁来	郗尔凡	陆　君	张丽雯	钱昕怡	高　原	李慧婷
周　恬	高　鑫	何梦铖	徐晗钰	顾　忱	钱奕竹	顾帅帅
朱文菁	张　恒	蓝心蕙	何晓婷	李　元	张怡雯	侯陈君
魏卓祎	徐　倩	李嘉芸	陈梦茜	王韵孜	吴　源	周佳俊
贡依婷						

历史学(师范)(35人)

蒋昀余	龚　怡	沈海莲	丁逸楠	代鹏芳	沈　璐	张烨烨
钱怡婷	漆　浩	潘　婷	高　洋	马珺逸	戈烨丹	郭　昊
贡　默	陈雪媛	朱　冰	宫孜宇	卢俊丞	张　雯	张佳静
郑丹烨	张丹凤	向　琼	钱莉佳	蒋林叶	侯勇会	贾随林
郭　玲	吴　怡	浦梦蝶	翁思眉	黄　娟	敬璇琳	张　琦

旅游管理(27人)

徐丹萍	陈　茜	薛　楠	朱媛媛	赖羽婷	程洋源	李香娟
王慧敏	魏淦泽	王　浩	梁先会	鹿　迎	冯　琦	刘　笑
赵中健	魏　阳	戴世豪	徐玉嫣	潘晓红	庄　云	时丽丽
沙梦雨	戚成超	陈丽珍	马　博	梁婷婷	张嘉麒	

社会工作(36人)

曹艺聪	陈倩文	钱敏睿	朱　玲	徐倩倩	徐玲玲	沈鑫洁
张　静	沈锦浩	张　浩	崔　靓	卜鹏程	金　雁	华　烨
张　博	陆　磊	葛　程	李靓婷	郦子莹	侯亦黄	韩　杰
陆　楠	朱晶晶	张　璇	史宁宽	卢袁园	钱佳文	眭静娴
蔡嘉雯	王心仪	潘心惟	王　凡	张一娜	盛庆龄	曹觉文
高琳霞						

图书馆学(43人)

刘　丽	蔡　笑	华　莹	郭　玥	吴书婷	王沛玥	单晨亮
常思雪	刘　婷	刘　涛	臧家悦	何雯卓	杨乃一	李倩雯
傅辉子	吴飞云	谢文文	温家青	张淑锦	叶　昊	张建行
智　昱	徐钰莹	史晓倩	盛　玥	费王开	范心怡	陈　颖
崔　晨	蔡　莹	邱　庆	徐　丹	刘　勇	李嘉恒	沈珏嫒
谭娇娇	高志鹏	张　颖	郭思羽	江　欣	祝云柳	徐　佳
吴孙若						

信息资源管理(37人)

樊万存	侯晓华	张丽娟	龙佳玲	张雨晴	向　体	王李菁
张炜庆	丁晓晴	刘　陈	杨艳阳	仇蒙蒙	施　凝	王莺吟
周梦瑶	郑焱珺	赵红梦	成心月	蓝天雨	符魏秋嫒	胡东英
温　阳	赵多杨	张　炎	金　琳	杨童昕	马　越	朱梦然
纪佳旺	庄珂瑜	田茂菁	林艺敏	刘珂好	熊　勇	邹欣怡
黄玉琼	吴　笈					

政治与公共管理学院

城市管理(53人)

陈枝繁	徐致远	赵春艳	何天洋	王　炜	沈灵利	陆倩雯
包韩韩	姚　慧	钱宸昊	周瑜钒	褚芳晗	郑倩雯	李　琪
徐佳雯	李向飞	李晓萌	范安琪	朱慧敏	俞伶凤	张　卉
薛　怡	任　楠	王　辰	冒晓君	赵　铮	仲　玉	左垚瑶
周美辰	达培燕	彭　露	周　灵	施倩宇	陈　雪	华莹洁
叶　婷	蒋慧文	董文波	张雨濛	王玉璨	黄叶玲	程心悦
芮　雪	钱超烨	张静涵	龚莉莎	朱江华峰	蒋则宁	陆斐然
王将将	张　兰	顾旻辰	王　好			

公共事业管理(15人)

龙锦枝	胡　曼	姚新颖	董晨雪	杨　茜	吴　珏	曹迎春
石志刚	司　梦	王亚芳	赵娇娇	刘雪娇	纳　盖	祁心怡
李　瞻						

管理科学(30人)

高苑博	邬文婕	倪文杰	卞一鸣	宋萌烨	钱好婷	周方舟
史映红	蒋季桢	郑丽丽	陆新田	李沁泥	叶晴雯	张　炎
陈　航	康馨予	杨　晗	盛陈锋	邢　韵	刘益妍	冯　静
马　龙	唐　微	刘　璐	李文婧	余雨濛	周卫华	徐佳佳

孙月玲　张　强

行政管理(46人)

汪　闫　翁玲玲　李　欢　邢孟伟　鲁雅静　王湘忆　张　蓉
黄晓晓　陈文文　肖　双　杨　旭　田　馨　尤梓醒　何　姮
蒋钰茹　王　强　王蒙怡　卢　婷　曹无曲　菅文鹤　席　萌
徐　亮　张颖星　顾煜东　张青青　李灵芝　耿　雪　臧雪婷
孙　倩　倪　超　吴　婷　陈天逸　薛佳佳　宋晓琪　战　杰
李思馨　陈莹莹　刘　雅　唐　颖　周紫嫣　张倩倩　王安琪
赵云云　刘丽云　张　萱　郭艳峰

人力资源管理(38人)

朱澄玮　周佳雯　高晓苹　李雅然　代龙燕　宋凌睿　陈　晨
张玉婷　王致远　万菁菁　吴　琼　邱天民　卢思烨　赵雅婷
王艳秋　王乐吟　王升远　蔡秋艺　俞　蕾　乔月桥　孙逸之
陈莉莎　董　舒　程文栋　翟　玮　张弘弢　赵家燕　姚欣欣
施佳怡　许悦聪　殷　敏　纪　瑶　吴胜国　刘　菲　陈启革
柳　影　丁徐凯　李丹红

思想政治教育(31人)

邵子蔚　陈樾雅　李　倩　陈雨婷　马　芳　孙　红　刘　潮
杨　瑶　霍　坤　黄　健　肖俊毅　范赛南　夏　磊　姚运佳
季　晔　范静怡　和婉莹　金　喻　孙启鸣　吴　敏　张雪颖
杨子恒　徐家月　朱亚雪　刘婉婉　章碧希　华之顺　于文淼
张锜铭　夏　慧　赵　鑫

物流管理(56人)

姜　煜　姚　华　朱　清　朱　凯　钦丽娜　张　玲　盛　艳
吴　烨　赵　熔　陈　棪　朱小敏　尹泽儒　王敏丽　陶孟玮
何璐怡　李静怡　吕　伟　王诗慧　陈媛媛　陶紫春　张　旭
陈屹峰　陈苏远　华　超　张　颖　朱　铭　沈飞鸿　金　晔
张虹虹　钟美玲　张胜宇　张志文　李婧文　高　珺　万田蓉
徐学峰　倪　愸　施蓓蓓　王叶文　张　亿　张　莉　潘国灿
吴　童　陈　琳　钱　舒　姜丹扬　周　欢　王　青　周显琪
陈文静　曹　凤　邱　振　高津婷　阮培成　沈梦菲　郑惠亮

哲学(25人)

刘　英　张继聪　华皓东　吴旦雯　俞　舟　路镓赫　张小弟
殷　想　王润婷　张文倩　康　巧　秦黛新　陈思宇　童博欢

杨欣雨　　祁明慧　　杨　瑞　　李　媛　　骆宣庆　　李亦威　　单珂瑶
孙逸君　　吴建梅　　赵鹏飞　　陈　祎

东吴商学院(财经学院)　东吴证券金融学院

财务管理(51人)
潘昭蓉　　赵雪莲　　傅雨雁　　郑　澜　　孙姗姗　　颜心悦　　王旭宇
严添耀　　唐雪纯　　卢晓能　　陈宇阳　　邵　蔚　　张雅琪　　朱　宁
张妤捷　　赵建伟　　潘　悦　　曾一凡　　成宇欣　　何致雨　　王　颖
张光彧　　吴忻彤　　毛恒敏　　杨　毅　　钱晓慧　　鲁薇蕰　　吴思雨
张　婷　　林灿真　　常　贞　　王佳玲　　张　璐　　许博宇　　钱婕菲
李　雅　　侯雪晴　　陈志聪　　孙　信　　蔡佳烨　　谢华娣　　赵士豪
陆佳婷　　周露灵　　沈琬晴　　孟嫣茹　　殷静娴　　彭巧男　　杨子唯
刘敏锋　　张　萌

财政学(27人)
张　晨　　汪亚飞　　吴润婷　　魏　澜　　张明明　　徐志峰　　蒋丹蕾
梅　卉　　顾俊豪　　崔雨博　　金　晶　　李子尧　　尹　丽　　杨　曦
张不凡　　桑逸菲　　居　璐　　俞登果　　陈丁丽　　朱小霞　　常恩来
李　慧　　刘娇阳　　石　烨　　陈雨菲　　杨玲玲　　吴　丹

电子商务(29人)
黄振烨　　潘友杰　　林葱彧　　陈佳慧　　杨　帆　　胡天馨　　吴宏云
吴洪杰　　陆亭彦　　张艳筠　　蓝　天　　卢　燕　　陆佳亮　　周宗迪
丁　园　　章　珩　　张富源　　余创意　　陈　越　　周　颖　　任光远
汪　伟　　何瑜昊　　周　齐　　晁靖捷　　赵　曼　　陈　曦　　张　源
陆世玮

工商管理(25人)
林山山　　吴晨丹　　周鹏宇　　刘晓庆　　赵梦婷　　周欣妍　　李雅慧
王唯润　　李　凯　　施　雯　　施旭颖　　张明月　　肖星辰　　胡宁馨
尚文佳　　姚仕钰　　宋　帆　　石梦竹　　朱苏顾　　陈　晨　　肖　婷
王文翔　　洪子茵　　张小锐　　刘若昊

国际经济与贸易(45人)
张　慧　　顾　蕾　　丁珂玥　　王京磊　　严木子　　李　振　　王舒欣
彭青云　　唐倩雯　　周浩洋　　房红岩　　朱婧娴　　徐杨一　　周　帅
郑美玉　　卢赟旭　　杨　鑫　　钱　卉　　倪　维　　杨　莹　　黄靖媛
徐梦琪　　汪怡喆　　张宇琳　　陆蓉蓉　　臧保秀　　张　莉　　金　智

高 杉	戴明玉	史一凡	何啸轩	蒋莹娇	朱 洁	杨宇杰
杨 扬	徐 菁	冯 敏	潘葆芸	张 婷	萧孟芸	林家宇
王 玥	王紫婷	陆花丹				

会计学(112人)

高思雨	叶 帆	徐鼎立	汪佳丽	叶绮纹	王雪璐	马业丽
王 茜	王韵洁	钟 璐	魏佳玥	王卞晗	贺婉云	顾逸思
丁 昊	李家杨	葛小彤	王 昕	熊 昀	陆 婷	刘 宇
蔡敏岚	张文佳	侯艺枫	吴佳琪	朱天怡	张 炜	毛秋怡
周笑颖	马梦婷	贾翔宇	范文怡	陈 婧	俞天成	代云祥
肖叶岚	卢 希	季蕴婕	夏玉倩	顾盈盈	翁健民	王 晴
王 宇	杨晨茜	陈 欣	唐佳程	曹嘉言	万 艳	惠晶晶
张海燕	季梦琪	王 悦	朱 彤	毛 惠	孙金杰	倪 茜
钱 烨	赵润琪	周诗沁	顾春晖	汪 阳	周海飞	吴端熊
陈曼青	李俊华	张 涛	史名卉	谢 懿	王 坚	谈曦文
褚沁雨	戴晨婷	倪思源	蓝 静	王双文	佘晓晨	冉学智
徐佳璐	季晓佳	陈羿擎	姚舜禹	马新喻	王田心	陆韵仪
曹紫薇	赵 塱	曹纾悦	陈天翼	王依仁	陈 铭	梁天玉
沈霄瑜	贾宇婕	姜婷玉	欧阳楚恒	倪慧皎	盛佳艳	王 涵
周方利	王雯岚	王抒怀	陈信顺	嵇 祥	朱健雄	许译亓
龚雪琛	苏仙凡	祝 慧	李玲菲	朱祥菁	陆文婷	徐静嵩

会计学(国际会计)(33人)

吴 祎	刘义海	胡丹妮	蒋喆雯	钱浩成	严依琦	窦沁雯
沈雨欣	张思昱	王圣杰	林怡云	冯尘炜	韩媛媛	徐 路
徐逸骢	张苏斌	单楚蓉	陆彦婕	陈子丰	薛艳菲	王艳玲
李金洁	陆雨灵	刘彦淞	高伟杰	查小宇	黄君谟	陈宇杰
梅凌雁	童景琳	刘万萱	徐铭茜	吴梦雪		

金融学(147人)

陈轼安	孙一鸣	徐若凡	何一军	孙婷婷	孟 林	李琳璐
王 巧	赵晨旭	陆 航	曹佳妮	姜 祎	吕宇飞	冯栋炀
吴 越	王 怡	祁 烨	朱沁莹	蒋 怡	赵怿菲	吴志浩
冯 丰	胡 涛	叶 沁	罗 婷	姜 苏	沈其言	崔羽翩
吴 磊	孙 磊	邱 添	陈焕然	葛飞宏	贺蔚辰	余 浩
方道阳	严耀东	陆 煜	沈昕怡	蔡莹颖	陈 肯	蒋 绮
曹宇华	杨 冉	陈宇韩	张倩倩	傅 远	梁惠月	赵子健
桂 雯	张 楠	陆涵文	马 慧	潘熠科	曹婧彦	巢明轩
金雨薇	顾 越	吴 凡	王 萍	苏 璇	陈 芮	黄译萱

王丽璐	吴 蕾	柏星宇	崔 翠	沈力健	陆蕴妍	王秋香
陈 健	沈 希	寇君妍	陈 叠	陆逸硙	陈理瑾	王 维
孙晓文	顾颖哲	朱 薇	李嘉浩	宋 颖	吴煜琳	陈 晋
陈俞汝	郭松杰	单杨杰	孔嘉烨	冯俊儒	卢隽永	辅宇轩
沈 欣	贾 茹	陈安庆	潘一凡	沈 岚	戴宛珊	卞 茹
宣丹萍	郑佳文	陈嘉懿	张祺玥	朱梦婷	唐欣瑶	单云婕
梁 康	姜李钰	杭川越	沈嘉雯	魏红叶	曹砚秋	戈 彧
王泽南	许式平	霍 达	袁欣蔚	周斯洋	郁 光	李炜嘉
叶智怡	徐怡珠	陆仪婷	朱立文	金思逸	戴雨晗	吕 昕
徐 超	杨 艳	陈曦礽	许家兴	阮雨禾	刘慧风	万 健
吴沁涵	陈佳洁	武之远	朱敏佳	浦 漪	钮浩峦	王梓瑜
钱月苑	王靖雯	刘真真	张 杨	王 菲	张书成	张艺涵

经济学(33 人)

姚 依	刘 畅	臧佳逸	裔吕昭	周梦琦	杨少仙	周宇飞
龙红霞	周 琳	张 翱	吴 淳	王 君	邹力子	林宇衡
马嘉聪	郑 欣	邓 翔	唐晓俊	吴 越	董俊霞	王 欣
吴 简	严必成	洪宁曦	张 妍	朱秋秋	刘铭轩	曹世君
崔丹妮	沈书府	林 玥	钱 岑	孙文娟		

市场营销(55 人)

徐嘉跃	吴其育	吴佳珍	吴 琼	宋佳锦	陶 金	陆沁怡
徐铭含	赵华男	陈治杰	郭 培	金佳颖	宋 洁	程 静
金意欣	周 玥	王光昭	刘怡青	程晓松	钱晓敏	杨丽君
李婧怡	王思霜	苏福军	穆晓晶	薛思豪	陈海娣	单佳兰
朱雅萍	李 玲	汤佳丽	张盼盼	赵小千	刘子辉	王君旸
姚思文	徐陆恺	王 伟	朱幸园	李源晗	姚凯云	万 宇
王慧敏	祖小龙	袁 悦	徐颖颖	戚筱璇	汪志凯	张丽雯
吴珏滢	陈飞兰	周 蕾	邱 跃	金奕彤	赵玉涵	

王健法学院

法学(115 人)

韦少仕	李志豪	尼玛卓玛	唐 思	钱雪怡	祁天越	朱道琴
刘肖楚	赵永如	李 琛	周祺韵	杨翊城	宦秀慧	许良肖
李留蓉	叶郑庆	韩苏玲	刘 鹏	申 宇	周 娟	王 绒
邵沁雨	阮少凯	李嘉豪	李心仪	陆璟怡	杜铭漪	钱滢涵
侯辰晨	王 菲	常 健	王 文	王文敏	刘炜琪	张诗媛
雷 蕾	马晓萌	陈 晨	梁 雯	郑 颖	陈 琪	蔡芸琪

丁　天	杨　妍	徐苏琦	何文苑	吴　迪	冯翠萍	陈子宜
叶思韵	郎　平	吴子平	范博文	潘汪洋	王伊妮	任翊萌
史　梵	周徐乐	吴晓玮	缪明珠	刘佳慧	王妧萍	范小驰
周宇琦	周　昀	赵成雪	曹云海	宋效雯	仇　臻	孙其华
吴云梅子	陈佳欢	周　莉	龚　钰	孟华蝶	陆心蕊	朱涌滋
姚伊新	吴　敏	章哲宇	顾雨昕	朱张茜	夏昊森	赵司宇
张天宇	杨　蕾	颜子楷	陈伟星	汪　晶	符小妹	梁　尧
韩　波	杨长盛	惠佳仪	蔡晓雨	舒雅雅	王雅芬	黄森裘
徐嘉艺	普布卓玛	喻子超	吴　卓	马瑞欣	丁茹梦	琚知非
谭　悦	扎西卓玛	王　楠	王哲伦	奚冠楠	王浩哲	苏　贵
赵　萌	徐义佳	邢广全				

法学(法学教改)(6人)

　　孟丹丹　　潘心怡　　胡雪怡　　王　悦　　韩　靖　　陈　鸣

知识产权(38人)

余　洋	王宇翔	田　园	杨　涛	徐芳芳	孙　玲	张　倩
杨雪莺	宗思雨	王　馨	杨　斌	王钿钿	吴　越	魏　骏
卢　玛	熊良媛	齐　淞	杨欣儒	高涤瑕	褚若婧	张　真
胡子阳	敬　鑫	唐亦南	王金权	张　滢	何　宽	邢　瑶
崔　凯	杨梦倩	沈慧敏	王　超	王　维	王柏方	张艾婷
于方圆	唐晓月	殷方迪				

外国语学院

朝鲜语(17人)

仲　冬	王佳慧	周　明	陈　琦	徐　香	丁　琳	张警月
薛子纹	周　琳	许　月	程秋实	孙　雯	缪　玲	周　钰
李　然	闫　娇	杨淇茗				

德语(25人)

熊羽乔	张丽珠	曹宁远	高　兰	沙　婧	姚秋仪	曹玉婷
黄侃舒	陶佳恬	朱家君	赵晓红	陈　赵	严晓洁	杨喆卉
朱逸恬	江　磊	钱成之	史雨晨	张晓今	张　燕	郑雯怡
薛艳珺	赵冬梅	黄柯演	徐　卉			

俄语(俄英双语)(21人)

刘志超	张　瑜	刘秋彤	高婉璐	赵　彤	于晓笛	李伊蒙
张莉燕	曹一凡	景　文	吴梦霞	赵梦垠	张雅童	李可心

　　　　徐　晶　　尤莉莉　　张　丹　　张　梅　　刘　琳　　徐　童　　周　悦

法语(法英双语)(26人)
　　　　万晓薇　　戴秋炜　　张　璐　　张　露　　时小蕴　　苏　蓓　　陈雪菲
　　　　唐璐华　　莫　婧　　郝明慧　　李　迪　　曹琴琴　　罗　琳　　何　莉
　　　　周文蔚　　包琳越　　范译文　　王晓晓　　铁孟邻　　张何洁　　唐仍炜
　　　　胡丹玉　　闫　露　　许　怡　　陈素梅　　花　玮

翻译(23人)
　　　　张静涵　　李海伦　　吴　玉　　杨兆洁　　周园园　　侍　季　　吴　晨
　　　　顾申蓉　　陈雪莹　　徐近怡　　范佳焰　　费秋澄　　杨曼滢　　王文艳
　　　　许烨琳　　吉　喆　　施佳宇　　陆　静　　鲁文峰　　卞莉华　　韦树柔
　　　　戴　天　　王雨缘

日语(46人)
　　　　刘　汪　　李晓策　　樊　航　　龚佳依　　李　珣　　费灵佳　　姜英泽
　　　　尹彦丰　　杨　灿　　庄　喆　　陈嘉璧　　张芯炜　　张紫雪　　沙广聪
　　　　骆星星　　董　慧　　徐嘉欣　　姜双利　　马佳丽　　姜池敏　　谷　雨
　　　　丁曼云　　史婷婷　　陆　蓓　　张思雨　　高　静　　刘珈利　　蒲亚楠
　　　　闫荣娜　　张　露　　陈　轩　　董晓雅　　徐天阳　　张　真　　杨　帆
　　　　张天鹏　　徐　操　　朱　琳　　冷　泠　　侯海燕　　姚绣瑗　　蔡雯怡
　　　　杭　程　　尚　阳　　杨瑞君　　李若楠

西班牙语(24人)
　　　　韩佳轩　　王劢逾　　罗　皓　　金　融　　李雪梅　　鞠　妍　　陈冬玮
　　　　刘旻姝　　张　颖　　冯舒琴　　蔡　莹　　刘维康　　任静慧　　徐　敏
　　　　林　韵　　马婧怡　　李　婷　　裴　钰　　沈苏铭　　周　伟　　唐　鎏
　　　　朱丽悦　　钱雪晶　　王　青

英语(44人)
　　　　张雅婕　　李　鹤　　胡芷瑜　　姜曼曼　　李　想　　秦健平　　刘　钰
　　　　毛亚星　　尚孟尧　　王嘉琪　　徐　洁　　韩优娴　　吴　倩　　沈煜骥
　　　　王　蓉　　朱　燕　　冯佳宁　　许　婷　　杜　迪　　徐　娜　　吴　琦
　　　　李秋璇　　黄佳佳　　赵晴雯　　徐　蓓　　方　煜　　蒋丽静　　叶　洁
　　　　李德敏　　袁培培　　唐　瑜　　钱正清　　于嘉欣　　李　涵　　李红颖
　　　　谭婷婷　　徐婧颖　　肖梦云　　王海婷　　王敬雯　　陈柯羽　　包鸿丽
　　　　徐俊俊　　孙亚娟

英语(师范)(27人)

王筱　张琦　赵嘉颖　陈方宇　徐欣烨　刘畅　冯帆
管梦婷　苏晨钰　徐程炜　尤梦玲　周甜　张晶晶　王雨
刘仲怡　陈沁宇　林虞　吴菁　汤文莉　蒋燕　梁佳敏
陈丽羽　王慧敏　张微　陆绮娴　沈可人　郦晨露

教育学院

教育技术学(师范)(28人)

秦赛花　杨欣洁　周鑫晨　张宇啸　张恒　陈彦君　刘慧健
罗羽　尤炜然　焦郁　吕哲平　张鹏宇　徐兴胜　孟彩云
周祥　赵剑晓　伏凯萍　桑凤伊　王昱之　朱逸风　许晓玲
徐凤霞　周振宇　刘青　杨梦圆　陈玉洁　吕萍　卫瑶瑶

教育学(师范)(31人)

苏影　王雪纯　吕丹　刘亚莉　李梦媛　景丽丽　冒佳培
陈菲　黎璐璐　谭昳丽　蔡琪　张媛媛　周昀　杨萍
陈敏　杨洁　冯琳琳　沈梦婷　扈小雅　杨艺　翟雨佳
朱振宇　彭晓娇　曹文军　朱珮　俞海跃　何为　杨阳
赵炜霖　黄毓琦　王高超

应用心理学(40人)

吴天昊　玉珊珊　姚沁来　李媛媛　刘琦　王国轩　张梦奇
张戈　徐宏源　齐云芳　张玲俐　温凯玲　赵陈一　徐婷婷
黄越　张玉尧　袁琪　李若暄　于淑杰　陈圣　王舒纯
吴泰鹏　徐晶磊　付海明　刘欢　于伟杰　耿静　马永强
庄昀　陈云云　王啸天　胡星意　朱威　殷梦晨　麻慧琳
王旺　吕若婕　李浩宇　李梦瑶　马英英

艺术学院

产品设计(23人)

惠丰　朱含辛　李敏　武雅婷　王芳　冯文露　翟文韬
戴余珠　陈慧慧　李达源　李妍　康自然　张晨燕　杨超超
张艺　龚丽军　萧展鸣　刘冰琪　姚蔚　刘璐　刘世秀
白文静　黄丹阳

服装与服饰设计(28人)

刘亦愉	李铭烨	储冰琦	董宥妍	陈胤霖	丁弘婷	王姝璐
周小又	万良慧	吴洋	黄婷	李思阳	白春芳	薛依
方君雅	黄广金	何文莉	张楚辞	杨铭	郭鑫慧	汤敏
余梦娜	兰天	温鑫	邓予钦	张韵	朱芳妮	齐沙红

服装与服饰设计(时装表演与服装设计)(15人)

林昕玮	李玉丞	吴晓林	周芮西	李先妹	潘思敏	尤鑫宇
李嘉航	蔡世磊	赵世强	朱婕	朱慧	王方宇	张若艺
刁心悦						

环境设计(22人)

刘紫薇	吴洲	顾航菲	林豪益	熊瑶	曾楚蓉	刘宇璇
周艺	黄珊	彭博	姚晓夏	施百鸿	严思寒	王黎
李舒畅	徐嘉颖	姚倩倩	龚珮珊	易洋帆	翟雅雯	徐溪
徐卜婷						

美术学(插画)(23人)

石慧	丁子一	史苗苗	李璐瑶	魏纪璇	叶照浪	闻雯
马晓琛	曹莹莹	史成强	扈中杰	杨丹	陈阿敏	石雨嫣
胡欢	李田雨	贺家琪	林馨之	金忠忠	周聪聪	叶诗宇
刘雨红	王琳					

美术学(美术教育)(24人)

潘丽莎	李荣	麦颖芬	周忍	王婷婷	刘介刚	殷敏
郑倩倩	王乃雷	牛媛媛	刘彤	叶文芳	李子翔	谢双吟
潘智仁	白亚萌	梅婴北辰	鲁梦珂	陈鹏迪	沈晶	骆成华
吕璐	林涵	孟晓静				

视觉传达设计(23人)

李丰毅	戴光澳	郑浩怡	孔德炜	邹帆	彭婉玲	郭艳艳
王盛	吴定国	潘泽	刘晓晴	李壮	仲哲	武方
周妍彤	潘晓婧	王亚妮	谢仕琳	李岸临	何富强	王彧
洪振乾	黎青华					

艺术设计(2人)

周杨	田雪云

艺术设计(时装表演与服装设计)(2人)
　　李　玲　　金　彤

艺术设计(数码媒体艺术设计)(1人)
　　徐明莉

艺术设计学(14人)
　　于　振　　任展展　　王婧怡　　杨子玉　　郝　隽　　刘　澜　　李嘉予
　　吴　桐　　王月娇　　吴思蓉　　查沁怡　　王诗惠　　王倩倩　　刘　婷

音乐学院

音乐表演(20人)
　　刘语池　　季星好　　王　雨　　冼泳瑜　　李　想　　黄　淳　　李希子
　　丘凯仪　　毛　魏　　陈思远　　刘力恺　　张晓茜　　安　吟　　王斯雯
　　崔莉莹　　谷秋蓉　　叶振华　　宋佳秋　　张又尹　　陈怡伶

音乐学(音乐教育)(29人)
　　周小杰　　陈雪帆　　李玮芸　　周家滢　　徐香颖　　高伊琪　　麦楚仪
　　雷诗雨　　李颖琳　　李姝玥　　张雨雁　　唐天然　　王　涵　　陈敏丽
　　陈慧娴　　梁少泳　　李楚荻　　陈姝霓　　高嘉蔚　　黄铭豪　　张静爽
　　姚心羽　　仇笑雨　　崔筱凡　　王盈惠　　陆雅菲　　章明希　　崔田蕾
　　胡玉格

体育学院

体育教育(83人)
　　杨　力　　刘胡驰　　于　旭　　颜士亮　　邹立平　　王振东　　陈丽娟
　　顾　烨　　姜俊杰　　蒋琬婷　　潘缪乾　　黄华艳　　陈　钰　　夏正宏
　　严静怡　　温　进　　葛盼如　　涂　星　　蒋韧成　　朱弘铭　　杨　刚
　　郁海军　　朱珈辰　　高　菲　　易　鑫　　刘一桥　　顾　强　　李天虎
　　傅　煜　　宋子健　　石伟灿　　王超瑞　　蒋孝文　　胡洪超　　言蔚旻
　　王　超　　相荣帅　　金　鑫　　李东杰　　王　鑫　　王梦然　　邵心志
　　姜琳玲　　孙祝义　　靳　飞　　陈　洋　　程　丽　　周星炜　　沈佳晨
　　吴义智　　朱胜强　　赵金燕　　高　磊　　周怡迪　　周晨奇　　刘　峰
　　黄绍新　　朱俊杰　　张　坤　　余　燕　　万洪伟　　纪　帅　　戴　维
　　刘珊珊　　何　健　　魏小杰　　王　帅　　刘利平　　刘喆琦　　王雪芹
　　胡雨飞　　陶圣依　　李欣勃　　施　健　　黄　鑫　　谭新宇　　张年雷

张　丽　　马　雷　　卢盈盈　　刘继祥　　杨　阳　　陈　哲

武术与民族传统体育(14人)
　　朱纪铖　　周春晖　　韩康康　　张洪圆　　袁家浩　　汪金陵　　李紫茜
　　陈　龙　　张　梁　　王东阳　　张翠波　　田国斌　　王胜贤　　许　彤

运动人体科学(22人)
　　周　诚　　雷　霆　　程倩倩　　江为潇　　潘超越　　吴久旺　　张春艳
　　刘胜利　　孟　琪　　贾海洋　　范以威　　韩玉洁　　顾祎程　　许庆涛
　　刘　丽　　赵　旺　　吕嘉恒　　于建康　　刘　杰　　郭治国　　刘鑫禹
　　袁子琪

运动训练(41人)
　　丁翊轩　　李　玲　　高亥昇　　仝　琳　　龙　威　　任雨蓓　　李杜一
　　方岑天　　王晓玉　　辛姝婷　　陈灵峰　　刘　翀　　陆　煜　　娄　琨
　　黄涵茹　　陈新征　　许　柠　　曲　哲　　孙昊天　　陈晓狄　　尚　可
　　左　望　　卢　燕　　方　翔　　奚梦莹　　王　洁　　张　笑　　李济舟
　　徐志赟　　郭晓维　　陈　爽　　耿　珂　　汤敏洁　　何加丽　　吴一鸣
　　徐　畅　　张秦瑜　　王　权　　顾彬彬　　杨　杰　　冯正奇

数学科学学院

金融数学(36人)
　　华　夏　　张　怡　　刘　通　　黄梦迪　　缪旻钰　　徐梦宇　　沈依婷
　　张凯雯　　朱　斌　　邓思宇　　吴鹏飞　　赵天舒　　巫　诚　　吴晓刚
　　凌楚凡　　刘名伦　　申文慧　　盛　洁　　吴心怡　　严立喆　　安赵桀
　　林　瑞　　陈　宇　　史煜瑶　　陈思齐　　曹水清　　陈　佳　　方俊杰
　　彭　涛　　潘晶晶　　徐　臻　　焦灵玥　　王吟风　　陈思嘉　　张涤天
　　李丹兰

数学与应用数学(基地)(26人)
　　陈博文　　王世纶　　王辰光　　徐娟娟　　姜程耀　　王志鑫　　张　静
　　何玮钰　　张裕烽　　贾　超　　谭皓为　　彭　逍　　梁剑华　　王以瑄
　　汤建清　　傅　蕾　　周湛杰　　陆禹延　　陈晔星　　丁　越　　吉振远
　　陈后福　　张子玉　　李祥飞　　吴沛毅　　刘宇琪

数学与应用数学(师范)(38人)
　　王玖诗　　秦小双　　荣英子　　邵　雪　　孙一林　　徐　晨　　王昱洲

张 燕	张梦琪	赵伊惠	张钰娇	杨 洋	张 妍	乔艳艳
贾逸倩	周婷婕	王雅慧	张 沁	胡心怡	李 顺	赵子琦
陈 彤	徐 欢	陈 敏	司业佳	蒋影城	黄李阳	钱 程
左秋月	张诗雯	周雨馨	王丽君	金晓娜	史 鉴	冒小坤
曹小利	李英洁	黄本琪				

统计学(36人)

于 倩	周李晶	杨佳丽	陈 锷	陈 潇	丁 漪	卞杨奕
邢 茜	黄诚成	王辛怡	叶晶晶	汤淋荃	韦 琪	张雨佳
符懋学	朱鹏飞	傅霞青	李 庆	于 聪	李宏煜	闻 琪
卢丽婧	钱澍华	胡紫娴	李 琳	顾丽逸	朱 瑶	张温让
杨一豪	席 佳	章锦程	陶益亮	宋佳琦	王 宁	钱晟扬
孙高超						

信息与计算科学(40人)

陆伟峰	袁 烽	杨婉莹	唐雪涛	徐 鑫	王现瑞	徐 璐
崔嫣然	周凡曾	王 萍	李小沛	李 睿	邵 寒	苏恩弘
蔡锴锴	董文波	王 晨	周 玥	陈怡静	王紫馨	毛丰宁
缪 静	丁 娜	潘华涛	陈雪娟	王业流	章 苗	荀跃武
金 鑫	张子依	崔丽波	魏文斌	徐莉莎	赵懿宁	冯润鑫
李世旺	陈 瑶	尤一阳	洪 宇	来诗悦		

物理与光电·能源学部

测控技术与仪器(24人)

王 钰	刘 浩	芦 政	朱永杰	周 蓉	李 迪	赵 婕
孔 炜	瞿志成	张景越	王 伟	李应东	江 斌	顾凯凯
夏佳乐	李欣冉	苏 涛	牟之豫	鲁文超	李可人	田 甜
杨 越	张潇漫	孙 建				

电子信息科学与技术(25人)

张 祥	景素婷	阚慧文	周佳顺	邵 云	傅 棚	查子川
王开杰	单等玉	陈思青	戴舒诒	张一培	冯 哲	王舒平
张明发	刘 安	张志炜	牛梦瑶	曹 吉	田乾元	张 鑫
陈莉媛	范大海	张寒峰	尹文杰			

光电信息科学与工程(22人)

万 林	王清堃	黄雨生	何 耿	叶 季	刘磊鑫	田 润
王振坤	华 鑫	陈泽磊	朱向上	陈 天	沈昱行	黄志勇

朱敏杰　　王抱一　　刘智威　　聂伊婕　　江天润　　高　畅　　姚凯中
闫玉东

光信息科学与技术(1人)
欧阳城

能源与动力工程(31人)
荆宝杰　　李文轩　　孙文卿　　杨浩越　　陈志朋　　王　琪　　蔡湘琪
耿华锦　　王　涛　　卢建刚　　许泽杰　　徐湘朦　　倪　壮　　张　琪
张文睿　　杨佳峰　　丁　鹏　　蒋天易　　梅思远　　周　豪　　赵翔飞
金　鑫　　沈琳珈　　张所鑫　　魏文俊　　崔　健　　刘光鹏　　胡丹丹
刘林飞　　张　怡　　程明明

热能与动力工程(1人)
丁　杰

物理学(28人)
孙　杨　　马　锐　　朱恭博　　韦福华　　周志康　　唐沈立　　沈　斌
郑雅卓　　郁长清　　周　瑜　　花慕卿　　刘博阳　　盛　卉　　贾子源
王　政　　陈恩奇　　史文强　　唐青云　　马晓萍　　陈　晨　　尉国栋
曹　平　　石志颜　　李逸安　　陈昊昱　　徐　柳　　董文浩　　王　凯

物理学(光伏科学与技术)(17人)
杨旭伟　　朱珍琪　　苏子斌　　陶　玉　　陈伟明　　吕鹏飞　　陈　旭
杜　明　　张　璐　　薛　烨　　单晓建　　孙　旭　　邱渔骋　　潘秉堃
季立宇　　王敦建　　陈昱良

物理学(师范)(30人)
刘　未　　姚严瑾　　邢佳煜　　黄佳晨　　陈　鹏　　顾晓东　　房　军
周秋怡　　华心悦　　凌锦涛　　羊海霞　　陈　超　　吴敏颖　　王明珠
陆玫琳　　赵　飞　　杨明玥　　王语益　　方学文　　陈　颖　　张永强
张越水　　陈晓莎　　于丹蕾　　范佳慧　　朱逸苓　　陈紫嫣　　吴琰舒
陈宇环　　马春阳

新能源材料与器件(22人)
眭海波　　沈力炜　　牟乔乔　　张　飞　　孙　浩　　姚俊杰　　王志杰
范文瑾　　沈　童　　谢　帅　　王万胜　　邓先春　　陈宇杰　　赵　轩
鲁　慧　　江　涛　　潘晓伟　　朱德澄　　季崇星　　冒泽阳　　田政南

刘庆文

材料与化学化工学部

材料化学(21人)

孙 程	张天俣	代 坤	何林玮	张 政	肖梓恒	张世妍
郑琰君	王泽浩	朱潇逸	李华奇	王英浩	张生琪	陈天依
毛树鑫	沈熙杭	章鑫辉	徐 辉	姚姝萌	梁益玮	龚雨竹

材料科学与工程(22人)

申雪琪	赵 建	崔馨方	吴 琦	叶赛君	周新月	周韵露
刘家良	李淑慧	陶 鑫	陈欢欢	熊喜科	陈豆豆	骆 荣
刘世奇	王 飞	张会强	何 彬	吴 烨	郑丽英	张晴翠
梅晓蕾						

高分子材料与工程(59人)

王 旭	葛 忱	周 全	王 君	马 聪	张鹏飞	童鑫鑫
刘 婷	张正海	周清清	吕添祥	陈星嘉	彭碧寰	张加旭
王 慧	陈海阳	陈 静	王境鸿	沈伊凡	蔡天宇	黄伟恒
姚黎鹏	彭梦璐	倪媛媛	王 宇	王兴欢	姚添元	贾凌波
闵旭东	龚月芳	曹 蕾	肖佳佳	刘 凯	金 翔	李红萍
李旦一	殷德航	姚 澜	成健楠	丁芸倩	李 扬	金 鑫
吴 莹	汤宇成	王 瑶	朱羽烨	胡明浩	张栩诚	赵 冲
姚海峰	顾 宇	吕梦力	丁铁矿	罗思媛	李少桥	贾 淇
赵 杰	段 宁	朱宇嘉				

功能材料(20人)

罗 丽	郭贝贝	陈晓媛	王 昭	孙贤奎	冯 淼	王慧萍
许 博	聂邵湘	施秋楠	方 振	赵图们	吴 岳	田 凯
卫松田	李泽坤	何 杨	周 锐	戴 燚	王 薛	

化学(84人)

赵严新	杨 扬	李彩萍	李 慧	王佳斌	周 鑫	支 祥
高克成	孙玉立	陈逸仙	陈 阳	彭 洁	吕赛男	于艳林
黄佳磊	孙 莹	单 涛	张傲伦	朱百全	吴沁家	马 超
刘培艺	蒋胜杰	戴晨阳	樊 帅	卢慧鹏	窦忻怡	刘 晓
陆燕华	曹永强	杨 子	姜洪雪	刘平安	马佳麒	侯 斐
胡海洋	李东泽	张 鹏	邹巨豪	闵沈晰	周 强	武思宇
罗岑诚	沈枫韵	卢忆冬	翁逸刚	陈 玲	田仁燕	张杨飞

蒋　晨	吉　瑞	陈桂英	马　翔	张泽慧	陈鹏宇	单文禹
赵丽娜	李晓婷	杨肖静	福海艺	叶潇晗	钱海斌	孙海国
马宏进	杨　航	罗健洋	朱玛璠	夏秋雨	毛雪君	徐　品
蔡兆铭	姚腾飞	陈巧云	夏晨宇	朴慧淑	李明烨	移明慧
胡译文	张默瑶	刘　印	张　旭	高银佳	卢泽楠	陈子璇

化学(师范)(1人)
张新洋

化学工程与工艺(43人)
缪腾飞	郭　娅	何加钦	钟亚丽	吴正浩	吕　洁	钱贵菊
沈　一	吴金安	张云敏	田青芸	孙　翔	陈天琪	杭　伟
谢春富	索翔淑	范成豪	吕昊朋	郭佳铭	赵利利	冯　聪
温慧娟	吕志刚	马鑫波	陈慧琼	范仟亿	庄嘉欣	冒小康
林子艺	苏瑞雪	楚　旭	左一茗	侯加仁	薛江燕	周垣丞
陈偲偲	蒋一铭	骆煜泽	范路路	郑浩翔	樊　容	张珍琦
姚金钱						

环境工程(33人)
周　航	周仕元	朱　锐	夏华瑶	马　翾	周　航	刘文成
钟　奇	尤　栋	冯一笑	刘　雨	宋亚男	奚梦晓	陈　姵
王美欧	王雅梦	徐宁婧	缪倩宇	熊翊涵	秦逸凡	韦庆方
曹莹莹	赵志鹏	汪佳明	沈长江	余晓慧	潘宇杰	丰书波
王伟杰	李少琪	黄　博	何玉清	张　依		

生物功能材料(1人)
苏鹏程

无机非金属材料工程(9人)
| 万应鹏 | 贾晓皓 | 顾一奇 | 沈　阳 | 李　毅 | 沈少江 | 王树婷 |
| 徐宇雷 | 比沙拉 | | | | | |

应用化学(41人)
李霁然	伍　靖	钱　俊	李　伟	朱奕涵	缪蔡漾	吴　骐
杨家鹏	王文博	钟　中	姜　军	张毅晨	张　坚	王效铭
王甜甜	王心怡	董善亮	汤永俊	吴　凯	温　冬	李　臻
童非非	陈　蝶	许　程	施一龙	张博文	陶雪薇	贺从浩
李　丛	李　闯	王　瑞	钱亦凡	钱　浩	杨　杰	朱金军

陈书菲　严　聪　黄　蕊　郭威威　亢　洁　王　停

纳米科学技术学院

纳米材料与技术(106人)

姜秉坤	蒋金成	杨　奕	张嘉航	苏鼎凯	秦政源	胡晔乔
冯　娉	莫家奇	金秋桐	李亚琛	王宇星	李娇娇	卞文逸
田　恬	何　晴	张　陆	陈　苏	张亦琦	花　睿	潘　京
汪　天	薛　蕤	陈思聪	杨镇榜	刘　烨	朱文俊	梁秋君
吴宇辰	姜钰宁	施佳豪	陈思涵	杨亚琴	赵婧妮	王抒时
张忆秋	戈晴荷	贺　梓	杨剑东	陶一辰	董嘉慧	唐　雯
杨佳诚	朱　红	张　雯	屈天一	唐　柳	周　炀	王奥琦
季　康	叶雅颖	戴　冕	沈艺恬	李精昌	高　晋	杨思慧
张仁琦	朱蒙蒙	王雪露	李雪超	庄　齐	杨志娟	王彤彤
周　琴	宋雪宁	翟天舒	张逸杰	殷潇霞	陈朔原	郑宣霞
庄婧怡	邢晶晶	吴　頔	沈　阳	张俊楠	蒋　磊	宋乳昕
贺　婕	朱凯晨	蒋鑫煜	陈湟友	王　姝	张志豪	王　萧
张诗琦	佟晶华	章微尘	徐　琪	吴静村	张剑扬	李庚霖
张　萌	王雅雯	尹君杰	陈瑞璇	周子君	王子康	王昭然
陈　彤	熊少兵	张　瑞	彭康茜	田　宇	胡古月	张定国
李睿颖						

纺织与服装工程学院

纺织工程(162人)

李　鸣	王晟羿	严　喆	沈　聪	殷文瀚	刘凌怡	周书法
刘　鑫	戴璐伊	高　煜	王赵文	刘　宁	胡嘉诚	祁鼎新
江爱云	史心祎	宋　鋆	张陈碟	李　霞	孙正琪	仇卉卉
魏　珂	籍丹廷	孙　娜	吴秋怡	缪远宏	徐子棋	顾晨皓
方　玮	王忱桢	沈舒明	陈裔宁	周沂阳	刘　畅	张　露
钱　旸	周　凯	张欣仪	陈　晨	张　逸	刘娴琳	顾孟尚
殷　媛	赵明达	王子傲	陈天陆	范君如	荣思嘉	娄楚谦
刘芷菡	陆　洲	葛伟健	顾子莹	赵泽宇	张　敏	高　艺
周灵风	葛　翔	陈柄佐	魏昱恩	陆智健	袁梓润	谢欣苡
许家旻	杜　悦	顾　灏	陆慧敏	胡文馨	王愉欣	刘舒静
李翌帆	张　昕	朱　悦	吴嘉倩	席　楠	童心晨	左天威
李雨翔	尉文远	刘晨一	朱　婧	薛　沁	姚青云	卞鹏睿
缪　浩	孙　烨	张　雯	张　弛	顾辛怡	易杨佩奇	王承阶
刘欣宜	龚铭民	郑　倩	王晓蓉	张居上	柏昱东	张瑜婷

张依舟	朱　丹	蔡丽玲	陈漪潞	许凌杰	高魏楠	谢思雨
施雨晨	夏元清	林秋实	陈政宇	杨泰隆	刘皓天	荣晓娜
夏婷婷	于盈盈	陈丽红	王梦迪	曲海洋	王瀚诚	牛陇星
王　岚	王　蓉	李淑娟	张　盼	张龙杰	闫海燕	徐思悦
吴　婷	徐杭林	董　锴	张筱旖	方　月	杨盼盼	蒋婷婷
安盈盈	吕翔云	郑方方	李少凯	吴宗正	何万松	揭恬娟
张素铭	陈泓旭	刘　清	吴妙冰	刘　丽	刘金龙	范晨旭
张　婷	徐天慧	刘　倡	高翔翔	徐　聪	董秀丽	崔梦洋
李　娜	何　佩	李俊桦	汪　茜	杨　浩	王子璇	王成城
郑小真

非织造材料与工程(34 人)

蔡　驰	何晨飞	赵竹馨	张鹏飞	曾庆萍	韩　莉	高亚萍
王　震	韩　嫣	郭　芳	高丽枝	胡成杰	包士喆	宋　洁
李鹏丽	孙世静	花梦琦	孙　霄	谭深丽	宋佳林	彭南博
韦明俏	朱明玫	陆维迪	席志明	丁明雪	叶　超	寇婉婷
王润仪	徐冬阳	毛　馨	徐溪蔓	王　萱	郑松明

服装设计与工程(61 人)

陈霄林	蒋人豪	代雅婷	张瑞娟	陈秋吟	董书芍	吴昱杉
许凡菲	韩天琪	翁露露	雷启然	王丹琪	赵子羽	蔡雨佳
班静怡	邓慧婷	赵　雪	卫姜烨	朱　青	王　晰	盛琳雅
田　洋	李思嘉	刘　涛	张飞飞	张　姝	何书语	苏广宇
姚佳敏	罗　丹	米日巴努木·阿里木江		施　琦	白妮妮
王天琪	吴丽丽	倪　雪	再克亚古丽·阿木提	李玉洁	何巧敏
谭琦钰	姜　舒	吴梦婕	蒋淑敏	黄洁贤	戴绮云	蔡　云
张寒月	李　尧	云新雨	陈思思	张觅芳	唐凌云	陈　铭
王佳欣	章　薇	曾靖雅	杨丽雯	丁茂贵	胥　倩	刘凤丽
李娅兰

轻化工程(55 人)

张兴华	张平原	安　旭	张　月	熊伟成	王文君	卢晓婷
于晓雅	孙荣江	刘　群	陈敬伟	张锦盼	宋希桐	倪韦杰
王娇娇	程维俊	顾　婧	朱玉赢	刘　欢	罗明方	张皓然
郝英男	韩　璐	蔡斐灵	朱彦靓	杭天阳	雍　慧	谢文龙
阿丽娅·阿克甫	朱浩宇	孙　弋	潘　源	郑　玺	林海运
程桐怀	张夏丽	丁天劭	王雅楠	刘春迎	钱小康	程　阳
郝广英	董　悦	周现友	罗　兰	李　珊	周　蕊	李朝邦
周露露	刘　允	袁华彬	许　悦	井晨卉	肖一鸣	郭德邦

计算机科学与技术学院

计算机科学与技术（56人）

黄彤彤	陆 乐	史 晓	施圣杰	沈赛威	沈 静	蔡 颖
张志远	章 波	李方舟	王 浩	陈 松	葛亭亭	徐宇航
张 晨	于 华	江心舟	马晓敏	李茂龙	葛新越	杨一帆
顾笑绮	朴 乾	卢 浩	张婧丽	孙晨杰	陶雪峰	刘珊烨
陈 鹏	夏劲夫	李佳鹏	陈子璇	秦亚楠	吕佳轩	任欢欢
杨宇鹏	谭 敏	康 骏	赵 畅	邹星宇	洪广坤	张炜承
朱宗奎	施熠天	宋承涵	杭 欣	刘苏文	曹 静	史 专
周天阳	王 佳	马疆楠	宋文凯	郭会言	刘珍珍	马惠荣

软件工程（34人）

金雨涛	卞庆荣	黄若秋	张正齐	史德鑫	时嘉冀	蒋翼遥
李鑫超	王文超	陈 斌	陈翔宇	王琪琪	许慧敏	邵 健
李 巡	丁子昂	李星行	徐 优	李天林	孙海翔	陈 凯
孙佳宝	沈 涛	孟 晗	赵佳丽	孙 伟	罗为成	张亚男
王沈韬	张益凡	童俊慧	余金洋	何方腾	翟东君	

软件工程（嵌入式软件人才培养）（90人）

石春磊	彭 博	孙晨臻	陈元峰	丁啸天	胡顺永	王 简
卢 璐	程 杰	王 雨	朱 灿	周 煜	张听雨	程 璐
刘 臻	徐 磊	周明浩	沈孝伟	杨 萧	芮星原	程 刚
储 飞	薛成杰	叶金戈	张 健	许浩亮	杨传衡	赵 源
马 璇	朱 妍	金 帝	张 鑫	仇先伟	徐 昊	李 伟
梁美悦	王铭成	陆 琦	夏蓉清	石伟宸	刘心洁	于易凡
郑 昊	查皓夏	刘 义	闻东堤	周敬皓	刘晓光	徐 磊
杨仁君	吴 欢	王敦文	沈 亮	李泽鹏	王 震	史俊豪
王 婷	赵 艺	庞凯枫	张端风	惠维薇	陈 隆	钱胜蓝
马富祥	樊宇静	黄佳乐	曹经纬	何璟亮	陆文佳	沈 阳
邹 欣	张 彪	吕正强	韩洪宇	杨露玲	张志毅	蔡越千
周天祺	赵森林	彭 涛	陈彦羽	高任远	盛加山	吴金波
王 琪	汪国华	彭宇琦	王欢明	袁 芃	曹 骞	

网络工程（35人）

范麒峰	耿 鹏	季 磊	戚逸然	彭 伟	吴明君	庄龙飞
孙文杰	陈 锐	姜 冲	孙佳豪	冯有威	滕佳明	周 勇
金逸夫	单双利	窦冬立	刘 建	施杨煜	郭宏明	张卓娜
何 凯	周 鑫	姚 鑫	王 雲	陈 超	张佳丽	吴凯强

王　帆　　吕永钰　　吴　靖　　袁　炀　　刘启元　　田逢雨　　丁鹏飞

物联网工程(36人)
赵宏丽　　纪洪宽　　杨慧萍　　曹颖超　　周　欣　　顾震峰　　华　越
崔益欣　　徐　舒　　孙戈杨　　梅　涛　　李　安　　汤　逸　　林　欣
程昊熠　　张　蓉　　景　烨　　严秋怡　　刘士佳　　王　冲　　胡　蝶
林　泽　　顾铖龙　　付　旺　　刘　潇　　曹志航　　郑　杰　　田思琦
焦浩杰　　孙小轩　　李伟芳　　曾俊伟　　陈　聪　　金　彤　　陈　松
王永广

信息管理与信息系统(41人)
施吉祥　　刘正洋　　苏钰寒　　高丹丹　　闵晓岚　　赵　越　　施　雨
杨冰冰　　潘　婷　　翟佳振　　张　慧　　卓少雄　　邵　磊　　冯秋蓉
任伟荣　　黄雪萍　　钟燕萍　　贾　锐　　夷亚明　　贾　钧　　沈晨民
刘瞬云　　蔡　敏　　刘铮铮　　李梦园　　王韫娇　　王钰蓉　　眭文好
张玲玉　　孙凡凡　　陈冬银　　王　娟　　董　航　　张天宇　　戴倩雯
吴金金　　韩奉辰　　李子梁　　康　希　　陈国锋　　李昕雨

电子信息学院

传感网技术(3人)
安治宙　　周铭涛　　姜　涛

电子科学与技术(54人)
颜　彬　　申　振　　吴　琪　　邱　曼　　安景慧　　朱鸿骁　　丁　聪
张丹诚　　姚莹飞　　冯必乾　　张慧灵　　李向阳　　周中良　　李庆荣
宋丽洁　　魏海钦　　于孟杰　　王佳程　　徐宏伟　　张新新　　韩瑞瑞
汪　彤　　朱　婕　　黄志飘　　汤　剑　　李思辉　　郭婷婷　　赵亚茹
赵宇翔　　郑子豪　　郭泽亚　　陆明明　　陈灿锐　　刘　鑫　　陈　陶
门思成　　周于淋　　杨俊宇　　陈韵钟　　张　晗　　黄俊发　　胡志诚
底绍辉　　杨　进　　侯汇宇　　江佳慧　　夏伟鹏　　刘继强　　解　雨
赵元甲　　王海琳　　张　双　　李帅帅　　席静伟

电子信息工程(55人)
骆星宇　　付粉香　　杨秀佳　　施胡逸　　金若菡　　李　妍　　邱励燊
李爱爱　　苏　波　　徐焕东　　黄　颖　　马殿雨　　胡家琦　　翟祥楠
李　存　　高　俊　　华文亮　　陈　远　　李朝玉　　李俊龙　　邢孔鹏
陈将奇　　张泽林　　李　维　　张帅华　　王茂玲　　姚家仪　　郭　权
沈梅玉　　吉光宇　　许　欢　　刘　璐　　冯乾龙　　夏晓龙　　伏　斌

徐　昱　　姚德烨　　刘许慧　　于　宁　　杨　惠　　朱华键　　卢嘉宁
　　包天宇　　刘博洋　　徐　成　　苏圣凯　　马　凯　　李万成　　鲁　骥
　　周　琰　　邱莹钰　　唐京川　　仲兆鑫　　陈学颖　　黄兴曼

通信工程(59人)
　　袁　迪　　吴银萍　　欧阳正萍　彭俊龙　　陈　炼　　罗嘉敏　　孙一帆
　　刘　艺　　韩　洁　　杨博兰　　李　峰　　牛龙飞　　金赟韬　　嵇青春
　　尹舟洋　　李奇威　　陈亚萍　　施天宇　　朱嘉奕　　王必成　　任逸飞
　　杨　银　　陈　辉　　许　涛　　祝啟瑞　　王俊杰　　徐成林　　季荣华
　　庞　宇　　吴美雯　　徐　峰　　葛　杨　　胡师哲　　梁　永　　夏天奇
　　刘艺菲　　吴　凡　　陈琛尧　　蔡君尧　　朱　玉　　邱苏豪　　张天成
　　戴娟娟　　柏正兴　　李　响　　张雨蒙　　梁奥龄　　周　敏　　杜　鑫
　　雷　佳　　王梅宝　　谢丹丹　　郑宇霆　　殷琪媛　　魏珍珠　　王理德
　　冯爽朗　　陈　慧　　江昊岷

微电子科学与工程(40人)
　　黄　鹏　　孔　彬　　尹圣祺　　王　壮　　杜容坤　　曹　锐　　倪群亮
　　郭斯佳　　季天宸　　常芳玲　　唐　旭　　陶国庆　　曹　博　　陈又菡
　　王丽姣　　许　诺　　孙煜昊　　赵金凤　　李家扬　　张亚奇　　王博文
　　叶　庆　　徐　磊　　黄乐朋　　唐中婕　　李新芳　　张文飞　　叶子敬
　　蔡子豪　　贺尔勇　　王雅兰　　王宇华　　苑兰琳　　丁少康　　郭晓晴
　　王治煜　　宋培滢　　张国涛　　杜杰霖　　张　雪

微电子学(1人)
　　施佳辉

信息工程(48人)
　　徐晓杰　　张　华　　金麟琦　　刘　静　　张　靖　　余子媛　　魏　洁
　　郭星辰　　蒋胜男　　谭代敏　　王晨淇　　苏炳磊　　党文章　　姜思泉
　　陆　乐　　肖　雯　　刘胜金　　陈一凡　　陶镇秋　　陶　磊　　田海鸿
　　周富强　　刘　霓　　王　枫　　葛佳佳　　林　力　　周　瑞　　陈智宇
　　曾碧霞　　陈子彤　　朱文洁　　王　菲　　袁锜超　　冯烨佳　　赵　乐
　　杨宵玲　　叶　新　　岑福娟　　周　旭　　刘胜利　　杨亚敏　　武　琦
　　陈　丽　　谢晨晨　　陈明辉　　聂毓伽　　杜　婷　　丁世峰

机电工程学院

材料成型及控制工程(15人)
　　张新杰　　孟　仁　　程晓军　　潘军浩　　刘　岗　　费　锐　　李逸晨

沈　鑫　　倪敏威　　张　威　　姚雪寅　　耿雍彪　　张　健　　史彤昕
闫明宇

电气工程及其自动化(67人)

张璞红　　成相伟　　成偲静　　冯　雨　　王智轩　　陈向阳　　杨新宇
郭　鹏　　孙峥峥　　杨胜男　　罗　锐　　韩　烨　　陈东润　　孙铭翼
徐文怡　　宣　敏　　陈　伟　　王晟宇　　彭启航　　苏旻哲　　林学升
吴伟杰　　于启航　　杨成明　　吕红阳　　张震霄　　陈炀晓　　陈春勇
葛赛金　　闫　烁　　陶　涛　　严　珺　　王云志　　支梦竹　　马　翔
潘　昊　　李晨阳　　吴　昊　　许博雅　　张　乐　　林志娥　　康文强
廖振东　　杜成青　　冯志康　　李亚霖　　刘津宏　　张俊松　　孙　乔
李芳霞　　孙远磊　　张瀚文　　缪幸炜　　王　健　　吴郅君　　李俊杰
张厚政　　徐　远　　王嘉欣　　周　扬　　王文通　　刘玲玲　　刘艺玮
闫文红　　吴　齐　　陈佳凝　　沈怡君

电气工程与自动化(4人)

吴　曦　　王春强　　陈　伟　　蒯　越

工业工程(27人)

王　意　　杨宇霆　　陈　缘　　姚志远　　卞龙飞　　徐耀华　　黄铭杰
顾梦影　　赵欣桥　　冷　鹏　　吴颖文　　许则鑫　　马　刚　　许　安
樊　燕　　蒋鸿翔　　耿荣华　　杨悉园　　郑涛涛　　刘　阳　　王　凯
周　涛　　张宜川　　郑　伟　　麦麦提阿卜杜拉·艾合麦提尼亚孜
彭　勇　　李淑莹

机械电子工程(58人)

陈清清　　黄政伟　　于延洲　　葛晓斌　　周　杨　　张　剑　　陈鹏程
张　伦　　史成杰　　刘张杰　　薛　达　　王佳星　　孙铭营　　杨秋童
陈　聪　　陈　达　　梁田甲　　郭　瑞　　武勇强　　傅胜军　　于鸿泽
刘　爽　　钟　荣　　高伟强　　张　祥　　黄曼娟　　张森浩　　严杰松
陆姜鹏　　陆　阳　　翁伟玮　　徐　凯　　林俊伟　　柏正权　　赵　萌
张鑫鑫　　田士颖　　王家伟　　邵依伦　　袁　鑫　　沈　峥　　丰军攀
徐勇杰　　马卫青　　龚晓康　　杨顾威　　杨智杰　　叶　峰　　丁兆尉
赵雪峰　　罗　深　　刘晶晶　　张程程　　高泽明　　张德钊　　周　俊
江　源　　梁聪聪

机械工程(60人)

郁　炯　　孙　亮　　汪　洋　　佟振东　　包舒航　　章　新　　张吉平
李　刚　　黄　赛　　周语长　　李振军　　韩先权　　徐震宇　　瞿　志

倪 昊	田雯璐	陈凯旋	胡金炉	张立果	毛慧俊	赵志远
林安迪	于佳利	宣怡沁	丁徐聪	朱孟换	方宇浩	张敏捷
石 研	张 哲	胥平坤	王 孟	吴佳晨	朱伟俊	曹蔡伟
张 宣	杨东鹏	盛苏豪	孙宝勇	崔 颖	陈 新	祖 磊
杨凯杰	骆建忠	顾 星	费立平	寇中辉	王 柱	邹家康
杨 磊	张 斌	吴春辉	殷文俊	杜勃宏	胡俊杰	关 傲
李坤鹏	朱肖飞	梁严霁野	倪鹏飞			

机械工程及自动化(2人)

黄灿辉　　陈　鲁

沙钢钢铁学院

材料科学与工程(冶金过程自动化)(1人)

刘绪星

金属材料工程(32人)

陆 炀	沈 鑫	邹一菲	李玲玲	孙 婷	曾盼林	王 佳
方志鹏	张晓程	王心怡	刘 敏	吴 琼	钟华富	张采薇
康伟琦	李昀臻	肖震东	张汉文	路一帆	王箫婧	刘文敏
刘义峰	王 展	薛 淞	康彬彬	康佳良	周一水	文 凤
王晨鹤	杨 洋	侯蔼麟	曹民业			

冶金工程(49人)

张 瑶	范志成	姜兴睿	陶宇航	曾嘉伟	赵龙学	郝月莹
施妍伶	黄吉祥	方 冲	徐 霜	李泰霖	杨 柳	黄鹏杰
邹永靖	陈 勐	王成诚	邹正淼	武兆勇	吴雨露	戴久翔
陈嘉文	朱成鹏	霍海疆	许泽敏	张炎鑫	李云祥	胡富国
袁子凯	万顺尊	王 静	解艳峰	闵加伟	窦正旭	孙泽文
王 俊	许久健	王明明	黄贺军	张继康	董轩玙	冷 巍
潘转转	余文星	周 帅	张丹丹	罗利涛	余 波	邵 豪

医学部

法医学(20人)

孟 爽	史超群	刘丹凤	米 逗	王 鹏	刘 阳	刘司南
徐 静	范 纯	孙苏贵	曹灿璨	吴悔芯	樊恩杉	许秋娜
陈晶晶	魏朋飞	肖基良	吴金保	马玉蓉	帕孜丽亚·阿力木	

重要资料及统计

放射医学(62人)

吕　行	朱雪婷	刘　浩	旦增卓嘎	文钧淼	陈　伟	郭凤虬
何坤炼	万栋恺	范少楠	陈　健	尹修平	吴雯玉	王　雪
周思雨	张　青	林海涛	查昳琳	佟君羽	袁炜烨	母昌洁
高若玲	赵　颖	孔维唯	朱佳星	戴迎初	钱　昆	丁　文
戴佳琦	姚希娟	张莉丽	郑利军	卜　婷	韦洋洋	顾嘉程
张焱杰	施文玉	韩亚轩	夏　菁	陈小玉	张露露	姜思远
冯　阳	郑　旺	徐苗苗	施敏燕	熊祥智	邱晓雯	陈倩萍
邰　静	朱　琳	雷雨田田	张姗姗	周兴国	毛远程	蒋利红
桑旦旺姆	杨雪娇	王一帆	索朗普赤	阿不都赛买提·牙库朴		
贾慧敏						

护理学(77人)

陈　思	张　旭	王丽珍	关玉珠	左亚梅	周芬芬	张朵妤
赵紫馨	焦玉霞	马玉芳	唐　烨	张小琼	宋　曦	李艳君
陈晓妹	黄　硕	马　晓	吴佳佳	葛　翔	张　建	陈怡伦
吴　俊	钱银川	徐仁祥	宋筱梅	韩　鹏	李　利	奚　婧
汤佳艳	杨乐津	李晨曦	喻伟霞	李　鹭	薛　源	黄　莹
刘　玲	张　慧	朱　静	李　聪	袁秋茜	顾天丽	徐卫星
陈世远	杨亚朋	陈春静	姚　禹	徐菁芸	雷建雄	高　婷
梅美玲	唐钦豪	喻冰格	张　齐	吴　迪	管艳丽	鲁义超
刘若玥	张　晶	刘会林	李　航	张　露	吴　彬	谢鑫鑫
戴　佳	徐　驰	何露露	卞立平	阚　洁	应　艳	周思琪
贠　航	顾梓睿	石　芮	李　娜	陆文君	李　业	吴　霞

口腔医学(47人)

张文彬	田　美	郭丽娜	黄　玲	刘　展	孟　颖	李成彪
胡焕英	曹　娟	田　哲	王　卓	黄鉴栎	李黎黎	周　济
李　玲	周鹏翔	徐鸣晨	刘馨仪	王　娟	毛昀芝	钱　杰
汤颖颖	朱　琳	徐　蕾	何　斐	朱安颖	宋熙雯	陈子蕴
龚向仪	朱芸博	吴彩虹	赵丹奇卉	郭方泽	李燮光	崔静雯
安　本	任全斌	谷思梦	周子豪	吕文波	强　柯	周　香
刘　佳	李　凯	郭雨晴	姜　浩	郭芷榕		

临床医学(269人)

陈　乐	徐建飞	付　桀	许牵玮	姜　谦	武之卿	林　沁
刘　浩	居浩然	晁东鹏	许晨阳	孙一民	施海灵	董彦兵
杨长娟	宦陟榕	徐黎杰	鲁东岳	刘　湘	严陆珏	李泊涵
张耐冬	范佳莉	陈韦如	王　璐	梁　雨	曹奕虹	古晓燕

张秋亮	钟君斐	张冰玉	顾晗滢	张彧锴	包一鸣	陆丽锦
刘 金	尚 晓	钱一涛	陈佳宁	王 练	吴璐瑶	樊 晔
杨心怡	孙凯志	宋帅玲	陈姿邑	丁 瑜	鞠雅晗	张 烨
金娇娇	蔡玉娟	柴云霞	陈 勇	吴珺琪	孙 馨	李晓娜
周倩羽	杨天卫	李嘉鑫	李 婷	孟 琦	阚珍珍	卞 京
徐学君	严友婷	蔡慧瑜	张超男	郑 昱	高 轩	姜蕲芮
顾谊东	韩 放	黄铄雅	金占鳌	姬俊燕	顾志伟	秦嘉程
汪天一	孙 慧	章君毅	王 烨	郑涵曦	向春霖	宋 帆
殷志敏	林梓梁	何颖琦	贾 杭	凌雅玉	王君宇	周珍辉
胡 健	谢茂春	冯 月	孟丹阳	黄嘉秘	侯欣蕾	丁 婷
唐振州	蔡振宇	朱梦艳	沈建超	陶 茜	李笑晨	孙治宇
丁佳琦	孙嘉乐	冀晓宇	马纯杰	王燕菲	周迪远	崔 钰
吴 淳	汪宇晨	吴姝慧	牟 海	胡正伟	王春雨	王安祺
吴雪韵	王怡婷	张 婕	张 行	张 涵	孙 源	胡爱雁
佘琴英	边 疆	李永波	翁程骅	袁春鸿	陈雨琪	周金英
杨中旭	杨佳苗	夏 靖	陈 晨	郑海林	杨 源	朱聚墨
曹梦露	张雪文	冯 书	谢丽蓉	高雅黛	薛旺生	滕若凌
秦睿璐	倪亦文	高 杨	陈艳文	于 立	陈东来	王若沁
田 雨	何志鹤	林 旻	张晓辉	吕 晴	吴溪蓉	魏宁心
李佳朔	魏 洁	王默函	杨 赟	高晓旭	吴昱成	殷欣尔
唐天池	葛清卿	孔繁恩	高 杰	杨晨瑜	付梦云	刘思瑶
王 琪	庄俊杰	王 青	万 瑾	盛韵吉	沈文琦	周小叶
周毅迪	邱颖卓	刘筱月	王 颖	陈 爽	吕欣婧	史鏊祯
刘金花	杨 平	邹 坤	赵海泉	朱浩杰	陈虞立	周 璕
张 璐	严心怡	王凌云	黄晓雯	邹梦林	谢黎伟	崔宇辉
吴志航	李鹏飞	薛禹伦	朱志玲	侯月敏	毛逸伦	罗 琪
蒋昊辰	倪彩红	郑少茂	赵崇舜	陈偲艺	陆顺一	黄 如
肖马平	冯 瑶	张雪文君	杨天佑	张 晨	赵 杰	郑 园
吴叶顺	吴金凤	王祝威	胡文慧	颜轶麟	陈 月	周 圆
池欢婷	孔真真	李岳铭	马 云	郭筱哲	陈 楠	叶志学
郑晓旭	陈 涵	廖 鑫	张晗阳	张阳扬	刘秋菊	翟云云
刘琳娜	张甜甜	高立协	李家阳	张炎晖	刘 欢	孙育德
周杏萍	王思斯	高慧芹	吴 锐	孙丽娜	李秉倩	刘泽宇
张雅雯	李梦甜	黄双娇	管 飚	徐 菲	赵 越	李妍秋
李 悦	阿布都艾尼江·阿不力米提			买提库尔班·买吐送		

生物技术(36人)

钱佳乐	陈 琳	张栩鹏	仲斌武	蔡琦琪	任欣桐	张 燕
刘芊乔	顾泽昀	冯瑞红	樊钱海	秦翊峰	朱思敏	刘 莹

马焕禹	于佳鹭	曹丽芹	聂　锐	李幸丽	李仁晖	张笑鹃
李信萍	曲思琪	张金蓉	赵淑丽	吴　睿	林安安	曹　颖
姜　妍	程舒倩	周丽雯	欧阳璐	许　凯	崔盼华	李文海
张明天						

生物技术(免疫工程)(39人)

邵慧敏	刘锦波	赵　涛	曹浚垣	缪石超	张圣正	王天宇
胡海天	贾　婕	蔡　欣	赵　锐	邱万铖	周莉莉	葛子扬
陈　晨	李　涛	杨乙君	张　驰	陈　云	覃倩妮	潘　勇
马珮茹	高珮芬	乔叶军	袁锦雯	顾逸雯	赵　悦	夏　银
李　战	高先志	金　珊	续　芮	许树阳	王怡琳	许亚昆
李　倩	秦照峰	李莹雪	阿合马拉力·巴合提			

生物技术(生物制药)(2人)

　　周梦迪　　蒋英杰

生物科学(20人)

林　海	关力豪	徐加浩	刘　璐	王国宏	向思琦	曾　璇
石佳弘	董彦斌	季　琨	吉雁南	顾　静	刘帅洲	吴　凡
肖　旭	张　野	王艺蕾	丁　超	祁麟林	王朝乾	

生物科学(师范)(1人)

　　马丽雯

生物科学(应用生物学)(4人)

　　王若竹　　刘　琴　　陈首翔　　张凯泷

生物信息学(27人)

丘远芳	朱业张	顾　越	任庭姣	王刘芳	张晨茜	袁秉瑞
张　帆	宋青青	吕　芳	冷雪琴	常毓晨	臧晨旸	陈　赟
蒙　濛	成淑原	刘智博	钱好雯	沈　勤	朱　琳	许梅珍
骆　丹	黄裕海	刘向茹	胡学萍	袁子淇	刘文举	

生物制药(37人)

孙丽娜	潘明星	武　策	柏　欣	时颖彤	周紫薇	封　柔
许　薇	缪慧雯	沈诗谦	周芳超	蒋　航	刘　越	刘小晶
尚　晨	钱卉娟	王　荣	郁倩文	韩文清	陈淑敏	赵　昕
谢　欢	杨美辰	杜长聪	蒋　迪	陈金烽	周　敏	李海媛

韦 衎　马玉珍　许 敏　眭 鉴　崔恺婕　徐幸琦　邱荣学
马 文　彭李缘

食品质量与安全(26人)
张若楠　王江楠　蒋恩泽　余 婕　沈静怡　高子晴　邓 蕾
黄梦艺　汪月书　阎冰玉　杨 阳　王安瑞　李少琦　邢 瑞
路 遥　施 丹　刘慧雯　管文颖　高 敏　胡嘉琪　京晓霞
徐昕淳　周世锋　师争杰　王贞雅　王晓旭

药学(83人)
唐 剑　刘小毛　魏万烨　缪晶妍　孙 康　陈思依　曹玉雯
袁 滔　陈 煜　刘颖涛　徐良玉　刘仁凤　缪彤彤　吴晓宁
丁香吉　李晓妍　胡碧云　丁旭明　陈晓燕　徐 涛　尹 宇
赵树霞　孙 琳　葛 云　张鸿翰　何 艳　李慧敏　杨紫云
王甜甜　王 莹　吴 聪　陶寿伟　朱梦婷　叶慧丽　程景洪
移凯娟　王珺珏　万茜雯　顾陈成　彭美琪　王华念　印 瑞
王钟瑶　张 睿　倪 瑶　王 爱　赵 楠　冯 卉　顾 斌
傅剑敏　陈利清　任晶红　孙晓雨　朱 梦　汤 程　罗 威
常增颜　郭海霞　蒋晓洁　江 晴　李 聘　张清清　杨后金
朱泽凡　王雨佳　施宇龙　夏晶晶　刘 志　罗桑曲珍　韩玉晴
龚加琪　徐岚昕　王瑞华　白玛次仁　杨 爽　徐昌灵　王 静
张瑞佳　陈飞宇　王金莹　星 怡　王 璐　白雪飞

医学检验(29人)
姜 晔　张静文　周晶晶　宗奕岑　黄丽娜　徐 啸　殳 洁
邓 桦　侯雨晴　赵燕琴　韩文丽　刘 桐　陶林叶　陆 阳
陈佳新　喻 丹　黄祖新　单红云　张 涵　张颖聪　韦 琦
张雨帆　卢旭东　李声竹　黄佩卿　邹桦烨　林 怡　张艺婕
李天琪

医学检验技术(37人)
张 弛　张文秀　张 媛　田芯瑗　杨 丹　王楚怡　费宇婷
徐珊珊　杨亚伟　吴再南　臧 宏　王黎敏　李 愿　许汤嘉
宋 乔　唐林峰　纪逸群　陈 瑜　林佳丽　沙茜茜　徐 瑶
茅艺莹　张 仪　王晨予　王凌霞　崔晓燕　普 仪　朱蒙丹
杨 艺　潘亚楠　尹 萌　高淑君　万玮敏　关 倩　郭婷婷
王浩杰　张碧颖

医学影像学(36人)

格桑罗布　吴晓娟　杨琰昭　叶榕平　常　悦　居俐君　段婷慧
李莹琰　于蒙蒙　姚　威　陆　艳　周翌炜　王梦悦　李　莱
叶海琪　孙　聪　俞靖凡　刘欣迪　丁佳楠　李　力　吴筱东
程　雯　沙圆圆　李学成　江万斌　朱丽钰　王　佳　顾培培
裘诗雯　周永杰　张　翌　马　圆　雷　美　徐家晨　程念岚
索朗巴央

预防医学(30人)

伍诗佳　刘怡瑄　李德明　盛志杰　夏　昕　侯兆玮　郭思梵
杨晓林　刘倩倩　武艳虎　王广丽　江滟波　孙　雯　陆英杰
陆璟璇　祁　月　杨　旭　何　昱　李斯怡　陈　吟　曾叶凤
周伊婷　朱　坤　陈　琴　赵淑婷　文玉凤　任凯文　潘红红
塔吉古丽·阿卜杜赛麦提　　迪力那儿·阿曼

中药学(35人)

冯沛之　毛英泽　杜燏琳　黄　丹　陈　捷　张小强　谢冰莹
王子潇　赵启闯　高彬彬　陈　红　任海涛　马旗联　顾田甜
刘小溪　陈　星　张庸雪　周　瑾　唐　浩　李冰洁　张　红
张子钰　袁金凤　康　丽　王淑钰　刘　玥　刘　瑞　张　奎
张婉雯　蔡　静　马钰洁　沈丽萍　张　倩　郭　迅　胡向阳

临床医学(7年制本硕连读本科段毕业)(129人)

周　平　曾光亮　顾益惠　张　煜　成孝强　张载航　高士媛
陈轶凡　郑聪聪　马　戈　吴　亮　陶逸飞　邹谷雨　毛曦政
范佳琳　王　玺　陈思帆　朱中伟　朱继刚　蔡卫超　张　航
章君鑫　季　威　沈冀宁　顾　顾　陈维凯　李　娟　殷　俊
蒋智荣　吴彦霖　袁　玲　崔梦婷　范婷娟　徐鸣晨　王石鸣
蒋　榕　刘中芳　周剑芳　尤嘉玮　孔　诚　管诗桦　龚秋源
朱正彧　张俊毅　向梦琪　郁　维　朱梦莹　李末寒　范晟昊
徐剑豪　胡　楠　马晓杰　高　青　蒋淑慧　陈仪婷　洪　璐
李国槟　姜　明　金安琪　李鉴清　张轩诚　张志昱　顾晓磊
周亦一　张　琳　陈张欢　杨　森　栾　哲　薛　峰　蒋　淳
姚玲玉　时新雅　杜仁继　熊羽佳　丁　鹏　王　康　杨梦瑶
徐珺婕　蒋　文　傅　翔　张长昊　朱鑫鹏　房钰婷　刘思萌
陆琦然　吴月明　蒋婷婷　朱丽珺　骆亦佳　钱颖聪　贡兴磊
于　晨　陈　沁　钟　惠　田康俊　刘昱璐　严满云　吴梦娇
王　璐　尹雯悦　李晴晴　姜　雷　刘功稳　顾　霖　葛　隽
杨笑龙　袁竞丰　陆　婷　许菲菲　谢　伟　宋　楠　王明晗

马　榕　　钱柯羽　　谈　心　　撒　荣　　沈　倩　　王笑竹　　王晓乐
王若朋　　杨　凯　　成秋红　　张一卿　　黄晓雯　　陈　敏　　朱晨洁
付　乐　　陈仁贺　　赵莹莹

金螳螂建筑学院

城市规划(4人)
　　单伟宇　　王俊钦　　韩维杰　　王　鹏

建筑学(1人)
　　徐　曦

建筑学(室内设计)(1人)
　　沈彦来

园林(城市园林)(30人)
　　解勤康　　崔婉莹　　杨浩睿　　徐秋姮　　吴志强　　高心宇　　王凤钗
　　周玲伊　　李星谊　　胡颖翔　　陈海波　　杨雨薇　　储浦映雪　黄雪玲
　　陆　倩　　王浩智　　傅旻宇　　杨高阳　　殷　佳　　林梦萍　　杨馥铭
　　常　贝　　王勇芳　　钱　云　　鞠江红　　陈颖思　　王　朗　　杨滨钰
　　李　蓉　　古丽米热姆·伊敏

园艺(城市园艺)(26人)
　　王　姗　　张心杭　　朱　珠　　覃复慧　　蓝云鑫　　赖明全　　刘建红
　　杨颖霖　　高首睿　　吴　霞　　周艾琳　　高越岭　　徐琴琴　　李芸含
　　杨诗瑶　　莫天寒　　欧阳秀琴　徐　涛　　许梦笛　　黄湘雨　　杨　扬
　　张　可　　谢　媛　　黄　杨　　王　玲　　杨　惠

轨道交通学院

车辆工程(59人)
　　严维军　　管厚杰　　尤秋豪　　袁　斌　　陆　烨　　刘　俊　　杜晓闻
　　张　珊　　刘　通　　苏佳俊　　刘　旭　　李启迪　　张大康　　葛胜磊
　　狄文华　　任建忠　　袁　野　　赵文强　　李　超　　丁　一　　孟宏宇
　　许　爽　　解业成　　逄　洁　　马严威　　赵　鑫　　车丽梅　　宋泽树
　　杨倪子　　杨帅威　　王　妍　　李　浩　　王壮壮　　金　珂　　李思远
　　朱海聪　　赵　慰　　浦皋圻　　华利胜　　周　迪　　梅宏伟　　王平远
　　王　虎　　张明嘉　　徐　浩　　王　润　　刘铮奇　　陶　磊　　陈　军

余　可　　宋　柳　　朱天玮　　李兴喆　　黄泽豪　　肖　杰　　林　锜
殷子豪　　赵豪杰　　李　宁

电气工程及其自动化(3+2)(27人)
张　鑫　　袁　军　　韩坤坤　　刘　旺　　邓　鹏　　罗如意　　包志豪
王雨峰　　陈　颖　　林滕滕　　龚　宇　　蒋亚威　　邹皓冉　　刘　超
王一睿　　潘小峰　　吴嘉伟　　陈墨耘　　汤英杰　　刘祥祥　　汪丁丁
徐成光　　邵　明　　邢光兵　　姜　昊　　许　尧　　黄林伟

电气工程及其自动化(城市轨道交通控制工程)(44人)
陶佳融　　徐　文　　曹　雨　　江建文　　范　迪　　郭文军　　陈　宇
钱怡嘉　　管勇彪　　王　莹　　王　帅　　陆昕磊　　陈桑桑　　钱　勇
孔德凯　　孙　洁　　邱烨超　　欧阳金芳　顾　炜　　杨洁晨　　史张佳
李佳宇　　张桢瑶　　蒋国庆　　王　康　　许佳伦　　王志向　　顾悦雯
陈逸枫　　杨　婧　　唐旭东　　周昌鑫　　王家伟　　刘友佳　　魏　坚
褚宁洁　　李欣杭　　黄海韬　　和　杉　　华竞争　　邓玥瑶　　雷梦丹
施　韬　　李小元

电气工程与自动化(城市轨道交通控制工程)(6人)
樊　捷　　李鸣明　　张　震　　阳　昆　　樊世河　　王　强

工程管理(37人)
姜成杰　　周　林　　祁　慧　　王心宇　　章金纬　　褚嘉明　　徐乘隆
何宇辰　　周　婷　　朱红梅　　黄耀庆　　吴鹏程　　尹伽耕　　陆晨浩
陈　辉　　赵思懿　　花　宇　　陈翠娟　　刘洪杉　　李　爽　　陈锦辉
胡杨文　　朱仁靖　　高淑婷　　陈　瑶　　徐　凯　　黄大伟　　刘欣仪
黄耐雄　　蔡雨婷　　蒋宇晨　　朱成凯　　唐夕明　　刘　杨　　袁　钊
嵇舒婷　　翟维骏

建筑环境与能源应用工程(城市轨道交通环境调控)(34人)
王　政　　王　琴　　李杨德平　熊雪晴　　张凯伦　　李晨林　　高　鹏
孟泰达　　张鹏飞　　孙绮敏　　王亚俊　　王怡文　　郭　宇　　李博洋
张晨曦　　张婷婷　　吴伟奇　　王佳伟　　曹丽丹　　邵仙娣　　薛　璐
陈海鹏　　刘　义　　任　宸　　朱佳钰　　许鑫钰　　彭　栋　　储丽俐
惠志豪　　陈嘉林　　陈怡宁　　袁　迅　　李文鑫　　何佳炜

交通运输(49人)
夏定杰　　李媛森　　曾　聪　　林伟祺　　俞燕敏　　吴　波　　刘陆颖

施佳呈	戴炜东	胡天宇	邓评心	徐毓欣	薛新风	周玉璇
韩亚男	闵星瑜	李云飞	邹婷婷	孙智超	陈亚坤	潘卫鹏
于瀚宸	招杰明	董昕	陈少贤	陈承	郭正达	杨帆
何婕	缪毅君	蒋建伟	孙陈成	黄心晨	杜唯玮	戴志浩
马佳欢	李鑫	王亚楠	孙泽曦	李颖	蒋晨	宦梦月
顾恺	曹斌	朱文哲	臧焱	王蓉	沈阳	熊冰蕾

通信工程(城市轨道交通通信信号)(45人)

曹栋阳	朱佳卉	刘娴	戴佳宁	李金轲	丁泽南	薛睿
朱良久	陈翊君	唐成	王程	耿敬茹	曹莲	薛后耀
秦川	徐德军	黄硕	胡坚	王嘉玺	熊伟	黄雅静
唐子文	丁子璇	沈稼强	高广坤	顾伟	李承超	银腾
陈子昂	徐奕乐	薛苏皖	程陆伟	单铭洲	陶丽静	林春晖
韩学禹	陈奕畅	唐憧润	钱凯丽	王宇翔	李思瑶	李情
骆壮壮	赵煜植	张宇翔				

唐文治书院

汉语言文学(基地)(24人)

周南	李嘉铭	张执遥	袁璞	陈梦佩	张睿	龚子珏
包佳焱	周郁文	梁琳娟	董颖洁	章慧慧	吴悠	沈琳
刘宇琳	李思音	明蔚	孙榕泽	莫涯	陶菲	金宏
梁茜茜	时雪昊	段鹏飞				

历史学(师范)(4人)

| 卢千航 | 金卓琳 | 潘伟峰 | 徐磊 |

哲学(1人)

杨安然

宿迁学院

法学(1人)

赵思婕

广告学(1人)

汤伟程

行政管理(1人)

田 野

2017年获得双学位学生名单

东吴商学院(财经学院)

工商管理(双学位)(71人)

周文蔚	闫 露	郑雯兮	谢稳茶	黄一晨	顾龙双	李 倩
霍 坤	季 晔	孙启鸣	蒋林叶	李靓婷	谭婷婷	贾海洋
胡丹丹	黄雨生	彭梦璐	何文苑	施妍伶	霍海疆	吴 琼
雍 慧	程桐怀	江爱云	吴秋怡	蔡丽玲	翁露露	谭深丽
席志明	张素铭	吴妙冰	范晨旭	王成城	胡 蝶	刘 潇
施熠天	姚 鑫	刘启元	马疆楠	丁鹏飞	马惠荣	李俊龙
李亚霖	李淑莹	陈世远	雷建雄	吴 迪	高越岭	熊雪晴
李媛淼	曹冬练	施浩然	叶芷菁	陆如意	高 惠	徐笑荻
张秋烨	陈 婧	吴赛君	戴 红	刘宁宁	汤仲月	靖 佳
唐燕珍	吴晓林	张炜承	朱孟换	朱 苗	吴美琦	管陈杨
刘 滢						

国际经济与贸易(双学位)(100人)

胡雪怡	金晓婷	李映晓	陈天予	陈雨婷	杨 璠	陈 楘
金 晔	耿 雪	姚 慧	钱超烨	邬文婕	蒋季桢	钱敏睿
徐倩倩	金 雁	眭静娴	王心仪	吴以伦	司 雯	薛 楠
朱媛媛	程洋源	常思雪	费王开	谭娇娇	向 体	黄晓玉
王嘉琪	蒋丽静	于嘉欣	王敬雯	曹宁远	杨喆卉	朱逸恬
江 磊	郑雯怡	赵冬梅	王雅慧	孔 炜	汤永俊	杨丽君
汤佳丽	唐 思	徐苏琦	龚 钰	顾雨昕	倪韦杰	朱彦靓
谢文龙	魏 珂	方 玮	张 逸	王子傲	刘芷菡	刘晨一
王晓蓉	张瑜婷	雷启然	邓慧婷	张寒月	于淑杰	沈 阳
孙佳宝	金若菡	刘 越	奚 婧	徐菁芸	陈海波	王嘉玺
黄雅静	陶佳融	孙绮敏	王 睿	李晨笛	胡诗琪	王润天
洪 亮	单一奕	花 强	夏奕成	张虹虹	钟美玲	周显琪
沈鑫洁	郦子莹	蔡雯怡	王 晨	苏 涛	蔡湘琪	籍丹廷
张 雯	刘欣宜	吴丽丽	吕哲平	林安安	沈静怡	翟维骏
金澄喜	褚天辰					

凤凰传媒学院

新闻学（双学位）（29人）

孙 红	刘婉婉	赵 鑫	张 蓉	芮 雪	侯亦黄	梁先会
徐 佳	李嘉航	赵世强	陈 爽	单佳兰	杨雪莺	井晨卉
吴昱杉	马玉芳	宋 曦	杨亚朋	吴 迪	林 瀚	蒋宇涵
卢丽雯	刘 坤	周 欢	战 杰	陈莹莹	张 璇	张晨燕
杨思佳						

计算机科学与技术学院

计算机科学与技术（双学位）（12人）

王玉璨	刘 丽	蔡 莹	杨童昕	嵇 祥	周鑫晨	陈彦君
徐卫星	李哲闻	陆文豪	张怡心	袁子淇		

教育学院

教育学（双学位）（26人）

黄叶玲	孟晓静	尤鑫宇	吴雨露	董 悦	刘 莹	吴彦伶
黄晨煜	李佳怡	张雯雅	韦武慧	张 侨	钱文丽	曾星宇
谭 笑	韩 靖	朱凌云	葛 程	盛庆龄	蔡世磊	叶振华
崔筱凡	姚晓彤	岑金燕	缪文怡	洪 妍		

应用心理学（双学位）（53人）

孟 爽	刘语池	刘馨仪	杨 源	杨 艺	赵 怡	徐翩鸿
罗 顿	王 青	陈倩文	徐晗钰	华 莹	陈 颖	吴 笈
汪金陵	陆 煜	许 柠	耿 珂	徐志峰	顾俊豪	胡富国
孙荣江	张夏丽	施 琦	梁少泳	章明希	彭 伟	袁 迅
毛 豆	宋 悦	张一丰	钱小凡	王 芳	任俊杰	袁梦婷
王 玥	王明娜	姚 尧	朱钰梦	杨晨焱	周 成	刘 静
顾真尧	张明瑶	龚芷娴	陆文娴	童楠楠	陈雅洁	徐玲玲
郝 隽	陆韵仪	顾姝颖	李涵清			

王健法学院

法学（双学位）（100人）

周 济	崔静雯	鞠雅晗	吴 茜	朱雨婷	王 茜	刘 曦
胡佩云	姚新颖	李思馨	赵鹏飞	钱宸昊	朱慧敏	顾旻辰
吴 琼	郑丹烨	张金鑫	胡姚欢	吴媛婷	胡雁来	周 恬

钱奕竹	朱文菁	贡依婷	郭思羽	丁晓晴	郑诗洁	龙　威
方俊杰	吕赛男	陈雨菲	毛秋怡	陈曼青	赵　塁	严木子
杨　莹	朱　宁	周　颖	王　静	刘文敏	杭天阳	郑　玺
钱小康	程　阳	徐子棋	陆维迪	张　婷	黄彤彤	蒋鸿翔
尚　晨	李　聃	杨　扬	蒋宇晨	吴　卉	李征宇	陈文佳
田晓雨	肖梦琪	谢晓欣	施佳一	吴　昊	刘臻祯	庄　钿
陈睿茜	杜梦程	葛　兰	王　雪	董　曦	朱　青	刘秋伶
王星星	端银霜	沈佳楠	谢　静	马菲瞳	吴　桐	赵　鑫
毛圣洁	于　洋	王　颖	廖敬业	庞　佩	孙　倩	姜余欣
罗　淇	姚　瑜	郭思涵	刘　笑	杨艳阳	王　悦	沙广聪
蔡敏岚	窦沁雯	王　晴	杨晨茜	崔希涛	吴君垚	汤永涓
周鑫华	徐明莉					

医学部

生物科学(双学位)(6人)

陈宇阳　蓝天　许悦　王贺　魏位　赵呈慧

政治与公共管理学院

行政管理(双学位)(43人)

张　璐	顾澄儒	铁孟邻	包蕴涵	姚　琪	楼晓瑜	马珺逸
张　琦	齐沙红	宋子健	郭晓维	许久健	苏　影	徐香颖
黄铭豪	胡玉格	张碧颖	张　晶	杨　阳	孙　越	强　薇
徐琪曼	韩　雨	顾成婧	黄　彦	王淑雯	王俊康	施佳玲
朱姣姣	彭怡云	章雯菁	陈　阳	王龙权	徐　唱	张　昕
李梦媛	徐晶磊	邓嘉欣	曹晓琳	高　怡	王　山	伍文婷
唐聪睿						

2017年获得学士学位的留学生名单

汉语言文学(40人)

JOHNNY DOUANGPHACHANH
KHAMPASONG MALAITHONG
OPLUSTILOVA KAROLINA
OGAWA FUMI
LEE JAEEUN

ANOUPHAP INTHAPHONG
SEOYEON JEON
CHA SEUNGYOUNG
KIM DEAUP
CHOI SUNG WAN
LEE JEE HEE
KIM YEONGHOON
LEE SEUNGHEE
PARK MIN JI
KIM SEUNGJUN
SHIN DONGHO
CHOI YEONGHO
BAEK MINKI
KIM YEONKYUNG
LEE JAESUNG
PARK TAESIK
CHOI YOUNJUN
BAE KYUNGROK
SHIN SEUNGYEUN
NAMGUNG KYUNG
KIM SOOHYUN
LEE JIHYUN
LEE SUNJAE
JUNG DAWOON
JEONG DONGBIN
KWON AHBEEN
JUNG BOKYUNG
SHIN SOYOUN
KIM HANSOL
JEONG JIHYE
BAE HYUNGJUN
YOO HYUNJIN
CHOI MUNSEOK
JEN JIN HWA
PARK SOYUN

临床医学(47人)
WARACHAYA KANCHANASEVEE
FELIX YOUNG JHONATAN

CLAUDIA CHRISTIN DARMAWAN
STELLA MARSELIE
INDAH DIAN PRATIWI
ERICK BRANDON
PREETHI PRABAKARAN
MAHENDRA RAGHAVAN GOPALAKRISHNAN
PAMULA VARSHA
INUGANTI VENKATA SAHITYA MADHURI
MAKINA JAIPAL
SHEFALI CHOPKAR
ZAINAB QAZI
SHRUSHTI SANJAY KAPSE
RENUKA SUDHIR MORE
AMOL PRAKASH PATIL
SUMEDH KAKAJI WAGHMARE
IRFAN KHAN
GAURAV PATEKAR
SHIVARAMA KRISHNAN NAMBI RAJAN
KRISHNA HIMMATBHAI GOTI
SNEHABEN PANKAJKUMAR DUDHAT
NIPAKUMARI JAGADISHBHAI PATEL
MOHHAMMAD IRAFAN KHAN
PRADIP VITHTHALBHAI DANKHARA
SHRENIK JAYESHKUMAR KOTHARI
PARTH BHIKHUBHAI PATEL
SUSANSKRITI YADAV
NEHA ARORA
RICHA SHARMA
SIDDHARTH OJHA
AMARDEEP PATEL
HRISHIKESH MANDAL
SWAPNIL SOMNATH DIGHE
SIVARAMAKRISHNAN RAMAKRISHNAN
MANISH SOMKUWAR
RAVESH GURJAR
GNANAGIRI VARATHARAJAN
ARTHUR FRANCIS
AMARNATH SANTHASEELAN
SARIA NASER

VAMSI KRISHNA VASIREDDY
MOHAMMED ZAKI UDDIN
FARHEEN RAZA TAIYEBAIN
VRUSHALI GADRE
AINA NAAPOPYE NAKANYALA
SHIMABUKURO MICHITOMO

国际经济与贸易(20人)
KHOUNLATSOUVANNAVONG PHOUTPHOUTHONE
KHAMSONE TESINY
DOUANGPHACHANH SOUPHANSA
SOUKKASEUM SITTHISEK
XAYSETTHA PHONGNIKONE
REESO DAOPHRASUK
SU SANDI LIN
KIM EUN SU
INDAH WATI
JANWIKOOL SUPAPICH
NGUYEN MINH HANH
SISOUNTHONE THIPSAVANH
YOHANES CHRISTIAN
INTHISANE ANY
MALINA XAYYAVONG
SOMPHATHAY MALAVONG
PHETMANY PHOUTCHANTHAVONGSA
THIDAPHONE CHITTHAPHA
LINA VONGPHOUTHONG
LIPHAKONE RATTHIDA

广播电视学(1人)
SON JUNG HA

行政管理(1人)
KWAK AJUNG

经济学(1人)
HWANG GITAE

工商管理(1人)
　　KIM JIN-WOO

2017年6月结业学生名单

材料与化学化工学部

化学(2人)
　　顾　巧　　杨子江

化学(师范)(1人)
　　张　震

无机非金属材料工程(1人)
　　郝鑫垚

电子信息学院

传感网技术(1人)
　　臧　伟

电子科学与技术(2人)
　　邱　超　　张　扬

微电子学(1人)
　　肖　阳

东吴商学院(财经学院)

财政学(税务)(1人)
　　曹梦茜

工商管理(2人)
　　何宏伦　　陈建宇

国际经济与贸易(2人)
　　沈秉毅　　余政泷

金融学(3人)
　　陈韩宇　周　伟　徐世颖

纺织与服装工程学院

纺织工程(1人)
　　徐凡斐

轻化工程(1人)
　　陈金玉

机电工程学院

电气工程与自动化(2人)
　　郑　翔　邹　敏

计算机科学与技术学院

软件工程(嵌入式软件人才培养)(2人)
　　姜　涛　张国梁

金螳螂建筑学院

园艺(城市园艺)(1人)
　　潘起兵

沙钢钢铁学院

材料科学与工程(冶金过程自动化)(1人)
　　陈海星

数学科学学院

数学与应用数学(师范)(1人)
　　朱荟洁

外国语学院

英语(翻译)(1人)
　　覃锦玲

物理与光电·能源学部

电子信息科学与技术(1人)
　　顾　鹏

医学部

放射医学(1人)
　　刘　海

生物技术(生物制药)(1人)
　　仲崇林

2017年2月本科毕结业学生名单

材料与化学化工学部

材料科学与工程(1人)
　　杨　旭

化学(师范)(1人)
　　孙　超

环境工程(1人)
　　刘　滢

轨道交通学院

车辆工程(2人)
　　曹钰佳　李　昂

电气工程与自动化(城市轨道交通控制工程)(1人)
　　叶　鑫

工程管理(1人)
　　钱　男

电子信息学院

传感网技术(1人)
　　严　涛

电子科学与技术(2人)
　　赵东野　　徐　飞

电子信息工程(2人)
　　彭　浩　　张春辉

信息工程(1人)
　　席章伟

东吴商学院(财经学院)

会计学(国际会计)(1人)
　　顾莹莹

金融学(4人)
　　徐　悠　　王苏阳　　戴天宇　　余　天

市场营销(3人)
　　岳倩茹　　华泽芝　　龚乃震

纺织与服装工程学院

轻化工程(1人)
　　王　超

机电工程学院

材料成型及控制工程(1人)
  郑国林

机械电子工程(1人)
  顾　成

机械工程及自动化(1人)
  徐文博

计算机科学与技术学院

计算机科学与技术(1人)
  李忠明

软件工程(1人)
  孙逸超

软件工程(嵌入式软件人才培养)(2人)
  郭　圆　季天翔

物联网工程(1人)
  李东亚

沙钢钢铁学院

冶金工程(1人)
  闫梦芸

社会学院

劳动与社会保障(2人)
  陈　玲　朱逸吟

数学科学学院

数学与应用数学(基地)(1人)
　　孙志伟

体育学院

民族传统体育(2人)
　　邓　泰　　王乾宇

运动训练(6人)
　　王青元　郭一帆　周亦凌　王圣尧　秦　强　张伟涛

外国语学院

英语(3人)
　　刘孟宇　许　政　孙　莉

王健法学院

法学(1人)
　　顾豪秦

物理与光电·能源学部

物理学(1人)
　　李雪飞

物理学(光伏科学与技术)(1人)
　　刘宇哲

医学部

放射医学(2人)
　　刘　禹　梁元元

口腔医学(1人)
　　辛立夫

临床医学(2人)
　　王　帅　　杨　亚

生物技术(2人)
　　宋梦龙　　熊志滑

艺术学院

艺术设计(1人)
　　宋光明

艺术设计(时装表演与服装设计)(1人)
　　李　玥

音乐学院

音乐学(音乐教育)(1人)
　　王杰文

政治与公共管理学院

城市管理(1人)
　　咸慧敏

医学部

　　护理学(1人)
　　吴红兵*

生物科学(应用生物学)(1人)
　　顾锦超*

　　注：*为结业。

2017 年 10 月本科毕业学生名单

材料与化学化工学部

化学(1 人)
　　黄　昊

无机非金属材料工程(1 人)
　　赵　震

机电工程学院

材料成型及控制工程(1 人)
　　樊　迪

电气工程及其自动化(1 人)
　　任维杨

计算机科学与技术学院

计算机科学与技术(1 人)
　　刘　辉

软件工程(嵌入式软件人才培养)(1 人)
　　平晓宇

物联网工程(1 人)
　　高海舟

王健法学院

法学(1 人)
　　王　婧

医学部

放射医学(1人)
　　罗世文

临床医学(4人)
　　梁志鹏　　刘尊国　　尹大猛　　顾懿娴

生物科学(1人)
　　钟皓宇

中药学(1人)
　　肖凯宁

艺术学院

美术学(美术教育)(1人)
　　李月文

2017年成人高等学历教育毕业生(3 815人)

电气工程与自动化专升本业余(105人)

朱　平	崔建明	刘　赛	吕洪权	施　强	张　良	温艳晴
宗　鑫	张索超	张党辉	庆朋飞	刘洪军	赵拴成	徐濛萌
陈　亮	吴晓星	李维民	张　杰	辛全利	李秀军	任　伟
顾　峰	顾如春	刘海波	李一峰	鄂琳钢	俞海东	许永庆
陈建伟	刘全威	汤文祥	戴洪芳	张永新	吴志芳	张兴宇
施晓凤	夏木君	陈威呈	梁永刚	朱小龙	朱应军	季文华
田振江	徐　敏	张　庆	张宏伟	李　凯	李　俊	吉开明
朱永军	董小园	夏再喜	刘　权	汪前程	张春明	陈　明
谢光锡	曹逸珺	王　磊	高　原	唐　程	王璐璐	张亚东
陆　杰	施爱华	吴鸿刚	孙丹华	夏　伟	宋兴尚	李成艳
程　伟	李　旭	钱卫庆	魏　月	吴江南	刘加凤	陆晓丽
金伟峰	马　铮	莫正荣	王国栋	张信勇	王明洋	沙午阳
施泉华	戴建国	赵云达	田晓佳	周　航	王　洁	应成财
杨　聪	梁　绪	王维秋	周　浪	赵凯特	王　旭	刘东光
徐怀洋	王小磊	高三峰	鱼志强	沈　锋	郭　峰	张　亮

电子信息工程专升本业余(55人)

王慈航	高祥升	王雨晴	卞　云	钱九二	周礼君	王　伟
魏长春	吴昌荣	唐志元	陈　伟	李　萍	杜定松	鲍苏军
洪学兵	田公理	钱志浩	于沈阳	陈梦楠	任立军	孟星星
龚亚飞	岳芝玲	仲召鹏	陈　涛	黄晓李	韩廷晓	章子焱
叶　宇	陈　嘉	崔志强	咸宝成	陈　中	陈　超	赵永建
戴光明	周占文	屈　峰	张秀余	郝同金	刘　春	张海勇
刘　浪	沈建云	杨　蕾	朱　磊	刘长春	王清政	卢东飞
宫　浩	兰　浩	费正龙	牛雪梅	周　磊	平志洋	

法学专升本函授(70人)

袁家裕	任　云	王利忠	郑永伟	王　萌	浦天星	孙　特
仲几明	万　俣	赵燕华	周振淮	陈　莎	张　星	王　城
杨　杰	田治超	张志鹏	殷文静	汪　凝	唐　宇	陈国芳
孙光露	陈　明	王定森	王振飞	陈　婷	李　平	吴素敏
李　青	胡钰湘	侯　宁	王坚强	顾　娟	赵锁春	姚少杰
朱佳妮	许田平	徐晓敏	黄青松	钟　蕾	何　鑫	李伟东
蒋高鹰	徐　菁	刘晓春	李劲松	薛　艳	刘长青	曹荣华
毛建闯	卢赛君	周欢欢	徐　勤	朱　健	易　波	程　琦
王玉刚	王东升	陶亮亮	邹奕磊	周德发	姚　丹	王　笠
陆敏慧	陆　芳	杜成程	陆　花	安桂英	朱　烨	严　娟

工程管理专升本函授(38人)

张甜甜	薛　峰	汪　凯	陈　浩	吴　俊	沈耀文	赵　卫
王红建	何　赟	朱敏悦	李文静	吴海华	卢玉海	何旭东
阙妃运	陈　静	顾莉君	许　斌	施琳琦	蒋阳阳	时效东
何向东	顾士超	李　森	孙　虎	陈　拓	廉　子	魏　晴
陶李金	林　梅	宋昆钟	付　艳	于伟杰	楼斯衡	郭　威
熊　燕	俞日东	黄龙左				

工商管理专升本函授(178人)

冯　敏	王亚萍	黄礼平	杨觉熙	许振华	张紫燕	金忆之
周胜男	曹佳佳	刘之慧	张跃春	王承祖	汪洪文	姚晨霏
杨　丽	张君玉	丁霞英	薛　丹	孙　宇	陆星云	刘晶晶
徐海艳	王　骏	陈小毛	彭海山	刘宏威	吕庆宏	高贵敏
许连琳	刘金春	韦彩娟	王丽娜	朱飞兵	汪　琴	李学文
丁梦洁	刘　亮	金志明	符余生	王　庆	石　静	张　猛
张一兮	陈　洁	姚明清	张召双	高　琦	张晓苏	夏俊岳
付　烨	石　慧	陆　伟	俞　斌	陈仲侃	杨　婷	许栋煜

徐胜华	刘东子	孙晋坤	陈　朋	吕　杨	朱　元	朱翠侠
赵大伟	黄怡靓	曹宁丽	闵　莉	季晓丽	王　钊	徐乐晨
李传红	蔡　佶	殷唯情	张　君	曹霞君	姚丽利	林　洁
马春敏	任立芳	周　晨	夏曙光	姜敏敏	丁　飞	宣崇闻
李雯婷	李　亮	陈　茜	张　迪	叶饶林	解丙坤	黄晓园
张柏松	黄莹莹	杨　蓉	魏　华	林　敏	戴明明	王　韧
张　苏	周翠芳	张　丹	彭　亮	任广真	尹晓帆	吕新梅
周海山	茆　伟	徐文燕	蒋文娟	徐　兰	周存寿	陈世兴
张尊峰	李良栋	黄惠平	姚佳蕾	施亚军	周　荣	何　涛
徐　祥	龚　炜	王　娟	张丹丹	钱一心	张　威	刘灼龙
陈曦清	朱隽威	王坤坤	顾良芬	李　慧	鲁　坚	解　迪
应文娟	田枢敏	伍　劼	王天宇	陶婷婷	康艳兰	庞小秋
彭　磊	石　婷	邵山青	王　勇	周芝伊	赵　宝	苏维丽
陈建国	姚　洵	梅海林	王丽平	刘晴晴	高新启	陈兰芳
张　杰	顾　强	王德昭	王雨婷	周晓婷	王　丹	曹丽华
朱　琼	白斌强	季　国	葛　浩	郁万仙	陈乐萍	赵　达
陈　芳	何　炜	赵冬梅	平　凡	朱梦利	李　科	朱　玲
穆春林	莫金虎	叶　云				

汉语言文学专升本函授(28人)

陶迎春	韩　奚	李　翊	祁明利	吴慧娟	沈慧慧	顾清华
张丽娜	刘凯华	崔爱云	成　诚	张晓波	陆燕桦	高　铖
奚　岚	邱　玮	饶　枫	王傲雪	刘卫国	吴美玉	李雪莹
张亚峰	张　叶	颜　娇	唐　剑	张吟秋	秦　瑶	吴昊锦

行政管理专升本业余(33人)

秦　涛	许晨艳	李　静	王彦渊	张小凤	董依琳	张　莉
徐　娟	何　旻	胡芳芳	顾鸣伟	孙明敏	王　维	高　婷
朱志锋	陈　澄	张　燕	李为龙	王俊杰	何卫琴	陈　希
张　瑜	杨艳霞	阮　亮	钱　静	钱美娟	宋加斌	胡吉艳
蒋玉芳	范　倩	张俞青	张亚静	戴甜甜		

护理学本科业余(315人)

马艺凌	陈　蓉	孙菁璘	何　珊	蒋　绮	石小婷	吴　悦
俞　青	欧阳华	孙　鑫	黄　柔	吴亚晴	姚岫峰	郑　燕
王路萍	陈诗颖	梁　萍	李秀青	李　婷	蒋　茜	王叶阳
胡红红	薛　芳	史　露	钱媛梦	雍　娟	王　铭	蔡熔熔
徐　颖	鲁　蕙	姚祥凤	石智玲	戴雪琴	陈　阳	蔡亚楠
瞿小雪	徐盼盼	夏　雪	冯　蓓	周　璇	王　跃	桑庆存

殷佳玉	王豪丽	葛照云	陆玮俐	陆静雯	王　璐	钱梦婷
张静怡	刘剑民	张　茜	顾　倩	丁　岚	吴叶新	张　洁
周　倩	吴梦婷	刘润洁	储雅慧	孙梦雅	任贤凤	孙晓倩
赵　婷	顾佳丽	沈诗茗	邓　慧	陈海文	眭菲菲	刘诗颖
张明芝	沈加怡	朱春烽	段　媛	臧梦迪	刘　茜	戴宇炜
严佳萍	薛董迎	汤雪萍	陆瑶青	张丽静	赵云娥	眭　飞
夏　燕	顾　萍	张曼婷	谭颖迪	王梦婷	樊　瑶	黄　群
周叶琴	束　婷	张蓓蓓	周雨霞	杨　宵	董雅珮	赵至真
徐　微	杨春梅	邢　星	朱媛姝	谢怡茜	许　娟	杭丽鑫
周　玉	王莹燕	金　融	濮家英	张　嫔	汪文磊	莫碧云
许瑞红	唐　凤	王　鹏	陈　蓓	袁礼亚	高　科	刘　丹
丁　佳	徐永莉	陈小艳	罗　云	潘凌燕	孙　慧	石　娟
朱雯雯	赵　霏	顾　恬	张境境	陈　辉	王琳艳	严　茜
宣文婧	朱晓梅	石玉玲	周　叶	杨　君	陆甜甜	陆丹丹
周雅楠	沈舟帆	殷文煜	田雅琪	葛韦萤	陈　璇	赵雅洁
柯　丹	吴　梅	朱吉云	成　亮	季秋婕	顾丽娜	徐灿灿
郭　伟	缪雅倩	张秀丽	顾雅楠	徐纤纤	蔡灵莉	汤玉瓶
范佳凤	夏燕华	黄利清	陈森森	徐杰辉	王　培	李伟伟
李红梅	李惠兰	范慧敏	钱灵丽	朱培培	彭思艳	邱卫卫
毛　玲	陆燕华	邱明艳	赵　艳	陈怡岌	何恬恬	顾秋萍
何晓晔	姚天娇	丁　文	徐培培	赵秋熠	魏玉梅	钱玲玲
钱媛媛	李月娟	季婷婷	吴晓倩	徐素蓉	何佳璐	江吴琼
杨燕燕	季煌琪	郭　陈	王　滢	俞根芳	孙　静	王佳韵
丁嘉楠	刘丹丹	顾月勤	任　炜	曹玮玮	卞林丽	季　雷
曹　静	李　凯	仇嘉绮	孙　玥	金娟英	王　芳	段　华
罗梦玉	吴星芳	高秀敬	沈黎亚	朱冰洁	殷晓娜	樊　敏
潘秋萍	曹　曼	黄庆玲	阮　芸	洪　欣	顾　琼	陈　阳
张　晶	崔爱雪	张　牡	章　静	马　蓉	张雁翎	丁怡辰
赵　慧	唐睿晗	徒双燕	沈乐乐	顾静丹	顾静楠	王　薇
史敏钰	李　阳	阚楚楚	蒋玲美	邵　娜	夏　飞	袁　菁
张芸湘	洪丽萱	许荣誉	嵇佳明	吴　倩	周玉莹	王启慧
王　敏	高福炎	付敏慧	王　丹	高　琳	徐月彬	王　霞
李敏君	丁　媛	顾文倩	王诗怡	沈碧环	戴静贤	程　晨
朱　玲	马晓雯	王　婷	成建雯	朱　媛	李培芳	皋菲菲
徐　茹	周文怡	赵朝霞	李　雯	吴　琳	夏文娟	束旭萍
张晓婷	张圆圆	王　瑶	陈小彤	沈经纬	张玉婷	史雪辉
朱文野	王思诗	臧彩红	周　丽	黄梦兰	束新飞	顾佳佳
倪　缙	陈　楠	朱春妮	刘慧敏	许译丹	徐　璐	刘　青
夏丽丽	赵　琦	刘璐璐	刘　璐	王玉文	郭　灿	顾佳丽

护理学专升本业余(1 546人)

蔡　颖	张　洁	吴卫娟	徐文娟	许　萍	金　怡	王　洁
茆　文	陆　媛	沈　洁	殷婕妤	袁一鸣	唐　慧	常　凌
林　菲	沈　婷	钱　悦	王赛赛	章晓兰	李　芳	蔡伟佳
施　雯	杨娟娟	徐　玲	赵　琳	龚志婷	虞　静	房　燕
朱　芬	张　洁	丁科先	姚玲玲	李沁宇	罗文婷	夏　云
徐赛赛	吴　星	赵雅静	高丽杰	毕　桢	肖　圆	徐　兵
杨　帆	唐亚芬	史惠娟	狄忆莲	钱思熠	刘涵维	王新宇
文茜玉	沈　楠	宋小春	陈雪莉	赵雯霞	陈梦芸	刘亚琴
王　昕	杨　颖	徐艳娟	徐　蕾	钱雨婷	吴　佳	徐晓清
卜　洁	杨　怡	邵冬梅	汤林瑜	杜娇龙	孙英平	魏　倩
吴凤静	顾佳英	周利琴	付金玲	高宗敏	陆苏新	蒋奕可
王丽娟	沈瑞仪	王奇玲	吴倚文	孙　婷	言梦秋	唐　艳
戴文华	王干梅	王雪斐	赵　琦	赵　文	邱　泱	杨亚琴
陶春妮	方　芳	凌　华	刘　芳	陆华美	朱美娜	吕　宏
陈　霞	薛　璐	刘冰艳	颜蕊兰	王　维	赵　丹	潘文静
丁　晋	刘　庆	高珍珍	史剑英	林　佳	蒋金霞	易红梅
范　煜	潘晨璐	计丹华	王文赟	樊莲花	房甜甜	曹晓丹
何　丽	谈雯燕	焦　莉	吴继芸	汤　圆	顾梦成	张　婷
王　畑	唐书理	宗晓薇	许培培	朱琳洁	徐新亚	史美倩
苏梦洁	杜艳华	赵　甜	盛　萌	董莹莹	刘珊英	王　靓
韩　晶	何微琴	李　萍	唐丽洁	施怡倩	王　旖	王逸青
顾苓蝶	唐　敏	黄　岷	蒋　骅	陈　婷	蒋之韵	王　霞
臧红英	蔡林玉	华　薇	王　涛	王烨蕾	凌　欢	丁　新
严英英	周艳艳	支晓娟	朱爱香	孟　杨	羌　阳	孙佳琪
金云霞	杨　婷	钱文玉	蒋唤红	吴丽平	屠文倩	朱　兰
钱　佳	鞠　姝	王　丽	陶　玙	耿宇晴	王佳瑜	王　洁
钱江琼	徐晓洁	戴双林	贾　威	吴国敏	赵　珍	丁维倩
丁佳丽	袁　丽	王明莉	杨　沁	胡翊媛	王雪莲	朱静飞
沈婷婕	王　君	沈利红	胡　娜	邵琼雯	陆　铟	张旭欣
金玉雯	张晓慧	肖雅茹	朱龙英	周　娉	王丽华	宋春霞
于爱玉	张　薇	邹春霞	王　洁	陆佳丽	徐倩雯	束庆军
吴振红	姚　倩	黄雯妍	张宇婷	谢　燕	褚林妹	赵烨娟
徐雨晴	李　键	黄　英	潘　俊	沈云霞	胡晓晴	施丽芳
仲　妍	屠　娟	朱　青	徐蒙蒙	卢竹欣	邵逸佳	夏　青
张华玉	杨　洁	高莉靓	许梦曦	嵇绍艳	管筱英	马　莉
吴　婷	杨丽萍	仲华梅	潘小燕	严　洁	范亚静	姚　佳
潘雯晨	赵梦姣	徐　沁	姚　兰	丁晓燕	岳　青	金　凌
陈羽霜	徐学秀	陆菲菲	郭　莹	夏小卫	钱凌雁	陆婷婷

顾　静	刘丽红	杨　静	高颖佳	陶　妹	刘　娇	孙雯雯
张　伟	叶　露	印雪娇	钱彬艳	贡源源	李志敏	周　瑶
张侠利	印　鑫	周　婷	陆文宇	任满意	丁嘉红	施文姣
周全香	蒋　娜	方　雯	吴玥兰	眭小凡	唐晓莺	刘美情
陈　丹	徐嘉侣	吴孟琳	万黎萍	林芳斌	周燕静	陈　悦
蒋　健	夏爱慧	蒋　烨	张美兰	薛　花	徐锦烨	何晓萍
谭玲莉	沈素娟	鞠志娟	钱煜菲	朱洪英	吴小清	张玲俐
汤　佳	马　涛	张　娟	董依琳	高逸佳	顾莹莹	章丽娅
谭阿吉	谭雯月	夏怡雯	李　想	卢　怡	曹迎佳	贾巧云
赵　君	季　翠	吴　萍	佘燕芬	赵　蕾	付　琦	张　莎
刘　妍	周　阳	封海娟	金　怡	邵紫依	刘露桦	江晓燕
徐　晶	陈　英	陆静娟	巢　昕	高玲瑛	魏雪君	罗文倩
袁　英	张　静	钱　昇	刘　芳	陆海颜	吕　雪	吴家宁
陈肖依	庄申敏	金丽娟	李伶彦	倪轶虹	徐　艳	张　倩
邵雨薇	朱逸程	赵梦园	钱晓婷	王　萍	苏飞艳	胡欢欢
金　澜	蒋静静	苏丽莉	姜银花	钱　洁	周　宇	丁献宇
刘　利	闵　佳	陆燕红	戴　静	杨静艳	应　岚	何招玉
张尧萍	张海滢	马　君	潘媛媛	孙　青	曹　敏	常蓓蕾
唐明红	江庆华	杨　瑞	俞芳蕾	宣吴丹	高　琳	史慧娇
崔佳佳	朱效秀	汪　慧	黄海艳	俞宏梅	陈怡琳	翁杨剑
黄　蓉	顾　敏	潘文婷	蒋倩赟	徐　瑛	沈怡秋	苏　静
钱燕婷	马静燕	温静丹	卢凌云	张文雅	徐建红	刘晓燕
曹娜娜	苏晓红	赵丽君	杨　燕	周　怡	朱燕珍	顾　莹
朱勤荣	钱敏莉	陈　佳	魏亚丽	李晓薇	王志超	卢雯艳
时　琰	蒋汝婷	黄聿青	韩亚男	费倩璐	王金鑫	霍丽霞
徐　敏	岳蓓蓓	戈　燕	秦　璐	徐义婷	徐　忆	冯利芳
赵慕易	张丽平	吴晓宇	何星颖	王佳莺	蒋　薇	徐梦娇
徐秀利	谢煜静	林晨云	吴　莉	周　红	曹丹蕾	鞠　虹
郭　振	杜欣逸	郭月雅	朱艳婷	胡娟娟	潘晓凤	钱秋月
周婷婷	陶许燕	褚　洁	周　钿	夏姚妮	王梦梦	沈　娟
蒋苏雯	吕　婷	王艳芬	陈艳妮	徐梦柔	赵志君	刘　星
封丽颖	吴逸珂	狄红叶	邢佳慧	姜　洲	张洁鋆	乔静芳
缪重骥	张梦婷	盛敏洁	王子双	孙　琪	缪雨婷	周凤丹
徐梦颖	朱梦婷	袁　虹	毛绮雯	丁秋萍	胡小芹	严春霞
沈　俊	王　蒙	周录琴	栾佳奇	钱　敏	赵　婉	季佳荧
刘叶子	葛醒醒	赵　静	庄晓冰	俞晓琳	牟鲁惠	许　萍
王春兰	陆　燕	邱　晨	曹　蕾	沈永芳	陆丹枫	顾启红
谭湘黛	奚娜娜	丁　慧	江梦怡	王燕琴	沈一斐	赵静瑜
陈文佳	程　婷	范莉芳	王迪沁	袁静静	吴汝佳	王　荣

秦丽	苏楠	王佳	胡欢欢	支晶	邱磊	黄春燕
顾霞秋	周芹	冯静怡	孙明兮	孙晓雯	陆叶红	陈芳
于静	龚晓浙	杨琼	段敏	周静	汤悦悦	陆佳丹
殷萍	张熠	杨玲娟	嵇谦	崔晶丽	贡佳辉	唐晓晴
邓秀雯	曹龙英	宋四梅	韦超群	蒋炜	吕亭	顾秋晨
曹甜甜	唐雨雪	王晔燕	朱琪	寇洁	王晏妮	崔欢欢
刘丹	房莉莉	银雄叶	季銮	周烨	陆晓东	计烨
查君君	钱世媛	冯许花	陈莎	王文菊	储颖	吴红燕
瞿美玲	李园	张婕	黄蓉	田梦颖	王依妮	吴雨君
林瑞婷	杜丽娟	周莉	武虎	余晨怡	周心怡	顾艳
侯雯君	陶丽	高佳	芮霞洁	陈静	凌毅州	周晓萍
王晔	李佳欢	吕琴	盛煌梅	史雯君	刘超	钱云娟
刘鑫	黄静菊	杨春花	陈志琦	李迪	杨媚蓉	许稚烨
杨丽娟	范敏佳	刘燕	夏芸	全紫萱	龚英英	冯微微
夏敏艳	宋晶晶	韩菊仙	潘小芳	邓梦秋	陈兰	颜霜
王林艳	周颖	陈依敏	陆慧敏	陈梦娇	王文明	钱怡婷
张增珠	王晶	曹洁	黄燕	王丽平	陆燕娴	左亚北
蔡婷婷	徐瑞芬	倪平佳	郁卫萍	彭婷	冯娟	朱曦瑛
李吉	黄恺晨	王晨阳	刘萍	杨毓	丁玉霞	孙秋楠
罗小玲	吴伶燕	曹雯燕	戴婵媛	杨明兰	陆思思	周航
葛婷	沈佳星	金丽洁	陆宇婷	沈祎薇	丁娉婷	朱凌云
钱春芬	徐燕兰	顾添	纪欣欣	戴倩	赵丽娜	韩珊
费红	朱佳	郦慧玉	胡佳	朱文亚	戴莉萍	潘冬梅
宣晓静	周宇红	胡敏	孙逢秋	谢方舟	陈慧慧	钱雨寒
徐宏	韩丽	钱黎	周小楠	郑秋	徐蒙	耿超
徐琳	王溢潇	金韩星	卜斓琳	王洁	朱颖	张晨诗
刘娜	袁海艳	王佳英	于慧	顾鸣洁	袁琴琴	钱琼艳
马春燕	陈嘉艳	李晨瑜	韩晓娣	李明丽	崔鑫	张宇岚
徐静	王修菊	涂颖帧	吴孟玲	王全女	张梦婕	张丽茜
张利峰	许亚楠	王怡婷	汪利利	汤维翼	顾文燕	翁雪珍
周扬	曹春燕	王弋元	赵萌萌	秦晗玥	戴晓萍	丁黎静
徐小波	陈洁	杜星依	王婧	毕欢欢	尉新如	孙志仿
钱昱程	时莹	王珍妮	孙佳	李花	徐盼盼	卞晶晶
陆羽娇	段愿	周玉兰	孙素文	沈红娟	冯丽	梅如玉
王蕾	俞璐	朱超楠	徐嫣珺	李金叶	邹红芳	翁歆芸
陈洁	赵玉玲	韩莺莺	陆青青	马倩	陈斐	王倩倩
汤丹萍	王亚萍	刘湘萍	江林玉	徐萍	柴丽郁	王婷
崔慧萍	陈华倩	顾建月	钱旦莹	张梦婷	姜建娟	卞淼淼
宋宁	王艳华	滕晓燕	黄梅	霍莉娜	张传羽	何方

范丽芸	王新新	汤晓燕	蒋和娣	陆春香	王海燕	杨　咪
朱怡纯	陈绍芬	邓　楠	曾康飞	潘超群	张　萍	龙　婷
吉惠敏	王　莉	杨燕燕	沈亚萍	邢　娜	曹璐梅	王　娇
于　婷	刘丽丽	朱秋霞	王婷婷	许网梅	常怡茜	杨金凤
王晓芬	黄　昀	张　腾	方　芳	刘山妹	翁雨朦	汪　培
强莉亚	周　莺	殷　超	徐　双	王馨梓	周　静	陶晓丹
吴熠婷	许蕾佳	陈静静	夏雨璠	徐　娇	邵　雯	陆梦芸
张　颖	苏艳哲	周怡心	张蓓雯	何湘蓉	归　歆	张亚萍
徐　煜	庄佳琪	顾　萍	费天淯	沈　红	胡晓婷	李佳慧
顾斯佳	李　珺	任　艳	武琴艳	吴　琪	李玲芳	许吉明
沈荔云	王　芬	蒋文菲	胡晓英	陈　娇	汤　晓	刘大艳
李佳琳	林小伟	张娜娜	朱钰林	毛倚秋	杨　静	周佳婧
夏雪楠	崔　佳	蒋丽芳	陈　渝	徐　雅	张　晓	戴利琴
薛　靓	姚　佳	李　婷	张佳音	殷晓晓	陆瑜菲	周玉娟
邵丽梅	刘晓丹	顾明芳	周　金	刘云霞	陈娜茹	陈　娜
朱琼宇	郁晓艳	陆晓婷	李　娟	张柳倩	孙　娇	姚　娇
张　红	强　微	徐佳伟	顾紫珩	金　烨	施颖菊	沈亭好
龚佳琦	周　舟	解小焕	何　青	徐梦琦	赵雨柔	沈秀花
邬晓梦	仲　雪	陆忆学	李仲艳	王丹娟	蔡文婷	张燕倩
钱慧丽珠	苏　宁	王　蛟	沙春芳	张园媛	张珊珊	姜晓丹
周婷婷	周　静	王怡婷	于秀春	顾静雯	周夏怡	廖慧芳
刘军红	陈　珍	邓莹歌	查　鎏	皇甫雨倩	黄　燕	蒋怡雯
蒋伊雯	廉林忆	张　蕾	苏烨球	马慧芬	钱云兰	程旭月
刘　亚	王宇姣	潘　倩	薛　婵	张学群	谭员红	朱晓钰
葛淑华	金玉兰	戴之华	陆　巍	潘　洁	严凯燕	沈思洁
严冰艳	顾玲玲	钱佳慧	夏清霞	薛杭薇	胡琳琳	欧阳晨
王　雪	沈春妍	卫春雨	陈忆珠	王　倩	沈梦琴	张科烨
胡丽玲	董　娜	邢永贞	蔡丽敏	胥朱燕	陈虹霞	陈　博
朱　敏	高佳玉	周　璐	应春蕾	伍　艳	顾舒蓉	缪涵沁
黄　静	范希文	吴佳舟	朱宏秀	周　微	李文巧	曹　佳
张　莉	李　春	徐　曼	孙亚文	包鸿敏	崔　芳	赵莉珩
张媛媛	陈　佩	陆黎敏	熊　鹰	纪亭如	朱彦冰	滑金彩
殷丹倩	潘宇婷	严颖佳	蒋　岚	黄玉娇	张　娟	常小璇
高　娟	顾单华	张　丽	徐美华	李　曼	王紧娴	祁慧倩
蔡　兴	吉晶晶	孟凡红	张　晓	叶　蘭	周白聿	张　霏
孔韶曦	徐重冉	高　洁	刘燕芬	陆　佳	张　倩	殷婧雯
贺秋琴	曹晶晶	赵　倩	张　艳	朱永艳	朱　丽	张　俊
赵文燕	徐丽琳	李　芳	李　溢	陆晏秋	徐　维	李　真
杨　文	周　洪	唐丽雯	徐周娅	吕冬霞	王兆兆	刘　双

戴怡婷	王 琪	顾晨娟	徐芳鸣	邹晓莹	沈敏叶	张星菊
夏惠娟	闵丽萍	彭晓蕾	陆慕雅	朱 洁	王 蓉	陆晓梦
钱怡婷	徐斐斐	章 颖	严 淑	樊海妹	周 菲	朱琰媛
王 霞	盛敏华	严素华	王 婷	池 甜	胡融清	牛美玲
周明霞	潘丽莉	朱晓倩	施馨馨	杨 波	马遗霞	李曦辰
丁 颖	谢 妍	王 澜	蒋红菱	黄 丹	黄玉婷	张 婷
常艳丽	张秀娟	孙 静	孙春晔	杨银艳	姚 春	桑海迪
张 魏	徐 玥	吴灵欣	周 倩	陈 希	葛志惠	金雪霏
陆秋阳	吴瑶琦	沈丽雅	潘怡婷	杨佳丽	於 菁	王毛引
余 练	曹 佳	金 维	金怡兰	陈姣姣	沈玉茹	周晨曦
陆佳颖	王燕芳	薛 情	曹晔慧	朱建云	高 璐	汪婷婷
邵宏莉	卢中英	王 蕾	张 敬	龚雪雯	袁月珍	孙 佳
杨 迪	张煜洁	朱乐燕	陈 虹	张君岚	虞 珏	金 群
朱云林	蒋 莉	仲 勤	陈 茹	缪燕娟	王 平	岳 蕾
焦 文	俞 青	刘艳婷	顾倍娜	张 雪	束晓云	刘倩倩
浦 艳	於晓燕	吕斯依	田 敏	耿水莲	邹佳佳	李彩红
顾春雅	郑薇薇	郭 丽	陆金樱	钱晴雯	殷 静	孙 莹
汪婷婷	张晨霞	吴 阳	孟丽娟	唐烨蓉	朱 莹	陈灵娟
冯雨晴	赵正艳	李 茜	钱丽萍	王莉婧	任竹君	李焱琦
保甘萍	陆忆婷	沈鸿莹	邱思明	季琳月	张昕美	蒋媛媛
朱碧云	李 倩	唐烁文	戴薇兰	宋蒋云	章洁梅	吴 波
孙 敏	蔡宇曦	陈衍枝	孙伟洁	肖 娅	岳 瑾	何丽霞
蒋 燕	王 星	何宇方	陈非凡	周敏珠	张 笑	王晓艳
周丹丹	嵇友芬	范新怡	卢 芸	朱 静	潘琳霞	徐伊丽
孙丽萍	俞 芳	景姣姣	陆叶倩	刘 勇	花金玉	罗佳薇
刘 倩	唐明燕	洪 伟	张亚平	印丽娟	满 琴	周玲玲
王光侠	徐丽倩	沈燕佳	钱晓静	张丹怡	余 菁	陈 侠
袁 瑜	许茂莲	金振芳	张 甜	樊敏娜	何 娟	钱菊华
王 伟	蔡玮泱	沈凡雅	阮新怡	赵 玲	邹晓华	王秋霞
张文娟	高 茉	吴小芳	李沁南	段雅妮	郑菁菁	王娜娜
王 晗	俞 佳	赵辛雨	吴赛男	徐 静	崔艳晴	李 卉
李彤彤	顾艳明	王 蕾	季 诚	王裕静	李 菲	陈 琳
金 珊	王洪跃	陆思雯	沈忆婷	高 婷	陈恬恬	孙琳瑜
姜飞飞	宋贺彬	侯嘉莉	何迪夕	邓宇慧	周 婷	徐 淼
潘进芳	张毛妮	李 琼	谢 丹	朱梦倩	刘 薇	杨秀霞
陈 洁	王 玮	冯灵芝	周 艳	徐宝珍	徐嘉琦	陈 思
徐 琪	陈婷婷	曹玉骅	王美娟	顾 琴	朱梦雅	金 薇
邢士苏	朱文莉	钟 慧	宋秀杰	高 菁	杨玉婷	张雪芬
任 婷	陆梦琪	徐 梦	姚安敏	高燕飞	李婷婷	周 剑

王佳佩	朱宏尊	管玉荣	王　静	朱逸妮	季米蕾	钱　莉
丁陈强	马玉婷	杨晨霞	徐雨婷	朱燕青	蒋旭云	周晶菁
侍星星	陆喜丹	查晨林	黄苏雯	吴蓉蓉	童　丹	杨　欢
成抒阳	杨　林	曹秋月	周文君	邱　叶	殷　莺	黄　菁
严爱芳	胡玉琼	陈　琴	钱莉莎	蔡伊妮	邹亚媛	仇　丹
唐　洁	马文昱	戴　洁	严来美	刘潭阳	黄麒竹	金思敏
龚诗妤	张逸飞	蔡　娟	周晴晴	吴琴燕	杨　楠	王梦阳
戴　玲	张　丽	周跃跃	陈　竹	荣　燕	王诗莹	王颖恬
王妍妮	张　慧	吴　霞	陈　茜	周玉虹	金　艳	吴　姣
丁启莹	方林林	李　婷	孙　琳	陈彩莲	蒋蝶君	钟　祺
翟颖茜	李　莉	王瑜倩	徐　莹	薛美玲	刘　静	王丽丽
刘宏敏	陆晓岚	金　蕊	眭淑晶	周　亭	邢　静	周　萍
储　菲	刘　婷	张　萍	王旖旎	陈　菲	芮佳祺	付婷婷
高秋平	吴　洁	蒋　倩	龚　蕾	王旭丹	裴晓霞	芦　贺
夏梦婷	陈　萍	陈　欢	肖叶婷	严祎倩	范菊香	袁新怡
景蕾茜	李　妍	张晶晶	周丽娜	许耀华	陈　莹	罗　杰
胡　悦	刘　玉	顾莹瑛	薛　燕	王　燕	黄　莉	刘芳明
盛　萍	沈新红	陆雅萍	陈　萍	倪晓晨	倪晗婷	史心怡
卜弯弯	符以棋	许文英	王　维	沈　婷	张周蕾	袁晓洁
朱　鹏	马　丹	王艳玲	周　洁	陆秋菊	耿佳莉	王亦星
严静兰	杨　芸	尤楚楚	徐晓菲	徐　静	姚玉娇	顾　敏
杨文晴	徐　雯	王昕竹	严晓婷	夏玟玟	陈林燕	石旻敏
曹怡娟	李云涛	储亦君	周晓青	张金花	周晓敏	马小淦
陈　聪	朱　霖	肖　娟	臧晓静	宋海云	金　芳	茅淑瑜
汪　灵	卢　馨	赵依依	吴琳霞	周倩柔	徐　兵	周晓红
韩佩玲	时云亚	戚　进	肖　晓	黄　琳	宋梦佳	朱　樱
徐　沁	陈佳勋	顾　洁	张　露	郝欢欢	刘春花	

会计学专升本函授(183人)

乔　禹	王萍萍	刘　美	李长磊	吴树栋	刘　平	凌晓倩
郁仁亭	郑　森	梅丛静	陈焱萍	刘　湘	王全捷	严　皓
刘琼华	张文颖	王冬芳	柳丽丽	陈正霞	尚玉婷	叶子涵
计萍霞	徐华锋	朱辰华	吉再筠	赵　婷	施沁怡	冒丽君
徐　俊	杜霞龄	陈春燕	张媛媛	孙小云	张许苗	梁冰洁
邱　云	李逍阳	戴艳颖	金旭晖	程薇薇	白　婷	赵　娣
孙渝杰	张敏超	彭玉玺	杨　洁	潘　虹	金弘铁	李玉芳
蒋　丽	洪　彦	钟　艳	张　柏	陆张仁	许新秀	张亚芳
周　蓉	张　颖	吴　春	李雅红	王丽丹	曹爱华	吴贤超
邢　青	顾晨琦	朱晨蕾	蒋晓妹	汤雯娟	侍唯佳	程香香

朱丽萍	赵 芳	石紫云	王 洁	林 青	单小燕	卢丹红
陈凤云	顾振荣	王 丽	顾振华	马雨晴	宗晓平	戴依梦
杜 莎	李春梅	陈逸霏	杜志伟	陆 好	赵春花	沈 赟
张静怡	陈玉娟	吴美华	王艳菊	黄 莹	王飞云	高 臻
王 婷	李珊珊	李丽莉	严愉娟	麻 丹	王 静	朱婷婷
孙欠欠	万艳花	高云秋	杨娅媛	郁丽丽	王静静	王 娟
吴旻雯	庾雯玉	滕 银	朱 珠	何春香	李莉莉	沈峥嵘
宋丹华	汪 丽	单卫兵	尉 芸	顾 岚	崔 莹	朱静洁
杨宝玉	汤志敏	郭虹君	李怡虹	胡恒梅	徐 莉	王 晨
陈炜芬	谈 雁	倪春花	王萌萌	柳 霞	於紫豪	宋 菲
邹 溧	姜广娟	曹振娟	杜银芬	朱 静	袁王峥	张 越
张海燕	许智勋	王晓冬	孔 楠	华 姝	许益林	陈美金
夏文英	白翔宇	陈 浩	王 梅	殷方星	崔皖俊	杨 雪
缪美新	朱雪芬	陈雅婷	姚 墨	孙 林	祝广知	蔡 文
章海青	张稳稳	钱高旭	谢 怡	沈晨铭	陈姝雯	吴 婷
赵祥前	陈 玲	邵前芳	徐 琪	唐佳雯	邹 燕	郑丽娟
陆 俊						

机械设计制造及其自动化专升本业余(172人)

窦文建	段红梅	聂卫林	宋成伟	满谊江	孙建广	陆冠彤
王 涛	殷小弟	朱建友	沈露露	沈正东	张 莉	徐连斌
刘耀文	朱学敏	王秋红	庞枫枫	袁风鹭	双高远	王恩院
韦鹏翔	王 瑾	李燕超	王文纪	仇传印	孙巧娥	陈 晨
高 峰	于 淼	冷玉晶	尤 健	史余丰	雷 康	许 朝
喻品军	宋法强	沈一鸣	周文辰	朱绍磊	孟大利	周永京
褚敏建	孙建平	颜 磊	高文娟	王 升	吕士诚	侯 鹏
田银昌	胡大坤	陈宏兵	李佩洪	于海龙	季泽民	钮成杰
蔡健强	魏如意	姚恩松	李 吉	唐清花	柯镇兴	张 涛
王佳民	李 炯	葛承胤	马刚刚	孙振丰	唐姝敏	蒋燎燎
丁维维	陈相吉	顾 东	俞 琴	周宝泉	尹海燕	夏世发
张 强	王国禹	顾 康	卞春霞	郭海风	江学华	张长明
苗广会	袁利民	田传保	邵发言	王 成	曹多永	韩 碧
戴 杰	赵烨君	王英杰	姜夕琳	石乾冲	陆 奇	邓 骏
陈 雷	袁庆伟	丁 立	李 栋	黄开斌	马情雯	沈克成
廉 瑞	王晓幸	陈 华	刘 成	陈琪明	郭东辉	周小虎
褚灿勇	鲍丙会	黄承虎	陈晓晓	孟海英	马世亮	朱 斌
张兰轩	徐庆亚	袁 浩	许宏伟	徐春辉	欧德建	赵洪卫
徐晨祺	张 飞	张玉言	刘 凯	王华强	姜丹玉	顾开亮
颜国林	赵忠园	陆 琰	姜 勇	金振华	范陈洁	喻 膺

郁红军	李家波	仲晓栋	霍长勇	朱春瑶	袁成苗	徐华平
戴忠良	丁志军	张 宏	范秋磊	朱 迅	王建涛	汤成远
饶 雪	钱嘉成	练永祥	樊 璐	姜艳丽	张 星	高庆延
韩 洋	潘雪松	徐忠平	吕志明	周如意	侯伟伟	周春观
杨 杨	温中亚	杨 威	倪月祥			

计算机科学与技术专升本业余(41人)

邓 静	徐翀鹏	安 敏	黄晓东	陈院生	仝 艳	贾运河
高 荣	金 亮	韩苏荣	管 涵	李浩然	王守强	王 跃
李志维	聂芸芸	王 川	周 剑	李 平	高 健	陈海峰
张友凯	张云海	陆 斌	张 鹏	孙忠正	尤馨来	胡 进
李志樑	汤 晨	孙 巍	骆念清	蒋 峰	张 阳	巩月平
江承刚	高立刚	施 勇	刘 刚	李晓妍	费晓冬	

建筑环境与设备工程专升本函授(29人)

宋 柯	周欣欣	徐红兵	孙 桂	周 晨	陈冬芹	杨晨晨
江宙一	陈 哲	陈 彬	胡 燕	毕士学	沈 超	王 磊
王 凯	王 顺	施高磊	朱云霞	郑希明	赵永锋	顾维新
赵宝山	韩 愈	王 峰	王铁美	邵海波	胡金刚	黎 菁
徐 倩						

交通运输专升本函授(22人)

顾 欣	吴丽娟	袁 楠	徐 皓	刘 斌	黄黎峰	潘亚东
顿世聪	王顺聪	李媛媛	李健波	陈嘉宇	府 晨	刘 敏
姚欣秀	沈玉萍	孟琪玮	张 榕	汪为虎	韩 丽	张家良
王远玉						

临床医学专升本业余(213人)

秦宇红	秦少波	胡前平	顾美红	叶文生	张晓兰	马芹芹
顾黎明	张婷婷	张春华	许凤莲	金明初	吴迪怡	朱留民
吴敏茜	嵇若枫	盛振峰	俞赟杰	李露露	徐 佳	王晨语
苏懿珏	黄小龙	葛 楠	宋燕梅	谷倍青	韩天慧	施晓耘
韩 巍	许 岑	施峰云	徐冠蕾	羊晓菲	钱胜男	王晴晴
曹国萍	陈 佳	陈斌佼	杨丹丹	郁 仪	沈 超	施顺川
陆宇豪	陆 娟	王红霞	赵斯迪	钱丽君	闻 伟	毛 峰
俞 妹	余亚云	王旦奇	吴振东	柳凯杰	张 蓉	徐梦晓
黄 俐	苏 毅	甄传英	朱晓南	杨怡婷	王晓东	黄佳晨
吴羽豪	王琪崑	堵一青	钱振栋	叶 玲	俞 霞	陈御妹
周理峰	徐亚平	刘 勇	张晓燕	陈泳旭	任玉凤	张欣杨

谢玉英	陆雅哲	王静虹	杨梦青	朱 虹	吴 庆	邹晓萍	
王 正	闻彬彬	李毅俊	秦宏浩	冯倩云	金莹莹	丁彩云	
蔡函汝	任振宇	谭霞晴	袁至琪	张海燕	朱中正	潘宇轩	
谢高志	沈晨怡	李 峰	刘 炜	严灵杰	杨中华	施 远	
喻翔卿	王亚辉	顾晓梦	陆勇强	李君临	顾 韡	徐 鑫	
吴晓青	朱珈烨	陶宇清	顾丹红	朱 伟	王 永	胡 韬	
徐梁依	时大龙	王 军	陈殿阁	沈瑜豪	卢柯宇	倪晓丰	
金小燕	陈文杰	赵志平	杨晓柯	陈 顺	赵泽军	华丽芳	
朱武杰	马琛蕴	莫海峰	顾维坤	葛雨晴	顾海涛	王佳雯	
王美红	董新颖	陈海鹏	丁显平	徐文昊	李令学	温梦佳	
朱晓岑	吴娇娇	赵 磊	陈雨伦	杨永胜	孙思远	邓丽芳	
钱 成	黄玉秀	倪嘉诚	王 楠	郑 虹	李宇杰	龚楚红	
朱晓诚	路 明	代文娟	周艳明	邵建良	苏照顺	匡耀平	
薛晨晖	范政清	廖苏苏	苏 萍	金灵燕	府 燊	印章明	
朱子杰	陶舒眉	薛凯强	汪 峰	张明月	董 健	范辰筱	
盛 静	徐 万	巢彦青	杜玉杰	周 田	王兰萍	邱建国	
袁晓燕	邵晓光	王 权	王 静	窦成双	周依伶	徐河清	
戴文磊	陈志艳	梅小艳	金 叶	曹成杰	周涵彬	陆晓兰	
黄 鹏	韩 佳	巨 荣	朱文华	徐文婷	王裕兵	张 琴	
马广阔	钱梦娜	张 喜					

人力资源管理本科函授(43人)

孙文芳	顾 卓	董秀华	丁 丽	张政兰	顾新华	俞娅娴	
樊 勇	陈 林	李茂艳	戴晓军	但凤英	彭海霞	潘存忠	
程志志	冯思娇	葛龙生	朱慧芳	徐星凤	钱卢萍	张 静	
杨 阳	马 燕	李春玉	陈 霞	沈 湄	孙 悦	刘长兰	
宋文贺	吴 娇	陈红秀	顾丽萍	陈茗柯	陈珊珊	叶屹辰	
张巧玲	徐晶晶	周志花	王 倩	赵 亮	孟园园	赵艾考	
张 雷							

人力资源管理专升本函授(2人)

钟小兰　　汤东梅

人力资源管理专升本业余(116人)

赵 飞	周亚静	秦 兵	刘秀丽	陈卫琴	郁 馨	姬占鲁	
倪晓芳	王泽灵	孙 念	陈 林	王明莹	顾倩雯	余喜娟	
耿春香	陈云嫦	杨亚静	张凌玮	王 冉	朱石人	周龙飞	
谢红霞	徐海霞	郁欣霖	艾胜楠	卢晶晶	冯维佳	胡婷婷	
沈 益	杨妍玮	王静文	徐丽丽	沙保全	张 弛	方 彬	

王永娜	唐亚瑛	曹蒋行	杨思涵	舒友勇	巫海芳	顾文娟
刘　倩	刘玉林	宋　亭	陈　雪	计晓祎	严　群	周　兰
曹红玉	谢　娇	孙　洋	姚志明	府玉琴	袁　喆	荆配配
杨弘眭	张慧芳	李笑宇	顾永展	高　珏	鲁金华	王弋菡
王芳勤	孙华静	金冰洁	王　健	官瑞洁	开美玲	高承荣
徐艺芳	陈春蓉	苏　新	陈冬梅	夏凯绮	郭麒麟	周凯强
黄小吉	严　平	徐雪兰	田维娜	焦　菲	李凤萍	黄亚飞
陆海燕	邵　静	马　敏	张巧华	廖正玉	庄小燕	徐芝兰
李翠翠	吴娅娅	熊　思	夏　冰	赵　俐	赵　洁	唐佳燕
李　静	张一帆	伍盈玉	陈　飞	周　萍	宋　芳	倪玉菡
荆春洁	徐建刚	陆　丹	居绮蕾	李　想	谢玲玲	邱春艳
薛孝晨	孟　丽	邓　道	胡海军			

日语专升本业余(18人)

詹必恒	周一心	刘　歌	张　虹	沈亚芹	杨　银	米　兰
侯　波	桂万银	范　平	高凤军	赵学兵	胡雅萍	陈世昌
陶爱萍	刘　竞	沈中芳	朱平媛			

食品质量与安全专升本函授(8人)

| 渠玉玉 | 芦　燕 | 朱　琳 | 汪亚敏 | 朱静宜 | 付雪娇 | 周铭萱 |
| 张　楠 | | | | | | |

网络工程专升本业余(26人)

许　慧	蒋晶硕	王明之	王小立	程　川	胡海峰	王　珂
马　健	沙笑敏	徐法培	卢晓星	朱伟伟	蒋志斌	潘许杰
姚　辉	何志英	李　祥	吴　军	陈　成	张　春	卓　海
周健星	朱晨晨	钱　浩	倪　魏	汤明明		

物流管理专升本业余(69人)

董　荣	董文雯	胡艳丽	单绍玉	杜　慧	何丽荣	季洪培
孙　奘	许夏昀	李俊峰	公建华	石旭莉	任珊珊	许婷婷
戈春艳	范者民	赵世水	李　萍	栾瑞晨	崔委峰	孙亚兰
陈　龙	杨　悦	杨一峰	张　娟	刘兰云	付成杰	曹培培
戴中文	高　鸿	丁　欢	付莲燕	陆伟忠	王颖颖	狄雪梅
丁　玲	李宗芸	朱晓勇	高小艳	程　林	管晓虹	顾方明
龚赛杰	徐宪才	陆明星	金小平	李　莉	孙钦科	程红艳
镇　静	郭易立	孙超峰	贺丹丹	王利东	毕晓娟	沈佳琴
袁小敏	贾宗云	顾小明	王云花	邓晖晖	李丽娜	朱微微
张玉振	陈　静	李培付	李　寅	朱　军	徐　兵	

药学专升本函授(115人)

黄胡军	杨展英	刘 梅	诸圣豪	朱俊俊	潘蒙倩	咸 晶
张阿芳	张黎斯	张 荣	陆银花	朱炎青	曹 俊	顾盈波
朱 懿	沈雅磊	陈青青	陈 云	陆月兰	周砚荣	曾晓伊
杨震红	余 洋	王 玉	陈喜东	毛智永	蒋丽辉	尹亚娟
马舒涵	孙 林	沈 倩	朱敏娅	蔡盼盼	王丽娜	翁 莉
卞晶晶	孙梦迪	沈中键	蔡肖霞	任雯婕	陈 歌	张 慧
沈 琦	王晓聪	朱惠丹	毛卢吉	钱南舟	李 颖	邓冬梅
邵晶晶	宋前元	张 妮	沈小煜	宣 静	张少娥	张 凡
秦燕萍	蒋月英	颜 萍	张娇娇	周丽霞	范 炜	周建敏
段小寒	黄 颖	卞玲玲	杨良东	单丹丹	任亚伟	冯立强
王 繁	张梦娟	邹 斌	郑亚萍	戚 祥	陈奇涛	葛艳萍
曹沁玥	杨 敏	许 燕	叶倩霞	尤晓岚	吴周清	曹 敏
徐卓婕	赵 玲	倪 琳	潘 艳	管宗琴	孔 霞	黄圆媛
薛燕萍	谢馥羽	刘晓涛	荣丹菁	韩留芳	艾翠翠	李丽芳
陈 琳	李梦雅	尚江超	吴迎春	冯巧玉	吴婷婷	张倩娴
李欣嘉	陶新宇	宋红芳	张 茜	孙 蕾	蒋 燕	樊红芹
蒋悦悦	潘晓霞	黄光秀				

医学检验专升本业余(29人)

武莉莉	杨 涛	顾菊英	陆晓岚	顾 琴	何新宇	梅 玲
高倩南	丰彦之	江翔宇	周倩茹	李家宇	孔佳丽	吴 杰
艾 竞	陈 阳	王娇娇	董付云	顾晓军	邵源媛	许程玥
莫颖洁	姚一峰	石 玮	顾月华	陈建春	余洋洋	康天雪
魏庆亚						

医学影像学专升本业余(190人)

陈敬橙	陈 琪	鞠海红	吴 伟	周雪语	程 琪	金文洁
李宝石	付文静	卢为鹏	刘海桃	顾子真	刘 璇	钱园园
吴佳明	童 飞	郑 娅	孙仁元	翟 涛	李锦龙	郭妮莎
付婉晴	唐晶晶	林圣晔	刘 寒	邵元伟	朱点点	张妍君
刘欢欢	吴兆荣	王伟大	宋 杰	眭晓阳	熊一铮	沈 佳
尹海龙	高林峰	丁 翔	石容容	陆 戴	陈尚金	胡付聪
陆雁清	徐 州	张倩雯	张冠斌	谢忠连	张银翔	李建平
曹铜立	赵 丹	高 颖	李 森	徐 晗	赵志维	许 可
何 彧	徐佳慧	周玲燕	殷昌立	胡 晶	严 红	单子恒
唐娜娜	印克芹	丁冬梅	庞亚勇	石梦俏	赵萌萌	陈天虹
李文伟	朱梦羽	卢 敏	潘清云	朱 晴	马振宣	毛 颖
王叶挺	朱 凯	刘姗姗	孙 彤	陈巧云	黄敏铭	周纬纬

何家欢	蒋鑫	王行	唐琼	李建	朱剑桥	辛俊辉
彭林	王斐	尹国庆	季晓妍	宋翠翠	宋云飞	徐芸
李梅	王文杰	顾青玉	吕妍筠	沈佳颖	王梦晓	丁春花
汤建	卜继磊	李艾梦	时乐男	张璟	谷东方	李洁
吕天琪	顾凯	周媛	周浩	周昂昂	许志丹	徐磊
王俊凯	王丽鸿	邵澄洁	卓宇杨	顾晶晶	袁悦	王谷弘
金虎	卜小小	秦冠军	耿远青	马婷	金晶	毛新美
徐浩	周佳琳	尹姣姣	朱凤	臧露露	刘德炅	杨嘉慧
施宁	马臻雏	葛文娇	朱一帆	夏蕾	王小兰	于海秀
齐淑珍	黄辉	赵亦文	唐志龙	窦焱	谢健	赵增鹏
仲威	王秀方	刘练	左小庆	陆美程	张影	黄志凌
张力	孙艳红	韩文广	李然	邢金栓	胡维杰	朱晋娴
陈悦	浩杰	徐凯	陈臻	张敏姣	苗海涛	孙晓丹
樊俊甫	倪晓红	张凌云	史玲珊	王衍卓	严思怡	叶红
黄海霞	佘梦瑶	黄扬通	朱煜	李慧娟	丁顶	张魏
沈邹伟						

英语专升本业余(157人)

卞怡	谭振	刘静	薛佩	刘井翠	曹倩楠	孙丽丽
顾炜	周华	郭璐璐	井雪媛	孔思逸	李陶	吴红玲
张梅兰	闫颖	吴婉歆	韩慧	王策	崔演武	唐晔
贾斌	杨冬梅	李杨秀	潘婷	张春凤	倪桂香	胡星晔
陈琴	张睿	宋先伟	吴晓慧	刘永光	郑玉佳	韩勤
章群	陈敏	季冬梅	卢建和	周婷婷	王玉凤	严玉洁
耿黎黎	张涛	刘洪卫	门伍淑	陈龙	朱学芳	马丹
丁晖	谷莉萍	欧阳琰	刘军	冯贞珍	戴锦丰	阙曹梁
姜晨欢	崔娜	戴华	宋小秀	张体江	沈静	朱顺祺
吴金枝	王美娟	秦玥蕾	毛骏鹏	刘飞	金潇	徐文君
陈旭	李洁	谷眉	吴宝芬	凌娟	翟真真	徐文艳
贾瑞	郑艳萍	褚文君	马小娟	张喜	程芳	卢旭平
仲崇芳	张培培	丛小羽	许燕非	殷丽洁	沈贤	陈瑶瑶
李文武	朱琳	刘训贞	陶平	张佳佳	向必琴	戴中荣
戚颖鑫	冒慧	谢燕	吴春霞	张利维	戚维清	王素伟
姜鹏	王利芬	张霞	周帆峰	朱敬伟	张萍	王敏
周晶晶	王真真	陆紫云	施丝	江慧静	庞悦	周丹
赵雪芹	戴梅松	徐梦飞	刘慧玲	赵艳红	吴丽丽	夏志婷
张茹	杨洋	李茜	杨菊芳	刘茜	刘彩霞	张冠来
朱晓明	丁芬	薛成	徐春兰	闵全	陈琼	刘丽雯
李铭俊	化岗	奚和洁	姚婉红	李琴	王强	张春梅

储小蓉　季春燕　朱淑娇　王露芳　张　荣　王　蕾　伍皎菱
颜富良　蔡　雯　史阳娣

预防医学专升本业余(14人)
　　宋连心　陈　云　薛　曼　胡永惠　陆　宾　范晔晴　缪娅萍
　　姜　虹　张锁胜　薛雅婷　钱小慧　张　华　徐　琪　和新玲

办学层次

博士后流动站以及博士、硕士研究生学位授权点

2017年博士后流动站一览表

序号	学科代码	学科名称	序号	学科代码	学科名称
1	101	哲学	16	805	材料科学与工程
2	202	应用经济学	17	812	计算机科学与技术
3	301	法学	18	817	化学工程与技术
4	302	政治学	19	821	纺织科学与工程
5	305	马克思主义理论	20	905	畜牧学
6	401	教育学	21	1001	基础医学
7	403	体育学	22	1002	临床医学
8	501	中国语言文学	23	1004	公共卫生与预防医学
9	502	外国语言文学	24	1007	药学
10	602	中国史	25	1009	特种医学
11	701	数学	26	1305	设计学
12	702	物理学	27	1202	工商管理
13	703	化学	28	812	软件工程
14	714	统计学	29	810	信息与通信工程
15	803	光学工程			

2017年博士、硕士学位授权点一览表(★为目录外二级学科,▲为交叉学科)

学科代码	学位点名称	硕士点批准日期	博士点批准日期
0101	哲学(一级学科)	2006.1.25	2011.3.16
010101	马克思主义哲学	1981.11	1998.6
010102	中国哲学	2000.12	2003.9
010103	外国哲学	2003.9	2011.3.16
010104	逻辑学	2006.1.25	2011.3.16
010105	伦理学	1998.6	2011.3.16
010106	美学	2003.9	2011.3.16
010107	宗教学	2006.1.25	2011.3.16
010108	科学技术哲学	2006.1.25	2011.3.16
0101Z1	城市哲学★	2011.12	2011.12
0101Z2	管理哲学★	2011.12	2011.12
0201	理论经济学(一级学科)		
020101	政治经济学	2000.12	
020105	世界经济	1996.1	
0202	应用经济学(一级学科)	2006.1.25	2011.3.16
020201	国民经济学	2006.1.25	2011.3.16
020202	区域经济学	2003.9	2011.3.16
020203	财政学	1998.6	2006.1.25
020204	金融学	1996.1	2000.12
020205	产业经济学	2006.1.25	2011.3.16
020206	国际贸易学	2006.1.25	2011.3.16
020207	劳动经济学	2006.1.25	2011.3.16
020208	统计学	2006.1.25	2011.3.16
020209	数量经济学	2006.1.25	2011.3.16
020210	国防经济	2006.1.25	2011.3.16
0202Z1	教育经济学★	2011.12	2011.12
0301	法学(一级学科)	2006.1.25	2011.3.16

续表

学科代码	学位点名称	硕士点批准日期	博士点批准日期
030101	法学理论	1996.1	2011.3.16
030102	法律史	2003.9	2011.3.16
030103	宪法学与行政法学	1993.12	1998.6
030104	刑法学	2003.9	2011.3.16
030105	民商法学	2006.1.25	2011.3.16
030106	诉讼法学	2000.12	2011.3.16
030107	经济法学	2006.1.25	2011.3.16
030108	环境与资源保护法学	2006.1.25	2011.3.16
030109	国际法学	1998.6	2011.3.16
030110	军事法学	2006.1.25	2011.3.16
0302	政治学(一级学科)	2006.1.25	2011.3.16
030201	政治学理论	1996.1	2000.12
030202	中外政治制度	2006.1.25	2011.3.16
030203	科学社会主义与国际共产主义运动	2006.1.25	2011.3.16
030204	中共党史	2006.1.25	2011.3.16
030206	国际政治	2006.1.25	2011.3.16
030207	国际关系	2006.1.25	2011.3.16
030208	外交学	2006.1.25	2011.3.16
0302Z1	地方政府与社会管理★	2011.12	2011.12
0303	社会学(一级学科)	2011.3.16	
030301	社会学	1993.12	
030302	人口学	2011.3.16	
030303	人类学	2011.3.16	
030304	民俗学	2011.3.16	
0305	马克思主义理论(一级学科)		
030501	马克思主义基本原理	2006.1.25	2006.1.25
030505	思想政治教育	2006.1.25	2006.1.25

续表

学科代码	学位点名称	硕士点批准日期	博士点批准日期
0401	教育学(一级学科)	2011.3.16	
040101	教育学原理	2000.12	
040102	课程与教学论	1996.1	
040103	教育史	2011.3.16	
040104	比较教育学	2011.3.16	
040105	学前教育学	2011.3.16	
	教材教法研究(物理)	1986年	
040106	高等教育学	1998.6	2003.9
040107	成人教育学	2011.3.16	
040108	职业技术教育学	2011.3.16	
040109	特殊教育学	2011.3.16	
040110	教育技术学	2011.3.16	
0401Z1	教育法学★	2011.12	
0402	心理学(一级学科)	2011.3.16	
040201	基础心理学	2006.1.25	
040202	发展与教育心理学	2003.9	
040203	应用心理学	1993.12	
0402Z1	工业与组织管理心理学★	2011.12	
0402Z2	咨询与临床心理学★	2011.12	
0403	体育学(一级学科)	2011.3.16	2011.3.16
040301	体育人文社会学	2000.12	2011.3.16
040302	运动人体科学	1993.12	2011.3.16
040303	体育教育训练学	1998.6	2000.12
040304	民族传统体育学	2006.1.25	2011.3.16
0501	中国语言文学(一级学科)	2003.9	2003.9
050101	文艺学	1996.1	2003.9
050102	语言学及应用语言学	2003.9	2003.9

续表

学科代码	学位点名称	硕士点批准日期	博士点批准日期
050103	汉语言文字学	1996.1	2003.9
050104	中国古典文献学	2003.9	2003.9
050105	中国古代文学	1981.11	1981.11
050106	中国现当代文学	1986.7	1990.1
050107	中国少数民族语言文学	2003.9	2003.9
050108	比较文学与世界文学	1996.1	1998.6
0501Z1	通俗文学与大众文化★	2011.12	2011.12
0501Z2	汉语言文化国际传播★	2011.12	2011.12
0502	外国语言文学(一级学科)	2011.3.16	2011.3.16
050201	英语语言文学	1986.7	2003.9
050202	俄语语言文学	1998.6	2011.3.16
050203	法语语言文学	2011.3.16	2011.3.16
050204	德语语言文学	2011.3.16	2011.3.16
050205	日语语言文学	2006.1.25	2011.3.16
050206	印度语言文学	2011.3.16	2011.3.16
050207	西班牙语语言文学	2011.3.16	2011.3.16
050208	阿拉伯语语言文学	2011.3.16	2011.3.16
050209	欧洲语言文学	2011.3.16	2011.3.16
050210	亚非语言文学	2011.3.16	2011.3.16
050211	外国语言学及应用语言学	2000.12	2011.3.16
0502Z1	翻译学★	2011.12	2011.12
0503	新闻传播学(一级学科)	2006.1.25	
050301	新闻学	2003.9	
050302	传播学	1998.6	
060101	史学理论及史学史	2006.1.25	
060102	考古学及博物馆学	2006.1.25	
060103	历史地理学	2006.1.25	

续表

学科代码	学位点名称	硕士点批准日期	博士点批准日期
060104	历史文献学	2006.1.25	
060105	专门史	1996.1	
060106	中国古代史	2003.9	
060107	中国近现代史	1986.7	1990.1
060108	世界史	1986.7	
0602	中国史(一级学科)	2011.8.5	2011.8.5
0603	世界史(一级学科)	2011.8.5	
0701	数学(一级学科)	2003.9	2003.9
070101	基础数学	1984.1	2003.9
070102	计算数学	2000.12	2003.9
070103	概率论与数理统计	1996.1	2003.9
070104	应用数学	1986.7	1990.1
070105	运筹学与控制论	2003.9	2003.9
0701Z1	金融数学★	2014.12	2014.12
0702	物理学(一级学科)	2006.1.25	2011.3.16
070201	理论物理	1986.7	2011.3.16
070202	粒子物理与原子核物理	2006.1.25	2011.3.16
070203	原子与分子物理	2006.1.25	2011.3.16
070204	等离子体物理	2006.1.25	2011.3.16
070205	凝聚态物理	1990.1	1996.1
070206	声学	2006.1.25	2011.3.16
070207	光学	1981.11	2006.1.25
070208	无线电物理	2006.1.25	2011.3.16
0702Z1	软凝聚态物理★	2011.12	2011.12
0702Z2	能源与环境系统工程★	2015.12	2015.12
0703	化学(一级学科)	2003.9	2003.9
070301	无机化学	1986.7	2003.9

续表

学科代码	学位点名称	硕士点批准日期	博士点批准日期
070302	分析化学	2003.9	2003.9
070303	有机化学	1981.11	1998.6
070304	物理化学(含化学物理)	1981.11	2000.12
070305	高分子化学与物理	1996.1	2003.9
0710	生物学(一级学科)	2006.1.25	
071001	植物学	2006.1.25	
071002	动物学	2006.1.25	
071003	生理学	1981.11	
071004	水生生物学	2006.1.25	
071005	微生物学	2006.1.25	
071006	神经生物学	2006.1.25	
071007	遗传学	2003.9	
071008	发育生物学	2006.1.25	
071009	细胞生物学	1986.7	
071010	生物化学与分子生物学	1981.11	
071011	生物物理学	2006.1.25	
071012	生态学	2006.1.25	
0710Z1	实验动物学★	2014.12	
0714	统计学(一级学科)	2011.8.5	2011.8.5
0802	机械工程(一级学科)	2006.1.25	
080201	机械制造及其自动化	2003.9	
080202	机械电子工程	2003.9	
080203	机械设计与理论	1986.7	
080204	车辆工程	2006.1.25	
0802Z1	工业工程★	2011.12	
0803	光学工程(一级学科)	1996.1	2003.9
0804	仪器科学与技术(一级学科)	2011.3.16	

续表

学科代码	学位点名称	硕士点批准日期	博士点批准日期
080401	精密仪器及机械	2006.1.25	
080402	测试计量技术及仪器	2011.3.16	
0805	材料科学与工程(一级学科)	2006.1.25	2011.3
080501	材料物理与化学	1996.1	2011.3
080502	材料学	1998.6	2000.12
080503	材料加工工程	2006.1.25	2011.3
0805Z1	材料冶金★	2014.12	2014.12
0806	冶金工程	2016.9.23	
0809	电子科学与技术(一级学科)	2011.3.16	
080901	物理电子学	2011.3.16	
080902	电路与系统	2011.3.16	
080903	微电子学与固体电子学	2003.9	
080904	电磁场与微波技术	2011.3.16	
0810	信息与通信工程(一级学科)	2006.1.25	
081001	通信与信息系统	1993.12	
081002	信号与信息处理	2003.9	2006.1.25
0811	控制科学与工程(一级学科)		
081101	控制理论与控制工程	2003.9	
081102	检测技术与自动化装置	2003.9	
0812	计算机科学与技术(一级学科)	2011.3.16	2011.3.16
081201	计算机系统结构	2011.3.16	2011.3.16
081202	计算机软件与理论	2000.12	2011.3.16
081203	计算机应用技术	1993.12	2000.12
0812Z1	智能机器人技术★	2011.12	2011.12
0812Z2	智能交通科学与技术★	2011.12	2011.12
0813	建筑学	2015.11.10	
0817	化学工程与技术(一级学科)	2011.3.16	

续表

学科代码	学位点名称	硕士点批准日期	博士点批准日期
081701	化学工程	2011.3.16	
081702	化学工艺	2011.3.16	
081703	生物化工	2011.3.16	
081704	应用化学	1996.1	2003.9
081705	工业催化	2011.3.16	
0817Z1	化学冶金★	2011.12	
0821	纺织科学与工程(一级学科)	2003.9	2003.9
082101	纺织工程	1984.1	1998.6
082102	纺织材料与纺织品设计	1998.6	2003.9
082103	纺织化学与染整工程	1986.7	2003.9
082104	服装设计与工程	2000.12	2003.9
0821Z1	数字化纺织与装备技术★	2011.12	2011.12
0821Z2	非织造材料与工程★	2016.12	2016.12
0823	交通运输工程	2016.9.23	
0831	生物医学工程(一级学科)	2003.9	
0834	风景园林学(一级学科)	2011.8.5	
0834Z1	建筑与园林设计★	2013.12	
0834Z2	城乡规划与环境设计★	2013.12	
0835	软件工程(一级学科)	2011.8.5	2011.8.5
0905	畜牧学(一级学科)	2011.3	
090501	动物遗传育种与繁殖	2011.3	
090502	动物营养与饲料科学	2011.3	
090503	草业科学	2011.3	
090504	特种经济动物饲养学	1998.6	2003.9
0908	水产学(一级学科)		
090801	水产养殖学	2003.9	
1001	基础医学(一级学科)	2003.9	2003.9

续表

学科代码	学位点名称	硕士点批准日期	博士点批准日期
100101	人体解剖与组织胚胎学	1990.1	2003.9
100102	免疫学	1986.7	2000.12
100103	病原生物学	1981.11	1990.1
100104	病理学与病理生理学	1981.11	2003.9
100105	法医学	2003.9	2003.9
100106	放射医学	1984.1	1986.7
100107	航空、航天与航海医学	2003.9	2003.9
1001Z1	医学神经生物学★	2011.12	2011.12
1001Z2	医学细胞与分子生物学★	2011.12	2011.12
1002	临床医学（一级学科）	2006.1.25	2011.3.16
100201	内科学	2003.9	2003.9
100201	内科学（心血管病学）	1981.11	1986.7
100201	内科学（血液病学）	1981.11	1981.11
100201	内科学（呼吸系病学）	1996.1	2003.9
100201	内科学（消化系病学）	2003.9	2003.9
100201	内科学（内分泌与代谢病学）	2003.9	2003.9
100201	内科学（肾脏病学）	2003.9	2003.9
100201	内科学（风湿病学）	2003.9	2003.9
100201	内科学（传染病学）	1993.12	2003.9
100202	儿科学	1984.1	2006.1.25
100203	老年医学	2006.1.25	2011.3.16
100204	神经病学	1990.1	2011.3.16
100205	精神病与精神卫生学	1986.7	2011.3.16
100206	皮肤病与性病学	2006.1.25	2011.3.16
100207	影像医学与核医学	1981.11	2011.3.16
100208	临床检验诊断学	2003.9	2011.3.16
100210	外科学	2000.12	2000.12

续表

学科代码	学位点名称	硕士点批准日期	博士点批准日期
100210	外科学(普通外科学)	1981.11	1986.7
100210	外科学(骨外科学)	1981.11	1986.7
100210	外科学(泌尿外科学)	1986.7	2000.12
100210	外科学(胸心血管外科学)	1986.7	2000.12
100210	外科学(神经外科学)	1981.11	1981.11
100210	外科学(整形外科学)	2000.12	2000.12
100210	外科学(烧伤外科学)	1996.1	2000.12
100210	外科学(野战外科学)	2000.12	2000.12
100211	妇产科学	1998.6	2011.3.16
100212	眼科学	2006.1.25	2011.3.16
100213	耳鼻咽喉科学	2006.1.25	2011.3.16
100214	肿瘤学	1996.1	2011.3.16
100215	康复医学与理疗学	2006.1.25	2011.3.16
100216	运动医学	2006.1.25	2011.3.16
100217	麻醉学	2003.9	2011.3.16
100218	急诊医学	2000.12	2011.3.16
1002Z1	围产医学与胎儿学★	2011.12	2011.12
1002Z2	男科学★	2013.12	2013.12
1004	公共卫生与预防医学(一级学科)	2006.1.25	2011.3.16
100401	流行病与卫生统计学	1986.7	2006.1.25
100402	劳动卫生与环境卫生学	1993.12	2006.1.25
100403	营养与食品卫生学	1998.6	2011.3.16
100404	儿少卫生与妇幼保健学	2006.1.25	2011.3.16
100405	卫生毒理学	1996.1	2003.9
100406	军事预防医学	2006.1.25	2011.3.16
1006	中西医结合医学(一级学科)		
100602	中西医结合临床医学	2003.9	

续表

学科代码	学位点名称	硕士点批准日期	博士点批准日期
1007	药学（一级学科）	2006.1.25	2011.3.16
100701	药物化学	2003.9	2011.3.16
100702	药剂学	2006.1.25	2011.3.16
100703	生药学	2006.1.25	2011.3.16
100704	药物分析学	2006.1.25	2011.3.16
100705	微生物与生化药学	2006.1.25	2011.3.16
100706	药理学	1984.1	2003.9
1007Z1	临床药学★	2017.12	2017.12
1009	特种医学（一级学科）	2011.8.5	2011.8.5
1011	护理学（一级学科）	2011.8.5	2011.8.5
1201	管理科学与工程（一级学科）	2006.1.25	
1201Z1	运输管理★	2011.12	
1202	工商管理学（一级学科）	2006.1.25	
120201	会计学	2000.12	
120202	企业管理学	1998.6	2006.1.25
120203	旅游管理学	2006.1.25	
120204	技术经济及管理学	2006.1.25	
1204	公共管理学（一级学科）	2006.1.25	
120401	行政管理学	1998.6	
120402	社会医学与卫生事业管理学	2006.1.25	
120403	教育经济与管理学	1996.1	
120404	社会保障学	2003.9	
120405	土地资源管理学	2006.1.25	
1205	图书馆、情报与档案管理（一级学科）	2011.3.16	
120501	图书馆学	2011.3.16	
120502	情报学	2006.1.25	
120503	档案学	2003.9	

续表

学科代码	学位点名称	硕士点批准日期	博士点批准日期
1301	艺术学理论(一级学科)	2011.8.5	
1302	音乐与舞蹈学(一级学科)	2011.8.5	
1303	戏剧与影视学(一级学科)	2011.8.5	
1304	美术学(一级学科)	2011.8.5	
1305	设计学(一级学科)	2011.8.5	2011.8.5
1305Z1	建筑与环境设计及其理论★	2013.12	
99J1	生物医学电子信息工程▲	2011.12	2011.12
99J2	媒介与文化产业▲	2011.12	2011.12
99J3	医学心理学▲	2011.12	
99J4	新能源科学与工程▲	2011.12	2011.12
99J5	金融工程▲	2011.12	2011.12
99J6	医学系统生物学▲	2011.12	2011.12
99J7	激光制造工程▲	2011.12	2011.12
99J8	纳米材料与技术▲	2014.12	2014.12

2017年博士、硕士专业学位授权点一览表

学位点类型	类别、领域			批准时间
博士专业学位授权点	临床医学博士	1051		2000.10.10
硕士专业学位授权点	金融硕士	0251		2010.10.19
	应用统计硕士	0252		2010.10.19
	税务硕士	0253		2010.10.19
	国际商务硕士	0254		2010.10.19
	法律硕士	0351		1998.12.25
	社会工作硕士	0352		2009.7
	教育硕士	045101	教育管理	2003.9.9
		045102	学科教学(思政)	2005.5

续表

学位点类型		类别、领域		批准时间
硕士专业学位授权点	教育硕士	045103	学科教学（语文）	2003.9.9
		045104	学科教学（数学）	2003.9.9
		045105	学科教学（物理）	2003.9.9
		045106	学科教学（化学）	2003.9.9
		045107	学科教学（生物）	2003.9.9
		045108	学科教学（英语）	2005.5
		045109	学科教学（历史）	2005.5
		045120	职业技术教育	2015.7.28
	体育硕士	045201	体育教学	2005.5.30
		045202	运动训练	2005.5.30
	汉语国际硕士	0453		2009.6.9
	应用心理硕士	0454		2010.10.19
	翻译硕士	055101	英语笔译	2009.6.9
		055102	英语口译	2009.6.9
	新闻与传播硕士	0552		2010.10.19
	出版硕士	0553		2014.8.8
	工程硕士	085201	机械工程	2002.5
		085202	光学工程	2002.5
		085204	材料工程	2001.2.12
		085208	电子与通信工程	2002.5
		085209	集成电路工程	2002.5
		085210	控制工程	2010.3.4
		085211	计算机技术	1999.9.24
		085212	软件工程	2002.3.7
		085216	化学工程	2001.2.12
		085220	纺织工程	1998.9.22
		085235	制药工程	2010.3
		085237	工业设计工程	2003.5

续表

学位点类型	类别、领域			批准时间
硕士专业学位授权点	农业推广硕士	095105	养殖	2004.6.11
		095108	渔业	2010.4.20
	风景园林硕士	0953		2014.8.8
	临床医学硕士	1051		2000.10.10
	公共卫生硕士	1053		2001.12.18
	护理硕士	1054		2014.8.8
	药学硕士	1055		2010.10.19
	工商管理硕士	1251		2003.9.9
	公共管理硕士	1252		2003.9.9
	会计硕士	1253		2010.10.19
	艺术硕士	135107	美术	2005.5.30
		135108	艺术设计	2005.5.30

全日制本科专业情况

苏州大学学院(部)及本科专业/专业方向设置一览表

学院(部)	学院(部)代号	本科专业/专业方向名称
文学院	01	汉语言文学 汉语言文学(基地) 汉语言文学(师范) 汉语国际教育 秘书学 戏剧影视文学
政治与公共管理学院	02	哲学 思想政治教育 行政管理 管理科学 人力资源管理 公共事业管理 物流管理 城市管理 物流管理(中外合作办学项目)

续表

学院(部)	学院(部)代号	本科专业/专业方向名称
社会学院	03	历史学(师范) 旅游管理 档案学 劳动与社会保障 图书馆学 社会工作 信息资源管理 社会学
外国语学院	04	英语 英语(师范) 翻译 日语 俄语 法语 朝鲜语 德语 西班牙语
艺术学院	05	美术学(师范) 美术学 产品设计 艺术设计学 视觉传达设计 环境设计 服装与服饰设计 数字媒体艺术
体育学院	06	体育教育 运动人体科学 武术与民族传统体育 运动训练 运动康复
数学科学学院	07	数学与应用数学(基地) 数学与应用数学(师范) 信息与计算科学 统计学 金融数学 应用统计学

续表

学院(部)	学院(部)代号	本科专业/专业方向名称
物理与光电·能源学部	08	物理学 物理学(师范) 电子信息科学与技术 能源与动力工程 光电信息科学与工程 测控技术与仪器 新能源材料与器件 新能源材料与器件(中外合作办学项目)
材料与化学化工学部	09	无机非金属材料工程 高分子材料与工程 材料科学与工程 环境工程 化学工程与工艺 材料化学 化学 应用化学 功能材料
东吴商学院 (财经学院) 东吴证券金融学院	10	经济学 国际经济与贸易 财政学 金融学 工商管理 会计学 市场营销 电子商务 财务管理 经济统计学 金融学(中外合作办学项目)
王健法学院	11	法学 知识产权
沙钢钢铁学院	13	冶金工程 金属材料工程
纳米科学技术学院	14	纳米材料与技术
纺织与服装工程学院	15	轻化工程 纺织工程 服装设计与工程 非织造材料与工程 纺织工程(中外合作办学项目)
教育学院	18	教育学(师范) 应用心理学 教育技术学(师范)

续表

学院(部)	学院(部)代号	本科专业/专业方向名称
音乐学院	21	音乐表演 音乐学(师范) 作曲与作曲技术理论
计算机科学与技术学院	27	计算机科学与技术 信息管理与信息系统 软件工程 网络工程 物联网工程
电子信息学院	28	通信工程 信息工程 微电子科学与工程 电子信息工程 电子科学与技术 集成电路设计与集成系统 通信工程(嵌入式培养)
机电工程学院	29	电气工程及其自动化 工业工程 机械电子工程 机械工程 材料成型及控制工程
医学部	30	生物技术 食品质量与安全 生物科学 生物信息学 放射医学 预防医学 药学 中药学 生物制药 临床医学 临床医学("5+3"一体化) 临床医学(儿科医学) 法医学 医学影像学 口腔医学 医学检验技术 护理学
金螳螂建筑学院	41	建筑学 城乡规划 园艺 风景园林 园林 历史建筑保护工程

续表

学院(部)	学院(部)代号	本科专业/专业方向名称
轨道交通学院	42	工程管理 车辆工程 交通运输 电气工程与智能控制 建筑环境与能源应用工程 轨道交通信号与控制
凤凰传媒学院	43	新闻学 广播电视学 广告学 播音与主持艺术 网络与新媒体

本表统计时间截至2017年12月。

成人学历教育专业情况

(一) 高中起点本科

人力资源管理　　　　　　　护理学

(二) 专科起点升本科

汉语言文学　　　　　　　物流管理
人力资源管理　　　　　　行政管理
会计学　　　　　　　　　工商管理
法学　　　　　　　　　　英语
计算机科学与技术　　　　电子信息工程
机械工程　　　　　　　　电气工程及其自动化
工程管理　　　　　　　　交通运输
建筑环境与能源应用工程　临床医学
药学　　　　　　　　　　医学影像学
医学检验技术　　　　　　新能源材料与器件
食品质量与安全　　　　　护理学
信息管理与信息系统　　　金融学

教学质量与学科实力

国家基础科学研究与教学人才培养基地情况

2017 年国家基础科学研究与教学人才培养基地一览表

归　　属	基地名称
数学科学学院	数学
文学院	中国语言文学

苏州大学国家级、省(部)级重点学科、重点实验室、协同创新中心、公共服务平台、工程(技术)研究中心、重点研究基地及实验教学示范中心

国家级重点学科

1. 放射医学
2. 内科学(血液病)
3. 外科学(骨外)
4. 纺织工程

国防科工委重点学科(2017 新增)

1. 放射医学
2. 内科学(血液病)

江苏省优势学科

1. 政治学
2. 绿色化学与化工过程
3. 光学工程
4. 材料科学与工程
5. 纺织科学与工程
6. 临床医学
7. 特种医学
8. 设计学

江苏省重点序列学科

1. 法学
2. 体育学
3. 中国语言文学
4. 数学
5. 系统生物医学

"十三五"江苏省一级学科重点学科

1. 哲学
2. 应用经济学
3. 马克思主义理论
4. 外国语言文学
5. 中国史
6. 物理学
7. 统计学
8. 信息与通信工程
9. 计算机科学与技术
10. 软件工程
11. 公共卫生与预防医学
12. 药学
13. 护理学
14. 教育学(培育学科)
15. 畜牧学(培育学科)

国家工程实验室

现代丝绸国家工程实验室

国家地方联合工程实验室

1. 新型功能高分子材料国家地方联合工程实验室
2. 环保功能吸附材料制备技术国家地方联合工程实验室

国家级国际合作联合研究中心

智能纳米环保新材料及检测技术国际联合研究中心

省部级实验室

1. 省部共建教育部现代光学技术重点实验室
2. 教育部碳基功能材料与器件国际合作联合实验室
3. 江苏省先进光学制造技术重点实验室
4. 卫生部血栓与止血重点实验室
5. 江苏省干细胞与生物医用材料重点实验室——省部共建国家重点实验室培育基地
6. 江苏省干细胞研究重点实验室
7. 江苏省碳基功能材料与器件重点实验室
8. 江苏省薄膜材料重点实验室
9. 江苏省有机合成重点实验室
10. 江苏省计算机信息处理技术重点实验室
11. 江苏省丝绸工程重点实验室
12. 江苏省现代光学技术重点实验室
13. 江苏省放射医学与防护重点实验室
14. 江苏省新型高分子功能材料工程实验室
15. 江苏省先进功能高分子材料设计及应用重点实验室
16. 江苏省感染与免疫重点实验室
17. 江苏省先进机器人技术重点实验室
18. 江苏省水处理新材料与污水资源化工程实验室
19. 全国石油和化工行业有机废水吸附治理及其资源化重点实验室
20. 工业（化学电源）产品质量控制和技术评价实验室
21. 江苏省环境保护水体有机污染物树脂吸附法治理重点实验室
22. 江苏省重大神经精神疾病诊疗技术重点实验室
23. 江苏省老年病预防与转化医学重点实验室
24. 全国石油化工行业导向生物医用功能的高分子材料设计与合成重点实验室

25. 江苏省网络空间安全工程实验室
26. 全国石油和化工行业颗粒技术工程实验室
27. 江苏省先进碳材料与可穿戴能源技术重点实验室
28. 江苏省临床免疫学重点实验室
29. 江苏省机器人技术及智能制造装备实验室
30. 江苏省大数据智能工程实验室

国家"2011计划"协同创新中心

苏州纳米科技协同创新中心

江苏高校协同创新中心

1. 纳米科技协同创新中心
2. 血液学协同创新中心
3. 放射医学协同创新中心
4. 新型城镇化与社会治理协同创新中心

国家级公共服务平台

1. 国家化学电源产品质量监督检测中心
2. 国家纺织产业创新支撑平台
3. 国家技术转移示范机构

省部级公共服务平台

1. 江苏省苏州化学电源公共技术服务中心
2. 江苏省苏州丝绸技术服务中心
3. 江苏省苏州医疗器械临床前研究与评价公共技术服务中心
4. 江苏省节能环保材料测试与技术服务中心
5. 江苏省化学电源公共技术服务创新平台提升项目
6. 江苏省先进光学制造技术重点实验室提升项目
7. 江苏省动力电池及材料创新服务平台
8. 江苏省中小企业环保产业公共技术服务平台
9. 高效树脂型吸附材料治理环境及资源化技术创新服务平台
10. 江苏省骨科临床医学研究中心
11. 工业废水重金属离子污染物深度处理及资源化利用公共技术服务平台

省部级工程中心

1. 数码激光成像与显示教育部工程研究中心
2. 血液和血管疾病诊疗药物技术教育部工程研究中心
3. 江苏省数码激光图像与新型印刷工程技术研究中心
4. 江苏省纺织印染业节能减排与清洁生产工程中心

国家级基地

国家创新人才培养示范基地

教育部人文社会科学重点研究基地

中国特色城镇化研究中心

国家体育总局体育社会科学重点研究基地

体育社会科学研究中心

国家体育总局体育产业研究基地

苏州大学江苏体育健康产业研究院

国家体育总局重点实验室

机能评定与体能训练重点实验室

江苏省哲学社会科学研究基地

1. 江苏省吴文化研究基地
2. 苏南发展研究院
3. 江苏当代作家研究基地

江苏高校哲学社会科学重点研究基地

1. 公法研究中心
2. 苏州基层党建研究所
3. 老挝—大湄公河次区域国家研究中心
4. 国家能源法研究中心

5. 东吴智库

上海市人民政府发展研究中心决策咨询研究基地

苏州大学"地方政府与城市治理"决策咨询研究基地

江苏省决策咨询研究基地

江苏苏南治理现代化研究基地

江苏省文化厅

苏州大学非物质文化遗产研究中心

江苏省委宣传部

1. 江苏省中国特色社会主义理论体系研究基地
2. 东吴智库(培育智库)

江苏高校哲学社会科学优秀创新团队

1. 地方政府与社会治理优秀创新团队
2. "传播与社会治理研究"创新团队

国家级实验教学示范中心

1. 物理实验教学中心
2. 纺织与服装设计实验教学中心
3. 计算机与信息技术实验教学中心
4. 纺织与服装虚拟仿真实验教学中心

江苏省高等学校实验教学示范中心

1. 电工电子基础课实验教学中心
2. 化学基础课实验教学中心
3. 计算机基础课实验教学中心
4. 物理基础课实验教学中心
5. 基础医学教学实验中心
6. 艺术设计实验教学中心

7. 机械基础实验教学中心
8. 纺织服装实验教学中心
9. 生物基础课实验教学中心
10. 传媒与文学实验教学中心
11. 心理与教师教育实验教学中心
12. 工程训练中心
13. 临床技能实验教学中心
14. 纳米材料与技术实验教学中心
15. 新能源材料与器件实验教学中心
16. 建筑与城市环境设计实践教育中心
17. 药学学科综合训练中心
18. 轨道交通实践教育中心
19. 冶金工程实践教育中心
20. 护理学学科综合训练中心

苏州大学2017年度国家、省教育质量工程项目名单

江苏省教学成果奖

苏教人〔2017〕15号
2017.9.14
苏大教〔2017〕73号
2017.9.25

序号	项目分类	成果名称	第一完成人	第一完成单位	获奖等级
1	基础教育	新教育的探索与实践	朱永新　许新海　张荣伟　俞冰　尹艳秋	教育学院、苏州市教育局	特等奖
2	高等教育	面向国家战略性新兴产业的纳米专业创新人才"三融合"培养模式探索与实践	李述汤　王穗东　季晶　刘阳　刘庄　廖良生　孙旭辉　John Mcleod　Igor Bello　David Seath	纳米科学技术学院	特等奖
3	高等教育	基于提高学生解决复杂工程问题能力的机械类创新人才培养模式的探索与实践	陈再良　盛小明　孙承峰　王金娥　王明娣	机电工程学院	一等奖

续表

序号	项目分类	成果名称	第一完成人	第一完成单位	获奖等级
4	高等教育	能力导向,融通整合,立足转化——综合性大学医学转化式学习体系研究与实践	蒋星红 龚政 陈卫昌 黄瑞 胡春洪	医学部	一等奖
5	高等教育	基于全面提升体育学类专业学生核心素养的课程改革与实践	王家宏 陶玉流 陆阿明 王平 徐建荣 王国祥 李龙	体育学院	二等奖
6	高等教育	大学英语"3+1"应用能力培养体系的研究与实践	孙倚娜 顾卫星 高永晨 卫岭 朱全明 叶建敏 张莉 张卓 黄婷 赵新刚 王依超 王瑞东 朱京 张玲 高燕红	外国语学院	二等奖
7	高等教育	纺织类工科学生实践创新能力"4+4"培养体系的研究与实践	潘志娟 眭建华 冯岑 王国和 龙家杰	纺织与服装工程学院	二等奖
8	高等教育	计算机类专业本科创新人才"多维度协同"培养体系构建与实践	李凡长 秦炜炜 赵雷 王宜怀 孔芳 刘纯平	计算机科学与技术学院	二等奖
9	高等教育	多方联动、多维构建、多元共享:服装设计专业卓越人才培养路径探索实践	许星 黄燕敏 张蓓蓓 钱孟尧 李正 张晓霞 张茵 戴岗 李琼舟 李飞跃 朱琳	艺术学院	二等奖
10	高等教育	导师学院为载体,一流导师队伍为支撑,培养高层次拔尖创新人才的探索与实践	熊思东 蒋星红 郎建平 钱振明 金薇吟 刘洋 徐晓明 和天旭 王杰祥	研究生院	二等奖
11	高等教育	以提升内生动力为导向的书院制人才培养模式改革与实践	罗时进 王剑敏 王俊 钟宝江 孟玲玲	敬文书院	二等奖

2017 年江苏省高等教育教改研究立项课题

苏教高函〔2017〕48 号
2017.12.29
苏大教〔2018〕8 号
2018.1.12

序号	编号	课题类型	指南编号	课题名称	主持人	学院(部)
1	2017JSJG001	重中之重	9-4	多学科交叉复合的"人工智能+X"新兴工科专业建设探索与实践	李凡长 刘纯平	计算机科学与技术学院
2	2017JSJG014	重点	5-6	大数据背景下本科生学习分析	冯成志	教育学院
3	2017JSJG560	重点	10-47	深度融合现代信息技术的大学英语教学创新研究与实践	孙倚娜 顾卫星	外国语学院
4	2017JSJG093	一般	1-7	基于 STEAM 理念的 CUPT 课程体系实践与研究	高 雷 翁雨燕	物理与光电·能源学部
5	2017JSJG094	一般	2-5	《中学语文教学技能》课程的核心内容及其教学策略研究	王家伦 管贤强	文学院
6	2017JSJG095	一般	3-1	地方综合性大学《高等数学》教材建设的研究	严亚强	数学科学学院
7	2017JSJG096	一般	3-7	基于"互联网+"医学形态学课程教学模式的创新研究与实践	邓 敏	医学部
8	2017JSJG097	一般	4-3	基于"UROP"模式的纺织类本科生科研训练体系的构建与研究	潘志娟 李 刚	纺织与服装工程学院
9	2017JSJG098	一般	7-7	体育教育专业教师核心素养的传承与创新研究	钟 华	体育学院
10	2017JSJG532	一般	10-25	基于多维度协同的计算机公共基础课程教学改革研究与探索	凌 云 张志强	计算机科学与技术学院

第二批"国家级精品资源共享课"名单

教高厅函〔2016〕54 号
2016.6.28
教师厅函〔2017〕3 号
2017.1.22
苏大教〔2017〕15 号
2017.2.27

序号	课程名称	负责人
1	马克思主义哲学	任 平
2	篮球	王家宏
3	大学英语应用类课程	孙倚娜
4	中国现当代文学	朱栋霖
5	普通物理学	晏世雷
6	数学分析与习题课	刘长剑
7	中文信息处理	朱巧明
8	教学资源的开发与利用	赵蒙成

教育部第二期来华留学英语授课品牌课程名单

教外司留〔2017〕40 号
苏大教〔2017〕14 号
2017.2.27

序号	中文课程名	英文课程名	负责人	所属单位
1	生物化学	Biochemistry	苏 雄	医学部

2017 年江苏高校省级外国留学生英文授课精品课程

苏教办外〔2017〕12 号
2017.6.18
苏大教〔2017〕67 号
2017.8.6

序号	学院(部)	课程名称(中英文)	主讲人	备注
1	医学部	生理学/Physiology	王国卿	
2	医学部	医学统计学/Medical Statistics	沈月平	
3	物理与光电·能源学部	普通物理Ⅱ/General Physics Ⅱ	冯 岩	培育课程

2017 年省级在线开放虚拟仿真实验教学项目名单

苏教办高〔2017〕2 号
2017.2.6
苏大教〔2017〕39 号
2017.5.9

编号	项目名称	学院（部）	项目负责人	立项类型
1	放射生物学在线虚拟仿真实验	医学部	俞家华	立项项目
2	基础医学形态学综合实验	医学部	黄 瑞	培育项目
3	心理与教育虚拟实验教学	教育学院	张 明	培育项目

2017 年第一批产学合作协同育人项目

教高司函〔2017〕37 号
2017.8.11

序号	项目名称	项目负责人	支持公司	学院（部）
1	"模拟电子技术"Analog Discovery 2 口袋实践课程建设	许宜申	美国 DIGILENT 科技公司	物理与光电·能源学部
2	"互联网+"时代下电子信息类创新实验实践体系建设	曹洪龙 胡剑凌	德州仪器半导体技术（上海）有限公司(TI)	电子信息学院
3	《信息技术基础》课程的 E-Learning 混合教学模式探索	黄蔚	思科公司	计算机科学与技术学院

2016—2017 年江苏省高等学校在线开放课程立项建设名单

苏教高函〔2017〕13 号
2017.3.29
苏大教〔2017〕24 号
2017.4.10

序号	课程名称	学院（部）	课程负责人
1	古典文学的城市书写	文学院	杨旭辉
2	中国古代文学·通论	文学院	杨旭辉
3	中国古典文献学	文学院	周生杰
4	中国现当代通俗小说与网络小说	文学院	汤哲声
5	创意、视觉、营销、传播——理解广告	凤凰传媒学院	胡明宇
6	吴文化史	社会学院	王卫平

续表

序号	课程名称	学院(部)	课程负责人
7	高等代数	数学科学学院	黎先华
8	普通物理学	物理与光电·能源学部	晏世雷
9	纳米材料表征技术	纳米科学技术学院	李艳青
10	纳米新能源材料与技术	纳米科学技术学院	董 彬
11	操作系统	计算机科学与技术学院	李培峰
12	嵌入式系统及应用	计算机科学与技术学院	王宜怀
13	TRIZ-创新方法	计算机科学与技术学院	孙 涌
14	丝绸文化与产品	纺织与服装工程学院	潘志娟
15	纺织导论	纺织与服装工程学院	陈 廷
16	运动生理学	体育学院	张 林
17	药理学	医学部	镇学初
18	医学影像学	医学部	胡春洪

苏州大学2017年度全日制本科招生就业情况

一、招生计划执行情况

江苏省发展与改革委员会、江苏省教育厅根据国家统一部署，结合江苏省实际情况，批准苏州大学2017年度全日制112个本科专业(专业大类)招生计划6 450名，比去年增加28名。其中在江苏省外29个省(市、自治区)招生计划2 648名(含正常计划1 460名、新疆扶贫定向计划10名、支持中西部地区协作计划918名、国家专项计划257名、南疆单列计划3名)；不分省计划862名(含预留计划61名、体育单招计划70名、艺术不分省计划142名、保送生计划17名、高水平运动队计划64名、自主招生计划322名、高校专项计划129名、招收内地新疆高中班和内地西藏班毕业生计划42名、新疆双语类少数民族预科生转入本科计划15名)；江苏省招生计划2 940名(含正常计划2 857名、地方专项计划55名、地方免费医学生计划28名)。实际录取新生6 489名(含江苏省现代职业教育体系建设试点项目转入本科阶段新生39名)，按地区分类：省内3 209名、省外3 280名；按专业属性分类：普通类5 973名、艺术类367名、体育类149名；按计划属性分类：正常计划5 753名、地方专项计划55名、国家专项计划254名、新疆定向就业计划10名、南疆单列计划3名、自主招生129名、高校专项计划129名、保送生17名、高水平运动队25名、新疆双语类少数民族预科生转入本科14名、招收内地新疆高中班和内地西藏班毕业生计划42名、高职与普通本科分段培养转段升学39名。

二、录取新生基本情况

在学校 2017 年录取的 6 489 名新生中,男生 2 898 名,占 44.66%,女生 3 591 名,占 55.34%;少数民族新生 487 名,占总人数的 7.51%;预备党员 4 名,占总人数的 0.06%。

1. 江苏省内录取情况

2017 年江苏高考报名人数为 33.01 万人,比 2016 年减少 3.03 万人,减幅为 8.41%。2017 年江苏省进行了录取批次调整,体育、艺术类平行志愿批次由对应类别原公办本科和民办本科批次合并而成,本一批次中则纳入了原跨本一、本二批次招生的部分院校的专业;与此相适应,文理类、体艺类各批次平行院校志愿数由原来的 5 所增加到 8 所。录取批次的调整使全国高校在江苏省本一批次投放的招生计划数显著增加,文、理科计划分别增加了 5 590 名和 17 470 名,再加上高考报名人数减少、考生选择权扩大等因素,使学校面临的生源形势渐趋严峻,对学校投档线在招生高校中的排名、录取最低分、考生位次的负面影响增加。

从学校投档线在江苏高校中的排名情况来看,2017 年与 2016 年基本持平,其中音乐类有所上升;从本一批次投档线对应考生名次来看,前五年一直处于上升状态,虽然江苏省本一批次控制线对应的考生名次断崖式的下降,但学校投档线较 2016 年仅出现了小幅下降,其中文科下降 135 名、理科下降 706 名。各专业在江苏省的录取情况详见下表。

江苏省录取总体情况汇总(非中外合作办学)表

	省控线	最低分	平均分	最高分	最低分超省控线			投档线在江苏高校中的排名		
					2017年	2016年	2015年	2017年	2016年	2015年
提前体育	341	409	412.7	422	68	67	68	2	2	1
提前美术	383	544	551.1	560	161	124	127	2	2	2
提前音乐(声乐)	140	199	202.5	207	59	40	58	2	3	2
提前音乐(器乐)	140	210	212.2	215	70	56		1	2	
本一文科	333	359	364.5	380	26	15	16	6	6	5
本一理科	331	360	365.5	383	29	18	16	8	8	7

注:1. 音乐专业 2016 年起投档录取均按照声乐、器乐分开进行,2015 年不分声乐、器乐。
  2. 投档及录取的成绩依据:体育、美术为专业分+文化分;音乐为专业分。
  3. 江苏高校指地处江苏省的所有高校。

2. 改革省份生源情况

2017 年上海、浙江实施高考综合改革,山东、海南合并录取批次。上海原本一、本二批次已于 2016 年合并为本科普通批次,该批次 2017 年不分文理;考生可填报志愿数由原来的 10 所院校、每所院校 6 个专业调整为 24 个院校专业组、每个院校专业组 4 个专业(院校专业组是志愿填报与投档录取的基本单位);录取时将考生投至某个院校专业组,专业调剂录取只能在同一院校专业组内进行,招生计划不能在不同的院校专业组之间调剂使用。浙江原本一至本三批消失,普通类(即除艺术、体育类外)考生不分文理,依据高考总分分三段依次填报志愿、投档录取;考生可填报志愿数由原来的5所院校、每所院校6个专业调整为80个专业(一所学校的一个专业是志愿填报与投档录取的基本单位);录取时实行专业平行志愿,直接将考生投至某个专业。山东合并原本科一批、本科二批为本科普通批,海南合并原本科第一批和第二批为本科A批,两省的平行院校志愿数均由原来的6所增加到12所。分析学校在这四个省份的录取数据,可以发现生源质量的变化趋势还是稳中有升的。

3. 其余省份生源情况

目前掌握的25省高考成绩分段统计数据显示,学校生源数量充足,生源质量比较优秀,各省录取最低分在同科类考生中的位次居于前列。同时,大多数省份的生源质量处于上升趋势,近三年文科生源质量持续提高的省份数超过了四分之一,理科生源质量持续提高的省份数超过了三分之一。

文科专业在所有省份的投档一志愿率均为100%;录取最低分超出本一批(重点本科批)控制线40分及以上的省份有24个(近三年省份数占比逐年上升),所有省份均超出25分;录取最低分考生的位次占同科类高考报名人数的比重在前5%以内的省份有18个(近三年省份数占比稳定在90%左右)。

理科专业在所有省份的投档一志愿率均为100%;录取最低分超出本一批(重点本科批)控制线40分及以上的省份有24个(近三年省份数占比较为稳定),所有省份均超出25分;录取最低分考生的位次占同科类高考报名人数的比重在前10%以内的省份有15个(近三年省份数占比虽有所下滑,但仍保持在70%以上)。

2017年绝大多数省份的生源质量都比较优秀,从录取最低分对应考生位次占同科类高考报名人数的比重来看,文科在前5%以内的省级行政区有河北、山西、内蒙古、辽宁、黑龙江、安徽、江西、河南、湖北、湖南、广东、广西、四川、贵州、云南、宁夏等16个,理科在前10%以内的省级行政区有河北、山西、辽宁、黑龙江、安徽、江西、河南、湖北、湖南、广东、广西、重庆、四川、贵州、云南等15个。

三、就业基本情况

(一)毕业生就业情况

2017届本科毕业生共6580名,其中七年制本硕连读毕业生107名。全校初次就业率为70.54%(不含10.1%的延长学年的学生),其中协议就业率41.75%,灵活就业率1.62%,升学出国率27.17%;截至2017年12月21日,2017届毕业生年终就业率为92.13%,其中协议就业率60.41%,灵活就业率3.40%,升学出国率28.31%。

截至2017年12月21日,金属材料工程、工程管理、非织造材料与工程、应用化学、材料化学、无机非金属材料工程、历史学、俄语(俄英双语)、法语(法英双语)、朝鲜语、艺术设计学、服装与服饰设计、艺术设计(室内环境设计)、服装与服饰设计(时装表演与服装设计)、哲学、预防医学、计算机科学与技术、软件工程、园艺(城市园艺)、园林(城市园林)、光电信息科学与工程等专业年终就业率达100%。

高分子材料与工程、金融数学、纳米材料与技术、唐文治书院(汉语言文学)、唐文治书院(历史学)等专业升学出国率超过60%;金属材料工程、应用心理学、生物技术(免疫工程)、预防医学、新能源材料与器件等专业升学出国率超过50%;纺织工程、音乐表演、化学、化学工程与工艺、金融学、临床医学、医学影像学、放射医学、计算机科学与技术、电子信息科学与技术、光电信息科学与工程等专业升学出国率超过40%；机械工程等25个专业升学出国率高于30%。

（二）就业市场建设情况

建设健全苏州大学就业信息网，全面开通用人单位注册端口、严把企业审核，建立健全企业库。向在校生全面推送手机APP应用程序"苏大就业"，开通苏大就业工作官微"苏大就业"，利用多种通信手段扩大就业信息覆盖，确保各项就业政策法规、招聘公告信息及用人单位信息即时准确地传递到每一位毕业生，全面推进就业市场线上建设工作，提高就业精准化。

重视校地校企多渠道合作，加强招聘市场建设，扩大毕业生就业渠道。广泛搜集、发布各类招聘、招聘会及校园宣讲会信息，2017年度，学校举办大型校园招聘会27场，校园专场宣讲会295场，共计1988家单位参会，提供岗位54 757个，发布各用人单位招聘信息7 350余条，登记在库的企业累计达8 811家。

编制《苏州大学2017届本科毕业生初次就业情况分析报告》，供学校掌握就业情况、动态及主要存在的问题，并出台相关举措。面向2017届全日制本科毕业生就"母校评价调查"和"就业相关调查"两个方面开展就业情况调查工作。基于调查结果及江苏省高校毕业生就业管理信息系统中的派遣数据、毕业生和用人单位调查数据，以图表为主要呈现形式，编制《苏州大学2017年毕业生就业质量年度报告》。

开展各类实习实训项目，充分调动用人单位和学校学生的积极性。采用现场招聘会与网络招聘相结合方式进行，在2017年"带薪实习"专场招聘会中共有155家单位参加，提供岗位2 000余个，共招募实习生621人。

全面推进师范毕业生精准就业。2017年学校联合苏州工业园区教育局开展"苏州工业园区—苏州大学优秀实习生"选拔项目，不断提升师范毕业生的综合素质和就业竞争力，为园区中小学培养优秀的后备师资。2017年5月苏州工业园区25所学校参加了该项目，163名2018届毕业生经过面试选拔加入园区教育局优秀实习生项目；11月经过考核，该项目中有60名学生被园区教育局及下属单位正式录用并达成就业意向；12月联合苏州高新区教育局、工业园区教育局及姑苏区文教委分别开展师范类校园专场招聘会，另有67名毕业生与高新区教育局达成就业意向、77名毕业生与工业园区教育局达成就业意向，充分实现了师范生高质量精准就业。

四、2017年苏州大学各专业录取情况

2017年各专业江苏省录取分数统计表

学院（部）	专业名称	学制	批次	文科			理科		
				最高分	最低分	平均分	最高分	最低分	平均分
文学院	中国语言文学类	四	本一	375	361	363.447			
凤凰传媒学院	播音与主持艺术	四	艺术1	320	258	281.400			

续表

学院(部)	专业名称	学制	批次	文科			理科		
				最高分	最低分	平均分	最高分	最低分	平均分
凤凰传媒学院	新闻传播学类	四	本一	373	360	362.984	369	363	365.000
社会学院	社会学	四	本一	380	359	363.143	363	360	362.000
社会学院	社会工作	四	本一	361	359	360.000	368	365	366.333
社会学院	历史学(师范)	四	本一	365	361	361.917			
社会学院	劳动与社会保障	四	本一	361	359	359.824	364	360	360.875
社会学院	旅游管理	四	本一	364	360	360.714	372	363	365.833
社会学院	图书情报与档案管理类	四	本一	367	360	362.350	365	362	363.571
政治与公共管理学院	哲学	四	本一	361	359	360.000			
政治与公共管理学院	思想政治教育	四	本一	361	360	360.600			
政治与公共管理学院	管理科学	四	本一	362	359	360.533	366	363	364.143
政治与公共管理学院	人力资源管理	四	本一	368	363	363.800	371	366	367.556
政治与公共管理学院	公共事业管理	四	本一	364	359	361.545			
政治与公共管理学院	行政管理	四	本一	364	361	362.304			
政治与公共管理学院	城市管理	四	本一	362	359	360.250	370	361	362.818
政治与公共管理学院	物流管理	四	本一	367	359	361.800	365	361	362.500
政治与公共管理学院	物流管理与工程类(中外合作办学)(物流管理)	四	本一	356	339	344.763			
教育学院	教育学(师范)	四	本一	363	362	362.375	371	365	367.500

续表

学院(部)	专业名称	学制	批次	文科			理科		
				最高分	最低分	平均分	最高分	最低分	平均分
教育学院	应用心理学	四	本一				372	362	364.227
东吴商学院(财经学院)	经济学	四	本一	371	367	368.667	379	372	374.286
东吴商学院(财经学院)	财政学	四	本一	369	365	366.636	371	368	369.200
东吴商学院(财经学院)	金融学	四	本一	377	369	371.553	379	372	374.605
东吴商学院(财经学院)	金融学类(中外合作办学)(金融学)	五	本一	370	350	356.067	366	357	361.781
东吴商学院(财经学院)	国际经济与贸易	四	本一	379	365	366.474	378	368	370.188
东吴商学院(财经学院)	工商管理	四	本一	368	364	365.000	371	367	367.917
东吴商学院(财经学院)	会计学	四	本一	376	367	369.250	381	370	372.500
东吴商学院(财经学院)	财务管理	四	本一	369	364	366.300	371	368	369.150
东吴商学院(财经学院)	电子商务	四	本一				368	365	366.417
王健法学院	法学	四	本一	377	367	370.056	379	369	371.500
王健法学院	知识产权	四	本一	369	365	366.667	368	364	365.846
外国语学院	英语	四	本一	369	364	365.900	370	367	368.200
外国语学院	英语(师范)	四	本一	373	363	364.818	373	367	369.600
外国语学院	俄语	五	本一	363	360	361.100	375	361	365.200
外国语学院	德语	四	本一	371	362	365.300	366	363	364.286
外国语学院	法语	五	本一	365	362	362.917	368	363	365.667
外国语学院	西班牙语	四	本一	368	363	364.900	371	363	365.600
外国语学院	日语	四	本一	371	359	361.077	367	361	363.000
外国语学院	朝鲜语	四	本一	365	359	361.200	361	361	361.000

续表

学院(部)	专业名称	学制	批次	文科			理科		
				最高分	最低分	平均分	最高分	最低分	平均分
外国语学院	翻译	四	本一	377	363	366.250	368	366	367.000
金螳螂建筑学院	建筑学	五	本一				375	364	366.966
金螳螂建筑学院	城乡规划	五	本一				365	362	363.273
金螳螂建筑学院	风景园林	四	本一				368	363	365.071
金螳螂建筑学院	历史建筑保护工程	四	本一				364	361	362.333
数学科学学院	金融数学	四	本一				373	367	369.100
数学科学学院	数学类	四	本一				373	366	367.656
数学科学学院	统计学	四	本一				369	364	365.179
物理与光电·能源学部	材料类(中外合作办学)(新能源材料与器件)	五	本一				362	350	354.250
物理与光电·能源学部	物理学	四	本一				377	362	364.656
物理与光电·能源学部	物理学(师范)	四	本一				367	364	365.500
物理与光电·能源学部	测控技术与仪器	四	本一				364	360	361.769
物理与光电·能源学部	新能源材料与器件	四	本一				368	363	364.476
物理与光电·能源学部	能源与动力工程	四	本一				370	363	364.478
物理与光电·能源学部	光电信息科学与工程	四	本一				367	363	364.286
物理与光电·能源学部	电子信息科学与技术	四	本一				370	365	366.308
材料与化学化工学部	化学工程与工艺	四	本一				373	360	363.533
材料与化学化工学部	化学类	四	本一				369	360	362.726

续表

学院(部)	专业名称	学制	批次	文科			理科		
				最高分	最低分	平均分	最高分	最低分	平均分
材料与化学化工学部	材料类	四	本一				368	360	362.324
纳米科学技术学院	纳米材料与技术	四	本一				375	366	368.302
计算机科学与技术学院	软件工程	四	本一				374	368	369.636
计算机科学与技术学院	信息管理与信息系统	四	本一				367	363	364.579
计算机科学与技术学院	计算机类	四	本一				374	365	366.522
电子信息学院	电子信息工程	四	本一				371	364	365.897
电子信息学院	电子科学与技术	四	本一				367	363	364.500
电子信息学院	通信工程	四	本一				372	366	367.054
电子信息学院	微电子科学与工程	四	本一				368	362	362.952
电子信息学院	信息工程	四	本一				370	363	364.545
电子信息学院	集成电路设计与集成系统	四	本一				366	360	362.692
机电工程学院	电气工程及其自动化	四	本一				373	365	366.675
机电工程学院	工业工程	四	本一				364	361	361.917
机电工程学院	机械类	四	本一				368	360	362.381
沙钢钢铁学院	冶金工程	四	本一				365	360	361.833
沙钢钢铁学院	金属材料工程	四	本一				367	360	362.467
纺织与服装工程学院	纺织类(中外合作办学)(纺织工程)	四	本一				355	347	349.480
纺织与服装工程学院	轻化工程	四	本一				365	361	362.417

续表

学院(部)	专业名称	学制	批次	文科 最高分	文科 最低分	文科 平均分	理科 最高分	理科 最低分	理科 平均分
纺织与服装工程学院	纺织类	四	本一				365	361	362.605
轨道交通学院	车辆工程	四	本一				370	362	363.417
轨道交通学院	电气工程与智能控制	四	本一				370	363	364.242
轨道交通学院	轨道交通信号与控制	四	本一				372	362	363.818
轨道交通学院	建筑环境与能源应用工程	四	本一				373	361	362.824
轨道交通学院	交通运输	四	本一				364	362	362.727
医学部	生物信息学	四	本一				364	361	362.400
医学部	食品质量与安全	四	本一				365	364	364.400
医学部	生物制药	四	本一				368	360	363.333
医学部	临床医学("5+3"一体化)	八	本一				383	366	370.059
医学部	临床医学	五	本一				374	365	366.098
医学部	临床医学(儿科医学)	五	本一				366	363	364.370
医学部	医学影像学	五	本一				373	364	366.118
医学部	放射医学	五	本一				369	361	363.378
医学部	口腔医学	五	本一				378	366	367.950
医学部	预防医学	五	本一				365	361	362.385
医学部	药学	四	本一				369	361	362.667
医学部	中药学	四	本一				363	360	361.250
医学部	法医学	五	本一				367	360	363.800
医学部	医学检验技术	四	本一				367	361	363.000
医学部	护理学	四	本一				365	360	361.750
医学部	生物技术	四	本一				381	361	362.667

续表

学院(部)	专业名称	学制	批次	文科			理科		
				最高分	最低分	平均分	最高分	最低分	平均分
体育学院	运动康复	四	本一				364	360	361.240
体育学院	体育教育	四	体育	422	409	412.700			
体育学院	运动训练	四	其他	84.43	60.11	73.419			
体育学院	武术与民族传统体育	四	其他	78.15	70.09	74.170			
艺术学院	美术学(师范)	四	美术	555	548	550.667			
艺术学院	美术学	四	美术	547	544	545.000			
艺术学院	艺术设计学	四	美术	547	544	545.333			
艺术学院	视觉传达设计	四	美术	560	556	557.333			
艺术学院	环境设计	四	美术	559	550	554.600			
艺术学院	产品设计	四	美术	559	553	555.750			
艺术学院	服装与服饰设计	四	美术	555	548	551.200			
艺术学院	数字媒体艺术	四	美术	553	546	549.000			
音乐学院	音乐表演	四	艺术1	181	162	172.300			
音乐学院	音乐学(师范)	四	器乐	215	210	212.167			
音乐学院	音乐学(师范)	四	声乐	207	199	202.500			

注:除本一批次外的艺术、体育类专业,录取分数不分文理。

2017年江苏省部分高校各省投档线统计表

省份	东南大学		南京航空航天大学		南京理工大学		河海大学		南京师范大学		苏州大学	
	文科	理科	文科	理科	文科	理科	文科	理科	文科	理科	文科	理科
北京	616	634	592	616	576	606	576	581	596		601	597
天津	596	626		606		595	571	578	585	584	578	584
河北	623	634	609	612		610	586	595	607	592	612	603
山西	578	583	562	562	555	557	543	562	539		564	546
内蒙古	578	586		554		572	558	560		549	548	519
辽宁	602	637	581	608		601	579	579	592	577	594	589

续表

省份	东南大学		南京航空航天大学		南京理工大学		河海大学		南京师范大学		苏州大学	
	文科	理科	文科	理科	文科	理科	文科	理科	文科	理科	文科	理科
吉林		627		586		577		554		534	558	563
黑龙江		626		598		590	555	571		570	569	582
上海	551		530		523		516		515		522	
江苏	379	384	368	375	362	374	359	368	362	360	359	360
浙江	645		623		627		613		625		630	
安徽	607	622	590	599	578	593	584	581	594	578	600	591
福建		523	551	549	544	537	541	523			558	539
江西		607	586	581	533	579	582	568	586	565	591	576
山东	613	667	612	645	591	642	598	629	613	622	596	613
河南	607	613	586	593		589	587	577	591	573	593	582
湖北	605	608	584	595		587	573	582		566	588	582
湖南	621	613	602	586		582	600	576	608	575	610	583
广东		587		560		558	548	538		537	575	551
广西		586		554		551	588	543	594	538	596	547
海南		748	735	722		693	718	693			746	697
重庆	603						567		585		592	582
四川	608	636	581	604	580	599	584	589	591	589	594	592
贵州	639	594		553		554	616	536	616	535	623	544
云南		644		617		576	600	590	609	611	618	570
陕西	620	632	581	586	556	577	566	561	587	555	596	571
甘肃		597		567		554	546	539	556	526	563	546
青海											532	430
宁夏		577		543		536	562	520			582	534
新疆		594		574		552	562	537	560	520	569	543

注：1. 2017年上海、浙江实施高考综合改革，考生不分文理。
    2. 所有院校（苏州大学除外）均无数据的省份表示该省数据未获得。

五、2017年苏州大学本科生就业情况

2017届毕业生就业情况统计年终就业率（2017年12月21日）

院部	专业	总就业率	协议就业率	其中		升学出国率
				灵活就业率		
	合计	92.13%(6062/6580)	60.41%(3975/6580)	3.40%(224/6580)		28.31%(1863/6580)
沙钢钢铁学院	冶金工程	95.79%(91/95)	56.84%(54/95)	0.00%(0/95)		38.95%(37/95)
	金属材料工程	93.33%(56/60)	60.00%(36/60)	0.00%(0/60)		33.33%(20/60)
	材料科学与工程（冶金过程自动化）	100.00%(33/33)	48.48%(16/33)	0.00%(0/33)		51.52%(17/33)
		100.00%(2/2)	100.00%(2/2)	0.00%(0/2)		0.00%(0/2)
轨道交通学院	机械工程及自动化（城市轨道交通车辆工程）	97.04%(360/371)	74.12%(275/371)	2.70%(10/371)		20.22%(75/371)
		100.00%(2/2)	100.00%(2/2)	0.00%(0/2)		0.00%(0/2)
	车辆工程	92.21%(71/77)	72.73%(56/77)	2.60%(2/77)		16.88%(13/77)
	电气工程及其自动化	96.67%(29/30)	90.00%(27/30)	0.00%(0/30)		6.67%(2/30)
	通信工程（城市轨道交通通信信号）	98.15%(53/54)	55.56%(30/54)	9.26%(5/54)		33.33%(18/54)
	电气工程与自动化（城市轨道交通控制工程）	98.48%(65/66)	71.21%(47/66)	3.03%(2/66)		24.24%(16/66)
	建筑环境与能源应用工程（城市轨道交通环境调控）	97.56%(40/41)	82.93%(34/41)	0.00%(0/41)		14.63%(6/41)
	交通运输	98.15%(53/54)	77.78%(42/54)	0.00%(0/54)		20.37%(11/54)

续表

院部	专业	总就业率	协议就业率	其中 灵活就业率	升学出国率
	信息管理与信息系统（城市轨道交通运营管理）	100.00% (1/1)	100.00% (1/1)	0.00% (0/1)	0.00% (0/1)
	工业工程（城市轨道交通工程管理）	100.00% (1/1)	100.00% (1/1)	0.00% (0/1)	0.00% (0/1)
	工程管理	100.00% (45/45)	77.78% (35/45)	2.22% (1/45)	20.00% (9/45)
纺织与服装工程学院		96.16% (351/365)	56.99% (208/365)	3.84% (14/365)	35.34% (129/365)
纺织与服装工程学院	轻化工程	91.30% (63/69)	53.62% (37/69)	8.70% (6/69)	28.99% (20/69)
	纺织工程	98.40% (185/188)	54.26% (102/188)	1.60% (3/188)	42.55% (80/188)
	服装设计与工程	92.75% (64/69)	57.97% (40/69)	7.25% (5/69)	27.54% (19/69)
	非织造材料与工程	100.00% (39/39)	74.36% (29/39)	0.00% (0/39)	25.64% (10/39)
音乐学院		96.61% (57/59)	49.15% (29/59)	23.73% (14/59)	23.73% (14/59)
	音乐学（音乐教育）	97.06% (33/34)	58.82% (20/34)	26.47% (9/34)	11.76% (4/34)
	音乐表演	96.00% (24/25)	36.00% (9/25)	20.00% (5/25)	40.00% (10/25)
电子信息学院		99.00% (296/299)	75.59% (226/299)	0.00% (0/299)	23.41% (70/299)
	微电子学	100.00% (3/3)	100.00% (3/3)	0.00% (0/3)	0.00% (0/3)
	微电子科学与工程	100.00% (46/46)	76.09% (35/46)	0.00% (0/46)	23.91% (11/46)

续表

院部	专业	总就业率	协议就业率	其中 灵活就业率	升学出国率
	电子信息工程	100.00%（63/63）	76.19%（48/63）	0.00%（0/63）	23.81%（15/63）
	传感网技术	100.00%（7/7）	100.00%（7/7）	0.00%（0/7）	0.00%（0/7）
	通信工程	98.44%（63/64）	68.75%（44/64）	0.00%（0/64）	29.69%（19/64）
	电子科学与技术	98.33%（59/60）	78.33%（47/60）	0.00%（0/60）	20.00%（12/60）
	信息工程	98.21%（55/56）	75.00%（42/56）	0.00%（0/56）	23.21%（13/56）
王健法学院	法学	63.74%（109/171）	29.82%（51/171）	0.00%（0/171）	33.92%（58/171）
	知识产权	65.91%（87/132）	29.55%（39/132）	0.00%（0/132）	36.36%（48/132）
材料与化学化工学部	化学	56.41%（22/39）	30.77%（12/39）	0.00%（0/39）	25.64%（10/39）
材料与化学化工学部	应用化学	97.73%（387/396）	57.83%（229/396）	0.76%（3/396）	39.14%（155/396）
	材料化学	96.23%（102/106）	52.83%（56/106）	0.00%（0/106）	43.40%（46/106）
	无机非金属材料工程	100.00%（48/48）	64.58%（31/48）	2.08%（1/48）	33.33%（16/48）
	高分子材料与工程	100.00%（23/23）	60.87%（14/23）	4.35%（1/23）	34.78%（8/23）
	材料科学与工程	100.00%（16/16）	75.00%（12/16）	0.00%（0/16）	25.00%（4/16）
		96.72%（59/61）	36.07%（22/61）	0.00%（0/61）	60.66%（37/61）
		96.15%（25/26）	69.23%（18/26）	0.00%（0/26）	26.92%（7/26）

续表

院部	专业	总就业率	协议就业率	其中		升学出国率
				灵活就业率		
	功能材料	95.65% (22/23)	73.91% (17/23)	0.00% (0/23)		21.74% (5/23)
	生物功能材料	100.00% (5/5)	100.00% (5/5)	0.00% (0/5)		0.00% (0/5)
	环境工程	100.00% (41/41)	68.29% (28/41)	0.00% (0/41)		31.71% (13/41)
	化学工程与工艺	97.87% (46/47)	55.32% (26/47)	2.13% (1/47)		40.43% (19/47)
机电工程学院	材料成型及控制工程	93.21% (261/280)	67.50% (189/280)	0.00% (0/280)		25.71% (72/280)
	机械工程及自动化	91.67% (33/36)	91.67% (33/36)	0.00% (0/36)		0.00% (0/36)
	机械工程	66.67% (2/3)	33.33% (1/3)	0.00% (0/3)		33.33% (1/3)
	机械电子工程	91.67% (55/60)	53.33% (32/60)	0.00% (0/60)		38.33% (23/60)
	电气工程及其自动化	93.44% (57/61)	72.13% (44/61)	0.00% (0/61)		21.31% (13/61)
	电气工程与自动化	97.33% (73/75)	58.67% (44/75)	0.00% (0/75)		38.67% (29/75)
	工业工程	90.91% (10/11)	81.82% (9/11)	0.00% (0/11)		9.09% (1/11)
		91.18% (31/34)	76.47% (26/34)	0.00% (0/34)		14.71% (5/34)
凤凰传媒学院	新闻学	92.82% (181/195)	64.10% (125/195)	5.13% (10/195)		23.59% (46/195)
凤凰传媒学院	广播电视新闻学	94.92% (56/59)	57.63% (34/59)	5.08% (3/59)		32.20% (19/59)
	广播电视学	100.00% (1/1)	100.00% (1/1)	0.00% (0/1)		0.00% (0/1)
		94.44% (34/36)	58.33% (21/36)	2.78% (1/36)		33.33% (12/36)

续表

院部	专业	总就业率	协议就业率	其中	
				灵活就业率	升学出国率
教育学院	广告学	89.29% (50/56)	67.86% (38/56)	1.79% (1/56)	19.64% (11/56)
	播音与主持艺术	93.02% (40/43)	72.09% (31/43)	11.63% (5/43)	9.30% (4/43)
	教育学	89.81% (97/108)	44.44% (48/108)	9.26% (10/108)	36.11% (39/108)
	教育技术学	88.24% (30/34)	47.06% (16/34)	8.82% (3/34)	32.35% (11/34)
	应用心理学	87.50% (28/32)	62.50% (20/32)	9.38% (3/32)	15.63% (5/32)
		92.86% (39/42)	28.57% (12/42)	9.52% (4/42)	54.76% (23/42)
东吴商学院（财经学院）	经济学	91.14% (566/621)	61.35% (381/621)	1.93% (12/621)	27.86% (173/621)
	国际经济与贸易	78.38% (29/37)	56.76% (21/37)	8.11% (3/37)	13.51% (5/37)
	财政学	84.31% (43/51)	62.75% (32/51)	0.00% (0/51)	21.57% (11/51)
	金融学	96.77% (30/31)	67.74% (21/31)	3.23% (1/31)	25.81% (8/31)
	工商管理	94.58% (157/166)	46.99% (78/166)	1.81% (3/166)	45.78% (76/166)
	市场营销	83.87% (26/31)	58.06% (18/31)	3.23% (1/31)	22.58% (7/31)
	会计学	87.32% (62/71)	70.42% (50/71)	1.41% (1/71)	15.49% (11/71)
	会计学（国际会计）	95.24% (140/147)	68.71% (101/147)	0.68% (1/147)	25.85% (38/147)
	财务管理	66.67% (2/3)	33.33% (1/3)	0.00% (0/3)	33.33% (1/3)
		90.57% (48/53)	71.70% (38/53)	1.89% (1/53)	16.98% (9/53)

续表

院部	专业	总就业率	协议就业率	其中 灵活就业率	升学出国率
东吴商学院（财经学院）	电子商务	93.55% (29/31)	67.74% (21/31)	3.23% (1/31)	22.58% (7/31)
社会学院		91.35% (243/266)	66.92% (178/266)	2.63% (7/266)	21.80% (58/266)
	社会工作	88.89% (32/36)	61.11% (22/36)	2.78% (1/36)	25.00% (9/36)
	历史学	100.00% (35/35)	62.86% (22/35)	5.71% (2/35)	31.43% (11/35)
	旅游管理	82.14% (23/28)	71.43% (20/28)	3.57% (1/28)	7.14% (2/28)
	劳动与社会保障	92.86% (52/56)	69.64% (39/56)	5.36% (3/56)	17.86% (10/56)
	图书馆学	90.91% (40/44)	70.45% (31/44)	0.00% (0/44)	20.45% (9/44)
	档案学	89.66% (26/29)	79.31% (23/29)	0.00% (0/29)	10.34% (3/29)
	信息资源管理	92.11% (35/38)	55.26% (21/38)	0.00% (0/38)	36.84% (14/38)
数学科学学院		89.50% (196/219)	53.42% (117/219)	0.46% (1/219)	35.62% (78/219)
	数学与应用数学	92.21% (71/77)	59.74% (46/77)	0.00% (0/77)	32.47% (25/77)
	数学与应用数学（基地）	100.00% (7/7)	71.43% (5/7)	0.00% (0/7)	28.57% (2/7)
	金融数学	86.84% (33/38)	26.32% (10/38)	0.00% (0/38)	60.53% (23/38)
	信息与计算科学	92.31% (48/52)	59.62% (31/52)	1.92% (1/52)	30.77% (16/52)
	统计学	82.22% (37/45)	55.56% (25/45)	0.00% (0/45)	26.67% (12/45)
体育学院		91.83% (191/208)	79.33% (165/208)	1.44% (3/208)	11.06% (23/208)

续表

院部	专业	总就业率	协议就业率	其中		升学出国率
				灵活就业率		
体育学院	体育教育	95.74% (90/94)	84.04% (79/94)	0.00% (0/94)		11.70% (11/94)
	运动训练	87.50% (56/64)	79.69% (51/64)	1.56% (1/64)		6.25% (4/64)
	运动人体科学	91.30% (21/23)	65.22% (15/23)	0.00% (0/23)		26.09% (6/23)
	运动人体科学（运动休闲与健康）	100.00% (5/5)	100.00% (5/5)	0.00% (0/5)		0.00% (0/5)
	民族传统体育	50.00% (2/4)	50.00% (2/4)	0.00% (0/4)		0.00% (0/4)
	武术与民族传统体育	94.44% (17/18)	72.22% (13/18)	11.11% (2/18)		11.11% (2/18)
外国语学院	英语	90.77% (246/271)	66.05% (179/271)	1.85% (5/271)		22.88% (62/271)
	英语（翻译）	84.21% (64/76)	48.68% (37/76)	3.95% (3/76)		31.58% (24/76)
	俄语（俄英双语）	0.00% (0/1)	0.00% (0/1)	0.00% (0/1)		0.00% (0/1)
	德语	100.00% (25/25)	76.00% (19/25)	0.00% (0/25)		24.00% (6/25)
	法语	88.46% (23/26)	73.08% (19/26)	0.00% (0/26)		15.38% (4/26)
	法语（法英双语）	100.00% (28/28)	71.43% (20/28)	0.00% (0/28)		28.57% (8/28)
	西班牙语	92.00% (23/25)	60.00% (15/25)	4.00% (1/25)		28.00% (7/25)
	日语	85.11% (40/47)	70.21% (33/47)	0.00% (0/47)		14.89% (7/47)
	朝鲜语	100.00% (18/18)	94.44% (17/18)	0.00% (0/18)		5.56% (1/18)
	翻译	100.00% (25/25)	76.00% (19/25)	4.00% (1/25)		20.00% (5/25)

续表

院部	专业	总就业率	协议就业率	其中 灵活就业率	升学出国率
文学院	汉语言文学	80.19%（166/207）	44.93%（93/207）	5.31%（11/207）	29.95%（62/207）
	对外汉语	81.76%（130/159）	46.54%（74/159）	6.29%（10/159）	28.93%（46/159）
	汉语国际教育	100.00%（3/3）	100.00%（3/3）	0.00%（0/3）	0.00%（0/3）
纳米科学技术学院	纳米材料与技术	73.33%（33/45）	35.56%（16/45）	2.22%（1/45）	35.56%（16/45）
艺术学院	美术学（美术教育）	95.45%（105/110）	30.91%（34/110）	0.91%（1/110）	63.64%（70/110）
艺术学院	美术学（插画）	94.59%（175/185）	76.22%（141/185）	0.00%（0/185）	18.38%（34/185）
	艺术设计学	79.17%（19/24）	58.33%（14/24）	0.00%（0/24）	20.83%（5/24）
	艺术设计	95.65%（22/23）	82.61%（19/23）	0.00%（0/23）	13.04%（3/23）
	艺术设计（时装表演与服装设计）	100.00%（15/15）	73.33%（11/15）	0.00%（0/15）	26.67%（4/15）
	艺术设计（室内环境设计）	100.00%（1/1）	100.00%（1/1）	0.00%（0/1）	0.00%（0/1）
	产品设计	100.00%（1/1）	100.00%（1/1）	0.00%（0/1）	0.00%（0/1）
	视觉传达设计	100.00%（26/26）	65.38%（17/26）	0.00%（0/26）	34.62%（9/26）
	服装与服饰设计	88.00%（22/25）	68.00%（17/25）	0.00%（0/25）	20.00%（5/25）
		95.65%（22/23）	78.26%（18/23）	0.00%（0/23）	17.39%（4/23）
		100.00%（30/30）	96.67%（29/30）	0.00%（0/30）	3.33%（1/30）

续表

院部	专业	总就业率	协议就业率	其中		
				灵活就业率	升学率	出国率
	服装与服饰设计（时装表演与服装设计）	100.00% (17/17)	82.35% (14/17)	0.00% (0/17)	17.65% (3/17)	
政治与公共管理学院		90.26% (278/308)	67.53% (208/308)	3.25% (10/308)	19.48% (60/308)	
	哲学	100.00% (25/25)	56.00% (14/25)	8.00% (2/25)	36.00% (9/25)	
	思想政治教育	81.25% (26/32)	59.38% (19/32)	3.13% (1/32)	18.75% (6/32)	
	管理科学	96.77% (30/31)	67.74% (21/31)	0.00% (0/31)	29.03% (9/31)	
	人力资源管理	87.80% (36/41)	70.73% (29/41)	0.00% (0/41)	17.07% (7/41)	
	物流管理	91.53% (54/59)	76.27% (45/59)	5.08% (3/59)	10.17% (6/59)	
	行政管理	87.23% (41/47)	57.45% (27/47)	4.26% (2/47)	25.53% (12/47)	
	公共事业管理	87.50% (14/16)	62.50% (10/16)	0.00% (0/16)	25.00% (4/16)	
	城市管理	91.23% (52/57)	75.44% (43/57)	3.51% (2/57)	12.28% (7/57)	
医学部		90.99% (1030/1132)	51.41% (582/1132)	9.72% (110/1132)	29.86% (338/1132)	
	生物科学	68.00% (17/25)	40.00% (10/25)	0.00% (0/25)	28.00% (7/25)	
	生物科学（应用生物学）	57.14% (4/7)	57.14% (4/7)	0.00% (0/7)	0.00% (0/7)	
	生物技术	97.62% (41/42)	59.52% (25/42)	4.76% (2/42)	33.33% (14/42)	
	生物技术（食品质量与安全）	100.00% (1/1)	100.00% (1/1)	0.00% (0/1)	0.00% (0/1)	

续表

院部	专　业	总就业率	其　中		
			协议就业率	灵活就业率	升学出国率
	生物技术（生物制药）	0.00% (0/2)	0.00% (0/2)	0.00% (0/2)	0.00% (0/2)
	生物技术（免疫工程）	87.50% (35/40)	35.00% (14/40)	2.50% (1/40)	50.00% (20/40)
	生物信息学	93.10% (27/29)	68.97% (20/29)	0.00% (0/29)	24.14% (7/29)
	生物制药	84.62% (33/39)	53.85% (21/39)	0.00% (0/39)	30.77% (12/39)
	食品质量与安全	82.14% (23/28)	50.00% (14/28)	10.71% (3/28)	21.43% (6/28)
	临床医学	98.13% (105/107)	93.46% (100/107)	0.00% (0/107)	4.67% (5/107)
	预防医学	100.00% (32/32)	37.50% (12/32)	9.38% (3/32)	53.13% (17/32)
	临床医学	91.39% (276/302)	32.45% (98/302)	16.56% (50/302)	42.38% (128/302)
	医学影像学	97.44% (38/39)	43.59% (17/39)	7.69% (3/39)	46.15% (18/39)
	医学检验	93.94% (31/33)	72.73% (24/33)	3.03% (1/33)	18.18% (6/33)
	医学检验技术	92.50% (37/40)	65.00% (26/40)	10.00% (4/40)	17.50% (7/40)
	放射医学	93.24% (69/74)	36.49% (27/74)	13.51% (10/74)	43.24% (32/74)
	口腔医学	93.88% (46/49)	40.82% (20/49)	28.57% (14/49)	24.49% (12/49)
	法医学	80.00% (16/20)	55.00% (11/20)	10.00% (2/20)	15.00% (3/20)
医学部	护理学	91.67% (77/84)	78.57% (66/84)	3.57% (3/84)	9.52% (8/84)
	药学	83.33% (80/96)	51.04% (49/96)	6.25% (6/96)	26.04% (25/96)

续表

院部	专业	总就业率	协议就业率	其中 灵活就业率	升学出国率
	中药学	97.67% (42/43)	53.49% (23/43)	18.60% (8/43)	25.58% (11/43)
计算机科学与技术学院	计算机科学与技术	96.37% (345/358)	71.79% (257/358)	0.00% (0/358)	24.58% (88/358)
	物联网工程	100.00% (70/70)	58.57% (41/70)	0.00% (0/70)	41.43% (29/70)
	软件工程	95.12% (39/41)	75.61% (31/41)	0.00% (0/41)	19.51% (8/41)
	软件工程（嵌入式软件人才培养）	100.00% (48/48)	79.17% (38/48)	0.00% (0/48)	20.83% (10/48)
	网络工程	95.69% (111/116)	75.00% (87/116)	0.00% (0/116)	20.69% (24/116)
	信息管理与信息系统	92.31% (36/39)	66.67% (26/39)	0.00% (0/39)	25.64% (10/39)
金螳螂建筑学院		93.18% (41/44)	77.27% (34/44)	0.00% (0/44)	15.91% (7/44)
	建筑学	97.33% (73/75)	80.00% (60/75)	2.67% (2/75)	14.67% (11/75)
	建筑学（室内设计）	100.00% (1/1)	100.00% (1/1)	0.00% (0/1)	0.00% (0/1)
	城市规划	66.67% (2/3)	66.67% (2/3)	0.00% (0/3)	0.00% (0/3)
	园艺（城市园艺）	83.33% (5/6)	66.67% (4/6)	0.00% (0/6)	16.67% (1/6)
	园林（城市园林）	100.00% (30/30)	86.67% (26/30)	3.33% (1/30)	10.00% (3/30)
		100.00% (35/35)	77.14% (27/35)	2.86% (1/35)	20.00% (7/35)
物理与光电·能源学部		92.06% (232/252)	55.56% (140/252)	0.40% (1/252)	36.11% (91/252)

续表

院部	专　业	总就业率	协议就业率	其　中		升学出国率
				灵活就业率		
物理与光电·能源学部	物理学	89.47% (68/76)	53.95% (41/76)	0.00% (0/76)		35.53% (27/76)
	物理学（光伏科学与技术）	81.82% (18/22)	45.45% (10/22)	0.00% (0/22)		36.36% (8/22)
	电子信息科学与技术	90.00% (27/30)	50.00% (15/30)	0.00% (0/30)		40.00% (12/30)
	光信息科学与技术	100.00% (1/1)	100.00% (1/1)	0.00% (0/1)		0.00% (0/1)
	新能源材料与器件	96.88% (31/32)	40.63% (13/32)	0.00% (0/32)		56.25% (18/32)
	测控技术与仪器	93.10% (27/29)	68.97% (20/29)	0.00% (0/29)		24.14% (7/29)
	热能与动力工程	80.00% (4/5)	80.00% (4/5)	0.00% (0/5)		0.00% (0/5)
	能源与动力工程	97.06% (33/34)	73.53% (25/34)	0.00% (0/34)		23.53% (8/34)
	光电信息科学与工程	100.00% (23/23)	47.83% (11/23)	4.35% (1/23)		47.83% (11/23)
唐文治书院		89.66% (26/29)	20.69% (6/29)	0.00% (0/29)		68.97% (20/29)
	哲学	0.00% (0/1)	0.00% (0/1)	0.00% (0/1)		0.00% (0/1)
	汉语言文学	95.83% (23/24)	25.00% (6/24)	0.00% (0/24)		70.83% (17/24)
	历史学	75.00% (3/4)	0.00% (0/4)	0.00% (0/4)		75.00% (3/4)

苏州大学科研机构情况

2017年校级科研机构一览表

序号	机构归属	科研机构名称	负责人	成立时间	批文号
1	苏州大学	放射医学研究所	童建	1983.8.30	核安字〔1983〕136号
2	省卫生厅	江苏省血液研究所	阮长耿	1988.6.18	苏卫人〔1988〕20号
3	苏州大学	教育科学研究中心	母小勇	1988.10.4	苏大科字〔1988〕73号
4	苏州大学	蚕学研究所	沈卫德	1989.12.22	苏蚕委字〔1989〕26号
5	苏州大学	医学生物技术研究所	张学光	1990.2.29	核总安发〔1990〕35号
6	苏州大学	中药研究所	顾振纶	1991.2.26	核总安发〔1991〕32号
7	中国核工业集团公司	中核总核事故医学应急中心	姜忠	1991.12.7	核总安发〔1991〕213号
8	苏州大学	生化工程研究所（原保健食品研究所）	吴士良	1993.6.15	核总安发〔1993〕99号
9	苏州大学	比较文学研究中心	方汉文	1994.4.9	苏大科字〔1994〕16号
10	苏州大学	核医学研究所	吴锦昌	1994.6.1	核总人组发〔1994〕184号
11	苏州大学	纵横汉字信息技术研究所	钱培德	1994.6.21	苏大科字〔1994〕26号
12	苏州大学	神经科学研究所	刘春风	1995.4.3	核总人组发〔1995〕110号
13	苏州大学	社会与发展研究所	张明	1995.5.10	苏大〔1995〕28号
14	苏州大学	信息光学工程研究所	陈林森	1995.10.30	苏大〔1995〕52号
15	苏州大学	物理教育研究所	陶洪	1995.11.2	苏大科字〔1995〕53号
16	苏州大学	邓小平理论研究中心	朱炳元	1996.10.5	苏大〔1996〕20号
17	苏州大学	吴文化国际研究中心	王卫平	1996.12.5	苏大〔1996〕28号
18	苏州大学	辐照技术研究所	朱南康	1996.12.19	核总人组发〔1996〕515号
19	苏州大学	苏南发展研究院	田晓明（顾建平）	1997.4.7	苏大科字〔1997〕6号

续表

序号	机构归属	科研机构名称	负责人	成立时间	批文号
20	苏州大学	卫生发展研究中心	徐勇	1998.4.10	核总人组发〔1998〕133号
21	苏州大学	丝绸科学研究院	陈国强	1999.8.23	苏大委〔1999〕35号
22	苏州大学	信息技术研究所	朱巧明	1999.11.25	苏大委〔1999〕55号
23	苏州大学	现代光学技术研究所	王钦华	2000.5.12	苏大科字〔2000〕14号
24	苏州大学	多媒体应用技术研究室		2000.8.28	苏大科字〔2000〕23号
25	苏州大学	江苏省数码激光图像与新型印刷工程研究中心	陈林森	2000.9.20	苏科技〔2000〕194号 苏财工〔2000〕131号
26	苏州大学	领导科学研究所	夏东民	2001.3.22	苏大〔2001〕14号
27	苏州大学	功能高分子研究所	朱秀林	2001.3.22	苏大〔2001〕14号
28	苏州大学	儿科医学研究所	陈军	2001.3.22	苏大〔2001〕14号
29	苏州大学	数学研究所	万哲先	2001.12.4	苏大办〔2001〕22号
30	苏州大学	中国昆曲研究中心	周秦（副）	2001.12.12	苏州大学与苏州市政府协议
31	苏州大学	水产研究所	凌去非	2002.5.14	苏大科〔2002〕18号
32	苏州大学	中国特色城镇化研究中心	陈忠	2003.4.28	苏大科〔2003〕26号
33	苏州大学	英语语言学研究所	顾佩娅	2003.12.27	苏大科〔2003〕84号
34	苏州大学	体育社会科学研究中心	王家宏	2003.2.17	体政字〔2003〕4号
35	苏州大学	妇女发展研究中心	李兰芬	2006.10.27	苏大办复〔2006〕32号
36	苏州大学	非物质文化遗产研究中心	李超德	2006.10.24	苏大人〔2006〕102号
37	苏州大学	应用数学研究所	姜礼尚	2006.10.29	苏大人〔2006〕126号
38	苏州大学	化学电源研究所	郑军伟	2007.10.9	苏大人〔2007〕91号
39	苏州大学	金融工程研究中心	姜礼尚（王过京）	2007.12.13	苏大人〔2007〕121号
40	苏州大学	系统生物学研究中心	沈百荣	2007.12.13	苏大人〔2007〕122号
41	苏州大学	马克思主义研究院	朱炳元	2007.3.22	苏大人〔2007〕25号

续表

序号	机构归属	科研机构名称	负责人	成立时间	批文号
42	苏州大学	东吴书画研究院	华人德	2007.3.23	苏大人〔2007〕27号
43	苏州大学	苏州基层党建研究所	王卓君	2007.6.26	苏大委〔2007〕26号
44	苏州大学	生态批评研究中心	鲁枢元	2007.7.6	苏大人〔2007〕69号
45	苏州大学	地方政府研究所	沈荣华	2007.7.7	苏大人〔2007〕71号
46	苏州大学	人口研究所	王卫平	2007.10.11	苏大人〔2007〕93号
47	苏州大学	科技查新工作站		2008.1.8	苏大科技〔2008〕1号
48	苏州大学	出版研究所	吴培华	2008.1.21	苏大社科〔2008〕1号
49	苏州大学	人力资源研究所	田晓明	2008.4.9	苏大社科〔2008〕3号
50	苏州大学	唐仲英血液学研究中心	吴庆余	2008.5.19	苏大〔2008〕28号
51	苏州大学	功能纳米与软物质研究院	李述汤	2008.6.5	苏大科技〔2008〕25号
52	苏州大学	新药研发中心	杨世林	2008.6.25	苏大科技〔2008〕28号
53	江苏省	吴文化研究基地	王卫平	2008.10.26	苏社科规划领字〔2008〕1号
54	苏州大学	高性能计算与应用研究所	陈国良	2008.12.8	苏大科技〔2008〕62号
55	苏州大学	骨科研究所	杨惠林	2008.12.31	苏大〔2008〕102号
56	苏州大学	苏州节能技术研究所	沈明荣	2009.1.5	苏大科技〔2009〕1号
57	苏州大学	纺织经济信息研究所	白伦	2009.1.8	苏大科技〔2009〕2号
58	苏州大学	嵌入式仿生智能研究所	王守觉	2009.4.20	苏大科技〔2009〕9号
59	苏州大学	社会公共文明研究所	芮国强	2009.6.8	苏大〔2009〕21号
60	苏州大学	廉政建设与行政效能研究所	王卓君	2009.6.24	苏大委〔2009〕37号
61	苏州大学	东吴公法与比较法研究所	王克稳	2009.10.27	苏大科技〔2009〕49号
62	苏州大学	生物制造研究中心	卢秉恒	2009.10.27	苏大科技〔2009〕50号
63	苏州大学	机器人与微系统研究中心	孙立宁	2010.1.5	苏大科〔2010〕3号
64	苏州大学	高技术产业研究院	陈林森	2010.1.12	苏大人〔2010〕6号

续表

序号	机构归属	科研机构名称	负责人	成立时间	批文号
65	苏州大学	生物医学研究院	熊思东	2010.1.16	苏大科〔2010〕8号
66	苏州大学	又松软件外包开发中心	拟定杨季文	2010.5.24	苏大科〔2010〕11号
67	苏州大学	台商投资与发展研究所	张明	2010.6.8	苏大科〔2010〕14号
68	江苏省	公法研究中心	胡玉鸿	2010.9.15	苏大科〔2010〕21号
69	苏州大学	国家心血管病中心——苏州大学分中心	胡盛寿（沈振亚）	2010.10.13	苏大科〔2010〕28号
70	苏州大学	社会发展研究院	王卓君	2010.10.26	苏大〔2010〕58号
71	苏州大学	交通工程研究中心	汪一鸣	2010.12.29	苏大科〔2010〕46号
72	苏州大学	农业生物技术与生态研究院	沈卫德	2011.4.6	苏大科〔2011〕23号
73	苏州大学	转化医学研究中心	熊思东	2011.4.25	苏大科〔2011〕25号
74	苏州大学	生物钟研究中心	王晗	2011.5.3	苏大科〔2011〕26号
75	苏州大学	人才测评研究所	田晓明	2011.6.8	苏大〔2011〕21号
76	苏州大学	环境治理与资源化研究中心	路建美	2011.6.30	苏大科〔2011〕32号
77	苏州大学	高等统计与计量经济中心	唐煜	2011.7.13	苏大科〔2011〕34号
78	苏州大学	盛世华安智慧城市物联网研究所	朱巧明	2011.9.28	苏大科〔2011〕36号
79	苏州大学	激光制造技术研究所	石世宏	2011.10.28	苏大科〔2011〕43号
80	苏州大学	老挝研究中心	钮菊生	2011.11.2	苏大科〔2011〕47号
81	苏州大学	地方政府与社会管理研究中心	金太军	2011.12.31	苏大科〔2011〕57号
82	苏州大学	古典文献研究所	罗时进	2011.12.31	苏大科〔2011〕58号
83	苏州大学	新媒介与青年文化研究中心	马中红	2012.1.10	苏大社科〔2012〕1号
84	江苏省	苏州基层党建研究所	王卓君	2012.1.11	苏教社政〔2012〕1号
85	苏州大学	智能结构与系统研究所	毛凌锋	2012.1.20	苏大科技〔2012〕8号

续表

序号	机构归属	科研机构名称	负责人	成立时间	批文号
86	苏州大学	典籍翻译研究所	王腊宝	2012.3.2	苏大社科〔2012〕3号
87	苏州大学	检查发展研究中心	李乐平	2012.4.1	苏大社科〔2012〕6号
88	苏州大学	百森互联网公共服务研究中心	芮国强	2012.4.1	苏大社科〔2012〕4号
89	苏州大学	汉语及汉语应用研究中心	曹炜	2012.4.1	苏大社科〔2012〕4号
90	苏州大学	东吴哲学研究所	李兰芬	2012.4.27	苏大社科〔2012〕8号
91	苏州大学	苏州大学·现代快报地产研究中心	芮国强	2012.6.7	苏大社科〔2012〕9号
92	苏州大学	放射医学及交叉学科研究院	柴之芳	2012.6.22	苏大科技〔2012〕28号
93	苏州大学	心血管病研究所	沈振亚	2012.7.1	苏大人〔2012〕54号
94	苏州大学	苏州大学·邦城未来城市研究中心	段进军	2012.7.7	苏大社科〔2012〕10号
95	苏州大学	网络舆情分析与研究中心	周毅	2012.9.21	苏大社科〔2012〕13号
96	苏州大学	苏州广告研究所	芮国强	2012.9.21	苏大社科〔2012〕14号
97	苏州大学	唐仲英医学研究院	吴庆宇	2012.10.11	苏大委〔2012〕34号
98	苏州大学	城市·建筑·艺术研究院	吴永发	2012.10.22	苏大社科〔2012〕15号
99	苏州大学	苏州大学——西安大略大学同步辐射联合研究中心	T. K. Sham	2012.11.12	苏大科技〔2012〕45号
100	苏州大学	数学与交叉科学研究中心	鄂维南	2012.11.12	苏大科技〔2012〕46号
101	苏州大学	ASIC芯片设计与集成系统研究所	乔东海	2012.11.28	苏大科技〔2012〕49号
102	苏州大学	食品药品检验检测中心	黄瑞	2012.12.21	苏大科技〔2012〕59号
103	苏州大学	跨文化研究中心	王尧	2013.3.7	苏大社科〔2013〕5号
104	苏州大学	呼吸疾病研究所	黄建安	2013.5.9	苏大委〔2013〕29号
105	苏州大学	艺术研究院	田晓明	2013.6.19	苏大社科〔2013〕6号
106	苏州大学	知识产权研究院	胡玉鸿	2013.9.22	苏大委〔2013〕56号

续表

序号	机构归属	科研机构名称	负责人	成立时间	批文号
107	苏州大学	苏州基层统战理论与实践研究所	王卓君	2013.9.27	苏大社科〔2013〕10号
108	苏州大学	先进数据分析研究中心	周晓芳	2013.9.27	苏大科技〔2013〕17号
109	苏州大学	先进制造技术研究院	孙立宁	2014.1.21	苏大科技〔2014〕3号
110	苏州大学	现代物流研究院	钮立新	2014.3.11	苏大办复（2014）60号
111	苏州大学	新教育研究院	朱永新	2014.3.11	苏大办复〔2014〕61号
112	苏州大学	剑桥——苏大基因组资源中心	徐璎	2014.3.12	苏大科技〔2014〕6号
113	苏州大学	苏州历史文化研究所	王国平	2014.3.14	苏大办复〔2014〕62号
114	苏州大学	造血干细胞移植研究所	吴德沛	2014.3.18	苏大委〔2014〕9号 苏大人〔2014〕169号
115	苏州大学	东吴智库文化与社会发展研究院	田晓明	2014.4.2	苏大办复〔2014〕91号
116	苏州大学	功能有机高分子材料微纳加工研究中心	路建美	2014.4.14	苏大科技〔2014〕14号
117	苏州大学	江苏省产业技术研究院纺织丝绸技术研究所	陈国强	2014.4.17	苏大科技〔2014〕16号
118	苏州大学	人类语言技术研究所	张民	2014.5.19	苏大科技〔2014〕21号
119	苏州大学	等离子体技术研究中心	吴雪梅	2014.6.17	苏大科技〔2014〕23号
120	苏州大学	电影电视艺术研究所	倪祥保	2014.6.23	苏大办复（2014）207号
121	苏州大学	东吴国学院	王锺陵	2014.10.30	苏大办复（2014）443号
122	苏州大学	苏州市公共服务标准研究中心	江波	2014.12.8	苏大办复（2014）484号
123	苏州大学	海外汉学研究中心	季进	2015.1.7	苏大办复〔2015〕3号
124	苏州大学	中国现代通俗文学研究中心	汤哲声	2015.1.20	苏大办复〔2015〕14号
125	苏州大学	转化医学研究院	时玉舫	2015.5.22	苏大委〔2015〕32号 苏大人〔2015〕171号
126	苏州大学	放射肿瘤治疗学研究所	田野	2015.5.24	苏大科技〔2015〕22号

续表

序号	机构归属	科研机构名称	负责人	成立时间	批文号
127	苏州大学	骨质疏松症诊疗技术研究所	徐又佳	2015.5.24	苏大科技〔2015〕23号
128	苏州大学	能量转换材料与物理研究中心	李 亮	2015.6.7	苏大科技〔2015〕24号
129	苏州大学	新媒体研究院	胡守文	2015.8.4	苏大办复〔2015〕218号
130	苏州大学	国际骨转化医学联合研究中心	杨惠林 Thomas J. Webster	2015.10.13	苏大科技〔2015〕29号
131	苏州大学	语言与符号学研究中心	王腊宝	2015.11.6	苏大办复〔2015〕296号
132	苏州大学	中国历史文化名城（苏州）研究院	吴永发	2015.11.7	苏大办复〔2015〕297号
133	苏州大学	机器学习与类脑计算国际合作联合实验室	李凡长	2016.1.7	苏大科技〔2016〕1号
134	苏州大学	细胞治疗研究院	蒋敬庭	2016.3.11	苏大科技〔2016〕7号
135	苏州大学	儿科临床研究院	冯 星	2016.4.13	苏大人2016(28)号
136	苏州大学	基础教育研究院	陈国安	2016.9.19	苏大委〔2016〕46号
137	苏州大学	空间规划研究院	严金泉	2016.11.14	苏大办复〔2016〕325号
138	苏州大学	工业测控与设备诊断技术研究所	朱忠奎	2016.12.16	苏大科技〔2016〕20号
139	苏州大学	能源与材料创新研究院	彭 扬	2017.1.13	苏大人〔2017〕10号
140	苏州大学	江苏体育健康产业研究院	王家宏	2017.1.13	苏大社科〔2017〕2号
141	苏州大学	高等研究院	Michael Kosterlitz 凌新生	2017.5.19	苏大科技〔2017〕11号
142	苏州大学	生物医学工程研究院	周如鸿 文万信	2017.9.11	苏大办复2017(282)号
143	苏州大学	高性能金属结构材料研究院	长海博文	2017.9.22	苏大科技〔2017〕19号
144	苏州大学	"一带一路"发展研究院(老挝研究中心)	波松·布帕万	2017.10.12	苏大社科〔2017〕12号

续表

序号	机构归属	科研机构名称	负责人	成立时间	批文号
145	苏州大学	人工智能研究院	凌晓峰	2017.11.2	苏大科技〔2017〕21号
146	苏州大学	分子科学研究院	李永舫	2017.12.4	苏大科技〔2017〕24号
147	苏州大学	社会组织与社会治理研究院	陈进华	2017.12.04	苏大社科〔2017〕13号
148	苏州大学	范小青研究中心	房　伟	2017.12.13	苏大办复〔2017〕390号

科研成果与水平

2017年度苏州大学科研成果情况

2017年度苏州大学科研成果一览表

单 位	获奖成果	SCIE	EI	ISTP	核心期刊论文	授权专利及软件著作权
文学院	1	0	0	0	113	0
凤凰传媒学院	1	0	0	0	36	0
社会学院	2	0	0	0	63	0
政治与公共管理学院	6	0	0	0	113	0
外国语学院	1	0	0	0	51	0
体育学院	1	0	0	0	72	0
教育学院	2	0	0	0	90	0
王健法学院	0	0	0	0	97	0
东吴商学院	8	0	0	0	47	0
马克思主义学院	3	0	0	0	19	0
艺术学院	0	0	0	0	25	0
音乐学院	0	0	0	0	2	0
数学科学学院	1	57	0	0	0	1
物理与光电·能源学部	3	209	13	68	0	83
材料与化学化工学部	4	496	5	0	0	101
计算机科学与技术学院	0	45	8	44	0	210
电子信息学院	0	43	5	53	0	52
机电工程学院	0	31	11	38	0	118

续表

单 位	获奖成果	SCIE	EI	ISTP	核心期刊论文	授权专利及软件著作权
沙钢钢铁学院	0	14	1	0	0	8
纺织与服装工程学院	1	98	9	19	0	95
轨道交通学院	0	27	6	16	0	51
金螳螂建筑学院	1	3	1	2	0	16
功能纳米与软物质研究院	4	239	0	3	0	39
医学部	10	446	5	0	0	103
附属第一医院	52	324	0	0	0	1
附属第二医院	42	175	0	0	0	0
附属第三医院	0	112	0	0	0	0
附属儿童医院	36	73	0	0	0	0
系统生物学研究中心	0	11	0	0	0	0
其他部门	1	17	2	8	0	17
合　　计	180	2 403	66	251	728	895

2017年度苏州大学科研成果获奖情况

科技成果获奖情况

一、国家科学技术进步奖(2项)

序号	项目名称	获奖等级	完成单位	主要完成人
1	骨质疏松性椎体骨折微创治疗体系的建立及应用	二等奖	苏州大学附属第一医院、中山大学附属第一医院、江苏省人民医院(南京医科大学第一附属医院)、香港大学	杨惠林　陈　亮　郑召民　殷国勇　吕维加　王根林　朱雪松　邹　俊　耿德春　周　军　孟　斌　毛海青　刘　滔　钮俊杰　唐天驷
2	缺血性脑卒中防治的新策略与新技术及推广应用	二等奖	中国人民解放军第三军医大学、重庆医科大学、香港中文大学、苏州大学、中华预防医学会、复旦大学附属华山医院、首都医科大学宣武医院	周华东　谢　鹏　黄家星　张永红　王陇德　王延江　陈康宁　付建辉　华　扬　张　猛

二、国防科学技术进步奖(1 项)

序号	项目名称	获奖等级	完成单位	主要完成人
1	南京"5.7"放射事故受照人员的临床综合救治	二等奖	核工业总医院	刘玉龙 王优优 余道江 戴 宏 卞华慧 陈炜博 李 元 陈学英 冯骏超 邱梦悦 张玉松 蒲汪旸 赵天兰

三、教育部高等学校科学研究优秀成果奖(科学技术)(8 项)

序号	项目名称	获奖等级	完成单位	主要完成人
1	叠层有机发光二极管材料及器件制造装备	技术发明奖二等奖	苏州大学、苏州方昇光电装备技术有限公司	廖良生 李述汤 丁 磊 王照奎 蒋佐权 陈 敏
2	多尺度体系构筑稳定多进制材料及器件	自然科学奖一等奖	苏州大学	路建美 李 华 徐庆锋 陈冬赟 李娜君 贺竞辉 王丽华
3	儿童血液肿瘤临床转化的基础与临床研究	科技进步奖一等奖	苏州大学、苏州大学附属儿童医院、苏州工业园区晨健抗体组药物开发有限公司	胡绍燕 潘 健 汪 健 冯 星 倪 健 卢 俊 徐利晓 曹 岚 肖佩芳 范俊杰 王 易 何海龙 万 琳
4	非编码 RNA 在恶性肿瘤发生发展中作用的研究	自然科学奖二等奖	苏州大学、广州医科大学、北京大学第三医院	周翊峰 吕嘉春 李 华 郑 健 杨 磊 李 巍 武宏春 丘福满 李 芳 李 娜 程 梅
5	基于界面调控的高效有机光电器件研究	自然科学奖二等奖	苏州大学	唐建新 李艳青 崔超华 周 雷 陈敬德 欧清东 保秦烨 杨金彭 李永舫
6	缺血性脑卒中规范化诊疗体系的建立及相关脑保护关键靶点研究	科技进步奖二等奖	苏州大学、苏州大学附属第一医院	方 琪 虞正权 朱玨华 惠品晶 蔡秀英 孔 岩 王 辉 丁立东 刘一之 黄亚波 姚飞荣 金新春 徐兴顺 程 坚 王 中 陈 罡
7	右美托咪定的临床应用及器官功能保护的实验研究	科技进步奖二等奖	苏州大学、苏州大学附属第一医院、南京市第一医院	嵇富海 杨建平 鲍红光 彭 科 斯妍娜 孟晓文 刘华跃 王玉兰 成 浩

续表

序号	项目名称	获奖等级	完成单位	主要完成人
8	脑卒中防治的药物新靶点及新策略	自然科学奖一等奖	浙江大学、苏州大学	陈忠 韩峰 盛瑞 胡薇薇 张翔南 卢应梅 韩蓉

四、江苏省科学技术奖(10项)

序号	项目名称	获奖等级	完成单位	主要完成人
1	波动功能材料的新设计与新物理机制	二等奖	苏州大学	赖耘 罗杰 杭志宏 须萍 高雷
2	功能硅纳米材料在生物成像、分析检测中的应用	一等奖	苏州大学、中国科学院上海应用物理研究所	何耀 李述汤 樊春海 钟旖菱 苏媛媛 彭飞
3	功能离子聚合物的设计、构筑及其应用	一等奖	苏州大学	严锋 郭江娜 林本才 赵杰 李有勇 孙宝全
4	基于分子影像的肿瘤诊疗一体化新技术及应用	三等奖	苏州大学附属第一医院、苏州大学、中国科学院纳米技术与纳米仿生研究所	李勇刚 郭亮 胡春洪 顾宏伟 高亚枫 潘越 姜江 黄煜伦 戴慧 邢建明 李平
5	缺血性脑卒中规范化诊疗体系的建立及相关脑保护关键靶点研究	一等奖	苏州大学、苏州大学附属第一医院、天津医科大学总医院	陈罡 方琪 王伟 尤万春 郝峻巍 程坚 金新春 李海英 王中 虞正权 朱珏华
6	铁蓄积对绝经后骨质疏松症的影响作用及应用研究	三等奖	苏州大学附属第二医院、苏州大学	徐又佳 李光飞 贾鹏 陈斌 徐炜 李涧 凌卓彦 张鹏 沈光思 王亮 王啸
7	微纳吸附材料耦合催化降解技术在低浓度污染物无害化处理中的应用研究	一等奖	苏州大学	路建美 陈冬赟 蒋军 李娜君 贺竞辉 徐庆锋 李华 王丽华
8	嗅鞘细胞联合纳米丝素蛋白支架修复脊髓损伤的研究	三等奖	苏州大学附属第二医院、苏州大学	沈忆新 范志海 张鹏 左保齐 张锋

续表

序号	项目名称	获奖等级	完成单位	主要完成人
9	孕妇营养与胎源性疾病发生及其早期编程机制	三等奖	苏州大学附属第一医院、苏州市畜牧兽医站	孙淼 高芹芹 张鲁波 吕娟秀 汤佳奇 李娜 陈玲 吴冲龙 匡瀚哲 陶荷花 张慧英
10	铸造用热塑性芬香自硬呋喃树脂的研发与应用	三等奖	苏州兴业材料科技股份有限公司、苏州大学	王进兴 朱文英 顾媛娟 吉祖明 戴旭 王全想 陈亚东 王文浩 王锦程

五、江苏省国际科技合作奖(1 项)

序号	项目名称	完成单位	主要完成人
1	江苏省国际科技合作奖	苏州大学	Henning Sirringhaus

六、神农中华农业科技奖(1 项)

序号	项目名称	获奖等级	完成单位	主要完成人
1	优质高效养蚕技术体系的建立及其产业化应用	三等奖	苏州大学、南通市蚕桑指导站、如皋市蚕桑技术指导站、东台市蚕桑技术指导管理中心、海安县蚕桑技术推广站	李兵 沈卫德 严松俊 钱忠兵 杨斌 黄俊明 许刚 茆迎春 周慧勤 王军

七、中华医学科技奖(3 项)

序号	项目名称	获奖等级	完成单位	主要完成人
1	干细胞治疗心血管疾病临床转化的关键技术研究	一等奖	苏州大学附属第一医院	沈振亚 胡士军 李杨欣 陈一欢 余云生 黄浩岳 胡雁秋 杨君杰 滕小梅 刘盛 雷伟
2	肿瘤辐射增敏机制研究及关键技术的临床应用	二等奖	上海交通大学医学院附属瑞金医院、苏州大学、上海交通大学医学院附属瑞金医院卢湾分院	王忠敏 刘芬菊 陈克敏 丁晓毅 陆健 杨楠楠 吴志远 贡桔 张丽云 陈志瑾
3	缺氧缺血性脑损伤的基础与临床研究	三等奖	苏州大学附属儿童医院、苏州大学	冯星 秦正红 李梅 丁欣 徐利晓 孙斌 缪珀

八、华夏医学科技奖（华夏医疗保健国际交流促进科技奖）（10项）

序号	项目名称	获奖等级	完成单位	主要完成人
1	共信号分子调节网络在免疫相关疾病中的作用和临床应用	一等奖	苏州大学附属第一医院、苏州大学	侯建全 张学光 张光波 黄玉华 汪维鹏 陈礼文 章 良 袁和兴 魏雪栋 傅丰庆 陆培荣 葛 彦 咸春建 陈 成 张 俊
2	脑卒中急性期血压管理和人群预防策略	二等奖	苏州大学、南通大学附属医院、华北理工大学附属医院、泰山医学院、徐州医科大学附属医院、通辽市疾病预防控制中心、通辽市科尔沁区第一人民医院	张永红 许 锬 徐 添 王大力 李群伟 耿德勤 王艾丽 布仁巴图 彭 浩 鞠 忠
3	血管狭窄性疾病治疗干预的创新和临床应用	二等奖	苏州大学附属第一医院、华东理工大学	缪丽燕 李 剑 马 晟 闫兆威 丁肖梁 薛 领 陈 罡 黄晨蓉 张 华 刘林生 陈之遥
4	儿童感染固有免疫机制及防治策略的研究	二等奖	苏州大学附属儿童医院	汪 健 冯 星 季 伟 陈旭勤 郝创利 郭万亮 黄 洁 王宇清 陈正荣 李毅平 刘 琳 黄顺根 柏振江 方 芳 许云云
5	缺氧和炎症性肺部疾病的重要新机制及临床运用研究	三等奖	苏州大学附属第一医院、安徽医科大学第一附属医院	郭 强 曾大雄 雷 伟 王 茵 陈 成 黄建安 俞喆珺 周思静 孙耕耘
6	川崎病冠状动脉损害的评估	三等奖	苏州大学附属儿童医院、深圳市儿童医院	吕海涛 徐明国 徐秋琴 丁粤粤 孙 凌 唐孕佳 钱为国 周万平 陈 烨 曹 磊 张建敏
7	胰腺癌相关分子机制理论创新与转化应用	三等奖	苏州大学附属第一医院	周 健 赵 鑫 易 彬 何宋兵 李德春 张子祥 朱东明 高 凌 宋世锋
8	抑制素—激活素—卵泡抑素系统在母胎疾病中的作用	三等奖	苏州大学附属第一医院	陈友国 沈宗姬 沈芳荣 于芳芳 周卫琴 陈小平 朱 蕊 曹 慧

续表

序号	项目名称	获奖等级	完成单位	主要完成人
9	右美托咪定的临床应用及器官功能保护的分子机制	三等奖	苏州大学附属第一医院、南京市第一医院	嵇富海 杨建平 鲍红光 彭科 斯妍娜 孟晓文 刘华跃 王玉兰 成浩
10	肿瘤靶向成像技术创新及应用	三等奖	苏州大学附属第一医院、同济大学、苏州大学、中国科学院苏州纳米技术与纳米仿生研究所	胡春洪 李勇刚 张兵波 郭亮 顾宏伟 戴慧 潘越 姜江 胡粟 黄煜伦 姚飞荣 李平

九、中国抗癌协会科技奖(1 项)

序号	获奖等级	完成单位	主要完成人
1	二等奖	苏州大学附属第二医院、苏州市九龙医院	兰青 董军 王之敏 黄强 沈云天 费喜峰 王爱东 陈延明 孙超

十、中国光学工程学会奖(1 项)

序号	项目名称	获奖等级	完成单位	主要完成人
1	微纳光电转换器件的光电热仿真、调控与器件设计	三等奖	苏州大学	李孝峰 詹耀辉 吴绍龙 尚爱雪 张程

十一、中国物流与采购联合会科学技术奖(1 项)

序号	项目名称	获奖等级	完成单位	主要完成人
1	基于大数据的物流产业基金的募集与绩效研究	科技进步二等奖	苏州大学、浙江禹邑股份投资基金管理有限公司、超致半导体(上海)有限公司、上海大学	禹久泓等

十二、中国纺织工业协会(1项)

序号	项目名称	获奖等级	完成单位	主要完成人
1	纳米微晶功能性高支羊绒混纺针织品研发及产业化	三等奖	江苏联宏纺织有限公司、苏州大学、江苏纳盾科技有限公司	查小刚 郑敏 王作山 李玉梅 肖建波 陆翠玲 杨泸

十三、中国公路学会科学技术奖(1项)

序号	项目名称	获奖等级	完成单位	主要完成人
1	盾构隧道结构分布式监测及性能评估关键技术研究	三等奖	中国设计集团股份有限公司、南京大学、苏州大学、南京长江隧道股份有限责任公司、苏州南智传感科技有限公司	王涛 施斌 唐永圣 钟东 刘祥勇

十四、宋庆龄儿科医学奖(1项)

序号	项目名称	获奖等级	完成单位	主要完成人
1	儿童血液肿瘤临床预后判断新型标志物的筛选和预后判断体系的优化	不设等级	苏州大学附属儿童医院	胡绍燕 潘健 胡昳歆 范俊杰 凌婧 陶艳芳 肖佩芳 李建琴 孙伊娜 吕慧 李捷 姚艳华 王易 何海龙 卢俊

十五、中核集团科技奖(2项)

序号	项目名称	获奖等级	完成单位	主要完成人
1	南京"5.7"放射事故受照人员的临床综合救治	二等奖	核工业总医院	刘玉龙 王优优 余道江 戴宏 卞华慧 陈炜博 李元 陈学英 冯骏超 邱梦悦 张玉松 蒲汪旸 赵天兰
2	核磁共振及放射影像新技术在颅脑疾患诊治中的应用	三等奖	核工业总医院	兰青 朱卿 张恒柱 朱玉辐 麻育源 刘士海 杜彦李 蒋云召 蔡武

十六、香港桑麻奖(1 项)

序号	项目名称	获奖等级	完成单位	主要完成人
1	多场耦合静电纺纳米纤维关键制备技术及其应用开发	二等奖	苏州大学、东华大学、南通百博丝纳米科技有限公司	徐 岚 刘福娟 王 萍 何吉欢 张 岩 何春辉

十七、"纺织之光"中国纺织工业联合会科学技术奖首届中国纺织行业专利奖(1 项)

序号	项目名称	获奖等级	完成单位	主要完成人
1	人体自动测量数据分析方法及系统 ZL 2010 1 0283880.x	优秀奖	苏州大学	尚笑梅

十八、苏州市科学技术奖(31 项)

序号	项目名称	获奖等级	完成单位	主要完成人
1	重症儿童病情评估和预后判断指标体系的建立及临床应用	一等奖	苏州大学附属儿童医院	李艳红 李晓忠 丁 胜 方 芳 周慧婷 陈 娇 张文燕
2	儿童毛细支气管炎的临床研究	一等奖	苏州大学附属儿童医院	郝创利 王宇清 陈正荣 季 伟 陆燕红 严永东 蒋吴君 孙慧明 朱灿红
3	帕金森病非运动症状的基础与临床研究	一等奖	苏州大学附属第二医院	刘春风 王光辉 胡丽芳 毛成洁 罗蔚锋 杨亚萍 王 芬 沈 赟
4	腰椎退变新发现——基于终板的诊疗方法建立及应用	一等奖	苏州大学附属第一医院、浙江大学附属第一医院	邹 俊 王 跃 钮俊杰 郭炯炯 封志云 陈羽峰 杨惠林
5	移植相关性出凝血疾病及其关键机制研究	一等奖	苏州大学附属第一医院	韩 悦 傅建新 赵益明 唐雅琼 戚嘉乾 王 虹 王兆钺 吴德沛 阮长耿
6	共转运药物/基因的智能纳米递送系统及其逆转耐药和协同抗癌的研究	二等奖	苏州大学	张学农 张春歌 陈维良 朱巧玲 李 芳 袁志强 杨舒迪

续表

序号	项目名称	获奖等级	完成单位	主要完成人
7	核磁共振及放射影像新技术在颅脑疾患诊治中的应用	二等奖	苏州大学附属第二医院	兰 青 朱 卿 张恒柱 朱玉辐 麻育源 刘士海 杜彦李 蒋云召 蔡 武
8	可溶性B7-H2和可溶性B7-H3在免疫炎症病理中的作用机制和临床研究	二等奖	苏州大学附属第一医院、苏州大学	黄 坚 张光波 周迎会 丁思思 贺 阳 张学光
9	临床常见病原微生物耐药及分子致病机制	二等奖	苏州大学附属第二医院	杜 鸿 张海方 王 敏 谢小芳 张 萍 朱雪明 冯 萍 茆 挺 郑 毅
10	铁代谢对骨代谢的影响及机制研究（基于斑马鱼模型）	二等奖	苏州大学附属第二医院	徐又佳 贾 鹏 柏 林 张 东 肖文金 陆政峰 常留辉 姜 宇 王 啸
11	新型可注射水凝胶原位给药体系的构建及其在肿瘤治疗中的应用	二等奖	苏州大学附属第二医院	李柳炳 王杨云 董启榕 汪 勇 沈 磊
12	一种基于"公共引物"介导的分子诊断技术研究	二等奖	苏州大学、苏州市食品检验检测中心、苏州高新区卫生监督所	孙万平 薛 满 张丽君 季建刚 胡颖熹 刘婉婉 张 玲
13	正性和负性共刺激信号失衡在自身免疫性疾病中的作用及转化应用	二等奖	苏州大学附属第一医院、苏州大学、苏州市卫生职业技术学院	刘翠平 张学光 王 勤 薛 群 蒋觉安 孙静斌 焦晴晴 古彦铮 周 斌
14	自噬诱导药物的筛选、作用靶位及其对帕金森疾病保护作用机制的研究	二等奖	苏州大学附属儿童医院	陈 冬 任海刚 王 梅 高 峰 毛晨梅 胡青松 李 斌
15	细胞因子在肝癌发病中的作用及免疫机制研究	三等奖	苏州大学、苏州大学附属第一医院	马守宝 林丹丹 雷 蕾 胡 博 程 巧
16	肿瘤浸润CD8+T细胞的免疫学特性及相关调控分子机制	三等奖	苏州大学、苏州大学附属儿童医院、苏州市立医院	朱一蓓 李 刚 高 鑫 黄莉莉 金美芳

续表

序号	项目名称	获奖等级	完成单位	主要完成人
17	IFNs抗病毒免疫中的泛素化调控机制研究	三等奖	苏州大学附属儿童医院	钱光辉 郑慧 王帅 胡筱涵 李梅 吕海涛 朱琍燕
18	miRNA调控Th17细胞亚群在免疫性血小板减少性紫癜患儿诊断及治疗中的应用	三等奖	苏州大学附属儿童医院	李建琴 胡绍燕 卢俊 肖佩芳 吴晓芳
19	儿童恶性实体肿瘤新型标志物的筛选及临床应用	三等奖	苏州大学附属儿童医院	李之珩 陈财龙 徐利晓 吴怡 杨纯 曹戍 李根 胡绍燕 潘健
20	儿童急性肠套叠的防治及分子机制研究	三等奖	苏州大学附属儿童医院	郭万亮 武庆斌 盛茂 黄顺根 谭亚兰 李京恩 丁粤粤 贾慧惠 武林
21	高危型HPV感染相关宫颈疾病的精准防治策略研究	三等奖	苏州大学附属第二医院	朱维培 郭亮生 陆雪官 张弘 陈昕 杨主娟 潘小虹 吴菊英 邵敏芳
22	硫化氢对肾脏纤维化及腹膜纤维化的影响及其机制研究	三等奖	苏州大学附属第二医院	宋锴 卢颖 王峙 高芦燕
23	免疫性血小板减少性紫癜诊疗新技术的转化应用	三等奖	苏州大学附属第一医院	何杨 赵赞霄 阮长耿 戴兰 曹丽娟 王兆钺
24	糖尿病神经病变的临床特征及神经分子机制研究	三等奖	苏州大学附属第二医院	胡吉 张弘弘 方晨 黄韵 肖文金
25	吸烟诱导心室重构的分子机制及防治措施	三等奖	苏州大学附属第二医院	周祥 徐卫亭 陈建昌 颜珂
26	延续性专科化护理模式在造血干细胞移植康复期病人中的应用	三等奖	苏州大学附属第一医院	朱霞明 王海芳 葛永芹 刘明红 陆茵 卫峰 吴德沛 李芹 毛燕琴
27	羊水干细胞在组织损伤中的修复作用及机制	三等奖	苏州大学附属儿童医院	许云云 汪健 李芳 梁含思 余水长 赵赫

续表

序号	项目名称	获奖等级	完成单位	主要完成人
28	腰骶椎退变性疾病的基础与临床研究	三等奖	苏州大学附属第一医院	顾勇 冯煜 朱雪松 汪凌骏 陶云霞 林子煜 蔡峰 张志明 陈亮
29	影响无创通气治疗不同严重程度AECOPD的有效因素	三等奖	苏州大学附属第二医院	朱建军 刘励军 周保纯 陈锐 朱凌霞
30	孕妇营养与胎源性疾病发生及其早期编程机制	三等奖	苏州大学附属第一医院	高芹芹 孙淼 徐智策 吕娟秀 李娜 汤佳奇 张鹏杰 周秀文 李凌君
31	早产儿支气管肺发育不良症的基础与临床研究	三等奖	苏州大学附属儿童医院	朱雪萍 肖志辉 冯星 丁晓春 崔宁迅 李俊峰

十九、江苏省卫生计生医学新技术引进奖(32项)

序号	项目名称	获奖等级	完成单位	主要完成人
1	骨组织"H亚型血管"检测技术在绝经后骨质疏松性骨折患者中应用的临床价值	一等奖	苏州大学附属第二医院	徐又佳 李光飞 王亮
2	内皮微颗粒相关表型评估川崎病冠状动脉损伤的方法学研究	一等奖	苏州大学附属儿童医院	吕海涛 丁粤粤 徐秋琴
3	危险度分层及个体化治疗在儿童急性白血病治疗中的应用	一等奖	苏州大学附属儿童医院	胡映歆 凌婧 胡绍燕
4	危重症儿童病情评估和预后判断指标的建立及临床应用	一等奖	苏州大学附属儿童医院	李艳红 冯星 李晓忠
5	OX40/OX40L对Graves病外周淋巴细胞亚群的协同刺激作用及临床应用	一等奖	苏州大学附属第一医院	施毕旻 王勤 李慧娟

续表

序号	项目名称	获奖等级	完成单位	主要完成人
6	脊柱黄韧带骨化的MRI分型及临床应用	一等奖	苏州大学附属第一医院	郭炯炯 邹 俊 朱雪松
7	建立KIR基因分型技术体系及其在异基因造血干细胞移植遴选供者和判断预后中的临床应用	一等奖	苏州大学附属第一医院	何 军 鲍晓晶 吴小津
8	经颅和经脊髓不同频率磁刺激对脊髓损伤后神经病理性疼痛的康复及其神经网络重塑的影响	一等奖	苏州大学附属第一医院	苏 敏 李春光 韩立影
9	显微手术用于颅内中线深部病变的治疗	一等奖	苏州大学附属第一医院	虞正权 徐建国 孙远召
10	腹腔镜卵巢子宫内膜异位囊肿剥除术中使用垂体后叶素注射技术对卵巢储备功能的保护作用及其临床应用	二等奖	苏州大学附属第二医院	朱维培 任琼珍 郭亮生
11	分子信标技术在碳青霉烯类耐药肠杆菌科细菌快速鉴定及耐药基因检测中的应用	二等奖	苏州大学附属第二医院	杜 鸿 张海方 朱雪明
12	基于多模态成像联合基因多态性检测技术在儿童胰胆疾病早期预警中的应用	二等奖	苏州大学附属儿童医院	方 芳 郭万亮 汪 健
13	金蝉口服液的制备及其在儿童呼吸道感染中的临床应用	二等奖	苏州大学附属儿童医院	王文娟 毛晨梅 杜 娆
14	近红外光谱技术监测脑氧饱和度在心肺复苏后患者中的应用	二等奖	苏州大学附属第二医院	周保纯 刘励军 朱建军

续表

序号	项目名称	获奖等级	完成单位	主要完成人
15	经尿道2μm激光(国产)汽化术治疗良性前列腺增生	二等奖	苏州大学附属第二医院	单玉喜 高洁 刘晓龙
16	可溶性PD-L1(sPD-L1)在肺癌及胸腔积液患者中的临床应用研究	二等奖	苏州大学附属第二医院	施敏骅 陈永井 邢玉斐
17	染色体G显带结合荧光原位杂交技术(FISH)在儿童性发育异常疾病(DSD)诊断中的运用	二等奖	苏州大学附属儿童医院	陈临琪 陈婷 杨乃超
18	人类鼻病毒实时荧光定量PCR检测与分型在儿童呼吸道感染中的临床应用	二等奖	苏州大学附属儿童医院	严永东 陈正荣 黄莉
19	新生儿坏死性小肠结肠炎防治策略及住院期间营养管理	二等奖	苏州大学附属儿童医院	朱雪萍 肖志辉 丁晓春
20	胸腔镜交感神经链切断术治疗手汗症	二等奖	苏州大学附属第二医院	陈勇兵 段善州 朱雪娟
21	EGFL7在消化系恶性肿瘤中的临床转化应用	二等奖	苏州大学附属第一医院	周进 赵鑫 陈卫昌
22	多模态医学影像技术在调强放射治疗中正常器官功能保护的应用研究	二等奖	苏州大学附属第二医院	钱建军 徐亮 杨咏强
23	急危重肺部疾病中的重要新机制及临床运用	二等奖	苏州大学附属第一医院	郭强 徐华 刘盛兰
24	内皮祖细胞检测在缺血性脑血管病中的应用	二等奖	苏州大学附属第一医院	赵红如 倪健强 方琪

续表

序号	项目名称	获奖等级	完成单位	主要完成人
25	帕金森病感觉障碍的多维度评价方法及应用	二等奖	苏州大学附属第二医院	刘春风 王光辉 胡丽芳 毛成洁 罗蔚锋 杨亚萍 王芬 沈赟
26	缺氧微环境重要功能基因对胰腺癌预后评估的临床应用	二等奖	苏州大学附属第一医院	周健 李德春 杨健
27	隧道内镜和穿孔闭合技术在消化系疾病治疗中的临床应用	二等奖	苏州大学附属第一医院	李锐 史冬涛 陈卫昌
28	新型超声技术及重要功能分子在常见呼吸系统疾病临床诊治中的应用	二等奖	苏州大学附属第一医院	曾大雄 雷伟 黄建安
29	新型药物—机械血栓清除术在急性下肢深静脉血栓治疗中的应用	二等奖	苏州大学附属第一医院	段鹏飞 杨超 金泳海
30	血清脂蛋白(a)与白蛋白的冠心病风险评估应用	二等奖	苏州大学附属第一医院	贺永明 赵欣 杨向军
31	炎症因子与2型糖尿病血管并发症的相关性	二等奖	苏州大学附属第一医院	成兴波 范庆涛 蒋曦媛
32	医院获得性感染重要病原菌的耐药性与毒力间相互关系研究	二等奖	苏州大学附属第一医院	徐杰 赵丽娜 韩清珍

二十、江苏医学科技奖(10项)

序号	项目名称	获奖等级	完成单位	主要完成人
1	共信号分子在胃癌免疫编辑中的作用和临床应用研究	一等奖	苏州大学附属第一医院、苏州大学	陈卫昌 李锐 汪维鹏 庞雪芹 田文妍 陈小娟 申晋 孙青 张学光
2	缺氧缺血性脑损伤的基础与临床研究	一等奖	苏州大学附属儿童医院、苏州大学	冯星 秦正红 李梅 丁欣 徐利晓 孙斌 缪珀

续表

序号	项目名称	获奖等级	完成单位	主要完成人
3	人脑胶质瘤干细胞的研究	二等奖	苏州大学附属第二医院、苏州九龙医院	兰 青 董 军 王之敏 黄 强 沈云天 费喜峰 王爱东 陈延明 孙 超
4	铁蓄积对绝经后骨质疏松症的影响作用及应用研究	二等奖	苏州大学、苏州大学附属第二医院	徐又佳 李光飞 贾 鹏 叶俊星 柏 林 王 亮 王 啸 杨 帆 俞 晨
5	儿童川崎病血管内皮损伤的预警和相关机制	二等奖	苏州大学附属儿童医院、深圳市儿童医院	吕海涛 徐明国 徐秋琴 丁粤粤 钱为国 周万平 唐孕佳 孙 凌 陈 烨
6	干细胞治疗心血管疾病临床转化的关键技术研究	二等奖	苏州大学附属第一医院	沈振亚 胡士军 李杨欣 胡盛寿 陈一欢 余云生 黄浩岳 胡雁秋 杨君杰
7	非小细胞肺癌手术及放化疗疗效的生物学标志物预测及相关机制研究	三等奖	苏州大学附属第二医院、苏州大学	陈勇兵 段善州 杨文涛 朱雪娟 张永芳 陆雪官 张洪涛
8	儿童肺炎支原体肺部感染的临床研究	三等奖	苏州大学附属儿童医院	郝创利 王宇清 陈正荣 季 伟 蒋吴君 严永东 范丽萍
9	基于生物成像的肿瘤靶向诊断与治疗	三等奖	苏州大学附属第一医院、苏州大学、中国科学院苏州纳米技术与纳米仿生研究所	李勇刚 郭 亮 胡春洪 顾宏伟 潘 越 姜 江 马新星 刘雨蒙 何 璐
10	缺氧和炎症性肺部疾病的重要新机制及临床运用研究	三等奖	苏州大学附属第一医院、安徽医科大学第一附属医院	郭 强 曾大雄 雷 伟 王 苒 陈 成 黄建安 俞喆珺 周思静 孙耕耘

二十一、江苏省妇幼保健引进新技术奖(4项)

序号	项目名称	获奖等级	完成单位	主要完成人
1	新生儿败血症免疫作用机制的基础和临床研究技术	一等奖	苏州大学附属儿童医院	俞生林

续表

序号	项目名称	获奖等级	完成单位	主要完成人
2	儿科营养风险筛查工具在住院患儿营养风险筛查中的应用	二等奖	苏州大学附属儿童医院	姚文英
3	垂体后叶素注射技术对卵巢储备功能的保护作用及其临床应用	二等奖	苏州大学附属第二医院	朱维培　郭亮生　任琼珍
4	遗传易感性检测技术在子宫颈癌个体化防治中的研究与应用	二等奖	苏州大学附属第二医院	朱维培　郭亮生　陈昕

二十二、江苏肿瘤医学科学技术奖（1项）

序号	项目名称	获奖等级	完成单位	主要完成人
1	人脑胶质瘤干细胞的研究	二等奖	苏州大学附属第二医院、苏州大学、苏州市九龙医院	兰青　董军　黄强　王爱东　沈云天　费喜峰　王之敏　陈延明　孙超

二十三、江苏省卫计委财务研究成果奖（1项）

序号	项目名称	获奖等级	完成单位	主要完成人
1	新时期公立医院成本核算方法研究	三等奖	苏州大学附属第二医院	魏钦海

二十四、苏州市医学新技术奖（31项）

序号	项目名称	获奖等级	完成单位	主要完成人
1	基因多态性联合多模态检测技术在先天性胰胆疾病中的临床应用	特等奖	苏州大学附属儿童医院	汪健　方芳　郭万亮
2	基于分子信标技术的碳青霉烯类耐药肠杆菌科细菌快速鉴定及耐药基因检测	特等奖	苏州大学附属第二医院	杜鸿　张海方　张宏

续表

序号	项目名称	获奖等级	完成单位	主要完成人
3	绝经后骨质疏松性骨折患者中检测骨组织 H 型和 L 型骨管的临床价值	特等奖	苏州大学附属第二医院	徐又佳　徐炜　李涧
4	中药活性成分新藤黄酸抗肿瘤作用的机制研究及临床应用转化	一等奖	苏州大学附属儿童医院	王梅　毛晨梅　杨梦婕
5	电子支气管镜在儿童迁延性细菌性支气管炎诊治中的应用	一等奖	苏州大学附属儿童医院	郝创利　王宇清　孙惠泉
6	胃肠道肿瘤单核苷酸多态性研究	一等奖	苏州大学附属第二医院	杨晓东　吴勇　邢春根
7	血游离 DNA 突变定量分析在胃肠道恶性肿瘤分子诊断中的应用	一等奖	苏州大学附属第二医院	邢春根　肖莉　蒲汪旸
8	遗传易感基因检测技术与子宫颈癌精准防治策略研究	一等奖	苏州大学附属第二医院	朱维培　郭亮生　陈昕
9	应用 A 型肉毒毒素治疗老年人原发性三叉神经痛	一等奖	苏州大学附属第二医院	罗蔚锋　徐莹莹　刘晶
10	运动障碍性疾病及相关情绪障碍的经颅超声神经影像学研究	一等奖	苏州大学附属第二医院	张迎春　盛余敬　王才善
11	RhoGDI2 在胰腺癌病情判断及预后评估中的临床应用	一等奖	苏州大学附属第一医院	易彬　李德春　王运良
12	蛋白磷酸酶 2A/蛋白激酶 B/叉头转录因子检测在胰腺癌预后评估中的应用	一等奖	苏州大学附属第一医院	李伟　陶敏　夏苏华
13	量化运动干预方案在结肠镜检查患者肠道准备中的应用研究	一等奖	苏州大学附属第一医院	钮美娥　张媛媛　汪茜雅

续表

序号	项目名称	获奖等级	完成单位	主要完成人
14	新型药物—机械血栓清除术在急性下肢深静脉血栓治疗中的应用	一等奖	苏州大学附属第一医院	段鹏飞 倪才方 杨 超
15	血管内介入治疗大脑后动脉动脉瘤	一等奖	苏州大学附属第一医院	李 吻 王 中 刘一之
16	电子支气管镜联合支气管肺泡灌洗液细胞及病原学检测在儿童难治性喘息诊治中的应用	二等奖	苏州大学附属儿童医院	黄 莉 顾文婧 严永东
17	川崎病丙种球蛋白不敏感预测系统在临床中的应用	二等奖	苏州大学附属儿童医院	唐孕佳 吕海涛 孙 凌
18	儿童惊厥性疾病的诊治技术	二等奖	苏州大学附属儿童医院	陈旭勤 张利亚 刘 敏
19	护理需求评估技术在学龄期急性白血病患儿腰椎穿刺期间的临床应用	二等奖	苏州大学附属儿童医院	谢安慰 阚玉英 徐月叶
20	基因多态性用于评估儿童急性淋巴白血病预后的研究	二等奖	苏州大学附属儿童医院	杜智卓 潘 健 柴忆欢
21	急性期外周血VEGF表达水平在评估手足口病患儿脑损害中的应用	二等奖	苏州大学附属儿童医院	田健美 成芳芳 孔小行
22	标准化策略在神经外科患者护理中的应用	二等奖	苏州大学附属第二医院	谭丽萍 蒋银芬 黄 慧
23	超声内镜引导细针湿抽法诊断实体肿瘤的研究	二等奖	苏州大学附属第二医院	胡端敏 单海华 程桂莲
24	超声三维斑点追踪技术评价尿毒症腹膜透析患者的右心室心肌功能	二等奖	苏州大学附属第二医院	陈建昌 朱 静 沈华英

续表

序号	项目名称	获奖等级	完成单位	主要完成人
25	基于治疗药物监测及群体药代动力学模型的奥卡西平精准用药研究及临床应用	二等奖	苏州大学附属第二医院	张全英 吕承哲 俞蕴莉
26	超微结构及分子标记物在间歇性外斜视的临床应用	二等奖	苏州大学附属第一医院	姚静艳 陆培荣 刘高勤
27	床旁超声引导下气管导管定位的方法研究及临床应用	二等奖	苏州大学附属第一医院	董凤林 雷伟 范晴敏
28	免疫性血小板减少症诊断技术的转化应用	二等奖	苏州大学附属第一医院	何杨 赵赟霄 左斌
29	全自动检测血小板抗体和血小板交叉配型在血液病患者中的临床应用	二等奖	苏州大学附属第一医院	蒋敏 郑元 王佳怡
30	隧道内镜和穿孔闭合技术在消化系疾病治疗中的临床应用	二等奖	苏州大学附属第一医院	李锐 史冬涛 陈卫昌
31	温度梯度灌注技术在椎体后凸成形术中的应用	二等奖	苏州大学附属第一医院	刘滔 杨惠林 刘昊

人文社科研究成果获奖情况

一、江苏省委宣传部2016年度江苏优秀理论成果奖(4项)

序号	成果名称	获奖人	成果类型	成果来源	所属单位
1	论治国理政思想的唯物史观基石	方世南	理论文章类	《马克思主义研究》	马克思主义学院
2	准确把握绿色发展理念的科学规定性	庄友刚	理论文章类	《中国特色社会主义研究》	政治与公共管理学院
3	中国公私空间的西源流比较与未来可能走向	朱光磊	理论文章类	《马克思主义与现实》	政治与公共管理学院

续表

序号	成果名称	获奖人	成果类型	成果来源	所属单位
4	科学社会主义理论的发展道路	石镇平	著作类	苏州大学出版社	马克思主义学院

二、第七届吴玉章人文社会科学奖(1项)

序号	获奖者	成果形式	成果名称	成果来源	所在院系	获奖等级
1	丁治民	专著	《永乐大典》小学书辑佚与研究	商务印书馆	文学院	优秀奖

三、江苏省哲学社会科学界联合会2016年度"江苏省社科应用研究精品工程奖"(8项)

序号	成果名称	获奖人	成果类型	获奖等级	所属单位
1	农业现代化进程中的农民决策与文化认同	朱蓉蓉	论文	一等奖	马克思主义学院
2	苏州中小型民营企业科技创新创业状况调查报告	李晶	调研报告	二等奖	东吴商学院(财经学院)
3	苏州市阳澄湖民俗文化生态保护试验区建设可行性调研报告	徐国源	调研报告	二等奖	文学院
4	社会资本视角下的新生代农民工就业质量研究	赵蒙成	论文	二等奖	教育学院
5	中国经济向新常态转化的冲击影响机制	刘尧成	论文	二等奖	东吴商学院(财经学院)
6	投资者关系管理能够稳定市场吗?——基于A股上市公司投资者关系管理的综合调查	权小锋	论文	二等奖	东吴商学院(财经学院)
7	大数据时代社会道德治理创新的伦理形态	陈进华	论文	二等奖	政治与公共管理学院
8	珠宝首饰的创新设计与制作	薛红艳	著作	二等奖	凤凰传媒学院

四、苏州市第三届"社科应用研究精品工程"优秀成果奖（15项）

序号	成果名称	成果形式	获奖等级	获奖人	所在院系
1	苏州工业园区建设一流营商环境的战略研究	研究报告	一等奖	屠立峰	东吴商学院（财经学院）
2	苏州创新治理体制机制促进开发区转型升级研究	研究报告	一等奖	黄建洪	政治与公共管理学院
3	苏州市城乡基本公共文化服务均等化实现路径研究	研究报告	一等奖	孙掌印	体育学院
4	苏州生态文明建设：理论与实践	著作	一等奖	宋言奇	社会学院
5	推进苏州基本公共服务标准化破解难题研究	研究报告	二等奖	周义程	政治与公共管理学院
6	加快区域低碳创新系统建设研究——以苏州为例	研究报告	二等奖	张　斌	东吴商学院（财经学院）
7	推进开发区管理体制改革——以苏州高新技术产业开发区为例	研究报告	二等奖	钱振明	政治与公共管理学院
8	苏南地区新生代农民工的就业质量与培训研究	论文	二等奖	赵蒙成	教育学院
9	关于构建江苏创新生态系统的对策研究——以苏州工业园区为例	研究报告	二等奖	刘　亮	东吴商学院（财经学院）
10	苏州科技金融发展的探索与创新研究	著作	三等奖	陈作章	东吴商学院（财经学院）
11	基于ERP系统的供应商成本管理研究——以苏州制造企业为例	研究报告	三等奖	蒋薇薇	应用技术学院
12	推动苏州传统家具制造业两化融合发展策略研究	研究报告	三等奖	徐　莹	金螳螂建筑学院
13	以苏派文化驱动苏州文化创意产业融合发展的路径研究	论文	三等奖	张乃禹	外国语学院
14	基于多样本潜在类别的旅游者生态文明行为分析——以苏州市为例	论文	三等奖	朱　梅	社会学院
15	产业集聚、空间效应与区域创新研究	论文	三等奖	韩　坚	东吴商学院（财经学院）

2017年度苏州大学科研成果专利授权情况

2017年度苏州大学科研成果专利授权情况一览表

序号	专利号	专利名称	第一发明人	类别	学院（部）	授权公告日
1	201620554928.9	一种硅微纳结构阵列光电化学电池	吴绍龙	实用新型	光电科学与工程学院	2017/1/4
2	201620763750.9	一体折叠式展示盒	杨朝辉	实用新型	艺术学院	2017/1/4
3	201620763822.X	一种一体折叠式展示盒	杨朝辉	实用新型	艺术学院	2017/1/4
4	201620732784.1	一种瓶体用一体折叠式包装盒	方敏	实用新型	艺术学院	2017/1/4
5	201620765701.9	一种一体折叠式宣传盒	杨朝辉	实用新型	艺术学院	2017/1/4
6	201620488253.2	一种具有纬纱张力控制器的织机梭子	李刚	实用新型	纺织与服装工程学院	2017/1/4
7	201620807455.9	一种无残留离心管	李笃信	实用新型	医学部药学院	2017/1/4
8	201620732794.5	一种方形体用一体折叠式包装盒	方敏	实用新型	艺术学院	2017/1/4
9	2014103273778	一种三嵌段聚合物及其制备方法	张学农	发明	医学部药学院	2017/1/4
10	2013105159715	一种具有形状记忆功能的聚氨酯脲水凝胶的应用	郭明雨	发明	材料与化学化工学部	2017/1/18
11	2014103274075	一种羧基化的荧光微球、制备方法及其应用	范丽娟	发明	材料与化学化工学部	2017/1/18
12	2014108322520	碳纳米管/聚醚酰亚胺/热固性树脂介电复合材料及制备方法	梁国正	发明	材料与化学化工学部	2017/1/18
13	2014104778568	一种自适应左右声道自动切换立体声耳机	王辉	发明	计算机科学与技术学院	2017/1/18

续表

序号	专利号	专利名称	第一发明人	类别	学院(部)	授权公告日
14	2014106961854	一种手性吲哚并噻喃化合物的合成方法	王兴旺	发明	材料与化学化工学部	2017/1/18
15	2015100959164	一种二氯三嗪反应基半花菁荧光活性染料及其制备方法	陈国强	发明	纺织与服装工程学院	2017/1/25
16	2014103525016	一种阳离子化丝素蛋白/基因复合物、制备方法及其应用	刘雨	发明	纺织与服装工程学院	2017/1/25
17	2014104644900	一种基于视觉显著图和支持向量机的表面缺陷检测方法	何志勇	发明	机电工程学院	2017/1/25
18	201510506777X	一种智能移液器支架	徐加英	发明	医学部放射医学与防护学院	2017/1/25
19	201410731545X	一种多次曝光拼接制作大面积全息光栅的方法	李朝明	发明	光电科学与工程学院	2017/1/25
20	2016207411273	一种蚕丝非织造布	张锋	实用新型	纺织与服装工程学院	2017/1/11
21	2015100785213	一种镉配位聚合物及其在水中对硝基类化合物检测的应用	郎建平	发明	材料与化学化工学部	2017/1/11
22	2013106501485	基于非最大纠缠信道和信号重排技术的多方控制量子隐写协议	姜敏	发明	电子信息学院	2017/1/11
23	201410556794X	一种筛选公共引物的方法	孙万平	发明	医学部药学院	2017/1/11
24	2014107629160	一种制备银纳米线的方法	熊佳庆	发明	纺织与服装工程学院	2017/1/11
25	2014103044849	一种氟硼硅酸盐基红色荧光粉、制备方法及其应用	黄彦林	发明	材料与化学化工学部	2017/1/11

续表

序号	专利号	专利名称	第一发明人	类别	学院(部)	授权公告日
26	2014101371579	用于制备低介电常数材料的等离子增强化学气相沉积装置	孙旭辉	发明	功能纳米与软物质研究院	2017/1/11
27	2014102527495	多相低介电常数材料层的制造方法	孙旭辉	发明	功能纳米与软物质研究院	2017/1/25
28	2013105957838	采用系数重用的比例自适应滤波器系数向量更新方法	倪锦根	发明	电子信息学院	2017/1/25
29	2014101174284	一种子带自适应滤波器的权值向量更新方法	倪锦根	发明	电子信息学院	2017/2/1
30	2015102544654	一种基于FPGA的湿雨伞快速自动干燥机及其控制方法	倪锦根	发明	电子信息学院	2017/1/11
31	201410548991.7	一种具有自清洁和油水分离功能的特殊浸润性功能织物表面的的制备方法	赖跃坤	发明	纺织与服装工程学院	2017/1/11
32	201510030697.1	一种具有紫外防护和耐水洗特殊浸润性功能织物表面的构筑方法	赖跃坤	发明	纺织与服装工程学院	2017/1/11
33	201410513543.3	铁催化的吩噻嗪类化合物的合成方法	张松林	发明	材料与化学化工学部	2017/1/11
34	201410821504.X	一种人体呼吸运动模拟装置	郁树梅	发明	机电工程学院	2017/1/11
35	201510398473.6	一种服装用人体测量基准点的获取方法	尚笑梅	发明	纺织与服装工程学院	2017/1/18
36	201620678164.4	一种凹柱面及柱面发散系统的检测装置	郭培基	实用新型	光电科学与工程学院	2017/2/15

续表

序号	专利号	专利名称	第一发明人	类别	学院(部)	授权公告日
37	201620440330.7	一种展示染色体倒位环内单交换的教学模型	成中芹	实用新型	医学部基础医学与生物科学学院	2017/2/8
38	201410325430.0	一种基于PAMAM的靶向给药载体及其制备方法	程 亮	发明	功能纳米与软物质研究院	2017/2/15
39	201410175090.8	采用感知语谱结构边界参数的语音端点检测算法	吴 迪	发明	光电科学与工程学院	2017/2/15
40	201510134233.5	一种文胸模杯的透气孔成型模具	倪俊芳	发明	机电工程学院	2017/1/4
41	201310596733.1	干涉物镜驱动装置	钟博文	发明	机电工程学院	2017/1/4
42	201310628488.8	数据库驱动的认知无线电网络的带内引导方法	贾俊铖	发明	计算机科学与技术学院	2017/1/4
43	201310625378.6	一种邻域保持判别嵌入人脸识别方法及系统	张 莉	发明	计算机科学与技术学院	2017/1/4
44	201410044493.9	一种油茶皂苷化合物、其制备方法、应用及其制备的抗肿瘤药物	许琼明	发明	医学部药学院	2017/1/4
45	201310418652.2	一种基于RFID技术的摔倒告警系统及方法	李云飞	发明	计算机科学与技术学院	2017/1/11
46	201410003300.5	一种人脸识别方法和装置	张 莉	发明	计算机科学与技术学院	2017/1/4
47	201510016404.4	一种下肢康复训练器	李 娟	发明	机电工程学院	2017/1/11
48	201310703715.9	电磁场耦合法制备纳米纤维的静电纺丝装置	徐 岚	发明	纺织与服装工程学院	2017/1/4
49	201410683173.8	基于摩擦原理的显微注射装置	汝长海	发明	机电工程学院	2017/1/18

续表

序号	专利号	专利名称	第一发明人	类别	学院(部)	授权公告日
50	201410101483.4	一种基于焦点对象识别和主题语义的图像搜索方法及系统	朱巧明	发明	计算机科学与技术学院	2017/1/18
51	201410719608.X	一种实现双向运动的惯性粘滑式跨尺度精密运动平台	钟博文	发明	机电工程学院	2017/1/18
52	201410452120.5	一种升频式振动能量采集系统及采集方法	刘会聪	发明	机电工程学院	2017/1/18
53	201410582543.9	一种制备高蛋白血症的家蚕模型的方法	徐世清	发明	医学部基础医学与生物科学学院	2017/1/25
54	201310664718.6	一种中文事件信息挖掘方法和系统	李培峰	发明	计算机科学与技术学院	2017/1/25
55	201310444957.0	一种篇章级情感分类方法及装置	李寿山	发明	计算机科学与技术学院	2017/1/25
56	201510263578.0	一种柔性透明导电膜制作方法及柔性透明导电膜	包 悦	发明	光电科学与工程学院	2017/1/25
57	201310744989.2	一种死锁避免控制方法、装置和自动化生产系统	杨宏兵	发明	机电工程学院	2017/1/25
58	201410087724.4	一种监督邻域保持嵌入人脸识别方法和系统及人脸识别器	张 莉	发明	计算机科学与技术学院	2017/1/25
59	201410307635.6	一种植物工厂同步化种植系统	贾俊铖	发明	计算机科学与技术学院	2017/1/25
60	201310688907.7	一种主动学习图像分类方法和系统	赵朋朋	发明	计算机科学与技术学院	2017/1/25
61	201510085117.9	石墨烯增强钛基复合材料及其制备方法	陈 瑶	发明	机电工程学院	2017/1/25

续表

序号	专利号	专利名称	第一发明人	类别	学院(部)	授权公告日
62	201410024904.8	一种利用车辆超速报警装置进行车辆超速报警的方法	严建峰	发明	计算机科学与技术学院	2017/1/25
63	201620300940.7	一种踝关节扫描辅助施压设备	余嘉	实用新型	医学部骨科研究所	2017/1/18
64	201620667491.X	一种终端设备、服务器及状态监测系统	李云飞	实用新型	计算机科学与技术学院	2017/1/18
65	201620629845.1	一种罗拉齿形检测器	陈国栋	实用新型	机电工程学院	2017/1/18
66	201620545062.5	一种注射器针头	殷荣平	实用新型	医学部护理学院	2017/1/18
67	201620754935.3	一种符合人体工学的防漏生理裤	潘姝雯	实用新型	纺织与服装工程学院	2017/1/18
68	201410027444.4	一种补偿系统及高次非球面检测装置和方法	解滨	发明	光电科学与工程学院	2017/1/4
69	201310693087.0	一种情感词与评价对象的关系识别方法	李寿山	发明	计算机科学与技术学院	2017/1/18
70	201510082246.2	一种主被动混合驱动的一体化踝关节与假脚结构	李娟	发明	机电工程学院	2017/2/1
71	201410184173.3	一种杂交瘤细胞及其产生的单克隆抗体和应用	武艺	发明	医学部唐仲英血液学研究中心	2017/2/1
72	201410126542.3	一种面向广告投放的潜在用户检索及用户模型排序方法	洪宇	发明	计算机科学与技术学院	2017/2/1
73	201510141271.3	一种复杂形状织物的空间裁剪装置及方法	倪俊芳	发明	机电工程学院	2017/2/1
74	201410719489.8	一种实现单向运动的惯性粘滑式跨尺度运动平台	钟博文	发明	机电工程学院	2017/2/1

续表

序号	专利号	专利名称	第一发明人	类别	学院(部)	授权公告日
75	201620798997.4	一种蚕茧内部温度变化测量装置	刘福娟	实用新型	纺织与服装工程学院	2017/2/15
76	201620754647.8	一种漏斗式喷气纺丝装置	邵中彪	实用新型	纺织与服装工程学院	2017/2/22
77	201410057100.8	一种基于稀疏表示的信号中瞬态成分检测方法及装置	蔡改改	发明	轨道交通学院	2017/2/15
78	201620798739.6	一种制备高取向纤维的气泡纺丝装置	邵中彪	实用新型	纺织与服装工程学院	2017/2/15
79	201410431071.7	一种贴片机取置头的清洗装置	李娟	发明	机电工程学院	2017/2/15
80	201310731193.3	一种字符串词典的索引方法及系统	张广泉	发明	计算机科学与技术学院	2017/2/15
81	201410102853.6	多功能单芯片键合作业手	潘明强	发明	机电工程学院	2017/2/15
82	201410247071.1	一种球体表面质量检测方法及装置	潘明强	发明	机电工程学院	2017/2/15
83	201410128704.7	投影变换矩阵的获取方法、样本分类方法	张莉	发明	计算机科学与技术学院	2017/2/15
84	201410399805.8	自分裂光束的产生装置及其产生方法	陈亚红	发明	物理科学与技术学院	2017/2/15
85	201410621339.3	抗菌保暖丝绵片及其制备方法	王建南	发明	纺织与服装工程学院	2017/2/8
86	201620148082.9	一种腔体滤波器交叉耦合的窗口结构	谢志余	实用新型	工程训练中心	2017/1/25
87	201410565228.5	一种全自动二极管封装机构及其使用方法	李相鹏	发明	机电工程学院	2017/1/11
88	201620802527.0	产生连续可调谐缺陷模的等离子体光子晶体的装置	杨东瑾	实用新型	物理科学与技术学院	2017/1/11
89	201410564858.0	一种小型便携化车载氢氧发生器	黄海波	发明	机电工程学院	2017/2/15

续表

序号	专利号	专利名称	第一发明人	类别	学院(部)	授权公告日
90	2014103523097	锌配位聚合物、其制备方法及其应用	郎建平	发明	材料与化学化工学部	2017/2/1
91	2014100046560	一种水溶性铁配合物、其制备方法及应用	郎建平	发明	材料与化学化工学部	2017/2/1
92	201410063927X	一种基于视觉显著性的布匹瑕疵检测方法	何志勇	发明	机电工程学院	2017/2/1
93	2014105373662	一种末端为二硒代氨基甲酸酯的聚合物的制备方法	潘向强	发明	材料与化学化工学部	2017/2/1
94	2015100008474	一种用于氰酸酯固化的杂化催化剂及其制备方法	梁国正	发明	材料与化学化工学部	2017/2/1
95	2015100468177	一种光敏聚合物修饰的吸附材料及其制备方法和用途	路建美	发明	材料与化学化工学部	2017/2/1
96	2016208229526	一种大视场衍射光子筛	赵效楠	实用新型	光电科学与工程学院	2017/2/8
97	2016204830044	视细胞结构模型	郑小坚	实用新型	医学部实验中心	2017/2/8
98	2016203999426	拆装式核小体结构模型	郑小坚	实用新型	医学部实验中心	2017/2/8
99	2016206923753	一种基于红外测距的报警系统	姜敏	实用新型	电子信息学院	2017/2/8
100	2016204990471	位相性电感受器结构模型	张雨青	实用新型	医学部基础医学与生物科学学院	2017/2/8
101	2014100080631	一种基于部分纠缠GHZ信道的联合监控量子广播通信方法	姜敏	发明	电子信息学院	2017/2/8

续表

序号	专利号	专利名称	第一发明人	类别	学院(部)	授权公告日
102	2014107324410	一种石墨烯——聚苯胺修饰的碳纳米管复合物及其制备方法	顾嫒娟	发明	材料与化学化工学部	2017/2/8
103	201410352790X	一种制备二硒醚聚合物的方法	潘向强	发明	材料与化学化工学部	2017/2/8
104	2013107026737	一种导电纱线连续处理方法以及用于该方法的装置	潘志娟	发明	纺织与服装工程学院	2017/2/8
105	2014102786146	一种螺旋介孔酚醛树脂纳米纤维的制备方法	杨永刚	发明	材料与化学化工学部	2017/2/15
106	2014104644629	一种防水剂、制备方法及其应用	吴林	发明	纺织与服装工程学院	2017/2/15
107	2014106306769	一种折反式摄远物镜	孙雯	发明	光电科学与工程学院	2017/2/15
108	2013105576198	一种基于压缩短零向量的抵抗网络编码中污染攻击的方法	王进	发明	计算机科学与技术学院	2017/2/15
109	2014107629175	一种磁性两性纤维素粉体材料、制备方法及应用	熊佳庆	发明	纺织与服装工程学院	2017/2/22
110	2015103765993	一种高架公路桥面型钢伸缩装置的施工方法	史培新	发明	轨道交通学院	2017/2/22
111	2015100137456	一种宽带角度选择光学滤波器及其制备方法	张桂菊	发明	光电科学与工程学院	2017/2/22
112	2015100008614	一种改性氰酸酯树脂及其制备方法	梁国正	发明	材料与化学化工学部	2017/2/22
113	2014101663454	一种水体浮游生物的浓集装置及浓集方法	朱远见	发明	医学部基础医学与生物科学学院	2017/2/1

续表

序号	专利号	专利名称	第一发明人	类别	学院(部)	授权公告日
114	2014101904041	P3级生物安全柜污染物转移消毒装置	诸葛洪祥	发明	医学部基础医学与生物科学学院	2017/1/11
115	201620678236.5	一种柱面及柱面汇聚系统的检测装置	郭培基	实用新型	光电科学与工程学院	2017/3/1
116	201510685636.9	一种利用非均匀薄膜设计和制作非球面液体透镜的方法	乔文	发明	光电科学与工程学院	2017/3/22
117	201621066372.5	一种磁探针	张桂炉	实用新型	物理科学与技术学院	2017/3/22
118	201621066369.3	一种发射探针	张桂炉	实用新型	物理科学与技术学院	2017/3/22
119	2015101325749	一种家蚕蛹发育进程的测定方法	李兵	发明	医学部基础医学与生物科学学院	2017/3/29
120	2015100516221	一种人附睾蛋白免疫检测试剂盒及其使用方法	姚建林	发明	材料与化学化工学部	2017/3/29
121	2014101629133	一种基于FPGA进化学习的数字图像滤波电路设计方法	陶砚蕴	发明	轨道交通学院	2017/3/29
122	2014102487089	一种大视场凝视式光谱成像系统及其成像方法	季轶群	发明	光电科学与工程学院	2017/3/29
123	2015104452731	一种制备二芳基甲烷类化合物的方法	孙宏枚	发明	材料与化学化工学部	2017/3/22
124	2016204576876	紧张性电感受器结构模型	张雨青	实用新型	医学部基础医学与生物科学学院	2017/3/22
125	2016203999411	G蛋白偶联受体结构模型	郑小坚	实用新型	医学部实验中心	2017/3/22
126	2016204497094	同种异型抗原的直接识别和间接识别结构模型教具	赵英伟	实用新型	医学部基础医学与生物科学学院	2017/3/22

续表

序号	专利号	专利名称	第一发明人	类别	学院(部)	授权公告日
127	2016205193611	HIV侵入免疫细胞机制结构模型教具	赵英伟	实用新型	医学部基础医学与生物科学学院	2017/3/22
128	201620483469X	多价变应原致IgE抗体交联活化致敏靶细胞模型教具	赵英伟	实用新型	医学部基础医学与生物科学学院	2017/3/22
129	2016204212460	CTLA-4-Ig融合蛋白和抗CD40L单抗阻断共刺激通路模型教具	赵英伟	实用新型	医学部基础医学与生物科学学院	2017/3/22
130	2016207480080	基于表面等离子基元的全斯托克斯矢量偏振器	胡敬佩	实用新型	光电科学与工程学院	2017/3/29
131	2016208996369	一种亚波长超宽带透射式二维金属波片	王钦华	实用新型	光电科学与工程学院	2017/3/29
132	2016210441344	基于等离子基元的像素式多取向双层纳米光栅线偏振器	林雨	实用新型	光电科学与工程学院	2017/3/29
133	2015105981696	一种功能预聚体及其制备方法与应用	朱亚伟	发明	纺织与服装工程学院	2017/3/29
134	2014108476942	大气CO_2超光谱成像光谱仪的光学系统	沈为民	发明	光电科学与工程学院	2017/3/29
135	2014105743585	透明投影屏幕	楼益民	发明	光电科学与工程学院	2017/3/29
136	2014100802498	一种多酰胺抗菌剂、制备方法及其应用	李战雄	发明	纺织与服装工程学院	2017/3/29
137	2015102703453	一种提高激光变斑直接成形不等宽构件精度的方法	朱刚贤	发明	机电工程学院	2017/3/29
138	2014103523078	一种含超支化硅氧烷结构的有机锡及其制备方法	顾嫒娟	发明	材料与化学化工学部	2017/3/22

续表

序号	专利号	专利名称	第一发明人	类别	学院(部)	授权公告日
139	2016101556269	一种卤素掺杂的铅氧族化合物纳米晶及其制备方法和用途	马万里	发明	功能纳米与软物质研究院	2017/3/22
140	2013105646222	Ad hoc网络自治节点数据转发协作的激励方法和系统	张宏斌	发明	计算机科学与技术学院	2017/3/22
141	2015102389752	一种多孔材料的组合浇铸制备方法	徐昌禄	发明	医学部骨科研究所	2017/3/22
142	2015106540281	一种环氧树脂微球及其制备方法	顾嫒娟	发明	材料与化学化工学部	2017/3/22
143	2014106630512	一种复合锂离子电池隔膜及其制备方法	张明祖	发明	材料与化学化工学部	2017/3/22
144	2014108354983	一种苯基四甲基二硅氧烷改性三元乙丙橡胶及其制备方法	袁艳华	发明	纺织与服装工程学院	2017/3/22
145	2015102696318	一种手性3,4-二氢香豆素衍生化合物合成方法	王兴旺	发明	材料与化学化工学部	2017/3/22
146	201510231710X	发射波长可控的聚对亚苯基亚乙烯共轭高分子荧光纳米粒子及制备方法	范丽娟	发明	材料与化学化工学部	2017/3/22
147	2014106860622	一种阻燃双马来酰亚胺树脂及其制备方法	顾嫒娟	发明	材料与化学化工学部	2017/3/29
148	2015100468162	一种改性含氟硅油及其制备方法	臧雄	发明	纺织与服装工程学院	2017/3/29
149	2014102373302	一种视频压缩采集系统及其采集方法	陈宇恒	发明	光电科学与工程学院	2017/3/29
150	2014103660130	基于聚磷酸酯的叶酸靶向酸敏感核交联载药胶束及其制备方法	倪沛红	发明	材料与化学化工学部	2017/3/29

续表

序号	专利号	专利名称	第一发明人	类别	学院（部）	授权公告日
151	201621048609.7	焊接夹具	王传洋	实用新型	机电工程学院	2017/3/15
152	201621037524.9	一种激光加工自动调焦装置	施克明	实用新型	机电工程学院	2017/3/15
153	201510346139.6	一种利用玉米叶制备钠离子电池电极碳材料的方法	晏成林	发明	能源学院	2017/3/8
154	201510344957.2	一种改善锂离子电池硅负极材料的方法	晏成林	发明	能源学院	2017/3/15
155	201510344960.4	含Fe/Fe_3C的碳纳米网的制备方法、用该方法制备的碳纳米网及其应用	晏成林	发明	能源学院	2017/3/15
156	201620286351.8	一种空管丝素微针给药系统	卢欣旸	实用新型	纺织与服装工程学院	2017/2/1
157	201410557823.4	放射治疗系统	孙立宁	发明	机电工程学院	2017/1/25
158	201620338923.2	一种太阳能发电致热智能冲锋衣	卢业虎	实用新型	纺织与服装工程学院	2017/1/11
159	201620434085.9	一种带背包的发热冲锋衣	卢业虎	实用新型	纺织与服装工程学院	2017/1/4
160	201620553565.7	一种薄壁圆零件内壁激光硬化装置	胡增荣	实用新型	轨道交通学院	2017/1/4
161	201620421547.3	一种保暖棕榈纤维绒制品	王国和	实用新型	纺织与服装工程学院	2017/1/4
162	201620417628.6	一种环境响应型智能防寒服	卢业虎	实用新型	纺织与服装工程学院	2017/1/11
163	201620554299.X	一种带快速样品安装功能的摩擦磨损试验机	胡增荣	实用新型	轨道交通学院	2017/1/11
164	201620838988.3	一种镜筒可伸缩的手机辅助式便携拍照装置	张琦	实用新型	医学部放射医学与防护学院	2017/2/8

续表

序号	专利号	专利名称	第一发明人	类别	学院（部）	授权公告日
165	201620382004.5	一种空调净化装置	俞卫刚	实用新型	物理科学与技术学院	2017/2/1
166	201620839127.7	一种易连接的手机辅助式便携拍照装置	聂继华	实用新型	医学部放射医学与防护学院	2017/2/8
167	201620726437.8	一种单相电渣炉的三相平衡电路	周艳荣	实用新型	数学科学学院	2017/2/8
168	201620839146.X	一种简化结构的手机辅助式便携拍照装置	聂继华	实用新型	医学部放射医学与防护学院	2017/2/8
169	201620618972.1	全光无栅格频谱整合器	高明义	实用新型	电子信息学院	2017/2/1
170	201410552860.6	一种纺织品的退浆前处理方法	龙家杰	发明	纺织与服装工程学院	2017/1/4
171	201410553211.4	一种采用组合酶的超临界二氧化碳流体退浆方法	龙家杰	发明	纺织与服装工程学院	2017/1/11
172	201410552856.X	一种在超临界二氧化碳介质中的退浆处理方法	龙家杰	发明	纺织与服装工程学院	2017/1/11
173	201410384017.1	病毒性心肌炎环肽疫苗及其制备方法	熊思东	发明	医学部生物医学研究院	2017/1/18
174	201410553202.9	一种超临界二氧化碳流体中棉的酶退浆方法	龙家杰	发明	纺织与服装工程学院	2017/1/11
175	201510172224.5	阻燃染料的制备方法及其应用	关晋平	发明	纺织与服装工程学院	2017/1/11
176	201510435332.7	集中型高速公路及集中型高速公路系统	余亮	发明	金螳螂建筑学院	2017/1/25
177	201410323443.4	一种非晶/微晶硅叠层太阳能电池	吴绍龙	发明	光电科学与工程学院	2017/1/25
178	201310534301.8	基于超像素的Codebook动态场景中目标检测方法	刘纯平	发明	计算机科学与技术学院	2017/2/15

续表

序号	专利号	专利名称	第一发明人	类别	学院(部)	授权公告日
179	201410265615.7	一种基于表面等离激元法诺共振的微纳光开关及使用它的级联光开关	李孝峰	发明	光电科学与工程学院	2017/2/15
180	201310223574.0	一种文档主题的在线追踪方法	龚声蓉	发明	计算机科学与技术学院	2017/2/8
181	201620554176.6	动物固定装置	杜傲男	实用新型	医学部放射医学与防护学院	2017/4/5
182	201620529264.0	一种餐具	董爱静	实用新型	医学部放射医学与防护学院	2017/2/22
183	201510259217.9	一种α,β-不饱和丁内酯的合成方法	朱 晨	发明	材料与化学化工学部	2017/4/19
184	201510375268.8	一种基于含糖聚合物的PH探针的制备方法	陈高健	发明	物理科学与技术学院	2017/4/19
185	201510249209.6	2-氨基苯并硒嗪衍生物的制备方法	纪顺俊	发明	材料与化学化工学部	2017/3/15
186	201310272564.6	一种手写体数字识别方法及装置	张 莉	发明	计算机科学与技术学院	2017/3/1
187	201410161263.0	一种根据图片自动播放歌曲的方法及系统	严建峰	发明	计算机科学与技术学院	2017/3/22
188	201620908334.3	一种油罐车智能设备环、服务器以及油罐车智能监控系统	李云飞	实用新型	计算机科学与技术学院	2017/3/22
189	201410003078.9	一种人脸识别方法和装置	张 莉	发明	计算机科学与技术学院	2017/3/22
190	201410234723.8	一种网络节点及数据传输方法和系统	黄 河	发明	计算机科学与技术学院	2017/3/22
191	201620639616.8	一种行车状态监测系统	李云飞	实用新型	计算机科学与技术学院	2017/3/22
192	201620955844.6	一种行星轮系的故障模拟试验装置	丁 皓	实用新型	轨道交通学院	2017/3/22

续表

序号	专利号	专利名称	第一发明人	类别	学院(部)	授权公告日
193	201410140668.6	一种静脉留置通路采血器	胡化刚	发明	医学部护理学院	2017/3/22
194	201410183963.X	一种深层网络数据源异常点的检测方法及系统	赵朋朋	发明	计算机科学与技术学院	2017/3/22
195	201410826492.X	一种医用模拟呼吸系统	郁树梅	发明	机电工程学院	2017/3/22
196	201410842279.8	一种周向纺丝组件	孟凯	发明	纺织与服装工程学院	2017/3/22
197	201310456357.6	一种选择吸收滤光结构	周云	发明	光电科学与工程学院	2017/3/22
198	201510696751.6	纳米转印方法及纳米功能器件	陈林森	发明	光电科学与工程学院	2017/3/22
199	201510460034.3	基于柔性铰链的可调预紧式粘滑驱动定位平台	汝长海	发明	机电工程学院	2017/3/1
200	201510523115.3	一种基于粘滑驱动原理的显微注射机构	汝长海	发明	机电工程学院	2017/3/8
201	201510522976.X	具有侧部摩擦力调整机构的粘滑驱动跨尺度精密定位平台	汝长海	发明	机电工程学院	2017/3/8
202	201510418663.X	一种交通车辆检测方法及系统	郑建颖	发明	轨道交通学院	2017/3/22
203	201510304936.8	驱动单元模块化粘滑驱动定位平台	汝长海	发明	机电工程学院	2017/3/22
204	201620347938.5	制备磁有序纳米复合材料的气流气泡纺丝装置	何吉欢	实用新型	纺织与服装工程学院	2017/4/19
205	201410153662.2	一种相关反馈间关系网络的构建与应用方法	洪宇	发明	计算机科学与技术学院	2017/4/19

续表

序号	专利号	专利名称	第一发明人	类别	学院(部)	授权公告日
206	201410197890.X	一种人脸识别方法及系统	张莉	发明	计算机科学与技术学院	2017/4/19
207	201510111741.1	用于大型金属零件的表面修复工艺	石世宏	发明	机电工程学院	2017/4/19
208	201410403486.3	一种中文事件的处理方法及系统	李培峰	发明	计算机科学与技术学院	2017/4/19
209	201410553203.3	一种实时软件压力测试用例生成方法及装置	张广泉	发明	计算机科学与技术学院	2017/4/19
210	201410508281.1	一种主客观分类器构建方法和系统	李寿山	发明	计算机科学与技术学院	2017/4/19
211	201620706402.8	一种小儿移动输液架	张诚霖	实用新型	医学部护理学院	2017/4/19
212	201410563866.3	导电纤维的制备方法及其制备装置	冯志华	发明	机电工程学院	2017/4/19
213	201620754333.8	一种超声弹性成像装置	王兰	实用新型	医学部骨科研究所	2017/4/19
214	201310613762.4	一种网络动态调整的漂浮式水域质量检测系统及方法	严建峰	发明	计算机科学与技术学院	2017/3/29
215	201410250483.0	一种轨道列车动荷载的计算方法	李双	发明	轨道交通学院	2017/3/29
216	201410177935.7	一种特征选择方法及装置	张莉	发明	计算机科学与技术学院	2017/3/29
217	2015106220391	一种无基体无支撑金属零件激光熔覆自由成形方法	石世宏	发明	机电工程学院	2017/3/29
218	2016210582183	双杠杆式修枝剪	胡子刚	实用新型	金螳螂建筑学院	2017/3/29
219	2016210427900	用于蚕儿饲养、食用菌培育的单联动箔台	胡子刚	实用新型	金螳螂建筑学院	2017/4/26

续表

序号	专利号	专利名称	第一发明人	类别	学院(部)	授权公告日
220	2016101374839	可移动型智能多向旋转窗	倪锦根	发明	电子信息学院	2017/4/26
221	201621043066X	切桑器	胡子刚	实用新型	金螳螂建筑学院	2017/3/29
222	2014103063604	一种基于硅硅键合的隔离封装应力的压力传感器	郭述文	发明	电子信息学院	2017/3/29
223	2014107629156	一种超支化聚合物功能化介孔材料及其应用	陶 金	发明	医学部基础医学与生物科学学院	2017/4/12
224	2014101767491	一种全息光栅三维主动稳定控制记录方法	李朝明	发明	光电科学与工程学院	2017/4/12
225	2015101539269	一种环氧树脂填充取向碳纳米管束胶囊及其制备方法	袁 莉	发明	材料与化学化工学部	2017/4/12
226	201620859755.1	一种基于四旋翼飞行器的环境信息采集系统	许宜申	实用新型	光电科学与工程学院	2017/4/12
227	201621087517.X	一种顶破装置	王 萍	实用新型	纺织与服装工程学院	2017/4/12
228	201620859615.4	一种基于智能移动终端控制的便携式侦查机器人	许宜申	实用新型	光电科学与工程学院	2017/2/22
229	201620328376.X	牙垫	喻冰格	实用新型	医学部护理学院	2017/2/8
230	201620007579.9	实时变参量微纳米光场调制与光刻系统	叶 燕	实用新型	光电科学与工程学院	2017/2/8
231	201620808458.4	单指结构、微操作夹持器和微操作系统	陈 涛	实用新型	机电工程学院	2017/2/8
232	201410379313.2	一种细胞结构可视化系统和方法	黄海波	发明	机电工程学院	2017/2/22

续表

序号	专利号	专利名称	第一发明人	类别	学院(部)	授权公告日
233	201510133379.8	一种集成式的两自由度机械手及其控制系统	刘吉柱	发明	机电工程学院	2017/2/22
234	201410469196.9	一种仿生制备水溶性荧光硅纳米颗粒的方法	何耀	发明	功能纳米与软物质研究院	2017/2/8
235	201410669176.6	一种气囊抛光工具、系统和方法	樊成	发明	机电工程学院	2017/1/25
236	201410736386.2	一种锂离子电池复合正极材料及其制备方法	伍凌	发明	沙钢钢铁学院	2017/1/18
237	201510189173.7	一种柔性OLED器件结构及其制备方法	汤洵	发明	功能纳米与软物质研究院	2017/3/15
238	201410479276.2	一种硅纳米阵列基底及其制备方法、应用	孙旭辉	发明	功能纳米与软物质研究院	2017/3/15
239	201610062055.4	一种用于半导体器件的双电荷注入层的制备方法	廖良生	发明	功能纳米与软物质研究院	2017/5/3
240	201510772130.1	一种藜豆提取物的检测方法	刘江云	发明	医学部药学院	2017/6/6
241	201410562005.3	一种液晶电视片状背胶膜半自动贴膜机	李相鹏	发明	机电工程学院	2017/4/19
242	201621070340.2	空气等离子体处理汽车尾气的装置	金成刚	实用新型	物理科学与技术学院	2017/4/19
243	201410507722.6	一种抑制二次电子发射的器件	金成刚	发明	物理科学与技术学院	2017/5/3
244	201621089753.5	一种高爆高压环境下基于共形天线设计的测试装置	羊箭锋	实用新型	电子信息学院	2017/5/24

续表

序号	专利号	专利名称	第一发明人	类别	学院(部)	授权公告日
245	201621045457.5	基于RFID的保险箱监测系统	陆晓峰	实用新型	计算机科学与技术学院	2017/5/24
246	201620874380.6	一种新型导盲系统	余 亮	实用新型	金螳螂建筑学院	2017/5/24
247	201620816534.6	一种安全智慧型公共卫生间	余 亮	实用新型	金螳螂建筑学院	2017/5/24
248	201510338643.1	基于交通监控视频的路况实时获取方法	朱海军	发明	计算机科学与技术学院	2017/5/24
249	201410437526.6	一种面向MC132IX的无线传感器网络WSN重编程方法	王宜怀	发明	计算机科学与技术学院	2017/6/16
250	201510200779.6	一种成骨细胞单激励与检测的操作手结构	陈 涛	发明	机电工程学院	2017/6/13
251	201621230264.7	自动化电路板电腐蚀加工装置	郑建颖	实用新型	轨道交通学院	2017/6/13
252	201621222057.7	基于磁传感器和超声波传感器融合的车辆检测系统	郑建颖	实用新型	轨道交通学院	2017/6/13
253	201620703008.9	一种血氧监测仪固定装置	张媛媛	实用新型	医学部护理学院	2017/6/13
254	201510338644.6	一种基于强化学习的路面交通信号灯协调控制方法	朱 斐	发明	计算机科学与技术学院	2017/7/7
255	201510338706.3	一种基于交通监控视频的实时在线交通状态检测方法	伏玉琛	发明	计算机科学与技术学院	2017/7/7
256	201621060927.5	一种全息制作表面拉曼增强基底的装置	邹文龙	实用新型	光电科学与工程学院	2017/6/6
257	201510305750.4	一种酸性染料匀染剂	王祥荣	发明	纺织与服装工程学院	2017/7/21

续表

序号	专利号	专利名称	第一发明人	类别	学院（部）	授权公告日
258	201510236905.3	一种离子阱质量分析器及其信号的施加方法	何洋	发明	机电工程学院	2017/7/21
259	201610286511.3	一种可提高离子探测效率的质谱分析系统	李晓旭	发明	机电工程学院	2017/7/25
260	201510703070.8	一种改性涤纶材料的制备方法	王建南	发明	纺织与服装工程学院	2017/8/11
261	201621179012.6	一种数字化共振演示仪及测量材料杨氏模量的装置	李成金	实用新型	物理科学与技术学院	2017/7/7
262	2016211420542	一种具有镀膜保护层的轿车驻停制动机械电子开关	王德山	实用新型	机电工程学院	2017/6/6
263	2016212089769	一种超宽视场离轴三反射镜光学系统	沈为民	实用新型	光电科学与工程学院	2017/6/6
264	2016204730031	桥粒结构模型	张雨青	实用新型	医学部基础医学与生物科学学院	2017/6/6
265	2016211991483	一种高氮钢加压焊接用装置	屈天鹏	实用新型	沙钢钢铁学院	2017/6/6
266	2015102916411	一种碳纳米管/酚酞基聚芳醚砜/氰酸酯树脂复合材料及制备方法	顾嫒娟	发明	材料与化学化工学部	2017/6/13
267	2014106007199	超声/磁共振双模态造影剂、其制备方法与应用	邢占文	发明	机电工程学院	2017/6/13
268	2014108466584	一种古树枫杨树干腐蚀洞穴内木腐菌种类的防治方法	魏胜林	发明	金螳螂建筑学院	2017/6/13
269	2015102697715	一种带胶束粒子隔层且表面羧基化的荧光微球及其制备方法	范丽娟	发明	材料与化学化工学部	2017/6/13

续表

序号	专利号	专利名称	第一发明人	类别	学院(部)	授权公告日
270	2014107879289	一种检测循环肿瘤细胞的装置	刘 庄	发明	功能纳米与软物质研究院	2017/6/13
271	2016212308018	一种带有磁控溅射类金刚石碳膜结构的中空金属型材	王德山	实用新型	机电工程学院	2017/6/13
272	2016212310094	一种用于连接不同口径的玻璃磨口的转接器	张雨青	实用新型	医学部基础医学与生物科学学院	2017/6/13
273	2016212224135	一种文胸模杯的成型模具	倪俊芳	实用新型	机电工程学院	2017/6/13
274	201621208935X	宽波段大视场大口径折轴三反无焦光学系统	李 琪	实用新型	光电科学与工程学院	2017/6/13
275	2016211719569	任意平面投影互动系统装置	朱浩瑜	实用新型	机电工程学院	2017/6/13
276	2014107620842	一种再生丝素蛋白凝胶膜及其制备方法	张 锋	发明	纺织与服装工程学院	2017/6/27
277	2015110117073	一种制备羧酸酯类化合物的方法	孙宏枚	发明	材料与化学化工学部	2017/6/27
278	2015106113614	一种锂电池正极材料镍锰酸锂的制备方法	朱国斌	发明	能源学院	2017/6/16
279	2015105196728	一种用于自由曲面表面修复的激光熔覆扫描路径获取方法	石世宏	发明	机电工程学院	2017/6/16
280	2016212838300	星月菩提自动加工成型机	刘卫兵	实用新型	机电工程学院	2017/6/13
281	2016212872570	一种适用于星月菩提自动加工设备上的传料装置	刘 凯	实用新型	机电工程学院	2017/6/13

续表

序号	专利号	专利名称	第一发明人	类别	学院(部)	授权公告日
282	2015108743488	车削式电子对刀装置	谭洪	发明	工程训练中心	2017/6/20
283	2016212285764	一种新型高效高功率环形激光放大器	袁孝	实用新型	光电科学与工程学院	2017/6/16
284	2016211940833	可侧向排土的推土机	滕玉梅	实用新型	金螳螂建筑学院	2017/5/24
285	2016211818418	新型推土机	滕玉梅	实用新型	金螳螂建筑学院	2017/5/24
286	2016210779863	真丝内衬保健内衣	胡子刚	实用新型	金螳螂建筑学院	2017/5/24
287	2015104886073	铁粉/卤代物在催化ε-己内酯开环聚合反应中的应用	郎建平	发明	材料与化学化工学部	2017/2/1
288	2015103530697	一种制备环丙基膦酸酯的方法	徐凡	发明	材料与化学化工学部	2017/3/22
289	2015103401075	机械应变控制的纳米孔状二硫化钼在海水淡化中的用途	李伟峰	发明	材料与化学化工学部	2017/3/22
290	2015103230936	一种脒的磺酸内盐化合物的合成方法	徐凡	发明	材料与化学化工学部	2017/6/13
291	2015103231017	一种脒的磺酸内盐化合物	徐凡	发明	材料与化学化工学部	2017/6/13
292	2014100945970	一种偏振发光二极管	曹冰	发明	光电科学与工程学院	2017/6/13
293	2016209664888	全介质像素式全斯托克斯成像偏振器件	胡敬佩	实用新型	光电科学与工程学院	2017/5/10
294	2016209319801	基于荧光陶瓷及双层纳米光栅结构的偏振白光LED	林雨	实用新型	光电科学与工程学院	2017/5/10
295	2016207418037	一种抗菌蚕丝洁牙线	张锋	实用新型	纺织与服装工程学院	2017/5/10

续表

序号	专利号	专利名称	第一发明人	类别	学院(部)	授权公告日
296	201510915866X	一种多孔镁合金的制备方法	张 敏	发明	机电工程学院	2017/5/10
297	2015100459835	一种多羧基二氧化硅纳米颗粒及其制备方法	张丽洁	发明	纺织与服装工程学院	2017/5/10
298	2015101803384	一种静电成形膜基反射镜的载荷加载方法	魏 尹	发明	光电科学与工程学院	2017/5/10
299	201510016957X	一种含有聚苯乙烯主链的环刷状聚合物的制备方法	张 伟	发明	材料与化学化工学部	2017/5/10
300	2014107629118	用于吸附重金属离子和染料污染物的介孔材料的制备方法	陶 金	发明	纺织与服装工程学院	2017/5/10
301	201510360950X	一种吲哚膦酸酯衍生物的制备方法	邹建平	发明	材料与化学化工学部	2017/5/10
302	2015103609675	一种β-胺基乙基膦酰衍生物的制备方法	邹建平	发明	材料与化学化工学部	2017/5/10
303	2014101364804	集成电路用低介电常数薄膜层的制备工艺	孙旭辉	发明	功能纳米与软物质研究院	2017/5/17
304	2015105524351	一种基于水溶液的铜锌锡硫或/和硒薄膜的制备方法	邹贵付	发明	能源学院	2017/5/3
305	2014101729818	一种记忆存储器及其制备方法	江 林	发明	功能纳米与软物质研究院	2017/5/24
306	2014105635491	一种pH响应性聚离子液体复合膜及其制备方法	严 锋	发明	材料与化学化工学部	2017/5/24
307	201410307841.7	一种复杂3D运动识别方法及装置	杨剑宇	发明	轨道交通学院	2017/5/3

续表

序号	专利号	专利名称	第一发明人	类别	学院(部)	授权公告日
308	201310320095.0	一种复杂网络中网络社团的确定方法及装置	徐汀荣	发明	计算机科学与技术学院	2017/5/24
309	201621065584.1	一种电磁式振动能量收集器	刘会聪	实用新型	机电工程学院	2017/5/24
310	201510259253.5	一种自清洁光栅玻璃的制备方法	王艳艳	发明	光电科学与工程学院	2017/5/24
311	201410436852.5	一种人物关系抽取方法和装置	钱龙华	发明	计算机科学与技术学院	2017/5/24
312	201410328758.8	硅太阳能电池及其制备方法	孙宝全	发明	功能纳米与软物质研究院	2017/5/24
313	201410006569.9	信息物理融合系统CPS的建模方法及装置	张广泉	发明	计算机科学与技术学院	2017/5/24
314	201410561763.3	导电化学纤维的制备方法及其制备装置	刘帅	发明	机电工程学院	2017/5/24
315	201621127152.9	一种排水地砖框架结构	王成镇	实用新型	体育学院	2017/5/24
316	201621120146.0	一种防溅水地砖	王成镇	实用新型	体育学院	2017/5/24
317	201410819673.X	一种高蛋白血症的家蚕模型的制备方法与应用	徐世清	发明	医学部基础医学与生物科学学院	2017/5/24
318	201410265653.2	一种白蛋白吲哚菁绿紫杉醇复合物及其制备方法与应用	刘庄	发明	功能纳米与软物质研究院	2017/5/24
319	201510118869.0	压电式二维串联小体积工作台	钟博文	发明	机电工程学院	2017/5/31
320	201621137085.9	一种排水地砖	王成镇	实用新型	体育学院	2017/6/9
321	201410185212.1	一种最终分类器的获得方法及应用方法、系统	张莉	发明	计算机科学与技术学院	2017/6/16
322	201410186226.5	一种最终分类器的获得方法及应用方法、系统	张莉	发明	计算机科学与技术学院	2017/6/16

续表

序号	专利号	专利名称	第一发明人	类别	学院(部)	授权公告日
323	201410184086.8	一种基于SVM的多标签主动学习分类方法及系统	赵朋朋	发明	计算机科学与技术学院	2017/6/16
324	201410631243.5	一种耐腐蚀陶瓷涂料及其制备方法	王永光	发明	机电工程学院	2017/6/16
325	201410140707.2	一种人类基因启动子识别方法及系统	张莉	发明	计算机科学与技术学院	2017/6/16
326	201621315899.7	一种纳米纤维制备装置	邵中彪	实用新型	纺织与服装工程学院	2017/6/16
327	201621328671.1	一种制取平行丝素纤维的漏斗式喷气纺丝装置	邵中彪	实用新型	纺织与服装工程学院	2017/6/16
328	201510070423.5	一种复合聚丙烯网片及其制备方法	崔文国	发明	医学部骨科研究所	2017/6/16
329	201621329790.9	一种制取丝素纳米纤维丝及纤维纱的纺丝装置	徐岚	实用新型	纺织与服装工程学院	2017/6/16
330	201610239093.2	一种叶片式复合风动能量收集器	刘会聪	发明	计算机科学与技术学院	2017/6/20
331	201610239161.5	一种复合式风能收集器	刘会聪	发明	计算机科学与技术学院	2017/6/16
332	201410379412.0	一种隐式篇章关系的分析方法及系统	洪宇	发明	计算机科学与技术学院	2017/6/16
333	2015105886776	一种金属氧化物宏观纤维及其制备方法	耿凤霞	发明	材料与化学化工学部	2017/7/7
334	2016100378194	一种基于纳米晶复合中心的叠层太阳能电池及其制备方法	马万里	发明	功能纳米与软物质研究院	2017/7/7
335	2015100959198	一种α-溴代丙烯酰胺反应基半花菁荧光活性染料及制备方法	陈国强	发明	纺织与服装工程学院	2017/7/7

续表

序号	专利号	专利名称	第一发明人	类别	学院(部)	授权公告日
336	2014104169790	一种pH敏感的碳纳米管靶向递药体系的制备方法	曹青日	发明	医学部药学院	2017/7/7
337	2015103567954	一种聚硅氧烷包覆聚酰亚胺核壳微球及其制备方法	顾嫒娟	发明	材料与化学化工学部	2017/7/7
338	2014105617879	一种基于条纹反射的镜面/类镜面物体绝对面形的测量方法及装置	马锁冬	发明	光电科学与工程学院	2017/7/7
339	2015105621775	一种聚离子液体修饰石墨烯杂化材料及其制备方法	顾嫒娟	发明	材料与化学化工学部	2017/7/7
340	2015101187043	一种双向感应蓄能保温聚酯预取向丝及其制备方法	管新海	发明	纺织与服装工程学院	2017/7/7
341	2014107634031	一种双胺肟改性纤维素材料、制备方法及其应用	焦晨璐	发明	纺织与服装工程学院	2017/7/7
342	2015107719068	一种单分散性环状偶氮苯—四甘醇共聚物及其制备方法和用途	周年琛	发明	材料与化学化工学部	2017/7/7
343	2015103151544	一种电解型杀菌消毒装置、制备方法及应用	张桂菊	发明	光电科学与工程学院	2017/7/7
344	2014106007184	具有超声造影和光热治疗性能的制剂、其制备方法与应用	邢占文	发明	机电工程学院	2017/7/7
345	2015101993228	亚波长三维螺旋圆偏振滤光片及其制作方法	王钦华	发明	光电科学与工程学院	2017/7/7
346	201610068306X	一种在无配体三氯化钌催化下制备亚胺的无溶剂合成方法	李红喜	发明	材料与化学化工学部	2017/7/7

续表

序号	专利号	专利名称	第一发明人	类别	学院（部）	授权公告日
347	2015102916498	一种大型建筑防漏连续沉降缝结构及其安装方法	史培新	发明	轨道交通学院	2017/7/7
348	2015106104916	碳硼烷基高氯酸铵及其制备方法与应用	李战雄	发明	纺织与服装工程学院	2017/7/7
349	2015105981817	一种微量印花色浆及其制备方法与应用	朱亚伟	发明	纺织与服装工程学院	2017/7/7
350	2016213236322	一种多波长可调谐显微干涉的测量装置	马锁冬	实用新型	光电科学与工程学院	2017/7/7
351	2014107050124	一种汉语耳语音的基频估计方法	陈雪勤	发明	电子信息学院	2017/7/21
352	2015100467704	一种氧化石墨烯—聚氨酯复合泡沫及其制备方法和用途	路建美	发明	材料与化学化工学部	2017/7/28
353	201510067029.6	磁悬浮转子自动起浮方法	尹成科	发明	机电工程学院	2017/7/14
354	201510741194.5	一种人体胸腹腔三维呼吸运动模拟装置	郁树梅	发明	机电工程学院	2017/9/1
355	201410562003.4	片状工件半自动巾膜机	黄海波	发明	机电工程学院	2017/8/8
356	201620497719.5	动物笼具	鹿伦杰	实用新型	医学部放射医学与防护学院	2017/9/8
357	201720100789.7	激光熔覆装置	吉绍山	实用新型	机电工程学院	2017/9/8
358	201620832954.3	可控皮肤照射装置	张舒羽	实用新型	医学部放射医学与防护学院	2017/5/24
359	201621159526.5	激光熔覆送料装置	吉绍山	实用新型	机电工程学院	2017/7/28
360	201620497720.8	移液枪	原茜	实用新型	医学部放射医学与防护学院	2017/6/9

续表

序号	专利号	专利名称	第一发明人	类别	学院(部)	授权公告日
361	201510199426.9	基于石墨烯与纳米结构钙钛矿材料的光探测器及制备方法	鲍桥梁	发明	功能纳米与软物质研究院	2017/5/10
362	201620732876.X	体内血小板即时无标记检测系统	杨磊	实用新型	医学部骨科研究所	2017/7/18
363	201410597603.4	一种恩诺沙星单克隆抗体及其制备方法和应用	吴康	发明	医学部基础医学与生物科学学院	2017/7/18
364	201510045116.1	仿人机械臂飞行球体作业最优击球构型一种求取方法	任子武	发明	机电工程学院	2017/7/18
365	201510932279.1	一种连铸厚坯中心孔洞性缺陷轧合的控制方法	章顺虎	发明	沙钢钢铁学院	2017/8/11
366	2016100683055	一种在无配体三氯化钌催化下制备二级胺的无溶剂合成方法	李红喜	发明	材料与化学化工学部	2016/5/5
367	2014107629141	一种基于纤维素的磁性气凝胶材料及其制备方法	熊佳庆	发明	纺织与服装工程学院	2016/8/1
368	2014106008187	纳米超声/荧光双模态造影剂、其制备方法与应用	邢占文	发明	机电工程学院	2017/8/1
369	2015101683310	一种不对称结构三金属纳米粒子、制备方法及其应用	程丝	发明	材料与化学化工学部	2017/8/1
370	2015102453123	一种侧链含有环状偶氮苯—联萘结构的聚合物及其制备方法和用途	朱秀林	发明	材料与化学化工学部	2017/8/1
371	2015106317467	一种5-烷基-2,3-二氢苯并呋喃-C60富勒烯双加成物及其制备方法和用途	谌宁	发明	材料与化学化工学部	2017/8/1

续表

序号	专利号	专利名称	第一发明人	类别	学院(部)	授权公告日
372	2014105180481	一种β-羟基膦酸酯衍生物的制备方法	邹建平	发明	材料与化学化工学部	2017/8/1
373	2015103752796	三分体富勒烯衍生物及其制备方法与应用	李耀文	发明	材料与化学化工学部	2017/8/1
374	2014104635884	基于视觉显著性的表面缺陷判定方法	何志勇	发明	机电工程学院	2017/8/1
375	2015105621760	一种聚离子液体修饰的石墨烯/热固性树脂复合材料及其制备方法	顾嫒娟	发明	材料与化学化工学部	2017/8/1
376	2015107304093	三碳桥联胍基稳定的二价铈配合物及其制备方法与应用	薛明强	发明	材料与化学化工学部	2017/8/1
377	2016213526132	一种基于三维多孔石墨烯超薄膜的垂直响应型气体传感器	王艳艳	实用新型	光电科学与工程学院	2017/8/1
378	2014107865623	汗腺细胞诱导培养基及其应用	张学光	发明	医学部附一院	2017/8/11
379	2015103609656	一种血小板抑制剂及其在制备抗血小板疾病药物中的应用	曹碧茵	发明	医学部药学院	2017/8/11
380	2014106958705	基于x态的量子并行多方可控稠密编码方法	姜　敏	发明	电子信息学院	2017/8/11
381	2014103355782	一种以脉冲充电形式实现的连续接近式寄存器模数转换器	乔东海	发明	电子信息学院	2017/8/11
382	201410732443X	一种改性石墨烯/热固性树脂复合材料及其制备方法	顾嫒娟	发明	材料与化学化工学部	2017/8/11
383	2016212223024	一种经丝断裂检测装置及设有经丝断裂检测装置的缝边机	倪俊芳	实用新型	机电工程学院	2017/8/11

续表

序号	专利号	专利名称	第一发明人	类别	学院（部）	授权公告日
384	2017200253343	一种石墨烯悬梁结构温度测量装置	张 英	实用新型	材料与化学化工学部	2017/8/25
385	2015101730434	一种蓝或/和绿光发射的单核铜[Ⅰ]配合物材料	孙迎辉	发明	能源学院	2017/8/11
386	2016100571346	一种多元化金属纳米结构的制备方法	江 林	发明	功能纳米与软物质研究院	2017/8/11
387	2015105196037	一种用于等截面实体表面修复的激光熔覆扫描路径获取方法	石世宏	发明	机电工程学院	2017/8/11
388	2015104086171	一种氮掺杂多孔碳材料、制备方法及其应用	严 峰	发明	材料与化学化工学部	2017/8/11
389	2015104539858	一种防短路的透明OLED器件及其制备方法	钱 敏	发明	功能纳米与软物质研究院	2017/8/29
390	201410314113.9	一种爬行动物抗菌肽Alligatorin5及其应用	王义鹏	发明	医学部药学院	2017/4/26
391	201410184514.7	蓝萼香茶菜在制备抗急性肺损伤药物中的应用	张 健	发明	医学部药学院	2017/6/6
392	201310522436.2	一种鼓式可控变速喷纺成型装置	张克勤	发明	纺织与服装工程学院	2017/6/20
393	201410239824.4	野马追倍半萜部们在制备抗急性肺操作药物中的应用	张 健	发明	医学部药学院	2017/7/7
394	201410178328.2	一种制备纳米纤维束的静电纺丝装置	潘志娟	发明	纺织与服装工程学院	2017/6/6
395	201410314114.3	一种扬子鳄抗菌肽Alligatorin6及其应用	王义鹏	发明	医学部药学院	2017/6/6

续表

序号	专利号	专利名称	第一发明人	类别	学院(部)	授权公告日
396	201410315332.9	一种天然抗菌肽Alligatorin4及其应用	王义鹏	发明	医学部药学院	2017/6/6
397	2015104583808	基于无粘结剂型空气电极的锂—空气电池及其制备方法	金超	发明	能源学院	2017/9/5
398	2015104801395	种螺环羟吲哚咪唑啉并氧氮杂卓化合物及其合成方法	王兴旺	发明	材料与化学化工学部	2017/9/5
399	201610075735X	一种用于激光熔覆的激光光内送丝装置	傅戈雁	发明	机电工程学院	2017/9/5
400	2015109275432	一种制备2-膦酸酯基-1,3-二羰基衍生物的方法	邹建平	发明	材料与化学化工学部	2017/9/5
401	2015102619561	一种双响应型罗丹明类荧光探针及其制备方法和用途	徐冬梅	发明	材料与化学化工学部	2017/9/5
402	201510356794X	一种改性热固性树脂及其制备方法	顾嫒娟	发明	材料与化学化工学部	2017/9/5
403	2014107807897	一种Lur'e型微分包含系统的控制器设计方法	黄俊	发明	机电工程学院	2017/9/5
404	2017200946578	一种凸面光栅Offner-Wynne型分光装置	朱嘉诚	实用新型	能源学院	2017/9/5
405	2017200425392	一种控温控水装置及设有该装置的浴缸	高奕	实用新型	材料与化学化工学部	2017/9/5
406	2017200987309	一种防冻水表箱	赵华菁	实用新型	轨道交通学院	2017/9/5
407	2015103439513	一种改性热固性树脂及其制备方法	顾嫒娟	发明	材料与化学化工学部	2017/9/22
408	2015107976156	具有核壳结构的Cu@Cu-Au纳米颗粒及其制备方法和应用	冯莱	发明	能源学院	2017/9/22

续表

序号	专利号	专利名称	第一发明人	类别	学院(部)	授权公告日
409	2015103439477	一种改性凹凸棒石及其制备方法	梁国正	发明	材料与化学化工学部	2017/9/22
410	2014106343221	一种装载胰岛素/丝素微球的丝素多孔材料及其制备方法	李秀芳	发明	纺织与服装工程学院	2017/9/22
411	2015101832315	基于非接触式微小距离测量的光学相机装调方法及装置	韦晓孝	发明	光电科学与工程学院	2017/9/22
412	2015103222643	光催化降解—吸附材料的制备方法与应用	路建美	发明	材料与化学化工学部	2017/9/22
413	2015102858168	一种亚波长反射式一维金属波片及其制备方法	王钦华	发明	光电科学与工程学院	2017/9/22
414	2015100043410	一种弹性导电胶体,制备方法及其应用	林潇	发明	医学部护理学院	2017/9/22
415	2015100897223	一种用于纺织品的滑弹硅油,制备方法及其应用	周向东	发明	纺织与服装工程学院	2017/9/26
416	2016103008625	一种利用硫化橡胶制备锂硫电池正极材料的方法	晏成林	发明	能源学院	2017/8/25
417	2016100035230	一种小型轴类零件的分拣装置	陈任寰	发明	机电工程学院	2017/9/5
418	2016100514930	一种锂离子电池石墨负极材料的改性方法	石强	发明	能源学院	2017/9/5
419	2015106112575	一种阳离子型两亲性共聚物的应用	华道本	发明	医学部放射医学与防护学院	2017/9/5
420	2015108083632	一种杂元素掺杂多孔碳材料、制备方法及其应用	严锋	发明	材料与化学化工学部	2017/9/5
421	2015106855046	一种分级多孔空气电极的制备方法	田景华	发明	物理科学与技术学院	2017/9/5

续表

序号	专利号	专利名称	第一发明人	类别	学院(部)	授权公告日
422	2016101086600	一种面向MEMS的三维封装装置及三维封装方法	陈立国	发明	机电工程学院	2017/9/5
423	201410675207.9	一种线虫物理损伤的方法	张惠敏	发明	医学部生物医学研究院	2017/6/16
424	201720106319.1	一种伪器件辅助灵敏放大器电路	张一平	实用新型	电子信息学院	2017/9/29
425	201720106322.3	一种基于STT-MTJ的MRAM单元控制电路	张一平	实用新型	电子信息学院	2017/9/19
426	201720106324.2	超低静态功耗随机存储器	张一平	实用新型	电子信息学院	2017/9/19
427	201610355133.X	一种具有纬纱张力控制器的织机梭子	李刚	发明	纺织与服装工程学院	2017/10/10
428	201510752001.6	一种气泡静电纺丝装置	何吉欢	发明	纺织与服装工程学院	2017/7/14
429	201510315826.1	一种上部预紧式粘滑驱动跨尺度精密运动平台	汝长海	发明	机电工程学院	2017/7/14
430	201510368184.1	一种动态平行滚筒电极静电纺丝设备及方法	汝长海	发明	机电工程学院	2017/7/14
431	201410155497.4	空洞避免的多跳数据传输方法、装置及系统	张书奎	发明	计算机科学与技术学院	2017/7/14
432	201410003346.7	一种人脸识别方法及系统	张莉	发明	计算机科学与技术学院	2017/7/14
433	201310288756.6	一种新闻分类方法和系统	李寿山	发明	计算机科学与技术学院	2017/7/14
434	201510989361.8	一种苯并噻嗪衍生物的制备方法	纪顺俊	发明	材料与化学化工学部	2017/7/14
435	201410708851.1	一种多类图像半监督分类方法及系统	张召	发明	计算机科学与技术学院	2017/9/19

续表

序号	专利号	专利名称	第一发明人	类别	学院(部)	授权公告日
436	201610202148.2	一种制备复合纤维材料的气泡静电纺丝系统	何吉欢	发明	纺织与服装工程学院	2017/9/19
437	201510918622.7	用于零件内腔表面修复的激光熔覆工艺	石世宏	发明	机电工程学院	2017/9/19
438	201510590588.5	一种气泡静电纺丝装置	何吉欢	发明	纺织与服装工程学院	2017/9/19
439	201410163058.8	一种基于多个1类支持向量机的人脸相似性识别方法及系统	张莉	发明	计算机科学与技术学院	2017/9/19
440	201610199523.2	一种气流气泡纺丝装置	何吉欢	发明	纺织与服装工程学院	2017/9/19
441	201410161915.0	一种手写体数字识别方法及系统	张莉	发明	计算机科学与技术学院	2017/9/8
442	201720221402.3	一种汽车监控系统	薛亮	实用新型	计算机科学与技术学院	2017/9/19
443	201720117675.3	基于射频卡身份识别的闸机	胡成煜	实用新型	电子信息学院	2017/9/19
444	201720066432.1	一种小鼠行为学测试工具	余嘉	实用新型	医学部骨科研究所	2017/8/18
445	201510119382.4	激光光内送粉熔覆凹凸缺陷的修复方法及修复装置	石世宏	发明	机电工程学院	2017/8/29
446	201510042359.X	木蝴蝶苷A在制备治疗癌症药物中的应用	周泉生	发明	医学部唐仲英血液学研究中心	2017/8/25
447	201510031264.8	一种溺水模式智能推理系统及方法	严建峰	发明	计算机科学与技术学院	2017/8/25
448	201510133594.8	多孔钽工件的纤维编织法	陈长军	发明	机电工程学院	2017/8/25

续表

序号	专利号	专利名称	第一发明人	类别	学院(部)	授权公告日
449	201610217008.2	一种旋转气流气泡纺丝装置	何吉欢	发明	纺织与服装工程学院	2017/8/25
450	201410687341.0	运动识别方法及系统	杨剑宇	发明	轨道交通学院	2017/8/25
451	201410114266.9	一种运动目标的定位方法及装置	林 睿	发明	机电工程学院	2017/8/25
452	201510566210.1	一种T型三电平单相并网逆变器的控制方法及系统	杨 勇	发明	轨道交通学院	2017/8/25
453	201510252581.2	一种复合涂层、钛合金基复合材料及其制备方法	刘秀波	发明	机电工程学院	2017/8/25
454	201621106294.7	激光宽带熔覆装置	石 拓	实用新型	机电工程学院	2017/10/24
455	201621159528.4	激光熔覆送料装置	吉绍山	实用新型	机电工程学院	2017/10/20
456	201510204456.4	具有凝血酶响应性溶栓能力的水凝胶材料以及制备方法	陈 红	发明	材料与化学化工学部	2017/10/10
457	201510185054.4	模拟人体纤溶系统和血管内皮系统的聚氨酯衍生物及制备方法及相关产物制备方法	陈 红	发明	材料与化学化工学部	2017/10/10
458	201610183773.7	一种结合层层组装技术和主客体相互作用构建生物性表面的方法	陈 红	发明	材料与化学化工学部	2017/10/10
459	201410567800.1	注塑件过线孔超声模具钻铣线	李相鹏	发明	机电工程学院	2017/10/10
460	201510153692.8	一种NFC手机电子锁门禁装置系统	孙 焕	发明	物理科学与技术学院	2017/7/28
461	201610063955.0	可聚合近红外荧光染料单体及其制备方法、用途	程振平	发明	材料与化学化工学部	2017/7/28

续表

序号	专利号	专利名称	第一发明人	类别	学院(部)	授权公告日
462	201610151884.X	一种有机发光二极管器件的制备方法	廖良生	发明	功能纳米与软物质研究院	2017/7/28
463	201610063858.1	一种在可见光照条件下利用自由基逐步转移—加成—终止制备含氟交替共聚物的聚合方法	程振平	发明	材料与化学化工学部	2017/6/23
464	201510255054.7	类三苯基乙烯衍生物及其用途	廖良生	发明	功能纳米与软物质研究院	2017/6/20
465	201510429388.1	一种有机—无机杂化电荷注入层的制备方法	廖良生	发明	功能纳米与软物质研究院	2017/6/20
466	201510531478.1	一种多重取向有序结晶的钙钛矿型太阳能电池及其制备方法	廖良生	发明	功能纳米与软物质研究院	2017/6/6
467	2017201725286	一种复合衬底/三族氮化物微米柱结构	邱振宇	实用新型	光电科学与工程学院	2017/9/29
468	2015104813227	一种含磷杂化氧化石墨烯改性氰酸酯树脂及其制备方法	顾嫒娟	发明	材料与化学化工学部	2017/10/13
469	2015100777842	一种侧链含双碘功能基团的生物可降解聚合物及其应用	钟志远	发明	材料与化学化工学部	2017/10/13
470	2016100272575	一种锂盐/聚丙烯腈/热固性树脂复合材料及其制备方法	梁国正	发明	材料与化学化工学部	2017/10/13
471	2015104584270	无粘结剂型锂—空气电池空气电极及其制备方法与应用	金 超	发明	能源学院	2017/10/13
472	2016101434295	一种胺的酰基化方法	邹建平	发明	材料与化学化工学部	2017/10/13
473	2015109275324	一种2-胺基甲酰基-1,3-二羰基衍生物的制备方法	邹建平	发明	材料与化学化工学部	2017/10/10

续表

序号	专利号	专利名称	第一发明人	类别	学院（部）	授权公告日
474	2016104773099	一种萘酰亚胺衍生物，制备方法及应用于制备荧光聚丙烯腈纤维	秦传香	发明	材料与化学化工学部	2017/10/10
475	2015106028306	一种制备3-取代苯并二氢呋喃的方法	赵彦伟	发明	材料与化学化工学部	2017/10/10
476	2015100087207	一种化合物在制备mTOR抑制剂中的应用	毛新良	发明	医学部药学院	2017/10/27
477	2016212485366	一种用于脑功能测量的旋转式纺织面料触觉刺激装置	刘宇清	实用新型	纺织与服装工程学院	2017/10/13
478	2016212485370	一种用于脑功能测量的摆动式纺织面料触觉刺激装置	刘宇清	实用新型	纺织与服装工程学院	2017/10/13
479	2013107513348	多功能采血箱	宋 成	发明	医学部基础医学与生物科学学院	2017/10/10
480	201510552661X	一种羧酸化氰基联苯衍生物的应用	赵 杰	发明	能源学院	2017/10/10
481	2017201302830	一种汽车电气箱体用防水透气结构	魏 凯	实用新型	纺织与服装工程学院	2017/9/26
482	2015102167013	组氨酸多肽对上转换纳米颗粒相转移的方法及其活体应用	马 楠	发明	材料与化学化工学部	2017/10/10
483	201510174430.X	一种制备基于黑磷的可饱和吸收体器件的方法	鲍桥梁	发明	功能纳米与软物质研究院	2017/10/27
484	201621308631.0	一种迂回流人工湿地	李蒙英	实用新型	医学部基础医学与生物科学学院	2017/8/29
485	201510465483.7	一种2,4-喹唑啉二酮类化合物的制备方法	赵 蓓	发明	材料与化学化工学部	2017/10/24
486	201510465425.4	一种催化剂组合物及其应用	赵 蓓	发明	材料与化学化工学部	2017/6/30

续表

序号	专利号	专利名称	第一发明人	类别	学院(部)	授权公告日
487	201510464807.5	一种酰胺基二价稀土金属胺化物及其制备方法与应用	赵蓓	发明	材料与化学化工学部	2017/6/30
488	201510789779.4	酮酸与炔制备α,β-不饱和和丁内酯的方法	朱晨	发明	材料与化学化工学部	2017/11/7
489	201610114641.9	一种一锅法制备刷状聚合物的方法	张卫东	发明	材料与化学化工学部	2017/10/20
490	201410312869.X	一种金属氧化物水溶性薄膜的制备方法	廖良生	发明	功能纳米与软物质研究院	2017/10/17
491	201720065819.5	软组织各向异性剪切力学特性测试仪	冯原	实用新型	医学部放射医学与防护学院	2017/10/13
492	201720026043.6	一种自动切奂量程大电流检测装置	黄克亚	实用新型	机电工程学院	2017/8/15
493	201720026044.0	一种火灾报警与灭火控制装置	黄克亚	实用新型	机电工程学院	2017/8/15
494	201410488401.6	一种微电子器件的能量收集装置	刘会聪	发明	机电工程学院	2017/9/26
495	201510443570.2	气流纺纱装置用引纱装置、喷气织机用引纱装置及引纱方法	冯志华	发明	机电工程学院	2017/9/26
496	201410817584.1	LED器件光功率的预测方法	陶雪慧	发明	轨道交通学院	2017/9/26
497	201410626003.6	一种中文事件触发词的抽取系统及方法	李培峰	发明	计算机科学与技术学院	2017/9/29
498	201610191996.8	一种RNA中5-羟甲基胞嘧啶的检测方法及其试剂盒	徐兴顺	发明	医学部神经科学研究所	2017/10/31
499	201410262085.0	一种医疗诊断模型的建立方法及装置	张莉	发明	计算机科学与技术学院	2017/10/31

续表

序号	专利号	专利名称	第一发明人	类别	学院(部)	授权公告日
500	201410399793.9	一种面向云计算的租户调整方法及系统	李培峰	发明	计算机科学与技术学院	2017/10/31
501	201510969725.6	一种制备纳米复合纤维的气泡纺丝装置及气泡纺丝方法	刘福娟	发明	纺织与服装工程学院	2017/10/31
502	201621329784.3	一种气泡静电纺丝装置	邵中彪	实用新型	纺织与服装工程学院	2017/10/20
503	201621329781.X	一种圆锥体喷头纺丝装置	邵中彪	实用新型	纺织与服装工程学院	2017/10/20
504	201720216482.3	一种基于无线检测曳引机状态的监测系统	李云飞	实用新型	计算机科学与技术学院	2017/10/20
505	201720225681.0	一种制备纳米纤维纱的系统供风装置	邵中彪	实用新型	纺织与服装工程学院	2017/10/20
506	201720226356.6	一种用以辅助定位纺丝设备的框架结构	邵中彪	实用新型	纺织与服装工程学院	2017/10/20
507	201621350651.4	一种可降解管道支架	崔文国	实用新型	医学部骨科研究所	2017/10/20
508	201510175382.6	具粒度梯度特性聚合物微球的制备方法及制得的聚合物微球和应用	黄鹤	发明	材料与化学化工学部	2017/10/20
509	201510468318.7	一种三维复旦复合结构肛瘘线及其制备方法	李刚	发明	纺织与服装工程学院	2017/11/28
510	201610505036.4	一种超临界流体无水染色的万能打样机	龙家杰	发明	纺织与服装工程学院	2017/11/28
511	201610817349.3	一种制备绒球状钛酸锂的方法	伍凌	发明	沙钢钢铁学院	2017/10/24
512	201510996302.3	平面关节型机器人及其控制系统	刘吉柱	发明	机电工程学院	2017/10/24

续表

序号	专利号	专利名称	第一发明人	类别	学院(部)	授权公告日
513	201510779602.6	电沉积制备单一相纳米晶 Co-Ni-W 合金镀层的方法	盛敏奇	发明	沙钢钢铁学院	2017/10/24
514	201510160684.6	一种分布式星群网络临时组网场景下的路由方法	孙玉娥	发明	计算机科学与技术学院	2017/10/24
515	201410452043.3	一种面向农业大棚的集成 WSN 智能传感器统一接口系统	王宜怀	发明	计算机科学与技术学院	2017/10/24
516	201410306136.5	一种容器检测口的密封性检测装置和检测方法	潘明强	发明	机电工程学院	2017/10/24
517	201510096332.9	LED 器件的结温温度和热功率的预测方法	陶雪慧	发明	轨道交通学院	2017/9/15
518	201510993086.7	内转子电机	刘吉柱	发明	机电工程学院	2017/11/21
519	201510672127.2	一种制备梭形硅纳米材料的方法	何耀	发明	功能纳米与软物质研究院	2017/11/21
520	201510640180.4	一种抑制城市公共汽车串车的行驶车速控制方法	张勇	发明	轨道交通学院	2017/11/21
521	201510160683.1	一种基于上下文的分布式星群网络路由方法	孙玉娥	发明	计算机科学与技术学院	2017/11/21
522	201510032900.9	一种绿色制备荧光硅纳米颗粒的方法	何耀	发明	功能纳米与软物质研究院	2017/11/21
523	201621087583.7	一种夹具装置及顶破装置	王萍	实用新型	纺织与服装工程学院	2017/9/8
524	201510622630.7	细胞拉压设备	张文	发明	医学部骨科研究所	2017/11/3
525	201510640441.2	一种基于光学相干断层扫描成像中相位误差的校正方法	莫建华	发明	电子信息学院	2017/11/14

续表

序号	专利号	专利名称	第一发明人	类别	学院（部）	授权公告日
526	201720386891.8	一种光学加工过程中三坐标测量用的定位夹具	陈曦	实用新型	光电科学与工程学院	2017/11/17
527	201510657551.X	一种宽带领结形对称折合振子天线	杨歆汨	发明	电子信息学院	2017/11/3
528	201610157492.4	一种空气过滤混合纤维网及其制备方法	孙旭辉	发明	功能纳米与软物质研究院	2017/10/31
529	201510563193.6	含有螺双芴和二苯并噻吩的有机发光材料及发光器件	廖良生	发明	功能纳米与软物质研究院	2017/10/3
530	201510541993.8	芴螺三苯胺衍生物及其钙钛矿电池、用途	蒋佐权	发明	功能纳米与软物质研究院	2017/9/12
531	201510425542.8	一种无退火的钙钛矿型太阳能电池及其制备方法	廖良生	发明	功能纳米与软物质研究院	2017/8/25
532	201610202213.1	一种镁合金板坯超声铸轧方法	翁文凭	发明	沙钢钢铁学院	2017/10/20
533	201620285768.2	一种实验用麻醉装置	李新莉	实用新型	医学部公共卫生学院	2017/4/19
534	201510158102.0	一种通过ZIF-8吸附氡气的装置	涂彧	发明	医学部放射医学与防护学院	2017/3/15
535	201410138443.7	一种基于语义情感分析的贷后风险预警系统	严建峰	发明	计算机科学与技术学院	2017/4/26
536	201620799014.9	一种神经电极及其制备方法	张琦	实用新型	医学部放射医学与防护学院	2017/6/9
537	201410347371.7	一种快速制备金纳米棒的方法	张桥	发明	功能纳米与软物质研究院	2017/5/17
538	201620838641.9	一种电化学加工装置	钟博文	实用新型	机电工程学院	2017/5/31

续表

序号	专利号	专利名称	第一发明人	类别	学院(部)	授权公告日
539	201510688365.2	用于货物输运的高分子微米马达的低成本构造方法	张慧	发明	分析测试中心	2017/5/31
540	201410558872.X	五自由度O型臂放射治疗系统	孙立宁	发明	机电工程学院	2017.04.05
541	201621324369.9	小动物量子点标记录	童星	实用新型	医学部放射医学与防护学院	2017/6/13
542	201620838781.6	一种3-RRR及3-RPS型微振动台	钟博文	实用新型	机电工程学院	2017.04.05
543	201620851071.7	一种带惰性气体保护的搅拌装置	胡增荣	实用新型	轨道交通学院	2017.04.12
544	201410797042.2	一种超大孔径水凝胶的制备方法	文万信	发明	医学部放射医学与防护学院	2017/10/13
545	201620519440.2	一种坐便椅	刘婷	实用新型	医学部护理学院	2017.03.29
546	201620839245.8	一种微转动精密定位平台	钟博文	实用新型	机电工程学院	2017.03.15
547	201620838562.8	一种精瞄镜的二维微转动平台	钟博文	实用新型	机电工程学院	2017.03.15
548	201620901178.8	一种激光烧结3D打印铺粉实验装置	胡增荣	实用新型	轨道交通学院	2017.03.29
549	201620793671.2	一种微球分离装置	张琦	实用新型	医学部放射医学与防护学院	2017.05.03
550	201720004751.X	磁贴式LED平板灯	彭长四	实用新型	光电科学与工程学院	2017/7/28
551	201621039772.7	骨科手术辅助机器人末端工具的快换装置	匡绍龙	实用新型	机电工程学院	2017/7/28
552	201621243660.3	一种用于流式细胞仪的上样管	吴安庆	实用新型	医学部放射医学与防护学院	2017/8/15
553	201510801677.X	一种合成多取代4-羧基奎宁类化合物的方法	徐新芳	发明	材料与化学化工学部	2017/6/16
554	201510120872.6	一种点阵列表面增强拉曼基底及制备方法	刘坚	发明	功能纳米与软物质研究院	2017/8/25

续表

序号	专利号	专利名称	第一发明人	类别	学院(部)	授权公告日
555	201410660166.6	一种N-芳基吡唑类化合物和N-芳基咪唑类化合物的制备方法	曾润生	发明	材料与化学化工学部	2017/8/25
556	201510918661.7	一种光电化学电池的光电极的制备方法	田维	发明	机电工程学院	2017/8/25
557	201510345923.5	一种产生全庞加莱光束的装置和方法	魏存	发明	物理科学与技术学院	2017/8/25
558	201610086688.9	染毒实验装置	聂继华	发明	医学部放射医学与防护学院	2017/8/25
559	2015107261859	激光烧结的多孔石墨烯增强钛基纳米复合材料的制备方法	胡增荣	发明	轨道交通学院	2017/8/11
560	2015103825551	石墨烯多孔氧化铁纳米复合物及其制备方法	盛卫琴	发明	纺织与服装工程学院	2017/6/9
561	2017202840614	一种超声辅助激光烧结的实验装置	胡增荣	实用新型	轨道交通学院	2017/10/24
562	2016210705770	一种远程医疗模式下用于康复训练的智能鞋垫	匡绍龙	实用新型	机电工程学院	2017/6/9
563	2016210777459	连体式蒸汽防护服	卢业虎	实用新型	纺织与服装工程学院	2017/8/22
564	2016209618466	一种小功率无线电能传输装置	吕勇	实用新型	机电工程学院	2017/6/13
565	2017202831348	一种磁场辅助激光烧结的实验装置	胡增荣	实用新型	轨道交通学院	2017/10/24
566	2015104467629	基于车路协同的无控交叉口车辆通行引导系统及其引导方法	俄文娟	发明	轨道交通学院	2017/8/25

续表

序号	专利号	专利名称	第一发明人	类别	学院(部)	授权公告日
567	2016210388323	一种用于辐射发光材料的性能测试装置	王仁生	实用新型	医学部放射医学与防护学院	2017/6/13
568	2016212080393	卧床患者体重测量仪	潘世琴	实用新型	医学部护理学院	2017/6/13
569	2017202213919	一种安放架	林瑶	实用新型	医学部公共卫生学院	2017/10/3
570	2015102005818	miRNA-153在制备胶质瘤干细胞放射增敏剂中的应用	杨巍	发明	医学部放射医学与防护学院	2017/10/27
571	2016213389135	手术室C型臂X光机的辐射防护装置	涂彧	实用新型	医学部放射医学与防护学院	2017/10/3
572	2017202216480	一种对细胞培养板进行加样标记的装置	李新莉	实用新型	医学部公共卫生学院	2017/10/3
573	2017201779394	旋转式细胞培养箱	张洁	实用新型	医学部公共卫生学院	2017/9/19
574	2017201779303	弧形摇床	张洁	实用新型	医学部公共卫生学院	2017/9/19
575	2016212602374	一种坐式产床	顾蓉	实用新型	医学部护理学院	2017/9/19
576	201720170763X	一种带车门边缘加热功能的汽车	胡增荣	实用新型	轨道交通学院	2017/9/19
577	201510957379X	钠离子电池负极的制备及改性方法	倪江锋	发明	物理科学与技术学院	2017/9/19
578	2017201804790	一种滚动轴承故障诊断装置	尤伟	实用新型	轨道交通学院	2017/9/19
579	2016103014471	基于飞灰的软土地基加固方法、飞灰桩及地基加固用桩套管	唐强	发明	轨道交通学院	2017/9/12
580	2016211116010	一种飞秒激光白内障手术装置	范立成	实用新型	机电工程学院	2017/9/19

续表

序号	专利号	专利名称	第一发明人	类别	学院（部）	授权公告日
581	2015107374700	基于阻抗匹配的可见光波段宽角度无反射复合材料	赖 耘	发明	物理科学与技术学院	2017/9/26
582	2017200672667	航空发动机零件加压仓激光焊接装置	胡增荣	实用新型	轨道交通学院	2017/9/19
583	2015102537631	基于车路协同的交叉口车辆右转引导系统及其引导方法	俄文娟	发明	轨道交通学院	2017/9/19
584	2017201318773	一种滚动轴承振动测试装置	江星星	实用新型	轨道交通学院	2017/9/19
585	2016210488567	用于骨科手术辅助机器人末端工具的快换机构	匡绍龙	实用新型	机电工程学院	2017/9/19
586	2015103825547	一维纳米链状Fe_3O_4丝蛋白复合物及其制备方法	吕 强	发明	纺织与服装工程学院	2017/9/26
587	2017200671908	一种三维石墨烯块体的铸造模具	胡增荣	实用新型	轨道交通学院	2017/9/12
588	2017200671880	一种液氮快冷激光烧结非晶涂层实验装置	胡增荣	实用新型	轨道交通学院	2017/9/12
589	201720053615X	基于Nesterov动量法的自适应深度置信网络轴承故障诊断装置	汤盛浩	实用新型	轨道交通学院	2017/9/8
590	2017200036657	一种LED梳妆灯	彭长四	实用新型	光电科学与工程学院	2017/9/22
591	2015105306963	一维大行程精密定位平台	钟博文	发明	机电工程学院	2017/9/26
592	2017201664564	一种汽车落水后自动漂浮装置	胡增荣	实用新型	轨道交通学院	2017/11/28
593	2017204640256	水龙头自发电报警装置	曹世杰	实用新型	轨道交通学院	2017/11/28

续表

序号	专利号	专利名称	第一发明人	类别	学院(部)	授权公告日
594	2015106227988	具有近红外吸收的光动力学活性的铂类化合物、制备方法及其应用	郭正清	发明	医学部放射医学与防护学院	2017/11/28
595	2017200391998	一种逆水浴循环静电纺丝接收装置	汪一奇	实用新型	纺织与服装工程学院	2017/11/14
596	2017204370628	一种用于塑壳低压电器检测的通用装夹及上下料机构	李奇亮	实用新型	机电工程学院	2017/11/14
597	2017204256529	一种用于塑壳低压电器综合特性检测的自动定位纠偏装置	李奇亮	实用新型	机电工程学院	2017/11/14
598	2016103400058	一种环状聚合物可自愈合凝胶的合成方法	张正彪	发明	材料与化学化工学部	2017/11/17
599	2015105108835	空地配合滴喷灌机及空地配合滴喷灌群	余亮	发明	金螳螂建筑学院	2017/11/14
600	2017203810461	一种用于磁共振测试的软组织模拟器	冯原	实用新型	医学部放射医学与防护学院	2017/11/14
601	2017203800934	一种输出摆动运动的齿轮减速器	胡增荣	实用新型	轨道交通学院	2017/11/14
602	2016212522488	一种用于外科手术的协同交互机器人	匡绍龙	实用新型	机电工程学院	2017/11/14
603	2017203345614	一种振荡混匀器固定支架	宋春丽	实用新型	医学部公共卫生学院	2017/11/14
604	2015108223303	激光加工中心	胡增荣	发明	轨道交通学院	2017/11/28
605	2015106215177	基于扫描电子显微镜的微操作系统	钟博文	发明	机电工程学院	2017/11/28
606	2015107011872	生物软组织力学特性测试仪及生物软组织的力学测试方法	冯原	发明	医学部放射医学与防护学院	2017/11/28

续表

序号	专利号	专利名称	第一发明人	类别	学院（部）	授权公告日
607	2017203810230	一种多功能手机三角架	胡增荣	实用新型	轨道交通学院	2017/11/7
608	2017202994928	全光波长转换器	高明义	实用新型	电子信息学院	2017/11/7
609	2015109057442	小范围激光平动扫描镜装置	范立成	发明	机电工程学院	2017/11/10
610	2017202966237	一种中华绒螯蟹养殖池	蔡春芳	实用新型	医学部基础医学与生物科学学院	2017/11/7
611	2015106271355	一种二维钙钛矿薄膜的制备方法	鲍桥梁	发明	功能纳米与软物质研究院	2017/11/10
612	201720065589.2	细胞辐照实验自动剂量控制装置	李建祥	实用新型	医学部公共卫生学院	2017/8/22
613	201621116992.5	生物软组织微观力学特性测试仪	冯原	实用新型	医学部放射医学与防护学院	2017/6/13
614	201510345054.6	基于磁珠的电化学发光生物分析流通池	谢洪平	发明	医学部药学院	2017/7/28
615	201510726532.8	通过氢化钛来制备石墨烯增强钛基纳米复合材料的方法	胡增荣	发明	轨道交通学院	2017/8/11
616	201620780065.7	一种切药器	邹焱	实用新型	医学部护理学院	2017/7/28
617	201510105103.9	一种血细胞机械应力形变脉冲激光同步显微成像观测装置	徐博翱	发明	机电工程学院	2017/6/13
618	201510673523.7	一种提高姜黄素水溶液光稳定性的方法	唐人成	发明	纺织与服装工程学院	2017/6/16
619	201621280284.5	电容反馈型可调谐法布里珀罗滤波器	蔡志坚	实用新型	光电科学与工程学院	2017/6/13
620	201621362033.1	一种烟草抽吸与烟气沉积一体化装置	顾一清	实用新型	纺织与服装工程学院	2017/6/13

续表

序号	专利号	专利名称	第一发明人	类别	学院(部)	授权公告日
621	201621070038.7	防暴致冷服装	卢业虎	实用新型	纺织与服装工程学院	2017/6/13
622	201720284074.1	一种气体检测装置	裴炜炜	实用新型	医学部放射医学与防护学院	2017/10/31
623	201621378110.2	一种多功能平侧卧位产床	董丽	实用新型	医学部护理学院	2017/10/24
624	201610045559.5	一种超临界二氧化碳流体中棉的双氧水退浆前处理法	龙家杰	发明	纺织与服装工程学院	2017/10/13
625	201510661697.1	一种β射线定量皮肤辐照实验装置	李建祥	发明	医学部公共卫生学院	2017/10/20
626	201510226602.3	基于同底三角形面积描述的目标识别和形状检索方法	黄伟国	发明	轨道交通学院	2017/12/1
627	201510400512.1	反蛋白石胶体晶体纤维的制备方法	张克勤	发明	纺织与服装工程学院	2017/6/13
628	201510740844.4	聚集诱导发光涂层织物的制备方法	张克勤	发明	纺织与服装工程学院	2017/11/17
629	201621131835.1	一种生物检测芯片	黎穗琼	实用新型	电子信息学院	2017/8/22
630	201720304716.X	旗袍缝型结构系统	尚笑梅	实用新型	纺织与服装工程学院	2017/11/7
631	201720304363.3	婚纱缝型结构系统	尚笑梅	实用新型	纺织与服装工程学院	2017/11/17
632	2015107609481	一种制备2-甲基-1,3-二羰基衍生物的方法	邹建平	发明	材料与化学化工学部	2017/11/3
633	2016104142123	一种全氟烷基聚烯酸酯防水剂制备方法及应用	李战雄	发明	纺织与服装工程学院	2017/11/3
634	2015103439509	一种锰席夫碱-氧化石墨烯复合物及其制备方法	顾嫒娟	发明	材料与化学化工学部	2017/11/3

续表

序号	专利号	专利名称	第一发明人	类别	学院(部)	授权公告日
635	20151007777700	一种含双碘环碳酸酯化合物及其制备方法	钟志远	发明	材料与化学化工学部	2017/11/3
636	2016100115733	一种高温度稳定性电感	支萌辉	发明	电子信息学院	2017/11/3
637	2016100106486	一种双锥结构金纳米粒子及其制备方法	程丝	发明	材料与化学化工学部	2017/11/3
638	2015100606942	一种石墨烯修饰的超疏水吸附材料的制备方法	路建美	发明	材料与化学化工学部	2017/11/3
639	2014103890772	基于代价敏感主动学习的多标签分类器构建方法	吴健	发明	计算机科学与技术学院	2017/11/3
640	2017203695196	一种小型鸟类认知迷宫	车轶	实用新型	医学部基础医学与生物科学学院	2017/11/28
641	2017202231052	一种人行道雨水导口导流过滤系统	翟俊	实用新型	金螳螂建筑学院	2017/11/28
642	2016101467015	一种制备丙炔酸类化合物的方法	孙宏枚	发明	材料与化学化工学部	2017/11/28
643	2015106200152	含阿基米德螺旋线的亚波长圆偏振光检偏器及其制备方法	王钦华	发明	光电科学与工程学院	2017/11/28
644	2016101666733	一种基于可见光辐射的水溶性单体的原子转移自由基聚合方法	程振平	发明	材料与化学化工学部	2017/11/28
645	2015100235478	一种自掺杂局域表面等离子体共振$Cu_{3-x}P$纳米晶及其制备方法	马万里	发明	功能纳米与软物质研究院	2017/11/28
646	2015103185555	一种二维共轭苯并二噻吩化合物及其制备方法和用途	崔超华	发明	材料与化学化工学部	2017/11/28

续表

序号	专利号	专利名称	第一发明人	类别	学院(部)	授权公告日
647	2016102322367	基于行动者—评论家方法的机器人运动控制方法和装置	刘 全	发明	计算机科学与技术学院	2017/11/28
648	2015107262828	一种小分子醇氧化电催化材料及其制备方法与应用	李彦光	发明	功能纳米与软物质研究院	2017/11/28
649	2014104142124	一种透射式脉冲压缩光栅器件及其制备方法	李朝明	发明	光电科学与工程学院	2017/11/28
650	2015105720766	电磁—永磁驱动式滚动轴承多点润滑泵	王金娥	发明	机电工程学院	2017/11/3
651	2016212485351	一种用于脑功能测量的往复式纺织面料触觉刺激装置	刘宇清	实用新型	纺织与服装工程学院	2017/10/31
652	2017202748660	用于管道内壁表面处理的激光搭载装置	刘 凯	实用新型	机电工程学院	2017/10/31
653	201510055662.3	一种自供电无线立式鼠标	刘会聪	发明	机电工程学院	2017/11/21
654	201610024127.6	一种气流气泡纺丝装置	何吉欢	发明	纺织与服装工程学院	2017/11/21
655	201610339180.5	一种房屋采光检测系统	贾俊铖	发明	计算机科学与技术学院	2017/11/21
656	201510236691.X	一种空间图像查询方法和系统	赵朋朋	发明	计算机科学与技术学院	2017/11/21
657	201410660307.4	一种电脑用监控护眼装置	严建峰	发明	计算机科学与技术学院	2017/11/21
658	201610202235.8	用于收集喷雾冷冻冰球颗粒的双密封式设备及其收集方法	吴 铎	发明	材料与化学化工学部	2017/11/21

续表

序号	专利号	专利名称	第一发明人	类别	学院(部)	授权公告日
659	201610133187.1	结冰温度可控的用于制备微米级冰球颗粒的喷雾冷冻塔	吴铎	发明	材料与化学化工学部	2017/11/21
660	201410776146.5	蛋白—聚吡咯复合物及蛋白—聚吡咯复合物衍生物的制备方法与应用	刘庄	发明	功能纳米与软物质研究院	2017/11/21
661	201510434616.4	一种气泡静电纺丝装置	何吉欢	发明	纺织与服装工程学院	2017/11/21
662	201510289646.0	一种铁催化的2-芳基苯并恶唑类化合物的合成新方法	张松林	发明	材料与化学化工学部	2017/12/22
663	201510312598.2	一种测试纱线与织物抗划割性能的装置	眭建华	发明	纺织与服装工程学院	2017/12/22
664	201510705159.8	一种人造血管的构建方法	王琍南	发明	纺织与服装工程学院	2017/12/22
665	201510423552.8	稠环类化合物、制备方法和用途	张士磊	发明	医学部药学院	2017/12/22
666	201621383861.3	分散染料滤饼球磨粉碎装置	丁志平	实用新型	艺术学院	2017/7/28
667	201621383862.8	织绣用丝线色标色卡绕制机	丁志平	实用新型	艺术学院	2017/8/29
668	201510055144.1	丝线用同浴恒温吸附染色方法	丁志平	发明	艺术学院	2017/11/14
669	201621281254.6	蚕茧头书画折扇专用模具	丁志平	实用新型	艺术学院	2017/11/24
670	201510158434.9	烟酸衍生物及其应用	程坚	发明	医学部神经科学研究所	2017/12/26
671	201510236815.4	基于最大熵的事件论元及论元角色的识别方法及系统	李寿山	发明	计算机科学与技术学院	2017/12/26

续表

序号	专利号	专利名称	第一发明人	类别	学院(部)	授权公告日
672	201410420928.5	一种协同过滤推荐方法及装置	吴健	发明	计算机科学与技术学院	2017/12/26
673	201510036778.2	一种微博数据处理方法、装置及系统	李寿山	发明	计算机科学与技术学院	2017/12/26
674	201410727536.3	启动子识别方法及系统	张莉	发明	计算机科学与技术学院	2017/12/26
675	201410019998.X	双重靶向治疗癌症的叶酸—阿霉素免疫制剂及其制备方法	杨红	发明	医学部药学院	2017/12/26
676	201510032757.3	一种文本情绪极性的识别方法及装置	李寿山	发明	计算机科学与技术学院	2017/12/26
677	201510434025.7	一种气流气泡纺丝装置	何吉欢	发明	纺织与服装工程学院	2017/12/26
678	201510087855.7	一种微博用户交互式性别识别方法及装置	李寿山	发明	计算机科学与技术学院	2017/12/26
679	201720510339.5	一种基于RFID的板材运输监控系统	李云飞	实用新型	计算机科学与技术学院	2017/12/22
680	201410654289.9	一种面向物联网的环境感知方法、装置及自适应系统	张广泉	发明	计算机科学与技术学院	2017/12/26
681	201720610241.7	一种激光加工用夹具	鹿霖	实用新型	机电工程学院	2017/12/22
682	201610133035.1	一种激光3D成形弯曲结构件的方法	石世宏	发明	机电工程学院	2017/12/26
683	201510341564.6	一种实现信号光频谱整合的方法及系统	高明义	发明	电子信息学院	2017/12/15
684	201410235777.6	一种激光熔覆熔池离焦量测量装置及其测量方法	石世宏	发明	机电工程学院	2017/12/15
685	201510422375.1	一种有限开关状态模型预测控制方法及装置	杨勇	发明	轨道交通学院	2017/12/15

续表

序号	专利号	专利名称	第一发明人	类别	学院(部)	授权公告日
686	201510810301.5	以胶带为基底构建大面积、柔性、可穿戴扔机纳米线场效应晶体管阵列的方法	揭建胜	发明	功能纳米与软物质研究院	2017/12/15
687	2015104539843	一种防短路的顶发射OLED器件及其制备方法	钱 敏	发明	电子信息学院	2017/12/1
688	2016101434473	一种酰胺化合物的制备方法	邹建平	发明	材料与化学化工学部	2017/12/1
689	2017205418499	一种模拟太阳可见光谱的装置	王 磊	实用新型	物理科学与技术学院	2017/12/19
690	2017201619751	弹载消热差中长波红外双波段望远成像物镜	李 琪	实用新型	光电科学与工程学院	2017/12/19
691	2015100715954	一种埃索美拉唑镁肠溶微丸制剂及其制备方法	曹青日	发明	医学部药学院	2017/12/19
692	2015102080024	一种早期预防阿尔茨海默病的嗅觉刺激液及其制备方法	徐 勇	发明	医学部公共卫生学院	2017/12/19
693	2016104772683	一种3D打印的切片方法	任建锋	发明	光电科学与工程学院	2017/12/19
694	201720477089X	窨井集污篓	胡子刚	实用新型	金螳螂建筑学院	2017/12/15
695	2017203840876	高空作业升降机	胡子刚	实用新型	金螳螂建筑学院	2017/12/15
696	2017201302756	一种可高效拦截颗粒物高的透气性口罩	魏 凯	实用新型	纺织与服装工程学院	2017/12/8
697	2017202212901	智能伸缩晴雨蓬	潘声雪	实用新型	电子信息学院	2017/12/12
698	2017203840861	一种用于高空作业的升降机	胡子刚	实用新型	金螳螂建筑学院	2017/12/12

续表

序号	专利号	专利名称	第一发明人	类别	学院(部)	授权公告日
699	2015103386696	一种螺旋线形非对称超级电容器制备方法	晏成林	发明	能源学院	2017/12/15
700	201720100807.1	激光多光束熔覆装置	吉绍山	实用新型	机电工程学院	2017/11/24
701	201621216029.4	空中自动擦洗设备、清洗群及适用的壁面	余亮	实用新型	金螳螂建筑学院	2017/12/29
702	201720524820X	一种带防身功能的手机	胡增荣	实用	轨道交通学院	2017/12/5
703	2017205248549	一种带双面摄像头的笔记本电脑	胡增荣	实用	轨道交通学院	2017/12/5
704	2017205254342	一种自动生产线液体物料供料台	胡增荣	实用	轨道交通学院	2017/12/5
705	2017206084160	应用于无线传感器网络的宽带低功耗低噪声放大器	钟博文	实用	机电工程学院	2017/12/5
706	2015101417350	物镜驱动台	钟博文	发明	机电工程学院	2017/12/15
707	2017201350001	邮轮自平衡送餐机器人	樊明迪	实用	轨道交通学院	2017/12/19
708	2017204751028	一种复合式波浪能收集装置	刘会聪	实用	机电工程学院	2017/12/19
709	2016105247029	具有可编程进样功能的微流控三维芯片	刘坚	发明	功能纳米与软物质研究院	2017/12/22
710	2015102291932	溶胀型空心丝素蛋白微针给药系统及其制备方法	卢神州	发明	纺织与服装工程学院	2017/12/22
711	201510324702X	一种注塑机的双R支撑结构	王传洋	发明	机电工程学院	2017/12/22
712	2014106119813	基于LDA模型的搜索引擎结果优化系统	严建峰	发明	计算机科学与技术学院	2017/12/12

续表

序号	专利号	专利名称	第一发明人	类别	学院（部）	授权公告日
713	201720132790.8	一种微型光伏并网逆变器	许宜申	实用新型	光电科学与工程学院	2017/10/20
714	201720572733.1	静电纺丝装置	王菲菲	实用新型	纺织与服装工程学院	2017/12/15
715	201510429468.7	一种钙钛矿太阳能电池的制备方法	王照奎	发明	功能纳米与软物质研究院	2017/11/24
716	201511002181.2	一种交联富勒烯体异质结的钙钛矿型太阳能电池的制备方法	廖良生	发明	功能纳米与软物质研究院	2017/12/26
717	201410222664.2	基于阈值矩阵和特征融合视觉单词的人物行为识别方法	龚声蓉	发明	计算机科学与技术学院	2017/11/10
718	201510424163.7	用于拉曼光谱仪荧光抑制的多波长外腔激光发射装置	张旭婷	发明	光电科学与工程学院	2017/12/19

2017年度苏州大学软件著作权授权情况

2017年度苏州大学软件著作权授权情况一览表

序号	软件名称	登记号	证书日期	完成人	学院（部）
1	城市轨道交通异常行为智能分析及报警软件 V1.0	2016SR384701	2016/12/21	陈 杰	轨道交通学院
2	轨交站台视频智能分析平台 V1.0	2016SR384697	2016/12/21	陈 杰	轨道交通学院
3	基于群智感知的城市噪音收集系统	2017SR017341	2017/1/18	张书奎 凌 蒙	计算机科学与技术学院
4	维基百科实体语义关系标注系统 V1.0	2017SR004203	2017/1/5	李云建	计算机科学与技术学院

续表

序号	软件名称	登记号	证书日期	完成人	学院(部)
5	纵横输入法在线打字练习平台V1.0	2017SR025201	2017/1/24	吴 娴	计算机科学与技术学院
6	社区岛乐业人才系统V1.O	2017SR023409	2017/1/23	张 明	计算机科学与技术学院
7	高校人才招聘管理平台V1.0	2017SR023480	2017/1/23	胡沁涵	计算机科学与技术学院
8	苏州大学DTN智能通讯APPV1.0	2017SR023708	2017/1/23	李 丁	计算机科学与技术学院
9	电梯销售过程管理系统V1.0	2017SR023713	2017/1/23	贾灿灿	计算机科学与技术学院
10	有机化合物显色反应鉴别平台V1.0	2017SR008063	2017/1/9	林政宽 刘 钊	计算机科学与技术学院
11	学生信息管理平台V1.0	2017SR029748	2017/2/4	庞 飞	计算机科学与技术学院
12	影吧管理系统V1.0	2017SR029742	2017/2/4	章及第	计算机科学与技术学院
13	健康管家管理平台V1.0	2017SR039011	2017/2/10	韩 冬	计算机科学与技术学院
14	BCDC网络容错路由算法演示软件V1.0	2017SR102725	2017/1/20	郭莉莉	计算机科学与技术学院
15	太阳射电频谱仪的实时频谱显控系统软件	2016SR089585	2016/4/28	窦玉江	电子信息学院
16	数字图像处理与分析虚拟实验平台软件	2016SR052549	2016/3/14	陈 宇	计算机科学与技术学院
17	POMA-MicroRNA生物标志物预测软件	2016SR125899	2016/5/31	沈百荣	电子信息学院
18	DC-AC变换器建模及预测控制仿真系统	2017SR077778	2017/3/14	仲兆准	沙钢钢铁学院
19	四容水箱显式预测控制系统	2017SR110989	2017/4/12	仲兆准	沙钢钢铁学院
20	网上教材征订系统演示软件	2017SR110983	2017/4/12	赵 蒙	计算机科学与技术学院
21	教师工作量管理系统	2017SR110618	2017/4/12	李丰豪	计算机科学与技术学院

续表

序号	软件名称	登记号	证书日期	完成人	学院(部)
22	一种试卷资源标注工具软件 V1.0	2017SR181988	2017/5/16	刁红军	计算机科学与技术学院
23	互动课堂教学资源生成系统软件	2017SR181987	2017/5/16	刁红军	计算机科学与技术学院
24	基于云平台的课堂教学软件 V1.0	2017SR182584	2017/5/16	刁红军	计算机科学与技术学院
25	基于分数阶博里叶变换和扩展变换抖动调制的数学水印系统 V1.0	2017SR227129	2017/6/2	顾宇鑫	计算机科学与技术学院
26	微校园 APP 软件 V1.0	2017SR283165	2017/6/19	韩 冬	计算机科学与技术学院
27	炉石助手 APP 软件 V1.0	2017SR283177	2017/6/19	韩 冬	计算机科学与技术学院
28	理财助手 APP 软件 V1.0	2017SR283172	2017/6/19	韩 冬	计算机科学与技术学院
29	侘寂笔记(CJNote) APPA 软件 V1.0	2017SR283163	2017/6/19	韩 冬	计算机科学与技术学院
30	Happiness Store APP 软件 V1.0	2017SR284346	2017/6/19	韩 冬	计算机科学与技术学院
31	最新资讯(Fast News) APP 软件 V1.0	2017SR304048	2017/6/23	韩 冬	计算机科学与技术学院
32	新青年掌上阅读 APP 软件 V1.0	2017SR304527	2017/6/23	韩 冬	计算机科学与技术学院
33	文件管家 APP 软件 V1.0	2017SR304700	2017/6/23	韩 冬	计算机科学与技术学院
34	太阳射电频谱仪的实时频谱显控系统软件	2016SR089585	2016/4/28	窦玉江	电子信息学院
35	数字图像处理与分析虚拟实验平台软件	2016SR052549	2016/3/14	陈 宇	计算机科学与技术学院
36	POMA-MicroRNA 生物标志物预测软件	2016SR125899	2016/5/31	沈百荣	电子信息学院
37	基于环信推送平台的在线育儿咨询系统	2017SR309578	2017/6/26	张书奎	计算机科学与技术学院

续表

序号	软件名称	登记号	证书日期	完成人	学院(部)
38	高校体育场馆在线预订系统	2017SR305384	2017/6/23	张宝峰	体育学院
39	体育类商品评论数据抓取系统	2017SR305083	2017/6/23	张宝峰	体育学院
40	蔬米鲜供应链运行系统	2017SR309565	2017/6/26	李幸	计算机科学与技术学院
41	蔬米鲜供应链订单管理系统	2017SR310621	2017/6/26	李幸	计算机科学与技术学院
42	服装缝制流水线模拟软件 V1.0	2017SR242741	2017/6/7	戴宏钦	纺织与服装工程学院
43	农业机械产品展示系统软件 V1.0	2017SR226224	2017/6/2	朱晓旭	计算机科学与技术学院
44	面向新闻的 CRF 分词系统 V1.0	2017SR336135	2017/7/3	严倩	计算机科学与技术学院
45	基于 STACKED LSTM 的商品评价回归系统 V1.0	2017SR344484	2017/7/5	徐健	计算机科学与技术学院
46	面向法律文档的命名实体识别系统 V3.0	2017SR344539	2017/7/5	王礼敏	计算机科学与技术学院
47	基于 SVR 的商品评价回归系统 V1.0	2017SR336205	2017/7/3	徐健	计算机科学与技术学院
48	基于最大熵模型的股票预测系统 V1.0	2017SR345364	2017/7/5	殷昊	计算机科学与技术学院
49	面向法律文档的 LSTM 分词系统 V2.0	2017SR345811	2017/7/5	严倩	计算机科学与技术学院
50	基于 MULTI TASK 的商品评价回归系统 V1.0	2017SR355914	2017/7/10	徐健	计算机科学与技术学院
51	基于条件随机场的(CRF)的命名实体识别系统 V5.0	2017SR355708	2017/7/10	王礼敏	计算机科学与技术学院
52	基于超参数优化技术的 RNA 二级结构打分函数软件 V1.0	2017SR368596	2017/7/13	丁雪松	计算机科学与技术学院

续表

序号	软件名称	登记号	证书日期	完成人	学院(部)
53	一种分布式脉冲喷吹除尘系统控制软件	2017SR347745	2017/7/6	李富华	电子信息学院
54	IHeart 心跳优化软件	2017SR348099	2017/7/6	吉毅	计算机科学与技术学院
55	基于核范数正则化标签传播的数据分类软件	2017SR347955	2017/7/6	张召	计算机科学与技术学院
56	基于鲁棒标签传播的图像分类平台软件	2017SR348024	2017/7/6	张召	计算机科学与技术学院
57	一种自适应数据分类软件	2017SR347539	2017/7/6	张召	计算机科学与技术学院
58	子波变换与反向复用网络仿真软件	2017SR386203	2017/7/20	游善红	电子信息学院
59	子波变换与反向复用分析模型软件	2017SR348105	2017/7/6	游善红	电子信息学院
60	MiY 拼音输入法软件	2017SR347546	2017/7/6	贾俊铖	计算机科学与技术学院
61	电池管理系统	2017SR34116	2017/7/6	吉毅	计算机科学与技术学院
62	英文事件语料标注工具软件	2017SR341886	2017/7/4	李培峰	计算机科学与技术学院
63	患者电子腕带系统软件 V1.0	2017SR305795	2017/6/23	陆晓峰	计算机科学与技术学院
64	基于单片机的配电室环境监测软件 V1.0	2017SR303404	2017/6/23	胡丹峰	电子信息学院
65	简易排课系统软件	2017SR381608	2017/7/19	张建	计算机科学与技术学院
66	电商网站实时价格监测系统 V1.0	2017SR433164	2017/8/8	龙岩	计算机科学与技术学院
67	基于 iMX6Q 的手绘字体 APP 软件 V1.0	2017SR430141	2017/8/8	韩冬	计算机科学与技术学院
68	商品销售自动化管理系统 V1.0	2017SR431422	2017/8/8	龙岩	计算机科学与技术学院
69	智能农副产品产销一体化监管系统 V1.0	2017SR433168	2017/8/8	龙岩	计算机科学与技术学院

续表

序号	软件名称	登记号	证书日期	完成人	学院(部)
70	KTV 数据分析及智能管理系统 V1.0	2017SR431648	2017/8/8	龙 岩	计算机科学与技术学院
71	DNA 序列提取 Kmer 特征软件 V1.0	2017SR440357	2017/8/11	黄立群	计算机科学与技术学院
72	高校教务信息管理系统 V1.0	2017SR452498	2017/8/16	龙 岩	计算机科学与技术学院
73	Node 项目生成软件	2017SR355743	2017/5/19	邵 雷	计算机科学与技术学院
74	组合能量供电能效评估系统	2017SR368961	2017/6/5	刘学观	电子信息学院
75	机械开关 PC 端测试软件	2017SR403325	2017/6/5	邵 雷	电子信息学院
76	基于云的虚拟实验管理系统软件	2017SR403903	2017/6/5	邵 雷	电子信息学院
77	信号处理虚拟实验应用网关软件	2017SR403320	2017/6/5	邵 雷	电子信息学院
78	信号处理虚拟实验板卡软件	2017SR403017	2017/6/5	邵 雷	电子信息学院
79	基于真实穿戴效果的服饰虚拟软件 V1.0	2017SR456501	2017/8/18	牛梦雨	纺织与服装工程学院
80	基于知识的服装搭配评价软甲 V1.0	2017SR456514	2017/8/18	牛梦雨	纺织与服装工程学院
81	苏州大学基于 Android 手机英语学习阮籍	2017SR320304	2017/6/28	杨 洋	计算机科学与技术学院
82	苏州大学疾病自诊应用系统	2017SR318972	2017/6/28	杨 洋	计算机科学与技术学院
83	苏州大学网站安全防护系统	2017SR320296	2017/6/28	杨 洋	计算机科学与技术学院
84	苏州大学氨基酸变异换算系统	2017SR453464	2017/8/17	杨 洋	计算机科学与技术学院
85	苏州大学氨基酸变异稳定性回归分析系统	2017SR449601	2017/8/15	杨 洋	计算机科学与技术学院
86	患者电子腕带系统软件 V1.0	2017SR305795	2017/6/23	陆晓峰	计算机科学与技术学院

续表

序号	软件名称	登记号	证书日期	完成人	学院(部)
87	基于单片机的配电室环境监测软件 V1.0	2017SR303404	2017/6/23	胡丹峰	电子信息学院
88	简易排课系统软件	2017SR381608	2017/7/19	张　建	计算机科学与技术学院
89	大学物理介电常数实验数据处理软件	2017SR252329	2017/6/9	陈　曦	光电科学与工程学院
90	基于统计机器翻译的语言生成系统	2017SR479150	2017/8/30	柴　强	计算机科学与技术学院
91	基于毫米波雷达和机器视觉信息融合的障碍物检测系统	2017SR280549	2017/6/18	陈　蓉	轨道交通学院
92	基于3D点云数据的车辆检测软件	2017SR266859	2017/6/15	郑建颖	轨道交通学院
93	面向轨道交通的状态健康监测云平台软件	2017SR319736	2017/6/28	郑建颖	轨道交通学院
94	基于 K60 的高频 RFID 教学软件	2017SR475400	2017/8/29	曹国平	计算机科学与技术学院
95	基于 KL25 BME 的 ADC 采样软件	2017SR472699	2017/8/28	曹国平	计算机科学与技术学院
96	基于 KW01 和 LED 彩屏的五子棋游戏设计	2017SR475334	2017/8/29	曹金华	计算机科学与技术学院
97	基于 KW01 和 ZigBee 的 LED 屏显示演示系统	2017SR475394	2017/8/29	曹金华	计算机科学与技术学院
98	基于 web 的花店管理系统软件	2017SR476669	2017/8/29	凌　云	计算机科学与技术学院
99	网上餐饮管理系统	2017SR478738	2017/8/30	凌　云	计算机科学与技术学院
100	小区物业管理系统软件	2017SR478745	2017/8/30	凌　云	计算机科学与技术学院
101	基于 ARM 和 Windows 的 USB HID 通信系统	2017SR479045	2017/8/30	王宜怀	计算机科学与技术学院
102	基于 K60 的图形构件化编程系统软件	2017SR475473	2017/8/29	王宜怀	计算机科学与技术学院

续表

序号	软件名称	登记号	证书日期	完成人	学院(部)
103	基于K64的LED幕墙控制系统软件	2017SR475414	2017/8/29	王宜怀	计算机科学与技术学院
104	基于STM8和ML5238的锂电池保护系统	2017SR478712	2017/8/30	王宜怀	计算机科学与技术学院
105	气象数据采集节点的功能测试软件	2017SR475407	2017/8/29	王宜怀	计算机科学与技术学院
106	知识碎片管理系统	2017SR477115	2017/8/29	张建	计算机科学与技术学院
107	档案管理系统软件	2017SR475469	2017/8/29	张建	计算机科学与技术学院
108	医院专家门诊预约挂号系统软件	2017SR506153	2017/9/12	邹羚	计算机科学与技术学院
109	咖啡物语网站软件V1.0	2017SR490013	2017/9/5	韩冬 夏新宇 高尚尚	计算机科学与技术学院
110	服装企业实验室质检管理系统V1.0	2017SR498061	2017/9/8	张珍茹 杨哲 张佳豪	计算机科学与技术学院
111	服装企业原材料检验系统V1.0	2017SR498946	2017/9/8	张佳豪 杨哲 张珍茹	计算机科学与技术学院
112	苏州大学学院风采展示平台V1.0	2017SR498073	2017/9/8	李朝锡 杨哲 陈石松 马亮	计算机科学与技术学院
113	微信公众号数据接口辅助获取软件V1.0	2017SR498744	2017/9/8	程锋 杨哲 郭天泽 李晓龙	计算机科学与技术学院
114	微信公众号数据自动获取软件V1.0	2017SR498957	2017/9/8	程锋 杨哲 郭天泽 李晓龙	计算机科学与技术学院
115	医学辐射检测数据导出软件V1.0	2017SR498774	2017/9/8	宋彦杉 杨哲 周皓	计算机科学与技术学院

续表

序号	软件名称	登记号	证书日期	完成人	学院(部)
116	基于虚拟仪器的信号处理实验系统可视化平台软件 V1.0	2017SR505962	2017/9/12	胡剑凌	电子信息学院
117	基于虚拟仪器的信号处理实验板卡软件 V1.0	2017SR515018	2017/9/14	胡剑凌	电子信息学院
118	出口业务信用保险管理软件	2017SR605646	2017/11/6	卢维亮	计算机科学与技术学院
119	进出口贸易商品资料管理软件	2017SR605765	2017/11/6	卢维亮	计算机科学与技术学院
120	基于云的虚拟实验操作系统	2017SR635707	2017/11/20	周敏彤	电子信息学院
121	传感器非径向排列的避障导航仿真软件	2017SR610986	2017/11/8	孙荣川	机电工程学院
122	基于BAStar算法的机器人全覆盖路径规划方法仿真软件	2017SR611004	2017/11/8	孙荣川	机电工程学院
123	动态环境下基于滚动窗口的全覆盖路径规划仿真软件	2017SR610995	2017/11/8	孙荣川	机电工程学院
124	基于聚类算法的拓扑地图分割算法软件	2017SR610977	2017/11/8	孙荣川	机电工程学院
125	CRC存储查询系统	2017SR643087	2017/11/23	黄茉莉	医学部基础医学与生物科学学院
126	蚕桑栽培与病虫害防治系统 V1.0	2017SR618339	2017/11/10	曲春香	医学部基础医学与生物科学学院
127	麻类栽培与病虫害防治系统 V1.0	2017SR613917	2017/11/9	曲春香	医学部基础医学与生物科学学院
128	微博爬虫软件	2017SR490806	2017/9/5	周经亚	计算机科学与技术学院
129	基于微信公众平台的交警微信服务系统 V1.0	2017SR600757	2017/11/2	赵朋朋	计算机科学与技术学院
130	基于最大熵的企业新闻情感分类系统 V1.0	2017SR601155	2017/11/2	张璐	计算机科学与技术学院

续表

序号	软件名称	登记号	证书日期	完成人	学院(部)
131	基于支持向量机（SVM）的专利分类系统 V1.0	2017SR600795	2017/11/2	江明奇	计算机科学与技术学院
132	基于 LSTM 的微博情绪识别系统 V1.0	2017SR608032	2017/11/7	张璐	计算机科学与技术学院
133	基于最大熵（Max-ent）的专利分类系统 V1.0	2017SR610066	2017/11/7	江明奇	计算机科学与技术学院
134	基于长短期记忆网络（LSTM）的专利分类系统 V1.0	2017SR602906	2017/11/3	江明奇	计算机科学与技术学院
135	基于最大熵的情感分类系统 V1.0	2017SR611019	2017/11/8	刘欢	计算机科学与技术学院
136	基于支持向量机（SVM）的地域分类系统 V1.0	2017SR611346	2017/11/8	沈忱林	计算机科学与技术学院
137	基于最大熵（max-Ent）的公众号分类系统	2017SR611150	2017/11/8	王路	计算机科学与技术学院
138	基于卷积神经网络（CNN）的公众号分类系统 V1.0	2017SR617721	2017/11/10	王路	计算机科学与技术学院
139	班级管理系统 1.0	2017SR617620	2017/11/10	姚望舒	计算机科学与技术学院
140	基于支持向量机（SVM）的情感分类系统 V1.0	2017SR614289	2017/11/9	刘欢	计算机科学与技术学院
141	图像处理在线教学软件 V1.0	2017SR635957	2017/11/20	石霏	计算机科学与技术学院
142	Api 管理系统 V1.0	2017SR636643	2017/11/20	马诚	计算机科学与技术学院
143	太阳辐射计算软件 V1.0	2017SR630990	2017/11/17	陈宇恒	计算机科学与技术学院
144	单音产生与检测系统软件 V1.0	2017SR630985	2017/11/17	胡剑凌	计算机科学与技术学院

续表

序号	软件名称	登记号	证书日期	完成人	学院(部)
145	卫通天线系统测控软件 V1.0	2017SR632218	2017/11/17	樊明迪 高天晴 杨勇 何立群	轨道交通学院
146	大学科技园管理信息系统 V1.0	2017SR639240	2017/11/21	姚植元	计算机科学与技术学院
147	基于支持向量机(SVM)的公众号分类系统 V1.0	2017SR624388	2017/11/14	王路	计算机科学与技术学院
148	出口业务信用保险管理软件	2017SR605646	2017/11/6	卢维亮	计算机科学与技术学院
149	进出口贸易商品资料管理软件	2017SR605765	2017/11/6	卢维亮	计算机科学与技术学院
150	基于云的虚拟实验操作系统	2017SR635707	2017/11/20	周敏彤	电子信息学院
151	多功能 AES3/EBU 数字音频异步复分接系统软件 V1.0	2017SR663690	2017/12/4	周鸣籁	电子信息学院
152	基于用户社交信息 Bandit 算法的推荐系统 V1.0	2017SR685367	2017/12/13	赵朋朋	计算机科学与技术学院
153	基于 Asp.Net MVC 的固定资产管理系统 V1.0	2017SR688832	2017/12/14	赵朋朋	计算机科学与技术学院
154	基于上下文 Bandit 算法的推荐系统 V1.0	2017SR696430	2017/12/15	赵朋朋	计算机科学与技术学院
155	基于微信公众平台的固定资产盘点服务系统 V1.0	2017SR691067	2017/12/14	赵朋朋	计算机科学与技术学院
156	基于因式分解 Bandit 算法的推荐系统	2017SR689610	2017/12/14	赵朋朋	计算机科学与技术学院
157	合同管理系统 V1.0	2017SR664657	2017/12/4	姚望舒	计算机科学与技术学院

续表

序号	软件名称	登记号	证书日期	完成人	学院(部)
158	基于 C54x DSP 的单音产生与检测系统软件 V1.0	2017SR711445	2017/12/20	胡剑凌	计算机科学与技术学院
159	基于 STM32 的无线接入点 AP 节点软件	2017SR679331	2017/12/11	邓　晶	电子信息学院
160	基于 nRF905 多点无线温度采集与传输系统软件	2017SR668926	2017/12/6	邓　晶	电子信息学院
161	基于 CC2530 的智能家居安防节点软件	2017SR669352	2017/12/6	邓　晶	电子信息学院
162	基于 CC2530 的环境检测节点软件	2017SR651448	2017/11/28	邓　晶	电子信息学院
163	基于 ZigBee 的 PM2.5 检测仪软件	2017SR689144	2017/12/14	邓　晶	电子信息学院
164	基于 WIFI 的智能家居手机终端 APP 软件	2017SR681792	2017/12/12	邓　晶	电子信息学院
165	波长转换设备代理控制软件	2017SR706875	2017/12/19	沈纲祥	电子信息学院
166	全光网络交换平台控制系统	2017SR707116	2017/12/19	沈纲祥	电子信息学院
167	网络环境下的蔬菜种植及食用信息服务软件	2017SR663855	2017/12/4	孙　涌 赵　畅	计算机科学与技术学院
168	出口业务信用保险管理	2017SR663697	2017/12/4	卢维亮	计算机科学与技术学院
169	进出口贸易商品资料管理	2017SR663791	2017/12/4	卢维亮	计算机科学与技术学院
170	开放实时系统验证软件	2017SR663529	2017/12/4	张广泉	计算机科学与技术学院
171	大学生课外学习系统	2017SR663784	2017/12/4	姜海燕 葛　娟	计算机科学与技术学院
172	小区物业管理系统	2017SR663148	2017/12/4	崔　波 葛　娟	计算机科学与技术学院

续表

序号	软件名称	登记号	证书日期	完成人	学院(部)
173	不动产买卖系统	2017SR663143	2017/12/4	蒋茜茜 葛娟	计算机科学与技术学院
174	社区闲置物品交易系统	2017SR663595	2017/12/4	侯一凡 葛娟	计算机科学与技术学院
175	房产租赁服务系统	2017SR663807	2017/12/4	孙慧敏 葛娟	计算机科学与技术学院
176	零食商城分销系统	2017SR663846	2017/12/4	姜海燕 葛娟	计算机科学与技术学院
177	培训机构学员信息管理系统	2017SR663822	2017/12/4	崔波 葛娟	计算机科学与技术学院

2017年度苏州大学承担的省部级以上项目情况

科技项目情况

一、国家重点研发计划项目(3项)

序号	项目批准号	项目名称	项目负责人	学院(部)	资助经费(万元)	完成时间
1	2017YFC0909100	帕金森相关疾病早期诊断及精准治疗研究	刘春风	医学部神经科学研究所	400	2017.7—2019.12
2	2016YFE0204400	丝蛋白生物材料的仿生功能设计及组织修复产品的开发(战略性国际科技创新合作)	吕强	纺织与服装工程学院	1 080	2017.7—2020.08
3	2017YFE0103700	TET酶介导的表观遗传修饰与抑郁发生机制研究	徐兴顺	医学部神经科学研究所	674	2018.01—2020.12

二、国家重点研发计划课题(8项)

序号	项目批准号	项目名称	项目负责人	学院(部)	资助经费(万元)	完成时间
1	2017YFB0701601	跨尺度高通量功能材料计算软件系统与平台	李有勇	功能纳米与软物质研究院	436.99	2017.7—2021.6
2	2017YFC1310701	建立中国成人2型糖尿病临床研究中美协同创新平台与合作网络	秦立强	医学部公共卫生学院	94	2017.7—2020.12
3	2017YFC0111103	血泵的电机驱动和主动磁悬浮前沿技术	徐博翎	机电工程学院	172	2017.7—2020.12
4	2017YFC1103602	低免疫原性丝素蛋白工程化制备技术及其产品开发	李明忠	纺织与服装工程学院	321	2017.7—2020.12
5	2017YFA0104502	单倍型移植("北京方案")后固有免疫重建及调控机制	高晓明	医学部基础医学与生物科学学院	897	2017.7—2021.12
6	2017YFC0210906	多污染物协同净化功能材料与设备及应用	路建美	材料与化学化工学部	436	2017.7—2020.12
7	2017YFA0205002	共价/配位分子体系成像与谱学	迟力峰	功能纳米与软物质研究院	850	2017.7—2022.6
8	2017YFB1002104	基于大数据的面向开放域的智能问答技术	张 民	计算机科学与技术学院	878	2017.10—2021.09

三、国家自然科学基金项目(360项)

序号	项目批准号	项目名称	项目负责人	学院(部)	项目类别	资助经费(万元)	开始日期	结题日期
1	11790274	动力系统的遍历论	曹永罗	数学科学学院	重大项目	375	2018/1/1	2022/12/31
2	11771010	高维数据驱动的生物系统重构研究	马欢飞	数学科学学院	面上项目	48	2018/1/1	2021/12/31
3	11771315	平面连续与不连续系统的若干定性性质	刘长剑	数学科学学院	面上项目	48	2018/1/1	2021/12/31

续表

序号	项目批准号	项目名称	项目负责人	学院(部)	项目类别	资助经费（万元）	开始日期	结题日期
4	11771316	扭转性与轨道的有序结构	秦文新	数学科学学院	面上项目	48	2018/1/1	2021/12/31
5	11771317	非双曲系统的动力学、遍历性及其相关的维数问题	曹永罗	数学科学学院	面上项目	48	2018/1/1	2021/12/31
6	11771318	离散群作用一维动力系统的遍历性和刚性问题	史恩慧	数学科学学院	面上项目	48	2018/1/1	2021/12/31
7	11771319	最优控制和重排优化问题的研究	周育英	数学科学学院	面上项目	48	2018/1/1	2021/12/31
8	21773165	分子模拟中的变分隐式溶剂模型、算法及其应用	周圣高	数学科学学院	面上项目	60	2018/1/1	2021/12/31
9	11701402	微分动力系统的同调分析	廖 刚	数学科学学院	青年科学基金项目	23	2018/1/1	2020/12/31
10	11701403	基于同时置信带方法的分布函数统计推断	顾莉洁	数学科学学院	青年科学基金项目	21	2018/1/1	2020/12/31
11	11701405	生物节律调控细胞周期的数学建模与分析	颜 洁	数学科学学院	青年科学基金项目	22	2018/1/1	2020/12/31
12	11771320	住房抵押贷款支持证券违约损失与担保定价研究	王过京	金融工程研究中心	面上项目	48	2018/1/1	2021/12/31
13	11701404	带有非连续型纳什均衡点的随机微分博弈问题及其应用	穆 蕊	金融工程研究中心	青年科学基金项目	22	2018/1/1	2020/12/31
14	91750201	矢量光束相干结构调控及其与湍流大气相互作用研究	蔡阳健	物理与光电·能源学部	重大研究计划	370	2018/1/1	2021/12/31
15	21728502	单纳米颗粒旋转追踪技术在细胞膜相关过程中的应用	方 宁	物理与光电·能源学部	海外及港澳学者合作研究基金	18	2018/1/1	2019/12/31
16	11774249	二维材料/铁电薄膜异质结的光电化学效应及其调控机理研究	方 亮	物理与光电·能源学部	面上项目	62	2018/1/1	2021/12/31
17	11774250	部分相干光传输及其在物体信息恢复中的应用	赵承良	物理与光电·能源学部	面上项目	64	2018/1/1	2021/12/31
18	11774251	部分相干光束扭曲相位调控及其应用基础研究	刘 琳	物理与光电·能源学部	面上项目	64	2018/1/1	2021/12/31
19	11774252	石墨烯等离激元体系光学双稳、调制不稳定性和二次谐波效应的研究	高 雷	物理与光电·能源学部	面上项目	61	2018/1/1	2021/12/31

续表

序号	项目批准号	项目名称	项目负责人	学院(部)	项目类别	资助经费(万元)	开始日期	结题日期
20	21773167	孤岛状过渡金属磷化物表面修饰钙钛矿氧化物的原位构建及其双功能催化协同增效机制研究	金　超	物理与光电·能源学部	面上项目	65	2018/1/1	2021/12/31
21	21774084	活模板可控聚合制备含糖聚合物适配体	陈高健	物理与光电·能源学部	面上项目	64	2018/1/1	2021/12/31
22	21774091	活性胶体/聚合物的玻璃态结构与动力学	陈　康	物理与光电·能源学部	面上项目	67	2018/1/1	2021/12/31
23	21774092	利用碳基纳米材料增强多肽抗菌性能的分子机制研究	杨　恺	物理与光电·能源学部	面上项目	62	2018/1/1	2021/12/31
24	51772195	新型富勒烯功能材料的设计及在异质结钙钛矿太阳能电池中的应用	冯　莱	物理与光电·能源学部	面上项目	60	2018/1/1	2021/12/31
25	51772197	基于氧化钛同质结电子传输层钙钛矿太阳能电池的设计与光电性能研究	李　亮	物理与光电·能源学部	面上项目	63	2018/1/1	2021/12/31
26	51772200	多铁性六角铁氧体有序微纳米结构的磁特性和磁电效应研究	汤如俊	物理与光电·能源学部	面上项目	60	2018/1/1	2021/12/31
27	51776132	页岩内部气—固耦合燃烧传播特征及对孔隙微观结构改变的机理研究	陈　威	物理与光电·能源学部	面上项目	60	2018/1/1	2021/12/31
28	61775153	基于驼峰Bragg体光栅的带阻近场空间滤波研究	袁　孝	物理与光电·能源学部	面上项目	62	2018/1/1	2021/12/31
29	61775154	面向全偏振成像的亚手性结构梯度螺旋近完美圆偏振二色性研究	王钦华	物理与光电·能源学部	面上项目	64	2018/1/1	2021/12/31
30	11704269	实验研究形状可变胶体椭球体系的二维相变	王华光	物理与光电·能源学部	青年科学基金项目	22	2018/1/1	2020/12/31
31	11704270	pinning下二维胶体体系熔化的结构及动力学的实验研究	孙晓燕	物理与光电·能源学部	青年科学基金项目	21	2018/1/1	2020/12/31

续表

序号	项目批准号	项目名称	项目负责人	学院(部)	项目类别	资助经费(万元)	开始日期	结题日期
32	11704271	光学超透明介质的设计与应用研究	罗杰	物理与光电·能源学部	青年科学基金项目	23	2018/1/1	2020/12/31
33	21701118	半导体MOFs薄膜电极光电催化还原CO_2研究	彭扬	物理与光电·能源学部	青年科学基金项目	25	2018/1/1	2020/12/31
34	21703147	Li_2YO_3（Y = Ti、Zr和Mn）壳层调控高镍三元NMC811正极材料结构有序度及储锂性能基础研究	赵建庆	物理与光电·能源学部	青年科学基金项目	25	2018/1/1	2020/12/31
35	21703149	锂硫电池用高选择性人工SEI保护锂金属负极研究	钱涛	物理与光电·能源学部	青年科学基金项目	22	2018/1/1	2020/12/31
36	51702225	绝缘基底上高品质石墨烯的可控直接制备及其基础应用研究	孙靖宇	物理与光电·能源学部	青年科学基金项目	21	2018/1/1	2020/12/31
37	61705150	蓝光磷光有机电致发光器件的激子调控及退化机理研究	周东营	物理与光电·能源学部	青年科学基金项目	21	2018/1/1	2020/12/31
38	61705151	基于金—硅肖特基纳米线阵列的光电转换调控与折射率传感研究	秦琳玲	物理与光电·能源学部	青年科学基金项目	20	2018/1/1	2020/12/31
39	61705153	复合非均匀结构Bragg器件制备及其应用研究	高帆	物理与光电·能源学部	青年科学基金项目	25	2018/1/1	2020/12/31
40	21771130	染料功能化的钛氧簇及其在敏化光电极上的应用	戴洁	材料与化学化工学部	面上项目	65	2018/1/1	2021/12/31
41	21771131	2-巯基嘧啶金属簇基配位聚合物的合成与可见光催化性能研究	李红喜	材料与化学化工学部	面上项目	64	2018/1/1	2021/12/31
42	21772137	基于硫三负自由基（S3·—）或廉价过渡金属催化下C—S键构建反应实现功能性含硫化合物精准合成及其应用研究	汪顺义	材料与化学化工学部	面上项目	64	2018/1/1	2021/12/31
43	21772138	α-芳基吲哚醇的自由基加成—重排反应研究	徐小平	材料与化学化工学部	面上项目	64	2018/1/1	2021/12/31

续表

序号	项目批准号	项目名称	项目负责人	学院(部)	项目类别	资助经费(万元)	开始日期	结题日期
44	21772139	钌催化对位碳氢键官能团化反应的研究	赵应声	材料与化学化工学部	面上项目	66	2018/1/1	2021/12/31
45	21772140	发展以Ti(NR1R2)4为氮源和诱导试剂的胺化反应方法学及其在合成含氮稠杂环中的应用	李亚红	材料与化学化工学部	面上项目	64	2018/1/1	2021/12/31
46	21773163	钼(钨)/硫/铜簇基分子框(笼)化合物的合理组装、结构和性质	郎建平	材料与化学化工学部	面上项目	65	2018/1/1	2021/12/31
47	21773166	HPLC-SERS联用技术的构建及其在有机反应过程研究中的应用	姚建林	材料与化学化工学部	面上项目	65	2018/1/1	2021/12/31
48	21774080	基于硒内酯开环偶联缩聚构建二硒醚可逆共价键聚合物及其性能研究	潘向强	材料与化学化工学部	面上项目	63	2018/1/1	2021/12/31
49	21774081	基于负离子聚合构筑拓扑结构共聚物弹性体	何金林	材料与化学化工学部	面上项目	64	2018/1/1	2021/12/31
50	21774082	原位溴-碘转换促进的"活性"自由基聚合体系的构建	张丽芬	材料与化学化工学部	面上项目	64	2018/1/1	2021/12/31
51	21774083	原位聚电解质复合驱动离子单体可见光活化室温RAFT水溶液分散聚合	蔡远利	材料与化学化工学部	面上项目	67	2018/1/1	2021/12/31
52	21774085	大环及其衍生聚合物的控制合成、结构转换与性能研究	赵优良	材料与化学化工学部	面上项目	67	2018/1/1	2021/12/31
53	21774086	应用多价生物配体构建具有内源刺激响应性的动态生物表面	于谦	材料与化学化工学部	面上项目	64	2018/1/1	2021/12/31
54	21774087	环状拓扑聚合物分子刷构建生物相容性材料表面及其生物功能化设计	武照强	材料与化学化工学部	面上项目	64	2018/1/1	2021/12/31
55	21774088	类糖胺聚糖分子-生长因子-金纳米粒子复合物促进干细胞神经分化研究	袁琳	材料与化学化工学部	面上项目	64	2018/1/1	2021/12/31

续表

序号	项目批准号	项目名称	项目负责人	学院(部)	项目类别	资助经费（万元）	开始日期	结题日期
56	21774089	"拆分"和"重组"策略构筑结构精确可控的类肝素化聚合物修饰材料表面及其血液相容性研究	刘小莉	材料与化学化工学部	面上项目	63	2018/1/1	2021/12/31
57	21774090	基于分子纳米粒子的超分子液晶的合成、表征和性能研究	屠迎锋	材料与化学化工学部	面上项目	64	2018/1/1	2021/12/31
58	21776190	智能复合破乳材料的制备及油水分离性能研究	路建美	材料与化学化工学部	面上项目	64	2018/1/1	2021/12/31
59	31772053	水产品中两种土腥味物(土嗅素、二甲基异茨醇)单克隆抗体的制备及其高灵敏快速检测方法的建立	邓安平	材料与化学化工学部	面上项目	60	2018/1/1	2021/12/31
60	51772196	基于铀和钍的内嵌锕系元素富勒烯的制备，结构与物理化学性质研究	谌宁	材料与化学化工学部	面上项目	60	2018/1/1	2021/12/31
61	51772198	高度晶体取向介孔半导体电极材料的制备及光电性能研究	封心建	材料与化学化工学部	面上项目	60	2018/1/1	2021/12/31
62	51772201	过渡金属氧化物二维晶体材料的液晶化及有序宏观纤维组装	耿凤霞	材料与化学化工学部	面上项目	60	2018/1/1	2021/12/31
63	51773142	高效全聚合物太阳能电池中给体材料的合成及器件性能优化	国霞	材料与化学化工学部	面上项目	61	2018/1/1	2021/12/31
64	51773144	化学精准修饰高分子材料在水体低浓度有毒有机污染物治理中的应用研究	徐庆锋	材料与化学化工学部	面上项目	61	2018/1/1	2021/12/31
65	51773145	具双重靶向和穿膜性能的多功能纳米凝胶用于癌症的高效蛋白药物治疗	邓超	材料与化学化工学部	面上项目	61	2018/1/1	2021/12/31
66	51773146	CT可视和还原响应生物可降解碘化聚合物囊泡用于肺癌筛查和精准靶向治疗	孟凤华	材料与化学化工学部	面上项目	61	2018/1/1	2021/12/31

续表

序号	项目批准号	项目名称	项目负责人	学院(部)	项目类别	资助经费(万元)	开始日期	结题日期
67	21704071	咪唑盐(聚)离子液体抗菌材料的设计合成及性能研究	郭江娜	材料与化学化工学部	青年科学基金项目	25	2018/1/1	2020/12/31
68	21704072	基于主客体作用诱导胚胎干细胞定向分化的仿生聚合物平台的建立	刘兵	材料与化学化工学部	青年科学基金项目	25	2018/1/1	2020/12/31
69	51703148	基于热固性聚酯酰亚胺嵌段共聚物的耐高温多重形状记忆材料的研究	管清宝	材料与化学化工学部	青年科学基金项目	21	2018/1/1	2020/12/31
70	21722205	有机开环反应	朱晨	材料与化学化工学部	优秀青年科学基金项目	130	2018/1/1	2020/12/31
71	21722607	多维多孔微纳复合材料	陈冬赟	材料与化学化工学部	优秀青年科学基金项目	130	2018/1/1	2020/12/31
72	21744402	北京论坛2017:高分子生物材料	陈红	材料与化学化工学部	应急管理项目	15	2017/10/29	2017/10/31
73	51761135117	EGFR靶向的多功能聚丙三醇壳胶束药物偶联物用于精准癌症化疗	钟志远	材料与化学化工学部	国际(地区)合作与交流项目	180	2018/1/1	2020/12/31
74	51761145013	钙钛矿太阳能电池新型材料设计及界面优化设计	李有勇	功能纳米与软物质研究院	国际(地区)合作与交流项目	200	2017/8/1	2020/7/31
75	U1732110	表面修饰的氧化铁纳米材料光解水机制研究	钟俊	功能纳米与软物质研究院	联合基金项目	56	2018/1/1	2020/12/31
76	21771132	金属/碳点复合催化剂用于烃类的选择性氧化反应研究	刘阳	功能纳米与软物质研究院	面上项目	65	2018/1/1	2021/12/31
77	21771134	应用于电解水析氢的新型无机复合材料的理性设计与机理研究	林海平	功能纳米与软物质研究院	面上项目	65	2018/1/1	2021/12/31
78	51772199	过渡金属夹心化合物锂离子液流电池电化学储能	赵宇	功能纳米与软物质研究院	面上项目	60	2018/1/1	2021/12/31
79	51773141	基于热激活延迟荧光机制的高效近红外有机发光材料和器件	廖良生	功能纳米与软物质研究院	面上项目	63	2018/1/1	2021/12/31

续表

序号	项目批准号	项目名称	项目负责人	学院(部)	项目类别	资助经费(万元)	开始日期	结题日期
80	51773143	基于结构性有机半导体薄膜的高性能气体传感器制备和机理探索	黄丽珍	功能纳米与软物质研究院	面上项目	61	2018/1/1	2021/12/31
81	21703145	基于碳族元素的新型二维材料在非液态锂-氧电池阴极上催化活性的理论计算研究	董慧龙	功能纳米与软物质研究院	青年科学基金项目	22	2018/1/1	2020/12/31
82	21703146	金属-半导体复合结构的晶面协同效应研究	曹暮寒	功能纳米与软物质研究院	青年科学基金项目	26	2018/1/1	2020/12/31
83	21703148	有机近红外低维晶态材料的可控制备及其激光性能的研究	王雪东	功能纳米与软物质研究院	青年科学基金项目	21	2018/1/1	2020/12/31
84	61705152	基于钙钛矿/碳纳米管杂化结构的高响应度宽谱光探测器研究	徐建龙	功能纳米与软物质研究院	青年科学基金项目	21	2018/1/1	2020/12/31
85	51722305	穿膜基因载体材料	殷黎晨	功能纳米与软物质研究院	优秀青年科学基金项目	130	2018/1/1	2020/12/31
86	61722404	柔性有机光电子器件	李艳青	功能纳米与软物质研究院	优秀青年科学基金项目	130	2018/1/1	2020/12/31
87	21790053	石墨炔及其纳米带的高分辨结构表征与理论模拟	迟力峰	功能纳米与软物质研究院	重大项目	472.8	2018/1/1	2022/12/31
88	61781240603	参加2017东北亚学术研讨会	揭建胜	功能纳米与软物质研究院	国际(地区)合作与交流项目	0.5	2017/10/16	2017/12/31
89	51725204	碳量子点的催化特性	康振辉	功能纳米与软物质研究院	国家杰出青年科学基金	350	2018/1/1	2022/12/31
90	61750110517	Bismuth-Based Perovskites for Low-Toxicity Solar Harvesting: Study of Charge Transport, Defects, and Excitonic Effects.	Vincenzo Pecunia	功能纳米与软物质研究院	国际(地区)合作与交流项目	33	2018/1/1	2019/12/31

续表

序号	项目批准号	项目名称	项目负责人	学院(部)	项目类别	资助经费(万元)	开始日期	结题日期
91	51761145041	无机纳米反应器与仿生载体用于肿瘤放射治疗研究	刘 庄	功能纳米与软物质研究院	国际(地区)合作与交流项目	199	2017/10/1	2020/9/30
92	61772354	面向话题的事件关系抽取与网络构建研究	李培峰	计算机科学与技术学院	面上项目	62	2018/1/1	2021/12/31
93	61772356	高冗余低价值密度数据管理理论与关键技术研究	周晓方	计算机科学与技术学院	面上项目	63	2018/1/1	2021/12/31
94	61773276	微观和宏观主次关系驱动的篇章结构分析研究	朱巧明	计算机科学与技术学院	面上项目	65	2018/1/1	2021/12/31
95	61772355	基于部分感知模型的贝叶斯强化学习理论及方法	刘 全	计算机科学与技术学院	面上项目	65	2018/1/1	2021/12/31
96	61703293	自然语言理解中事件真实性判别关键技术研究	邹博伟	计算机科学与技术学院	青年科学基金项目	24	2018/1/1	2020/12/31
97	61751206	话题驱动的汉语篇章机器阅读理解	周国栋	计算机科学与技术学院	应急管理项目	220	2018/1/1	2020/12/31
98	61774108	InGaAs光电晶体管面阵/OLED结构上转换红外成像器件研制	陈 俊	电子信息学院	面上项目	67	2018/1/1	2021/12/31
99	61701332	面向空频复用的虚拟光网络映射机理与优化方法研究	陈伯文	电子信息学院	青年科学基金项目	23	2018/1/1	2020/12/31
100	11772211	多场耦合作用下的高压绝缘子动态积污机理的研究	高 强	机电工程学院	面上项目	68	2018/1/1	2021/12/31
101	51775360	弱钝化薄膜设计及碱性下铝低压力平坦化材料高效去除机制	王永光	机电工程学院	面上项目	64	2018/1/1	2021/12/31
102	61773273	立体放疗机器人基于点云数据融合的体表三维重建与肿瘤运动跟踪研究	郁树梅	机电工程学院	面上项目	63	2018/1/1	2021/12/31
103	61773274	面向软体机器人的多材料混合3D打印基础研究	金国庆	机电工程学院	面上项目	64	2018/1/1	2021/12/31

续表

序号	项目批准号	项目名称	项目负责人	学院(部)	项目类别	资助经费（万元）	开始日期	结题日期
104	61773275	基于电子束诱导的纳米结构成形机理与调控方法研究	杨 湛	机电工程学院	面上项目	64	2018/1/1	2021/12/31
105	61774107	跨尺度纳米操作机驱动机理及自动化微纳操作方法的研究	汝长海	机电工程学院	面上项目	67	2018/1/1	2021/12/31
106	31700817	非生理性剪切应力环境下多参数对血液中vWF机械损伤的影响规律研究	张柳笛	机电工程学院	青年科学基金项目	26	2018/1/1	2020/12/31
107	61702351	递归型数据中心网络上的条件容错通信性能研究	王 喜	机电工程学院	青年科学基金项目	25	2018/1/1	2020/12/31
108	61703294	多场耦合动态环境下细胞迁移动力学参数测量方法研究	杨 浩	机电工程学院	青年科学基金项目	25	2018/1/1	2020/12/31
109	U1713218	微创关节置换手术机器人双向精确感知与人机协作控制方法研究	孙立宁	机电工程学院	联合基金项目	299	2018/1/1	2021/12/31
110	51774206	氧化铁脱除聚氯乙烯中氯元素的反应机制及脱氯固相残存物的高炉冶金性能研究	洪 澜	沙钢钢铁学院	面上项目	60	2018/1/1	2021/12/31
111	51774207	$Na_3V_2(PO_4)3/(N\text{-}RGO)$双重修饰$Na_2Fe_1\text{-}xM\text{-}nxPO_4F$复合材料的设计合成、储钠性能及作用机理	钟胜奎	沙钢钢铁学院	面上项目	60	2018/1/1	2021/12/31
112	51774208	Nb-Ti微合金钢第二相弥散析出行为调控机理与高温热塑性研究	屈天鹏	沙钢钢铁学院	面上项目	60	2018/1/1	2021/12/31
113	51774209	基于大数据分析的炼铁系统原燃料采购决策与配料优化模型应用基础研究	国宏伟	沙钢钢铁学院	面上项目	60	2018/1/1	2021/12/31
114	51774210	$Na_2/3My(Fe_{1/2}Mn_{1/2})1\text{-}yO_2/C$复合纳米纤维的可控制备、性能调控及改性机理研究	伍 凌	沙钢钢铁学院	面上项目	60	2018/1/1	2021/12/31

续表

序号	项目批准号	项目名称	项目负责人	学院(部)	项目类别	资助经费（万元）	开始日期	结题日期
115	51701134	激光熔化沉积低活化钢中 $M_{23}C_6$ 析出长大行为及过程调控	夏志新	沙钢钢铁学院	青年科学基金项目	22	2018/1/1	2020/12/31
116	51704200	Ca/Mg复合处理对低氧硫系易切削钢硫化物的协同改性及组织性能的调控机制	田 俊	沙钢钢铁学院	青年科学基金项目	21	2018/1/1	2020/12/31
117	51704201	熔渣体系中铬铁合金界面保护层形成机制及阳极析氧机理研究	许继芳	沙钢钢铁学院	青年科学基金项目	21	2018/1/1	2020/12/31
118	51704202	铝再生熔炼过程热态铝渣水合制氢的基础研究	李 鹏	沙钢钢铁学院	青年科学基金项目	23	2018/1/1	2020/12/31
119	51703149	有机基材表面亲水—疏油润湿性能的分子尺度调控研究	赵 燕	纺织与服装工程学院	青年科学基金项目	25	2018/1/1	2020/12/31
120	61702352	面向感知需求的服装产品进化动力机制研究	王立川	纺织与服装工程学院	青年科学基金项目	20	2018/1/1	2020/12/31
121	51741301	基于多巴胺化学与酶促聚合反应的蚕丝功能改性及互作模式研究	邢铁玲	纺织与服装工程学院	应急管理项目	15	2018/1/1	2018/12/31
122	51778385	基于低雷诺数大涡模拟新方法与室内有限浓度监测的通风系统快速预测	曹世杰	轨道交通学院	面上项目	60	2018/1/1	2021/12/31
123	51778386	地震波作用下埋地管道的应变积累破坏机制研究	史培新	轨道交通学院	面上项目	59	2018/1/1	2021/12/31
124	61773272	复杂行为模式的关键语义表示、流形分析及实时检测方法研究	杨剑宇	轨道交通学院	面上项目	63	2018/1/1	2021/12/31
125	51705349	脊线优化与多尺度稀疏融合的转速大波动工况轴承故障诊断研究	江星星	轨道交通学院	青年科学基金项目	24	2018/1/1	2020/12/31
126	51707127	基于有源功率解耦的三相AC/DC型电力电子变压器研究	何立群	轨道交通学院	青年科学基金项目	25	2018/1/1	2020/12/31

续表

序号	项目批准号	项目名称	项目负责人	学院(部)	项目类别	资助经费（万元）	开始日期	结题日期
127	51708377	膨润土系隔离墙中黏土矿物半透膜效应特性及机理研究	唐强	轨道交通学院	青年科学基金项目	20	2018/1/1	2020/12/31
128	41771125	高铁接驳系统影响下长江经济带城市集散格局与空间效应研究	汪德根	金螳螂建筑学院	面上项目	60	2018/1/1	2021/12/31
129	51778384	基于犯罪预防的城市街道空间环境要素甄别及影响机制研究	毛媛媛	金螳螂建筑学院	面上项目	61	2018/1/1	2021/12/31
130	51708375	保障性大型社区公共空间与活动行为耦合关系研究——以上海和南京两种模式为例	张玲玲	金螳螂建筑学院	青年科学基金项目	24	2018/1/1	2020/12/31
131	51708376	基于建造学视角的中英近代建筑比较研究——以上海为例	潘一婷	金螳螂建筑学院	青年科学基金项目	25	2018/1/1	2020/12/31
132	71771158	基于供应链分析与创新的消费者回购管理理论与实证研究	秦飞	东吴商学院（财经学院）	面上项目	47	2018/1/1	2021/12/31
133	71771159	骗贷行为的特征、成因及影响——基于P2P网贷平台的实证分析	陈冬宇	东吴商学院（财经学院）	面上项目	47	2018/1/1	2021/12/31
134	71771160	企业组织中的管理者变革担当研究：基于观察者与行动者的双重视角	李锐	东吴商学院（财经学院）	面上项目	49	2018/1/1	2021/12/31
135	71772131	高管从军经历、管理风格与企业创新	权小锋	东吴商学院（财经学院）	面上项目	48	2018/1/1	2021/12/31
136	71772132	基于我国文化特色的供应链关系修复实证研究：面子和私人关系的作用	储昭昉	东吴商学院（财经学院）	面上项目	48	2018/1/1	2021/12/31
137	71772133	中国跨国公司外派员工多目标主动行为研究——挑战性—阻碍性压力视角	刘燕	东吴商学院（财经学院）	面上项目	47	2018/1/1	2021/12/31
138	71701139	基于开放式在线评论的消费者决策机制与商家营销策略研究	王墨涵	东吴商学院（财经学院）	青年科学基金项目	19	2018/1/1	2020/12/31

续表

序号	项目批准号	项目名称	项目负责人	学院(部)	项目类别	资助经费(万元)	开始日期	结题日期
139	31771200	声音引起跨通道视觉非随意注意的神经机制	冯文锋	教育学院	面上项目	60	2018/1/1	2021/12/31
140	31700939	远近空间中双闪光错觉听觉主导效应的神经机制	王爱君	教育学院	青年科学基金项目	24	2018/1/1	2020/12/31
141	81771500	运动通过 Parkin 调控老年海马神经元线粒体自噬和认知功能的机制	罗丽	体育学院	面上项目	59	2018/1/1	2021/12/31
142	31770841	双特异性 MAPK 磷酸酶(MKPs)的结构与功能研究	王志新	医学部	面上项目	60	2018/1/1	2021/12/31
143	21772214	新型 GPR40 完全激动剂的设计及其抗糖尿病结构功能研究	龙亚秋	医学部	面上项目	64	2018/1/1	2021/12/31
144	81761128022	靶向 HIV-1 病毒被膜蛋白和宿主细胞辅受体的双功能嵌合体抑制剂	龙亚秋	医学部	国际(地区)合作与交流项目	168	2017/1/1	2021/12/31
145	21776189	糖转运蛋白在普鲁兰高效合成中的调控作用及生理机制	卫功元	医学部基础医学与生物科学学院	面上项目	64	2018/1/1	2021/12/31
146	31770887	基于蛋白质组学和脂质组学研究脂肪酸2-羟化酶调控肿瘤细胞能量代谢的分子机制	郭琳	医学部基础医学与生物科学学院	面上项目	60	2018/1/1	2021/12/31
147	31770942	活化型免疫复合物通过诱导破骨细胞分化促进类风湿性关节炎骨损伤的分子机制研究	高晓明	医学部基础医学与生物科学学院	面上项目	60	2018/1/1	2021/12/31
148	31771046	羊水干细胞源汗腺导管细胞在功能性汗腺再生过程中的作用及机制	秦明德	医学部基础医学与生物科学学院	面上项目	25	2018/1/1	2019/12/31

续表

序号	项目批准号	项目名称	项目负责人	学院(部)	项目类别	资助经费(万元)	开始日期	结题日期
149	31771509	NEDD9将星形胶质细胞转分化为神经元	张焕相	医学部基础医学与生物科学学院	面上项目	61	2018/1/1	2021/12/31
150	31772896	IL-23/IL-23R信号介导草鱼CD4+T细胞的肠道炎症免疫应答机制	宋学宏	医学部基础医学与生物科学学院	面上项目	57	2018/1/1	2021/12/31
151	81771187	下丘脑弓状核alpha 7烟碱受体亚型参与偏头痛调节及机制研究	蒋星红	医学部基础医学与生物科学学院	面上项目	58	2018/1/1	2021/12/31
152	81772029	miR155HG基因及其遗传多态在心源性猝死发生中的分子机制研究	高玉振	医学部基础医学与生物科学学院	面上项目	55	2018/1/1	2021/12/31
153	81772216	ICOSL/ICOS调控IL-21活化日本血吸虫感染小鼠HSCs介导肝纤维化的分子机制	夏超明	医学部基础医学与生物科学学院	面上项目	56	2018/1/1	2021/12/31
154	81772541	TRIP6与Hippo-YAP信号之间的交互调控在结直肠癌发生及转移中的作用	吴华	医学部基础医学与生物科学学院	面上项目	60	2018/1/1	2021/12/31
155	81772544	Y染色体连锁LINC00278调控ZFY基因可变剪接促进男性食管鳞癌发生发展的分子机制研究	周翊峰	医学部基础医学与生物科学学院	面上项目	60	2018/1/1	2021/12/31
156	31701136	估计和解释序列变体对蛋白质稳定性、结合亲和力以及功能的影响	李明辉	医学部基础医学与生物科学学院	青年科学基金项目	20	2018/1/1	2020/12/31
157	31701251	棕色脂肪细胞线粒体对过氧化物酶体功能的调节和机制研究	刘晶晶	医学部基础医学与生物科学学院	青年科学基金项目	26	2018/1/1	2020/12/31
158	31701257	G蛋白信号调控因子6(RGS6)抑制TGF-β诱导EMT的分子机制的研究	黄婕	医学部基础医学与生物科学学院	青年科学基金项目	25	2018/1/1	2020/12/31
159	31701615	超高压草莓汁贮藏期间的非酶褐变机制研究	曹霞敏	医学部基础医学与生物科学学院	青年科学基金项目	23	2018/1/1	2020/12/31

续表

序号	项目批准号	项目名称	项目负责人	学院(部)	项目类别	资助经费(万元)	开始日期	结题日期
160	81701347	雌激素影响注意缺陷多动障碍的机制研究	仲兆民	医学部基础医学与生物科学学院	青年科学基金项目	20	2018/1/1	2020/12/31
161	21790370	乏燃料后处理复杂体系中的锕系元素化学研究	柴之芳	医学部放射医学与防护学院	重大项目	1669.55	2018/1/1	2022/12/31
162	21790374	锕系元素固体化学研究	柴之芳	医学部放射医学与防护学院	重大项目	500.65	2018/1/1	2022/12/31
163	21761132019	常温常压到极端条件下锕系元素的裂变产物含氧酸盐固体化学研究	王殳凹	医学部放射医学与防护学院	国际(地区)合作与交流项目	174	2018/1/1	2020/12/31
164	U1732112	同步辐射X射线谱学研究新颖阳离子骨架材料吸附放射性Se-79的机制	肖成梁	医学部放射医学与防护学院	联合基金项目	58	2018/1/1	2020/12/31
165	21771133	锕系元素亚稳定价态化合物的制备及其表征	第五娟	医学部放射医学与防护学院	面上项目	65	2018/1/1	2021/12/31
166	21773164	二维MX2纳米材料捕捉和分离CO_2的理论研究	孙 巧	医学部放射医学与防护学院	面上项目	65	2018/1/1	2021/12/31
167	31770911	AUF1与二氢叶酸还原酶反义RNA相互作用调控自由基生成对放射性皮肤损伤的影响及机制研究	张舒羽	医学部放射医学与防护学院	面上项目	60	2018/1/1	2021/12/31
168	31770912	TIGAR调节IDH1突变型胶质瘤干细胞放射敏感性的机制研究	刘芬菊	医学部放射医学与防护学院	面上项目	25	2018/1/1	2019/12/31
169	31771089	功能化BODIPY共轭聚合物纳米粒的构建及在肿瘤协同治疗中的应用	郭正清	医学部放射医学与防护学院	面上项目	60	2018/1/1	2021/12/31
170	31771104	铋材料导致肾细胞自噬及入胞机制的研究	张乐帅	医学部放射医学与防护学院	面上项目	60	2018/1/1	2021/12/31
171	41773004	中国海岸带239Pu,240Pu,241Pu分布特征及物源示踪	刘志勇	医学部放射医学与防护学院	面上项目	69	2018/1/1	2021/12/31

续表

序号	项目批准号	项目名称	项目负责人	学院(部)	项目类别	资助经费(万元)	开始日期	结题日期
172	81773226	FABP4/EIF3/ATM/DNA损伤响应通路在脂肪细胞诱导胆管癌细胞放疗抵抗中的分子机制研究	焦旸	医学部放射医学与防护学院	面上项目	55	2018/1/1	2021/12/31
173	81773355	肠道隐窝干细胞招募固有层巨噬细胞合作修复放射性肠损伤的机制研究	陈秋	医学部放射医学与防护学院	面上项目	60	2018/1/1	2021/12/31
174	81773361	多参数的辐射生物剂量估算新方法研究	王畅	医学部放射医学与防护学院	面上项目	50	2018/1/1	2021/12/31
175	11705123	质子重离子放射治疗中次级中子及高能γ射线剂量分布研究	屈卫卫	医学部放射医学与防护学院	青年科学基金项目	30	2018/1/1	2020/12/31
176	21707097	膦酸酯功能化共轭微孔聚合物用于放射性废液中铀的吸附研究	徐美芸	医学部放射医学与防护学院	青年科学基金项目	26	2018/1/1	2020/12/31
177	31700875	多肽-金团簇复合物对基质金属蛋白酶的活性调控及其生物应用研究	马晓川	医学部放射医学与防护学院	青年科学基金项目	24	2018/1/1	2020/12/31
178	81701728	含磺酰基硼酸帽的新型99mTc(Ⅲ)心肌显像剂的研究	刘敏	医学部放射医学与防护学院	青年科学基金项目	20	2018/1/1	2020/12/31
179	81703159	巨噬细胞自噬调控HMGB1聚集对放射性肠损伤的影响及机制研究	赵琳	医学部放射医学与防护学院	青年科学基金项目	20	2018/1/1	2020/12/31
180	81741109	钟基因调控在微重力与电离辐射联合作用对精子发生时间毒性中的作用机制	周光明	医学部放射医学与防护学院	应急管理项目	20	2018/1/1	2018/12/31
181	31771417	整合宿主遗传和肠道菌群数据探索肥胖症遗传机制的方法与应用研究	裴育芳	医学部公共卫生学院	面上项目	59	2018/1/1	2021/12/31
182	81773414	高剂量维生素D拮抗镉负荷下糖尿病肾损伤的实验研究	张增利	医学部公共卫生学院	面上项目	65	2018/1/1	2021/12/31

续表

序号	项目批准号	项目名称	项目负责人	学院(部)	项目类别	资助经费(万元)	开始日期	结题日期
183	81773449	视网膜三维形态影响儿童近视发病的队列研究	潘臣炜	医学部公共卫生学院	面上项目	50	2018/1/1	2021/12/31
184	81773507	2型糖尿病合并慢乙肝人群HBV/S基因变异与肝硬化/肝癌关系的研究	董晨	医学部公共卫生学院	面上项目	45	2018/1/1	2021/12/31
185	81773508	血压相关基因功能性变异及关键分泌蛋白与高血压发病的关系	张欢	医学部公共卫生学院	面上项目	60	2018/1/1	2021/12/31
186	81773509	鞘磷脂与糖尿病及其心血管并发症发病关系的研究	张绍艳	医学部公共卫生学院	面上项目	60	2018/1/1	2021/12/31
187	81773522	缺血性脑卒中新预后生物标志物联合作用及其风险预测模型构建	许锬	医学部公共卫生学院	面上项目	60	2018/1/1	2021/12/31
188	81773541	高维遗传数据预测模型构建中组群结构信息整合的新方法及其应用研究	汤在祥	医学部公共卫生学院	面上项目	55	2018/1/1	2021/12/31
189	81703196	褪黑素介导的生物节律改变在倒班所致肥胖中的作用及机制研究	沈欧玺	医学部公共卫生学院	青年科学基金项目	20	2018/1/1	2020/12/31
190	81703205	维生素D基于Nrf2信号通路干预SiO2诱导肺损伤机制研究	陶莎莎	医学部公共卫生学院	青年科学基金项目	20	2018/1/1	2020/12/31
191	81703209	维生素D通过VDR调控KCNQ1OT1/miR-491-5p信号抑制三阴乳腺癌血管生成的作用和机制研究	蒋菲	医学部公共卫生学院	青年科学基金项目	20	2018/1/1	2020/12/31
192	81703316	基于自适应免疫遗传算法的缺血性脑卒中预后代谢标志物组群识别研究	柯朝甫	医学部公共卫生学院	青年科学基金项目	20	2018/1/1	2020/12/31

续表

序号	项目批准号	项目名称	项目负责人	学院(部)	项目类别	资助经费(万元)	开始日期	结题日期
193	81741005	白藜芦醇通过AhR和Rspo2/Wnt通路对大气PM2.5心脏发育毒性的保护机制研究	陈涛	医学部公共卫生学院	应急管理项目	20	2018/1/1	2018/12/31
194	81761148024	具有抗帕金森病的小分子化合物的筛选和鉴定	王光辉	医学部药学院	国际(地区)合作与交流项目	200	2017/1/1	2019/12/31
195	31771117	去泛素化酶ataxin-3对线粒体自噬的调节作用	王洪枫	医学部药学院	面上项目	57	2018/1/1	2021/12/31
196	31772455	青环海蛇免疫调节肽Hc-CATH抗耐药菌感染的分子机理研究	王义鹏	医学部药学院	面上项目	60	2018/1/1	2021/12/31
197	81770154	泛素连接酶RNF6调控慢性髓细胞白血病细胞增殖和存活的机制研究	毛新良	医学部药学院	面上项目	55	2018/1/1	2021/12/31
198	81770215	泛素结合酶UBE2O介导c-Maf蛋白泛素化的分子机制及其在多发性骨髓瘤中的意义	曹碧茵	医学部药学院	面上项目	55	2018/1/1	2021/12/31
199	81773044	结直肠癌中B7-H3亚型异常表达的调控机制及功能意义研究	汪维鹏	医学部药学院	面上项目	55	2018/1/1	2021/12/31
200	81773183	CD147ab介导联合PD-L1化疗/免疫协同ROS敏感型智能肿瘤靶向递送系统	张学农	医学部药学院	面上项目	55	2018/1/1	2021/12/31
201	81773561	靶向WNT信号通路的豪猪蛋白抑制剂抗肿瘤药物的研发	张小虎	医学部药学院	面上项目	48	2018/1/1	2021/12/31
202	81773696	竹黄伴生细菌激活竹红菌素生物合成的研究	王剑文	医学部药学院	面上项目	61.5	2018/1/1	2021/12/31
203	81773702	别构调节Sigma-1受体抗抑郁作用及其机制研究	镇学初	医学部药学院	面上项目	63.5	2018/1/1	2021/12/31
204	81773749	出核NAC1促肿瘤细胞侵袭转移的机制及其作为干预新靶点的研究	张熠	医学部药学院	面上项目	48	2018/1/1	2021/12/31

续表

序号	项目批准号	项目名称	项目负责人	学院(部)	项目类别	资助经费(万元)	开始日期	结题日期
205	81773768	突变 p53 通过 Egr-1/p300 介导电离辐射激活 Cathepsin L 的机制	梁中琴	医学部药学院	面上项目	52	2018/1/1	2021/12/31
206	81703330	新型选择性 sigma-1 受体别构调节剂的设计、合成及活性研究	叶 娜	医学部药学院	青年科学基金项目	20.1	2018/1/1	2020/12/31
207	81703428	基于透明质酸和硫酸米诺地尔协同克服血—肿瘤屏障的脑转移瘤靶向纳米粒的研究	韩 亮	医学部药学院	青年科学基金项目	20.1	2018/1/1	2020/12/31
208	81703535	免疫调节药物结合蛋白 cereblon 调控 p53 核质分布及其影响多发性骨髓瘤细胞增殖的机制研究	周 亮	医学部药学院	青年科学基金项目	20.1	2018/1/1	2020/12/31
209	81703538	星形胶质细胞通过分泌 Shh 促进髓母细胞瘤的发生发展及其机制研究	王 媛	医学部药学院	青年科学基金项目	19.1	2018/1/1	2020/12/31
210	81703596	不同糖基侧链的黄酮苷对 OATP 转运功能调节的机制研究	阮建清	医学部药学院	青年科学基金项目	20.2	2018/1/1	2020/12/31
211	81730092	细胞内天然抗氧化活性物质还原型辅酶Ⅱ神经保护作用的机制	秦正红	医学部药学院	重点项目	290	2018/1/1	2022/12/31
212	31771533	程序性细胞坏死在肺损伤及肺纤维化疾病中的机制研究	杨 涛	医学部唐仲英血液学研究中心	面上项目	57	2018/1/1	2021/12/31
213	31771579	核不均一核糖蛋白 HNRPDL 促白血病细胞生长的研究	赵 昀	医学部唐仲英血液学研究中心	面上项目	57	2018/1/1	2021/12/31
214	31771640	自噬调控造血干细胞多向分化中 Notch-Sirt7-H3 轴的作用	王建荣	医学部唐仲英血液学研究中心	面上项目	25	2018/1/1	2019/12/31
215	81770138	跨膜型二硫键异构酶 TMX3 调控血栓形成的作用与机制	武 艺	医学部唐仲英血液学研究中心	面上项目	58	2018/1/1	2021/12/31
216	81770489	TIE1 及相关因子在淋巴管特异性结构建立与维持中的作用机制研究	何玉龙	医学部唐仲英血液学研究中心	面上项目	70	2018/1/1	2021/12/31

续表

序号	项目批准号	项目名称	项目负责人	学院(部)	项目类别	资助经费(万元)	开始日期	结题日期
217	81772535	胰腺癌细胞中PNKP基因转录的调控机制及其意义	周泉生	医学部唐仲英血液学研究中心	面上项目	57	2018/1/1	2021/12/31
218	81773081	VEGFR2介导的血管通透性变化对肿瘤淋巴管生成与转移前微环境的影响机制	李秀娟	医学部唐仲英血液学研究中心	面上项目	56	2018/1/1	2021/12/31
219	81773186	SPOP参与胰腺癌细胞生长和耐药的机制研究	王志伟	医学部唐仲英血液学研究中心	面上项目	25	2018/1/1	2019/12/31
220	81700129	血小板CLEC-2受体在血管再狭窄中的作用及分子机制的研究	翁 震	医学部唐仲英血液学研究中心	青年科学基金项目	20	2018/1/1	2020/12/31
221	81771330	用于促进脊髓损伤后神经轴突再生的人源化抗NB-3单克隆抗体的研发及转化医学研究	刘耀波	医学部神经科学研究所	面上项目	54	2018/1/1	2021/12/31
222	81771457	Gαi介导BDNF-TrkB信号转导调控小鼠焦虑样行为的作用和机制研究	曹 聪	医学部神经科学研究所	面上项目	54	2018/1/1	2021/12/31
223	81701316	慢性尼古丁暴露调控Pdlim5减轻精神分裂症引起的认知损伤及其分子机制研究	孙艳芸	医学部神经科学研究所	青年科学基金项目	20	2018/1/1	2020/12/31
224	31730040	肠-脑轴功能稳态失衡介导慢性内脏痛中枢敏化的机制研究	徐广银	医学部神经科学研究所	重点项目	299	2018/1/1	2022/12/31
225	31770177	HOIP调控STAT1的线性泛素化及IFN介导的抗病毒功能的机制研究	郑 慧	医学部生物医学研究院	面上项目	60	2018/1/1	2021/12/31
226	31770933	RNA结合蛋白RBM47抗RNA病毒的作用及机制的研究	戴建锋	医学部生物医学研究院	面上项目	60	2018/1/1	2021/12/31
227	31770962	3型固有淋巴样细胞在柯萨奇病毒B3型诱导的病毒性心肌炎发病中的作用及其机制	岳 艳	医学部生物医学研究院	面上项目	60	2018/1/1	2021/12/31

续表

序号	项目批准号	项目名称	项目负责人	学院(部)	项目类别	资助经费(万元)	开始日期	结题日期
228	31771003	口服免疫无融合标签VP1蛋白纳米颗粒疫苗诱生CVB3特异性粘膜免疫应答及其预防病毒性心肌炎的作用及机制研究	齐兴梅	医学部生物医学研究院	面上项目	60	2018/1/1	2021/12/31
229	81771667	Cbl-b/C-Cbl双敲单核巨噬细胞在特发性肺纤维化发生发展中的作用及机制研究	张进平	医学部生物医学研究院	面上项目	55	2018/1/1	2021/12/31
230	81772182	I型单纯疱疹病毒皮层蛋白UL46逃逸宿主DNA识别抗病毒天然免疫信号通路分子机制的研究	郑春福	医学部生物医学研究院	面上项目	25	2018/1/1	2019/12/31
231	31701232	肺癌外泌体USP5对肺癌耐药性的作用及机理研究	谢枫	医学部生物医学研究院	青年科学基金项目	21	2018/1/1	2020/12/31
232	31771299	揭示SR motif在生物钟调控中的功能	潘德京	剑桥—苏大基因组资源中心	面上项目	60	2018/1/1	2021/12/31
233	31701273	Znhit1在小鼠胚胎干细胞中调控机理的研究	任文燕	剑桥—苏大基因组资源中心	青年科学基金项目	24	2018/1/1	2020/12/31
234	81770257	人多能干细胞定向分化心肌细胞的关键circRNAs筛选及其调控机制研究	胡士军	医学部心血管病研究所	面上项目	55	2018/1/1	2021/12/31
235	81770258	MicroRNA-9及其宿主基因FSTL1协同调控心肌细胞持久生存的机制研究	陈维倩	医学部心血管病研究所	面上项目	55	2018/1/1	2021/12/31
236	81770260	血管内皮祖细胞来源外泌体作为新型基因靶向载体用于心梗治疗的实验研究	杨君杰	医学部心血管病研究所	面上项目	55	2018/1/1	2021/12/31
237	91739106	利用iPSCs技术研究母系遗传糖尿病的内皮细胞功能及其血管损伤修复能力	胡士军	医学部心血管病研究所	重大研究计划	20	2018/1/1	2018/12/31
238	31770985	IL-36促进CD8+T细胞分泌IL-9在肿瘤免疫中的作用及机制	赵鑫	附属第一医院	面上项目	55	2018/1/1	2021/12/31

续表

序号	项目批准号	项目名称	项目负责人	学院(部)	项目类别	资助经费(万元)	开始日期	结题日期
239	31771063	年轻化细胞外基质微环境对干细胞的抗衰老效应及mTOR介导机制研究	何帆	附属第一医院	面上项目	58	2018/1/1	2021/12/31
240	81770113	抗GPIbα抗体在免疫性血小板减少症中的作用及机制研究	闫荣	附属第一医院	面上项目	25	2018/1/1	2019/12/31
241	81770117	血小板凋亡在血小板数量减少疾病发生中的作用及其机制研究	戴克胜	附属第一医院	面上项目	58	2018/1/1	2021/12/31
242	81770216	靶向FcRL5的CAR-T联合sPD1-Ig过表达对多发性骨髓瘤的治疗作用及机制研究	储剑虹	附属第一医院	面上项目	55	2018/1/1	2021/12/31
243	81770327	HCN4和Cx45基因联合转染骨髓间充质干细胞构建生物起搏细胞治疗缓慢型心律失常的实验研究	杨向军	附属第一医院	面上项目	55	2018/1/1	2021/12/31
244	81771252	TDP-43的磷酸化与核丢失在脑出血后继发性脑损伤中的作用及分子机制研究	虞正权	附属第一医院	面上项目	54	2018/1/1	2021/12/31
245	81771254	Ykt6与SEC22b在脑缺血再灌注后神经元自噬流中的调控作用及机制研究	李海英	附属第一医院	面上项目	54	2018/1/1	2021/12/31
246	81771255	Netrin-1与KIF1A在蛛网膜下腔出血后白质损伤中的作用机制研究	陈罡	附属第一医院	面上项目	54	2018/1/1	2021/12/31
247	81771256	MSP/RON/GAB1/β-catenin信号通路在脑出血后血脑屏障保护中的作用及其机制研究	尤万春	附属第一医院	面上项目	54	2018/1/1	2021/12/31
248	81771592	胎盘内皮PGI2功能特点与妊娠高血压关联的研究	徐智策	附属第一医院	面上项目	55	2018/1/1	2021/12/31
249	81771782	糖皮质激素引起骨质疏松过程中免疫细胞的作用及间充质干细胞治疗效果	武剑	附属第一医院	面上项目	55	2018/1/1	2021/12/31

续表

序号	项目批准号	项目名称	项目负责人	学院(部)	项目类别	资助经费(万元)	开始日期	结题日期
250	81771885	神经干细胞膜修饰的多功能免疫—纳米复合物用于胶质瘤靶向诊断与融合治疗	胡春洪	附属第一医院	面上项目	60	2018/1/1	2021/12/31
251	81771945	协同刺激分子 sPD-L1 在肝细胞癌动脉化疗栓塞治疗中诱发癌细胞免疫逃逸机制研究	朱晓黎	附属第一医院	面上项目	50	2018/1/1	2021/12/31
252	81772294	Hedgehog 通路在调控 BMSCs 成骨—成脂分化和老年性骨质疏松症发病中的作用机制及干预策略	陈建权	附属第一医院	面上项目	55	2018/1/1	2021/12/31
253	81772312	活性仿生骨序贯控释生物活性因子促进成骨的作用及机制研究	陈　亮	附属第一医院	面上项目	56	2018/1/1	2021/12/31
254	81772313	基于钛亲和性生物模拟活性肽双向调控骨形成和骨吸收促进钛植入材料骨整合效应的研究	施　勤	附属第一医院	面上项目	53	2018/1/1	2021/12/31
255	81772353	重编程因子对神经轴突再生的调控作用	赛吉拉夫	附属第一医院	面上项目	55	2018/1/1	2021/12/31
256	81772358	N-乙酰半胱氨酸通过 DKK1 甲基化激活 Wnt/β-catenin 信号通路促进骨修复的机制研究	朱雪松	附属第一医院	面上项目	56	2018/1/1	2021/12/31
257	81772645	ING4/miR-940/Snail1 途径调控结直肠癌 EMT 和转移的作用及机制	陶　敏	附属第一医院	面上项目	55	2018/1/1	2021/12/31
258	81772708	肿瘤相关巨噬细胞来源 CD14 + B7-H3 + 外泌体在肾癌远处转移中的作用和机制	侯建全	附属第一医院	面上项目	55	2018/1/1	2021/12/31
259	81772773	SIK2 调控细胞运动促进卵巢癌转移的机制研究	周金华	附属第一医院	面上项目	55	2018/1/1	2021/12/31

续表

序号	项目批准号	项目名称	项目负责人	学院(部)	项目类别	资助经费(万元)	开始日期	结题日期
260	81772809	乳腺癌免疫微环境中调节性B细胞自我调控及负性协同刺激分子对肿瘤细胞浸润转移的机制研究	管洪庚	附属第一医院	面上项目	45	2018/1/1	2021/12/31
261	81773356	肝脏Matriptase-2糖基化修饰调控铁离子转运对放射性肠损伤的影响及机制研究	何 杨	附属第一医院	面上项目	50	2018/1/1	2021/12/31
262	81773820	FXR-胆汁酸介导的吡嗪酰胺肝毒性新机制及临床意义	缪丽燕	附属第一医院	面上项目	55	2018/1/1	2021/12/31
263	31700778	免疫卡控点B7-H1、B7-H3和B7-H4病理检测试剂的研制及其在肠癌组织多重染色分析的临床意义	黄子逸	附属第一医院	青年科学基金项目	24	2018/1/1	2020/12/31
264	31700836	尿激酶型纤溶酶原激活剂受体在真皮层汗腺细胞参与表皮损伤修复中的作用和机制	孙 青	附属第一医院	青年科学基金项目	24	2018/1/1	2020/12/31
265	31700854	基于静电纺丝支架结构和力学特性双重调控纤维环源干细胞分化的纤维环组织再生	周平辉	附属第一医院	青年科学基金项目	22	2018/1/1	2020/12/31
266	81700119	Galectin-3/Notch信号介导骨髓间充质干细胞缺陷参与再生障碍性贫血发病的作用机制研究	宋宝全	附属第一医院	青年科学基金项目	20	2018/1/1	2020/12/31
267	81700132	吗啉反义寡核苷酸治疗α1-抗胰蛋白酶pittsburg突变的策略研究	曹丽娟	附属第一医院	青年科学基金项目	20	2018/1/1	2020/12/31
268	81700139	FEV通过粘附分子ICAM-1调控白血病干细胞的功能及其机制研究	刘天会	附属第一医院	青年科学基金项目	20	2018/1/1	2020/12/31
269	81700140	DEK-NUP214融合蛋白协同FLT3-ITD突变致白血病机制研究	文丽君	附属第一医院	青年科学基金项目	20	2018/1/1	2020/12/31

续表

序号	项目批准号	项目名称	项目负责人	学院(部)	项目类别	资助经费（万元）	开始日期	结题日期
270	81700173	IL-27调控单倍型—脐血移植后免疫重建及移植物抗白血病效应研究	陈佳	附属第一医院	青年科学基金项目	20	2018/1/1	2020/12/31
271	81700204	HIF-1α调控MDSC破骨分化在多发性骨髓瘤骨病中的作用及机制研究	石冰玉	附属第一医院	青年科学基金项目	20	2018/1/1	2020/12/31
272	81700297	慢性心衰β-arrestin/hERG通路对室性心律失常发生的保护机制研究	袁嘉敏	附属第一医院	青年科学基金项目	20	2018/1/1	2020/12/31
273	81700298	AngⅡ调控心脏成纤维细胞CX43并影响其致心律失常性的关键机制研究	张宇祯	附属第一医院	青年科学基金项目	20	2018/1/1	2020/12/31
274	81700361	内皮细胞中的Calpain1/2在异种心脏移植的延迟性排斥反应中的作用研究	滕小梅	附属第一医院	青年科学基金项目	20	2018/1/1	2020/12/31
275	81700589	肾小管上皮细胞中Rictor/mTORC2信号通路调控急性肾损伤后炎症反应的作用及机制研究	李建中	附属第一医院	青年科学基金项目	20	2018/1/1	2020/12/31
276	81700632	糖基化终产物通过TXNIP-NLRP3炎症小体-SCAP途径诱导糖尿病脂肪肾形成的机制研究	孙红	附属第一医院	青年科学基金项目	21	2018/1/1	2020/12/31
277	81700788	Ghrelin-AgRP肠脑轴对脓毒症急性骨骼肌消耗及早期肠内营养治疗的作用研究	段开鹏	附属第一医院	青年科学基金项目	21	2018/1/1	2020/12/31
278	81700796	M2型巨噬细胞调节干眼慢性炎症反应并改善眼表损伤的实验研究	王振宇	附属第一医院	青年科学基金项目	20	2018/1/1	2020/12/31
279	81700847	ANGPTL-4/Profilin-1通路在糖尿病视网膜病变代谢记忆分子机制中的作用	卢谦益	附属第一医院	青年科学基金项目	19	2018/1/1	2020/12/31

续表

序号	项目批准号	项目名称	项目负责人	学院(部)	项目类别	资助经费(万元)	开始日期	结题日期
280	81701051	银杏叶制剂纯化物经自噬信号通路调控异常磷酸化Tau蛋白缓解AD的机制研究	秦义人	附属第一医院	青年科学基金项目	20	2018/1/1	2020/12/31
281	81701098	脊髓Treg介导的BDNF/TrkB-ASIC1a信号通路参与大鼠带状疱疹后遗神经痛的分子机制研究	孟晓文	附属第一医院	青年科学基金项目	20	2018/1/1	2020/12/31
282	81701210	GATA4/SASP通路在创伤性脑损伤中的作用及机制研究	徐建国	附属第一医院	青年科学基金项目	20	2018/1/1	2020/12/31
283	81701213	血小板源性生长因子-D在创伤性脑损伤后继发性脑损伤中的作用机制研究	杨鹏	附属第一医院	青年科学基金项目	20	2018/1/1	2020/12/31
284	81701309	自噬诱导的背外侧纹状体区CP-AMPA受体功能异常在可卡因成瘾中的作用及机制研究	陆海锋	附属第一医院	青年科学基金项目	20	2018/1/1	2020/12/31
285	81701649	基于多模态MR成像的四肢散发型静脉畸形的基因影像研究	杜君	附属第一医院	青年科学基金项目	20	2018/1/1	2020/12/31
286	81701667	基于多模态磁共振成像研究计算机辅助认知训练干预改善主观认知下降(SCD)的神经机制	苏云燕	附属第一医院	青年科学基金项目	20	2018/1/1	2020/12/31
287	81701669	卒中后运动性失语急性期损伤和早期恢复的脑连接研究	柯俊	附属第一医院	青年科学基金项目	20	2018/1/1	2020/12/31
288	81702044	镓对恶性血液病粒缺患者中铜绿假单胞菌的杀菌活性及其机制研究	杨海飞	附属第一医院	青年科学基金项目	20	2018/1/1	2020/12/31
289	81702048	ATXN3调控HDAC3泛素化和IFNs抗病毒功能的机制研究	喻正源	附属第一医院	青年科学基金项目	20	2018/1/1	2020/12/31
290	81702065	LsrK体外磷酸化AI-2抑制肺炎克雷伯菌碳青霉烯酶耐药基因水平转移机制研究	赵丽娜	附属第一医院	青年科学基金项目	20	2018/1/1	2020/12/31

续表

序号	项目批准号	项目名称	项目负责人	学院(部)	项目类别	资助经费（万元）	开始日期	结题日期
291	81702080	外泌体来源TRIM3在胃癌进展中作用机制及诊断应用研究	付海龙	附属第一医院	青年科学基金项目	21	2018/1/1	2020/12/31
292	81702146	褪黑素抗早衰效应在干细胞修复骨缺损中的应用及SIRT1介导机制的研究	陈曦	附属第一医院	青年科学基金项目	20	2018/1/1	2020/12/31
293	81702190	酸敏感离子通道3介导的细胞自噬在椎间盘炎症环境形成中的作用及机制研究	蔡峰	附属第一医院	青年科学基金项目	20	2018/1/1	2020/12/31
294	81702200	Piezo1离子通道在应力刺激对纤维环代谢调控中的作用及机理研究	袁章琴	附属第一医院	青年科学基金项目	21	2018/1/1	2020/12/31
295	81702214	自噬—外泌体途径介导的破骨前体细胞/成骨细胞间通讯在磨损颗粒诱导骨溶解中的作用及机制研究	刘乃澄	附属第一医院	青年科学基金项目	20	2018/1/1	2020/12/31
296	81702254	乏氧环境中肿瘤细胞释放的组织因子微粒（TFMPs）通过激活凝血系统促进肺癌复发转移的机制研究	徐澄澄	附属第一医院	青年科学基金项目	21	2018/1/1	2020/12/31
297	81702869	组织微环境浸润的MSCs促进乳腺癌转移的作用及机制研究	商冰雪	附属第一医院	青年科学基金项目	20	2018/1/1	2020/12/31
298	81702870	CD73/EGFR/Axl信号轴在非小细胞肺癌转移中的作用机制研究	朱健洁	附属第一医院	青年科学基金项目	20	2018/1/1	2020/12/31
299	81703144	血管生成素活化mTOR信号通路诱导毛囊周期性再生的作用及机制研究	周乃慧	附属第一医院	青年科学基金项目	20	2018/1/1	2020/12/31
300	81703161	NF-κB反复激活介导的口腔菌群—代谢改变在鼻咽癌放疗致放射性口腔黏膜炎损伤中的作用机制研究	姬磊	附属第一医院	青年科学基金项目	20	2018/1/1	2020/12/31

续表

序号	项目批准号	项目名称	项目负责人	学院(部)	项目类别	资助经费(万元)	开始日期	结题日期
301	81703162	Erb-(IL10)2介导的T细胞活化在电离辐射远隔效应中的作用及机制研究	姚怡敏	附属第一医院	青年科学基金项目	20	2018/1/1	2020/12/31
302	81703512	ClC-3氯通道作为甘油三酯代谢调控新靶点的机制研究	陶婧	附属第一医院	青年科学基金项目	20.1	2018/1/1	2020/12/31
303	81703619	阿托伐他汀致PAHSA下调的作用及其与新发糖尿病的相关性研究	刘筱雪	附属第一医院	青年科学基金项目	20.1	2018/1/1	2020/12/31
304	81703976	柔肝方经FBRS/PI3K/Hedgehog信号通路调控肝星状细胞骨桥蛋白表达抗肝纤维化作用机制研究	吴惠春	附属第一医院	青年科学基金项目	20	2018/1/1	2020/12/31
305	81730003	HGF协同GATA2在急性红白血病发生中的作用及机制研究	吴德沛	附属第一医院	重点项目	293	2018/1/1	2022/12/31
306	71740025	易栓症智慧护理预警系统构建机制研究	李惠玲	附属第一医院	应急管理项目	14	2018/1/1	2018/12/31
307	81781220667	中国—新西兰非传染病双边研讨会	陈罡	附属第一医院	国际(地区)合作与交流项目	2	2017/12/13	2017/12/31
308	81741024	胎盘11-βHSD2表达调控与缺氧胎儿骨发育障碍的关系及机制	高芹芹	附属第一医院	应急管理项目	20	2018/1/1	2018/12/31
309	81741050	CaMKII糖基化参与糖尿病引起的心肌线粒体动态失衡的机制研究	陆熙园	附属第一医院	应急管理项目	20	2018/1/1	2018/12/31
310	81770085	皮层—海马依赖的特异性脑电振荡在OSAHS学习记忆损伤中的机制探讨	陈锐	附属第二医院	面上项目	55	2018/1/1	2021/12/31

续表

序号	项目批准号	项目名称	项目负责人	学院(部)	项目类别	资助经费(万元)	开始日期	结题日期
311	81770370	长链非编码RNA-DCRF通过调控心肌细胞自噬和凋亡参与糖尿病性心肌病的发病机制	周祥	附属第二医院	面上项目	55	2018/1/1	2021/12/31
312	81770483	长链非编码RNA WTAPP1对内皮祖细胞功能的调节机制及其在深静脉血栓中转化应用的实验研究	李晓强	附属第二医院	面上项目	55	2018/1/1	2021/12/31
313	81771454	TET2介导的羟甲基化表观修饰参与抑郁行为中神经再生调控	徐兴顺	附属第二医院	面上项目	54	2018/1/1	2021/12/31
314	81773221	TR4/LincRNA-p21通路对去势抵抗前列腺癌放疗敏感性影响及机制研究	朱进	附属第二医院	面上项目	55	2018/1/1	2021/12/31
315	81773223	过表达脑源性神经营养因子的神经干细胞移植改善放射性认知功能障碍的研究	田野	附属第二医院	面上项目	54	2018/1/1	2021/12/31
316	81773362	miR-34a/Atg4B介导的自噬调控在放射性认知损害中的作用研究	张力元	附属第二医院	面上项目	60	2018/1/1	2021/12/31
317	31700722	泛素折叠修饰蛋白UFM1修饰系统关键蛋白UFBP1调控胃癌细胞增殖与侵袭的机制研究	胡展红	附属第二医院	青年科学基金项目	24	2018/1/1	2020/12/31
318	81701149	Humanin对血管内皮细胞氧化低密度脂蛋白的降解调控及分子机制研究	刘慧慧	附属第二医院	青年科学基金项目	20	2018/1/1	2020/12/31
319	81702078	LncRNA RP3-340B19.3作为乳腺癌诊断与预后分子标志物及其作用机制研究	杨欢	附属第二医院	青年科学基金项目	20	2018/1/1	2020/12/31
320	81702457	3D生物打印胶质瘤体外肿瘤模型及初步应用研究	代兴亮	附属第二医院	青年科学基金项目	20	2018/1/1	2020/12/31

续表

序号	项目批准号	项目名称	项目负责人	学院(部)	项目类别	资助经费(万元)	开始日期	结题日期
321	81702806	IDO 抑制剂联合 PD-1 单克隆抗体在乳腺癌治疗中的研究	夏 瑞	附属第二医院	青年科学基金项目	20	2018/1/1	2020/12/31
322	81703157	mRNA 结合蛋白 HuR 调控 endocan 影响血管新生在急性放射性皮肤损伤中的作用及机制研究	余道江	附属第二医院	青年科学基金项目	20	2018/1/1	2020/12/31
323	81741029	识别 NGG 的 CRISPR/Cas9 对脆性 X 染色体 CGG 拷贝异常的治疗研究	张 荣	附属第二医院	应急管理项目	20	2018/1/1	2018/12/31
324	31729001	危险信号 IL-33 抗肿瘤免疫机制和临床应用	卢斌峰	附属第三医院	海外及港澳学者合作研究基金	180	2018/1/1	2021/12/31
325	81770212	LncRNA-NAALADL2-AS2 作为 ceRNA 调控 miRNA 网络介导弥漫大 B 细胞淋巴瘤 MYC/BCL-2 过表达的作用及机制研究	朱丹霞	附属第三医院	面上项目	55	2018/1/1	2021/12/31
326	81771798	糖尿病肾病铁沉积的 MRI 定量研究	邢 伟	附属第三医院	面上项目	25	2018/1/1	2019/12/31
327	81773234	射频消融术后 IL-33 介导肿瘤免疫抑制的调控机制及干预策略研究	石亮荣	附属第三医院	面上项目	55	2018/1/1	2021/12/31
328	31700792	IL-1β 通过 miR-144-3p 靶向调控 WT1D 影响肺腺癌细胞增殖的研究	吴 晨	附属第三医院	青年科学基金项目	25	2018/1/1	2020/12/31
329	31701111	基于转录组测序技术研究基因间长链非编码 RNA 调控网络在肺腺癌中的作用及机制	周 游	附属第三医院	青年科学基金项目	25	2018/1/1	2020/12/31
330	81700157	p65 亚基介导冬凌草甲素通过 ROS/NF-kB 信号通路稳定 RARalpha 的机制研究	曹 阳	附属第三医院	青年科学基金项目	20	2018/1/1	2020/12/31

续表

序号	项目批准号	项目名称	项目负责人	学院(部)	项目类别	资助经费(万元)	开始日期	结题日期
331	81700343	环状RNA ciRS-433下调介导心脏纤维化的分子机制研究	陶丽婵	附属第三医院	青年科学基金项目	20	2018/1/1	2020/12/31
332	81700351	环状RNA0008766通过miR-21-3p介导心肌肥大分子机制的研究	王惠	附属第三医院	青年科学基金项目	20	2018/1/1	2020/12/31
333	81700500	基于肠—肝轴研究肠道菌群驱动TLRs信号转导通路调控自身免疫性肝炎滤泡TFR/TFH失衡的研究	马亮	附属第三医院	青年科学基金项目	20	2018/1/1	2020/12/31
334	81700575	丝裂霉素通过调节lncRNA-ATB作用于相关miRNA及其下游靶基因抑制食管ESD术后狭窄的实验研究	张银	附属第三医院	青年科学基金项目	20	2018/1/1	2020/12/31
335	81701584	PI3K-Akt信号通路介导ApoM抗移植物血管病变的作用研究	王斌	附属第三医院	青年科学基金项目	20	2018/1/1	2020/12/31
336	81701734	基于MicroPET心肌动态显像技术研究棕色脂肪移植对糖尿病小鼠心肌糖代谢异常的作用及机制	邵晓梁	附属第三医院	青年科学基金项目	20	2018/1/1	2020/12/31
337	81701737	基于门控心肌灌注显像对缺血性心肌病CRT应答的机制研究	王建锋	附属第三医院	青年科学基金项目	20	2018/1/1	2020/12/31
338	81770115	E3泛素连接酶HUWE1在免疫性血小板减少性紫癜Treg/Th17免疫失衡中的作用及机制研究	李建琴	附属儿童医院	面上项目	50	2018/1/1	2021/12/31
339	81770145	靶向抑制PAK4-KIF20A-GATA4分子轴重启AML细胞衰老的作用和机制研究	潘健	附属儿童医院	面上项目	55	2018/1/1	2021/12/31
340	81770193	造血干细胞移植后EZH2调控树突状细胞免疫重建和干预策略研究	胡绍燕	附属儿童医院	面上项目	58	2018/1/1	2021/12/31

续表

序号	项目批准号	项目名称	项目负责人	学院(部)	项目类别	资助经费(万元)	开始日期	结题日期
341	81771625	LncRNATP73-AS 靶向 miR-154-5p 调控自噬在缺氧缺血性脑病发病机制中的作用	冯　星	附属儿童医院	面上项目	56	2018/1/1	2021/12/31
342	81771626	PNALD 肝细胞损伤潜在干预靶标:lncRNA-uc007gqg.1 的作用与机制研究	朱雪萍	附属儿童医院	面上项目	56	2018/1/1	2021/12/31
343	81771676	LncRNA TUG1 调控 Th2/Th17 细胞极化在支气管哮喘免疫病理中的作用及机制研究	陈正荣	附属儿童医院	面上项目	56	2018/1/1	2021/12/31
344	81773439	铁蓄积影响骨内血管状态在骨质疏松症中的作用及其机制研究	王　亮	附属儿童医院	面上项目	45	2018/1/1	2021/12/31
345	81700165	转录因子 PTTG1 在 MLL 白血病中的作用机制及临床预后价值研究	胡映歆	附属儿童医院	青年科学基金项目	20	2018/1/1	2020/12/31
346	81700170	靶向组蛋白去甲基化转移酶 Jmjd3 调控耐受型 DC 分化干预 GVHD 新策略研究	孟丽君	附属儿童医院	青年科学基金项目	20	2018/1/1	2020/12/31
347	81700171	靶向去泛素化酶 USP4 调控异体反应性 T 细胞分化与效应功能干预移植物抗宿主病的策略研究	赵　方	附属儿童医院	青年科学基金项目	20	2018/1/1	2020/12/31
348	81700439	中性粒细胞线粒体在川崎病免疫性血管炎症中的作用及新机制	唐孕佳	附属儿童医院	青年科学基金项目	20	2018/1/1	2020/12/31
349	81700656	EZH2 表观调控肾小管上皮细胞和巨噬细胞及其交互作用在肾脏缺血再灌注损伤中的作用与干预策略研究	王亚男	附属儿童医院	青年科学基金项目	19	2018/1/1	2020/12/31
350	81700793	p53 调控下丘脑 Lin28/Let-7 系统在肥胖女童青春期提前启动中的作用及其机制研究	陈　婷	附属儿童医院	青年科学基金项目	20	2018/1/1	2020/12/31

续表

序号	项目批准号	项目名称	项目负责人	学院(部)	项目类别	资助经费(万元)	开始日期	结题日期
351	81701490	PEDF介导IP-10调控ROP血管内皮细胞功能的机制研究	杨小凤	附属儿童医院	青年科学基金项目	20	2018/1/1	2020/12/31
352	81701596	可溶性ICOSL调控T细胞糖酵解在系统性红斑狼疮发病机制中的研究	胡筱涵	附属儿童医院	青年科学基金项目	20	2018/1/1	2020/12/31
353	81701948	聚多巴胺调控中性粒细胞迁移和凋亡对急性肺损伤干预的作用及机制	李嫣	附属儿童医院	青年科学基金项目	20	2018/1/1	2020/12/31
354	81702339	肝细胞癌中Gankyrin-Nrf2通路抑制线粒体自噬发挥促癌作用的病理机制研究	杨纯	附属儿童医院	青年科学基金项目	22	2018/1/1	2020/12/31
355	81702737	USP3调控MDM2促进肝癌细胞增殖的机制研究	李根	附属儿童医院	青年科学基金项目	20	2018/1/1	2020/12/31
356	81703478	M1毒蕈碱型胆碱信号途径对AMPA受体GluA2运输的调控及其在突触可塑性中的作用	颜颖慧	附属儿童医院	青年科学基金项目	20.1	2018/1/1	2020/12/31
357	81703532	靶向Cathepsin L干预肺癌干细胞干性维持及其耐药的策略研究	王文娟	附属儿童医院	青年科学基金项目	20.1	2018/1/1	2020/12/31
358	81741054	LncRNA TCONS_00031111调控MAPK信号通路介导低出生体重大鼠肾单位发育障碍的机制	李艳红	附属儿童医院	应急管理项目	20	2018/1/1	2018/12/31
359	81771439	DA/NE核心转化酶DBH在首发精神分裂症发病、临床症状、认知障碍和药物疗效中的作用	惠李	附属广济医院	面上项目	54	2018/1/1	2021/12/31
360	81703022	HuR调控Snail影响EMT在食管癌放射敏感性中的作用及机制研究	徐小慧	附属太仓医院	青年科学基金项目	20	2018/1/1	2020/12/31

2017年度苏州大学承担的省(部)级项目

一、江苏省自然科学基金项目(43项)

序号	项目编号	项目名称	项目负责人	学院(部)	项目类别	资助经费(万元)	起止时间
1	BK20170003	面向燃料电池反应和非均匀相催化的多组分铂基纳米材料研究	黄小青	材料与化学化工学部	省杰出青年基金项目	100	2017.7—2020.6
2	BK20170062	喷雾干燥造粒系统多尺度建模与模拟研究	肖 杰	材料与化学化工学部	省优秀青年基金项目	50	2017.7—2020.6
3	BK20170331	离子型微孔聚合物的设计合成用于超低浓度二氧化碳捕获	徐 丹	材料与化学化工学部	省青年基金项目	20	2017.7—2020.6
4	BK20170332	咪唑类(聚)离子液体的设计合成及抗菌性能研究	郭江娜	材料与化学化工学部	省青年基金项目	20	2017.7—2020.6
5	BK20171211	新型内嵌铜系金属富勒烯的制备及其结构性能研究	谌 宁	材料与化学化工学部	面上项目	10	2017.7—2020.6
6	BK20171212	新型拓扑结构共聚物弹性体的合成与表征	何金林	材料与化学化工学部	面上项目	10	2017.7—2020.6
7	BK20171213	含氮钛试剂诱导的胺化反应及其在含氮稠杂环合成中的应用	李亚红	材料与化学化工学部	面上项目	10	2017.7—2020.6
8	BK20170339	微生物在粉土粉细砂中成膜阻渗机理及调控机制研究	唐 强	轨道交通学院	省青年基金项目	20	2017.7—2020.6
9	BK20170346	新能源接入环境下智能配电通信网络负载均衡机制研究	盛 洁	轨道交通学院	省青年基金项目	20	2017.7—2020.6
10	BK20170340	面向晶圆级真空封装的薄膜吸气剂的优化设计和集成	吴 鸣	电子信息学院	省青年基金项目	20	2017.7—2020.6
11	BK20170344	基于在线期望最大化算法的MIMO系统调制识别方法研究	朱哲辰	电子信息学院	省青年基金项目	20	2017.7—2020.6
12	BK20170329	基于过渡金属夹心化合物的锂离子液流电池	叶 婧	分析测试中心	省青年基金项目	20	2017.7—2020.6

续表

序号	项目编号	项目名称	项目负责人	学院(部)	项目类别	资助经费（万元）	起止时间
13	BK20170059	基于掺杂的高效有机及杂化光电器件	王照奎	功能纳米与软物质研究院	省优秀青年基金项目	50	2017.7—2020.6
14	BK20170061	纳米生物学效应研究	苏嫒嫒	功能纳米与软物质研究院	省优秀青年基金项目	50	2017.7—2020.6
15	BK20170063	无机功能纳米材料在肿瘤诊疗中的应用探索	程亮	功能纳米与软物质研究院	省优秀青年基金项目	50	2017.7—2020.6
16	BK20170330	有机近红外发光材料的设计合成及其纳米线激光的研究	王雪东	功能纳米与软物质研究院	省青年基金项目	20	2017.7—2020.6
17	BK20170337	三元组分光伏共轭聚合物的合成及器件性能	袁建宇	功能纳米与软物质研究院	省青年基金项目	20	2017.7—2020.6
18	BK20170343	柔性可拉伸摩擦纳米发电机的制备及其可穿戴自供电系统的研究	文震	功能纳米与软物质研究院	省青年基金项目	20	2017.7—2020.6
19	BK20170345	以低毒太阳能电池研发为目的的锑基钙钛矿电荷传输、缺陷以及维度的研究	Vincenzo Pecunia	功能纳米与软物质研究院	省青年基金项目	20	2017.7—2020.6
20	BK20170342	基于光镊操作平台的多场耦合环境下细胞迁移动力学动力学参数测量方法研究	杨浩	机电工程学院	省青年基金项目	20	2017.7—2020.6
21	BK20170352	VAD中非生理性剪切应力对vWF机械损伤评价模型的研究	张柳笛	机电工程学院	省青年基金项目	20	2017.7—2020.6
22	BK20171215	面向复杂细胞"手术"的显微操作关键技术研究	黄海波	机电工程学院	面上项目	10	2017.7—2020.6
23	BK20170333	三维空间多感觉整合中听觉主导效应的神经机制	王爱君	教育学院	省青年基金项目	20	2017.7—2020.6
24	BK20170327	微分动力系统的熵映射	廖刚	数学科学学院	省青年基金项目	20	2017.7—2020.6
25	BK20170328	生物钟调控细胞周期的拓扑结构的建模与分析	颜洁	数学科学学院	省青年基金项目	20	2017.7—2020.6
26	BK20170058	拓扑光子材料的微波实验研究	杭志宏	物理与光电·能源学部	省优秀青年基金项目	50	2017.7—2020.6

续表

序号	项目编号	项目名称	项目负责人	学院(部)	项目类别	资助经费(万元)	起止时间
27	BK20170326	Parity-time 对称电磁和声学超表面的性质与应用研究	罗 杰	物理与光电·能源学部	省青年基金项目	20	2017.7—2020.6
28	BK20170336	石墨烯在新型绝缘基底上的直接化学气相沉积制备研究	孙靖宇	物理与光电·能源学部	省青年基金项目	20	2017.7—2020.6
29	BK20170338	基于C@TiO2双壳层结构的可控构筑调控金属基负极材料电化学储钠行为的机理研究	赵建庆	物理与光电·能源学部	省青年基金项目	20	2017.7—2020.6
30	BK20170341	柔性自支撑硫/碳纤维复合材料用于锂硫电池正极的研究	赵晓辉	物理与光电·能源学部	省青年基金项目	20	2017.7—2020.6
31	BK20171210	利用空间微结构调控多肽抗菌效率的实验及模拟研究	元 冰	物理与光电·能源学部	面上项目	10	2017.7—2020.6
32	BK20170353	石墨烯量子点/稀土上转换纳米复合材料的制备及其红外光动力学抗肿瘤应用	崇 羽	医学部放射医学与防护学院	省青年基金项目	20	2017.7—2020.6
33	BK20170350	基于免疫遗传优化算法的缺血性脑卒中代谢标志物组群识别研究	柯朝甫	医学部公共卫生学院	省青年基金项目	20	2017.7—2020.6
34	BK20170334	丝素蛋白纳米纤维对成神经分化的间充质干细胞生长与迁移的作用研究	徐晓静	医学部基础医学与生物科学学院	省青年基金项目	20	2017.7—2020.6
35	BK20170335	预测和解释基因突变对蛋白质活性的影响	李明辉	医学部基础医学与生物科学学院	省青年基金项目	20	2017.7—2020.6
36	BK20170351	雌激素影响注意缺陷多动障碍的机制研究	仲兆民	医学部基础医学与生物科学学院	省青年基金项目	20	2017.7—2020.6
37	BK20170004	痒觉神经生物学	刘 通	医学部神经科学研究所	省杰出青年基金项目	100	2017.7—2020.6
38	BK20170060	海马区Gai蛋白异常在小鼠焦虑样行为中的作用和机制研究	曹 聪	医学部神经科学研究所	省优秀青年基金项目	50	2017.7—2020.6

续表

序号	项目编号	项目名称	项目负责人	学院(部)	项目类别	资助经费(万元)	起止时间
39	BK20170349	黑色素瘤外泌体 CD4＋T 细胞凋亡及相关机制研究	杨燚	医学部生物医学研究院	省青年基金项目	20	2017.7—2020.6
40	BK20171216	心肌细胞线粒体内 calpain 升高导致呼吸链受损在心力衰竭发生中的关键作用及机制研究	彭天庆	医学部生物医学研究院	面上项目	10	2017.7—2020.6
41	BK20170347	新型 K-Ras 质膜定位抑制剂的设计、合成及活性研究	叶娜	医学部药学院	省青年基金项目	20	2017.7—2020.6
42	BK20170348	补体分子 C3a 在髓母细胞瘤发生发展中的作用及机制研究	王媛	医学部药学院	省青年基金项目	20	2017.7—2020.6
43	BK20171214	天然免疫调节肽抗耐甲氧西林金葡菌感染的分子机理研究	王义鹏	医学部药学院	面上项目	10	2017.7—2020.6

二、江苏省政策引导类计划(软科学研究)(2 项)

序号	项目编号	项目名称	项目负责人	学院(部)	项目类别	资助经费(万元)	起止时间
1	BR2017015	科技型中小企业融资模式的创新研究——基于传统金融与互联网金融的融合视角	权小锋	东吴商学院(财经学院)	软科学	5	2017.7—2018.2
2	BR2017014	众创空间建设与苏州产业结构升级研究	刘开强	科学技术研究部	软科学	5	2017.7—2018.2

三、江苏省重点研发计划(社会发展)项目(1 项)

序号	项目批准号	项目名称	项目负责人	学院(部)	资助经费(万元)	完成时间
1	BE2017652	监测四氢生物蝶呤及其代谢产物在放射性肺损伤早期预警中的应用研究	张舒羽	医学部放射医学与防护学院	40	2017.7—2020.6

四、江苏重点研发计划(现代农业)项目(1项)

序号	项目批准号	项目名称	项目负责人	学院(部)	资助经费(万元)	完成时间
1	BE2017311	长江水系翘嘴鲌抗病抗逆优质新品系选育	黄鹤忠	医学部基础医学与生物科学学院	100	2017.7—2020.6

五、国家住建部项目(5项)

序号	项目批准号	项目名称	项目负责人	学院(部)	资助经费(万元)	完成时间
1	建村〔2016〕115号	传统村落规划编制导则研究	吴永发	金螳螂建筑学院	15	2016.9—2016.12
2	建村〔2016〕116号	传统村落中长期规划编制	吴永发	金螳螂建筑学院	20	2016.9—2016.12
3	建村〔2017〕124号	传统村落保护修缮指南编写	吴永发	金螳螂建筑学院	15	2017.10—2018.10
4	建村〔2017〕125号	传统村落价值研究体系设计及组织	吴永发	金螳螂建筑学院	30	2017.10—2018.10
5	建村〔2017〕126号	中国传统村落艺术价值研究	吴永发	金螳螂建筑学院	10	2017.10—2018.10

六、商务部茧丝绸产业公共服务体系建设项目(2项)

序号	项目批准号	项目名称	项目负责人	学院(部)	资助经费(万元)	完成时间
1	TAHP-2016-ZB-644	《茧丝绸产业提升与可持续发展项目库》完善	陈国强	纺织与服装工程学院	4.9	2016.12—2017.08
2	TAHP-2016-ZB-644	优质茧丝数码印花技术技术咨询与服务	陈国强	纺织与服装工程学院	4.9	2016.12—2017.08

七、财政部(农业部)岗位科学家(3 项)

序号	项目批准号	项目名称	项目负责人	学院(部)	资助经费(万元)	完成时间
1		蚕生理生态	李兵	医学部基础医学与生物科学学院	70	2017.01—2017.12
2		蚕丝资源综合利用	张雨青	医学部基础医学与生物科学学院	70	2017.01—2017.12
3		高产优质品质改良	司马杨虎	医学部基础医学与生物科学学院	70	2017.01—2017.12

八、环保部核与辐射安全监督专项(1 项)

序号	项目批准号	项目名称	项目负责人	学院(部)	资助经费(万元)	完成时间
1	JD201747	辐射安全与防护职业人员培训	涂彧	医学部放射医学与防护学院	5	2017.1—2017.12

九、中国计量研究院科研项目(1 项)

序号	项目批准号	项目名称	项目负责人	学院(部)	资助经费(万元)	完成时间
1	ZLJC1711-6-1	放射性惰性气体活度测量传递标准探测器研制	张保国	医学部放射医学与防护学院	24	2017.8—2019.12

人文社科项目情况

一、国家社科科研项目(29 项)

序号	项目名称	所属院系	主持人	项目批准号	项目类别
1	乾嘉学派——吴派研究	文学院	曹 炜	16ZDA225	重大项目
2	国有企业监督制度改革与创新研究	东吴商学院（财经学院）	权小锋	16AZD034	重大项目
3	加强党内政治文化建设,发挥社会主流价值引领作用研究	政治与公共管理学院	陈进华	16AZX014	特别委托项目
4	英语世界中国现代文传播文献叙录	文学院	季 进	16AZW009	重点项目
5	供给侧结构性改革背景下企业并购的特征、经济效应与相关政策研究	东吴商学院（财经学院）	周中胜	16ATQ001	重点项目
6	习近平总书记关于反腐倡廉思想和实践研究	党办	高祖林	16BZZ047	一般项目
7	技术时代的道德责任问题研究	政治与公共管理学院	田广兰	16BFX096	一般项目
8	城市社区治理中的权力博弈与权力秩序建构研究	政治与公共管理学院	朱喜群	16BFX194	一般项目
9	环境精细化治理的双重逻辑与推进路径研究	政治与公共管理学院	余敏江	16BFX169	一般项目
10	中国古代监察制度对当代监察体制改革的启示	王健法学院	艾永明	16BSH054	一般项目
11	离婚扶养制度研究	王健法学院	张学军	16BWW054	一般项目
12	匈奴国家形态演变研究	社会学院	冯世明	16BXW013	一般项目
13	明清江南地区的宗族与祠堂研究	社会学院	吴建华	16BTY033	一般项目
14	清代词学编年研究	文学院	陈昌强	16BTY113	一般项目
15	美国自然诗歌中的生态环境主题与国家发展思想研究	外国语学院	朱新福	16BSH054	一般项目
16	当代英国女性戏剧研究	外国语学院	钱激扬	16BWW054	一般项目

续表

序号	项目名称	所属院系	主持人	项目批准号	项目类别
17	日中韩语中的表人"比喻词汇"对比研究	外国语学院	施晖	16BXW013	一般项目
18	中国播音史研究	凤凰传媒学院	祝捷	16BTY033	一般项目
19	我国70岁以上老年人体质测试指标与评定标准研究	体育学院	张林	16BTY113	一般项目
20	反对与防治兴奋剂的法律机制研究	王健法学院	郭树理	16BF083	一般项目
21	基于创业生态系统的新创企业商业模式及其动态演化研究	东吴商学院	李晶	16BXW013	一般项目
22	旅游类特色小镇社会生态系统脆弱性及恢复力建设研究	社会学院	黄泰	16BTY033	一般项目
23	基于共演机制的科技企业投融资闭环生态圈建设研究	东吴商学院	刘亮	16BTY113	青年项目
24	相对集中行政许可权实现机制研究	王健法学院	石肖雪	16BF083	青年项目
25	我国轻罪体系建构研究	王健法学院	李晓明	16CD155	后期资助
26	争议中的传统:变动世界里的中医(1840—1949)	社会学院	鲁萍	16KZS031	后期资助
27	后殖民理论的二元结构研究	文学院	张春晓	16FZS028	后期资助
28	中国南方儒家书院景观及其生态智慧研究	艺术学院	江牧	16FWW006	艺术学一般项目
29	刑法的知识转型(学术史)	王健法学院	王昭武	17WFX011	中华外译项目

二、教育部科研项目(11项)

序号	项目名称	所属院系	主持人	项目批准号	项目类别
1	《历代名画记》引书考	艺术学院	陈铮	17YJA760007	规划基金项目

续表

序号	项目名称	所属院系	主持人	项目批准号	项目类别
2	高管从军经历与股价崩盘风险：理论机理与实证研究	东吴商学院（财经学院）	权小锋	17YJA630081	规划基金项目
3	中国近现代高等教育编年纪事研究	教育学院	周川	17YJA880110	规划基金项目
4	普通高中学生综合素质评价研究	教育学院	冯成志	17YJA880019	规划基金项目
5	近代中国教育主权与教会大学立案研究	教育学院	黄启兵	17YJA880032	规划基金项目
6	新亚洲视域下的当代印度电影及其启示	凤凰传媒学院	汪许莹	17YJC760086	青年基金项目
7	跨国网络行动的国家责任问题研究	王健法学院	周杰	17YJC820070	青年基金项目
8	美国刑事诉讼革命的经验、教训与中国刑事诉讼改革的"后发优势"研究	王健法学院	陈珊珊	17YJC820002	青年基金项目
9	健康传播视域下青少年与网络色情治理研究	凤凰传媒学院	徐蒙	17YJC860029	青年基金项目
10	听障儿童三维场景中自我参照框架的加工能力及训练	教育学院	王爱君	17YJC190024	青年基金项目
11	《城乡规划法》实施状况评估及完善对策研究	王健法学院（城镇化中心）	胡玉鸿	17JJD820005	基地重大项目

三、江苏省社科科研项目（18项）

序号	项目名称	所属单位	主持人	项目批准号	项目类别
1	中国特色社会主义理论自信研究	政治与公共管理学院（校长办公室）	任平	17WTA019	重点委托项目
2	苏州市地方文化史研究	社会学院	王卫平	16GWMA002	重点委托项目
3	全面从严治党与江苏政治生态治理成效研究	马克思主义学院	田芝健	17WTA016	特别委托项目——中国特色社会主义理论新境界专项研究课题

续表

序号	项目名称	所属单位	主持人	项目批准号	项目类别
4	"以人民为中心"的发展思想与江苏"富民"发展的路径研究	马克思主义学院	方世南	17WTB004	特别委托项目——中国特色社会主义理论新境界专项研究课题
5	马克思主义城市观研究	政治与公共管理学院	庄友刚	17ZXA001	重点项目
6	江苏省低碳创新生态系统构建研究	东吴商学院（财经学院）	沈 能	17GLA001	重点项目
7	农民工随迁子女融入城市文化的心理支持研究	教育学院（学报）	江 波	17SHA002	重点项目
8	公共供求视域中自贸试验区改革的制度创新机理研究	政治与公共管理学院	黄建洪	17ZZB005	一般项目
9	众创空间金融支持体系建设研究	金融工程中心	李丹丹	17EYB007	一般项目
10	汉日双语《和汉朗咏集》之文学主体意识研究	文学院	吴雨平	17WWB008	一般项目
11	生物技术革命中专利法伦理挑战及其应对研究	王健法学院	蒋 莉	17ZXC003	青年项目
12	新《行政诉讼法》中的司法审查标准研究	王健法学院	施立栋	17FXC010	青年项目
13	非言语型学习困难学生注意网络特征及教育对策研究	教育学院	张 阳	17JYC006	青年项目
14	苏州地区大运河变迁影响下的沿岸景观研究	艺术学院	李 旸	17YSD010	自筹项目
15	江苏省全民健身大数据共享平台建设研究	数学科学学院	周 超	17TYD005	自筹项目

续表

序号	项目名称	所属单位	主持人	项目批准号	项目类别
16	中国近代基督教大学外籍校长群体特征与现代意义研究	教育学院	谢竹艳	17JYD005	自筹项目
17	当代澳大利亚女性小说黄金期研究	外国语学院	黄洁	17WWD002	自筹项目
18	南京国民政府的军事教育研究（1927—1945）	马克思主义学院	朱蓉蓉	17HQ034	后期资助项目

四、其他省部级项目（13项）

序号	项目名称	所属单位	主持人	项目来源	项目类别
1	关于加快推进地方足协改革的研究	王健法学院	赵毅	国家体育总局	决策咨询重点项目
2	体育特色小镇建设路径研究	体育学院	陶玉流	国家体育总局	决策咨询重点项目
3	《词律》校订	文学院	陈昌强	全国高校古籍整理研究工作委员会	规划项目
4	宋陈八郎本五臣注《文选》点校及研究	文学院	张珊	全国高校古籍整理研究工作委员会	一般项目
5	国产影视动画传播与青少年价值观的培育研究	凤凰传媒学院	曾一果	国家新闻出版广电总局广播影视部级社科研究项目	一般项目
6	现代中国法制的政治逻辑	王健法学院	瞿郑龙	中国法学会	后期资助项目
7	集体经营性建设用地入市改革试点实证分析	王健法学院	程雪阳	中国法学会	青年调研课题
8	人类基因编辑立法规制研究	王健法学院	蒋莉	中国法学会	青年调研课题

续表

序号	项目名称	所属单位	主持人	项目来源	项目类别
9	违法性认识的理论展开及司法认定——基于对司法实践的调研数据的分析	王健法学院	王 俊	中国法学会	青年调研课题
10	清代州县司法中的社会力量与国家角色	王健法学院	汪雄涛	中国法学会	自选课题
11	诗性正义与法治文化	王健法学院	张薇薇	司法部	一般项目
12	中国死刑司法限制适用路径研究	王健法学院	杨 俊	司法部	一般项目
13	技术发展中的专利伦理问题研究	王健法学院	蒋 莉	司法部	中青年项目

教职工队伍结构

教职工人员情况

2017年全校教职工人员一览表 单位：人

类别	小计	其中：女
专任教师	3 188	1 265
行政人员	883	441
教辅人员	701	403
科研机构人员	20	8
工勤人员	253	37
校办工厂、农（林）场职工	59	52
其他附设机构人员	61	15
合计	5 165	2 221

专任教师学历结构情况

2017年全校专任教师学历结构一览表 单位：人

	总计	女	正高级	副高级	中级	初级	无职称
博士	2 060	705	709	802	548		1
硕士	816	431	62	263	391	93	7
未获博硕士学位	18	5	5	6	7		
学士	160	65	28	65	63	2	2
研究生肄业							
未获学士学位	131	56	22	55	48	6	
高等学校专科毕业及本科肄业两年以上	3	3		1	1	1	
高等学校本专科肄业未满两年及以下							
合计	3 188	1 265	826	1 192	1 058	102	10

专任教师年龄结构情况

2017年全校专任教师年龄结构一览表　　　　单位：人

年龄段	总计	女	正高级	副高级	中级	初级	无职称
30岁以下	244	122	1	19	149	74	1
31~35岁	525	215	23	184	297	18	3
36~40岁	666	300	92	297	273	4	
41~45岁	561	256	140	241	175	3	2
46~50岁	393	164	141	163	85	2	2
51~55岁	543	151	248	231	63	1	
56~60岁	192	46	118	57	16		1
61岁以上	64	11	63				1
合计	3 188	1 265	826	1 192	1 058	102	10

教职工中级及以上职称情况

2017年苏州大学教职工中级以上职称一览表　　　　单位：人

部门	总计	女	正高	副高	中级
党委办公室	14	4	7	1	6
校长办公室	23	4	9	5	9
法律事务办公室（挂靠校办）	1				1
国内合作办公室	2			1	1
纪委、监察处（合署办公）	12	6	1	8	3
党委组织部	6	4		4	2
党代表联络办（与党委组织部合署办公）	1				1

续表

部门	总计	女	正高	副高	中级
党校	3	3		2	1
党委宣传部	11	6	2	1	8
新闻中心	2	2		1	1
党委统战部	5	2		1	4
离退休工作部(处)	15	5		5	10
工会	6	2		1	5
团委	8	5			8
机关党工委	4	2	1		3
群团、直属单位党工委	2	1		1	1
发展委员会办公室	8	6		2	6
人事处	13	7		1	12
财务处	28	19		11	17
审计处	12	8	1	3	8
教务部	26	15	3	4	19
招生就业处	14	3		2	12
学生工作部(处)	12	5		3	9
学生创新创业教育中心[挂靠学生工作部(处)]	3	1		1	2
人武部[与学生工作部(处)合署办公]	6	2		1	5
研究生院	21	8	6	4	11
党委研究生工作部(与研究生院合署办公)	1		1		
科学技术研究部	24	4	1	11	12
"2011计划"办公室(挂靠科学技术研究部)	2			1	1
人文社会科学院	7	4	1	2	4
国有资产与实验室管理处	30	15		9	21
继续教育处(继续教育学院)	16	8		5	11

续表

部门	总计	女	正高	副高	中级
国际合作交流处(海外教育学院)	29	23	1	9	19
保卫部(处)	16	3	1	1	14
后勤管理处	50	27		14	36
校医院(挂靠后勤管理处)	28	23		10	18
医院管理处	2	1		1	1
学术委员会秘书处	2	2	1		1
图书馆	109	82	5	36	68
档案馆	15	12	3	4	8
博物馆	6	2	2	1	3
信息化建设与管理中心	22	6	1	7	14
分析测试中心	45	33	2	24	19
工程训练中心	23	9		10	13
艺术教育中心	4	2	1	2	1
文学院	79	32	25	22	32
凤凰传媒学院	47	20	9	12	26
社会学院	95	38	28	29	38
政治与公共管理学院	101	38	27	41	33
马克思主义学院	48	27	8	25	15
教育学院	79	38	19	33	27
东吴商学院(财经学院)	159	74	30	76	53
王健法学院	78	22	25	32	21
知识产权研究院	1	1			1
外国语学院	214	151	18	68	128
金螳螂建筑学院	68	37	12	24	32
数学科学学院	125	40	32	59	34
苏州大学金融工程研究中心(挂靠数学科学学院)	8	4	3	2	3
物理与光电·能源学部	16	8	2	2	12

续表

部门	总计	女	正高	副高	中级
能源学院	57	13	21	20	16
物理科学与技术学院	104	24	39	37	28
光电信息科学与工程学院	86	23	14	35	37
材料与化学化工学部	238	91	90	80	68
纳米科学技术学院	8	4		1	7
功能纳米与软物质研究院	108	27	35	15	58
计算机科学与技术学院	145	41	27	56	62
电子信息学院	110	39	16	56	38
机电工程学院	153	51	20	73	60
沙钢钢铁学院	33	8	5	16	12
纺织与服装工程学院	77	34	24	33	20
现代丝绸国家工程实验室	19	8	6	6	7
轨道交通学院	107	36	9	42	56
体育学院	130	42	16	61	53
艺术学院	94	45	20	31	43
音乐学院	35	17	7	7	21
医学部	43	27	2	8	33
医学部基础医学与生物科学学院	194	91	42	80	72
医学部放射医学与防护学院	90	31	18	34	38
医学部公共卫生学院	58	28	13	28	17
医学部药学院	104	46	29	39	36
医学部护理学院	6	3	1	1	4
医学部实验动物中心	12	7		2	10
医学部实验中心	50	28	1	20	29
医学部第一临床医学院	148	53	49	67	32
医学部第二临床医学院	50	22	20	13	17
医学部儿科临床医学院	36	18	14	11	11

续表

部　门	总计	女	正高	副高	中级
唐仲英医学研究院	1			1	
苏州大学唐仲英血液学研究中心	36	16	12	6	18
苏州大学造血干细胞移植研究所	3	1	1	1	1
苏州大学骨科研究所	23	11	5	3	15
苏州大学神经科学研究所	25	13	8	5	12
苏州大学生物医学研究院	46	28	9	10	27
苏州大学心血管病研究所	8	4	2	5	1
苏州大学转化医学研究院	5			2	3
剑桥—苏大基因组资源中心	12	4	4	4	4
苏州大学医学中心	1				1
敬文书院[挂靠学生工作部(处)]	4	2	2		2
文正学院	33	11	2	9	22
应用技术学院	39	14	2	15	22
老挝苏州大学	4	2	2		2
苏州大学实验学校	1			1	
张家港工业技术研究院	1				1
辐照技术研究所	5			1	4
学报编辑部	8	4	2	2	4
出版社有限公司	35	14	8	14	13
教服集团	7	6		4	3
东吴饭店	4			1	3
江苏苏大投资有限公司	3	1		2	1
总计	4 406	1 894	887	1 591	1 928

2017年获副高及以上技术职称人员名单

一、2017年获高级职务聘任人员名单

财务处

  副高职：干雅琴

物理与光电·能源学部

  正高职：柳　颖

图书馆

  副高职：韩静娴

出版社有限公司

  副高职：吴　钰

信息化建设与管理中心

  副高职：吴　娴

二、2017年获教育管理研究系列高级职务任职资格人员名单

党委办公室

  副高职：袁冬梅

纪委、监察处

  正高职：陶培之

教务部

  副高职：张振宇

招生就业处

  副高职：张维延

人武部

  副高职：张振华

文学院

  正高职：孙宁华

沙钢钢铁学院

  副高职：管　淼

医学部

  副高职：吴德建

文正学院

  副高职：胡　荣

应用技术学院

  副高职：钱　俊

2017年聘请讲座教授、客座教授、兼职教授名单

讲座教授

东吴商学院（财经学院）

  申作军　加州大学伯克利分校教授

  M. Johnny Rungtusanatham　俄亥俄州立大学教授

数学科学学院

  柳　春　美国宾州州立大学教授（续聘）

  黄京芳　美国北卡大学教堂山分校教授（续聘）

物理与光电·能源学部

  Taco Dirk Visser　荷兰阿姆斯特丹自由大学教授

  吉瀚涛　美国普林斯顿大学教授（续聘）

材料与化学化工学院

  Pierre Braunstein　法国斯特拉斯堡大学教授

  Peter L. Rinaldi　美国阿克隆大学教授（续聘）

  Barry Sharpless　美国斯克利普斯研究院教授（续聘）

  Christopher Yuren Li　美国爵硕大学教授（续聘）

  Cyrille Boyer　澳大利亚新南威尔士大学教授

John Texter　美国东密歇根大学教授（续聘）

计算机科学与技术学院
　　凌　粽　美国 IBM 公司 AImaden 研究中心博士

纺织与服装工程学院
　　David Kaplan　美国塔夫茨大学教授（续聘）

纳米科学技术学院
　　Martin Stutzmann　德国慕尼黑工业大学教授

艺术学院
　　金永浩　韩国大邱大学教授

医学部放射医学与防护学院
　　李川源　杜克大学医学中心皮肤病学系教授
　　Tom K. Hei　哥伦比亚大学辐射研究中心教授（续聘）

医学部药学院
　　John L. Waddington　爱尔兰皇家医学院院士、爱尔兰皇家外科医学院教授（续聘）

医学部公共卫生学院
　　Vijayalaxmi　美国德克萨斯大学教授（续聘）
　　Anthony L. Kiorpes　美国毒理学院副院长、博士

医学部基础医学与生物科学学院
　　刘富友　英国皇家科学院院士

金融工程研究中心
　　袁先智　同济大学教授（续聘）
　　刘富友　英国皇家科学院院士（续聘）

剑桥—苏大基因组资源中心
　　Allan Bradley　桑格研究所教授（续聘）
　　Bill Skarnes　桑格研究所教授（续聘）

客座教授

教育学院
　　方　方　北京大学心理与认知科学学院教授

物理与光电·能源学部
　　朱　忻　苏州矩阵光电有限公司博士

轨道交通学院
　　陈清焰　美国普渡大学机械工程系教授
　　高晓旸　美国凯斯西储大学机械及航空工程系博士

金螳螂建筑学院
　　李　勇　中国科学院亚热带农业生态研究所教授

纳米科学技术学院
  Jun Lu 美国阿贡国家实验室博士
医学部
  卢坤平 哈佛大学医学院教授
  周小珍 哈佛大学医学院副教授
  熊丁丁 美国俄亥俄州仁济儿童医院儿科心血管主任医师、博士
医学部放射医学与防护学院
  Guenther Reitz 德国宇航员中心航天医学研究所辐射生物研究室顾问、教授
  Francis A. Cucinotta 美国内华达大学教授
  刘森林 中国原子能科学研究院副院长、研究员
医学部基础医学与生物科学学院
  Xianlin Han 美国奥兰多桑伯纳医学开发研究所教授
医学部护理学院
  周郁秋 哈尔滨医科大学教授
  林　征 南京医科大学第一附属医院教授
  蒋琪霞 南京军区南京总医院门诊部伤口护理中心主任
  韩　琳 兰州大学护理学院教授
  程　瑜 中山大学社会学与人类学学院教授
  Roger Watson、Julie Jomeen 英国赫尔大学教授
医学部公共卫生学院
  高　光 苏州高泓利康生物科技有限公司CEO 博士
苏州大学附属第一医院
  Justin Hsuan 英国伦敦大学学院(UCL)皇家生物医药科学中心主任、教授

兼职教授

东吴商学院(财经学院)
  岳晓航 威斯康星密尔沃基分校商学院教授
  陈建清 德克萨斯大学达拉斯分校商学院教授
物理与光电·能源学部
  Andrey Miroshnichenko 澳大利亚国立大学副教授
  杨　理 美国华盛顿大学副教授
材料与化学化工学部
  沈　健 南京师范大学教授
电子信息学院
  Darrin Young 美国犹他大学电气与计算机工程系博士
  蒋晓谦 美国加州大学圣地亚哥分校副教授

医学部放射医学与防护学院
　　伍维思　美国 EverNu 科技有限公司副总裁、博士
医学部公共卫生学院
　　高　翔　美国宾夕法尼亚州立大学营养学系博士

名誉教授

计算机科学技术学院
　　姚期智　美国科学院院士、中国科学院外籍院士
电子信息学院
　　冯大淦　澳大利亚技术科学与工程院院士

院士、博士研究生导师（在职）名单

院士情况一览表

序号	姓名	性别	出生年月	从事专业	备注
1	阮长耿	男	1939.08	内科学（血液病学）	中国工程院院士
2	潘君骅	男	1930.10	光学工程	中国工程院院士
3	李述汤	男	1947.01	材料化学	中国科学院院士 第三世界科学院院士
4	柴之芳	男	1942.09	放射医学	中国工程院院士
5	陈晓东	男	1965.02	应用化学	澳大利亚工程院院士 新西兰皇家科学院院士
6	刘忠范	男	1962.10	物理化学	中国科学院院士
7	李永舫	男	1948.08	材料学	中国科学院院士
8	王志新	男	1953.08	分子酶	中国科学院院士 第三世界科学院院士

博士研究生导师情况一览表

序号	姓名	性别	出生年月	专业名称	备注
1	刘锋杰	男	1953.12	文艺学	
2	侯　敏	男	1961.01	文艺学	

续表

序号	姓名	性别	出生年月	专业名称	备注
3	徐国源	男	1965.01	文艺学	
4	李 勇	男	1967.02	文艺学	
5	王 耘	男	1973.06	文艺学	
6	徐 山	男	1955.12	汉语言文字学	
7	曹 炜	男	1963.10	汉语言文字学	
8	罗时进	男	1956.04	中国古代文学	
9	赵杏根	男	1956.12	中国古代文学	
10	马亚中	男	1957.10	中国古代文学	
11	马卫中	男	1959.03	中国古代文学	
12	钱锡生	男	1962.04	中国古代文学	
13	王福利	男	1965.04	中国古代文学	
14	周生杰	男	1968.01	中国古典文献学	
15	刘祥安	男	1957.02	中国现当代文学	
16	王 尧	男	1960.04	中国现当代文学	
17	汪卫东	男	1968.09	中国现当代文学	
18	季 进	男	1965.01	比较文学与世界文学	
19	吴雨平	女	1962.04	比较文学与世界文学	
20	朱建刚	男	1975.12	比较文学与世界文学	
21	汤哲声	男	1956.08	中国通俗文学	
22	倪祥保	男	1953.04	戏剧影视文学	
23	陈 龙	男	1965.06	戏剧影视文学	
24	王 宁	男	1967.04	戏剧影视文学	
25	马中红	女	1962.12	媒介文化	
26	陈 霖	男	1963.06	媒介与文化产业	
27	张 健	男	1967.07	媒介与文化产业	
28	曾一果	男	1974.09	媒介与文化产业	
29	易前良	男	1974.09	媒介与文化产业	

续表

序号	姓名	性别	出生年月	专业名称	备注
30	池子华	男	1961.08	中国近现代史	
31	余同元	男	1962.01	中国近现代史	
32	王卫平	男	1962.10	中国近现代史	
33	朱从兵	男	1965.08	中国近现代史	
34	朱小田	男	1963.07	中国史	
35	王宇博	男	1960.02	中国史	
36	周书灿	男	1967.11	中国史	
37	高芳英	女	1956.11	中国史	
38	杨思基	男	1958.02	马克思主义哲学	
39	邢冬梅	女	1964.09	马克思主义哲学	
40	车玉玲	女	1970.01	马克思主义哲学	
41	庄友刚	男	1971.06	马克思主义哲学	
42	任平	男	1956.10	马克思主义哲学	
43	周可真	男	1958.07	中国哲学	
44	臧知非	男	1958.09	中国哲学	
45	韩焕忠	男	1971.01	中国哲学	
46	王俊华	女	1954.08	政治学理论	
47	乔耀章	男	1954.09	政治学理论	
48	钮菊生	男	1956.04	政治学理论	
49	王卓君	男	1958.03	政治学理论	
50	钱振明	男	1964.12	政治学理论	
51	周毅	男	1966.01	政治学理论	
52	葛建一	男	1953.12	政治学理论	
53	方世南	男	1954.06	马克思主义基本原理	
54	田芝健	男	1963.07	马克思主义基本原理	
55	高祖林	男	1957.10	马克思主义基本原理	
56	夏东民	男	1956.01	马克思主义基本原理	

续表

序号	姓名	性别	出生年月	专业名称	备注
57	陆树程	男	1956.04	思想政治教育	
58	姜建成	男	1957.07	思想政治教育	
59	陈进华	男	1970.09	伦理学	
60	龚长宇	女	1969.11	伦理学	
61	朱建平	男	1956.09	逻辑学	
62	郭彩琴	女	1963.12	地方政府与社会管理	
63	叶继红	男	1969.12	地方政府与社会管理	
64	宋煜萍	女	1966.12	地方政府与社会管理	
65	夏永祥	男	1955.06	财政学	
66	孙文基	男	1963.01	财政学	
67	贝政新	男	1952.11	金融学	
68	万解秋	男	1955.10	金融学	
69	乔桂明	男	1956.07	金融学	
70	王光伟	男	1960.01	金融学	
71	唐 煜	男	1977.12	统计学	
72	王 俊	女	1973.03	国际贸易学	
73	邢建国	男	1956.11	企业管理学	
74	罗正英	女	1957.12	企业管理学	
75	赵增耀	男	1963.04	企业管理学	
76	袁勇志	男	1962.06	企业管理学	
77	周中胜	男	1978.10	企业管理学	
78	段进军	男	1968.03	区域经济学	
79	陈立虎	男	1954.10	宪法学与行政法学	
80	孙 莉	女	1954.12	宪法学与行政法学	
81	艾永明	男	1957.05	宪法学与行政法学	
82	李晓明	男	1959.06	宪法学与行政法学	
83	黄学贤	男	1963.03	宪法学与行政法学	

续表

序号	姓名	性别	出生年月	专业名称	备注
84	胡玉鸿	男	1964.02	宪法学与行政法学	
85	王克稳	男	1964.08	宪法学与行政法学	
86	章志远	男	1975.05	宪法学与行政法学	
87	上官丕亮	男	1967.01	宪法学与行政法学	
88	朱谦	男	1964.11	环境与资源保护法学	
89	彭文华	男	1972.05	刑法学	
90	方潇	男	1967.11	法律史	
91	李中原	男	1972.12	民商法学	
92	方新军	男	1969.12	民商法学	
93	章正璋	男	1970.09	民商法学	
94	张鹏	男	1976.03	民商法学	
95	贾冠杰	男	1953.07	英语语言文学	
96	顾佩娅	女	1956.09	英语语言文学	
97	朱新福	男	1963.03	英语语言文学	
98	王军	男	1966.01	英语语言文学	
99	王腊宝	男	1967.01	英语语言文学	
100	宋艳芳	女	197603	英语语言文学	
101	赵爱国	男	1955.03	俄语语言文学	
102	周民权	男	1953.01	俄语语言文学	
103	施晖	女	1967.08	日语语言文学	
104	王宏	男	1956.09	外语语言学与应用语言学	
105	杨彩梅	女	1972.05	外语语言学与应用语言学	
106	刘电芝	女	1955.07	高等教育学	
107	童辉杰	男	1956.07	高等教育学	
108	周川	男	1957.10	高等教育学	
109	许庆豫	男	1959.11	高等教育学	

续表

序号	姓名	性别	出生年月	专业名称	备注
110	母小勇	男	1962.09	高等教育学	
111	吴继霞	女	1962.10	高等教育学	
112	崔玉平	男	1964.05	高等教育学	
113	赵蒙成	男	1969.09	高等教育学	
114	冯成志	男	1970.07	高等教育学	
115	黄辛隐	女	1958.05	高等教育学	
116	段锦云	男	1980.10	高等教育学	
117	陈羿君	女	1968.01	高等教育学	
118	曹永国	男	1977.07	高等教育学	
119	李超德	男	1961.06	设计艺术学	
120	沈爱凤	男	1963.02	设计学	
121	江 牧	男	1971.09	设计学	
122	罗时铭	男	1953.02	体育教育训练学	
123	王家宏	男	1955.06	体育教育训练学	
124	张 林	男	1956.10	体育教育训练学	
125	王国祥	男	1963.11	体育教育训练学	
126	邰崇禧	男	1952.08	体育教育训练学	
127	陆阿明	男	1965.09	运动人体科学	
128	李 龙	男	1970.12	民族传统体育学	
129	钱定边	男	1957.02	基础数学	
130	黎先华	男	1957.04	基础数学	
131	余红兵	男	1962.10	基础数学	
132	黄毅生	男	1962.11	基础数学	
133	唐忠明	男	1963.04	基础数学	
134	陆芳言	男	1966.04	基础数学	
135	沈玉良	男	1967.03	基础数学	
136	张 影	男	1967.10	基础数学	

续表

序号	姓名	性别	出生年月	专业名称	备注
137	史恩慧	男	1976.02	基础数学	
138	刘长剑	男	1978.05	基础数学	
139	姚林泉	男	1961.01	计算数学	
140	岳兴业	男	1966.10	计算数学	
141	王过京	男	1959.05	概率论与数理统计	
142	余王辉	男	1959.01	应用数学	
143	马欣荣	男	1964.09	应用数学	
144	曹永罗	男	1967.09	应用数学	
145	秦文新	男	1967.11	应用数学	
146	季利均	男	1975.10	应用数学	
147	杨凌	男	1971.04	应用数学	
148	赵云	男	1979.12	应用数学	
149	陈中文	男	1963.08	运筹学与控制论	
150	周育英	女	1964.06	运筹学与控制论	
151	沈百荣	男	1964.11	系统生物学	
152	狄国庆	男	1957.01	凝聚态物理	
153	晏世雷	男	1958.05	凝聚态物理	
154	吴雪梅	女	1967.02	凝聚态物理	
155	沈明荣	男	1969.02	凝聚态物理	
156	高雷	男	1971.02	凝聚态物理	
157	王明湘	男	1972.03	凝聚态物理	
158	苏晓东	男	1970.07	凝聚态物理	
159	睢胜	男	1978.01	凝聚态物理	
160	蒋建华	男	1980.10	理论物理	
161	戴洁	男	1955.12	无机化学	
162	郎建平	男	1964.06	无机化学	
163	李宝龙	男	1965.06	无机化学	

续表

序号	姓名	性别	出生年月	专业名称	备注
164	李亚红	女	1968.06	无机化学	
165	胡传江	男	1973.04	无机化学	
166	贾定先	男	1966.04	无机化学	
167	朱琴玉	女	1966.01	无机化学	
168	任志刚	男	1975.08	无机化学	
169	屠一锋	男	1963.07	分析化学	
170	邹建平	男	1962.08	有机化学	
171	姚英明	男	1968.08	有机化学	
172	孙宏枚	男	1968.11	有机化学	
173	王兴旺	男	1972.10	有机化学	
174	张松林	男	1964.04	有机化学	
175	万小兵	男	1976.02	有机化学	
176	汪顺义	男	1980.12	有机化学	
177	赵 蓓	女	1970.12	有机化学	
178	张秀娟	女	1978.12	有机化学	
179	狄俊伟	男	1964.11	分析化学	
180	邓安平	男	1962.02	分析化学	
181	李建国	男	1967.10	分析化学	
182	杨 平	男	1953.01	物理化学	
183	郑军伟	男	1964.08	物理化学	
184	姚建林	男	1970.07	物理化学	
185	杜玉扣	男	1966.06	物理化学	
186	高明远	男	1967.03	物理化学	
187	刘 阳	女	1979.10	物理化学	
188	李述汤	男	1947.01	高分子化学与物理	
189	倪沛红	女	1960.06	高分子化学与物理	
190	邵名望	男	1961.11	高分子化学与物理	

续表

序号	姓名	性别	出生年月	专业名称	备注
191	程振平	男	1966.01	高分子化学与物理	
192	杨永刚	男	1971.07	高分子化学与物理	
193	钟志远	男	1974.02	高分子化学与物理	
194	严 锋	男	1971.11	高分子化学与物理	
195	孟凤华	女	1973.04	高分子化学与物理	
196	朱 健	男	1973.10	高分子化学与物理	
197	袁 琳	男	1973.05	高分子化学与物理	
198	张正彪	男	1974.11	高分子化学与物理	
199	范丽娟	女	1971.09	高分子化学与物理	
200	张 伟	男	1979.11	高分子化学与物理	
201	华道本	男	1974.04	高分子化学与物理	
202	邓 超	男	1975.11	高分子化学与物理	
203	宋 波	男	1977.05	高分子化学与物理	
204	武照强	男	1971.09	高分子化学与物理	
205	陈高健	男	1978.03	高分子化学与物理	
206	周竹发	男	1956.12	材料学	
207	石世宏	男	1956.09	材料学	
208	戴礼兴	男	1961.02	材料学	
209	梁国正	男	1961.03	材料学	
210	黄彦林	男	1966.01	材料学	
211	顾媛娟	女	1968.12	材料学	
212	李红喜	男	1976.12	材料学	
213	李新明	男	1975.09	材料学	
214	彭 睿	女	1973.12	材料学	
215	路建美	女	1960.10	应用化学	
216	顾宏伟	男	1976.01	应用化学	
217	徐冬梅	女	1966.09	应用化学	

续表

序号	姓名	性别	出生年月	专业名称	备注
218	周年琛	女	1957.07	应用化学	
219	赵优良	男	1975.09	应用化学	
220	徐庆锋	女	1972.06	应用化学	
221	陈宇岳	男	1962.03	纺织工程	
222	冯志华	男	1962.04	纺织工程	
223	李明忠	男	1963.05	纺织工程	
224	陈廷	男	1974.01	纺织工程	
225	赖跃坤	男	1980.12	纺织工程	
226	徐岚	女	1977.12	纺织工程	
227	卢神州	男	1974.06	纺织工程	
228	左葆齐	男	1957.02	纺织材料与纺织品设计	
229	潘志娟	女	1967.11	纺织材料与纺织品设计	
230	王国和	男	1964.11	纺织材料与纺织品设计	
231	杨旭红	女	1968.03	纺织材料与纺织品设计	
232	王建南	女	1970.07	纺织材料与纺织品设计	
233	陈国强	男	1957.11	纺织化学与染整工程	
234	朱亚伟	男	1963.07	纺织化学与染整工程	
235	唐人成	男	1966.01	纺织化学与染整工程	
236	李战雄	男	1970.12	纺织化学与染整工程	
237	邢铁玲	女	1974.12	纺织化学与染整工程	
238	龙家杰	男	1970.10	纺织化学与染整工程	
239	陈雁	女	1956.12	服装	
240	许星	女	1958.02	服装	
241	朱巧明	男	1963.07	计算机应用技术	
242	樊建席	男	1965.03	计算机应用技术	
243	吕强	男	1965.04	计算机应用技术	
244	周国栋	男	1967.03	计算机应用技术	

续表

序号	姓名	性别	出生年月	专业名称	备注
245	刘全	男	1969.10	计算机应用技术	
246	王宜怀	男	1962.02	计算机应用技术	
247	钟宝江	男	1972.11	计算机应用技术	
248	张书奎	男	1962.08	计算机应用技术	
249	陈文亮	男	1977.07	计算机应用技术	
250	李培峰	男	1971.04	计算机应用技术	
251	赵雷	男	1972.01	计算机应用技术	
252	刘纯平	女	1971.01	计算机应用技术	
253	李寿山	男	1980.08	计算机应用技术	
254	李凡长	男	1964.09	计算机软件与理论	
255	张莉	女	1975.04	计算机软件与理论	
256	顾济华	男	1957.03	光学	
257	方建兴	男	1963.04	光学	
258	宋瑛林	男	1966.12	光学	
259	潘君骅	男	1930.10	光学工程	
260	吴建宏	男	1960.07	光学工程	
261	陈林森	男	1961.01	光学工程	
262	沈为民	男	1963.04	光学工程	
263	王钦华	男	1964.01	光学工程	
264	郭培基	男	1968.07	光学工程	
265	傅戈雁	女	1956.03	光学工程	
266	钟胜奎	男	1974.11	激光制造工程	
267	王传洋	男	1972.09	激光制造工程	
268	王德永	男	1974.06	激光制造工程	
269	汪一鸣	女	1956.02	信号与信息处理	
270	王加俊	男	1969.11	信号与信息处理	
271	赵鹤鸣	男	1957.08	信号与信息处理	

续表

序号	姓名	性别	出生年月	专业名称	备注
272	朱灿焰	男	1962.10	信号与信息处理	
273	陶智	男	1970.12	信号与信息处理	
274	朱忠奎	男	1974.09	智能交通科学与技术	
275	张立军	男	1971.07	智能交通科学与技术	
276	袁银男	男	1959.04	智能交通科学与技术、新能源科学与工程	
277	汪德根	男	1972.03	建筑与环境设计及其理论	
278	王雷	男	1970.04	建筑与环境设计及其理论	
279	谈建中	男	1957.08	特种经济动物饲养学	
280	张雨青	男	1958.04	特种经济动物饲养学	
281	徐世清	男	1963.10	特种经济动物饲养学	
282	许维岸	男	1964.02	特种经济动物饲养学	
283	贡成良	男	1965.02	特种经济动物饲养学	
284	蔡春芳	女	1967.04	特种经济动物饲养学	
285	李兵	男	1973.09	特种经济动物饲养学	
286	司马杨虎	男	1962.03	特种经济动物饲养学	
287	韩宏岩	女	1964.09	特种经济动物饲养学	
288	夏春林	男	1957.03	人体解剖与组织胚胎学	
289	顾宗江	男	1956.05	免疫学	
290	邱玉华	女	1957.01	免疫学	
291	吴昌平	男	1961.10	免疫学	
292	李云森	男	1975.02	免疫学	
293	蒋敬庭	男	1964.10	免疫学	
294	张进平	男	1968.01	免疫学	
295	黄瑞	女	1960.04	病原生物学	
296	夏超明	男	1962.04	病原生物学	

续表

序号	姓名	性别	出生年月	专业名称	备注
297	谢洪平	男	1964.03	法医学	
298	陶陆阳	男	1966.06	法医学	
299	朱少华	男	1963.04	法医学	
300	刘芬菊	女	1954.12	放射医学	
301	曹建平	男	1962.05	放射医学	
302	张学农	男	1962.11	放射医学	
303	文万信	男	1964.03	放射医学	
304	涂彧	男	1965.07	放射医学	
305	王祥科	男	1973.03	放射医学	
306	第五娟	女	1986.04	放射医学	
307	阮长耿	男	1939.08	内科学（血液病学）	
308	孙爱宁	女	1956.09	内科学（血液病学）	
309	吴德沛	男	1958.10	内科学（血液病学）	
310	傅晋翔	男	1960.10	内科学（血液病学）	
311	陈苏宁	男	1973.11	内科学（血液病学）	
312	董宁征	女	1970.01	内科学（血液病学）	
313	甘建和	男	1958.09	内科学（传染病学）	
314	黄建安	男	1960.10	内科学（呼吸系病学）	
315	陈卫昌	男	1962.09	内科学（消化系病学）	
316	杨向军	男	1963.05	内科学（心血管病学）	
317	成兴波	男	1955.11	内科学（内分泌与代谢病学）	
318	柴忆欢	女	1949.01	儿科学	
319	汪健	男	1963.01	儿科学	
320	古桂雄	男	1954.06	儿科学	
321	倪宏	男	1968.03	儿科学	
322	胡绍燕	女	1967.03	儿科学	

续表

序号	姓名	性别	出生年月	专业名称	备注
323	李晓忠	男	1965.08	儿科学	
324	严春寅	男	1949.12	外科学(泌尿外科学)	
325	温端改	男	1950.11	外科学(泌尿外科学)	
326	单玉喜	男	1952.10	外科学(泌尿外科学)	
327	何小舟	男	1959.09	外科学(泌尿外科学)	
328	侯建全	男	1960.02	外科学(泌尿外科学)	
329	钱海鑫	男	1955.01	外科学(普通外科学)	
330	李德春	男	1955.02	外科学(普通外科学)	
331	沈振亚	男	1957.09	外科学(胸心血管外科学)	
332	李晓强	男	1962.04	外科学(胸心血管外科学)	
333	赵军	男	1968.03	外科学(胸心血管外科学)	
334	马海涛	男	1961.06	外科学(胸心血管外科学)	
335	董启榕	男	1956.07	外科学(骨外科学)	
336	杨惠林	男	1960.03	外科学(骨外科学)	
337	徐又佳	男	1962.03	外科学(骨外科学)	
338	陈亮	男	1972.02	外科学(骨外科学)	
339	周晓中	男	1970.10	外科学(骨外科学)	
340	徐耀增	男	1961.10	外科学(骨外科学)	
341	张世明	男	1951.02	外科学(神经外科学)	
342	兰青	男	1964.12	外科学(神经外科学)	
343	田野	男	1965.01	外科学(神经外科学)	
344	周幽心	男	1964.02	外科学(神经外科学)	
345	王中	男	1964.03	外科学(神经外科学)	
346	董军	男	1971.07	外科学(神经外科学)	

续表

序号	姓名	性别	出生年月	专业名称	备注
347	邢春根	男	1965.02	外科学（泌尿外科学）	
348	刘春风	男	1965.02	神经病学	
349	徐兴顺	男	1972.08	神经病学	
350	方琪	男	1965.11	神经病学	
351	徐勇	男	1959.12	流行病与卫生统计学	
352	张永红	男	1960.10	流行病与卫生统计学	
353	邓飞艳	女	1979.10	流行病与卫生统计学	
354	周建华	女	1955.04	劳动卫生与环境卫生学	
355	安艳	女	1969.09	劳动卫生与环境卫生学	
356	张增利	男	1966.04	劳动卫生与环境卫生学	
357	童建	男	1953.05	卫生毒理学	
358	杨世林	男	1953.12	药理学	
359	梁中琴	女	1954.11	药理学	
360	秦正红	男	1955.03	药理学	
361	谢梅林	男	1958.02	药理学	
362	王剑文	男	1964.09	药理学	
363	乔春华	女	1973.01	药理学	
364	张慧灵	女	1965.01	药理学	
365	徐智策	男	1956.01	胚胎生理与围产基础医学	
366	张鲁波	男	1962.05	胚胎生理与围产基础医学	
367	茅彩萍	女	1968.07	胚胎生理与围产基础医学	
368	孙淼	女	1974.03	围产医学与胎儿学	
369	蒋星红	女	1960.10	医学神经生物学	
370	张焕相	男	1965.07	医学神经生物学	
371	陶金	男	1979.11	医学神经生物学	

续表

序号	姓名	性别	出生年月	专业名称	备注
372	曹 聪	男	1981.05	医学神经生物学	
373	马全红	女	1979.03	医学神经生物学	
374	程 坚	男	1971.09	医学神经生物学	
375	魏文祥	男	1962.01	医学细胞生物学	
376	周翊峰	男	1976.02	医学细胞与分子生物学	
377	沈颂东	男	1968.08	医学细胞与分子生物学	
378	张洪涛	男	1970.03	基因组医学	
379	陆培荣	男	1969.02	眼科学	
380	宋 鄂	女	1963.10	眼科学	
381	陶 敏	男	1962.11	肿瘤学	
382	秦立强	男	1970.03	营养与食品卫生学	
383	李冰燕	女	1966.09	营养与食品卫生学	
384	缪丽燕	女	1966.04	药剂学	
385	陈华兵	男	1978.11	药剂学	
386	吴翼伟	男	1957.02	影像医学与核医学	
387	胡春洪	男	1965.05	影像医学与核医学	
388	倪才方	男	1962.08	影像医学与核医学	
389	杨建平	男	1957.03	麻醉学	
390	嵇富海	男	1968.10	麻醉学	
391	卫功元	男	1975.03	微生物与生化药学	
392	许琼明	男	1975.01	生药学	
393	何向东	男	1948.07	马克思主义哲学	西南师范大学（挂靠）
394	韩璞根	男	1963.12	马克思主义哲学	江苏省社会科学院江海学刊杂志社（挂靠）
395	吴先满	男	1957.09	金融学	江苏省社会科学院（挂靠）
396	聂庆平	男	1961.10	金融学	中国证券业协会（挂靠）

续表

序号	姓名	性别	出生年月	专业名称	备注
397	何德旭	男	1962.09	金融学	中国社会科学院财贸经济研究所（挂靠）
398	巴曙松	男	1969.08	金融学	国务院发展研究中心金融研究所（挂靠）
399	周宏	男	1962.06	马克思主义基本原理	常熟理工学院（挂靠）
400	朱永新	男	1958.08	高等教育学	全国政协常务委员（挂靠）
401	于振峰	男	1957.03	体育教育训练学	首都体育学院（挂靠）
402	李颖川	男	1960.01	体育教育训练学	首都体育学院（挂靠）
403	王广虎	男	1956.01	体育人文社会学	成都体育学院（挂靠）
404	梁晓龙	男	1957.01	体育人文社会学	国家体育总局体科所（挂靠）
405	鲍明晓	男	1962.11	体育人文社会学	国家体育总局体科所（挂靠）
406	盛雷	女	1963.03	运动人体科学	江苏省体育科学研究所（挂靠）
407	丁晓原	男	1958.05	文艺学	常熟理工学院（挂靠）
408	朱志荣	男	1961.02	文艺学	华东师范大学（挂靠）
409	高凯征	男	1949.04	中国古代文学	辽宁大学（兼职）
410	周建忠	男	1955.01	中国古代文学	南通大学（挂靠）
411	梅新林	男	1958.01	中国古代文学	浙江师范大学（挂靠）
412	朱万曙	男	1962.05	中国古代文学	安徽大学（兼职）
413	邓红梅	女	1966.03	中国古代文学	山东师大（挂靠）
414	张仲谋	男	1955.01	中国古代文学	江苏师范大学（挂靠）
415	张强	男	1956.10	中国古代文学	淮阴师范学院（挂靠）
416	方忠	男	1964.08	中国现当代文学	江苏师范大学（挂靠）
417	刘洪一	男	1960.08	比较文学与世界文学	深圳大学（挂靠）
418	宋炳辉	男	1964.08	比较文学与世界文学	上海外国语大学（挂靠）
419	殷企平	男	1955.06	英语语言文学	浙江大学（挂靠）

续表

序号	姓名	性别	出生年月	专业名称	备注
420	雍和明	男	1963.08	英语语言文学	广东商学院（挂靠）
421	傅黎明	男	1956.07	设计艺术学	吉林大学（挂靠）
422	周新国	男	1951.05	中国近现代史	扬州大学（挂靠）
423	张海林	男	1957.10	中国近现代史	南京大学（挂靠）
424	陆建洪	男	1957.11	中国近现代史	苏州经贸职业技术学院（挂靠）
425	王稳地	男	1957.04	应用数学	西南师范大学（挂靠）
426	周汝光	男	1965.09	应用数学	江苏师范大学（挂靠）
427	朱林生	男	1962.11	基础数学	常熟理工学院（挂靠）
428	王维凡	男	1955.01	运筹学与控制论	浙江师范大学（挂靠）
429	陈洪	男	1964.12	凝聚态物理	西南师范大学（挂靠）
430	马余强	男	1964.11	凝聚态物理	南京大学（挂靠）
431	张解放	男	1959.08	光学	浙江师范大学（挂靠）
432	王怀生	男	1962.12	分析化学	聊城大学（挂靠）
433	顾海鹰	男	1963.05	分析化学	南通大学（挂靠）
434	陶冠红	男	1967.12	分析化学	苏州市科技局（挂靠）
435	史达清	男	1962.04	有机化学	江苏师范大学（挂靠）
436	王磊	男	1962.07	有机化学	淮北煤炭师范学院（挂靠）
437	纪顺俊	男	1958.11	有机化学	苏州市人事局（挂靠）
438	唐勇	男	1964.09	有机化学	中科院上海有机化学研究所（挂靠）
439	陶福明	男	1960.06	物理化学	美国加州大学（挂靠）
440	罗孟飞	男	1963.03	物理化学	浙江师范大学（挂靠）
441	李金林	男	1963.09	物理化学	中南民族大学（挂靠）
442	张红雨	男	1970.06	物理化学	山东理工大学（挂靠）
443	张瑞勤	男	1963.08	高分子化学与物理	香港城市大学（挂靠）
444	屠树江	男	1957.10	化学生物学	江苏师范大学（挂靠）

续表

序号	姓名	性别	出生年月	专业名称	备注
445	王 辉	男	1958.11	光学工程	浙江师范大学（挂靠）
446	王相海	男	1965.01	计算机应用技术	辽宁师范大学（挂靠）
447	张 康	男	1959.04	计算机应用技术	德克萨斯大学达拉斯分校（挂靠）
448	崔志明	男	1961.07	计算机应用技术	苏州职业大学（挂靠）
449	梁培康	男	1961.05	信号与信息处理	中国兵器工业集团第214研究所苏州研发中心（挂靠）
450	汤克勇	男	1964.03	纺织化学与染整工程	郑州大学（挂靠）
451	吴国庆	男	1957.10	纺织工程	南通大学（挂靠）
452	徐卫林	男	1969.04	纺织工程	武汉纺织大学（挂靠）
453	顾晓松	男	1953.12	人体解剖与组织胚胎学	南通大学（挂靠）
454	邱一华	男	1955.03	人体解剖与组织胚胎学	南通大学（挂靠）
455	彭聿平	女	1955.07	人体解剖与组织胚胎学	南通大学（挂靠）
456	金国华	男	1957.10	人体解剖与组织胚胎学	南通大学（挂靠）
457	丁 斐	女	1958.07	人体解剖与组织胚胎学	南通大学（挂靠）
458	王晓冬	男	1958.12	人体解剖与组织胚胎学	南通大学（挂靠）
459	卢斌峰	男	1969.02	免疫学	美国匹兹堡大学（挂靠）
460	高 琪	男	1953.01	病原生物学	江苏省寄生虫研究所（挂靠）
461	廖 军	男	1957.01	设计艺术学	苏州工艺美术职业技术学院（挂靠）
462	赵国屏	男	1948.08	病原生物学	中科院上海生命科学研究院（挂靠）
463	王红阳	男	1952.01	病理学与病理生理学	上海东方肝胆外科医院（挂靠）
464	沈 敏	女	1955.03	法医学	司法部司法鉴定科学技术研究所（挂靠）

续表

序号	姓名	性别	出生年月	专业名称	备注
465	周平坤	男	1963.09	放射医学	军事医学科学院放射与辐射研究所(挂靠)
466	吴锦昌	男	1959.04	放射医学	苏州市立医院(挂靠)
467	程英升	男	1966.12	内科学(消化系病学)	上海第六人民医院(挂靠)
468	郭传勇	男	1962.10	内科学(消化系病学)	上海市第十人民医院(挂靠)
469	吴庆宇	男	1957.10	内科学(血液病学)	美国克利夫兰Lerner研究所(挂靠)
470	贾伟平	男	1956.11	内科学(内分泌与代谢病学)	上海市第六人民医院(挂靠)
471	章振林	男	1966.12	内科学(内分泌与代谢病学)	上海市第六人民医院(挂靠)
472	王琛	男	1960.05	内科学(内分泌与代谢病学)	上海市第六人民医院(挂靠)
473	汪年松	男	1966.01	内科学(肾脏病学)	上海市第六人民医院(挂靠)
474	臧国庆	男	1960.09	内科学(传染病学)	上海市第六人民医院(挂靠)
475	刘璠	男	1957.05	外科学(骨外科学)	南通大学(挂靠)
476	蒋垚	男	1951.06	外科学(骨外科学)	上海市第六人民医院(挂靠)
477	张晓膺	男	1959.08	外科学(胸心血管外科学)	苏州大学附属第三医院(挂靠)
478	朱健华	男	1956.03	内科学(心血管病学)	南通大学(挂靠)
479	汤锦波	男	1963.11	外科学(骨外科学)	南通大学(挂靠)
480	张长青	男	1962.09	外科学(骨外科学)	上海市第六人民医院(挂靠)
481	吴孟超	男	1922.08	外科学(普通外科学)	上海东方肝胆外科医院(挂靠)
482	杨甲梅	男	1951.12	外科学(普通外科学)	上海东方肝胆外科医院(挂靠)

续表

序号	姓名	性别	出生年月	专业名称	备注
483	杨广顺	男	1952.01	外科学（普通外科学）	上海东方肝胆外科医院（挂靠）
484	赵玉武	男	1963.03	神经病学	上海市第六人民医院（挂靠）
485	白跃宏	男	1958.06	康复医学与理疗学	上海市第六人民医院（挂靠）
486	滕银成	男	1965.10	妇产科学	上海市第六人民医院（挂靠）
487	褚玉明	男	1966.06	基础数学	湖州师范学院（挂靠）
488	李成涛	男	1975.03	法医学	司法部司法鉴定科学技术研究所（挂靠）
489	胡璋剑	男	1957.11	基础数学	湖州师范学院（挂靠）
490	陈 明	男	1965.01	肿瘤学	浙江省肿瘤医院（挂靠）
491	孙晓云	女	1955.08	设计艺术学	特聘博士生导师
492	吴永发	男	1965.01	设计学	特聘博士生导师
493	郭述文	男	1955.09	信号与信息处理	特聘博士生导师
494	陈新建	男	1979.05	信号与信息处理	特聘博士生导师
495	陈 康	男	1978.04	凝聚态物理	特聘博士生导师
496	张泽新	男	1977.11	凝聚态物理	特聘博士生导师
497	廖良生	男	1956.07	凝聚态物理	特聘博士生导师
498	王雪峰	男	1969.01	凝聚态物理	特聘博士生导师
499	马万里	男	1974.11	凝聚态物理	特聘博士生导师
500	揭建胜	男	1977.09	凝聚态物理	特聘博士生导师
501	孙周洲	男	1976.09	凝聚态物理	特聘博士生导师
502	杨朝辉	男	1978.03	凝聚态物理	特聘博士生导师
503	李 亮	男	1979.02	凝聚态物理	特聘博士生导师
504	Steffen Duhm	男	1978.06	凝聚态物理	特聘博士生导师
505	胡 军	男	1981.03	凝聚态物理	特聘博士生导师

续表

序号	姓名	性别	出生年月	专业名称	备注
506	杨 恺	男	1977.12	凝聚态物理	特聘博士生导师
507	尹万健	男	1983.10	凝聚态物理	特聘博士生导师
508	封心建	男	1976.10	物理化学	特聘博士生导师
509	何 乐	男	1987.03	物理化学	特聘博士生导师
510	胡志军	男	1973.04	高分子化学与物理	特聘博士生导师
511	康振辉	男	1976.03	高分子化学与物理	特聘博士生导师
512	唐建新	男	1979.04	高分子化学与物理	特聘博士生导师
513	王穗东	男	1977.01	高分子化学与物理	特聘博士生导师
514	陈 红	女	1967.10	高分子化学与物理	特聘博士生导师
515	黄 鹤	男	1967.02	高分子化学与物理	特聘博士生导师
516	李艳青	女	1980.10	高分子化学与物理	特聘博士生导师
517	潘勤敏	女	1965.12	高分子化学与物理	特聘博士生导师
518	屠迎锋	男	1976.11	高分子化学与物理	特聘博士生导师
519	蔡远利	男	1967.09	高分子化学与物理	特聘博士生导师
520	陈 康	男	1978.04	高分子化学与物理	特聘博士生导师
521	董 彬	男	1978.01	高分子化学与物理	特聘博士生导师
522	陆 广	男	1974.10	高分子化学与物理	特聘博士生导师
523	张茂杰	男	1982.10	高分子化学与物理	特聘博士生导师
524	刘 涛	男	1969.11	高分子化学与物理	特聘博士生导师
525	靳 健	女	1973.05	高分子化学与物理	特聘博士生导师
526	冯 岩	男	1980.03	等离子体物理	特聘博士生导师
527	刘 坚	男	1975.03	化学生物学	特聘博士生导师
528	何 耀	男	1981.05	化学生物学	特聘博士生导师
529	邹贵付	男	1979.09	材料物理与化学	特聘博士生导师
530	杨瑞枝	女	1972.11	材料物理与化学	特聘博士生导师
531	程建军	男	1970.08	材料物理与化学	特聘博士生导师
532	孙立宁	男	1964.01	光学工程	特聘博士生导师

续表

序号	姓名	性别	出生年月	专业名称	备注
533	袁 孝	男	1961.09	光学工程	特聘博士生导师
534	彭长四	男	1966.07	光学工程	特聘博士生导师
535	陈 琛	男	1963.11	光学工程	特聘博士生导师
536	李孝峰	男	1979.09	光学工程	特聘博士生导师
537	蔡阳健	男	1977.12	光学	特聘博士生导师
538	杭志宏	男	1978.10	光学	特聘博士生导师
539	陈 瑶	男	1970.04	材料学	特聘博士生导师
540	高立军	男	1965.02	材料学	特聘博士生导师
541	孙旭辉	男	1970.09	材料学	特聘博士生导师
542	李 斌	男	1974.06	材料学	特聘博士生导师
543	郑洪河	男	1967.07	材料学	特聘博士生导师
544	杨 磊	男	1982.01	材料学	特聘博士生导师
545	耿凤霞	女	1980.05	材料学	特聘博士生导师
546	吕 强	男	1978.04	纺织材料与纺织品设计	特聘博士生导师
547	何吉欢	男	1965.03	纺织材料与纺织品设计	特聘博士生导师
548	王晓沁	男	1969.01	纺织材料与纺织品设计	特聘博士生导师
549	罗宗平	男	1961.05	外科学（骨外科学）	特聘博士生导师
550	赛吉拉夫	男	1975.02	外科学（骨外科学）	特聘博士生导师
551	武 艺	男	1965.03	内科学（血液病学）	特聘博士生导师
552	周泉生	男	1955.06	内科学（血液病学）	特聘博士生导师
553	朱 力	男	1959.08	内科学（血液病学）	特聘博士生导师
554	戴克胜	男	1969.01	内科学（血液病学）	特聘博士生导师
555	何苏丹	女	1980.04	内科学（血液病学）	特聘博士生导师
556	黄玉辉	男	1972.12	内科学（血液病学）	特聘博士生导师
557	夏利军	男	1962.02	内科学（血液病学）	特聘博士生导师
558	徐 薇	女	1974.08	免疫学	特聘博士生导师
559	张惠敏	女	1979.06	免疫学	特聘博士生导师

续表

序号	姓名	性别	出生年月	专业名称	备注
560	高晓明	男	1962.02	免疫学	特聘博士生导师
561	杨 林	男	1964.08	免疫学	特聘博士生导师
562	熊思东	男	1962.10	免疫学	特聘博士生导师
563	尹芝南	男	1964.10	免疫学	特聘博士生导师
564	郑 慧	男	1978.12	免疫学	特聘博士生导师
565	周芳芳	女	1979.12	免疫学	特聘博士生导师
566	钱友存	男	1963.09	免疫学	特聘博士生导师
567	张雁云	男	1955.10	医学细胞与分子生物学	特聘博士生导师
568	张 毅	男	1964.02	儿科学	特聘博士生导师
569	李建明	男	1970.10	病理学与病理生理学	特聘博士生导师
570	徐广银	男	1964.02	医学神经生物学	特聘博士生导师
571	刘耀波	男	1971.12	医学神经生物学	特聘博士生导师
572	王建荣	男	1962.05	医学细胞生物学	特聘博士生导师
573	宋耀华	男	1961.03	医学细胞生物学	特聘博士生导师
574	何玉龙	男	1967.01	医学生物化学	特聘博士生导师
575	苏 雄	男	1977.10	医学细胞与分子生物学	特聘博士生导师
576	胡士军	男	1980.02	医学细胞与分子生物学	特聘博士生导师
577	张文胜	男	1968.08	医学细胞与分子生物学	特聘博士生导师
578	陈建权	男	1976.11	医学细胞与分子生物学	特聘博士生导师
579	王志新	男	1958.08	医学细胞与分子生物学	特聘博士生导师
580	吴嘉炜	女	1971.12	医学细胞与分子生物学	特聘博士生导师
581	时玉舫	男	1960.10	病理学与病理生理学	特聘博士生导师
582	徐 璎	女	1962.04	医学细胞与分子生物学	特聘博士生导师
583	杨金铭	男	1959.12	药理学	特聘博士生导师
584	镇学初	男	1963.07	药理学	特聘博士生导师
585	毛新良	男	1971.06	药理学	特聘博士生导师
586	王光辉	男	1964.01	药理学	特聘博士生导师

续表

序号	姓名	性别	出生年月	专业名称	备注
587	许国强	男	1973.12	药理学	特聘博士生导师
588	杨增杰	男	1975.01	药理学	特聘博士生导师
589	张小虎	男	1967.11	药物化学	特聘博士生导师
590	雷署丰	男	1975.10	流行病学与卫生统计学	特聘博士生导师
591	赵国屏	男	1948.08	病原生物学	特聘博士生导师
592	孙宝全	男	1973.11	物理化学	特聘博士生导师
593	李有勇	男	1975.01	物理化学	特聘博士生导师
594	江 林	女	1978.07	物理化学	特聘博士生导师
595	迟力峰	女	1957.10	物理化学	特聘博士生导师
596	刘 庄	男	1982.08	化学生物学	特聘博士生导师
597	张克勤	男	1972.08	纺织工程	特聘博士生导师
598	王 晗	男	1963.07	基因组医学	特聘博士生导师
599	冯 菜	女	1975.01	无机化学	特聘博士生导师
600	吴 涛	男	1976.10	无机化学	特聘博士生导师
601	黄小青	男	1984.08	无机化学	特聘博士生导师
602	陈 坚	男	1981.06	无机化学	特聘博士生导师
603	吴张雄	男	1984.03	无机化学	特聘博士生导师
604	赵 宇	男	1980.05	无机化学	特聘博士生导师
605	李彦光	男	1982.04	无机化学	特聘博士生导师
606	朱 晨	男	1981.07	有机化学	特聘博士生导师
607	马 楠	男	1981.10	分析化学	特聘博士生导师
608	肖 杰	男	1980.03	应用化学	特聘博士生导师
609	王汝海	男	1971.12	信号与信息处理	特聘博士生导师
610	乔东海	男	1965.08	信号与信息处理	特聘博士生导师
611	沈纲祥	男	1975.08	信号与信息处理	特聘博士生导师
612	侯 波	男	1980.05	光学	特聘博士生导师
613	赖 耘	男	1977.11	光学	特聘博士生导师

续表

序号	姓名	性别	出生年月	专业名称	备注
614	倪卫海	男	1979.03	光学	特聘博士生导师
615	汝长海	男	1976.08	光学工程	特聘博士生导师
616	陈立国	男	1974.11	光学工程	特聘博士生导师
617	Joel Moser	男	1973.03	光学工程	特聘博士生导师
618	范韶华	男	1970.10	金融数学	特聘博士生导师
619	Srdjanstojanovic	男	1957.05	金融数学	特聘博士生导师
620	陈景润	男	1982.11	计算数学	特聘博士生导师
621	杨周旺	男	1974.11	计算数学	特聘博士生导师
622	卞志村	男	1975.08	金融学	特聘博士生导师
623	袁先智	男	1965.07	金融工程	特聘博士生导师
624	冯 博	女	1981.10	企业管理	特聘博士生导师
625	赵宇亮	男	1963.02	放射医学	特聘博士生导师
626	周如鸿	男	1966.12	放射医学	特聘博士生导师
627	柴之芳	男	1942.09	放射医学	特聘博士生导师
628	张忠平	男	1965.01	放射医学	特聘博士生导师
629	周光明	男	1970.07	放射医学	特聘博士生导师
630	李瑞宾	男	1982.09	放射医学	特聘博士生导师
631	王殳凹	男	1985.06	特种医学	特聘博士生导师
632	李 桢	男	1976.08	特种医学	特聘博士生导师
633	史海斌	男	1978.03	特种医学	特聘博士生导师
634	陈晓东	男	1965.02	应用化学	特聘博士生导师
635	李永舫	男	1948.08	材料学	特聘博士生导师
636	曾小庆	男	1979.08	物理化学	特聘博士生导师
637	戴宏杰	男	1966.05	物理化学	特聘博士生导师
638	张 桥	男	1982.06	物理化学	特聘博士生导师
639	鲍晓光	男	1980.07	物理化学	特聘博士生导师

续表

序号	姓名	性别	出生年月	专业名称	备注
640	张真庆	男	1978.01	药物分析学	特聘博士生导师
641	张 民	男	1970.06	计算机应用技术	特聘博士生导师
642	郑 凯	男	1983.07	计算机应用技术	特聘博士生导师
643	郑朝晖	男	1968.03	计算机应用技术	特聘博士生导师
644	张 明	男	1959.10	高等教育学	特聘博士生导师
645	孙洪涛	男	1979.04	材料学	特聘博士生导师
646	周晓方	男	1963.03	计算机应用技术	特聘博士生导师
647	王宜强	男	1966.05	免疫学	特聘博士生导师
648	储剑虹	男	1980.08	免疫学	特聘博士生导师
649	秦 樾	男	1957.10	免疫学	特聘博士生导师
650	华益民	男	1966.12	医学神经生物学	特聘博士生导师
651	杨大伟	男	1981.10	基础数学	特聘博士生导师
652	李 慧	女	1966.12	基础数学	特聘博士生导师
653	樊 健	男	1975.11	有机化学	特聘博士生导师
654	徐 信	男	1981.01	有机化学	特聘博士生导师
655	徐新芳	男	1981.12	有机化学	特聘博士生导师
656	殷黎晨	男	1982.09	材料物理与化学	特聘博士生导师
657	冯敏强	男	1974.07	材料学	特聘博士生导师
658	赵 燕	女	1978.12	纺织工程	特聘博士生导师
659	彭天庆	男	1965.12	病理学与病理生理学	特聘博士生导师
660	王志伟	男	1970.06	病理学与病理生理学	特聘博士生导师
661	龙乔明	男	1963.09	医学细胞与分子生物学	特聘博士生导师
662	赖福军	男	1973.09	企业管理	特聘博士生导师
663	尚虎平	男	1974.05	行政管理	特聘博士生导师
664	张晓宏	男	1967.01	材料物理与化学	特聘博士生导师
665	晏成林	男	1980.01	材料物理与化学	特聘博士生导师
666	史培新	男	1975.10	智能交通科学与技术	特聘博士生导师

续表

序号	姓名	性别	出生年月	专业名称	备注
667	邓昭	男	1978.05	新能源科学与工程	特聘博士生导师
668	彭扬	女	1980.03	新能源科学与工程	特聘博士生导师
669	Mark H. Rummeli	男	1967.10	新能源科学与工程	特聘博士生导师
670	孙靖宇	男	1986.03	新能源科学与工程	特聘博士生导师
671	徐博翎	女	1983.01	智能机器人技术	特聘博士生导师
672	李杨欣	女	1965.06	病理学与病理生理学	特聘博士生导师
673	刘通	男	1980.02	医学神经生物学	特聘博士生导师
674	郭树理	男	1975.04	国际法学	特聘博士生导师
675	曾维刚	男	1974.11	中国古代文学	特聘博士生导师
676	铁爱花	女	1976.03	中国史	特聘博士生导师
677	长海博文	男	1962.10	材料冶金	特聘博士生导师
678	Jinho Choi	男	1978.01	新能源科学与工程	特聘博士生导师
679	邵常顺	男	1962.10	医学细胞与分子生物学	特聘博士生导师
680	陈崧	男	1985.11	材料学	特聘博士生导师
681	倪江锋	男	1979.08	凝聚态物理	特聘博士生导师
682	陈罡	男	1980.09	外科学(神经外科学)	特聘博士生导师
683	凌晓峰	男	1963.05	软件工程	特聘博士生导师 讲习教授、加拿大工程院院士
684	凌新生	男	1964.02	凝聚态物理	特聘博士生导师 讲座教授、国家千人计划
685	John Michael Kosterlitz	男	1943.06	凝聚态物理	特聘博士生导师 讲习教授、诺贝尔奖获得者
686	胡绍燕	女	1967.03	临床医学	专业学位博士生导师
687	季伟	女	1956.11	临床医学	专业学位博士生导师
688	王翎	女	1964.02	临床医学	专业学位博士生导师

续表

序号	姓名	性别	出生年月	专业名称	备注
689	周幽心	男	1964.02	临床医学	专业学位博士生导师
690	姚 阳	男	1956.09	临床医学	专业学位博士生导师
691	刘 红	女	1963.07	临床医学	专业学位博士生导师
692	陈 钟	男	1963.07	临床医学	专业学位博士生导师
693	王晓东	男	1964.09	临床医学	专业学位博士生导师
694	沈宗姬	女	1955.02	临床医学	专业学位博士生导师
695	董 选	女	1953.07	临床医学	专业学位博士生导师
696	侯月梅	女	1959.02	临床医学	专业学位博士生导师
697	李 勋	男	1962.12	临床医学	专业学位博士生导师
698	荆志成	男	1971.08	临床医学	专业学位博士生导师
699	唐晓文	女	1969.10	临床医学	专业学位博士生导师
700	韩 悦	女	1970.02	临床医学	专业学位博士生导师
701	仇惠英	女	1966.09	临床医学	专业学位博士生导师
702	凌春华	男	1965.03	临床医学	专业学位博士生导师
703	陈 锐	女	1968.07	临床医学	专业学位博士生导师
704	李惠萍	女	1958.01	临床医学	专业学位博士生导师
705	许春芳	男	1964.03	临床医学	专业学位博士生导师
706	成兴波	男	1955.11	临床医学	专业学位博士生导师
707	施毕旻	女	1965.11	临床医学	专业学位博士生导师
708	卢国元	男	1966.03	临床医学	专业学位博士生导师
709	朱新国	男	1970.04	临床医学	专业学位博士生导师
710	程树群	男	1966.02	临床医学	专业学位博士生导师
711	沈 锋	男	1962.03	临床医学	专业学位博士生导师
712	徐耀增	男	1961.10	临床医学	专业学位博士生导师
713	沈忆新	男	1960.07	临床医学	专业学位博士生导师
714	姜为民	男	1961.08	临床医学	专业学位博士生导师
715	侯瑞兴	男	1963.03	临床医学	专业学位博士生导师

续表

序号	姓名	性别	出生年月	专业名称	备注
716	刘锦波	男	1966.01	临床医学	专业学位博士生导师
717	欧阳骏	男	1964.04	临床医学	专业学位博士生导师
718	浦金贤	男	1962.01	临床医学	专业学位博士生导师
719	郑世营	男	1957.10	临床医学	专业学位博士生导师
720	何靖康	男	1966.10	临床医学	专业学位博士生导师
721	赵军	男	1968.03	临床医学	专业学位博士生导师
722	王中	男	1964.03	临床医学	专业学位博士生导师
723	董军	男	1971.07	临床医学	专业学位博士生导师
724	李向东	男	1967.12	临床医学	专业学位博士生导师
725	虞正权	男	1965.01	临床医学	专业学位博士生导师
726	杜彦李	男	1963.10	临床医学	专业学位博士生导师
727	赵天兰	女	1963.11	临床医学	专业学位博士生导师
728	董万利	男	1959.08	临床医学	专业学位博士生导师
729	薛寿儒	男	1967.04	临床医学	专业学位博士生导师
730	方琪	男	1965.11	临床医学	专业学位博士生导师
731	罗蔚锋	男	1966.10	临床医学	专业学位博士生导师
732	姜卫剑	男	1960.03	临床医学	专业学位博士生导师
733	张汝芝	女	1968.06	临床医学	专业学位博士生导师
734	倪才方	男	1962.08	临床医学	专业学位博士生导师
735	朱晓黎	男	1971.03	临床医学	专业学位博士生导师
736	李晓忠	男	1965.08	临床医学	专业学位博士生导师
737	冯星	男	1959.10	临床医学	专业学位博士生导师
738	吕海涛	男	1969.01	临床医学	专业学位博士生导师
739	王易	男	1966.07	临床医学	专业学位博士生导师
740	华东	男	1967.01	临床医学	专业学位博士生导师
741	陆雪官	男	1969.11	临床医学	专业学位博士生导师
742	陶敏	男	1962.11	临床医学	专业学位博士生导师

续表

序号	姓名	性别	出生年月	专业名称	备注
743	周菊英	女	1965.01	临床医学	专业学位博士生导师
744	蒋敬庭	男	1964.09	临床医学	专业学位博士生导师
745	凌扬	男	1960.03	临床医学	专业学位博士生导师
746	周彩存	男	1962.09	临床医学	专业学位博士生导师
747	徐峰	男	1969.02	临床医学	专业学位博士生导师
748	俞卫锋	男	1963.03	临床医学	专业学位博士生导师
749	何志旭	男	1967.10	临床医学	专业学位博士生导师
750	时立新	男	1962.01	临床医学	专业学位博士生导师
751	孙诚谊	男	1963.03	临床医学	专业学位博士生导师
752	王小林	男	1954.06	临床医学	专业学位博士生导师
753	王季石	男	1958.12	临床医学	专业学位博士生导师
754	伍国锋	男	1963.04	临床医学	专业学位博士生导师
755	程明亮	男	1957.08	临床医学	专业学位博士生导师
756	楚兰	女	1968.06	临床医学	专业学位博士生导师
757	王艺明	男	1964.04	临床医学	专业学位博士生导师
758	赵淑云	女	1968.02	临床医学	专业学位博士生导师
759	朱晔涵	男	1964.07	临床医学	专业学位博士生导师
760	匡玉庭	男	1963.03	临床医学	专业学位博士生导师
761	葛自力	男	1961.02	临床医学	专业学位博士生导师
762	马海涛	男	1961.06	临床医学	专业学位博士生导师
763	陈友国	男	1964.09	临床医学	专业学位博士生导师
764	陆士奇	男	1959.05	临床医学	专业学位博士生导师
765	黄立新	男	1966.07	临床医学	专业学位博士生导师
766	钱忠来	男	1967.02	临床医学	专业学位博士生导师
767	董晓强	男	1966.11	临床医学	专业学位博士生导师
768	崔岗	男	1967.04	临床医学	专业学位博士生导师
769	谢燕	女	1967.09	临床医学	专业学位博士生导师

续表

序号	姓名	性别	出生年月	专业名称	备注
770	谢 红	男	1960.07	临床医学	专业学位博士生导师
771	朱维培	男	1965.07	临床医学	专业学位博士生导师
772	陈勇兵	男	1965.01	临床医学	专业学位博士生导师
773	施敏骅	男	1966.05	临床医学	专业学位博士生导师
774	蒋国勤	男	1966.12	临床医学	专业学位博士生导师
775	沈钧康	男	1961.11	临床医学	专业学位博士生导师
776	陈建昌	男	1966.02	临床医学	专业学位博士生导师
777	刘励军	男	1963.09	临床医学	专业学位博士生导师
778	刘玉龙	男	1966.08	临床医学	专业学位博士生导师
779	邢 伟	男	1965.06	临床医学	专业学位博士生导师
780	江 勇	男	1972.09	临床医学	专业学位博士生导师
781	顾伟英	女	1971.11	临床医学	专业学位博士生导师
782	王培吉	男	1967.02	临床医学	专业学位博士生导师
783	严文华	男	1956.03	临床医学	专业学位博士生导师
784	汤继宏	男	1967.01	临床医学	专业学位博士生导师
785	胡桃红	男	1964.02	临床医学	专业学位博士生导师
786	李全民	男	1965.08	临床医学	专业学位博士生导师
787	王之敏	男	1968.01	临床医学	专业学位博士生导师
788	芮永军	男	1963.09	临床医学	专业学位博士生导师
789	谈永飞	男	1962.08	临床医学	专业学位博士生导师
790	朱传武	男	1965.10	临床医学	专业学位博士生导师
791	刘 峰	男	1963.07	临床医学	专业学位博士生导师
792	李 纲	男	1966.02	临床医学	专业学位博士生导师
793	秦 磊	男	1970.02	临床医学	专业学位博士生导师
794	夏 飞	女	1962.05	临床医学	专业学位博士生导师
795	杨俊华	男	1959.12	临床医学	专业学位博士生导师
796	管洪庚	男	1965.07	临床医学	专业学位博士生导师

续表

序号	姓名	性别	出生年月	专业名称	备注
797	沈国良	男	1964.04	临床医学	专业学位博士生导师
798	毛忠琦	男	1964.05	临床医学	专业学位博士生导师
799	严苏	女	1964.11	临床医学	专业学位博士生导师
800	刘济生	男	1966.11	临床医学	专业学位博士生导师
801	庄志祥	男	1962.10	临床医学	专业学位博士生导师
802	薛群	女	1971.03	临床医学	专业学位博士生导师
803	惠杰	男	1959.09	临床医学	专业学位博士生导师
804	周云	男	1961.02	临床医学	专业学位博士生导师
805	秦环龙	男	1965.11	临床医学	专业学位博士生导师
806	毛伟敏	男	1957.12	临床医学	专业学位博士生导师
807	李惠玲	女	1964.11	临床医学	专业学位博士生导师
808	汪小华	女	1962.06	临床医学	专业学位博士生导师
809	陈延斌	男	1971.03	临床医学	专业学位博士生导师
810	钱齐宏	男	1960.06	临床医学	专业学位博士生导师
811	张海涛	男	1966.02	临床医学	专业学位博士生导师
812	祁震宇	男	1968.01	临床医学	专业学位博士生导师
813	张晓峰	男	1970.10	临床医学	专业学位博士生导师
814	惠品晶	女	1963.05	临床医学	专业学位博士生导师
815	孙永明	男	1963.12	临床医学	专业学位博士生导师
816	徐国旭	男	1961.01	临床医学	专业学位博士生导师
817	薛波新	男	1967.07	临床医学	专业学位博士生导师
818	严军	男	1969.07	临床医学	专业学位博士生导师
819	阳东荣	男	1969.10	临床医学	专业学位博士生导师
820	张恒柱	男	1972.07	临床医学	专业学位博士生导师
821	张弘	女	1971.01	临床医学	专业学位博士生导师
822	周海斌	男	1969.05	临床医学	专业学位博士生导师
823	华飞	男	1970.11	临床医学	专业学位博士生导师

续表

序号	姓名	性别	出生年月	专业名称	备注
824	吴 敏	男	1970.07	临床医学	专业学位博士生导师
825	朱雪萍	女	1968.12	临床医学	专业学位博士生导师
826	李艳红	女	1967.07	临床医学	专业学位博士生导师
827	朱国际	女	1964.05	临床医学	专业学位博士生导师
828	陈 凯	男	1968.12	临床医学	专业学位博士生导师
829	徐 红	女	1967.12	临床医学	专业学位博士生导师
830	王跃涛	男	1964.04	临床医学	专业学位博士生导师
831	杨伊林	男	1960.11	临床医学	专业学位博士生导师
832	郝创利	男	1966.01	临床医学	专业学位博士生导师
833	杨 勋	男	1968.01	临床医学	专业学位博士生导师
834	糜菁熠	男	1972.03	临床医学	专业学位博士生导师
835	余云生	男	1970.08	临床医学	专业学位博士生导师
836	蔡秀英	女	1969.02	临床医学	专业学位博士生导师
837	蒋廷波	男	1965.09	临床医学	专业学位博士生导师
838	谢道海	男	1966.03	临床医学	专业学位博士生导师
839	朱 匀	女	1969.10	临床医学	专业学位博士生导师
840	张洪涛	男	1968.11	临床医学	专业学位博士生导师
841	张子祥	男	1968.06	临床医学	专业学位博士生导师
842	王振欣	男	1971.04	临床医学	专业学位博士生导师
843	曹勇军	男	1972.01	临床医学	专业学位博士生导师
844	胡 吉	男	1971.10	临床医学	专业学位博士生导师
845	谢 莹	女	1967.09	临床医学	专业学位博士生导师
846	刘 健	男	1963.11	临床医学	专业学位博士生导师
847	韩从辉	男	1967.10	临床医学	专业学位博士生导师

各类人才工程入选人员名单

1. 2017年度"长江学者奖励计划"特聘教授
刘　庄　王卫平

2. 2017年度"长江学者奖励计划"青年项目入选名单
唐建新　张秀娟　周芳芳

3. "万人计划"科技创新领军人才
张晓宏　刘　庄　唐建新　严　锋

4. "国家杰出青年基金"获得者
康振辉

5. "国家优秀青年基金"获得者
殷黎晨　李艳青　陈冬赟　朱　晨

6. 2017年度江苏省第五期"333工程"科研项目资助名单
张晓宏　方新军　严　锋　邹贵付　王殳凹　何苏丹

7. 2017年度江苏省"高层次创新创业人才引进计划"入选名单
陈景润　尹万健　彭　扬　张茂杰　李瑞宾　史海斌　殷黎晨　张　桥　赵　宇

8. 2017年度江苏省"双创团队"入选名单
黄小青团队　张　民团队　周如鸿团队

9. 2017年度江苏省"双创博士"（境外世界名校创新类）
Vincenzo Pecunia　韩　亮　廖　刚　聂宝清　潘一婷　石晓菲

10. 2017年度高校"青蓝工程"培养对象

优秀青年骨干教师:程雪阳　王　飞　张　召
中青年学术带头人:王　耘　钟胜奎　李炳宗
优秀教学团队带头人:张　莉

11. 2017年江苏特聘教授

徐新芳　周芳芳　殷黎晨　张秀娟　陈苏宁

12. 第四批江苏"外专百人计划"入选外国专家名单

Mark Rummeli

2017年博士后出站、进站和在站人数情况

博士后流动站名称	出站人数	进站人数	2017年年底在站人数
哲学	0	1	3
应用经济学	4	0	7
法学	0	2	19
政治学	1	0	7
马克思主义理论	0	0	2
教育学	0	1	9
体育学	1	4	20
中国语言文学	3	8	28
外国语言文学	1	1	5
中国史	0	2	5
数学	1	1	11
物理学	6	6	30
化学	3	12	46
统计学	0	0	4
光学工程	8	8	43
材料科学与工程	22	26	80

续表

博士后流动站名称	出站人数	进站人数	2017年年底在站人数
计算机科学与技术	4	11	39
化学工程与技术	2	1	8
纺织科学与工程	5	9	34
畜牧学	1	2	2
基础医学	6	13	57
临床医学	7	10	48
公共卫生与预防医学	0	4	21
药学	0	7	21
特种医学	1	3	35
设计学	0	1	9
工商管理	0	0	6
软件工程	0	2	8
信息与通信工程	0	1	3
合计	76	136	610

2017年博士后在站、出站人员情况

流动站名称	在站人员	出站人员
哲学	骆海飞　李红霞　陈　挺	
应用经济学	程文红　朱新财　李锐　庄小将　朱妍 崔健波　蒋薇薇	王群伟　朱冬琴 何艳　曹旭平
法学	韩轶　杨盛达　周海博　熊赖虎　许小亮 蒋鹏飞　朱明新　陈华荣　田红星　吴俊 何香柏　李红润　程金池　熊瑛子　李雪 蒋莉石　肖雪　卜璐　王俊	
政治学	李西杰　林莉　宋效峰　李优坤　盛睿 杨静　王静	刘素梅
马克思主义理论	吴丹　于莲	

续表

流动站名称	在站人员					出站人员
教育学	王明洲 余 庆	李西顺 古海波	廖传景 王爱君	王 云 侯小兵	管贤强	
体育学	范凯斌 张继生 李留东 张凤彪	张林挺 杨 明 邱 林 白 杨	敬龙军 霍子文 赵 毅 张 磊	李 华 辜德宏 高 亮 王立军	谷 鹏 方千华 韩红雨 殷荣宾	杨建营
中国语言文学	陈 芳 高志明 薛 征 张春晓 刘 霞 杨壹棋	刘怀堂 汪许莹 李杰玲 马林刚 王 敏 刘英杰	肖模艳 李 一 李 黎 杨黎黎 李 晨 穆 杨	迟玉梅 袁 茹 徐 蒙 周瑾锋 孙启华	李从云 赵红卫 秦 烨 朱钦运 张学谦	张连义　吕鹤颖 杨君宁
外国语言文学	喻锋平	沈鞠明	黄爱军	杨 静	何芊蔚	孟祥春
中国史	韩秀丽	李学如	丁义珏	傅 亮	谢诗艺	
数学	孙茂民 毛仁荣 汪 馨	张亚楠 陈少林	李丹丹 王 奎	卢培培 王言芹	唐树安 刘雷艮	徐士鑫
物理学	韩 琴 钱 郁 刘 琳 唐朝辉 马奔原 虞一青 李 超	刘家胜 石子亮 王显福 Rafael Gregorio Mendes 汤如俊 赵晓辉 Ta Quang Huy	俞卫刚 黄丽珍 陈 鹏 吴绍龙 Fazel Shojaei	庞 欢 齐苏敏 马玉龙 赵建庆 朱 巍 李珍珠 肖义鑫	窦卫东 钱 涛 吴 飞 姚 铮	李绍娟　金 超 林生晃　琚晨辉 刘爱芳　倪江锋
化学	万小兵 王会芳 Dr. S. Rakesh 张 伟 尹 玲 王 璐 白树行 朱华君 Sarvedrakumar Aisha Bibi 王正宫 唐增超	王晓辉 袁 丹 邵 莺 戴高乐 高金波 张 鹏 李耀文 刘泽柯 国 霞	冯 芳 张丹丹 陈小芳 陈礼平 Shahid Iqbal 董慧龙 黄现强 吴新鑫 张 强	金子信悟 梁志强 邵智斌 黎泓波 戴 铭 刘杉杉 张 军 王 凯	靳奇峰 邹 丽 吕世贤 王 翔 王 莲 田景华 卜令正 曹利敏	杨华军　李晓伟 刘小莉
统计学	程东亚	顾莉洁	梁 森	颜 洁		

续表

流动站名称	在站人员					出站人员	
光学工程	李爱明 张　翔 王　军 宋　芳 吴兆丰 董一鸣 罗　杰 王承伟 邵伟佳	王明娣 刘　楠 刘曰涛 陶雪慧 杨　勇 王文明 高东梁 朱时军 贺海东	郭开波 楼益民 谢　锋 徐亚东 伍锡如 方　亮 杨　浩 张克栋 黄　敏	丑修建 詹耀辉 樊　成 石震武 周东营 常　同 孙晓燕 刘娇娇	刘艳花 刘丽双 黄文彬 金成刚 李相鹏 王晓南 王呈栋 王　洁	李　珂 余　雷 杨俊义 靳　鸿	王阳俊 郭　浩 郭利娜 钟博文
材料科学与工程	夏志新 周　成 张启建 刘静静 孙殿明 Chandreswar Mahata 黄晓飞 Marco Antonio 李　灏 张长昆 翁　凌 于永强 王　蕾 王　滋 P. JoiceSophia 齐　菲 王海桥 何少波 邓明宇	王　鑫 邓　丹 周　峰 祝英忠 Sher Zaman 田　俊 周言根 吴敬华 尧　华 蒋玉荣 韩凤选 Nabi-Aser John McLeod 刘庆红 程　亮	张罗嶽 杲　辰 王亚楠 孟周琪 冯良珠 Debabrata Maiti 李　华 李超然 王燕东 曹暮寒 李红坤 Sebastian 王照奎 盛　敏 刘　永	赵　杰 房　进 陈建美 侯　栋 查晨阳 文　震 冯爱玲 张丙昌 钟伊南 赵　栋 崔超华 Aghdassi 王慧华 张洪宾 奇伍凌 邢占文	李雪姣 徐敏敏 丁　磊 姚艳波 魏怀鑫 钱玉敏 刘　兵 管清宝 陈　昊 黄　洋 王海蓉 王舒婕 许继芳 宋　涛 程　亮 薛　洁	章顺虎 薛运周 宋国胜 黄宇剑 赵庆欢 陈　栋 苏艳丽 徐　勇 夏志新 董尧君 Shivananju B. N 何金林	夏斐斐 曾　敏 朱彩虹 朱刚贤 林海平 黄　慧 王永光 秦传香 闫炳基 李永玺
计算机科学与技术	陈　蓉 戴　欢 江星星 陈乐德 卜令山 蔡改改 高向军	王　俊 冯壮波 周经亚 成　明 王忠海 李　鹏 刘冠峰 李正华	周夏冰 杜贵府 石娟娟 冯原召 张　庞 龚　勋 向德辉	黄　鑫 房俊华 盛　洁 樊明迪 李春光 张好明 胡海燕 王　进	赵　洋 季　清 何立群 沈长青 李直旭 李　怡 张友军	任子武 王　莹	仲兆准 高　瑜
化学工程与技术	李　娜 吴德波	姜政志 孟金凤	王　洋 王崇龙	M. Rajesh Kumar 顾培洋		陈利丁	姜训鹏

续表

流动站名称	在站人员	出站人员
纺织科学与工程	赵兵　倪箐　戴沈华　何佳臻　祁宁 王刚　刘福娟　魏真真　李媛媛　王萍 黄俊　刘宇清　马瑶　李刚　张岩 任煜　陈娜　邢铁玲　杨歆豪　徐晓静 Mohammad Shahid　关晋平　陈廷　郭雪峰 范志海　茅泳涛　张晓峰　孙启龙　何素文 刘茜　陈玉华　王立川　谢宗刚　张再兴	邢瑞　吴丽莉 袁莉　卢业虎 刘红艳
畜牧学	刘同欣　栗凤鹏	Dr. Dhiraj Kumar
基础医学	吴玉敏　周围　周傅　胡雅楠　柳春晓 胡林　陶卉　游容　张亚楠　王禹 倪萱　谢枫　薛蓉　徐晨昶　何小芹 孙玉芳　马海阔　常新　黄振晖　黄一帆 周进　李扬　王琳辉　黄金忠　梁婷 潘志雄　孙丽娜　刘瑶　赵鑫　李立娟 沈冬　王明华　闫玮　林卫　王望 董福禄　解晴　唐朝君　李敏　罗承良 庄文卓　张熠　李文杰　姜岩　许弘飞 梁中洁　糜菁熠　朱旬　许利耕　苏媛媛 王桃云　贺丽虹　夏景光　郭冷秋　罗丽 王畅　徐乃玉	钟英斌　王泽根 刘陶乐　邱苏赣 王燕　邢丽娟
临床医学	方成　杨欣　庄乾锋　汤晓晨　王征 徐春　安勇　冯锦　徐人杰　朱大伟 张柳笛　张兴　张爱梁　袁野　谢展利 贾鹏　赵琳　温晓晓　林丹丹　王席启林 王军　吴宝强　朱丹霞　袁章琴　韩庆东 龚拯　周峰　方连　马守宝　孙青 周雷　刘光旺　商冰雪　田璟鸾　王羿萌 张铁军　李吻　刘蔚　焦晴晴　皮斌 周碧蓉　尤万春　姜智　李炳宗 林俊　缪宇锋　孙万平	赵全明　顾巧丽 曾招　梁勇 燕海姣　吴晨 蔡辉华
公共卫生与预防医学	Mishra Shital Kumar 武婧　柯朝甫　蒋菲　郅雪原　刘陶乐 陶莎莎　万忠晓　韩丽媛　白艳洁　尹洁云 陈丽华　李敏敬　莫兴波　常杰　武龙飞 信丽丽　张欢　孙宏鹏　何艳　韩淑芬	

续表

流动站名称	在站人员					出站人员
药　学	倪　江 邱实泓 王明勇 董晓华 胡青松	胡　玮 周　亮 金雅康 陈　冬	张平安 康乃馨 柯亨特 周　鼎	王　涛 李笃信 邓益斌 彭少平	万会达 张明阳 任海刚 孙佩华	
特种医学	张海龙 杨　燚 杨燕美 秦粉菊 代　星 王艳龙 聂继华	王威力 胡文涛 徐美芸 屈卫卫 孟烜宇 刘汉洲 田　欣	李新良 王仁生 王璐瑶 马晓川 李伟峰 何伟伟 孙自玲	王真钰 陈　龙 刘　赓 裴海龙 刘志勇 曾剑峰 汪　勇	张　琦 焦　旸 张　健 王广林 李　明 陶泽天 王杨云	田　健
设计学	荣　侠 郭恒杰	樊子妤 王　拓	徐志华 刘亚玉	邰　杰 贾砚农	许光辉	
工商管理	刘　亮 沈　能	禹久泓	王要玉	陈冬宇	周中胜	
软件工程	王中卿 王　喜	刘　钊 梁合兰	邹博伟 程宝雷	周　信	贾俊铖	
信息与通信工程	王　波	胡　广	王旭东			

2017年人员变动情况

2017年苏州大学教职工调进人员一览表

序号	姓名	性别	调进工作部门、院(部)	调进时间
1	朱钦运	男	文学院	2016年9月
2	古海波	男	外国语学院	2016年9月
3	郑超湳	女	医学部药学院	2016年11月
4	冯　博	女	东吴商学院(财经学院)	2016年11月
5	江星星	男	轨道交通学院	2016年12月
6	吴　鸣	女	电子信息学院	2017年1月
7	沈　怡	女	东吴商学院(财经学院)	2017年1月

续表

序号	姓名	性别	调进工作部门、院(部)	调进时间
8	薛红艳	女	凤凰传媒学院	2017年1月
9	易前良	男	凤凰传媒学院	2017年1月
10	柏 杨	女	凤凰传媒学院	2017年1月
11	顾静洁	女	艺术学院	2017年1月
12	Schroeder Michael	男	纳米科学技术学院	2017年1月
13	张 颖	女	继续教育处(继续教育学院)	2017年2月
14	储昭昉	男	东吴商学院(财经学院)	2017年2月
15	蔡晓明	女	医学部公共卫生学院	2017年2月
16	何佳臻	女	纺织与服装工程学院	2017年2月
17	李媛媛	女	纺织与服装工程学院	2017年2月
18	魏真真	女	纺织与服装工程学院	2017年2月
19	龙亚秋	女	医学部	2017年2月
20	姜黎明	男	继续教育处(继续教育学院)	2017年2月
21	王娜娜	女	校医院(挂靠后勤管理处)	2017年2月
22	马 先	男	继续教育处(继续教育学院)	2017年2月
23	邓业林	男	轨道交通学院	2017年2月
24	孙靖宇	男	物理与光电·能源学部 能源学院	2017年2月
25	郑 丽	女	金螳螂建筑学院	2017年3月
26	顾 妍	女	物理与光电·能源学部	2017年3月
27	魏 兴	男	纺织与服装工程学院	2017年3月
28	王汝超	女	财务处	2017年3月
29	张盼盼	女	学报编辑部	2017年3月
30	郑会珍	女	医学部放射医学与防护学院	2017年3月
31	高 帆	男	物理与光电·能源学部	2017年3月
32	靳 健	女	材料与化学化工学部	2017年3月
33	秦 樾	男	医学部	2017年3月

续表

序号	姓名	性别	调进工作部门、院(部)	调进时间
34	王佐政	男	东吴商学院(财经学院)	2017年3月
35	崔子璐	男	人事处	2017年3月
36	赵立树	男	财务处	2017年3月
37	吴俊	男	财务处	2017年3月
38	杨娟	女	纳米科学技术学院	2017年3月
39	陈涛	男	功能纳米与软物质研究院	2017年4月
40	许燊昊	男	计算机科学与技术学院	2017年4月
41	王悦	女	医学部基础医学与生物科学学院	2017年4月
42	赵燕	女	纺织与服装工程学院	2017年4月
43	佟鑫	女	继续教育处(继续教育学院)	2017年4月
44	郑红	女	纪委	2017年4月
45	冯国樑	男	材料与化学化工学部	2017年4月
46	韩玉兰	女	纳米科学技术学院	2017年4月
47	王杰	男	医学部基础医学与生物科学学院	2017年4月
48	崔孝能	男	材料与化学化工学部	2017年5月
49	潘明明	男	医学部实验动物中心	2017年5月
50	赵丽娟	女	医学部实验动物中心	2017年5月
51	袁国涛	男	功能纳米与软物质研究院	2017年5月
52	陈柱柱	女	医学部实验动物中心	2017年5月
53	吴多闻	男	后勤管理处	2017年5月
54	付忠琳	男	苏州大学转化医学研究院	2017年6月
55	蒋菲	女	医学部公共卫生学院	2017年6月
56	周瑾锋	男	文学院	2017年6月
57	李威	男	医学部放射医学与防护学院	2017年6月
58	孟浩	男	材料与化学化工学部	2017年6月
59	王梦凡	男	物理与光电·能源学部能源学院	2017年6月
60	洪正琳	女	纺织与服装工程学院	2017年6月

续表

序号	姓名	性别	调进工作部门、院(部)	调进时间
61	冯国强	男	物理与光电·能源学部	2017年6月
62	张明星	男	医学部	2017年6月
63	张开城	男	材料与化学化工学部	2017年6月
64	张盛宇	男	材料与化学化工学部	2017年6月
65	贺梓	男	功能纳米与软物质研究院	2017年6月
66	长海博文	男	沙钢钢铁学院	2017年6月
67	邵常顺	男	医学部	2017年6月
68	王俊	男	轨道交通学院	2017年7月
69	徐勇	男	功能纳米与软物质研究院	2017年7月
70	江涌	男	党委办公室	2017年7月
71	芮国强	男	党委办公室	2017年7月
72	陆冰	女	医学部神经科学研究所	2017年7月
73	李秋珵	女	能源学院	2017年7月
74	张帅	男	医学部	2017年7月
75	郭欢	女	材料与化学化工学部	2017年7月
76	蔡令栋	男	医学部基础医学与生物科学学院	2017年7月
77	王姚峰	男	材料与化学化工学部	2017年7月
78	程鹏鹏	男	能源与材料创新研究院	2017年7月
79	孙启华	男	文学院	2017年7月
80	张广	男	功能纳米与软物质研究院	2017年8月
81	顾怡	男	数学科学学院	2017年8月
82	张亮	男	政治与公共管理学院	2017年8月
83	沈炜策	男	东吴商学院(财经学院)	2017年8月
84	刘忠志	男	东吴商学院(财经学院)	2017年8月
85	康红梅	女	数学科学学院	2017年8月
86	陈楠楠	女	生物医学研究院	2017年8月
87	赵晨浩	女	图书馆	2017年8月

续表

序号	姓名	性别	调进工作部门、院(部)	调进时间
88	王帅	女	校长办公室	2017年8月
89	姚晓玲	女	国内合作办公室	2017年8月
90	王若舒	女	人事处	2017年8月
91	陈宇韩	男	财务处	2017年8月
92	史宇	男	科学技术研究部	2017年8月
93	朱培培	女	保卫部(处)	2017年8月
94	周航	男	物理与光电·能源学部	2017年8月
95	黄静	女	医学部	2017年8月
96	鲍清	女	材料与化学化工学部	2017年8月
97	郭永坤	男	物理与光电·能源学部	2017年8月
98	白春风	男	电子信息学院	2017年8月
99	李泳成	男	电子信息学院	2017年8月
100	张朵	男	医学部放射医学与防护学院	2017年8月
101	王俊	男	王健法学院	2017年8月
102	杨壹棋	女	文学院	2017年8月
103	张学谦	男	文学院	2017年8月
104	武婧	女	医学部公共卫生学院	2017年8月
105	张克栋	男	机电工程学院	2017年8月
106	李晨	男	文学院	2017年8月
107	杜贵府	男	轨道交通学院	2017年8月
108	房俊华	男	计算机科学与技术学院	2017年8月
109	束慧	女	剑桥—苏大基因组资源中心	2017年8月
110	吴洁	女	人事处	2017年8月
111	张晓琛	女	沙钢钢铁学院	2017年8月
112	李聪	女	剑桥—苏大基因组资源中心	2017年8月
113	杨美芳	女	数学科学学院	2017年8月
114	尚婧	女	金螳螂建筑学院	2017年8月

续表

序号	姓名	性别	调进工作部门、院(部)	调进时间
115	李 萌	男	骨科研究所	2017年8月
116	丁佳莉	女	计算机科学与技术学院	2017年8月
117	韩停停	女	功能纳米与软物质研究院	2017年8月
118	胡景生	男	医学部基础医学与生物科学学院	2017年8月
119	卢 博	男	材料与化学化工学部	2017年8月
120	周 荃	女	教务部	2017年8月
121	杨 牧	男	研究生院	2017年8月
122	严志晖	女	财务处	2017年8月
123	张晨杰	男	材料与化学化工学部	2017年8月
124	葛婉宁	女	机电工程学院	2017年8月
125	罗丙蕊	女	学生工作部(处)	2017年8月
126	张佳玉	女	校长办公室	2017年8月
127	杜 宇	女	财务处	2017年8月
128	陈 智	男	科学技术研究部	2017年8月
129	钟 帅	男	纳米科学技术学院	2017年8月
130	陈 恺	男	机电工程学院	2017年8月
131	董荣鑫	男	功能纳米与软物质研究院	2017年8月
132	陈重阳	女	东吴商学院(财经学院)	2017年8月
133	谢诗艺	女	社会学院	2017年8月
134	侯 栋	男	沙钢钢铁学院	2017年8月
135	谢 枫	男	医学部生物医学研究院	2017年8月
136	傅 亮	男	社会学院	2017年8月
137	刘玉珊	女	剑桥—苏大基因组资源中心	2017年8月
138	张丽亚	女	能源与材料创新研究院	2017年8月
139	赵 琪	女	功能纳米与软物质研究院	2017年8月
140	徐昕宜	男	校长办公室	2017年8月
141	王 龙	男	科学技术研究部	2017年8月

续表

序号	姓名	性别	调进工作部门、院(部)	调进时间
142	袁羽琮	男	社会学院	2017年8月
143	孙晓旭	女	纺织与服装工程学院	2017年8月
144	史得丽	女	体育学院	2017年8月
145	何芊蔚	女	外国语学院	2017年8月
146	傅 容	女	医学部生物医学研究院	2017年8月
147	郑茹月	女	能源与材料创新研究院	2017年8月
148	王凯璇	女	数学科学学院	2017年8月
149	冯壮波	男	轨道交通学院	2017年8月
150	周盛梅	女	医学部	2017年9月
151	周 高	男	校长办公室	2017年9月
152	王杰思	女	金螳螂建筑学院	2017年9月
153	Mark A Silver	男	医学部放射医学与防护学院	2017年9月
154	郭春春	男	保卫部(处)	2017年9月
155	靳宝铭	男	体育学院	2017年9月
156	王中卿	男	计算机科学与技术学院	2017年9月
157	郅雪原	女	医学部公共卫生学院	2017年9月
158	刘英杰	女	凤凰传媒学院	2017年9月
159	颜 杰	女	数学科学学院	2017年9月
160	胡 林	男	医学部生物医学研究院	2017年9月
161	殷荣宾	男	体育学院	2017年9月
162	陈海燕	女	后勤管理处	2017年9月
163	陈 崧	男	材料与化学化工学部	2017年9月
164	Saartje Hernalsteens	女	材料与化学化工学部	2017年9月
165	Douglas Neagoy	男	纳米科学技术学院	2017年9月
166	田 宇	男	功能纳米与软物质研究院	2017年9月
167	高承永	男	纺织与服装工程学院	2017年9月

续表

序号	姓名	性别	调进工作部门、院(部)	调进时间
168	吴晓刚	男	教育学院	2017年9月
169	伏未旺	女	后勤管理处	2017年9月
170	尹梦婉	女	体育学院	2017年9月
171	孙景权	男	体育学院	2017年9月
172	吴贝丽	女	体育学院	2017年9月
173	丁青	男	体育学院	2017年9月
174	马付银	女	医学部放射医学与防护学院	2017年10月
175	穆杨	男	凤凰传媒学院	2017年10月
176	凌鑫	男	材料与化学化工学部	2017年10月
177	沙漠	男	功能纳米与软物质研究院	2017年10月
178	王雪梅	女	艺术学院	2017年10月
179	钱跃竑	男	数学科学学院	2017年10月
180	Aisha Bibi	女	功能纳米与软物质研究院	2017年10月
181	JIN-Ho Choi	男	物理与光电·能源学部能源学院	2017年10月
182	周夏冰	女	计算机科学与技术学院	2017年11月
183	姚如威	男	材料与化学化工学部	2017年11月
184	倪卉	女	材料与化学化工学部	2017年11月
185	王丹	女	能源与材料创新研究院	2017年11月
186	吴鹏皞	男	医学部唐仲英血液学研究中心	2017年11月
187	吴思聪	女	纳米科学技术学院	2017年12月
188	刘胜堂	男	医学部放射医学与防护学院	2017年12月
189	李秀娟	女	医学部唐仲英血液学研究中心	2017年12月
190	丁澄	男	艺术学院	2017年12月
191	王凤霞	女	机电工程学院	2017年12月
192	高梦	女	医学部放射医学与防护学院	2017年12月
193	贺海东	男	机电工程学院	2017年12月
194	邓巍	男	功能纳米与软物质研究院	2017年12月

续表

序号	姓名	性别	调进工作部门、院(部)	调进时间
195	范存贤	男	信息化建设与管理中心	2017年12月
196	章鸿博	男	信息化建设与管理中心	2017年12月
197	许 秀	女	东吴商学院(财经学院)	2017年12月
198	彭 浩	男	医学部公共卫生学院	2017年12月
199	杨红艳	女	物理与光电·能源学部能源学院	2017年12月
200	刘亚宏	女	校医院(挂靠后勤管理处)	2017年12月
201	TA QUANG HUY	男	物理与光电·能源学部能源学院	2017年12月

2017年苏州大学教职工调出、辞职人员一览表

序号	姓 名	性别	离校前工作部门、院(部)	离校时间	调往工作单位
1	陈晓芳	女	附属第二医院(医学部第二临床医学院)	2016年6月	辞职
2	张 勇	男	分析测试中心	2017年1月	苏州工业园区服务外包职业学校
3	王扩建	男	政治与公共管理学院	2017年1月	南京审计大学
4	张劲松	男	政治与公共管理学院	2017年1月	南京审计大学
5	叶战备	男	政治与公共管理学院	2017年1月	南京审计大学
6	赵军锋	男	政治与公共管理学院	2017年1月	南京审计大学
7	洪 鹰	女	后勤管理处	2017年1月	辞职
8	Erika Siguallius	女	纳米科学技术学院	2017年2月	辞职
9	李 凯	男	医学部药学院	2017年2月	辞职
10	杜 芳	女	医学部药学院	2017年2月	辞职
11	张启云	女	后勤管理处	2017年2月	辞职
12	胡 松	女	后勤管理处	2017年3月	辞职
13	王 皓	女	博物馆	2017年3月	辞职
14	金太军	男	政治与公共管理学院	2017年3月	南京审计大学
15	张欲晓	女	研究生院	2017年3月	南京审计大学

续表

序号	姓　名	性别	离校前工作部门、院(部)	离校时间	调往工作单位
16	纪力孔	男	音乐学院	2017年3月	辞职
17	孔新兵	男	数学科学学院	2017年3月	辞职
18	陆群花	女	物理与光电·能源学部	2017年3月	辞职
19	罗　霞	女	沙钢钢铁学院	2017年4月	辞职
20	王丽峰	女	附属儿童医院(儿科临床医学院)	2017年4月	辞职
21	龚佑品	男	物理与光电·能源学部	2017年4月	南方科技大学
22	唐　梦	女	电子信息学院	2017年4月	辞职
23	吴钟凌	女	附属第二医院(医学部第二临床医学院)	2017年4月	辞职
24	郭震宇	男	功能纳米与软物质研究院	2017年5月	辞职
25	曾　妍	女	心血管病研究所	2017年5月	辞职
26	夏亦元	男	医学部基础医学与生物科学学院	2017年5月	辞职
27	孙　辉	男	材料与化学化工学部	2017年5月	辞职
28	郑冰心	女	神经科学研究所	2017年5月	辞职
29	吴磊兴	男	学生工作部(处)	2017年5月	辞职
30	朱健辰	男	后勤管理处	2017年6月	辞职
31	李雯雯	女	物理与光电·能源学部	2017年6月	辞职
32	Lucas Tsun-Shiu Wong	男	音乐学院	2017年6月	辞职
33	陈　迪	女	文学院	2017年6月	辞职
34	张燕萍	女	政治与公共管理学院	2017年6月	辞职
35	Robert William McClure	男	音乐学院	2017年6月	辞职
36	国　风	女	附属第一医院(医学部第一临床医学院)	2017年6月	苏州市立医院东区

续表

序号	姓名	性别	离校前工作部门、院(部)	离校时间	调往工作单位
37	宋伟华	男	附属第一医院(医学部第一临床医学院)	2017年6月	辞职
38	陆吕平	男	附属第二医院(医学部第二临床医学院)	2017年6月	辞职
39	袁建军	男	政治与公共管理学院	2017年6月	南京审计大学
40	徐海燕	女	校医院(挂靠后勤管理处)	2017年7月	辞职
41	潘妍	女	功能纳米与软物质研究院	2017年7月	辞职
42	刘珊珊	女	外国语学院	2017年7月	辞职
43	薛聪	男	电子信息学院	2017年7月	辞职
44	金鑫	女	材料与化学化工学部	2017年7月	中国农业科学院农产品加工研究所
45	尹斌	男	医学部唐仲英血液学研究中心	2017年7月	无锡市卫生和计划生育委员会
46	Peter Yacavone	男	外国语学院	2017年7月	辞职
47	钱益勇	男	附属第一医院(医学部第一临床医学院)	2017年7月	辞职
48	汪亚兰	女	附属第二医院(医学部第二临床医学院)	2017年7月	苏州市中医院
49	胡海良	男	功能纳米与软物质研究院	2017年7月	辞职
50	崔文国	男	骨科研究所	2017年8月	上海交通大学医学院附属瑞金医院
51	季晶	女	纳米科学技术学院	2017年8月	苏州市政府
52	孙青	女	附属第一医院(医学部第一临床医学院)	2017年8月	辞职
53	王光冈	男	附属第一医院(医学部第一临床医学院)	2017年8月	复旦大学
54	吴晓雨	女	附属第一医院(医学部第一临床医学院)	2017年8月	辞职
55	段智卿	男	附属第二医院(医学部第二临床医学院)	2017年8月	辞职

续表

序号	姓 名	性别	离校前工作部门、院(部)	离校时间	调往工作单位
56	房金玲	女	图书馆	2017年9月	辞职
57	王方中	男	纺织与服装工程学院	2017年9月	辞职
58	肖广娣	男	计算机科学与技术学院	2017年9月	中国电子技术标准化研究院
59	钱叶六	男	王健法学院	2017年9月	华东师范大学
60	唐 军	男	附属第二医院(医学部第二临床医学院)	2017年9月	苏州九龙医院
61	付 彤	女	附属第二医院(医学部第二临床医学院)	2017年9月	辞职
62	韩玉兰	女	纳米科学技术学院	2017年9月	辞职
63	隋 文	女	附属儿童医院(儿科临床医学院)	2017年9月	辞职
64	江作军	男	校长办公室	2017年9月	常熟理工学院
65	施亚东	男	纪委、监察处(合署办公)	2017年9月	苏州科技大学
66	田晓明	男	校长办公室	2017年9月	苏州科技大学
67	张铁军	男	附属第一医院(医学部第一临床医学院)	2017年10月	华西医院
68	郭雪琴	女	附属第二医院(医学部第二临床医学院)	2017年10月	辞职
69	戴沈皓	男	附属第二医院(医学部第二临床医学院)	2017年10月	辞职
70	杨世通	男	医学部放射医学与防护学院	2017年10月	辞职
71	汪镇美	女	音乐学院	2017年10月	辞职
72	孔 聪	男	金螳螂建筑学院	2017年11月	辞职
73	王娟娟	女	心血管病研究所	2017年11月	辞职
74	Matthias Lang	男	音乐学院	2017年11月	辞职
75	李贺然	男	医学部药学院	2017年11月	辞职
76	赵小娟	女	附属第一医院(医学部第一临床医学院)	2017年11月	解除聘用

续表

序号	姓 名	性别	离校前工作部门、院(部)	离校时间	调往工作单位
77	吴健	男	计算机科学与技术学院	2017年11月	辞职
78	房红梅	女	外国语学院	2017年11月	辞职
79	白艳艳	女	医学部基础医学与生物科学学院	2017年11月	解除聘用
80	王 杰	男	医学部基础医学与生物科学学院	2017年11月	辞职
81	惠艳烂	女	科学技术研究部	2017年11月	共青团苏州市委员会
82	陈 寒	女	外国语学院	2017年11月	辞职
83	崔孝能	男	材料与化学化工学部	2017年12月	辞职
84	唐永圣	男	轨道交通学院	2017年12月	河海大学
85	徐 艳	女	凤凰传媒学院	2017年12月	湖北大学
86	郑春福	男	生物医学研究院	2017年12月	福建医科大学
87	Ruben Mercade Prieto	男	材料与化学化工学部	2017年12月	辞职
88	吴丽丽	女	附属第一医院(医学部第一临床医学院)	2017年12月	暨南大学深圳人民医院
89	杨金珍	女	附属第一医院(医学部第一临床医学院)	2017年12月	苏州大学实验学校
90	戴三友	男	附属第一医院(医学部第一临床医学院)	2017年12月	辞职

2017年度教职工人员死亡名单

序号	姓 名	性别	出生年月	工作单位	原职称	原职务	去世时间	备注
1	王述漠	男	1930年9月	宣传部		副厅	2017年1月	离休
2	张 勉	男	1927年9月	外国语学院	副高		2017年1月	退休
3	丁培忠	男	1942年8月	后勤管理处	高级工		2017年1月	退休
4	保汝成	男	1926年12月	后勤管理处(原教服集团)	高级工		2017年1月	退休

续表

序号	姓　名	性别	出生年月	工作单位	原职称	原职务	去世时间	备注
5	陈金水	男	1935年8月	后勤管理处(原教服集团)	初级工		2017年1月	退休
6	毛仁德	男	1947年8月	物理与光电·能源学部	高级工		2017年1月	退休
7	徐祖祖	男	1929年11月	东吴饭店	高级工		2017年1月	退休
8	鲁迅	男	1980年3月	计算机科学与技术学院	中级		2017年1月	在职
9	高原	男	1926年7月	外国语学院		正处	2017年2月	离休
10	蒋鉴挺	女	1932年12月	体育学院		正处	2017年2月	离休
11	薛文焕	男	1919年7月	后勤管理处		副处	2017年2月	离休
12	杨定恭	男	1937年11月	数学科学学院	正高		2017年2月	退休
13	吴子文	男	1934年5月	物理与光电·能源学部	副高		2017年2月	退休
14	孙鑫鹏	男	1927年10月	附属第一医院(医学部第一临床医学院)	正高		2017年2月	退休
15	陈启中	男	1935年10月	附属第一医院(医学部第一临床医学院)	副高		2017年2月	退休
16	端木肇夏	男	1934年8月	医学部基础医学与生物科学学院	正高		2017年2月	退休
17	沈桂英	女	1931年7月	后勤管理处(印刷厂)	中级工		2017年2月	退休
18	浦景芬	女	1930年4月	后勤管理处(校医院)		副科	2017年2月	退休
19	许玄土	男	1935年9月	后勤管理处(原教服集团)	中级工		2017年2月	退休
20	冯桦	女	1926年3月	阳澄湖校区		副科	2017年2月	退休
21	陈耿人	男	1925年10月	机电工程学院		正处	2017年3月	离休
22	江静	男	1924年5月	校长办公室		正厅	2017年3月	离休
23	周衍洛	男	1925年4月	东吴饭店		副处	2017年3月	离休

续表

序号	姓名	性别	出生年月	工作单位	原职称	原职务	去世时间	备注
24	曹国权	男	1935年8月	外国语学院	副高		2017年3月	退休
25	胡金礼	男	1933年5月	教育学院	中级		2017年3月	退休
26	李清源	男	1934年7月	数学科学学院	副高		2017年3月	退休
27	杨连根	男	1931年10月	组织部(党校)		副处	2017年3月	退休
28	钱满玉	女	1944年4月	离退休工作部(处)		副科	2017年3月	退休
29	陈在良	男	1933年5月	后勤管理处(原教服集团)	普通工		2017年3月	退休
30	田振山	男	1924年11月	阳澄湖校区		副科	2017年3月	退休
31	周炳忠	男	1964年10月	保卫处		正科	2017年3月	在职
32	谢文煜	男	1932年7月	组织部(党校)		副处	2017年4月	离休
33	李巧珍	女	1941年9月	医学部放射医学与防护学院	中级		2017年4月	退休
34	巫柱中	男	1941年11月	医学部放射医学与防护学院	副高		2017年4月	退休
35	赵震宇	男	1940年4月	继续教育处	正高		2017年4月	退休
36	范俊鹏	男	1931年11月	后勤管理处(原教服集团)		副科	2017年4月	退休
37	李坚	男	1924年8月	阳澄湖校区	中级		2017年5月	退休
38	冯艳荣	女	1963年1月	外国语学院	副高		2017年5月	在职
39	丘晓	男	1920年1月	政治与公共管理学院	正高		2017年7月	离休
40	周毓修	男	1929年2月	艺术学院		副厅	2017年7月	离休
41	李思达	女	1923年6月	教务部		副厅	2017年7月	离休
42	周邦业	男	1926年1月	阳澄湖校区		副处	2017年7月	离休
43	丁悦庭	女	1929年1月	东吴商学院(财经学院)		副科	2017年7月	退休
44	潘抱存	男	1925年3月	王健法学院	正高		2017年7月	退休
45	陆戌生	男	1934年10月	体育学院	副高		2017年7月	退休
46	桂世和	男	1939年10月	机电工程学院	正高		2017年7月	退休

续表

序号	姓名	性别	出生年月	工作单位	原职称	原职务	去世时间	备注
47	桑煜炎	女	1934年11月	组织部(党校)	副高		2017年7月	退休
48	蔡崇贵	男	1969年10月	医学部放射医学与防护学院	中级		2017年7月	在职
49	蒋挺先	男	1925年12月	组织部(党校)		副厅	2017年8月	离休
50	杨明煜	男	1947年11月	纺织与服装工程学院	副高		2017年8月	退休
51	骆晓红	女	1953年1月	人事处		正科	2017年8月	退休
52	张玲华	女	1954年1月	阳澄湖校区	中级		2017年8月	退休
53	李可	男	1930年8月	政治与公共管理学院	副高		2017年8月	退休
54	王长生	男	1930年2月	附属第二医院(医学部第二临床医学院)	高级工		2017年9月	退休
55	胡子远	男	1920年12月	教务部		正科	2017年9月	退休
56	万彦昌	男	1939年1月	后勤管理处(恒信公司)		副科	2017年9月	退休
57	张金音	女	1931年12月	阳澄湖校区		副科	2017年9月	退休
58	郭长荣	男	1935年11月	阳澄湖校区	高级工		2017年9月	退休
59	黄国忠	男	1928年6月	物理与光电·能源学部		副厅	2017年10月	离休
60	徐庆亭	男	1927年4月	学生处		副处	2017年10月	离休
61	戎启新	男	1931年11月	物理与光电·能源学部	副高		2017年10月	退休
62	朱炳显	男	1937年2月	物理与光电·能源学部	副高		2017年10月	退休
63	郑积深	男	1928年9月	纺织与服装工程学院	副高		2017年10月	退休
64	叶康民	男	1930年12月	纺织与服装工程学院	副高		2017年10月	退休
65	郁秉辉	男	1928年11月	医学部基础医学与生物科学学院	正高		2017年10月	退休

续表

序号	姓名	性别	出生年月	工作单位	原职称	原职务	去世时间	备注
66	邵炳珍	女	1949年4月	后勤管理处（收发室）	高级工		2017年10月	退休
67	沈泉荣	男	1941年3月	后勤管理处（原教服集团）		副科	2017年10月	退休
68	刘平远	男	1941年2月	东吴商学院（财经学院）	中级		2017年11月	退休
69	汪学勤	女	1935年11月	电子信息学院	副高		2017年11月	退休
70	华淑芳	女	1934年11月	纺织与服装工程学院		副处级	2017年11月	退休
71	杨仲昆	男	1934年12月	学报编辑部	正高		2017年11月	退休
72	沈福兴	男	1931年12月	后勤管理处（原教服集团）	普通工		2017年11月	退休
73	郭辉鄂	女	1932年11月	图书馆		正处	2017年12月	离休
74	范伯群	男	1931年9月	文学院	正高		2017年12月	退休
75	吴竞	男	1926年12月	社会学院	副高		2017年12月	退休
76	凌爱珠	女	1933年11月	王健法学院		正处	2017年12月	退休
77	杨静柔	女	1933年8月	物理与光电·能源学部	中级		2017年12月	退休
78	尤兰芬	女	1940年5月	后勤管理处		正科	2017年12月	退休
79	徐佩立	男	1940年6月	应用技术学院（挂靠群直党工委）	副高		2017年12月	退休
80	包福荣	男	1933年4月	图书馆	中级		2017年12月	退休
81	周金良	男	1953年7月	后勤管理处（原教服集团）	高级工		2017年12月	退休

2017年离休干部名单

姚焕熙　江静　王春元　丘晓　陈克潜　李绍元　廖素青

邱光　王瑞林　牟琨　黄国忠　江村　郑玠玉　蒋鉴挺

姜宗尧　王永光　赵经涌　程扬　虞国桢　袁涛　迟秀梅

张　枫	周振泰	朱文君	李恩普	薛文焕	郭辉鄂	黄凤云
陆振岳	曹积盛	蒋　瑮	李世达	李秀贞	何孔鲁	蒋　麟
陈君谋	李振山	黄一宁	倪　健	杨恒源	吴奈夫	仲济生
卜仲康	章祖敏	李希贤	曹学明	陈禾勤	张佩华	李品新
林　冈	谢文煜	杨宗晋	金　均	蒋挺先	周毓修	任　志
钟　枚	关　毅	余广通	陈耿人	王世英	杨康为	李　贤
孙　叔	王亚平	程元令	徐庆亭	沈　毅	何　践	陈文璋
尤长华	赵　琪	沈慧文	张　诺	刘雅琴	赵梅珍	赵爱科
周衍洛	袁海观	贝　伟	鲍洪贤	鞠竞华	封　兰	姜新民
张德初	张淑庆	于培国	曹　钰	刘涉洛	李维华	徐桂森
沈淑能	陶不敏	唐月清	陈德新	朱　燕	黄德珍	周　鸣
樊志成	樊学华	闻宇平	熊重廉	龚　辉	裘　申	陈赐龄
丁志英	冷墨林	张立中	姚群铨	刘汉祥	吕玉功	戴立干
刘爱清	祝仰进	马云芬	纪一农	黄文锦	刘　林	王生庭
赵爱菊	孙　玲	李惠章	孙国山	宗　洛	高延安	李思达
吴　莹	王述谟	翁春林	刘兴亚	刘延祖	陈守谦	吕去癖
魏振文	黄宗湘	姜卜吴	高　原	周旭辉	陆明强	许绍基
徐　利	李　馨	耿　杰	嵇佩玉	陈巾范	严荣芬	赵建群
雷在春	黄　健	孙作洲	周邦业	平醒民		

2017 年退休人员名单

朱建兴	谢力军	陈伟民	王英伟	张学光	孙俊英	李军成
熊佩华	胡　琳	吴浩荣	诸葛洪祥	殷伟平	李金华	赵建平
费万春	张骅骝	陈　敏	朱亚莉	陶　洪	丁秋兰	张　秋
黄　斐	周　明	姜　瑾	阎　力	顾德裕	顾雪燕	王泽红
唐晓玲	向晓棣	徐佳芸	黄征宙	肖　平	李建军	卞成香
王六一	陈亦红	周　群	上官红英	金丽英	顾泉英	贾鸿成
储捷慎	李锡元	赵锐明	傅春玲	范存莲	陶玲琳	常惠荣
黄　克	韦　唯	邢建德	张荣英	陈尔齐	郑诞军	陈其霞
缪竞诚	李晓峰	余　亮	钱志良	沈理明	刘　亮	王　民
钱镇海	朱建明	龚　唯	陆湘怀	王振羽	卢景方	沙　玫
朱红霞	金振华	耿曙生	吴洪兴	张宏成	顾永平	钦春英
耿　鸣	周　宣	黄　玲	段　颖	张　磊	徐慧娟	陈　超

虞心德	姜海燕	赵小苓	陆伟芳	华人德	苏桂生	陈　京
王苏红	陈莉萍	刘丽敏	胡利民	倪良达	卢明康	查福生
钱志红	张　日	过全昌	杨　镝	王　宏	朱秀林	陆　明
吴霞群	李东升					

办学条件

办学经费投入与使用情况

2017年学校总收入情况一览表

单位：万元

序号	资金来源	部门决算	部门预算	增减数
1	财政拨款收入	159 014.72	113 709.88	45 304.84
2	上级补助收入	0.00	0.00	0.00
3	事业收入	125 810.88	85 350.00	40 460.88
4	经营收入	1 134.52	900.00	234.52
5	附属单位上缴收入	0.00	0.00	0.00
6	其他收入	30 751.25	20 000.00	10 751.25
	合计	316 711.37	219 959.88	96 751.49

2017年学校总支出情况一览表

单位：万元

序号	项目	部门决算	部门预算	增减数
1	工资福利支出	94 856.24	70 103.83	24 752.41
2	商品和服务支出	79 336.16	70 948.24	8 387.92
3	对个人和家庭补助支出	67 168.05	54 262.81	12 905.24
4	基本建设支出	0.00	0.00	0.00
5	其他资本性支出	31 642.28	16 245.00	15 397.28
6	债务利息支出	7 111.26	7 500.00	-388.74
7	经营支出	1 048.94	900.00	148.94
	合计	281 162.93	219 959.88	61 203.05

学校 2017 年与 2016 年总支出情况对比表　　　　　　　　　　单位：万元

序号	项目	2017 年度	2016 年度	增减对比	增减
1	工资福利支出	94 856.24	75 496.37	19 359.87	25.64%
2	商品和服务支出	79 336.16	123 669.62	−44 333.46	−35.85%
3	对个人和家庭补助支出	67 168.05	60 723.10	6 444.95	10.61%
4	基本建设支出	0.00	0.00	0.00	
5	其他资本性支出	31 642.28	42 376.85	−10 734.57	−25.33%
6	债务利息支出	7 111.26	7 661.07	−549.81	−7.18%
7	经营支出	1 048.94	825.30	223.64	27.10%
	合计	281 162.93	310 752.31	−29 589.38	−9.52%

2017 年学校总资产情况

2017 年学校总资产情况一览表　　　　　　　　　　单位：万元

序号	项目	年初数	年末数
1	流动资产	154 029.99	197 896.98
2	固定资产	590 327.36	610 282.99
	（1）房屋	336 368.72	336 368.72
	（2）汽车	918.52	918.52
	（3）单价 50 万元（含）以上的通用设备	66 605.86	71 683.64
	（4）单价 100 万元（含）以上的专用设备	2 948.58	4 722.13
	（5）其他固定资产	183 485.68	196 589.98
3	长期投资	4 180.90	4 180.90
4	在建工程	86 691.73	94 509.67
	合计	835 229.98	906 870.54

学校土地面积和已有校舍建设面积

学校土地面积（单位：平方米）

独墅湖校区	987 706.43	（1 481.55 亩）
本部	344 451.65	（516.67 亩）
北校区	185 383.4	（278.07 亩）
南校区	90 476.6	（135.72 亩）
东校区	271 821.9	（407.73 亩）
阳澄湖校区	597 291	（895.93 亩）
三元坊校区	15 767.4	（23.65 亩）
合计	2 492 898.38	（3 739.32 亩）

已有校舍建筑面积（单位：平方米）

1. 教室	196 627.05
2. 图书馆	89 188.27
3. 实验室	481 138.08
4. 专用科研用房	34 946.79
5. 风雨操场体育馆	24 459.4
6. 会堂	14 538.68
7. 系行政用房	80 249.65
8. 校行政用房	18 891.73
9. 学生宿舍	478 538.76
10. 学生食堂	68 410.81
11. 单身教工住宅	35 334.19
12. 教工食堂	6 750.09
13. 生活福利及其他用房	82 088.66
14. 教工住宅	27 102.8
15. 其他用房	27 637.01
合计	1 665 901.97

全校(教学)实验室情况

全校(教学)实验室情况一览表

单 位	实验室数					教学实验室	国家级	部级	省级 (示范中心)	校级
	教学	国家	部级	省级	校级					
文学院凤凰传媒学院	1				1	传媒与文学实验教学中心			传媒与文学实验教学中心	
社会学院	1				1	档案管理实验室				档案管理实验室
政治与公共管理学院	1				1	行政与公共关系实验室				行政与公共关系实验室
东吴商学院(财经学院) 东吴证券金融学院	1				1	经济管理实验教学中心				经济管理实验教学中心
外国语学院	1				1	外语电化教学实验室				外语电化教学实验室
教育学院	1				1	心理与教师教育实验教学中心			心理与教师教育实验教学中心	
体育学院	1				1	体育教育中心实验室				体育教育中心实验室
艺术学院	1				1	艺术设计实验教学中心			艺术设计实验教学中心	
数学科学学院	1				1	数学计算实验室				数学计算实验室
物理与光电·能源学部	4	1		2	1	物理实验教学中心 物理基础课实验教学中心 工程物理实验中心 新能源材料与器件实验教学中心	物理实验教学中心		物理基础课实验教学中心 新能源材料与器件实验教学中心	工程物理实验中心
材料与化学化工学部	3			1	2	化学实验教学中心 工程化学实验教学中心 材料实验教学中心			化学基础课实验教学中心	工程化学实验教学中心 材料实验教学中心
纳米科学技术学院	1				1	纳米材料与技术实验教学中心				纳米材料与技术实验教学中心

续表

单位	实验室数				教学实验室	国家级	部级	省级（示范中心）	校级
	教学	国家	部级	省级	校级				
纺织与服装工程学院	3	2		1		纺织与服装设计实验教学中心 纺织与服装虚拟仿真实验教学中心 纺织服装实验教学中心	纺织与服装设计实验教学中心 纺织与服装虚拟仿真实验教学中心		纺织服装实验教学中心	
计算机科学与技术学院	2	1		1		计算机基础课实验教学中心 计算机与信息技术实验教学中心	计算机与信息技术实验教学中心		计算机基础课实验教学中心	
电子信息学院	3			1	2	电工电子基础课实验中心 通信实验室 微电子实验室			电工电子基础课实验教学中心	通信实验室 微电子实验室
机电工程学院	2			1	1	机械基础课实验教学中心 自动控制工程教学实验中心			机械基础课实验教学中心	自动控制工程教学实验中心
沙钢钢铁学院	1			1		冶金工程实验教学中心			冶金工程实践教育中心	
医学部基础医学与生物科学学院	3			3		基础医学实验教学中心 临床技能实验教学中心 生物基础课实验教学中心			基础医学教学实验中心 临床技能实验教学中心 生物基础课实验教学中心	
医学部公共卫生学院	1				1	预防医学实验室				预防医学实验室
医学部放射医学与防护学院	1				1	放射医学实验室				放射医学实验室
医学部药学院	2			1	1	药学实验室 药学学科综合训练中心			药学学科综合训练中心	药学实验室
医学部护理学院	1			1		护理学学科综合训练中心			护理学学科综合训练中心	
金螳螂建筑学院	3			1	2	建筑与城市环境设计实践教育中心 园林与园艺实验室 城市规划与管理实验室			建筑与城市环境设计实践教育中心	园林与园艺实验室 城市规划与管理实验室

续表

单位	实验室数				教学实验室	国家级	部级	省级（示范中心）	校级
	教学	国家级	部级	省级	校级				
轨道交通学院	5			1	4	车辆工程实验室 电气控制实验室 交通工程实验室 铁道信号实验室 轨道交通实践教育中心			轨道交通实践教育中心	车辆工程实验室 电气控制实验室 交通工程实验室 铁道信号实验室
工程训练中心	1			1		工程训练中心			工程训练中心	
分析测试中心	1				1	分析测试中心				分析测试中心
小计	46	4	0	20	22					

苏州大学图书馆馆藏情况

苏州大学图书馆2017年馆藏一览表　　填表日期：2017年12月30日

类别	上年积累	本年实增	本年实减	本年积累
中文图书（印刷本）	3 334 654	76 064	0	3 410 718
古籍	142 705	380	0	143 085
善本	7 217	0	0	7 217
中文图书（电子本）	1 764 598	100 000	0	1 864 598
外文图书（印刷本）	230 162	1 722	0	231 884
外文图书（电子本）	65 701	6 929	0	72 630
中文报纸（电子本）	569	0	0	569
中文期刊（电子本）	40 051	203	0	40 254
外文期刊（电子本）	26 002	1 498	0	27 500
中文期刊合订本	244 515	6 752	0	251 267
外文期刊合订本	97 131	370	0	97 501
音像资料	20 296	0	0	20 296
缩微资料	573	0	0	573
网络数据库	78	1	0	79
赠书	19 597	1 734	0	21 331

备注：1. 减少数字主要指2017年度图书剔旧及援藏的数字。（单位：册）
　　　2. 电子版中文图书的数据因采购数据库种类的变化而变化，2017年积累数据是根据目前所购电子数据库统计出来的。
　　　3. 音像资料单位为种。
　　　4. 2013年积累中文图书包含阳澄湖并馆的31.5万册图书。
　　　纸质图书总量：3 814 235，中外文期刊合订本：348 768，总量：4 163 003。

海外交流与合作

2017 年公派出国(境)人员情况

2017 年教职工长期出国(境)人员情况一览表

序号	姓名	院(部)、部门	类别	前往学校或机构	外出期限
1	郑分刚	物理与光电·能源学部	访问学者	香港理工大学	2017年1月—2017年8月
2	李燕领	体育学院	访问学者	美国春田学院	2017年1月—2017年7月
3	宋艳芳	外国语学院	访问学者	英国东英吉利大学	2017年1月—2018年1月
4	朱虹	附属第一医院	访问学者	美国密歇根大学	2017年1月—2018年1月
5	何香柏	王健法学院	访问学者	美国印第安纳州圣母大学	2017年1月—2017年8月
6	吕楠楠	电子信息学院	访问学者	香港科技大学	2017年2月—2018年1月
7	杨昌锦	轨道交通学院	合作研究	韩国又松大学	2017年2月—2018年2月
8	李卓卓	社会学院	访问学者	美国伊利诺伊大学香槟分校	2017年2月—2018年2月
9	谢正阳	体育学院	访问学者	台湾师范大学	2017年2月—2017年8月
10	王璐	纳米科学技术学院	访问学者	美国加州理工学院	2017年2月—2018年2月
11	孙国平	王健法学院	访问学者	香港中文大学、香港城市大学	2017年3月—2017年11月

续表

序号	姓名	院(部)、部门	类别	前往学校或机构	外出期限
12	徐芳	社会学院	访问学者	澳大利亚南澳大学	2017年3月—2017年9月
13	张晨	政治与公共管理学院	访问学者	台湾政治大学	2017年3月—2017年9月
14	罗承良	医学部基础医学与生物科学学院	访问学者	美国哈佛大学医学院	2017年3月—2019年3月
15	殷盈	政治与公共管理学院	访问学者	香港中文大学	2017年3月—2017年9月
16	姚尧	文学院	校际交流	日本帝塚山学院大学	2017年3月—2018年3月
17	李彩兰	外国语学院	校际交流	日本花园大学	2017年3月—2019年3月
18	杜争鸣	外国语学院	合作研究	日本关西学院大学	2017年4月—2018年2月
19	张明阳	医学部基础医学与生物科学学院	博士后	美国新泽西州立罗格斯大学	2017年4月—2018年4月
20	曹暮寒	功能纳米与软物质研究院	合作研究	美国印第安纳大学伯明顿分校	2017年4月—2018年4月
21	董慧龙	功能纳米与软物质研究院	合作研究	美国加州大学河滨分校	2017年4月—2018年4月
22	赵杰	物理与光电·能源学部	合作研究	香港浸会大学	2017年5月—2019年1月
23	王滋	功能纳米与软物质研究院	访问学者	荷兰格罗宁根大学	2017年5月—2018年5月
24	彭彩霞	教育学院	访问学者	英国伦敦大学学院	2017年6月—2018年6月
25	钱敏	电子信息学院	访问学者	加拿大多伦多大学	2017年6月—2018年6月
26	张丹丹	功能纳米与软物质研究院	访问学者	美国中佛罗里达大学	2017年6月—2018年6月
27	钱玉敏	功能纳米与软物质研究院	访问学者	美国德克萨斯大学奥斯汀分校	2017年6月—2018年6月

续表

序号	姓 名	院(部)、部门	类 别	前往学校或机构	外出期限
28	施夏清	物理与光电·能源学部	访问学者	法国原子能委员会	2017年6月—2018年6月
29	李 锐	东吴商学院（财经学院）	访问学者	西澳大利亚大学	2017年6月—2017年12月
30	徐亚东	物理与光电·能源学部	访问学者	香港科技大学	2017年7月—2018年6月
31	许利耕	功能纳米与软物质研究院	访问学者	美国北卡罗莱纳大学教堂山分校	2017年7月—2018年7月
32	邵 杰	材料与化学化工学部	访问学者	德国开姆尼茨工业大学	2017年7月—2018年7月
33	袁 影	外国语学院	访问学者	英国伦敦大学	2017年7月—2018年1月
34	顾 燕	数学科学学院	访问学者	美国杜兰大学	2017年7月—2018年7月
35	刘 瑶	医学部基础医学与生物科学学院	访问学者	瑞典卡罗林斯卡学院	2017年8月—2018年7月
36	李 华	材料与化学化工学部	访问学者	加拿大蒙克顿大学	2017年8月—2018年1月
37	李 伟	东吴商学院（财经学院）	访问学者	奥地利维也纳经济大学	2017年8月—2018年7月
38	龚咏梅	政治与公共管理学院	访问学者	台湾政治大学	2017年8月—2018年2月
39	胡小龙	医学部基础医学与生物科学学院	访问学者	韩国首尔国立大学	2017年8月—2018年7月
40	汪雄涛	王健法学院	访问学者	台湾政治大学	2017年8月—2018年2月
41	黎穗琼	电子信息学院	访问学者	美国华盛顿州立大学	2017年8月—2018年3月
42	严继高	数学科学学院	合作研究	德国洪堡大学	2017年8月—2018年8月
43	黄 慧	功能纳米与软物质研究院	访问学者	澳大利亚莫纳什大学	2017年8月—2018年8月

续表

序号	姓　名	院(部)、部门	类　别	前往学校或机构	外出期限
44	付亦宁	教育学院	访问学者	加拿大阿尔伯塔大学	2017年8月—2018年2月
45	胡　博	医学部造血干细胞移植研究所	访问学者	新加坡国立大学	2017年8月—2018年8月
46	童　星	医学部实验中心	访问学者	美国新泽西罗格斯大学	2017年9月—2018年2月
47	胡明宇	凤凰传媒学院	访问学者	台湾高雄师范大学	2017年9月—2018年2月
48	李　杨	王健法学院	访问学者	台湾大学	2017年9月—2018年2月
49	杨旭辉	文学院	访问学者	台湾东吴大学	2017年9月—2018年3月
50	杨朝晖	软凝聚态物理及交叉研究中心	访问学者	台湾师范大学	2017年9月—2018年3月
51	戴叶子	金螳螂建筑学院	访问学者	英国利物浦大学	2017年9月—2018年8月
52	朱耀平	政治与公共管理学院	访问学者	英国牛津大学哲学学院	2017年9月—2018年9月
53	王　静	外国语学院	访问学者	英国剑桥大学	2017年10月—2018年10月
54	杨　巍	医学部放射医学与防护学院	访问学者	美国哈佛大学	2017年10月—2018年10月
55	顾莉洁	数学科学学院	访问学者	美国德克萨斯A&M大学	2017年10月—2018年10月
56	沈　晨	外国语学院	访问学者	西班牙莱里达大学	2017年11月—2018年7月
57	陈　娜	纺织与服装工程学院	访问学者	日本早稻田大学	2017年11月—2018年11月
58	郭浩齐菲	机电工程学院	访问学者	日本三重大学	2017年11月—2018年11月
59	顾培洋	材料与化学化工学部	合作研究	美国伯克利劳伦斯国家实验室	2017年11月—2019年11月

续表

序号	姓　名	院(部)、部门	类别	前往学校或机构	外出期限
60	陈涛	机电工程学院	访问学者	新加坡国立大学	2017年11月—2018年11月
61	郁树梅 孙荣川	机电工程学院	访问学者	新加坡国立大学	2017年12月—2018年12月
62	李晓明	王健法学院	访问学者	美国波士顿东北大学	2017年12月—2018年6月
63	杨勇	轨道交通学院	访问学者	美国俄亥俄州立大学	2017年12月—2018年12月
64	王义鹏	医学部药学院	访问学者	波士顿儿童医院	2017年12月—2018年12月
65	李亚红	材料与化学化工学部	访问学者	美国普林斯顿大学	2017年12月—2018年6月

2017年教职工公派短期出国人员情况一览表

序号	姓　名	院(部)、部门	类别	前往国家	外出期限
1	张成杰	物理与光电·能源学部	工作坊活动	新加坡	2017年1月7日—2017年1月13日
2	孙旭辉	纳米科学技术学院	学术访问	美国	2017年1月7日—2017年1月15日
3	程振平	材料与化学化工学部	工作访问	美国	2017年1月10日—2017年4月9日
4	尚笑梅	纺织与服装工程学院	合作研究	加拿大	2017年1月15日—2017年1月25日
5	陈富军	数学科学学院	合作研究	美国	2017年1月15日—2017年2月6日
6	刘长剑	数学科学学院	合作研究	法国	2017年1月15日—2017年2月14日
7	张民	计算机科学与技术学院	合作研究	新加坡	2017年1月15日—2017年2月20日
8	潘洁	海外教育学院	短期研修	日本	2017年1月16日—2017年1月25日
9	邓昭	物理与光电·能源学部	合作研究	美国	2017年1月16日—2017年2月12日

续表

序号	姓　名	院(部)、部门	类　别	前往国家	外出期限
10	姜竹松 方　敏 陈正俊 戴家峰 王　峥 苗海青	艺术学院	学术交流	法国	2017年1月17日— 2017年1月22日
11	袁　孝	物理与光电·能源学部	合作研究	美国	2017年1月19日— 2017年2月19日
12	刘冠峰	计算机科学与技术学院	合作研究	澳大利亚	2017年1月20日— 2017年2月20日
13	莫建华	电子信息学院	国际会议	美国	2017年1月27日— 2017年2月3日
14	熊德意	计算机科学与技术学院	国际会议	美国	2017年2月5日— 2017年2月10日
15	赵　毅	王健法学院	国际会议	韩国	2017年2月9日— 2017年2月12日
16	孙晓辉	医学部药学院	国际会议	美国	2017年2月10日— 2017年2月16日
17	侯　嘉	电子信息学院	合作研究	韩国	2017年2月10日— 2017年2月18日
18	陈新建	电子信息学院	国际会议	美国	2017年2月11日— 2017年2月16日
19	张　影 吴建春	数学科学学院	国际会议	日本	2017年2月12日— 2017年2月17日
20	张　洁 陈　迪	文学院	国际会议	美国	2017年2月18日— 2017年2月23日
21	郑春福	医学部	国际会议	美国	2017年2月19日— 2017年2月24日
22	朱　京	外国语学院	工作访问	澳大利亚	2017年2月19日— 2017年5月18日
23	李　亮	物理与光电·能源学部	国际会议	韩国	2017年2月20日— 2017年2月25日
24	郭炯炯	附属第一医院	工作访问	法国	2017年2月28日— 2017年5月27日

续表

序号	姓名	院(部)、部门	类别	前往国家	外出期限
25	陈雁 潘志娟	纺织与服装工程学院	工作访问	英国	2017年3月3日— 2017年3月8日
26	资虹	教务部	工作访问	英国	2017年3月3日— 2017年3月8日
27	陈廷 冯岑 林红 张岩	纺织与服装工程学院	学术访问	英国	2017年3月5日— 2017年3月12日
28	龚成	数学科学学院	国际会议	日本	2017年3月6日— 2017年3月12日
29	施夏清	物理光电与·能源学部	国际会议	美国	2017年3月12日— 2017年3月18日
30	熊思东	苏州大学	国际会议	韩国	2017年3月13日— 2017年3月17日
31	曹健	校长办公室	工作访问	韩国	2017年3月14日— 2017年3月18日
32	李彩兰	外国语学院	工作访问	韩国	2017年3月14日— 2017年3月18日
33	沈纲祥	电子信息学院	国际会议	美国	2017年3月18日— 2017年3月23日
34	陈高健	物理与光电·能源学部	学术访问	美国	2017年3月18日— 2017年4月7日
35	范学良	轨道交通学院	国际会议	韩国	2017年3月26日— 2017年3月30日
36	镇学初	医学部药学院	工作访问	法国	2017年3月26日— 2017年3月31日
37	王芬	神经科学研究所	国际会议	奥地利	2017年3月28日— 2017年4月2日
38	辛华	功能纳米与软物质研究院	合作研究	美国、加拿大	2017年3月30日— 2017年4月13日
39	刘庄	纳米科学技术学院	国际会议	美国	2017年3月30日— 2017年4月6日
40	张晓晖	物理与光电·能源学部	国际会议	美国	2017年4月1日— 2017年4月6日

续表

序号	姓名	院(部)、部门	类别	前往国家	外出期限
41	鲍晓光 黄小青 吴涛 蔡远利	材料与化学化工学部	国际会议	美国	2017年4月1日—2017年4月6日
42	沈彤 孙丽娜	基础医学与生物科学学院	国际会议	美国	2017年4月1日—2017年4月6日
43	孙旭辉	纳米科学与技术学院	合作研究	美国	2017年4月1日—2017年4月8日
44	狄俊伟	材料与化学化工学部	国际会议	美国	2017年4月2日—2017年4月7日
45	尚笑梅 张克勤	纺织与服装工程学院	工作会议	英国	2017年4月2日—2017年4月7日
46	季进	唐文治书院	学术访问	日本	2017年4月5日—2017年4月9日
47	冯原	放射医学与交叉科学研究院	国际会议	美国	2017年4月9日—2017年4月13日
48	汤如俊	物理科学与技术学院	国际会议	美国	2017年4月16日—2017年4月21日
49	张岩 张德锁	纺织与服装工程学院	学术访问	日本	2017年4月22日—2017年4月27日
50	王俊	生物医学研究院	国际会议	加拿大	2017年4月23日—2017年4月28日
51	蔡阳健 刘琳	物理光电与能源学部	国际会议	土耳其	2017年4月25日—2017年4月30日
52	徐广银	神经科学研究所	合作研究	美国	2017年4月25日—2017年5月20日
53	尹斌	唐仲英血液学研究中心	合作研究	美国	2017年4月27日—2017年5月25日
54	黄河	计算机科学与技术学院	国际会议	美国	2017年4月30日—2017年5月5日
55	熊思东	苏州大学	工作访问	葡萄牙	2017年5月3日—2017年5月8日
56	徐雯彦	国际合作交流处	工作访问	葡萄牙	2017年5月3日—2017年5月8日

续表

序号	姓 名	院(部)、部门	类 别	前往国家	外出期限
57	王佐政	东吴商学院（财经学院）	国际会议	美国	2017年5月4日—2017年5月8日
58	杨 锐	东吴商学院（财经学院）	国际会议	美国	2017年5月4日—2017年5月9日
59	陈新建	电子信息学院	国际会议	美国	2017年5月6日—2017年5月11日
60	徐兴顺	神经科学研究所	国际会议	美国	2017年5月12日—2017年5月16日
61	武 艺	唐仲英血液学研究中心	国际会议	美国	2017年5月12日—2017年5月17日
62	王丽荣	电子信息学院	合作研究	美国	2017年5月13日—2017年5月22日
63	秦文新	数学科学学院	合作研究	英国	2017年5月19日—2017年6月14日
64	陈 雁	纺织与服装工程学院	工作访问	英国	2017年5月21日—2017年5月25日
65	李孝峰	物理与光电·能源学部	国际会议	俄罗斯	2017年5月21日—2017年5月26日
66	何 耀	功能纳米与软物质研究院	国际会议	美国	2017年5月21日—2017年5月26日
67	张虹淼 郭 浩	机电工程学院	国际会议	意大利	2017年5月21日—2017年5月26日
68	冯 博 陆少杰 段进军 汪 炜	东吴商学院（财经学院）	工作访问	澳大利亚	2017年5月21日—2017年5月28日
69	章晓莉	研究生院	工作访问	澳大利亚	2017年5月21日—2017年5月28日
70	吴永发 袁 静	金螳螂建筑学院	工作访问	美国、加拿大	2017年5月22日—2017年5月29日
71	仇国阳	科技成果转化处	工作访问	以色列、丹麦	2017年5月22日—2017年5月31日
72	施夏清	物理与光电·能源学部	学术访问	巴西	2017年5月26日—2017年6月14日

续表

序号	姓名	院(部)、部门	类别	前往国家	外出期限
73	谌宁	材料与化学化工学部	合作研究	美国	2017年5月27日—2017年6月6日
74	杨大伟	数学科学学院	国际会议	法国	2017年5月28日—2017年6月1日
75	冯莱	物理科学与技术学院	国际会议	美国	2017年5月28日—2017年6月2日
76	孙旭辉	纳米科学技术学院	国际会议	美国	2017年5月28日—2017年6月2日
77	朱新生 杨旭红	纺织与服装工程学院	国际会议	希腊	2017年5月28日—2017年6月3日
78	陶砚蕴	轨道交通学院	国际会议	西班牙	2017年6月3日—2017年6月8日
79	田景华	物理与光电·能源学部	国际会议	西班牙	2017年6月4日—2017年6月8日
80	周经亚	计算机科学与技术学院	国际会议	美国	2017年6月4日—2017年6月9日
81	王卓君	党委办公室	工作访问	加拿大	2017年6月6日—2017年6月10日
82	孙旭辉	纳米科学技术学院	工作访问	加拿大	2017年6月6日—2017年6月10日
83	袁晶	海外教育学院	工作访问	加拿大	2017年6月6日—2017年6月10日
84	徐雯彦	国际合作交流处	工作访问	加拿大	2017年6月6日—2017年6月10日
85	苏雄	医学部基础医学与生物科学学院	合作研究	美国	2017年6月8日—2017年6月18日
86	陈雁 王立川	纺织与服装工程学院	工作访问	法国、瑞典	2017年6月10日—2017年6月17日
87	黄鹤	电子信息学院	合作研究	卡塔尔	2017年6月12日—2017年9月11日
88	戴俭慧	体育学院	国际会议	泰国	2017年6月13日—2017年6月17日
89	黎先华	数学科学学院	国际会议	塞尔维亚	2017年6月14日—2017年6月19日

续表

序号	姓　名	院(部)、部门	类　别	前往国家	外出期限
90	穆蕊	数学科学学院	合作研究	法国	2017年6月15日—2017年7月3日
91	唐忠明	数学科学学院	合作研究	意大利	2017年6月16日—2017年7月15日
92	樊明迪	轨道交通学院	国际会议	柬埔寨	2017年6月17日—2017年6月20日
93	胡玉鸿 胡亚球 钱春芸 范茜	王健法学院	工作访问	美国	2017年6月17日—2017年6月22日
94	陆岸	学生工作处	工作访问	美国	2017年6月17日—2017年6月22日
95	关晋平	纺织与服装工程学院	工作访问	法国	2017年6月18日—2017年6月22日
96	廖良生	纳米科学技术学院	国际会议	日本	2017年6月18日—2017年6月22日
97	李彦光 文震	功能纳米与软物质研究院	国际会议	新加坡	2017年6月18日—2017年6月23日
98	刘庄	纳米科学技术学院	合作研究	新加坡	2017年6月18日—2017年6月23日
99	曹永罗 赵云	数学科学学院	合作研究	意大利	2017年6月18日—2017年6月24日
100	迟力峰	纳米科学技术学院	合作研究	新加坡	2017年6月18日—2017年6月24日
101	赵建庆	物理与光电·能源学部	国际会议	新加坡	2017年6月19日—2017年6月23日
102	刘小莉 李丹	材料与化学化工学部	国际会议	新加坡	2017年6月19日—2017年6月23日
103	李鹏	沙钢钢铁学院	国际会议	希腊	2017年6月20日—2017年6月25日
104	陈琛 吴鹏 张柳笛	机电工程学院	国际会议	美国	2017年6月20日—2017年6月25日

续表

序号	姓名	院(部)、部门	类别	前往国家	外出期限
105	胡广 梁中洁 肖飞	电子信息学院	合作研究	斯洛文尼亚	2017年6月20日— 2017年6月29日
106	冯原	医学部放射医学与防护学院	国际会议	美国	2017年6月21日— 2017年6月25日
107	赵晓辉	能源学院	学术访问	韩国	2017年6月22日— 2017年6月29日
108	吴绍龙 詹耀辉 秦琳玲	物理与光电·能源学部	国际会议	韩国	2017年6月25日— 2017年6月30日
109	杨凯	医学部放射医学与防护学院	国际会议	巴西	2017年6月26日— 2017年7月1日
110	朱广俊	物理科学与技术学院	合作研究	德国	2017年6月29日— 2017年9月11日
111	姚建林	材料与化学化工学部	合作研究	日本	2017年6月30日— 2017年7月30日
112	朱健	材料与化学化工学部	工作访问	澳大利亚	2017年7月1日— 2017年10月1日
113	袁建宇	功能纳米与软物质研究院	国际会议	荷兰	2017年7月1日— 2017年7月6日
114	马万里	纳米科学技术学院	国际会议	荷兰	2017年7月1日— 2017年7月6日
115	沈纲祥	电子信息学院	国际会议	西班牙	2017年7月1日— 2017年7月7日
116	朱琴玉 姚英明	材料与化学化工学部	国际会议	英国	2017年7月1日— 2017年7月7日
117	苏晓东	物理与光电·能源学部	国际会议	荷兰	2017年7月1日— 2017年7月7日
118	周光明	医学部放射医学与防护学院	国际会议	瑞士	2017年7月2日— 2017年7月6日
119	徐玉红	数学科学学院	工作坊活动	英国	2017年7月2日— 2017年7月7日
120	葛洵	数学科学学院	国际会议	波兰	2017年7月2日— 2017年7月7日

续表

序号	姓名	院(部)、部门	类别	前往国家	外出期限
121	张民	计算机科学与技术学院	合作研究	新加坡、丹麦	2017年7月2日—2017年9月12日
122	袁银男	苏州大学	工作访问	澳大利亚	2017年7月3日—2017年7月7日
123	陆惠星	国际合作交流处	工作访问	澳大利亚	2017年7月3日—2017年7月7日
124	章晓莉	研究生院	工作访问	澳大利亚	2017年7月3日—2017年7月7日
125	陆少杰 汪炜	东吴商学院（财经学院）	工作访问	澳大利亚	2017年7月3日—2017年7月7日
126	屈卫卫	医学部放射医学与防护学院	合作研究	意大利	2017年7月3日—2017年7月30日
127	叶继红	政治与公共管理学院	合作研究	新加坡	2017年7月3日—2017年8月31日
128	李娜	材料与化学化工学部	合作研究	澳大利亚	2017年7月5日—2017年8月4日
129	迟力峰	纳米科学技术学院	学术访问	德国、巴西	2017年7月6日—2017年8月12日
130	李彦光	功能纳米与软物质研究院	学术访问	美国、加拿大	2017年7月7日—2017年7月14日
131	胡士军	心血管病研究所	国际会议	美国	2017年7月8日—2017年7月13日
132	张正彪	材料与化学化工学部	学术访问	英国、爱尔兰	2017年7月8日—2017年7月18日
133	王殳凹 王亚星	医学部放射医学与防护学院	国际会议	日本	2017年7月9日—2017年7月15日
134	杨剑宇	轨道交通学院	国际会议	香港、日本	2017年7月9日—2017年7月18日
135	任琼珍	附属第二医院	跟岗实践	美国	2017年7月9日—2017年8月12日
136	李桢	医学部放射医学与防护学院	国际会议	英国	2017年7月10日—2017年7月16日
137	王腊宝	外国语学院	学术访问	澳大利亚	2017年7月10日—2017年7月19日

续表

序号	姓 名	院(部)、部门	类 别	前往国家	外出期限
138	孙旭辉 张辛皎	纳米科学技术学院	合作研究	美国	2017年7月10日—2017年7月20日
139	王 奎	数学科学学院	合作研究	美国	2017年7月10日—2017年9月7日
140	陈维倩	心血管研究中心	国际会议	新加坡	2017年7月12日—2017年7月16日
141	汝长海	机电工程学院	国际会议	加拿大	2017年7月15日—2017年7月22日
142	熊德意	计算机科学与技术学院	合作研究	澳大利亚	2017年7月16日—2017年7月29日
143	王钦华	物理与光电·能源学部	国际会议	西班牙	2017年7月16日—2017年7月21日
144	游善红	电子信息学院	国际会议	美国	2017年7月17日—2017年7月22日
145	李 慧	数学科学学院	合作研究	美国	2017年7月17日—2017年8月5日
146	蒋佐权	功能纳米与软物质研究院	合作研究	日本	2017年7月18日—2017年8月10日
147	肖 杰 傅 楠	材料与化学化工学部	国际会议	澳大利亚	2017年7月19日—2017年7月26日
148	熊世云	纳米科学技术学院	合作研究	德国	2017年7月20日—2017年8月19日
149	赵承良	物理与光电·能源学部	合作研究	荷兰	2017年7月21日—2017年8月28日
150	郎建平	材料与化学化工学部	国际会议	澳大利亚	2017年7月22日—2017年7月27日
151	任志刚 张文华	材料与化学化工学部	国际会议	澳大利亚	2017年7月22日—2017年7月27日
152	潘志娟 冯 岑 李春萍	纺织与服装工程学院	工作访问	日本	2017年7月22日—2017年7月27日
153	傅菊芬	应用技术学院	合作研究	日本	2017年7月22日—2017年7月27日

续表

序号	姓 名	院(部)、部门	类 别	前往国家	外出期限
154	吕 强	现代丝绸研究所	国际会议	英国	2017年7月23日—2017年7月27日
155	王 宇	外国语学院	国际会议	巴西	2017年7月23日—2017年7月28日
156	吴科伟	纳米科学技术学院	学术访问	加拿大	2017年7月23日—2017年7月30日
157	罗 杰 高东梁	物理与光电·能源学部	国际会议	新加坡	2017年7月24日—2017年7月28日
158	余 嘉 梁 婷	骨科研究所	国际会议	澳大利亚	2017年7月24日—2017年8月2日
159	袁 丹 徐 信	材料与化学化工学部	国际会议	澳大利亚	2017年7月24日—2017年7月29日
160	蒋建华	物理与光电·能源学部	学术访问	以色列、印度	2017年7月24日—2017年8月29日
161	陶陆阳	医学部基础医学与生物科学学院	国际会议	西班牙	2017年7月25日—2017年7月30日
162	江 林	功能纳米与软物质研究院	国际会议	加拿大	2017年7月26日—2017年7月29日
163	陈 煜	物理与光电·能源学部	会议	俄罗斯	2017年7月26日—2017年7月31日
164	李彦光	功能纳米与软物质研究院	国际会议	澳大利亚	2017年7月28日—2017年8月1日
165	郑春福	医学部	国际会议	比利时	2017年7月28日—2017年8月3日
166	尹万健	物理与光电·能源学部	国际会议	日本	2017年7月29日—2017年8月5日
167	康振辉 赵 云	纳米与科学技术学院	国际会议	加拿大	2017年7月29日—2017年8月9日
168	仲兆民 刘 超	医学部基础医学与生物科学学院	国际会议	荷兰	2017年7月30日—2017年8月4日
169	杨 浩 黄海波 李相鹏 郁树梅 张虹淼	机电工程学院	国际会议	美国	2017年7月30日—2017年8月4日

续表

序号	姓　名	院(部)、部门	类　别	前往国家	外出期限
170	冯岩	物理与光电·能源学部	国际会议	德国	2017年7月30日—2017年8月5日
171	游善红 沈纲祥 高明义 陈伯文	电子信息学院	国际会议	新加坡	2017年7月31日—2017年8月4日
172	李孝峰	物理与光电·能源学部	国际会议	新加坡	2017年7月31日—2017年8月4日
173	龚呈卉	物理与光电·能源学部	工作访问	英国	2017年7月31日—2017年8月5日
174	吴菲非	纺织与服装工程学院	工作访问	英国	2017年7月31日—2017年8月5日
175	刘全	物理与光电·能源学部	国际会议	新加坡	2017年7月31日—2017年8月5日
176	倪江锋 田维	物理与光电·能源学部	国际会议	日本	2017年8月1日—2017年8月6日
177	贾俊铖	计算机科学与技术学院	合作研究	日本	2017年8月1日—2017年8月7日
178	李直旭	计算机科学与技术学院	合作研究	澳大利亚	2017年8月1日—2017年8月25日
179	曹海霞	物理与光电·能源学院	合作研究	加拿大	2017年8月1日—2017年8月28日
180	徐玉红	数学科学学院	合作研究	新加坡	2017年8月1日—2017年8月30日
181	滕昕辰	医学部药学院	合作研究	美国	2017年8月2日—2017年9月30日
182	延英	物理与光电·能源学部	合作研究	瑞典	2017年8月3日—2017年8月27日
183	李东军	外国语学院	国际会议	日本	2017年8月4日—2017年8月7日
184	黎先华	数学科学学院	合作研究	英国	2017年8月4日—2017年8月14日
185	赵增耀	东吴商学院(财经学院)	合作研究	日本	2017年8月4日—2017年8月24日

续表

序号	姓 名	院(部)、部门	类 别	前往国家	外出期限
186	章宗长	计算机科学与技术学院	学术访问	澳大利亚	2017年8月4日—2017年8月25日
187	唐建新 王穗东 高 旭	纳米与科学技术学院	国际会议	美国	2017年8月5日—2017年8月10日
188	邹贵付	物理与光电·能源学部	合作研究	美国	2017年8月5日—2017年9月4日
189	张焕相	医学部基础医学与生物科学学院	国际会议	美国	2017年8月6日—2017年8月10日
190	李 挺	数学科学学院	合作研究	英国	2017年8月8日—2017年9月6日
191	史培新	轨道交通学院	国际会议	美国	2017年8月10日—2017年8月15日
192	徐 丹	材料与化学化工学部	合作研究	澳大利亚	2017年8月10日—2017年8月17日
193	曹永罗	数学科学学院	合作研究	英国	2017年8月12日—2017年9月5日
194	揭建胜	纳米科学技术学院	国际会议	美国	2017年8月13日—2017年8月18日
195	顾建清	东吴商学院(财经学院)	合作研究	德国	2017年8月13日—2017年8月25日
196	梅 琳	国际合作交流处	合作研究	英国	2017年8月13日—2017年8月26日
197	甄 勇	政治与公共管理学院	合作研究	英国	2017年8月13日—2017年8月26日
198	顾振华 周 扬	数学科学学院	工作访问	新加坡	2017年8月15日—2017年8月19日
199	张晓宏	国际合作交流处	学术访问	新加坡	2017年8月15日—2017年8月20日
200	仇晓琰	医学部药学院	合作研究	美国	2017年8月15日—2017年9月12日
201	刘纯平 季 怡	计算机科学与技术学院	学术访问	澳大利亚	2017年8月18日—2017年8月26日

续表

序号	姓 名	院(部)、部门	类 别	前往国家	外出期限
202	李彦光	功能纳米与软物质研究院	国际会议	美国	2017年8月19日—2017年8月24日
203	王 卉 林 红	纺织与服装工程学院	学术访问	日本	2017年8月19日—2017年8月25日
204	张 岩 王建南	纺织与服装工程学院	国际会议	瑞士	2017年8月20日—2017年8月25日
205	金新春	神经科学研究所	国际会议	法国	2017年8月20日—2017年8月25日
206	石明慧	电子信息学院	国际会议	瑞典	2017年8月21日—2017年8月26日
207	程 亮	功能纳米与软物质研究院	国际会议	法国	2017年8月21日—2017年8月26日
208	刘 阳 曾 诚	纳米科学技术学院	合作研究	英国	2017年8月21日—2017年8月27日
209	张 伟	材料与化学化工学部	合作研究	日本	2017年8月21日—2017年8月28日
210	顾佩娅	外国语学院	国际会议	英国	2017年8月22日—2017年8月27日
211	汪顺义	材料与化学化工学部	学术访问	德国	2017年8月23日—2017年9月5日
212	吴继霞 刘电芝	教育学院	国际会议	新西兰	2017年8月25日—2017年8月29日
213	徐广银	神经科学研究所	学术访问	加拿大	2017年8月25日—2017年9月1日
214	徐 璎 周 飞 刘志玮 朱文静 张 洁 向利洁	剑桥—苏大基因组资源中心	科研工作坊	韩国	2017年8月27日—2017年8月31日
215	王照奎 徐建龙	功能纳米与软物质研究院	国际会议	韩国	2017年8月27日—2017年9月1日
216	董 雯 倪亚贤 叶 燕	物理与光电·能源学部	国际会议	法国	2017年8月28日—2017年9月2日

续表

序号	姓名	院(部)、部门	类别	前往国家	外出期限
217	屠一锋	材料与化学化工学部	国际会议	比利时、俄罗斯	2017年8月28日—2017年9月5日
218	尤文龙 张成杰	物理与光电·能源学部	国际会议	新加坡	2017年9月3日—2017年9月8日
219	钱定边	数学科学学院	合作研究	美国	2017年9月5日—2017年9月25日
220	宋波	材料与化学化工学部	国际会议	德国	2017年9月6日—2017年9月10日
221	邢铁玲 徐岚 王卉	纺织与服装工程学院	国际会议	英国	2017年9月9日—2017年9月14日
222	陈新建	电子信息学院	国际会议	加拿大	2017年9月9日—2017年9月14日
223	李桢	医学部放射医学与防护学院	国际会议	英国	2017年9月10日—2017年9月14日
224	董宁征 刘萌 周田甜	唐仲英医学研究院	国际会议	美国	2017年9月14日—2017年9月19日
225	徐浩	骨科研究所	合作研究	美国	2017年9月15日—2017年10月14日
226	邓飞艳	医学部	国际会议	爱尔兰	2017年9月16日—2017年9月21日
227	蒋建华	物理与光电·能源学部	国际会议	俄罗斯	2017年9月17日—2017年9月22日
228	王殳凹 王艳龙	医学部放射医学与防护学院	国际会议	韩国	2017年9月17日—2017年9月22日
229	胡士军	血管病研究所	国际论坛	美国	2017年9月20日—2017年9月24日
230	王腊宝	外国语学院	合作研究	澳大利亚	2017年9月20日—2017年9月25日
231	秦文新	数学科学学院	合作研究	克罗地亚	2017年9月20日—2017年10月10日
232	陈文亮 张民	计算机科学与技术学院	国际会议	日本	2017年9月22日—2017年9月26日

续表

序号	姓名	院(部)、部门	类别	前往国家	外出期限
233	沈彤	医学部基础医学与生物科学学院	国际会议	美国	2017年9月24日—2017年9月28日
234	邢光晟 钮菊生 张继业 朱政	政治与公共管理学院	工作访问	老挝	2017年9月25日—2017年9月29日
235	徐广银	神经科学研究所	国际会议	德国	2017年9月25日—2017年10月1日
236	张正彪 严锋	材料与化学化工学部	学术访问	澳大利亚	2017年9月26日—2017年10月6日
237	黄剑莹	纺织与服装工程学院	合作研究	新加坡	2017年9月26日—2017年10月8日
238	杨瑞枝	物理与光电·能源学部	国际会议	美国	2017年10月1日—2017年10月6日
239	杨大伟	数学科学学院	合作研究	法国	2017年10月1日—2017年12月9日
240	李琼舟	艺术学院	合作研究	法国	2017年10月1日—2017年10月21日
241	田景华	物理与光电·能源学部	国际会议	美国	2017年10月1日—2017年10月6日
242	曹建平	医学部放射医学与防护学院	国际会议	印度尼西亚	2017年10月2日—2017年10月6日
243	肖杰	材料与化学化工学部	国际会议	法国	2017年10月2日—2017年10月8日
244	姜敏	电子信息学院	国际会议	加拿大	2017年10月4日—2017年10月9日
245	徐璎 王涛	剑桥—苏大基因组资源中心	国际会议	捷克	2017年10月6日—2017年10月12日
246	赵雷	物理与光电·能源学部	国际会议	俄罗斯	2017年10月6日—2017年10月12日
247	吴涛 郎建平	材料与化学化工学部	研讨会	日本	2017年10月7日—2017年10月11日
248	张晓宏	苏州大学	工作访问	美国	2017年10月7日—2017年10月11日

续表

序号	姓名	院(部)、部门	类别	前往国家	外出期限
249	刘跃华	音乐学院	工作访问	美国	2017年10月7日—2017年10月11日
250	徐雯彦	国际合作交流处	工作访问	美国	2017年10月7日—2017年10月11日
251	李亮	物理与光电·能源学部	国际会议	瑞典	2017年10月7日—2017年10月12日
252	许建梅	纺织与服装工程学院	国际会议	美国	2017年10月8日—2017年10月13日
253	马扣祥	物理与光电·能源学部	工作会议	美国	2017年10月10日—2017年10月14日
254	洪少华 李志杰	出版社	书展	德国	2017年10月10日—2017年10月14日
255	潘德京 周飞 刘志玮 朱易辰	剑桥—苏大基因组资源中心	学术交流	法国、英国、德国	2017年10月10日—2017年10月9日
256	唐煜	数学科学学院	国际会议	美国	2017年10月12日—2017年10月21日
257	武艺	唐仲英血液学研究中心	国际会议	美国	2017年10月13日—2017年10月20日
258	陈琛	机电工程学院	学术访问	美国	2017年10月13日—2017年10月24日
259	周光明 刘芬菊 李明 裴海龙	医学部放射医学与防护学院	国际会议	墨西哥	2017年10月14日—2017年10月19日
260	李冰燕	医学部	国际会议	墨西哥	2017年10月14日—2017年10月19日
261	吴鹏	机电工程学院	国际会议	美国	2017年10月14日—2017年10月19日
262	张晓霞 黄燕敏 周玉明 徐舫	艺术学院	工作坊活动	法国	2017年10月15日—2017年10月20日

续表

序号	姓名	院(部)、部门	类别	前往国家	外出期限
263	陈新华 沈为民	物理与光电·能源学部	国际会议	荷兰	2017年10月15日—2017年10月21日
264	毛秋瑾 戴岗 陈铮 卢朗	艺术学院	工作访问	匈牙利、奥地利	2017年10月15日—2017年10月22日
265	周国华 方新军 许小亮 肖丽娟 蒋莉	王健法学院	工作访问	英国	2017年10月16日—2017年10月20日
266	郑春福	医学部	国际会议	美国	2017年10月16日—2017年10月20日
267	雷暑丰	医学部	国际会议	美国	2017年10月16日—2017年10月22日
268	夏凤军	凤凰传媒学院	国际论坛	澳大利亚	2017年10月16日—2017年10月28日
269	陈红 李丹	材料与化学化工学部	国际会议	日本	2017年10月17日—2017年10月22日
270	杨剑峰	唐仲英医学研究院	国际会议	南非	2017年10月21日—2017年10月26日
271	何杨	血液和血管疾病药物治疗技术教育部工程研究中心	国际会议	南非	2017年10月21日—2017年10月26日
272	侯建全	附属第一医院	学术研修	英国、瑞典	2017年10月21日—2017年10月27日
273	何蕾	剑桥—苏大基因组资源中心	学术交流	日本	2017年10月22日—2017年10月26日
274	江淼	附属第一医院	国际会议	南非	2017年10月22日—2017年10月26日
275	赵朋朋	计算机科学与技术学院	国际会议	美国	2017年10月22日—2017年10月27日
276	冯岩	物理与光电·能源学部	国际会议	美国	2017年10月22日—2017年10月27日
277	李绍娟	纳米科学技术学院	国际会议	日本	2017年10月22日—2017年10月28日

续表

序号	姓名	院(部)、部门	类别	前往国家	外出期限
278	赵建庆 杨朝晖	物理与光电·能源学部	国际会议	日本	2017年10月22日—2017年10月28日
279	曹建平	医学部放射医学与防护学院	国际会议	菲律宾	2017年10月24日—2017年10月28日
280	陈高健	物理与光电·能源学部	国际会议	日本	2017年10月25日—2017年10月28日
281	唐建新	科学技术研究部	国际会议	韩国	2017年10月25日—2017年10月28日
282	季进	唐文治书院	学术访问	美国	2017年10月25日—2017年11月14日
283	许小亮 胡玉鸿	王健法学院	国际会议	加拿大	2017年10月27日—2017年10月31日
284	陈卫昌	苏州大学	国际会议	西班牙	2017年10月28日—2017年11月1日
285	宋璐	社会学院	国际会议	南非	2017年10月29日—2017年11月3日
286	程亮	功能纳米与软物质研究院	国际会议	泰国	2017年10月31日—2017年11月4日
287	魏明刚	医学部第一临床医学院	国际会议	美国	2017年10月31日—2017年11月5日
288	彭长四	物理与光电·能源学部	合作研究	芬兰	2017年11月1日—2017年11月29日
289	方世南	政治与公共管理学院	国际会议	俄罗斯、芬兰	2017年11月2日—2017年11月9日
290	冯原	医学部放射医学与防护学院	国际会议	美国	2017年11月3日—2017年11月9日
291	何耀	功能纳米与软物质研究院	国际会议	韩国	2017年11月4日—2017年11月10日
292	朱建刚	文学院	研修	俄罗斯	2017年11月4日—2018年1月29日
293	汪一鸣 吴澄	轨道交通学院	国际会议	美国	2017年11月5日—2017年11月10日
294	许佳捷 李直旭	计算机科学与技术学院	国际会议	新加坡	2017年11月5日—2017年11月11日

续表

序号	姓名	院(部)、部门	类别	前往国家	外出期限
295	王建荣	唐仲英血液学研究中心	合作研究	美国	2017年11月5日—2017年11月日19
296	徐兴顺	神经科学研究所	合作研究	美国	2017年11月5日—2017年12月4日
297	汤如俊	物理与光电·能源学部	国际会议	美国	2017年11月6日—2017年11月11日
298	朱建刚	外国语学院	工作访问	俄罗斯	2017年11月7日—2018年2月6日
299	蒋建华	物理与光电·能源学部	国际会议	德国、瑞士	2017年11月9日—2017年11月15日
300	吕强	计算机科学与技术学院	学术访问	美国	2017年11月9日—2017年11月17日
301	胡士军	心血管研究所	国际会议	美国	2017年11月11日—2017年11月16日
302	吉伟	国内合作办公室	工作访问	老挝	2017年11月12日—2017年11月16日
303	史恩慧	数学科学学院	国际会议	韩国	2017年11月12日—2017年11月16日
304	王国祥 王平 杨敢峰	体育学院	学术访问	日本	2017年11月12日—2017年11月16日
305	路建美	苏州大学	工作访问	老挝	2017年11月12日—2017年11月16日
306	朱巧明 龚学锋	科学技术研究部	工作访问	老挝	2017年11月12日—2017年11月16日
307	糜志雄	科技成果转化处	工作访问	老挝	2017年11月12日—2017年11月16日
308	孟凯	纺织与服装工程学院	工作访问	老挝	2017年11月12日—2017年11月16日
309	卢业虎 戴晓群	纺织与服装工程学院	国际会议	日本	2017年11月12日—2017年11月18日
310	胡文涛	医学部放射医学与防护学院	合作研究	日本	2017年11月12日—2017年11月25日

续表

序号	姓名	院(部)、部门	类别	前往国家	外出期限
311	张健	医学部药学院	合作研究	日本	2017年11月12日—2017年11月25日
312	吴安庆	医学部放射医学与防护学院	合作研究	日本	2017年11月12日—2017年11月30日
313	章宗长	计算机科学与技术学院	国际会议	韩国	2017年11月14日—2017年11月17日
314	刘志忠	东吴商学院（财经学院）	国际会议	美国	2017年11月17日—2017年11月22日
315	冯博	东吴商学院（财经学院）	工作访问	美国	2017年11月17日—2017年11月24日
316	刘琳 蔡阳健 王飞 赵承良 罗杰	物理与光电·能源学部	国际会议	新加坡	2017年11月18日—2017年11月22日
317	赵朋朋	计算机科学与技术学院	国际会议	美国	2017年11月18日—2017年11月22日
318	姚建林 姚英明 黄志斌 史达清 汪顺义 赵应声	材料与化学化工学部	国际会议	日本	2017年11月19日—2017年11月22日
319	朱健	材料与化学化工学部	工作访问	新加坡	2017年11月19日—2017年11月25日
320	王照奎	功能纳米与软物质研究院	研讨会	日本	2017年11月22日—2017年11月26日
321	杨磊	骨科研究所	国际会议	美国	2017年11月26日—2017年12月1日
322	苏媛媛	功能纳米与软物质研究院	国际会议	美国	2017年11月26日—2017年12月1日
323	李瑞宾	医学部放射医学与防护学院	国际会议	泰国	2017年11月27日—2017年12月1日
324	陈华兵	医学部药学院	国际会议	日本	2017年11月27日—2017年12月1日

续表

序号	姓 名	院(部)、部门	类 别	前往国家	外出期限
325	刘电芝 吴继霞	教育学院	国际会议	越南	2017年11月28日—2017年12月1日
326	戴俭慧	体育学院	国际会议	巴西	2017年11月28日—2017年12月4日
327	苏 雄	医学部基础医学与生物科学学院	合作研究	美国	2017年11月28日—2017年12月10日
328	蒋建华	物理与光电·能源学部	国际会议	新加坡	2017年11月29日—2017年12月2日
329	吴继红	材料与化学化工学部	合作研究	新加坡	2017年11月29日—2017年12月8日
330	孙洪涛	材料与化学化工学部	合作研究	美国	2017年11月30日—2017年11月5日
331	吴永发 郭恒杰	金螳螂建筑学院	学术访问	韩国	2017年12月1日—2017年12月5日
332	张 明	教育学院	合作研究	日本	2017年12月3日—2017年12月10日
333	宋 波	材料与化学化工学部	国际会议	美国	2017年12月3日—2017年12月9日
334	沈纲祥	电子信息学院	国际会议	新加坡	2017年12月3日—2017年12月9日
335	冯 博 王要玉 王则斌	东吴商学院（财经学院）	国际会议	迪拜	2017年12月3日—2017年12月9日
336	李彦光	功能纳米与软物质研究院	国际会议	新加坡	2017年12月6日—2017年12月11日
337	晏成林	物理与光电·能源学部	国际会议	新加坡	2017年12月6日—2017年12月11日
338	安 艳	医学部公共卫生学院	国际会议	日本	2017年12月6日—2017年12月9日
339	何玉龙	唐仲英血液学研究中心	国际会议	日本	2017年12月8日—2017年12月11日
340	朱宁宁	金螳螂建筑学院	国际会议	印度	2017年12月10日—2017年12月15日

续表

序号	姓　名	院(部)、部门	类　别	前往国家	外出期限
341	徐广银	神经科学研究所	合作研究	美国	2017年12月10日—2018年1月7日
342	王建南	纺织与服装工程学院	合作研究	英国	2017年12月14日—2017年12月29日
343	王尧季进	唐文治书院	学术访问	澳大利亚、新西兰	2017年12月16日—2017年12月23日
344	尚笑梅	纺织与服装工程学院	合作研究	新加坡	2017年12月17日—2017年12月21日
345	李亮	物理与光电·能源学部	国际会议	古巴	2017年12月18日—2017年12月24日
346	尹万健	物理与光电·能源学部	合作研究	新加坡	2017年12月22日—2018年1月2日
347	孙旭辉	功能纳米与软物质研究院	合作研究	美国	2017年12月22日—2018年1月4日

2017年教职工因公赴港澳台地区人员情况一览表

序号	姓　名	院(部)、部门	类　别	前往学校或机构	外出期限
1	唐建新何乐	功能纳米与软物质研究院	国际会议	香港城市大学	2017年1月2日—2017年1月7日
2	高祖林	党委办公室	工作访问	香港中文大学、澳门科技大学	2017年1月3日—2017年1月8日
3	黄兴	国际合作交流处	工作访问	香港中文大学、澳门科技大学	2017年1月3日—2017年1月8日
4	唐风珍	文正学院	工作访问	香港中文大学、澳门科技大学	2017年1月3日—2017年1月8日
5	马卫中	招生就业处	工作访问	香港中文大学、澳门科技大学	2017年1月3日—2017年1月8日
6	朱巧明	科学技术产业部	学术交流	香港诺亚方舟研究院	2017年1月3日—2017年1月7日
7	杜锐陈景润	数学科学学院	科研合作	澳门大学	2017年1月13日—2017年1月20日

续表

序号	姓　名	院(部)、部门	类　别	前往学校或机构	外出期限
8	陈旻昕 周圣高	数学科学学院	国际会议	澳门"第十届计算物理国际会议"组委会	2017年1月15日— 2017年1月21日
9	胡军	物理科学与技术学院	国际会议	澳门"第十届计算物理国际会议"组委会	2017年1月15日— 2017年1月21日
10	眭胜	物理与光电·能源学部	合作研究	台湾大学	2017年2月6日— 2017年5月5日
11	刘福娟	纺织与服装工程学院	学术访问	香港理工大学	2017年2月6日— 2017年2月10日
12	秦文新	数学科学学院	学术交流	台湾清华大学	2017年2月16日— 2017年3月2日
13	陈进华 黄建洪 宋煜萍 龚长宇 邢冬梅 张小洪 朱　政	政治与公共管理学院	学术会议	台湾铭传大学	2017年3月23日— 2017年3月29日
14	刘金光	党委宣传部	学术会议	台湾铭传大学	2017年3月23日— 2017年3月29日
15	胡玉鸿 方新军 严　俊 黄学贤 彭文华	王健法学院	工作访问	香港城市大学	2017年3月27日— 2017年3月30日
16	邓超	材料与化学化工学部	学术会议	台湾清华大学	2017年4月5日— 2017年4月9日
17	周中胜	东吴商学院 (财经学院)	合作研究	台湾东吴大学	2017年4月10日— 2017年4月23日
18	王卫平 郑　庚 高　峰 魏向东	社会学院	工作访问	台湾东吴大学	2017年4月10日— 2017年4月13日
19	方新军	王健法学院	学术会议	台湾大学	2017年4月21日— 2017年4月24日

续表

序号	姓名	院(部)、部门	类别	前往学校或机构	外出期限
20	龚呈卉	物理与光电·能源学部	交流活动	澳门大学、澳门科技大学	2017年4月26日—2017年5月1日
21	刘昌荣	电子信息学院	国际会议	香港城市大学	2017年5月23日—2017年5月27日
22	潘志娟 张克勤	纺织与服装工程学院	学术会议	台湾逢甲大学	2017年5月26日—2017年5月31日
23	迟力峰	纳米科学技术学院	国际会议	香港科技大学	2017年6月4日—2017年6月9日
24	范丽娟	材料与化学化工学部	国际会议	香港科技大学	2017年6月4日—2017年6月9日
25	马欣荣	数学科学学院	国际会议	香港城市大学	2017年6月5日—2017年6月9日
26	朱淀	东吴商学院（财经学院）	合作研究	香港中文大学	2017年6月11日—2017年6月17日
27	孙磊磊 尤东晶 田真 徐俊丽 叶露 钱晓宏 张玲玲	金螳螂建筑学院	研修学习	香港中文大学	2017年6月16日—2017年7月30日
28	王尧	学术委员会	国际会议	香港科技大学	2017年6月18日—2017年6月22日
29	陈景润	数学科学学院	合作研究	香港城市大学	2017年7月1日—2017年9月3日
30	刘雅婧	纳米科学技术学院	合作科研	香港城市大学	2017年7月2日—2017年7月8日
31	彭明发	功能纳米与软物质研究院	合作科研	香港城市大学	2017年7月2日—2017年7月8日
32	樊建席 顾闻钟 刘钊 陈宝雷	计算机科学与技术学院	学术交流	台湾台北商业大学	2017年7月3日—2017年7月7日
33	韩月娟	信息化建设与管理中心	学术交流	台湾台北商业大学	2017年7月3日—2017年7月7日

续表

序号	姓名	院(部)、部门	类别	前往学校或机构	外出期限
34	石沙	港澳台办公室	工作访问	台湾东吴大学	2017年7月17日—2017年7月27日
35	严建峰	计算机科学与技术学院	合作研究	香港浸会大学	2017年7月19日—2017年8月21日
36	罗正英	东吴商学院（财经学院）	学术会议	香港城市大学	2017年7月20日—2017年7月23日
37	杜锐	数学科学学院	合作研究	香港大学	2017年7月25日—2017年8月1日
38	徐浩	骨科研究所	国际会议	香港理工大学	2017年7月30日—2017年8月2日
39	茹翔	港澳台办公室	工作访问	台湾东吴大学	2017年8月5日—2017年8月15日
40	孙旭辉 李彦光 张桥 钟俊 马艳芸 文震	功能纳米与软物质研究院	学术会议	台湾淡江大学	2017年8月9日—2017年8月18日
41	邬青	医学部护理学院	工作访问	台湾慈济科技大学	2017年8月21日—2017年9月4日
42	陈华兵 柯亨特	医学部药学院	学术会议	台湾中原大学	2017年8月22日—2017年8月27日
43	傅楠	材料与化学化工学部	国际会议	香港科技大学	2017年8月23日—2017年8月27日
44	王明湘	电子信息学院	学术访问	台湾交通大学	2017年9月6日—2017年9月9日
45	胡玉鸿	王健法学院	学术会议	台湾中正大学	2017年9月8日—2017年9月11日
46	房伟	文学院	学术会议	台湾师范大学	2017年10月20日—2017年10月26日
47	姜竹松 张大鲁 王鹭 苗海青	艺术学院	工作访问	台湾师范大学	2017年10月23日—2017年11月9日
48	徐广银 刘通	神经科学研究所	学术会议	台湾"中央"研究院生物医学科学研究所	2017年10月26日—2017年10月30日

续表

序号	姓名	院(部)、部门	类别	前往学校或机构	外出期限
49	刘燕	东吴商学院（财经学院）	学术会议	澳门科技大学	2017年11月3日—2017年11月7日
50	李亮	物理与光电·能源学部	国际会议	台湾材料科学学会	2017年11月5日—2017年11月9日
51	殷黎晨	功能纳米与软物质研究院	国际会议	台湾材料科学学会	2017年11月5日—2017年11月9日
52	潘越	材料与化学化工学部	国际会议	台湾材料科学学会	2017年11月5日—2017年11月9日
53	周生杰	文学院	学术会议	台湾中兴大学	2017年11月6日—2017年11月20日
54	胡亚球	王健法学院	学术会议	台湾辅仁大学	2017年11月11日—2017年11月25日
55	张永红 王艾丽	公共卫生学院	国际会议	澳门"中国百奥泰国际会议"组委会	2017年11月12日—2017年11月15日
56	田利	医学部护理学院	合作研究	台湾慈济科技大学	2017年11月16日—2017年11月19日
57	施晖 李东军 邵宝	外国语学院	国际会议	澳门大学	2017年11月17日—2017年11月22日
58	郑洪河	物理与光电·能源学部	国际会议	台湾电化学学会	2017年11月18日—2017年11月22日
59	陈道义	艺术学院	合作科研	香港中文大学	2017年11月20日—2017年12月15日
60	陈进华 尹婷婷 郭彩琴 叶继红 吴莉娅 谭林丽 刘向东 李靖 吴常歌	政治与公共管理学院	学术会议	台湾东吴大学	2017年11月24日—2017年11月28日
61	孙宁华	文学院	学术会议	台湾东吴大学	2017年11月24日—2017年11月28日

续表

序号	姓　名	院(部)、部门	类　别	前往学校或机构	外出期限
62	李正华	计算机科学与技术学院	国际会议	台湾"第八届国际自然语言处理研讨会"组委会	2017年11月26日—2017年12月2日
63	汤哲声	文学院	学术会议	香港中文大学、澳门基金会	2017年11月26日—2017年12月2日
64	熊思东 曹健	校长办公室	交流活动	英国驻沪总领事馆文化教育处	2017年12月5日—2017年12月9日
65	胡士军	心血管研究所	国际会议	香港中文大学	2017年12月6日—2017年12月10日
66	李超德	艺术学院	合作研究	台湾亚洲大学	2017年12月7日—2017年12月13日
67	张桂菊	物理与光电·能源学部	国际会议	香港理工大学	2017年12月15日—2017年12月18日
68	王钢	物理科学与技术学院	科研合作	台湾清华大学	2017年12月18日—2018年2月2日
69	蒋建华	物理科学与技术学院	科研合作	台湾大学	2017年12月30日—2018年1月5日

2017年学生长期出国(境)交流人员情况一览表

序号	姓　名	学生人数	类　别	去往国家(地区)、院校	出国(境)年限
1	柏妍　周亦菲 缪莹　仇鑫 练平　殷嘉琦	6	学期研修	台湾中州科技大学	2017年2月—2017年6月
2	冯惠惠　周余洁 王孟静　黎莹 周萌园	5	学期研修	台湾开南大学	2017年2月—2017年6月
3	刘晓惠　丁梦迪	2	学期研修	台湾大学	2017年2月—2017年6月
4	毕威　徐瑞龙 高冠琪　衡星宇 金香梅　高潇雨 林婧雪	7	学期研修	台湾清华大学	2017年2月—2017年6月
5	杜亚宣　吴壁燕 张智超	3	学期研修	台湾东华大学	2017年2月—2017年7月

续表

序号	姓　　名	学生人数	类　别	去往国家(地区)、院校	出国(境)年限
6	张智程　丁荣梅	2	学期研修	台湾科技大学	2017年2月—2017年7月
7	胥慧灵　李江薇 刘千瑜　姚　源	4	学期研修	台湾世新大学	2017年2月—2017年7月
8	蒋诗榆　高　宇 徐文琪　李含希	4	学期研修	台湾辅仁大学	2017年2月—2017年7月
9	姜　欣　殷　洒 黄　秀　费圣然	4	学期研修	台湾台北市立大学	2017年2月—2017年7月
10	薛晓宇　马仁标	2	学期研修	台湾中央大学	2017年2月—2017年7月
11	刘　琼　薛　蓉 保辛琪	3	学期研修	台湾台北大学	2017年2月—2017年7月
12	李　秋　陈　玲 李　辰	3	学期研修	台湾中华大学	2017年2月—2017年7月
13	王　丹　张裕雯	2	学期研修	台湾艺术大学	2017年2月—2017年7月
14	闫思含　李芷辛 杨梦姗　张钰琳 秦佩琪　李　冰 罗丹珺　陈天韵 孙一卉　郑菁华 孟雪镜　陈涵庭 李柯瑾　严俊婷 秦舒月	15	学期研修	台湾东吴大学	2017年2月—2017年7月
15	严港斌　刘双劼 李光强　刘致阳 林昱翔　蒋紫薇	6	学期研修	台湾清华大学	2017年9月—2018年1月
16	周　旻　潘思谕 况　晨	3	学期研修	台湾台北大学	2017年9月—2018年1月
17	陈　昀　孙雅君 王　娟　朱康妮	4	学期研修	台湾科技大学建筑研究所	2017年9月—2018年1月
18	王心至　李霖清 蔡昕儒　汪　杉 顾　楠　杨　真 潘奕婕　李　超 李佳倩　杜欣羽	10	学期研修	台湾世新大学	2017年9月—2018年1月

续表

序号	姓　名	学生人数	类　别	去往国家(地区)、院校	出国(境)年限
19	罗静文　张　通　倪　超　孙晓双	4	学期研修	台湾中华大学	2017年9月—2018年1月
20	陈伊华　许奕楠	2	学期研修	台湾艺术大学	2017年9月—2018年1月
21	安　奇　范佳颖	2	学期研修	台湾辅仁大学	2017年9月—2018年1月
22	刘妍麟　熊博洋　赵立博	3	学期研修	台湾云林科技大学	2017年9月—2018年1月
23	江淑容　陈　魁　王　子　时妩霜　徐　宽　阮梦迪	6	学期研修	台湾东华大学	2017年9月—2018年1月
24	闻　武　陶曦鸣　谷　悦　宋　妍　吴苏玲　王雪梅	6	学期研修	台湾台北市立大学	2017年9月—2018年1月
25	杨　珊	1	学期研修	台湾中央大学	2017年9月—2018年1月
26	颜一顺　张小涵　陈　鹤　陈嘉琳　徐心怡　周恬羽　陈　磊　张　琪　林韵倩　李　苑　索慧莲	11	学期研修	台湾东吴大学	2017年9月—2018年1月
27	马　天　李　玮	2	学期研修	台湾大学	2017年9月—2018年1月
28	周　全　林思雨　陈经纬　倪　亿　马红艳　陈宇睿　沙芝琳　彭鑫楠　陈宇睿　孟　柯　赵　阳　何雨芝	12	"3+2"联合培养	新加坡国立大学	2017年8月—2019年5月
29	仇艺霖　梅雪立　张　楠　崔李楠　臧　昊　张秋馨　翟建宇　蔡朝晖　谢亦潇	9	"2+2"联合培养	加拿大滑铁卢大学	2017年9月—2019年5月

续表

序号	姓　　名	学生人数	类　别	去往国家(地区)、院校	出国(境)年限
30	石　曦　朱　逸 胡　鋆　王　蕾 李　晓　赵俊翰 孙　静　田　原 施文浩　刘雪纯 丁逸君　刘芙婕 董文杰　孔雨萌 吉海燕　李沐阳 陆　芃	17	"3+2"联合培养	加拿大维多利亚大学	2017年8月—2019年6月
31	朱笑天　姜雨薇 柏　玲　徐子扬 陈理烨　赖泽锴 陆　驰　陆　洲 王璐瑶　刘昕源	10	"2+2"联合培养	英国曼彻斯特大学	2017年9月—2019年6月
32	吴　枭	1	"2+2"联合培养	韩国大邱大学	2017年9月—2019年6月
33	周溯沅	1	"3+2"联合培养	美国阿克隆大学	2017年9月—2019年6月
34	张　弛　陆张凯 管子清　冷嘉祥 蒋黎辉　包卓青 高一鸣　卜雪飞 吴　珺　张沁宜 张凌云　尤晨昊	12	"3+1"联合培养	美国阿肯色大学	2017年8月—2018年6月
35	唐卓涵	1	校际交流	日本国士馆大学	2017年3月—2018年2月
36	朱玟玟　叶　晨	2	校际交流	日本早稻田大学	2017年3月—2018年2月
37	于惠玲　袁明清	2	校际交流	日本早稻田大学	2017年9月—2018年8月
38	陶怡然	1	校际交流	日本明治大学	2017年3月—2018年2月
39	周　行	1	校际交流	日本关西学院大学	2017年3月—2018年2月
40	葛玉婷	1	校际交流	日本东京学艺大学	2017年3月—2018年2月

续表

序号	姓　名	学生人数	类　别	去往国家(地区)、院校	出国(境)年限
41	殷隽馨	1	校际交流	日本京都产业大学	2017年3月—2018年2月
42	吴燕青	1	校际交流	日本京都产业大学	2017年8月—2018年8月
43	潘可欣	1	校际交流	日本天理大学	2017年8月—2018年8月
44	罗祥彪　张方懋　张　迪　吉　人	4	校际交流	日本开智国际大学	2017年8月—2018年8月
45	邵杰慧	1	校际交流	日本宫崎公立大学	2017年8月—2018年8月
46	蒋　蕾	1	校际交流	日本兵库县立大学	2017年8月—2018年8月
47	吴根祺	1	校际交流	日本奈良女子大学	2017年8月—2018年8月
48	周梦珂	1	校际交流	韩国庆南大学	2017年8月—2018年7月
49	朱荣琳　赵　苏	2	校际交流	韩国梨花女子大学	2017年8月—2018年7月
50	侯　悦　陈　翔	2	校际交流	韩国全北国立大学	2017年8月—2018年7月
51	陈云清　杜若琳　赵亦慧	3	校际交流	法国拉罗谢尔大学	2017年8月—2018年7月
52	缪佳译　朱亦雯　陈仁爱　王子昕　严　仪　刘　楠　朱安琪　方　苗　陆小凡　李宇帆　施晓晨　柏小青　朱　越　时少仪	14	校际交流	法国圣艾蒂安大学	2017年8月—2018年7月
53	禹玮婷　丁伊雯　徐　丽	3	校际交流	西班牙巴塞罗那自治大学	2017年8月—2018年7月
54	潘榆桐	1	留学基金委	俄罗斯下诺夫哥罗德国立大学	2017年9月—2018年7月
55	黄牧鸣	1	留学基金委	俄罗斯乌拉尔国立师范大学	2017年10月—2018年6月

续表

序号	姓　　名	学生人数	类　别	去往国家(地区)、院校	出国(境)年限
56	李思阅	1	留学基金委	俄罗斯南联邦大学	2017年10月—2018年7月
57	刘梓萱	1	校际交流	日本早稻田大学	2017年3月—2017年9月
58	王旖旎	1	校际交流	日本早稻田大学	2017年9月—2018年2月
59	李江凌　宗路漉	2	校际交流	日本开智国际大学	2017年9月—2018年3月
60	李天宇　王思憬婷	2	校际交流	日本上智大学	2017年9月—2018年1月
61	刘晓静	1	校际交流	日本上智大学	2017年2月—2017年7月
62	张惠雯　胡昕玥　伍悦书　李佳颖　于晓雪　韩爽　潘玲舒	7	校际交流	韩国全北大学	2017年8月—2018年2月
63	胡荧	1	校际交流	韩国淑明女子大学	2017年2月—2017年6月
64	孙崇宇　张萌　李子璇　陈子倩	4	校际交流	韩国淑明女子大学	2017年8月—2017年12月
65	张颖梦　吴泽璠	2	校际交流	韩国建国大学	2017年8月—2017年12月
66	张春麟　王怡欣　张雁楠	3	校际交流	莫斯科社会人文学院	2017年2月—2017年7月
67	刘兴邦　姜天慧	2	校际交流	莫斯科社会人文学院	2017年9月—2018年2月
68	姜可心　张含　闵文佳　陈旭	4	校际交流	莫斯科市立师范大学	2017年2月—2017年7月
69	缪秋驰　王思然　缪钰明　邓涵	4	校际交流	莫斯科市立师范大学	2017年9月—2018年2月
70	胡新宇	1	校际交流	德国卡尔斯鲁厄理工学院	2017年3月—2017年8月
71	吴瑾	1	校际交流	德国福特王恩大学	2017年9月—2018年2月

续表

序号	姓　名	学生人数	类　别	去往国家(地区)、院校	出国(境)年限
72	朱晨昀　顾京骄 杨文佳　钱　玲 崔梦华　卢　媛 胡雅岚　劳婉莹 卜　娅　徐依丽 施奕帆　刘　婕	12	校际交流	西班牙莱里达大学	2017年1月— 2017年7月
73	徐嘉伟　刘欣怡 侯依林	3	校际交流	美国匹兹堡州立大学	2017年8月— 2017年12月
74	何金涛	1	院际交流	美国巴德音乐学院	2017年8月— 2017年12月
75	姜晓祺	1	留学基金委	留学基金委加拿大Mitacs本科生实习项目	2017年7月— 2017年10月
76	苟洪景　陆星仪 王智琳	3	校际交流	美国威斯康星大学麦迪逊分校	2017年8月— 2017年12月
77	刘越乔　王星宇 钱鸣欧	3	校际交流	美国加利福尼亚大学洛杉矶分校	2017年9月— 2017年12月
78	陆思婕　许心悦	2	校际交流	新加坡南洋理工大学	2017年8月— 2017年12月
79	梁雅婕　张伯炜	2	校际交流	新加坡国立大学	2017年8月— 2017年12月
80	徐文澜	1	研修	澳大利亚新南威尔士大学	2017年7月— 2017年10月
81	于嘉慧　祖　萌 聂永涵　容一力	4	研修	高校艺术学科师生海外学习计划（意大利高校）	2017年3月— 2017年8月
82	胡静怡	1	研修	高校艺术学科师生海外学习计划（意大利高校）	2017年9月— 2018年2月
83	王　姝　高　晋 屈天一	3	校际交流	加拿大滑铁卢大学	2017年2月— 2017年5月
84	张　萌　吴　颀 卞文逸　陶一辰 王雅雯	5	校际交流	加拿大西安大略大学	2017年2月— 2017年5月

2017 年学生短期出国(境)交流项目一览表

序号	项目名称	交流院校	国家(地区)	人数	外出期限
1	研学项目(A团)	同志社大学	日本	5	2017年1月14日—2017年1月30日
2	短期研学项目	上智大学	日本	9	2017年1月18日—2017年1月26日
3	研学项目(B团)	同志社大学	日本	4	2017年2月7日—2017年2月19日
4	日本建筑文化研修营	东京大学等	日本	15	2017年7月1日—2017年7月6日
5	省教育国际交流协会江苏大学生海外文化交流项目	早稻田大学等	日本	9	2017年7月2日—2017年7月8日
6	短期研修项目	关西学院大学	日本	5	2017年7月3日—2017年7月12日
7	短期研修项目	京都产业大学	日本	2	2017年7月4日—2017年7月19日
8	日本访学(早稻田)暑假奖学金项目(A行程)	早稻田大学	日本	1	2017年7月8日—2017年7月20日
9	日本访学(早稻田)暑假奖学金项目(B行程)	早稻田大学	日本	2	2017年7月23日—2017年8月4日
10	特种医学——人才培养项目	日本放射线医学综合研究所	日本	3	2017年8月21日—2017年8月25日
11	汗马项目	韩国庆南大学	韩国	4	2017年8月6日—2017年8月26日
12	新加坡建筑研修营	新加坡国立大学等	新加坡	15	2017年7月1日—2017年7月6日
13	省教育国际交流协会江苏大学生海外文化交流项目	南洋理工大学	新加坡	1	2017年7月13日—2017年7月17日
14	竞赛活动	玛希隆大学	泰国	8	2017年2月22日—2017年3月2日
15	灾难医学训练营	艾尔朗加大学	印度尼西亚	2	2017年8月21日—2017年8月27日

续表

序号	项目名称	交流院校	国家（地区）	人数	外出期限
16	国际医学生生理学知识竞赛	马来西亚大学	马来西亚	4	2017年8月16日—2017年8月18日
17	翔飞欧美短期研修项目	帝国理工学院	英国	1	2017年7月3日—2017年7月28日
18	省教育国际交流协会江苏大学生海外文化交流项目	剑桥大学等	英国	3	2017年7月23日—2017年8月3日
19	夏季学分项目第二学期	伦敦政治经济学院	英国	2	2017年7月24日—2017年8月18日
20	夏季学分项目第三学期	伦敦政治经济学院	英国	3	2017年7月24日—2017年8月18日
21	暑期科研项目	曼彻斯特大学	英国	1	2017年7月24日—2017年8月19日
22	剑桥大学商业精英培训	剑桥大学	英国	1	2017年7月28日—2017年8月13日
23	剑桥学分项目	剑桥大学	英国	44	2017年8月13日—2017年8月26日
24	意大利欧式建筑研修营	罗马美院等	意大利	9	2017年7月1日—2017年7月12日
25	暑期项目	威尼斯大学	意大利	18	2017年7月17日—2017年7月29日
26	建筑研修营	罗德岛设计学院	美国	14	2017年7月1日—2017年7月12日
27	省教育国际交流协会江苏大学生海外文化交流项目	哈佛大学等	美国	5	2017年7月6日—2017年7月27日
28	省教育国际交流协会江苏大学生海外文化交流项目	波士顿大学等	美国	4	2017年7月7日—2017年7月20日
29	哥伦比亚大学海外课堂	哥伦比亚大学	美国	6	2017年7月9日—2017年7月23日
30	美国杜克大学（4周项目）	杜克大学	美国	1	2017年7月11日—2017年8月3日

续表

序号	项目名称	交流院校	国家（地区）	人数	外出期限
31	暑期研修美国项目	加州大学伯克利分校、斯坦福大学、劳伦斯伯克利国家实验室等	美国	8	2017年7月13日—2017年7月20日
32	暑期SAF—哥伦比亚大学语言文化项目	哥伦比亚大学	美国	1	2017年7月17日—2017年8月13日
33	暑期课程	加州大学洛杉矶分校	美国	1	2017年8月6日—2017年9月4日
34	加拿大维多利亚大学商学院商务管理暑期课程班	维多利亚大学	加拿大	2	2017年7月1日—2017年7月28日
35	暑期加拿大UBC口笔译交流项目	英属哥伦比亚大学	加拿大	15	2017年7月8日—2017年8月7日
36	暑期研修	滑铁卢大学、西安大略大学、多伦多大学等	加拿大	8	2017年7月23日—2017年7月30日
37	国际会议	莫纳什大学	澳大利亚	1	2017年1月8日—2017年1月22日
38	省教育国际交流协会江苏大学生海外文化交流项目	法兰克福大学等	德国、瑞士、奥地利	2	2017年7月12日—2017年7月23日
39	人文研修项目	柏林自由大学	德国	2	2017年7月22日—2017年8月19日
40	暑期语言课程	海德堡大学	德国	7	2017年8月1日—2017年9月1日
41	暑期语言学校	哥廷根大学	德国	1	2017年8月2日—2017年8月30日
42	省教育国际交流协会江苏大学生海外文化交流项目	索邦大学等	法国、比利时、德国	3	2017年7月9日—2017年7月20日
43	合作研究	台湾同步辐射研究中心	中国台湾	9	2017年2月28日—2017年3月1日

续表

序号	项目名称	交流院校	国家（地区）	人数	外出期限
44	学术会议	台湾逢甲大学	中国台湾	1	2017年5月26日—2017年5月31日
45	学术交流	台湾中兴大学	中国台湾	2	2017年6月26日—2017年7月4日
46	学术会议	台湾台北商业大学	中国台湾	5	2017年7月3日—2017年7月7日
47	交流研修	台湾交通大学	中国台湾	1	2017年7月3日—2017年8月30日
48	交流活动	台湾清华大学	中国台湾	8	2017年7月7日—2017年8月26日
49	"溪城讲堂"暑期研修	台湾东吴大学	中国台湾	29	2017年7月17日—2017年8月15日
50	亚太地区软技能培训	台湾中山医学大学	中国台湾	1	2017年8月7日—2017年8月21日
51	学术会议	台湾淡江大学	中国台湾	6	2017年8月9日—2017年8月18日
52	2017服务学习、人文与跨文化暑期项目	台湾慈济科技大学	中国台湾	3	2017年8月22日—2017年9月1日
53	交流访问	台湾高雄大学	中国台湾	2	2017年9月20日—2017年11月3日
54	学术会议	台湾东吴大学	中国台湾	4	2017年11月24日—2017年11月28日
55	国际会议	台湾同步辐射研究中心	中国台湾	1	2017年11月26日—2017年12月2日
56	合作科研	台湾同步辐射研究中心	中国台湾	3	2017年12月28日—2017年12月31日
57	学术会议	香港城市大学	中国香港	1	2017年1月2日—2017年1月7日
58	学术会议	香港城市大学	中国香港	1	2017年1月3日—2017年1月6日
59	学习	香港城市大学	中国香港	3	2017年5月24日—2017年5月31日

续表

序号	项目名称	交流院校	国家（地区）	人数	外出期限
60	学术会议	香港科技大学	中国香港	2	2017年6月4日—2017年6月9日
61	学术会议	香港城市大学	中国香港	1	2017年6月4日—2017年6月10日
62	暑期研修	香港中文大学、香港城市大学、香港科技大学、香港大学、香港理工大学、香港浸会大学	中国香港	30	2017年7月2日—2017年7月8日
63	学术会议	香港城市大学	中国香港	2	2017年7月20日—2017年7月23日
64	学术会议	香港会议展览中心	中国香港	2	2017年8月22日—2017年8月28日
65	学术会议	香港理工大学	中国香港	2	2017年8月22日—2017年8月28日
66	学术会议	香港理工大学	中国香港	1	2017年8月26日—2017年8月31日
67	学术会议	香港大学	中国香港	1	2017年12月17日—2017年12月20日
68	澳苏大学生阳光成长文化2017年交流营	澳门大学、澳门科技大学	中国澳门	10	2017年4月26日—2017年5月1日

2017年在聘语言文教专家和外籍教师情况

2017年在聘语言文教专家和外籍教师情况一览表

序号	国籍	姓名	聘期	事由	备注
1	法国	Salanon Alexandrelouis	2017年9月—2018年7月	任教	续聘
2	法国	Chianale Nathalie	2017年9月—2018年7月	任教	续聘
3	德国	Tinsy Behl	2017年9月—2018年7月	任教	

续表

序号	国籍	姓名	聘期	事由	备注
4	德国	Munchhua Ulrike	2017年9月—2018年7月	任教	续聘
5	英国	Ian Allan	2017年9月—2018年7月	任教	续聘
6	爱尔兰	Dawn Christina Marie Buckley	2017年9月—2018年7月	任教	续聘
7	西班牙	Jimenez Lago Elena	2017年9月—2018年7月	任教	
8	加拿大	David Kindred	2017年9月—2018年7月	任教	续聘
9	乌克兰	Lutso Iryna	2017年9月—2018年7月	任教	续聘
10	美国	Rebecca Cai	2017年9月—2018年7月	任教	续聘
11	美国	Willetts Isabel Akiyo	2017年9月—2018年6月	任教	续聘
12	美国	Harrison Curtis Allen	2017年9月—2018年7月	任教	
13	墨西哥	Torres Rechy Juan Angel	2017年9月—2018年7月	任教	
14	日本	Terasaki Mikiya	2017年9月—2018年7月	任教	
15	日本	Hiraki Masami	2017年9月—2018年7月	任教	续聘
16	日本	Matsuda Yuko	2017年9月—2018年7月	任教	续聘
17	日本	Fujiwara Mika	2017年9月—2018年7月	任教	
18	韩国	Yoon Jong Yong	2017年9月—2018年7月	任教	
19	菲律宾	Domingo Narciso	2017年9月—2018年7月	任教	续聘
20	菲律宾	Cleasnaire Joyce Verosil Bautista	2017年9月—2018年6月	任教	

2017年苏州大学与国(境)外大学交流合作情况

2017年苏州大学与国(境)外大学交流合作情况一览表

序号	国家或地区	学校名称	协议内容	协议时间	期限
1	新加坡	南洋理工大学	谅解备忘录	2017年1月17日	5年
2	日本	神户国际大学	交换留学协议书	2017年2月17日	5年
3	日本	神户国际大学	短期研修协议书	2017年2月17日	5年
4	日本	神户国际大学	海外转入学协议书	2017年2月17日	5年
5	日本	花园大学	交换留学制度的备忘录	2017年3月22日	3年
6	日本	大阪府教职员会	交流协议书	2017年5月16日	2年
7	日本	室兰工业大学	合作交流协议书	2017年10月27日	5年
8	日本	室兰工业大学	学生交流备忘录	2017年10月27日	5年
9	意大利	威尼斯大学	合作备忘录	2017年2月27日	5年
10	意大利	威尼斯大学	设立威尼斯苏州办公室的合作备忘录	2017年2月27日	2017年
11	意大利	威尼斯大学	合作备忘录补充协议	2017年12月7日	2年
12	澳大利亚	西悉尼大学	学术合作备忘录	2017年5月19日	5年
13	澳大利亚	堪培拉大学	谅解备忘录	2017年7月25日	3年
14	澳大利亚	悉尼大学	合作备忘录	2017年12月14日	5年
15	加拿大	不列颠哥伦比亚大学	暑期学术项目谅解备忘录	2017年3月15日	3年
16	韩国	朝鲜大学	交流框架协议书	2017年7月5日	5年
17	韩国	朝鲜大学	交换生交流备忘录	2017年7月5日	5年
18	英国	Ju-Ju Business Consultancy UK	2017剑桥大学暑期学习交流项目协议	2017年3月12日	1年
19	英国	莱斯特大学	合作备忘录	2017年9月4日	3年

续表

序号	国家或地区	学校名称	协议内容	协议时间	期限
20	英国	莱斯特大学	合作备忘录	2017年12月8日	3年
21	美国	阿肯色大学	双学位项目合作与交流协议	2017年4月26日	2017年
22	美国	威斯康星大学麦迪逊分校	合作意向书	2017年10月2日	3年
23	美国	阿肯色大学	合作办学项目延续协议	2017年10月28日	10年
24	美国	伊利诺伊理工学院	合作备忘录	2017年12月14日	5年
25	老挝	科技部	现代蚕桑产业发展合作协议	2017年11月29日	3年
26	中国台湾	台湾东华大学	学生交流项目合约书	2017年10月23日	5年

2017年举办各类短期汉语班情况

2017年举办各类短期汉语班情况一览表

序号	期限	班级名称	人数
1	2016年12月25日—2017年1月21日	韩国祥明大学	32
2	2017年1月1日—2017年1月23日	韩国庆南大学	30
3	2017年3月3日—2017年6月30日	韩国大真大学	106
4	2017年9月6日—2018年1月3日	韩国大真大学	113
5	2017年9月15日—2017年12月22日	韩国蔚山大学管理学院项目	17
6	2017年2月27日—2017年3月24日	日本宫崎公立大学	44
7	2017年4月21日—2017年5月4日	日本冲绳中国交流推进协会	12
8	2017年8月6日—2017年9月3日	日本立命馆大学	11
9	2017年9月6日—2018年1月12日	新加坡理工学院	12
10	2017年9月8日—2017年12月29日	新加坡理工学院	14
11	2017年12月18日—2017年12月29日	新加坡南洋理工大学	26

续表

序号	期　　限	班级名称	人数
12	2017年1月15日—2017年4月25日	美国代顿大学	26
13	2017年5月11日—2017年6月25日	美国代顿大学	15
14	2017年5月19日—2017年6月17日	美国SMU	10
15	2017年6月4日—2017年8月1日	美国CLS项目	25
16	2017年6月8日—2017年8月3日	美国俄亥俄州立大学	18
17	2017年8月18日—2017年11月20日	美国代顿大学	11
18	2017年1月20日—2017年5月30日	法国商科联盟	222
19	2017年8月30日—2017年12月30日	法国商科联盟	202

2017年教师出版书目

2017年教师出版书目一览表

序号	专著名称	类别	编著译者		出版单位、时间
1	汉语情态助动词的主观性和主观化	专著	杨黎黎	著	世界图书出版广东有限公司2017.6
2	英语世界中国现代文学研究综论	专著	季 进 余夏云	著	北京大学出版社2017.8
3	面向世界的对话者：乐黛云传	专著	季 进 曾 攀	著	江苏人民出版社2017.7
4	季进文学评论选	专著	季 进	著	江苏凤凰文艺出版社2017.9
5	夏志清夏济安书信集·卷一	编著	季 进	编	浙江人民出版社2017.3
6	夏志清夏济安书信集·卷二	编著	季 进	编	浙江人民出版社2017.9
7	夏志清夏济安书信集·卷三	编注	季 进	编注	香港中文大学出版社2017
8	"无后"新世纪文学中的一个现象研究	专著	李 一	著	北岳文艺出版社2017.1
9	"空"之美学释义*	编著	王 耘	著	上海人民出版社2016.12
10	胎儿期记忆：人的精神文化原型的发现	编著	徐 山	著	中国商业出版社2017.3
11	伦敦雾：一部演变史	译著	张春晓	译	中信出版社2017.6
12	出入于虚构和现实之间——现代通俗小说的社会情态	专著	张 蕾	著	花木兰文化事业有限公司2017.9
13	王锺霖日记(外一种)	整理	周生杰 周恬羽	整理	凤凰出版社2017.6
14	现代诗歌选	编著	朱钦运 曾梦琰	编著	同济大学出版社2017.6
15	元明清诗选	编著	陆岩军 朱钦运	编著	同济大学出版社2017.6

续表

序号	专著名称	类别	编著译者		出版单位、时间
16	瓯语语音史研究	专著	丁治民	著	苏州大学出版社2017.12
17	记忆与再现:明清近代诗文研究论集	编著	罗时进	主编	苏州大学出版社2017.12
18	中国现代通俗文学与通俗文化互文研究(上下册)	编著	范伯群	主编	江苏凤凰教育出版社2017.2
19	王尧文学评论选	编著	王 尧	著	江苏凤凰文艺出版社2017.9
20	曹炜初早期语言研究论集(1984—1994年)	编著	曹 炜	著	暨南大学出版社2017.12
21	文学社会学:明清诗文研究的问题与视角	专著	罗时进	著	中华书局2017.12
22	西方媒介文化理论研究	专著	曾一果	著	学习出版社2017.5
23	媒介生态与奥运报道	专著	谷 鹏等	著	苏州大学出版社2017.2
24	用数字说话:民意调查如何塑造美国政治	译著	张 健	译	北京大学出版社2018.1
25	红十字运动研究2017年卷	编著	池子华 王国忠 陈海高 傅琦红	主编	合肥工业大学出版社2017.3
26	中国红十字运动史料选编(第七辑)	编著	池子华 崔龙健	主编	合肥工业大学出版社2017.3
27	陆树藩:中国红十字运动的先驱	编著	吴康丽 池子华	主编	合肥工业大学出版社2017.3
28	华北的叛乱者与革命者1845—1945	译著	池子华 刘 平	译	商务印书馆2017.7
29	中国社会史教程*	编著	池子华 吴建华	主编	苏州大学出版社2016.9
30	二十四史述评	古籍整理	侯德仁 曾文杰	整理	苏州大学出版社2017.9
31	澳大利亚史	专著	王宇博	著	江苏人民出版社2017.7
32	近代江南社会保障机构的经费收支与运作研究	专著	黄鸿山	著	中国社会科学出版社2017.9
33	秦汉土地赋役制度研究	专著	臧知非	著	中央编译出版社2017.3

续表

序号	专著名称	类别	编著译者		出版单位、时间
34	战国秦汉行政、兵制与边防	专著	臧知非	著	苏州大学出版社2017.8
35	吕后	专著	臧知非	著	现代出版社2017.8
36	温州家族史研究	专著	余同元 何 伟 吴洋飞 史献浩	著	人民出版社2017.9
37	上博简《曹沫之陈》疏证与研究	专著	王 青	著	北京师范大学出版社2017.2
38	大家精要·亚里士多德	专著	张井梅	著	陕西师范大学出版社2017.1
39	大历史与人类的未来	译著	张井梅 王利红	译	上海人民出版社2017.6
40	清代江南地区慈善事业系谱研究	专著	王卫平	著	中国社会科学出版社2017.1
41	社会工作概论	编著	张 明	主编	苏州大学出版社2017.7
42	魏晋南北朝风俗	编著	张承宗 魏向东	著	上海文艺出版社2017.4
43	信息检索	编著	高俊宽	主编	世界图书出版公司2017.7
44	环保档案·信息资源共享理论与实践*	编著	徐 敏 吴品才 诸云强 朱 琦等	编著	中国环境出版社2016.6
45	中国城乡一体化实现路径研究——以苏州为考察个案*	专著	朱喜群	著	广东人民出版社2016.12
46	公共部门人力资源管理	编著	章小波	主编	广东人民出版社2017.2
47	企业绿色管理及其效应——基于环境信息披露视角*	专著	曾赛星 孟晓华 邹海亮	著	科学出版社2016.12
48	空间生产的历史唯物主义阐释	专著	庄友刚	著	苏州大学出版社2017.4
49	宋代天台佛教思想研究	专著	吴忠伟	著	宗教文化出版社2017.7
50	走向交往实践的唯物主义 马克思交往实践观的历史视域与当代意义	专著	任 平	著	北京师范大学出版社2017.1

续表

序号	专著名称	类别	编著译者		出版单位、时间
51	当代中国马克思主义研究	专著	任平	著	北京师范大学出版社2017.6
52	心通孟子*	专著	蒋国保 余秉颐 李季林	著	安徽人民出版社2016.12
53	政府购买公共服务的基本理论与制度安排*	专著	周义程	著	广东人民出版社2016.12
54	俄罗斯复兴：大国梦与现实——俄罗斯复兴规律研究	专著	钮菊生	著	金琅学术出版社(德国)2017
55	"多规融合"划定城镇开发边界研究：以苏州为例	专著	严金泉 薛艳蓉 马建伟等	著	吉林人民出版社2017.10
56	新型城镇化背景下的苏南乡村复兴研究：以苏州为例	专著	严金泉 柴玲欢 曾六福 马建伟等	著	吉林人民出版社2017.10
57	产城融合发展——常州实践与特色	专著	芮国强	著	社会科学文献出版社2017.9
58	城市创新创业多视角研究——以常州市为例	专著	芮国强 刘建刚	著	苏州大学出版社2017.12
59	中国共产党文化思想创新史论	专著	席富群	著	苏州大学出版社2017.12
60	第三次生产浪潮	专著	吴声功	著	上海人民出版社2017.9
61	马克思恩格斯的生态文明思想——基于《马克思恩格斯文集》的研究	专著	方世南	著	人民出版社2017.12
62	E-Prime从入门到精通	编著	冯成志	主编	北京师范大学出版社2017.10
63	视域交融——探寻深入心灵的德育叙事	专著	李西顺	著	人民出版社2017.9
64	大学的哲学——入学视野中的大学	专著	母小勇	著	江苏凤凰教育出版社2017.4
65	心理科学培养科学素养	译著	张明等	译	中国轻工业出版社2017.10
66	大学生心理韧性发展过程及干预研究	专著	王平	著	苏州大学出版社2017.8

续表

序号	专著名称	类别	编著译者		出版单位、时间
67	认知心理学理论和研究	编著	何 华	编著	上海交通大学出版社2017.8
68	国际金融学(第三版)	专著	乔桂明	著	苏州大学出版社2017.1
69	城乡一体化发展：苏州实践与特色	专著	夏永祥 陈俊梁	著	社会科学文献出版社2017.6
70	财政学教程(第三版)	编著	孙文基	主编	苏州大学出版社2017.7
71	苏州上市公司发展报告(2017)	编著	薛誉华 吴永敏 贝政新	主编	复旦大学出版社2017.10
72	科技型中小企业技术创新能力提升研究——基于产业共生联动视角	专著	罗正英 汤玲玲	著	苏州大学出版社2017.10
73	会计师事务所合并、组织形式变化与资本市场审计行为研究	专著	周中胜	著	苏州大学出版社2017.11
74	苏州本土品牌企业发展报告A级景区卷	编著	魏文斌 洪 海	主编	苏州大学出版社2017.12
75	控制腐败法律机制研究(第二版)	专著	李晓明著	著	法律出版社2017.10
76	刑法学分论	专著	李晓明著	著	北京大学出版社2017.3
77	中国县域法治国情调查报告·江苏如皋卷	编著	胡亚球	主编	法律出版社2017.7
78	慎言违宪	译著	郑 磊 石肖雪等	译	清华大学出版社2017.5
79	中国治理人口贩运的法治化策略研究：以"受害人保护"为中心的防治机制	专著	朱新力 石肖雪等	著	法律出版社2017.11
80	国家赔偿法研究述评	编著	上官玉亮	主编	法律出版社2017.12
81	城镇化研究成果综述与评析	编著	胡玉鸿	主编	苏州大学出版社2016.12
82	创新与中国城镇化的转型发展	编著	胡玉鸿	主编	苏州大学出版社2017.6
83	醉驾、电动自行车与其他类型电动车的治理	专著	余凌云 施立栋	著	清华大学出版社2017.5

续表

序号	专著名称	类别	编著译者		出版单位、时间
84	诗性正义的空间与叙说：有关法律与诗学的研究绪论	专著	张薇薇	著	中国政法大学出版社2017.12
85	高校学生工作法治化研究	专著	陆岸 董召勤 钱春芸	著	苏州大学出版社2017.3
86	英国文学选读	编著	方红 朱新福	主编	苏州大学出版社2017.7
87	格列佛游记	译著	方华文	译	团结出版社2017.1
88	嘉莉妹妹	译著	方华文	译	中国友谊出版社2017.7
89	杰克伦敦短篇小说选	译著	方华文	译	译林出版社2017.11
90	魔鬼训练	译著	方华文	译	接力出版社2017.5
91	做一个不惑的人	译著	方华文	译	北京日报出版社2017.5
92	中国高校英语教师专业发展环境研究	专著	顾佩娅等	著	外语教学与研究出版社2017.5
93	中国特色文化英语教程	编著	顾卫星 叶建敏	主编	高等教育出版社2017.6
94	跨文化交际与地球村民	编著	高永晨	主编	高等教育出版社2017.3
95	中韩翻译基础教程	编著	金莲兰 李尚静 洪艺花	著	延边大学出版社2017.8
96	Studies in Chinese and Japanese language acquisition	专著	黄爱军等	著	John Benjamins Publishing Company 2017
97	The Ecological Era and Classical Chinese Naturalism	译著	孟祥春	译	Springer 2017.1
98	中日韩三国"性向词汇"及文化比较研究	专著	施晖	著	外语教学与研究出版社2017.5
99	全新版大学进阶英语视听说教程3教师用书	编著	孙倚娜	主编	上海外语教育出版社2017.5
100	全新版大学进阶英语视听说教程3学生用书	编著	孙倚娜	主编	上海外语教育出版社2017.5
101	全新版大学进阶英语视听说教程4教师用书	编著	孙倚娜	主编	上海外语教育出版社2017.5

续表

序号	专著名称	类别	编著译者		出版单位、时间
102	全新版大学进阶英语视听说教程4 学生用书	编著	孙倚娜	主编	上海外语教育出版社2017.5
103	英语口语新教程:成功交流	编著	孙倚娜 黄 婷	主编	高等教育出版社2017.3
104	《山海经》画册	英译	王 宏	译	上海书画出版社2017.7
105	奥尼尔戏剧的文化叙事	专著	卫 岭	著	江苏大学出版社2017.3
106	服装英语*	编著	夏 天 荣盈盈	主编	人民教育出版社2016.12
107	日语格助词的偏误研究（上）	编著	徐 卫等	著	浙江工商大学出版社2017.3
108	중세언해 문헌의 전이어에 대한연구	编著	杨 彦等	著	韩国亦乐出版社2017.4
109	西方修辞学经典选译——核心概念地图集	编注	袁 影	编注	上海外语教育出版社2017.4
110	汤显祖与莎士比亚*	专著	张 玲 付瑛瑛	著	江西高校出版社2016.12
111	不乖的哲学家	译著	周 行 仲婉琦	译	中信出版集团2017.2
112	超人类革命	译著	周 行	译	湖南科学技术出版社2017.9
113	从自我苛求中解放出来*	译著	周 行	译	生活书店出版有限公司2016.5
114	生活之盐	译著	周 行	译	生活书店出版有限公司2017.1
115	纳米材料专业实验	编著	邵名望 马艳芸 高 旭	主编	厦门大学出版社2017.9
116	Vacuum and Ultravacuum: Physics and Technology	专著	Igor Bello	著	CRC Taylor Francis 2017.11
117	新概念汇编语言	编著	杨季文	编著	清华大学出版社2017.10
118	软件系统分析与体系结构设计	编著	杨 洋 刘 全	编著	东南大学出版社2017.10
119	嵌入式技术基础与实践——ARM Cortex-M0 + KL系列微控制器	专著	王宜怀 吴 瑾 文 瑾	著	清华大学出版社2017.5

续表

序号	专著名称	类别	编著译者		出版单位、时间
120	大学计算机信息技术	编著	金海东 朱 锋 黄 蔚	主编	上海交通大学出版社2017.7
121	新编计算机应用基础教程	编著	李海燕 沈 玮 钱毅湘 徐进华	主编	苏州大学出版社2017.11
122	嵌入式技术基础与实践（第2版）	专著	王宜怀 吴 瑾 张书奎 王 林	著	清华大学出版社2017年
123	计算机控制技术及其应用	编著	丁建强 任 晓 卢亚平	编著	清华大学出版社2017.2
124	多重故障光网络生存性技术	专著	张 杰 赵永利 马 辰 陈伯文	著	人民邮电出版社2017.3
125	单片微型计算机实验与实践	编著	邹丽新 陈 蕾 陈大庆 邱国平	编著	苏州大学出版社2017.4
126	模拟电子线路实验教程	编著	周鸣籁 吴红卫 方二喜 夏 淳	编著	苏州大学出版社2017.4
127	电磁场与电磁波（第五版）	编著	郭辉萍 刘学观	编著	西安电子科技大学出版社2017.8
128	电磁场与电磁波（第五版）学习指导	编著	郭辉萍 刘学观	编著	西安电子科技大学出版社2017.9
129	数字信号处理——理论与应用	编著	俞一彪 孙 兵	编著	东南大学出版社2017.9
130	苏州体育史	编著	罗时铭	编著	文汇出版社2017.7
131	城市体育文化记忆研究	专著	樊炳有	著	苏州大学出版社2017.8

续表

序号	专著名称	类别	编著译者		出版单位、时间
132	人体运动动作测量与分析实践指导	编著	陆阿明 张秋霞	主编	苏州大学出版社2017.7
133	人体运动生理生化评定实验教程	编著	张 林	主编	苏州大学出版社2017.8
134	体育运动伤害防护	编著	王国祥 王 虎	主编	苏州大学出版社2017.1
135	创意与表现*	专著	王言升	著	苏州大学出版社2016.12
136	服装模特表演简论*	专著	戴 岚	著	苏州大学出版社2016.12
137	刀尖上的艺术 苏派砖雕*	专著	袁 牧	主编	苏州大学出版社2016.9
138	刀尖上的艺术 苏作木雕*	专著	袁 牧	主编	苏州大学出版社2016.9
139	中国画课堂·山水篇·山石林木	专著	张利峰	著	河南美术出版社2017.9
140	中国画课堂·山水篇·舟桥云水	专著	张利峰	著	河南美术出版社2017.9
141	服装画表现技法	编著	李 正 李细珍 刘文涓 周玲玉 李东醒	编著	东华大学出版社
142	城市滨水景观的艺术至境*	专著	邵 靖	著	苏州大学出版社2016.12
143	时装表演与广告表演基础*	专著	吴志琴	著	中国纺织出版社2016.7
144	安步当歌：张永、王鹭绘画作品集	绘画	张 永 王 鹭	画	古吴轩出版社2017.9
145	意大利歌曲精选集*	编著	唐明务	编著	苏州大学出版社2016.12
146	普罗科菲耶夫——钢琴奏鸣曲解析	译著	李彦洋	译	上海音乐出版社2017.5
147	三石钢琴基础教程	编著	吴 磊	主编	苏州大学出版社2017.5
148	门德尔松无词歌	译著	李彦洋	译	上海音乐出版社2017.10
149	医学免疫学	编著	高晓明	主编	高等教育出版社2017.3
150	医学生物化学与分子生物学	编著	魏文祥 王明华 何凤田	主编	科学出版社2017.6

续表

序号	专著名称	类别	编著译者		出版单位、时间
151	放射生物学实验教程	编著	张舒羽	主编	西安交通大学出版社2017.12
152	医学形式逻辑学	编著	张永红	主审	科学出版社2017.4
153	药用植物学:翻转课堂版	编著	陆 叶 尹海波	主编	苏州大学出版社2017.12
154	养老护理技术指导手册	编著	孟红燕 丁 蔚	主编	苏州大学出版社2017.8
155	老年癌性患者护理手册	编著	杨益群 田 利 朱霞明	主编	苏州大学出版社2017.8
156	老年慢病患者护理手册	编著	王 丽	主编	苏州大学出版社2017.8
157	放射医学英语教程	编著	杨 巍	编	苏州大学出版社2017.8
158	放射毒理学*	编著	杨占山	主编	中国原子能出版社2016.10
159	辐射纳米医学与毒理学实验技术汇编*	编著	张乐帅 宣志强 童 星	主编	西安交通大学出版社2016.12
160	案例药理学	编著	镇学初 林 芳	主编	人民卫生出版社2017
161	清人选唐诗研究	编著	马卫中 魏 强	主编 著	苏州大学出版社2017.8
162	清人选宋诗研究	编著	马卫中 高 磊	主编 著	苏州大学出版社2017.8
163	清人选明诗研究	编著	马卫中 尹玲玲	主编 著	苏州大学出版社2017.8
164	清人选清诗研究	编著	马卫中 刘和文	主编 著	苏州大学出版社2017.8
165	妇产科疾病常见问题及对策	编著	朱维培 王志梅 郭海香	主编	天津科学技术出版社2017.9

续表

序号	专著名称	类别	编著译者		出版单位、时间
166	脊柱疾病的诊治及相关并发症处置	编著	孔凡磊 范志海 王 兴 张 军 张冬冬	主编	吉林科学技术出版社 2017.10
167	神经外科锁孔手术学	编著	兰 青 康德智	主编	人民卫生出版社 2017.6
168	深入浅出谈过敏——医学漫画科普书	编著	赫创利	副主编	中国协和医科大学出版社 2017.11

注：标"＊"者为2016年出版但未列入《苏州大学年鉴2017》的图书。

2017 年苏州大学规章制度文件目录

2017 年苏州大学规章制度文件目录一览表

	文 号	题 目	日 期
1	苏大委〔2017〕31 号	苏州大学贯彻落实党委(党组)意识形态工作责任制实施细则	2017 年 6 月 7 日
2	苏大委〔2017〕42 号	苏州大学学院(部)党政联席会议议事规则(试行)	2017 年 6 月 15 日
3	苏大委〔2017〕43 号	苏州大学院级党(工)委委员会议事规则(试行)	2017 年 6 月 16 日
4	苏大委〔2017〕44 号	苏州大学学生社团管理办法	2017 年 6 月 21 日
5	苏大委〔2017〕46 号	苏州大学处级干部因私出国(境)管理工作暂行规定	2017 年 6 月 26 日
6	苏大委〔2017〕63 号	苏州大学处级领导干部兼职管理办法(试行)	2017 年 9 月 12 日
7	苏大委〔2017〕78 号	苏州大学关于践行监督执纪四种形态的实施办法	2017 年 11 月 9 日
8	苏大委〔2017〕79 号	中国共产党苏州大学委员会问责办法(试行)	2017 年 11 月 9 日
9	苏大委〔2017〕80 号	苏州大学关于对党员领导干部进行谈话函询的暂行办法	2017 年 11 月 17 日
10	苏大委〔2017〕81 号	中国共产党苏州大学纪律检查委员会议事规则(试行)	2017 年 11 月 21 日
11	苏大委〔2017〕87 号	苏州大学党风联络员和特邀监察员工作暂行办法	2017 年 12 月 5 日
12	苏大委宣〔2017〕1 号	苏州大学校园新媒体建设与管理办法	2017 年 6 月 7 日
13	苏大委宣〔2017〕2 号	苏州大学举办形势报告会和哲学社会科学报告会、研讨会、讲座、论坛管理办法	2017 年 6 月 7 日
14	苏大〔2017〕12 号	苏州大学学术不端行为认定与处理办法(试行)	2017 年 5 月 4 日

续表

	文 号	题 目	日 期
15	苏大〔2017〕16号	苏州大学受理学生申诉工作办法	2017年6月26日
16	苏大人〔2017〕120号	苏州大学高端人才计划实施办法	2017年4月12日
17	苏大人〔2017〕121号	苏州大学专职科研队伍管理暂行办法	2017年4月12日
18	苏大人〔2017〕122号	苏州大学增补基本师资管理办法	2017年4月12日
19	苏大人〔2017〕123号	苏州大学师资博士后管理办法	2017年4月12日
20	苏大人〔2017〕124号	苏州大学博士后管理办法	2017年4月12日
21	苏大人〔2017〕125号	苏州大学优秀青年学者管理办法	2017年4月12日
22	苏大研〔2017〕3号	苏州大学关于推进研究生国际交流和海外研修的实施办法	2017年1月9日
23	苏大学科〔2017〕2号	苏州大学学科经费管理细则（2017年修订）	2017年4月2日
24	苏大社科〔2017〕5号	苏州大学纵向科研经费管理办法（人文社会科学类）	2017年1月13日
25	苏大社科〔2017〕6号	苏州大学横向科研经费管理办法（人文社会科学类）	2017年1月13日
26	苏大社科〔2017〕7号	苏州大学校级科研机构管理办法（人文社会科学类）	2017年1月13日
27	苏大社科〔2017〕8号	苏州大学科研工作考核办法（人文社会科学类）	2017年1月13日
28	苏大社科〔2017〕9号	苏州大学科研成果奖励办法（人文社会科学类）	2017年1月13日
29	苏大社科〔2017〕10号	苏州大学科研成果认定与登记办法（人文社会科学类）	2017年1月13日
30	苏大科技〔2017〕13号	苏州大学校级协同创新中心认定和建设管理暂行办法	2017年5月16日
31	苏大教〔2017〕27号	苏州大学在线开放课程建设应用与管理办法	2017年4月24日
32	苏大教〔2017〕58号	苏州大学全日制本科生毕业与学位申请规定（2017年修订）	2017年6月28日
33	苏大教〔2017〕61号	苏州大学普通高等教育本科毕业生学士学位授予工作实施细则（2017年修订）	2017年6月23日

续表

	文 号	题 目	日 期
34	苏大教〔2017〕62号	苏州大学本科生考试管理办法（2017年修订）	2017年6月30日
35	苏大教〔2017〕63号	苏州大学教师本科教学工作管理规定	2017年6月30日
36	苏大学〔2017〕47号	苏州大学学生管理规定（2017年修订）	2017年7月5日
37	苏大学〔2017〕48号	苏州大学学生违纪处分管理规定	2017年7月5日
38	苏大学位〔2017〕9号	苏州大学关于授予具有研究生毕业同等学力人员硕士学位实施细则	2017年9月29日
39	苏大学位〔2017〕10号	苏州大学关于研究生申请硕士、博士学位科研成果的规定	2017年9月29日
40	苏大学位〔2017〕11号	苏州大学学术学位研究生指导教师任职资格审核办法	2017年10月29日
41	苏大审〔2017〕2号	苏州大学审计结果运用管理办法（暂行）	2017年12月14日
42	苏大财〔2017〕7号	苏州大学劳务酬金发放管理规定	2017年3月29日
43	苏大财〔2017〕9号	苏州大学科研项目结余经费管理实施细则	2017年4月14日
44	苏大财〔2017〕10号	苏州大学专项资金结转结余管理实施细则	2017年5月17日
48	苏大国资〔2017〕9号	苏州大学企业国有资产管理暂行办法	2017年12月6日
49	苏大国资〔2017〕10号	苏州大学经营性资产管理委员会议事规则	2017年12月15日
50	苏大后〔2017〕10号	苏州大学人口与计划生育管理办法	2017年11月28日
51	苏大医〔2017〕5号	苏州大学合作医院建设与管理办法（试行）	2017年9月30日
52	苏大外〔2017〕85号	苏州大学国（境）外高校办事机构管理办法（试行）	2017年3月31日
53	苏大港澳台〔2017〕56号	苏州大学港澳台侨学生管理办法	2017年7月7日

2017 年市级以上媒体关于苏州大学的报道部分目录

新 闻 标 题	媒体名称	刊 发 时 间
"两会"期间采访全国政协委员、苏州大学熊思东校长	中央电视台《新闻联播》	2017 年 3 月 6 日
五月的鲜花	中央电视台一套中央电视台三套	2017 年 5 月 4 日
"两会"期间采访全国政协委员、苏州大学熊思东校长	中央电视台《新闻》	2017 年 3 月 6 日
央视新闻联播报道苏州大学"光盘行动"	中央电视台《新闻》	2017 年 5 月 31 日
聚焦十九大·十九大代表回基层	中央电视台《新闻联播》	2017 年 11 月 1 日
任平教授赴徐矿集团宣讲十九大精神	中央电视台《新闻联播》	2017 年 11 月 20 日
方世南教授赴无锡太湖学院宣讲十九大精神	江苏卫视	2017 年 11 月 20 日
张晓宏教授赴苏州大学应用技术学院宣讲十九大精神	江苏卫视	2017 年 11 月 24 日
省教育厅党组书记、省委教育工委书记葛道凯调研苏州教育工作	江苏教育电视台	2017 年 3 月 21 日
苏大金螳螂建筑学院获颁中国建筑学会科普基地	江苏教育电视台	2017 年 3 月 27 日
第二届海峡两岸及澳洲高等教育论坛在苏州大学举行	江苏教育电视台	2017 年 4 月 20 日
"学宪法 讲宪法"演讲比赛片区赛在苏州大学举行	江苏教育电视台	2017 年 9 月 16 日

续表

新闻标题	媒体名称	刊发时间
苏州大学高等研究院成立 诺贝尔物理学家领衔组建	《苏州新闻》	2017年5月23日
江苏省版权基地落户苏大苏州知识产权研究院	《苏州新闻》	2017年5月24日
苏大新生今天报到 简化程序惊喜多多	《苏州新闻》	2017年9月11日
苏大举行2017级本科新生开学典礼	《苏州新闻》	2017年9月26日
苏大学子不回家 志愿岗位过中秋	《苏州新闻》	2017年10月6日
提升科教水平 助力地方发展 李亚平调研苏州大学和苏州科技大学	《苏州新闻》	2017年10月26日
2017苏州大学校园马拉松活力开跑	《苏州新闻》	2017年12月9日
人才驱动，苏州大学打造"双一流"新引擎	《新华每日电讯》	2017年10月10日
大数据驱动大学变革	《光明日报》	2017年2月1日
立体培养纳米科技创新人才	《光明日报》	2017年2月14日
使各方面人才各得其所尽展其长	《光明日报》	2017年3月13日
江涌任苏州大学党委书记	《光明日报》	2017年7月8日
一所国家试点学院的"三个融合"	《中国教育报》	2017年2月20日
新型催化剂使燃料电池更耐用	《中国教育报》	2017年2月27日
双一流：有了"施工图"如何加油干	《中国教育报》	2017年3月6日
揭示激发机体免疫响应新思路	《中国教育报》	2017年4月17日
学生为什么找不到研究思路	《中国教育报》	2017年4月24日
新晋血液肿瘤诊疗技术重燃生命之火	《中国教育报》	2017年5月15日
五高校成立中国符号学基地联盟	《中国教育报》	2017年5月22日
苏州大学临床医学八年制专业2016级学生胡晶辉	《中国教育报》	2017年9月4日
苏州大学搭建"两聚一高"研究平台	《中国教育报》	2017年10月15日
苏大构建提质增效"大思政"	《中国教育报》	2017年11月4日
苏州大学：发现血小板"寿命"的秘密	《中国教育报》	2017年11月27日
苏州大学成立人工智能研究院	《中国教育报》	2017年12月18日
血小板"寿命"的秘密揭示	《科技日报》	2017年11月7日

续表

新 闻 标 题	媒体名称	刊发时间
首届江苏省研究生法律案例大赛举行	《法制日报》	2017年12月7日
熊思东:提质是高等教育的"生命线"	《人民政协报》	2017年10月25日
深耕一块人才培养"示范田"	《中国科学报》	2017年1月17日
创业教育"过火"了吗	《中国科学报》	2017年3月14日
多纬度协同探索计算机专业人才培养新模式	《中国科学报》	2017年3月14日
医学人才培养须建立预警机制	《中国科学报》	2017年4月11日
苏州大学:百年梦萦水磨腔	《中国科学报》	2017年4月25日
范炜焱:匠心智造,唤起缂丝"新生"	《中国科学报》	2017年6月6日
苏州大学志愿者在秦岭深处开设夏令营	《中国科学报》	2017年8月8日
苏州大学学子大别山区支教传承红色基因	《中国科学报》	2017年8月16日
人才培养质量是地方大学的生命线	《中国科学报》	2017年9月12日
苏州大学获批教育部博士研究生教育综合改革试点单位	《中国科学报》	2017年11月28日
苏州大学研究生支教团为山区儿童众筹饮水设备	《中国科学报》	2017年12月19日
三位"学霸"的数学建模冠军路	《中国科学报》	2017年12月19日
苏大举办"对话苏州创新"活动	《中国科学报》	2017年12月26日
三大举措助力行业转型升级	《中国纺织报》	2017年9月4日
"宜华杯"女装设计大赛推进校企合作落地	《中国纺织报》	2017年11月3日
老挝与苏大共建绿色丝绸研究中心	《中国纺织报》	2017年12月13日
我国八成血液病细胞遗传学人才苏州培养	《新华日报》	2017年1月10日
汇聚全过程全方位育人新合力	《新华日报》	2017年1月11日
他们,为血液病患者燃起希望之灯	《新华日报》	2017年1月13日
从宏观微观两种角度解读开放创新	《新华日报》	2017年1月20日
江苏14所高校学科进前1%	《新华日报》	2017年1月23日
自然指数:南大全球第十二 江苏16所高校进入中国大陆百强	《新华日报》	2017年2月12日
陈林森 苏州苏大维格光电科技股份有限公司	《新华日报》	2017年2月23日

续表

新 闻 标 题	媒 体 名 称	刊 发 时 间
梁国正　苏州大学	《新华日报》	2017年2月23日
数学领域重要奖项霍尔奖在苏州大学产生	《新华日报》	2017年2月23日
校地合作,掘金创新发展	《新华日报》	2017年3月9日
血友病,罕见病并不少见	《新华日报》	2017年3月29日
高水平师资是"双一流"建设的重要引擎	《新华日报》	2017年4月6日
苏大24朵"茉莉花"唱响央视	《新华日报》	2017年5月10日
苏州大学成立高等研究院	《新华日报》	2017年5月31日
践之于行　润物无声	《新华日报》	2017年6月14日
育人为本,立德树人,百年名校改革创新育英才	《新华日报》	2017年6月26日
苏大创新力居内地高校之首	《新华日报》	2017年8月12日
"绿丝带"连续五年公益植树	《新华日报》	2017年8月22日
苏大333个项目纳入国家自然科学基金	《新华日报》	2017年8月25日
苏大学子为山里孩子拍摄别样"全家福"	《新华日报》	2017年8月31日
厚积薄发,只为"追赶"变"超越"	《新华日报》	2017年10月3日
苏大搭建协同创新研究平台	《新华日报》	2017年10月20日
江苏105学科进入全球前1%	《新华日报》	2017年10月26日
社区诊所与三甲医院共享数据	《新华日报》	2017年11月16日
匆匆那年	《新华日报》	2017年11月30日
江涌:遵循十九大精神　扎实做好高校意识形态工作	《新华日报》	2017年12月7日
苏州发布"2017数字经济指数"	《新华日报》	2017年12月15日
"对话苏州创新"在苏州举行	《新华日报》	2017年12月19日
苏大相城机器人与智能装备研究院已建成5大研发平台,引进20家创新企业	《扬子晚报》	2017年1月10日
苏州大学应用技术学院荣登榜单	《扬子晚报》	2017年1月17日
苏大教授季利均荣获2015年度霍尔奖	《扬子晚报》	2017年2月23日
江苏科教资源,如何转化为发展优势	《扬子晚报》	2017年3月9日
医生这一"拉"救了他一命	《扬子晚报》	2017年4月11日

续表

新 闻 标 题	媒 体 名 称	刊 发 时 间
糖尿病专科护士,她是苏州第一人	《扬子晚报》	2017年4月21日
宿管阿姨为骨折学生送上手术费 感人故事在朋友圈里刷屏	《扬子晚报》	2017年4月25日
苏大学子环太湖公益骑行为贵州山区孩子募捐	《扬子晚报》	2017年7月2日
苏大学子五进沙漠建造3 000平方米"苏大林"	《扬子晚报》	2017年8月25日
苏大迎新晚会邀请宿管阿姨登台演唱	《扬子晚报》	2017年9月22日
梦想,只为"追赶"变"超越"	《扬子晚报》	2017年9月22日
苏州大学:在人才培养中坚守教育初心	《扬子晚报》	2017年11月3日
再见外企"绣圣"传人后代重拿绣针	《扬子晚报》	2017年11月14日
苏大研究生支教团为西北山区孩子众筹饮水设备	《扬子晚报》	2017年12月13日
抗击恶性血液肿瘤20年	《江苏科技报》	2017年1月11日
苏大教授荣获2015年度霍尔奖	《江苏科技报》	2017年2月24日
研究者发现靶向材料激发机体免疫响应新途径	《江苏科技报》	2017年4月7日
苏大教师在意大利米兰获设计大奖	《江苏科技报》	2017年5月18日
苏大举办第四次校友返校日活动	《江苏科技报》	2017年6月15日
苏大333个项目获国家自然科学基金资助	《江苏科技报》	2017年8月25日
专家集聚苏州大学探讨高水平协同创新中心建设	《江苏科技报》	2017年10月20日
苏大学子获IFLA亚太地区学生竞赛最高奖	《江苏科技报》	2017年11月17日
苏大学生团队获两项创意竞赛大奖	《江苏科技报》	2017年11月20日
省内两所高校参与教育部博士研究生教育综合改革试点	《江苏科技报》	2017年11月27日
首届江苏省研究生法律案例大赛落幕	《江苏科技报》	2017年12月6日
苏州发布"2017数字经济指数"	《江苏科技报》	2017年12月15日
"对话苏州创新"为发展献策	《江苏科技报》	2017年12月22日
我省16所高校28个通用项目获2016年度国家科学技术奖	《江苏教育报》	2017年1月13日
苏大"助学红娘"帮困济贫暖人心	《江苏教育报》	2017年1月18日

续表

新 闻 标 题	媒 体 名 称	刊 发 时 间
熊思东:帮助导师做好第一责任人	《江苏教育报》	2017年4月7日
诺奖得主迈克尔·科斯特利茨受聘为苏州大学讲席教授	《江苏教育报》	2017年5月26日
苏大学子为"星儿"专门开设足球训练营	《江苏教育报》	2017年8月25日
苏大学子"多元语种诵读"持续学习党的十九大精神	《江苏教育报》	2017年12月25日
苏大附二院成功救治一先天性血小板无力症合并颅内出血患者	《江南时报》	2017年1月12日
苏大相城机器人与智能装备研究院创新平台启动	《江南时报》	2017年1月13日
苏大附二院成功开展全腹腔镜胰十二指肠切除术	《江南时报》	2017年3月13日
苏大24位女生亮相《五月的鲜花》	《江南时报》	2017年5月8日
一高危产妇手抱"小二子"顺利出院	《江南时报》	2017年7月10日
第二届冯梦龙杯"新三言"全国短篇小说征文大赛完美收官	《江南时报》	2017年8月9日
鼎盛丝绸董事长受聘创新创业导师	《江南时报》	2017年8月9日
苏州大学2017年国家自然科学基金 首批获得333项资助	《江南时报》	2017年8月22日
新编微创神经外科专著出版 苏大教授被称"小锁孔里开辟大乾坤"	《江南时报》	2017年10月16日
苏大召开第十三届全国学生运动会表彰会,孙杨获得"校长特别奖"	《江南时报》	2017年10月18日
百位中外学者建言"非遗的活化与复兴"	《江南时报》	2017年11月22日
苏大获7项教育部高校科研优秀成果奖	《江南时报》	2017年12月6日
加快建设数字苏州服务经济社会发展	《江南时报》	2017年12月12日
年度"对话苏州创新"活动打开新视野 专家为勇当"两个标杆"把脉献策	《江南时报》	2017年12月20日
苏大附一院引进胡盛寿院士团队	《江南时报》	2017年12月27日
明清时期苏州诗词占文坛半壁江山	《现代快报》	2017年3月16日

续表

新 闻 标 题	媒体名称	刊发时间
苏大学子央视演绎《茉莉花》	《现代快报》	2017年3月25日
苏州大学自主招生计划不超过315人 最高优惠达本一线即录取	《现代快报》	2017年3月25日
广播体操亮出"腕花小云手"	《现代快报》	2017年5月15日
苏大"毕业碗"送别毕业生	《现代快报》	2017年6月20日
大别山区支教,传承红色基因	《现代快报》	2017年8月1日
苏大志愿者赴秦岭深处支教	《现代快报》	2017年8月4日
被调查国内大学生中超半数有兼职经历	《现代快报》	2017年8月15日
苏大学子五进沙漠造"苏大林"	《现代快报》	2017年8月16日
苏大师生远赴新疆"织"新丝路	《现代快报》	2017年8月18日
大学生为"星儿"开足球训练营	《现代快报》	2017年8月24日
苏大学子连续12年到贵州山区支教	《现代快报》	2017年8月29日
苏大学子创新设计可乐罐牛奶盒拿下创意大奖	《现代快报》	2017年11月16日
为改善山区孩子饮水条件 支教团爱心众筹净水设备	《现代快报》	2017年12月12日
阳澄湖科创园变身"大智汇"	《苏州日报》	2017年1月10日
苏大独墅湖校区去年引进27位高端人才	《苏州日报》	2017年1月10日
以政府创新引领苏州创新发展	《苏州日报》	2017年1月11日
大学志愿者活动基地落户社区	《苏州日报》	2017年1月15日
我市首个区域儿科医疗联合体成立	《苏州日报》	2017年1月21日
苏大教授获数学领域国际大奖	《苏州日报》	2017年2月23日
在苏大,与朗读者的三次相遇	《苏州日报》	2017年3月13日
苏州牵手西部培养书法人才	《苏州日报》	2017年3月17日
苏大金螳螂建筑学院入选国字号"基地"	《苏州日报》	2017年3月28日
独墅湖大学生电影节开幕	《苏州日报》	2017年4月8日
苏大附一院承办标杆医院学习之旅	《苏州日报》	2017年4月20日
全面提升版权智库层次	《苏州日报》	2017年4月20日
省税协与苏大共建教学实践基地	《苏州日报》	2017年4月20日

续表

新 闻 标 题	媒体名称	刊发时间
蚕丝为原料造出肠道支架	《苏州日报》	2017年4月23日
这个轮椅男孩有群"护草使者"	《苏州日报》	2017年5月3日
加强和改进新形势下高校思想政治工作 共创"名城""名校"交相辉映新局面	《苏州日报》	2017年5月4日
苏大"小娘鱼"亮相央视文艺会演	《苏州日报》	2017年5月5日
苏大学生"快闪"倡阅读	《苏州日报》	2017年5月8日
文化"走出去"更要"走进来"	《苏州日报》	2017年5月8日
国家级戏曲名角送"大餐"	《苏州日报》	2017年5月15日
全市小学生田径赛开幕	《苏州日报》	2017年5月21日
创办论坛助力校友创新创业	《苏州日报》	2017年5月21日
诺奖物理学家受聘苏大	《苏州日报》	2017年5月22日
戏曲与体操的神秘邂逅	《苏州日报》	2017年5月22日
毕业季 绽笑颜	《苏州日报》	2017年5月23日
诺奖物理学家情定苏州	《苏州日报》	2017年5月24日
范伯群:文化生活是源,文学作品是流	《苏州日报》	2017年6月2日
推动名城名校资源共享	《苏州日报》	2017年6月18日
苏州大学举行2017年学位授予仪式	《苏州日报》	2017年6月29日
人到哪里不重要,心在哪里才重要	《苏州日报》	2017年7月4日
苏大文科359分理科360分 苏科大文科334分理科335分	《苏州日报》	2017年7月16日
苏城大学生暑期"乐"实践	《苏州日报》	2017年7月24日
名校研究生来苏"充电"	《苏州日报》	2017年7月25日
苏州大学"赤色蜗牛"实践团寻访抗战老兵	《苏州日报》	2017年7月31日
14岁当上最小"娃娃兵"	《苏州日报》	2017年8月2日
苏大学子大别山区支教	《苏州日报》	2017年8月2日
大学生理论宣讲团进社区	《苏州日报》	2017年8月8日
连续4年陪留守娃过暑假	《苏州日报》	2017年8月13日

续表

新 闻 标 题	媒体名称	刊发时间
苏大"绿丝带"公益团五年筑起3 000平方米"防沙墙"	《苏州日报》	2017年8月15日
苏大获333项资助位居地方高校第一	《苏州日报》	2017年8月19日
技术援疆"织造"新丝路	《苏州日报》	2017年8月20日
苏大学子支教沭阳 为素质教育"加加油"	《苏州日报》	2017年8月28日
大学师生暑假在干啥?	《苏州日报》	2017年9月4日
用音乐"治愈"病患心灵 苏大学子开展"愈心"计划	《苏州日报》	2017年9月4日
"战车"迎接大学新生	《苏州日报》	2017年9月10日
苏大学子送法下乡镇	《苏州日报》	2017年9月11日
九月,希望开始起航	《苏州日报》	2017年9月17日
苏州运动小将斩获6金4银6铜	《苏州日报》	2017年9月18日
姑苏区举行苏大专场招聘会	《苏州日报》	2017年9月23日
苏大校长用5个关键词寄语6 587名本科新生	《苏州日报》	2017年9月24日
"95后"学术成果与专家"媲美"	《苏州日报》	2017年9月29日
30余名苏大留学生齐诵论语	《苏州日报》	2017年9月29日
苏州大学"百团大战"200余社团招募新人	《苏州日报》	2017年10月4日
名城育名校 名校润名城	《苏州日报》	2017年10月10日
积极投身名城名校融合发展战略,努力办好中国特色社会主义高校	《苏州日报》	2017年10月13日
冯梦龙杯小说大赛:激活传统,关注现实	《苏州日报》	2017年10月13日
宿管阿姨登上苏大迎新晚会舞台	《苏州日报》	2017年10月16日
苏州5位十九大代表赴盛会	《苏州日报》	2017年10月16日
点燃大学生青春斗志 "马克思主义·青年说"活动走进苏大	《苏州日报》	2017年10月18日
为全神贯注开好十九大做"功课"	《苏州日报》	2017年10月18日
将报告精神积极贯彻到科研与教学中去	《苏州日报》	2017年10月23日
提高具有重大影响的原创成果产出	《苏州日报》	2017年10月23日

续表

新 闻 标 题	媒 体 名 称	刊 发 时 间
青年要争做合格建设者可靠接班人,为绘就"强富美高"蓝图多作贡献	《苏州日报》	2017年11月17日
推动双方多领域交流合作	《苏州日报》	2017年11月18日
为苏州交通输送更多人才	《苏州日报》	2017年11月19日
老挝苏大培养的学生口碑好	《苏州日报》	2017年11月20日
苏大学子获创意竞赛两项大奖	《苏州日报》	2017年11月21日
2017苏大校园马拉松即将"上线"	《苏州日报》	2017年11月22日
14所高校获批试点 博士生培养改革苏州大学将先行	《苏州日报》	2017年11月24日
跨越4 200公里只为这一跑	《苏州日报》	2017年12月10日
苏大附一院引进骨科邱贵兴院士团队	《苏州日报》	2017年12月10日
他用一生"填平文学雅俗鸿沟"	《苏州日报》	2017年12月11日
数字经济成苏州转型发展"新引擎"	《苏州日报》	2017年12月13日
数字化融合发展 苏州潜力巨大	《苏州日报》	2017年12月13日
涵养新时代的"苏州精神"	《苏州日报》	2017年12月19日
苏大附一院,引进胡盛寿院士团队	《苏州日报》	2017年12月25日
我以我血写青春	《苏州日报》	2017年12月27日
向大学生宣讲党的十九大精神	《苏州日报》	2017年12月28日
吴德沛等人获国家科技进步奖	《姑苏晚报》	2017年1月10日
园区与苏大合作进一步深化	《姑苏晚报》	2017年1月10日
苏州医生何以闯出国际名堂	《姑苏晚报》	2017年1月10日
苏州首个区域儿科医疗联合体成立	《姑苏晚报》	2017年1月21日
在科研路上坚持原创做领跑者	《姑苏晚报》	2017年2月22日
苏大附一院(总院)二期建设启动	《姑苏晚报》	2017年3月1日
苏大学者入选高被引学者榜单	《姑苏晚报》	2017年3月2日
禁毒进校园	《姑苏晚报》	2017年3月19日
苏大建筑学院获颁建筑科普基地	《姑苏晚报》	2017年3月28日

续表

新闻标题	媒体名称	刊发时间
老外在苏看病是种怎样的体验	《姑苏晚报》	2017年3月28日
苏州税法宣传进校园	《姑苏晚报》	2017年4月20日
苏大教师进军国际展获奖	《姑苏晚报》	2017年4月20日
苏大交响乐团走出"象牙塔"	《姑苏晚报》	2017年4月21日
江苏省首个版权培训基地揭牌成立	《姑苏晚报》	2017年4月21日
苏大研究生科技文化节智慧多	《姑苏晚报》	2017年4月23日
苏州大学·隆力奇第二届助学圆梦计划启动	《姑苏晚报》	2017年5月9日
戏曲进校园 传播传统文化	《姑苏晚报》	2017年5月11日
苏大首届戏曲广播体操比赛开场	《姑苏晚报》	2017年5月14日
论文答辩 也"互联网+"	《姑苏晚报》	2017年5月16日
苏大"微空间美术馆"正式上线	《姑苏晚报》	2017年5月18日
"政法大讲堂"开课	《姑苏晚报》	2017年5月20日
毕业50年老校友首次重聚母校	《姑苏晚报》	2017年5月21日
校友返校日 流行"拖家带口"	《姑苏晚报》	2017年5月22日
苏州大学高等研究院揭牌成立	《姑苏晚报》	2017年5月22日
洋学生学包中国饺子	《姑苏晚报》	2017年6月12日
苏大学子把毕业照拍出了古典武侠风	《姑苏晚报》	2017年6月15日
苏大首办美式橄榄球赛送别毕业生	《姑苏晚报》	2017年6月19日
父亲节让毕业典礼更贴心	《姑苏晚报》	2017年6月19日
毕业典礼上苏大校长回顾学生点滴故事	《姑苏晚报》	2017年6月29日
苏大女生用设计编织美丽梦想	《姑苏晚报》	2017年7月1日
苏大志愿者当起了昆曲老师	《姑苏晚报》	2017年7月12日
科普公益团带着趣味实验进社区	《姑苏晚报》	2017年7月17日
学生志愿者送文艺下乡	《姑苏晚报》	2017年7月20日
来自45所高校74名硕士结业	《姑苏晚报》	2017年7月27日
苏大学子大别山区支教传承红色基因	《姑苏晚报》	2017年8月1日

续表

新 闻 标 题	媒体名称	刊发时间
来自苏大9个专业14名爱芽志愿者走进江苏盐城亭湖区方向小学	《姑苏晚报》	2017年8月2日
老挝留学生的七年苏州情缘	《姑苏晚报》	2017年8月11日
秦岭深处的夏令营	《姑苏晚报》	2017年8月11日
足球打开"星儿"的世界	《姑苏晚报》	2017年8月24日
大山深处的别样全家福	《姑苏晚报》	2017年8月25日
寻访知名校友,讲述苏大故事	《姑苏晚报》	2017年8月25日
苏大教师奔波万里家访贫困生	《姑苏晚报》	2017年9月1日
苏城高校进入开学季 新生昨日陆续报到	《姑苏晚报》	2017年9月10日
放下王者荣耀,共同展望未来	《姑苏晚报》	2017年9月24日
苏州大学"一带一路"发展研究院成立	《姑苏晚报》	2017年10月15日
苏大附一院居第40位	《姑苏晚报》	2017年11月2日
三年内建成100家示范"云社区"	《姑苏晚报》	2017年11月15日
2017苏大校园马拉松下月开跑	《姑苏晚报》	2017年11月22日
首届江苏省研究生法律案例大赛在苏州举行	《姑苏晚报》	2017年12月8日
苏大第五届校园马拉松活力开跑	《姑苏晚报》	2017年12月10日
苏大附一院引进邱贵兴院士专家团队	《姑苏晚报》	2017年12月10日
他用一生"填平文学雅俗鸿沟"	《姑苏晚报》	2017年12月11日
电影《大寒》昨日在苏州大学举办观影会	《姑苏晚报》	2017年12月16日
苏州大学支教团为陕西山区儿童众筹饮水设备	央广网	2017年12月12日
相约"兰花草"传递"惠寒情"	中国科技网	2017年9月4日
苏大志愿者带领小学生学习传统文化	光明网	2017年7月11日
苏大志愿者带着趣味实验进社区	光明网	2017年7月13日
苏州大学举办研究生暑期学校	光明网	2017年7月24日
苏大志愿者连续4年在秦岭深处开设夏令营	光明网	2017年8月3日
苏州大学"喜迎十九大"理论宣讲进社区	光明网	2017年8月7日
苏州大学"绿丝带"五进沙漠建造"苏大林"	光明网	2017年8月14日

续表

新 闻 标 题	媒体名称	刊发时间
苏州大学纺织师生远赴新疆传知识	光明网	2017年8月17日
苏大学子为"星儿"专门开设足球训练营	光明网	2017年8月23日
苏大学子为大山里的孩子拍别样"全家福"	光明网	2017年8月28日
苏州大学教师奔赴新疆走访贫困新生	光明网	2017年8月28日
苏大师生为10位戒毒人员做专业心理治疗	光明网	2017年8月31日
苏大6 587名本科新生开学	光明网	2017年9月27日
200余位学者相聚苏大探讨建筑与文化	光明网	2017年9月28日
专家集聚苏州大学探讨高水平协同创新中心建设	光明网	2017年10月20日
苏州大学"一带一路"发展研究院成立	交汇点	2017年10月14日
2017年教育部高校科学研究优秀成果奖揭晓 苏州大学7项目位列全网第七	交汇点	2017年12月2日
传承传统文化　苏大师生冬至暖心相约	交汇点	2017年12月21日
苏大举办研究生暑期学校　符合条件可申请2个学分	扬子晚报网	2017年7月23日
苏大纺织师生远赴新疆传知识、送技术	扬子晚报网	2017年8月17日
苏大教师奔波万里家访贫困生	扬子晚报网	2017年8月27日
双胞胎学长迎接双胞胎学弟　苏大万名新生今天报到	扬子晚报网	2017年9月9日
宿管阿姨登上迎新晚会舞台　暖心阿姨的女儿是苏大毕业的学霸	扬子晚报网	2017年9月22日
苏大新生名为展望未来　校长:希望大家放下王者荣耀　一起展望未来	扬子晚报网	2017年9月23日
苏州大学"一带一路"发展研究院成立	扬子晚报网	2017年10月14日
苏大召开第十三届全国学生运动会表彰会　孙杨获得"校长特别奖"	扬子晚报网	2017年10月14日
第六届中国(国际)非物质文化遗产·东吴论坛在苏开幕	扬子晚报网	2017年11月16日
苏大学子获得两项国际广告创意竞赛大奖	扬子晚报网	2017年11月16日
苏大学子摘数学建模竞赛全国一等奖	扬子晚报网	2017年11月20日

续表

新 闻 标 题	媒 体 名 称	刊 发 时 间
苏州大学获批教育部博士研究生教育综合改革试点单位	扬子晚报网	2017年11月23日
苏大学子"多元语种诵读"十九大报告	扬子晚报网	2017年11月25日
位列全国第七 苏州大学获7项教育部高校科学研究优秀成果奖	扬子晚报网	2017年12月2日
首届江苏省研究生法律案例大赛在苏州大学举行	扬子晚报网	2017年12月3日
苏州大学第五届校园马拉松活力开跑	扬子晚报网	2017年12月9日
2017中国(苏州)数字经济指数发布会今举行	扬子晚报网	2017年12月12日
2017"对话苏州创新"召开 知名专家为苏州创新发展把脉献策	扬子晚报网	2017年12月18日
苏州大学举办"对话苏州创新"高阶论坛推进名城名校融合发展	江苏教育网	2017年1月26日
苏州大学走访慰问寒假留校学生	江苏教育网	2017年2月6日
苏州大学举办网络文化节传递正能量	江苏教育网	2017年3月23日
苏州大学加强青年志愿服务工作	江苏教育网	2017年5月5日
苏州大学开展毕业生文明离校系列活动	江苏教育网	2017年7月4日
苏州大学扎实推进科技创新工作	江苏教育网	2017年8月23日
苏州大学切实加强高水平运动队伍建设	江苏教育网	2017年9月13日
苏州大学组织召开党的十九大精神专题学习会	江苏教育网	2017年10月30日
苏州大学东吴智库入选2017年度中国核心智库	江苏教育网	2017年11月23日
苏州大学成立人工智能研究院	江苏教育网	2017年12月4日
苏州大学举办2017年学生标兵宣讲团"宣讲周"活动	江苏教育网	2017年12月13日
苏州发展如何打开新思路?2017年度"对话苏州创新"活动告诉你	看苏州	2017年12月18日
苏大学子手绘十米长卷献礼十九大	引力播	2017年10月26日

后 记

《苏州大学年鉴2018》将2017年学校的各种信息汇编成集,力求全面地记载学校一年来的主要工作、重大事件、发展特色,全面反映学校各方面发展的成果,供学校各方面查考、借鉴、比较。

《苏州大学年鉴2018》编写体例与往年基本相同,记载的内容主要是2017年学校各方面的工作,主要数据截至2017年12月31日。

《苏州大学年鉴2018》的顺利出版,主要是在学校各单位的大力支持下完成的,在此谨表示衷心感谢。

《苏州大学年鉴2018》在编写过程中,除编委以外,档案馆的袁春荣、付丽琴、高国华、付双双、王凝萱、於建华、张娟、朱明等同志都参加了编写工作,并为此付出了辛勤的劳动,使编辑工作顺利完成。

特别值得一提的是,苏州大学出版社有限公司对《苏州大学年鉴》的出版,数十年如一日,给予大力支持,在此表示衷心感谢!

在编写过程中,我们力求资料翔实,数据准确,但由于面广量大,可能仍有疏漏之处,敬请广大读者批评指正。

编　者

2018.12